W0076929

BARBARA THIERING

JESUS VON QUMRAN

SEIN LEBEN - NEU GESCHRIEBEN

Aus dem Englischen übersetzt
von Sieglinde Denzel und Susanne Naumann

Gütersloher Verlagshaus

Deutsche Erstausgabe

Titel der englischen Originalausgabe:
JESUS THE MAN
A New Interpretation From The Dead Sea Scrolls
Doubleday, London · New York · Toronto · Sidney · Auckland 1992
© Dr Barbara Thiering 1992
This edition is published by arrangement
with Transworld Publishers (Australia)
Pty Limited

Die Deutsche Bibliothek — CIP-Einheitsaufnahme

Thiering, Barbara:
Jesus von Qumran : sein Leben — neu geschrieben /
Barbara Thiering. [Aus dem Engl. übers. von
Sieglinde Denzel ; Susanne Naumann]. —
Gütersloh : Gütersloher Verl.-Haus Mohn, 1993
Einheitssacht.: Jesus the man <dt.>
ISBN 3-579-02201-6

Inhalt

5

6

Judäa, Samarien, Galiläa und Syrien in neutestamentlicher Zeit

Einführung

Es gibt wohl nur wenige Menschen, die in bezug auf die Person Jesu noch nie eine gewisse Neugier verspürt haben. Was für ein Mensch muß er gewesen sein, daß er so großen Einfluß hatte? Sind die Entstehung der Kirche und die Ausbreitung des Christentums einzig und allein auf seine außergewöhnliche Persönlichkeit zurückzuführen? Waren sein Leben und seine Lehre historisches Faktum, so wie wir heute Geschichte verstehen, oder standen sie, wie viele Christen glauben, völlig außerhalb aller normalen menschlichen Erfahrung?

Mein eigenes Interesse an diesen Fragen ergab sich so selbstverständlich, wie man es sich nur vorstellen kann. Nach Australien kam das Christentum mit den europäischen Siedlern. Noch heute, nach zweihundert Jahren, ist es die wichtigste Religion im Land, und zwar zumeist in seiner protestantischen Ausprägung.

Meine Familie gehörte der mittleren Mittelschicht an, die sich in ihrem Denken und Handeln an den strengen Maßstäben unserer englischen und schottischen Vorfahren orientierte. Erziehung hatte einen großen Stellenwert, ebenso der Kirchgang am Sonntag. Meine Großmutter war eine fleißige Bibelleserin gewesen, und das war wohl auch der Grund dafür, weshalb meine Mutter mich als Kind vor der Bibel warnte. Also las ich sie gerade zum Trotz, nicht ohne mich an vielen Stellen über das Gelesene zu wundern.

Nach der Teilnahme an verschiedenen Evangelisationsveranstaltungen machte ich eine »Bekehrung« durch und entwickelte in der Folge ein sehr enges Verhältnis zur Kirche. Da ich diese Bindung äußerlich noch lange, nachdem ich mich innerlich bereits von den kirchlichen Lehren gelöst hatte, aufrechterhielt, lernte ich die Institution »Kirche« gut kennen. Am Ende konnte ich das Christentum allerdings nur noch akzeptieren, wenn ich mir seine Aussagen als eine Art symbolische Sprache erklärte – eine Sprache, die auf etwas hinweist, das sich in Worten nicht ausdrücken läßt.

Am meisten interessierten mich religionsgeschichtliche Fragen. Ich studierte Theologie und landete schließlich bei den Schriftrollen vom Toten Meer. Ich ließ zunächst gelten, daß sie ganz einfach wertvolles, aber nicht unmittelbar relevantes Hintergrundmaterial für die christliche Religion lieferten, und vertiefte mich in das Studium peripherer

Fragen. Eine Reihe von Artikeln in wissenschaftlichen Zeitschriften trugen dazu bei, mich als Spezialistin für die Schriftrollen zu etablieren, und in den Vorlesungen über dieses Wissensgebiet erarbeitete ich mir die Vertrautheit mit den Texten.

Je genauer ich die Texte der Schriftrollen studierte, desto unbefriedigter war ich jedoch von dem, was andere Wissenschaftler zu bestimmten Fragen sagten. Wo es um die Lehre ging, leisteten sie hervorragende Arbeit: Es gab gründliche und ausgewogene Untersuchungen über die Parallelen und Unterschiede zwischen der Gemeinschaft, die die Schriftrollen verfaßt hatte, und der frühchristlichen Kirche, wie wir sie kennen. Doch im Blick auf die historischen Fragen hielt man sich zurück. Keiner fragte danach, *warum* diese beiden Gemeinschaften sich so sehr glichen. Und stellte doch einmal jemand diese Frage, so stritten die Gelehrten auf einmal ab, daß sie sich überhaupt glichen, indem sie die auffallenden Parallelen einfach übergingen und die Unterschiede überbetonten. Ich gewann mehr und mehr den Eindruck, daß die christliche Kirche eine Art geschützter Raum war – nichts konnte so sein wie sie; sie war einzigartig.

Dabei lag klar auf der Hand, daß es sich bei diesem verengten Blickwinkel um eine aus der religiösen Erfahrung erwachsene Projektion handelte. Der Gegenstand des Glaubens *muß* etwas Einzigartiges sein, eine Offenbarung, unabhängig von aller historischen Bedingtheit. Ein solcher Standpunkt ist einer soliden historischen Forschung jedoch nicht besonders zuträglich. Natürlich ist historische Forschung immer zutiefst geprägt von den eigenen Erfahrungen und Maßstäben. Das darf aber nicht so weit gehen, daß der Forscher sich weigert, den offensichtlichsten Tatsachen ins Gesicht zu sehen, ja diese Tatsachen womöglich sogar noch ableugnet. Hier ging es ganz eindeutig um nicht mehr und nicht weniger als die Unterdrückung von Erkenntnissen.

Nachdem ich in meinen Forschungen so weit gekommen war, daß ich mit einiger Sicherheit sagen konnte, daß mehr hinter all dem steckte, mußte ich auch den nächsten Schritt tun. Das erwies sich als eine Aufgabe, die sich über zwanzig Jahre hinzog.

Die erste Phase war relativ kurz. Durch ein genaues Studium aller Schriftrollen ließ sich aufzeigen, daß die Texte höchstwahrscheinlich in christlicher Zeit entstanden, d. h. in die Zeitspanne gehören, in der Jesus wirkte und zahlreiche Anhänger für eine Bewegung gewann, die später als Christentum bezeichnet wurde. Die bisher von den meisten Forschern aufrechterhaltene These, sie enstammten einer vorchristli-

10

chen Ära und hätten nur sehr entfernte Bezüge zur christlichen Kirche, wurde damit hinfällig.

Die zweite Phase der Forschungsarbeit nahm sehr viel mehr Zeit in Anspruch und hatte sehr viel weitreichendere Konsequenzen. Doch schließlich war eine solide Grundlage für die Hypothese geschaffen, die im vorliegenden Buch entfaltet wird: Die neutestamentlichen Evangelien geben einen äußerst detailgetreuen, durchgehend an Fakten orientierten historischen Abriß, der allerdings auf den ersten Blick nicht erkennbar wird.

In Jahren sorgsamer Prüfung kristallisierte sich allmählich heraus, daß es die ursprüngliche Intention der Verfasser der neutestamentlichen Texte war, daß diese Texte mit Hilfe einer bestimmte Interpretationstechnik, die wir aus den Schriftrollen vom Toten Meer kennen, entschlüsselt würden. Die Evangelientexte sind nicht eindimensional konzipiert. Sie sind als Ganzes selbst eine Art Gleichnis, indem sie eine Oberflächengeschichte erzählen, der eine weitere, ganz andere Geschichte unterlegt ist. Diese darunterliegende Information, die wirkliche Geschichte Jesu, läßt sich nur entdecken, wenn man die entsprechende Methode anwendet, und sie ist ganz bewußt in dieser verschlüsselten Form im Text »verpackt«. Dabei handelt es sich keineswegs um eine subjektive Interpretationsweise, die dem Ausleger freie Hand läßt. Jeder, der sich mit den Evangelien befaßt und dieselben strengen, logischen Maßstäbe anlegt, muß zu derselben Antwort gelangen.

Viele Leute sind allerdings davon überzeugt, daß die Evangelien schon in ihrer jetzigen Form die Geschichte des historischen Jesus erzählen, der Wunder tat, auf dem Wasser wandelte, Tote auferweckte und so fort. Andere wiederum tun sich mit solchen Geschichten schwer. In der neutestamentlichen Theologie wurde lange gelehrt, daß die Evangelientexte das Ergebnis eines Prozesses der Legendenbildung um Jesus sind und daß Jesus selbst als historische Person sich unserem Zugriff entzieht. Viele Theologen werden sich anfangs mit einigem Unverständnis gegen die in diesem Buch entfalteten Thesen sträuben, denn sie gehen davon aus, daß es ein unkritisches Verfahren ist, so zu tun, als gäbe es überhaupt eine »Lebensgeschichte Jesu«, die entdeckt werden kann, ja sie werden argumentieren, daß es geradezu ein wissenschaftlicher Glaubenssatz ist, daß sich eben keine exakten historischen Erkenntnisse über Jesus gewinnen lassen.

Hinter solchem Widerstand steckt jedoch etwas viel Tieferes als ein

11

kritisch prüfendes, wissenschaftliches Denken. Die unkritische Haltung, die das, was dasteht, wörtlich nimmt, und der kritische Ansatz gelangen so letztlich zu demselben Schluß: Für beide bleibt Jesus eine irreale Gestalt, ein göttliches Wesen, ein Unbekannter. Er ist ein Gegenstand religiöser Verehrung, und das Christentum ist die Religion, die ihn zum Zentrum ihrer Anbetung macht.

Das hier Vorgetragene wird also auf mancherlei Widerstände stoßen, nicht zuletzt auf die Weigerung vieler Menschen, Jesus als eine reale, menschliche, fehlbare Person zu betrachten, ohne die Aura des Geheimnisses, die ihn sonst umgibt. Dazu läßt sich, gestützt auf die hier vorgetragenen Belege, nur sagen, daß Jesus selbst und seine Anhänger ganz offensichtlich *wollten*, daß die Menschen ihn auf diese Art und Weise kennenlernten − sonst hätten sie die Evangelien nicht in der vorliegenden Form abgefaßt. Sie dachten dabei sowohl an die »unmündigen Kinder in Christus«, an all diejenigen, die das Übernatürliche als ein Element ihres Glaubens brauchen, als auch an die fortgeschritteneren Geister, deren Glaube weniger greifbare Formen annimmt. Beiden Gruppen wurden sie gerecht, indem sie eine Form der Erzählung wählten, die an der Oberfläche einfache Wundergeschichten und Ähnliches präsentiert, unter dieser Oberfläche aber lohnende Erkenntnisse für kritischere Gemüter birgt.

In unserer heutigen Zeit ist es vielleicht nicht mehr so problematisch wie früher, die Aussage zu akzeptieren, daß Jesus ganz und nur *Mensch* war. Wir leben nun schon eine Weile mit einem Konzept des Christentums, in dessen Mittelpunkt nicht mehr die Anbetung eines Gottmenschen, des Christus, steht. Es gibt Zeiten, in denen sich eine Religion von ihren traditionellen Objektivierungen entfernt und dabei dennoch überlebt, indem sie neue Ausdrucksformen findet. So verwirrend und verstörend es auch sein mag, wenn die alten Glaubensmodelle sich abgenutzt haben und abgelegt werden müssen − die menschliche Spiritualität ist lebendig genug, immer neue Worte, neue Bilder und neue Symbole zu finden.

1988 hatte meine Arbeit in Australien allmählich so viel Beachtung gefunden, daß sie zum Thema eines Dokumentarfilms mit dem Titel »Das Rätsel der Schriftrollen vom Toten Meer« gemacht wurde. Die Debatte über diesen Film hält noch an, wie es bei solchen Debatten üblich ist. In dem Film wird ebenso wie im vorliegenden Buch behauptet, daß die Jungfrauengeburt, die Wunder und die Auferstehung in

12

einem völlig neuen Licht betrachtet werden können. Das Christentum steht und fällt nicht damit, ob es sich dabei um tatsächliche Ereignisse gehandelt hat – sie waren nie tatsächliche Ereignisse. Doch genausowenig waren es Mythen oder Legenden, wie die Gelehrten uns so oft glauben machen wollen. Es ist damals wirklich etwas geschehen, und was da geschah, eröffnet uns ein völlig neues Verständnis der Geschichte des Christentums.

Was das vorliegende Buch anbelangt, so stellte sich uns die schwierige Aufgabe, aus der ungeheuren Menge von Material, die die Anwendung einer neuen Methode auf die Evangelien liefert, eine vereinfachte Zusammenfassung herzustellen. Vereinfachen heißt aber immer auch, Begründungen, die zu bestimmten Aussagen geführt haben, wegzulassen – Aussagen, von denen viele für diejenigen, die mit den Evangelien vertraut sind, so neu und überraschend sein werden, daß sie sie für unglaubwürdig halten. Aus diesem Grund werden zahlreiche Details, auf denen die Schlußfolgerungen im ersten Teil beruhen, in den Anhängen im zweiten Teil des Buches nachgetragen. Unter anderem findet der Leser dort ausführliche Erläuterungen zur Methode (zugrundegelegt wurde der griechische Text des Neuen Testaments). Sie werden flankiert von einer genauen Chronologie, die alle chronologischen Abläufe, die verschlüsselt in den Evangelien und der Apostelgeschichte enthalten sind, berücksichtigt.

Jeder kann diese Auslegungsmethode für sich selbst ausprobieren, und wer es versucht und vielleicht auch noch auf andere Passagen anwendet, wird daran Spaß bekommen und Erkenntnisse gewinnen, die ihm sonst verschlossen blieben. Er wird dabei nicht mehr und nicht weniger entdecken als den historischen Jesus, und zwar an der Stelle, wo er, wie man bisher annahm, am wenigsten zu finden sei – in den Evangelien und in der Apostelgeschichte des Neuen Testaments.

13

Kapitel 1

Qumran – die Heimat der Schriftrollen

Um nach Qumran zu gelangen – dorthin, wo die Schriftrollen vom Toten Meer gefunden wurden –, mietet man am besten in Jerusalem einen Wagen (billiger ist freilich der Bus, und man kommt damit genauso ans Ziel: In unmittelbarer Nähe der Ruinen liegt völlig unvermutet mitten in der Wüste eine Bushaltestelle). Die Straße schlängelt sich im Osten Jerusalems am Ölberg entlang und führt durch Betanien hindurch Richtung Jericho zum Toten Meer hinab.

An einer Stelle passieren wir eine Tafel, die uns mitteilt, daß wir uns jetzt genau auf der Höhe des Meeresspiegels befinden. Von hier an fällt die Straße ab bis zum tiefstgelegenen Punkt der Erdoberfläche, dem Toten Meer. Wer einmal mit dem Flugzeug über diesen Landstrich geflogen ist, sah es in seiner ganzen Ausdehnung unter sich liegen – ein Fleck auf der vertrauten Landkarte Israels, mit der dunklen Linie des Jordanflusses, der vom See Gennesaret hoch oben im Norden kommt und ins Tote Meer mündet.

Kurz vor Jericho biegen wir nach Süden ab, immer noch auf einer guten Asphaltstraße. Wer Pech hat, steckt plötzlich mitten in einer Herde Kamele, die gerade die Straße überqueren, und sieht sich einem aufgebrachten Kameltreiber gegenüber, der behauptet, man habe seine Tiere aufgescheucht, und mit einer Entschädigung von hundert Schekel besänftigt werden muß. Die Bildrechte für die malerische Szenerie kosten weitere hundert Schekel.

Das Land ist nun sehr trocken, mit fremdartig wirkenden kleinen Erhebungen und Löchern, die an eine Mondlandschaft erinnern. Ohne moderne Bewässerungsmethoden gäbe es in dieser Region keinerlei Vegetation. Überwältigend sind die Farben: Der Himmel und das Meer leuchten fast immer tiefblau, die Klippen zur Rechten schimmern goldgelb oder in einem warmen Braun.

Nachdem die Kamelangelegenheit zur allseitigen Zufriedenheit geregelt ist, umrundet man in einem weiten Bogen die Nordseite des Toten Meeres und sieht nun zum ersten Mal in der Ferne das Plateau von Qumran liegen, hochaufragend über dem massiven Wall der Klippen, der die Küste säumt. Friedlich hingebettet wie ein schlafen-

15

der Löwe lädt es den Pilger ein, die sanfte Rundung seines Rückens emporzusteigen.

Wer will, kann zunächst einmal zu einem vollklimatisierten Restaurant hinauffahren, das in dieser Umgebung restlos deplaziert wirkt. Die Reisenden früherer Tage hatten es da weniger komfortabel. Der römische Geschichtsschreiber Plinius notierte: »Westlich (des Asphaltsees) wohnen, so nahe die Ausdünstungen des Sees es gestatten, die Essener, ein einsames und vor allen übrigen Bewohnern der Erde wunderliches Volk, das ohne Weiber, überhaupt ohne alle Gemeinschaft mit dem weiblichen Geschlechte, ohne Geld, und nur in Gesellschaft seiner Palmen lebt.«[1]

Die Menschen, die einst die alte Straße von Jerusalem nach Jericho hinunterzogen oder die Route durch das Kidrontal nahmen, das sich einige Kilometer südlich von Qumran zum Toten Meer hin öffnet, ließen die Welt hinter sich, entweder freiwillig oder als Verbannte. Sie wußten, daß sie nur in den Häusern auf der Anhöhe etwas zu essen bekommen konnten und daß es außerhalb der Ansiedlung nur brackiges Wasser aus einer der wenigen Quellen zu trinken gab. Das Wasser des Toten Meeres selbst ist scharf und bitter wie übelschmeckende Medizin. Es ist getrübt von Mineralien, da zwar Wasser in das Becken einströmt, aber nirgends abfließen kann. Dank seiner besonderen Zusammensetzung geht darin nichts unter. Schon der römische General Vespasian testete dieses Phänomen, als er im Jahre 68 n. Chr. im Zuge einer Strafexpedition gegen die Zeloten hierherkam. Er ließ kurzerhand einige Soldaten, die nicht schwimmen konnten, mit gefesselten Händen ins Meer werfen. Zu ihrem Glück stimmte das Gerücht, das über dieses besondere Gewässer im Umlauf war: Sie kamen wieder nach oben und schwammen wie Korken an der Wasseroberfläche.[2]

In den Höhlen hinter den Bauten auf dem Plateau wurden im Februar 1947 die Schriftrollen vom Toten Meer entdeckt.[3] Das Land war und ist Beduinengebiet – noch heute begegnet man den Lagern mit den schwarzen Lederzelten. Manchmal sieht man auch einen Beduinen auf seinem flinken kleinen Esel dahinreiten, auf dem er genauso stolz thront wie ein Radfahrer bei uns auf seinem Mountain Bike. Ein paar Beduinenjungen fanden in einer Höhle über den Ruinen, die bis dahin als Überreste einer römischen Festung galten, eine Anzahl Tonkrüge, in denen Schriftrollen steckten.

Glücklicherweise kamen die Entdecker sogleich auf die Idee, daß

16

solche Sachen Geld bringen könnten. Sie trugen ihren Fund zu einem Antiquitätenhändler in Betlehem, durch den die Schriftrollen schließlich in die Hände von Professer Sukenik gelangten, dem Vater des berühmten israelischen Archäologen Yigael Yadin, der bei den späteren Funden eine entscheidende Rolle spielte. Yadin war 1977 stellvertretender israelischer Premierminister.

Ein anderer Teil der Schriftrollen wurde von einer Gruppe junger amerikanischer Wissenschaftler untersucht, die ihre Ferien an der *School of Oriental Research* in Israel verbrachten. Sie identifizierten die Schriftstücke als sehr alte biblische Dokumente, und die Nachricht von der sensationellen Entdeckung ging um die Welt.

Die ersten Informationen über den Inhalt der Rollen betrafen nur die Manuskripte bekannter biblischer Texte, besonders die große Jesaja-Rolle, die tausend Jahre älter war als alle bis dahin bekannten Kopien. Die biblischen Schriftrollen, die die Mehrzahl der Hunderte von Dokumenten bilden, die nach und nach in fragmentarischer Form auftauchten, sind von großem Interesse für die Wissenschaftler, liefern jedoch vom Standpunkt des Laien aus keine umwälzend neuen Erkenntnisse. Der Text des Alten Testaments ist vor langer Zeit festgelegt worden und seither unverändert geblieben. Die Abschriften aus Qumran, die alle alttestamentlichen Bücher umfassen, enthalten denn auch nur wenige Varianten, die mittlerweile in die modernen Übersetzungen eingegangen sind.

Die eigentliche Sensation steckt in den wenigen Rollen, die keine biblischen Texte enthalten. Es handelt sich dabei um bis dahin völlig unbekannte Werke: Etwa ein Dutzend vollständig erhaltener Rollen, dazu die Fragmente von etwa hundert weiteren Dokumenten, die in der Frühzeit des Christentums verfaßt wurden.

Sie alle wurden nach und nach in insgesamt elf verschiedenen Höhlen am Rande der Hochebene zutage gefördert. Als besonders ergiebig erwies sich eine künstlich aus dem Mergel herausgehauene Höhle, die dem Plateau gegenüber liegt (Höhle 4). Die hier gelagerten mehreren hundert Schriftrollen waren nicht in Gefäßen aufbewahrt und hatten sich nach zweitausend Jahren in Bruchstücke aufgelöst.[4]

Die Überschriften der einzelnen Rollen fehlen, wurden jedoch entsprechend ihrem Inhalt ergänzt: Der Sektenkanon (oder die Gemeinschaftsregel), die Kriegsrolle, die Hymnenrolle, biblische Kommentare, »Pescharim« genannt, und andere.[5]

Die größte Rolle, die sogenannte Tempelrolle, hat eine ganz beson-

17

dere Geschichte.[6] Sie lag ursprünglich zusammen mit anderen Rollen, die an Archäologen ausgehändigt worden waren, in Höhle 11, wurde jedoch illegal zurückbehalten und geriet schließlich in die Hände eines arabischen Kaufmanns. Ein amerikanischer Geistlicher, dessen Name nicht preisgegeben wurde, fungierte als Vermittler zwischen dem Händler und Professor Yadin. Bei den Kaufverhandlungen, die sich länger als sieben Jahre hinzogen, ging es um riesige Summen. Yadin verzweifelte allmählich daran, daß er je in den Besitz der Rollen kommen würde. Da brach im Juni 1967 der Sechs-Tage-Krieg aus.

Nun war Professor Yadin während des Krieges ein hochrangiger Militärberater und wurde deshalb täglich über den Verlauf der kriegerischen Operationen informiert. Am Mittwoch hörte er, daß Ostjerusalem, wo der Laden des arabischen Händlers lag, von den Israelis besetzt war. Yadin wandte sich an ein Mitglied des Geheimdienstes. Der Mann suchte den Laden auf und beschlagnahmte die Schriftrolle. Sie steckte in einem Schuhkarton, eingewickelt in ein Handtuch und Zellophanpapier. Einige Fragmente, die abgerissen waren, lagen in einer Zigarrenkiste. Der Schatz war in einem primitiven Versteck unter einigen Bodenbrettern verborgen und hatte etwas gelitten. Der Geheimdienstoffizier brachte Yadin die Dokumente zu einer Lagebesprechung am Donnerstagabend mit. Yadin sorgte dafür, daß der Händler großzügig bezahlt wurde, obwohl er eigentlich keinerlei Ansprüche geltend machen konnte. Er wollte sicherstellen, daß, falls weitere Rollen auftauchen sollten, diese ebenfalls auf den Markt kamen.

Die Tempelrolle ist die längste der Schriftrollen vom Toten Meer; sie mißt fast neun Meter. Wollte man sie vollständig entrollen, so bräuchte man dazu zwei geräumige Zimmer. Sie enthält den nach Aussage des Textes von Gott selbst auf dem Sinai diktierten Plan eines Tempels. Es handelt sich hier also um eine pseudepigraphische Schrift, eine Fälschung: Die Rolle entstand zur gleichen Zeit wie die anderen Schriftrollen, erhebt jedoch den Anspruch, aus der Zeit Moses zu stammen und mit seiner altehrwürdigen Autorität zu sprechen. Der Text offenbart uns viel über die geistige Haltung seiner Verfasser. Wäre die Rolle nicht verschwunden, sondern mit den übrigen gleichzeitig zugänglich gewesen, so hätte sie als Korrektiv für die Thesen, die nach der Entdeckung von Qumran aufgestellt wurden, wirken können. Infolge der oben geschilderten widrigen Umstände wurde die Tempelrolle jedoch erst 1977 veröffentlicht, in englischer Sprache sogar noch einige Jahre später. Die Wissenschaftler sind noch immer mit ihrer Auswertung beschäftigt.[7]

Die Zeit, in der die Bauten auf der Hochebene von Qumran bewohnt waren und dort schriftliche Dokumente entstanden, wird mittlerweile allgemein in die über zweihundertjährige Spanne zwischen 140 v. Chr. und 68 n. Chr. verlegt. Diese Eingrenzung wird durch Münzfunde in Qumran und durch Hinweise auf eine Zerstörung der Ansiedlung durch die Römer im Jahr 68 n. Chr. erhärtet.[8]

Auch darüber, daß die Schriftrollen in dieser Zeit entstanden, sind die Forscher sich einig. Sie gehören damit in die Anfangszeit des Christentums. Die Frage ist nur: Wann genau in dieser Zeitspanne wurden sie verfaßt? Jesus lehrte ungefähr um das Jahr 30, während Paulus und andere in den fünfziger und sechziger Jahren des 1. Jahrhunderts wirkten. Waren die Verfasser der Texte von Qumran tatsächlich Zeitgenossen der ersten Christen, oder lebten sie, wie viele Forscher annehmen, früher? Von der Antwort auf diese Frage hängt es ab, welche Bedeutung den Rollen für die heutige Einschätzung des frühen Christentums zukommt.

19

Kapitel 2

Qumran und das Christentum

Den Forschern, die sich mit den Schriftrollen vom Toten Meer befaßten, fiel sehr rasch auf, daß die Verfasser der Dokumente den ersten Anhängern Jesu Christi in vieler Hinsicht glichen. Diese Ähnlichkeiten waren denn auch der Ausgangspunkt für die sensationellen Thesen, die in den Anfangsjahren der Qumranforschung aufgestellt wurden.

So lebten z. B. beide Gruppen, die Qumransekte und die Urchristen, etwa um dieselbe Zeit im gleichen engumgrenzten Gebiet. Beide versammelten sich jeden Tag zu einem rituellen Mahl von Brot und Wein, an dem nur Eingeweihte teilnehmen durften.[1]

Beide praktizierten Gütergemeinschaft, eine für Juden sehr ungewöhnliche Regelung. Bei beiden hatte der Zölibat einen hohen Stellenwert; die Qumransekte war in dieser Frage allerdings noch sehr viel rigoroser als die Christen. Das Einweihungsritual beider Gemeinschaften war die Taufe, und beide lebten in Erwartung einer bevorstehenden apokalyptischen Krisenzeit, die in ein neues, messianisches Zeitalter münden sollte.[2]

Beide Gruppen gaben sich dieselben Namen: Sie nannten sich »der Weg«, »der Neue Bund«, »Söhne des Lichts«.[3] Beide hatten eine Brudergemeinschaft in Damaskus, die sich ebenfalls als »der Weg« bezeichnete.[4] Die Oberhäupter beider Gemeinschaften waren »Bischöfe« mit ganz ähnlichen Funktionen.[5]

Die Qumransekte wie die Urchristen lebten in der Erwartung eines Neuen Jerusalem. Bei beiden wies die Stadt einen identischen Bauplan auf: Ein quadratischer Grundriß mit drei Toren auf jeder Seite für die zwölf Stämme.[6] Auch zahlreiche Termini hatten sie gemein, ja ihr Schriftgut weist überhaupt viele Parallelen auf.[7]

Es besteht kein Zweifel daran, daß die Mitglieder der Qumransekte in gewisser Hinsicht Essener waren, wenn auch bestimmte Fakten darauf hindeuten, daß sie in ihren Lebensgewohnheiten strenger waren, als wir es von der Sekte der Essener kennen. Die Tatsache, daß sie wie diese ein rituelles Mahl, Gütergemeinschaft und den Zölibat kannten, reichte jedoch aus, um sie mit den Essenern gleichzusetzen,

20

einer der drei großen jüdischen Sekten, die von Josephus, Philo, Plinius und anderen Schriftstellern der Antike beschrieben wurden (die beiden anderen Gruppierungen waren die Pharisäer und die Sadduzäer).[8] Schon bevor die Schriftrollen vom Toten Meer entdeckt wurden, hatten die Gelehrten angenommen, daß zwischen den Essenern und den Urchristen irgendeine Verbindung bestünde. Renan, ein französischer Gelehrter aus dem 19. Jahrhundert, bezeichnete das Christentum als »ein Essenertum, das weitgehend geglückt ist«.[9] Mit dem Fund der Rollen bestätigte sich diese Hypothese über Erwarten: Ließen sich doch in allen wesentlichen Punkten Parallelen aufzeigen.

Diese Erkenntnis gab Anlaß zu einer wahren Flut von Populärliteratur, in der immer wieder die These aufgestellt wurde, daß die Rollen das Fundament des Christentums erschüttert hätten, indem sie es seiner Einzigartigkeit entkleideten. 1955 schrieb der bedeutende amerikanische Literaturkritiker und Schriftsteller Edmund Wilson in einem viel beachteten Artikel im *New Yorker*, daß es nun endgültig an der Zeit sei, das Christentum »lediglich als eine Episode in der Menschheitsgeschichte zu betrachten, statt es als Dogma und göttliche Offenbarung hinzustellen.«[10]

Die jahrelang vorgebrachten, bizarren Anwürfe des Engländers John Allegro, die auf die Behauptung hinausliefen, daß die Kirche ihr gesamtes Ideengut von Qumran gestohlen habe,[11] erschwerten lange Zeit jede ernsthafte Beschäftigung mit der Frage nach den Anknüpfungspunkten zwischen dem Christenum und den Schriftrollen vom Toten Meer.

Das Hauptinteresse der wissenschaftlichen Arbeiten galt lange Zeit erst einmal den Unterschieden zwischen den Schriftrollen von Qumran und dem frühchristlichen Schriftgut, die unbestritten sind. So ist der ganze Ton der Texte völlig verschieden (wenn man vom neutestamentlichen Buch der Offenbarung absieht, das ohne weiteres nach Qumran gepaßt hätte). Die in den Schriftrollen vertretene Lebensanschauung ist von einem stark gesetzlichen Denken geprägt, geradezu zwanghaft in ihrem Streben nach ritueller Reinheit und von schroffer Exklusivität. So war nach dem Wortlaut der Tempelrolle den verschiedensten Personengruppen der Zutritt zum Heiligtum verwehrt: Männern, die einen nächtlichen Samenerguß oder vor kurzem Geschlechtsverkehr gehabt hatten, Leprakranken und menstruierenden Frauen. Blinde durften das Heiligtum ihr ganzes Leben lang nicht betreten, weil das eine Profanierung der Wohnstatt Gottes bedeutet hätte.[12] Im Gegensatz dazu berührt Jesus in den Evangelien Aussätzige, hat Gemeinschaft mit Blinden und Krüppeln und ist befreundet mit verheirateten Männern, Heiden und Frauen.[13]

Mit Berufung auf diese Unterschiede sollten allerdings nicht die ebenso deutlichen Ähnlichkeiten zwischen dem qumranischen und dem christlichen Schriftgut abgeleugnet werden, wie es manchmal der Fall war. Eine gewissenhafte Forschung muß sowohl die verblüffenden Übereinstimmungen als auch die nicht weniger erstaunlichen Unterschiede berücksichtigen und nach einer Erklärung für beide suchen.

Einer naheliegenden Hypothese zufolge – die von der Datierung der betreffenden Rollen abhängt – verkörperte die Qumransekte eine bestimmte Form des Judentums, aus der sich dann das Christentum entwickelte. Zur Abspaltung kam es, als die Christen sich gegen gewisse Aspekte der Praxis von Qumran wandten, wobei sie jedoch die Organisationsform und einige Lehrmeinungen der Sekte beibehielten.

Diese Erklärung drängte sich eigentlich von Anfang an auf, wurde jedoch von den Forschern nie explizit vorgetragen. Einer der Hauptgründe dafür war, daß sie die entscheidenden Texte lange vor die Anfänge des Christentums datierten.

Dennoch verlangen die auffallenden Übereinstimmungen zwischen bestimmten Personen und Ereignissen, auf die in den Rollen angespielt wird, mit dem Lebenslauf zweier der wichtigsten Gestalten in den Evangelien eine sorgfältige Untersuchung im Lichte weiterer Parallelen.

In den Schriftrollen werden die Personen durchweg mit Pseudonymen bezeichnet, wobei dieselbe Person viele verschiedene Decknamen tragen kann. Die geschichtliche Schau der Ereignisse ist grundsätzlich von der Tatsache beeinflußt, daß die Verfasser das Geschehen auf dem Hintergrund alttestamentlicher Prophezeiungen betrachten, die sie auf ihren Lehrer beziehen. Trotz solcher Verständnisschwierigkeiten sind die Schriftrollen ganz unzweifelhaft die vielversprechendste Quelle für die Erforschung der Geschichte der Qumrangemeinschaft.

Die Hauptfigur – der »Held« der Texte – ist der »Lehrer der Gerechtigkeit«. Nach dem Glauben der Qumransekte war *er* der Gegenstand der alttestamentlichen Prophetie: Die ganze Geschichte und alle Offenbarungen führten auf *ihn* hin. Er war der Retter – durch den Glauben an ihn würden die Menschen aus dem »Hause

22

des Gerichts« gerettet werden. Das alttestamentliche Wort »der Gerechte aber wird durch seinen Glauben leben« wurde auf den Glauben der Anhänger des »Lehrers der Gerechtigkeit« bezogen:

Seine Deutung bezieht sich auf alle Täter des Gesetzes im Hause Juda, die Gott erretten wird aus dem Hause des Gerichtes um ihrer Mühsal und ihrer Treue willen.[14]

Offenbar geriet der »Lehrer« an einem bestimmten Punkt seines Wirkens in große Bedrängnis. Die meisten seiner Anhänger hatten ihn verlassen und folgten einem anderen Lehrer nach. Der Rivale vertrat in vielen Punkte dieselben Lehren und Gedanken wie der »Lehrer« – auch er taufte und wartete auf ein Neues Jerusalem –, doch er war anderer Ansicht in bezug auf das rituelle Gesetz. Er hatte »verworfen ... das Gesetz inmitten ihrer ganzen Gemeinde.«

... die Abtrünnigen zusammen mit dem Mann der Lüge; denn nicht [haben sie gehört auf die Worte] des Lehrers der Gerechtigkeit aus dem Munde Gottes; es bezieht sich auch auf die Abtrünnigen von dem neuen [Bund]; denn nicht haben sie dem Bund Gottes vertraut und haben entweiht seinen heiligen Namen.[15]
... und ihm nicht halfen gegen den Mann der Lüge, der verworfen hat das Gesetz inmitten ihrer ganzen [Gemeinde].[16]

Der rivalisierende Lehrer war also sehr viel weniger gesetzesstreng. Von denjenigen, die sich zu ihm hielten, hieß es deshalb, »sie suchten glatte Dinge«, denn sie hatten eine leichtere Lebensform gewählt als die strenge asketische Disziplin des »Lehrers«.

Zur Zeit der Enstehung eines ganz bestimmten Textstücks über den »Lehrer« war anscheinend sogar sein Leben in Gefahr. In dieser Situation suchten seine Anhänger Zuflucht in einem der Trostpsalmen: Sie glaubten, es sei geweissagt, daß der »Lehrer« gerettet und seine Feinde bestraft würden:

... auf die Gottlosen von Ephraim und Manasse, die ihre Hand ausstrecken wollten gegen den Priester (den »Lehrer«) und die Männer seines Rates zur Zeit der Läuterung, die über sie gekommen ist. Aber Gott hat sie erlöst aus ihrer Hand.[17]

Es scheint jedoch, daß der »Lehrer« starb, denn einige Jahre später spricht ein anderer Schreiber von ihm in der Vergangenheitsform und äußert sich in bitteren Worten über seine Widersacher. Alle Fragmente weisen darauf hin, daß offenbar die Rivalen die Oberhand gewonnen hatten und daß die große Mehrzahl der Menschen dem häretischen Lehrer verfallen war, der mit zahlreichen höhnischen Bezeichnungen wie etwa »Lügenmann« und »Mann des Spottes« belegt wird.[18]

Eine weitere abwertende Bezeichnung für den Widersacher des »Lehrers der Gerechtigkeit« ist »Frevelpriester«. Er war es, der »Greueltaten verübte« und »das Heiligtum Gottes verunreinigte«. Man beschuldigte ihn, dem Trunk ergeben zu sein und sich das Geld der Gemeinschaft angeeignet zu haben. Schließlich fiel er in die Hände der Heiden und litt unter ihnen große körperliche Qualen:

... auf den Priester, der sich empörte [...] Gebote [Gottes ...] ... ihn zu schlagen mit Gerichten der Bosheit. Und Abscheulichkeiten böser Leiden taten sie ihm an und Rachehandlungen an seinem Fleischesleib ...[19]
... den gottlosen Priester, den wegen der Schuld an dem Lehrer der Gerechtigkeit und den Männern seines Rates Gott in die Hand seiner Feinde gegeben hat, um ihn zu demütigen durch Plage zur Vernichtung, durch Bitternisse der Seele, weil er gefrevelt hatte an seinen Auserwählten.[20]

Manche Wissenschaftler halten den »Frevelpriester« für eine andere Gestalt als den »Lügenmann«. Wie noch zu zeigen sein wird, deutet der Text jedoch auf eine Gleichsetzung der beiden als ein und dieselbe Person. »Frevelpriester« war wohl lediglich ein weiterer Name für den häretischen Lehrer.

Die zwei Hauptgestalten der Qumrantexte, der »Lehrer der Gerechtigkeit« und der »Frevelpriester/Lügenmann«, stehen im Mittelpunkt des Streites um die Verwandtschaft zwischen der Sekte auf dem Hochplateau über dem Toten Meer und den ersten Christen. Wann haben die beiden gelebt? Wer waren sie wirklich? Und welche Bedeutung haben sie für die Geschichte der Christenheit?

24

Kapitel 3

Eine Frage der Datierung

Schon sehr früh in der Geschichte der Qumranforschung, noch bevor überhaupt alle Fragmente durchgesehen waren – die Tempelrolle war noch nicht einmal aufgetaucht –, wurden von den Wissenschaftlern Hypothesen darüber gebildet, wann die Personen, von denen in den Texten die Rede ist, gelebt haben. An diesen ersten Hypothesen halten einige Forscher noch heute fest, in der Überzeugung, daß es sich hier um festgegründete Tatsachen handle; man spricht in diesem Zusammenhang vom sogenannten »Consensus«.

Ausgehend von der Annahme, daß der »Frevelpriester« und der »Lügenmann« zwei verschiedene Personen seien, stellte Professor Geza Vermes, der die wichtigsten Rollen ins Englische übersetzt hat, die These auf, daß der »Frevelpriester« das Aussehen eines Hohen-priesters der Hasmonäer habe, eines Angehörigen jener Familie von Hohenpriestern aus dem 2. Jahrhundert vor Christus, die im Tempel in Jerusalem herrschten, als die Essener ins Exil nach Qumran gegan-gen waren.[1]

Diese These schien mit anderen Hinweisen übereinzustimmen, nach denen die Gestalten in den Schriftrollen vor dem Jahr 100 v. Chr. lebten. Der »Lehrer« war offenbar ein Zeitgenosse des »Frevelprie-sters«. Da dieser ihn »verfolgte«, muß er zu seiner Zeit gelebt haben, wobei die exakte Datierung seiner Lebenszeit davon abhängt, von welchem Hasmonäer in den Texten die Rede ist. Man schloß deshalb, daß der »Lehrer« der Begründer der Sekte der Essener war, die etwa um diese Zeit auftrat. Ungeachtet der tiefgreifenden Differenzen zwischen dem »Lehrer« und seinem Rivalen, die für ihre jeweiligen Anhänger zu einer Frage auf Leben und Tod wurde, waren die beiden dieser These zufolge im Grunde unbedeutende Gestalten, von denen man zuvor noch nie gehört hatte.

Meiner Ansicht nach ist eine solche Datierung jedoch in allen wichtigen Punkten angreifbar.

Der erste Aspekt, der auch in den Augen vieler neuerer Qumranforscher genauere Beachtung verdient, betrifft den Umgang mit den paläographischen Belegen.

Die Paläographie ist die Wissenschaft von der Datierung alter Handschriften anhand der Entwicklung der Schrift und der verwendeten Schreibmaterialien. Für gewöhnliche (formale und semiformale) Schriften ist das ein durchaus akzeptables Kriterium, auch wenn es selbst in diesen Fällen nur als unterstützendes Argument und nicht als absoluter Beweis herangezogen werden kann. Bei manchen Texten greift dieses Kriterium jedoch nicht, weil die Eigenarten der Schrift des Kopisten es unmöglich machen, das Dokument mit Sicherheit einzuordnen – eine Tatsache, die den Paläographen durchaus bekannt ist.[2] Trotz dieser Unwägbarkeiten wurde einem der Fragmente, das in einer solchen persönlichen Handschrift geschrieben war, von einem Gelehrten eine feste Datierung zwischen 75 und 50 v. Chr. zugewiesen.[3] Da der Text vom »Lehrer der Gerechtigkeit« spricht, muß er vor dieser Zeit gelebt haben. Der betreffende Gelehrte (Josef Milik) sagt in seinem Hauptwerk zu diesem Thema nichts darüber, auf was für eine Art von Handschrift er sich bezieht. Diese Frage läßt sich erst beantworten, wenn man die Handschrift selbst anschaut, die in einer wissenschaftlichen Zeitschrift veröffentlicht wurde.[4] Bei der Beschäftigung mit dem Text wird sofort klar, daß es sich hier um eine der schwerer zu datierenden Schriftarten handelt, daß Milik mit seiner These also den Boden gesicherter Tatsachen verläßt. Eine ganze Anzahl von Wissenschaftlern scheint jedoch die Datierung ohne genauere Nachprüfung einfach aus seinem Buch übernommen zu haben, und baute darauf ein ganzes Theoriegebäude auf. Dabei bezeichneten sie ausgerechnet diese Datierung als die einzige sichere »Tatsache«, die ihnen zur Verfügung stand – nur daß diese »Tatsache« nicht stimmte.

Die Paläographen selbst räumen ein, daß bei ihren Ergebnissen ein Spielraum von mindestens 50 Jahren einkalkuliert werden muß. Trotzdem wurden ihre Schlußfolgerungen oft zu Unrecht für präzise Datierungen herangezogen.[5]

Die anderen Probleme im Zusammenhang mit der Datierung gehen sämtlich auf eine mangelnde Beachtung der Textbelege zurück. Meist werden nur bestimmte Teile, nie jedoch *alle* relevanten Aspekte in die Überlegungen miteinbezogen.

Die Verfasser der Schriftrollen pflegten gebräuchliche Ausdrücke oder Wendungen mit besonderen Bedeutungen zu unterlegen. So meinten sie z. B. mit dem Begriff »Wahrheit« (im Hebräischen *'emet*) ihre eigenen Lehren, nicht die Wahrheit im allgemeinen. Sie allein waren ihrer Auffassung nach im Besitz der Wahrheit. Das Wort taucht viele Male in dieser Bedeutung auf, nie jedoch im gewöhnlichen Sinn.[6] Diese Tatsache muß berücksichtigt werden, wenn man sich mit einer der historisch bedeutsamen Passagen befaßt.

Vielmehr wird Reichtum den hochmütigen Mann im Stich lassen, so daß er nicht Bestand hat, der seinen Rachen weit aufsperrt wie die Hölle und wie der Tod unersättlich ist. (Hab 2,5)
   Seine Deutung bezieht sich auf den gottlosen Priester, der nach dem Namen der Wahrheit genannt wurde, als er sein Amt antrat.[7]

Die Consensentscheidung, daß der »Frevelpriester« ein hasmonäischer Hoherpriester sei, hält nicht stand, wenn dem Text die Sonderbedeutung von »Wahrheit« zugrundegelegt wird. Der Text sagt, daß er »nach dem Namen der Wahrheit genannt wurde, als er sein Amt antrat«. Wenn ein Mann »nach dem Namen der Wahrheit genannt« wurde, war er ein Eingeweihter der Gemeinschaft, deren Mitglieder sich selbst als »Männer der Wahrheit«, als diejenigen, die »die Wege der Wahrheit wandeln«, und mit ähnlichen Termini bezeichneten.[8] Das war sicherlich bei einem hasmonäischen Hohenpriester, einem Gegenspieler der Essener, nicht der Fall, doch es traf sehr wohl auf den rivalisierenden Lehrer zu, von dem zuvor die Rede ist und der zu der Schar um den »Lehrer der Gerechtigkeit« gehört hatte, bevor es zum Bruch zwischen ihnen kam.
   Aus diesem und anderen Gründen,[9] die sämtlich auf einer gründlichen Textuntersuchung beruhen, folgt, daß »Frevelpriester« nur eine andere Bezeichnung für den rivalisierenden Lehrer war, eines der zahlreichen Pseudonyme, mit denen er belegt wurde. Es gibt keinen hasmonäischen Hohenpriester in den Schriftrollen.
   Stellt man dagegen den Sprachgebrauch der Schriftrollen mit all seinen Besonderheiten in Rechnung, so läßt sich die Person des »Lehrers der Gerechtigkeit« zeitlich genau einordnen. Einer wichtigen Textstelle zufolge setzt das Wirken des »Lehrers« in der Anfangszeit der Unterdrückung der Juden durch »Nebukadnezar, König von Babel«, ein.

27

Und in der Zeit des Zornes, dreihundertundneunzig Jahre, nachdem er sie in die Hand Nebukadnezars, des Königs von Babel, gegeben hatte (*letitto 'otam*), hat er sie heimgesucht. Und er ließ aus Israel und aus Aaron eine Wurzel der Pflanzung sprießen, damit sie in Besitz nehme sein Land und fett würde durch die Güte seines Bodens. Und sie sahen ihr Unrecht ein und erkannten, daß sie schuldige Männer waren. Und sie waren wie Blinde und solche, die nach dem Weg tasten, zwanzig Jahre lang. Und Gott achtete auf ihre Werke, denn mit vollkommenem Herzen hatten sie ihn gesucht, und erweckte ihnen den Lehrer der Gerechtigkeit, um sie auf den Weg seines Herzens zu führen.[10]

Wenn man diese Passage wörtlich nimmt, so ist hier vom wirklichen König von Babylon im 6. Jahrhundert v. Chr. die Rede. Den Schriftrollen ist jedoch zu entnehmen, daß das Wort »Babylon« durchgängig ein Deckname für Rom war. Von da wäre es nur noch ein kleiner Schritt für die Verfasser gewesen, die Bezeichnung »Babylon« auch in ihren eigenen Schriften als Pseudonym für »Rom« zu verwenden. Dieser Schritt wurde von einer Gruppe, die der Qumransekte sehr ähnlich war, im Neuen Testament denn auch tatsächlich vollzogen: Zweimal taucht »Babylon« als Codename für »Rom« auf. Im einen Fall fügt Petrus, aus Rom schreibend, seinem Brief den folgenden Gruß an:

Es grüßt euch aus Babylon die Gemeinde, die mit euch auserwählt ist, und mein Sohn Markus.[11]

Im Buch der Offenbarung heißt es in Vorwegnahme des Untergangs von Rom:

Sie ist gefallen, sie ist gefallen, Babylon, die Große ...
Weh, weh, du große Stadt Babylon, du starke Stadt, in einer Stunde ist dein Gericht gekommen![12]

Die Passage in der Schriftrolle wird also sehr viel verständlicher, wenn man sich vorstellt, daß ihr Verfasser ebenfalls unter der römischen Herrschaft litt. Er las – wie es sich für einen Anhänger der Qumransekte gehörte – in seinem Alten Testament nach und fand darin eine Prophezeiung über eine 390 Jahre während Strafe.[13] Aus dieser Stelle konnte er seiner Überzeugung nach ablesen, wie lange die römische Unterdrückung dauern würde. Deshalb nennt er den Zeitpunkt, an dem die Unterdrückung begann, die »Zeit des Zornes, die dreihundertundneunzig Jahre, für die Gott sie in die Hand des Herrschers von Rom (genannt »Nebukadnezar«, in Übereinstimmung mit der Entsprechung Babylon-Rom) gegeben hatte.« Wenn man den Text so versteht, fällt eine große Schwierigkeit, vor der die Anhänger des Consensus stehen, weg, nämlich daß eine hebräische Wendung, die »für die er sie gab« bedeutet, mit »nachdem er sie gab« übersetzt wird, obwohl der Text nicht den leisesten Hinweis darauf enthält, daß das Wörtchen »für« hier »nachdem« bedeutet.

Die Lebenszeit des Lehrers ist damit in eine Zeit der Unterdrückung der Juden durch die Römer zu datieren. Es gibt Hinweise darauf, daß diese Periode mit der Unterdrückungszeit gleichzusetzen ist, die im Jahr 6 n. Chr. mit der Ablösung der einheimischen Herrscher und der Einsetzung römischer Statthalter ihren Anfang nahm, deren Steuerpolitik dann zu einem bewaffneten Aufstand und zu dauernder Guerillaaktivität der Zeloten führte.[14] Da der Text, von dem hier die Rede ist, sagt, daß der »Lehrer« zwanzig Jahre nach der Unterdrückung auftrat, kann man ein exaktes Datum für diesen Zeitpunkt angeben: das Jahr 26 n. Chr.

Das öffentliche Wirken Jesu Christi begann im Jahr 29 n. Chr., dem 15. Jahr des Tiberius Cäsar[15] – der »Lehrer« wäre dieser Lesart nach also ein Zeitgenosse Christi gewesen. Die im zweiten Kapitel diskutierten, überaus zahlreichen Anknüpfungspunkte zwischen den Aussagen der Schriftrollen vom Toten Meer und denen der Urkirche stützen diese Datierung des Auftretens des »Lehrers«.

Es gibt jedoch noch zwei weitere, meiner Ansicht nach gewichtige Einwände gegen den Consensus:

Nach Sicht der Consensusthese war der »Lehrer« der Begründer der essenischen Sekte, die zum ersten Mal unter diesem Namen in der zweiten Hälfte des 2. Jahrhunderts v. Chr. in Erscheinung trat. Muß es in diesem Fall nicht verwundern, daß der »Lehrer« in keinem der langen und detaillierten Berichte über die Essener, die uns von den zeitgenössischen Schriftstellern Josephus und Philo überliefert sind, in irgeneiner Form erwähnt wird? Immerhin hatten beide persönliche Verbindungen zu den Essenern,[16] und ihre Schilderungen verraten eine große Detailkenntnis. Trotzdem findet sich bei keinem von ihnen ein Hinweis auf die Existenz einer Gestalt wie die des »Lehrers«, der doch der ersehnte Retter und Gegenstand aller Prophetie war. Die Verfechter der Consensusthese verweisen in diesem Zusammenhang einfach auf die Schriften eines Historikers aus dem 1. oder 2. Jahrhundert n. Chr., der eine umfassende und genaue Darstellung der Christen liefert, ohne Jesus je zu erwähnen oder auch nur den leisesten Hinweis darauf zu geben, daß er existierte.

Mit Annahmen, die auf so schwachen Füßen stehen, können Historiker jedoch sehr schlecht leben. Deshalb muß auch die Möglichkeit in Betracht gezogen werden, daß der »Lehrer« nicht der Begründer der essenischen Sekte war, sondern mit einer Gruppe in Verbindung stand, die Josephus nicht als essenisch ansah. Die revidierte Form der Datierung, die hier vorgetragen wurde (26 n. Chr.), würde zu der Hypothese passen, daß der »Lehrer« in Wirklichkeit erst lange Zeit nach der Gründung der Sekte auftrat und einer Gruppierung angehörte, die gleichzeitig mit den ersten Christen lebte − einer Gruppe, die zwar essenische Elemente aufgenommen hatte, jedoch nicht mehr streng nach der essenischen Regel lebte.

Der andere Einwand betrifft den Charakter der biblischen Kommentare oder Pescharim, auf den später noch genauer einzugehen sein wird. Sie stellen den wichtigsten Zugang für die Forschung dar. Es handelt sich dabei um eine Literaturform, mit der wir auch heute noch vertraut sind: Pescharim sind Anmerkungen, wie sie entstehen, wenn ein frommer Mensch das Alte Testament aufschlägt und darin eine ganze Reihe von Vorhersagen findet, die seiner Ansicht nach von Ereignissen in seiner eigenen Zeit reden. So gibt es auch heute noch Leute, die behaupten, die Bibel spreche von Rußland oder von aktuellen Ereignissen im Nahen Osten. Ein solcher Bibelleser würde nie sagen, daß die Bibel von Geschehnissen erzählt, die sich vor hundert Jahren ereigneten. Für ihn ist seine Zeit die Zeit der Erfüllung der Prophetie. Genau das taten die Verfasser der Qumrantexte nach Ansicht der Consensusthese. Sie selbst lebten eindeutig in römischer Zeit: Einer der Verfasser erwähnt ausdrücklich, daß zur Zeit der Niederschrift des Textes, an dem er arbeitete, die Römer durchs Land zogen.[17] Wenn das Auftreten des »Lehrers« nun aber in das 2. Jahrhundert v. Chr. zu verlegen wäre, so hätte er über 100 Jahre vor der Zeit des Schreibers gelebt. Die Erinnerung an ihn scheint bei dem Verfasser des Textes jedoch noch äußerst lebendig, und die um seine Person entstandenen Konflikte sind offenbar nach wir vor ungelöst. Außerdem vermerkt einer der Kommentare, daß der »Lehrer« in einer augenblicklichen Krise »erlöst werden wird« − ein Beleg dafür, daß er zur Zeit der Abfassung des

30

Textes noch am Leben war.[18] Die Neutestamentler haben diesen kritischen Punkt zu umschiffen versucht, indem sie auf die variable Anwendung der hebräischen Tempora verwiesen. Dieses Argument kann jedoch nur in bezug auf das klassische Hebräisch geltend gemacht werden. Ein anderer Wissenschaftler hat im Gegenteil gezeigt, daß die Zeiten im Qumran-Hebräisch sich grundsätzlich auf die Zukunft beziehen.[19]

Es gibt also in der Forschung genügend Unklarheiten und Ungenauigkeiten, die eine erneute Beschäftigung mit den Datierungsfragen um die Gestalten der Schriftrollen vom Toten Meer rechtfertigen.

Der nächste Schritt legt sich aus den Parallelen mit dem Christentum nahe, von denen bereits die Rede war. Der »Lehrer« und seine Anhänger lebten offenbar nicht einfach nur zu gleichen Zeit wie die Urchristen, sondern beide Gruppen waren bis zu einem gewissen Grad identisch. Wenn man sich klarmacht, daß der »Lehrer der Gerechtigkeit« in jeder Hinsicht (Botschaft, Wirkungsort, Praxis und Lehre, bis hin zur Bedeutung seines Namens) eine Entsprechung zur Gestalt des Täufers darstellt[20] und daß der häretische Lehrer − der »Frevelpriester« − fast all das tat, dessen Jesus von seinen Feinden beschuldigt wurde, so gewinnt man den Eindruck, es hier mit einem sehr einfachen Sachverhalt zu tun zu haben. Es sieht so aus, als ob die Gestalt des »Lehrers« mit Johannes identisch war, und der rivalisierende Führer, der anfangs zur Schar um den »Lehrer« gehörte, sich dann aber aus diesem Kreis löste und eine weniger strenge Gesetzesauffassung vertrat, mit Jesus.

Das wäre jedoch nicht mehr als eine andere plausible Hypothese, wenn es dafür nicht weitere Beweise aus dem Neuen Testament gäbe. Die Evangelien beginnen zwar sämtlich mit dem Wirken des Täufers, doch es hat nicht den Anschein, daß dieser einer straff strukturierten, hierarchischen Organisation wie der Qumransekte angehörte. Außerdem gibt es keine Hinweise auf eine ähnlich starke Polemik zwischen den Anhängern von Johannes und Jesus, wie sie in den Schriftrollen zwischen dem »Lehrer« und seinem Rivalen zu spüren ist. In den Evangelien sind zwar Anzeichen für eine Zurückweisung der Position des Johannes und für Spannungen zwischen einzelnen Parteiungen auszumachen,[21] doch sie passen kaum zu den Aussagen der Rollen.[22]

31

Unsere Hypothese wäre damit in eine Sackgasse geraten, ließen sich nicht zusätzliche Belege gewinnen, wenn man die Qumranschriftrollen von einem anderen Ausgangspunkt her betrachtet. Erst von dieser Warte aus gewinnt das hier vorgetragene Argument Gewicht und rückt das Neue Testament in einen völlig neuen Blickwinkel.

Kapitel 4

Die Peschermethode

In einer bestimmten Gruppe von Schriftrollen stoßen wir auf das hebräische Wort »Pescher« (Singular von »Pescharim«). Dieses Wort bezeichnet ein Verfahren, das uns gleichsam den Schlüssel zu einer völlig neuen Annäherung an Texte, die im 1. Jahrhundert als heilige Schriften galten, an die Hand gibt.

Die Peschermethode funktioniert folgendermaßen: Der Schreiber nimmt sich ein alttestamentliches Buch vor, z. B. das Buch Habakuk aus den Kleinen Propheten, in dem es um Ereignisse im Jahr 600 v. Chr. geht, als die Babylonier in Judäa einmarschierten und Angst und Schrecken verbreiteten. Er zitiert nun den Text Vers für Vers und fügt dabei jedem einzelnen Vers einen Kommentar an, den er mit den Worten »sein Pescher (d. h. seine Deutung) ist ...« einleitet und in dem er den Text auf Geschehnisse in *seiner eigenen Zeit* bezieht. Die Babylonier sind für ihn die »Kittim«, d. h. die Römer. In der Tat zogen damals immer wieder marodierende römische Trupps durch das Land und versetzten die Bevölkerung in Angst und Schrecken. Andere Verse aus dem Buch Habakuk beziehen sich nach Ansicht des Auslegers auf den »Lehrer der Gerechtigkeit« und seine Kontroverse mit dem »Frevelpriester/Lügenmann«.

Schrecklich und furchtbar ist es. Von ihm geht sein Recht und seine Hoheit aus. (Hab 1,7)
Seine Deutung bezieht sich auf die Kittäer (Römer), von denen Furcht (und Schrecken) auf allen Völker liegt. Und mit Absicht ist all ihr Sinnen darauf gerichtet, Böses zu tun, und mit List und Trug gehen sie mit allen Völkern um.
Weh dem, der seinem Nächsten zu trinken gibt, der ausgießt seinen Grimm; ja, er macht (sie) trunken, um ihren Festen zuzuschauen. (Hab 2,15).
Seine Deutung bezieht sich auf den gottlosen Priester, der den Lehrer der Gerechtigkeit verfolgte, um ihn zu verschlingen in dem Zorn seines Grimmes.
Am Ort seiner Verbannung, und zur Zeit des Festes der Ruhe, am Versöhnungstag, erschien er bei ihnen, um sie zu verschlingen und um sie zu Fall zu bringen am Tage des Fastens, dem Sabbat ihrer Ruhe.[1]

33

Im Alten Testament wird der Begriff »Pescher« für die Deutung von Träumen gebraucht.[2] Ein Mensch mit einer besonderen Begabung wie etwa Josef oder Daniel konnte die verborgene Bedeutung eines Traumes entschlüsseln, die anderen dunkel blieb. Diese Bedeutung hatte Gott selbst dem Traum verliehen − der Ausleger mußte sie nur noch herausschälen, indem er sein besonderes Wissen anwandte.

Einfacher ausgedrückt: Der Pescher ist so etwas wie die Lösung eines Rätsels, etwa in der Form eines Buchstabenrätsels. Für den Uneingeweihten ergeben die Zeichen keinen Sinn, doch wer die Technik kennt und das notwendige Wissen mitbringt, kann das Rätsel entschlüsseln.

Ein Teil der Peschermethode beruht darauf, daß bestimmten Worten eine Sonderbedeutung unterlegt wird. Wenn in der Bibel z. B. vom »Gerechten« oder vom »Frevler« die Rede ist und es scheinbar um ethische Aussagen über alle gerechten oder bösen Menschen geht, überträgt der Pescharist dieses Allgemeine ins Partikuläre und erkennt hinter oder unter dem Text konkrete Aussagen über bestimmte historische Ereignisse im Zusammenhang mit dem »Lehrer der Gerechtigkeit« und dem »Frevelpriester«.[3] Auf diese Weise entstehen gleichsam zwei Textebenen: Die Textoberfläche, die allgemeine religiöse Themen behandelt und für gewöhnliche Leser gedacht ist, und darunter die konkrete historische Aussage, die sich nur denen erschließt, die ein bestimmtes Sonderwissen haben: die Kenntnis der Ereignisse um den »Lehrer der Gerechtigkeit« und den »Frevelpriester«. Dabei behält die Textoberfläche durchaus ihre Gültigkeit; sie wird von der darunteliegenden, anderen Bedeutung nicht negiert und dient ganz allgemein der Befriedigung der religiösen Bedürfnisse der Menschen. Zugleich bleibt jedoch ein »Geheimnis« um den Text, das nur den Eingeweihten zugänglich ist.

Die Bedeutungen, die die Pescharisten aus den Schriften des alten Testamentes »herauszulesen« glaubten, sind dem Text ganz offensichtlich gewaltsam aufgepfropft. Er war nicht für eine solche Auslegungsart geschaffen, sondern in Jahrhunderten, möglicherweise Jahrtausenden der Überlieferung natürlich gewachsen. Dessenungeachtet sind die Kommentare der Qumran-Pescharisten für uns von allergrößter Bedeutung, denn sie liefern uns *ihre* Definition der heiligen Schrift: Die Schrift als Geheimnis, als Rätsel, als Text, der den Bedürfnissen ganz verschiedener Leser entspricht, vom einfachen Gläubigen bis hin zum anspruchsvollen Intellektuellen.

Wir wissen, daß dieses Schriftverständnis in der griechischen Welt

34

weit verbreitet war. So entwickelten die fern der Heimat lebenden Juden in der Diaspora, wo sie mit dem griechischen Denken und der griechischen Kultur in Berührung kamen, allegorische Deutungsansätze für das Alte Testament.[4] Die Schriftrollen vom Toten Meer liefern uns jedoch zum ersten Mal Hinweise auf versteckte *historische* Textbedeutungen.

In den Evangelien wird das Jesuswort zitiert: »Euch (dem engsten Kreis) ist das Geheimnis des Reiches Gottes gegeben; denen aber draußen widerfährt es alles in Gleichnissen.« Die »Insider« also, diejenigen, die »Ohren« haben »zu hören«, werden das Geheimnis verstehen.[5]

Gleichnisse haben demnach immer *zwei* Ebenen: eine einfache Erzählung, hinter der ein komplexerer Inhalt steht. Beim Gleichnis von den bösen Winzern z. B. steht hinter der Geschichte von den ungetreuen Arbeitern im Weinberg ein ganz konkretes historisches Geschehen.[6]

Wenn man das bisher Gesagte bündelt, so ergibt sich folgende Hypothese: Wenn eine Gruppe, die ein solches Schriftverständnis hat, eigenes, neues Schriftgut verfaßt, wird sie es aller Wahrscheinlichkeit nach so konzipieren, daß es ebenfalls durch einen Pescher ausgelegt werden kann. Ihre Schriften werden ein »Geheimnis« sein, eine Art Rätsel, das die Eingeweihten, die über das entsprechende Wissen verfügen, lösen können. Nur wird es diesmal nicht nötig sein, dem Text irgendwelche willkürlichen Bedeutungen unterzuschieben – er wird für alle Eingeweihten dasselbe bedeuten, weil er speziell zu diesem Zweck geschrieben wurde.

Ein zusätzlicher gewichtiger Grund für die verschlüsselte Form der Texte könnte in der Notwendigkeit liegen, aktuelle historische Bezüge aus politischen oder anderen Gründen zu verschleiern.

Die oben formulierte Hypothese läßt sich ohne weiteres in mehrfacher Hinsicht überprüfen: Wenn z. B. bestimmten Begriffen besondere Bedeutungen unterlegt werden, so muß es dafür einen Grund geben, und die Sonderbedeutung muß durchgängig für den Begriff verwendet sein. Jede Erzählung, die aus einer ganzen Anhäufung solcher spezieller Termini komponiert ist, muß in sich selbst stimmig sein und auch zu den anderen Erzählungen passen. Außerdem müssen sämtliche geschichtlichen Bezüge, die sich aus dem Text herausarbeiten lassen, mit dem übereinstimmen, was wir über das Wesen der Institution wissen, um deren Geschichte es geht.

Wenn man diesen Gedanken zu Ende denkt, taucht sogleich eine weitere Überlegung auf. Träume, die Vorbilder dieses besonderen Schriftkonzeptes, sind gewöhnlich unglaubwürdig. Im Traum geschehen Dinge, die im wirklichen Leben nicht passieren. Nun finden sich in den Evangelien zahlreiche Wundererzählungen, die bei den Menschen heute auf Unglauben stoßen und auch auf viele Menschen in der damaligen hellenistischen Welt, die mit den Evangelien in Berührung kamen, wenig glaubhaft gewirkt haben müssen. Waren diese Wundererzählungen möglicherweise ebenfalls auf das oben geschilderte Verschlüsselungsverfahren zugeschnitten?

Sie gehören auf jeden Fall in vieler Hinsicht zu den schwierigsten Passagen in den Evangelien und der Apostelgeschichte. Da gibt es zahlreiche Auferstehungen Totgewesener, die z. T. fast beiläufig berichtet werden: Lazarus kommt aus seinem Grab, die Tochter des Jaïrus wird auferweckt, der Sohn der Witwe zu Naïn wird ins Leben zurückgerufen, als er schon zur Begräbnisstätte hinausgetragen wird, Petrus erweckt die Witwe Dorkas zum Leben und Paulus macht Eutychus, der aus dem Fenster im dritten Stock eines Hauses gestürzt war, wieder lebendig.[7]

Daneben werden kaum glaubliche Naturwunder geschildert, deren Interpretation zudem äußerst problematisch ist. So wird von Jesus berichtet, daß er im Frühling an einem Feigenbaum vorbeikam und von ihm Früchte forderte, um seinen Hunger zu stillen, obwohl keine Erntezeit für Feigen war, die gewöhnlich erst im September reifen. Als er keine Früchte an dem Baum fand, verfluchte Jesus ihn, und der Baum vertrocknete und starb ab.[8]

Bei einer anderen Gelegenheit bannte er Dämonen in eine Herde von zweitausend Schweinen, die sich daraufhin von einer Klippe ins Meer stürzten und ertranken.[9] In der Geschichte von der Speisung der Fünftausend war die Menge Jesus in die Wüste gefolgt, ohne sich mit Proviant zu versorgen. Der einzige, der etwas zu Essen mitgenommen hatte, war ein kleiner Junge, der fünf Brotlaibe und zwei Fische bei sich trug. In dieser Situation erboten sich die Jünger, in die nahegelegenen Dörfer zu gehen, um Nahrungsmittel zu kaufen. Jesus lehnte ihr Angebot jedoch ab und vollbrachte stattdessen ein Wunder, indem er die Laibe und die Fische verteilte, so daß jeder satt wurde und noch zwölf Körbe mit Resten übrigblieben.[10] Bei einer anderen Gelegenheit vollbrachte er dasselbe Wunder noch einmal – diesmal mit viertausend Menschen und sieben Brotlaiben – und verknüpfte damit eine

36

Rätselfrage nach der Bedeutung der Anzahl der Körbe mit übrigen Brocken, die nach den beiden Speisungswundern eingesammelt worden waren.[11] Und schließlich wandelte er übers Wasser und brachte Stürme allein durch die Macht seines Wortes zur Ruhe.[12]

Der Thaumaturg (Wundertäter) in all diesen Geschichten hat nichts mit dem Jesus des übrigen Neuen Testamentes gemein, der sich »sich selbst (entäußerte)«[13] und als leidender Mensch ans Kreuz nageln ließ, ohne dabei von seinen wunderbaren Kräften Gebrauch zu machen.

Theologen und Bibelwissenschaftler sind lange davon ausgegangen, daß diese Erzählungen das Ergebnis gewachsener Tradition sind – Legenden, wie sie sich fast immer um eine charismatische Gestalt ranken. Das ist jedoch keine ausreichende Erklärung dafür, daß so viel Mühe aufgewendet wurde, diese Geschichten zu bewahren und aufzuzeichnen und damit einen ganz offensichtlichen Widerspruch zu den anderen Teilen des Neuen Testamentes zu schaffen. Außerdem ist damit nicht die Frage beantwortet, warum sie in so kurzer Zeit entstanden und in durchaus gebildete Kreise Eingang fanden. So enthalten die Qumranrollen, deren »Lehrer« doch etwa dieselbe Bedeutung hat wie der Jesus der Evangelien, nichts, was den Wundergeschichten vergleichbar wäre.

Die Peschermethode eröffnet uns hier einen völlig neuen Zugang zu den Wundererzählungen. Wie andere Textbausteine auch fügen sie sich problemlos in die Oberflächenerzählung ein. Darunter verbirgt sich allerdings etwas anderes: Auch die Wunder geben uns ganz konkrete Hinweise auf aktuelle historische Ereignisse, ja bei genauer Überprüfung dieser Hypothese stellt sich sogar heraus, daß die Wundergeschichten zu den wertvollsten Quellen für unser Wissen über den historischen Jesus gehören.

Am Beispiel der Erzählungen von der Verwandlung von Wasser in Wein und der Speisung der Fünftausend läßt sich genau aufzeigen, wie die Peschermethode vorgeht.

Nach dem Bericht des Johannesevangeliums[14] nahm Jesus an einer Hochzeitsfeier teil, bei der der Wein ausging. Seine Mutter, die ebenfalls anwesend war, machte ihn auf das Problem aufmerksam: »Sie haben keinen Wein mehr.« Jesu Entgegnung mutet merkwürdig zusammenhanglos an: »Was geht's dich an, Frau, was ich tue? Meine Stunde ist noch nicht gekommen.« Daraufhin wies Maria die Diener an: »Was er euch sagt, das tut.« In einer Ecke standen sechs Steinkrüge, die für die jüdischen Reinigungsriten bestimmt waren und die

37

Jesus nun mit Wasser füllen ließ. Als anschließend aus ihnen geschöpft und »dem Speisemeister« zu kosten gebracht wurde, hatte sich die Flüssigkeit wunderbarerweise in Wein verwandelt. Die Reaktion des Speisemeisters war nicht weniger merkwürdig: Er gab keinerlei Kommentar zu dem Wunder ab, sondern beklagte sich lediglich darüber, daß Jesus den guten Wein bis zum Schluß aufgehoben habe, während es doch sonst üblich sei, den guten Wein am Anfang des Festes zu kredenzen und danach erst den Wein von schlechterer Qualität. Der Evangelienbericht vermerkt gewissenhaft, daß es sich hier um das erste von sieben »Zeichen« handelte, die Jesus vollbrachte. Die Reihe setzt sich denn auch mit sechs ähnlichen Wundern fort.[15]

Wenn man diesen und die folgenden Texte nun unter Heranziehung der Pescherhypothese und bestimmter Informationen, die uns die Schriftrollen liefern, betrachtet, so wird die Bedeutung der sieben »Zeichen« auf einmal transparent. Es handelt sich dabei in Wirklichkeit um sorgfältig konstruierte Berichte über eine Reihe von Veränderungen, die Jesus in das überkommene Regelsystem der Gemeinschaft einführte, Berichte, ausschließlich bestimmt für jene, »die Ohren haben zu hören«.

In Qumran, so erfahren wir aus den Schriftrollen, gab es zwei Stufen der Initiation in die Gemeinschaft; die eine war durch Wasser, die andere durch Wein symbolisiert.[16] Alle Glieder der Gemeinschaft, ganz gleich, welcher Stufe sie zugehörten, konnten durch eine Wassertaufe eine Art vorläufige Mitgliedschaft erhalten. Doch nur diejenigen, die sich ganz dem monastischen Leben verpflichten wollten, bereiteten sich nochmals zwei weitere Jahre vor, um schließlich den »Trank der Gemeinschaft«, d. h. den Wein, zu empfangen. Nur zölibatär Lebende konnten an der Kommunion teilnehmen. Diejenigen dagegen, die auf der Stufe des Wassers blieben und nur die Taufe empfangen hatten, waren »Unreine«: verheiratete Männer, Heiden, Frauen, Kranke und Krüppel.[17]

Wenn Jesus nun in der Wundererzählung »Wasser« in »Wein« verwandelte, so bedeutete das, daß er mit der Tradition brach und Niedrigstehenderen den Empfang der Kommunion gestattete. Von diesem Zeitpunkt an konnten alle erwachsenen Mitglieder von Jesu Anhängerschaft, ganz gleich ob Heiden, Frauen, Sklaven oder Freie, verheiratet, krank oder von anderer ethnischer Zugehörigkeit, vor die Gemeinschaft treten und Brot und Wein entgegennehmen. Indem Jesus dies zuließ, machte er eine ganz entscheidende Aussage: Vor den Augen Gottes sind alle Menschen gleich. Der Gott, den die Christen anbeteten, war nicht der Gott der Tempelrolle, der keinem Menschen, der kurz zuvor Geschlechtverkehr hatte oder blind war oder aussätzig, den Zutritt in die heiligen Vorhöfe des Tempels gestattet hätte.[18] Jesu Handlungsweise trug den Keim einer sozialen Revolution in sich.

Die Geschichte von der Speisung der Fünftausend, die sich in allen vier Evangelien findet,[19] stellt einen späteren Schritt derselben Umwälzung dar: Die Ordinierung von Laien zu Priestern. Damit wurde eine weitere revolutionäre Neuerung vollzogen: Während nach jüdischer Praxis Priester aus dem Stamm Levi kommen mußten, verlieh Jesus in der Ordination die Vollmacht, levitische Funktionen zu übernehmen. Die »Laibe« standen für die Leviten, die die zwölf Schaubrote vom »reinen Tisch« verteilten.[20] Nun durften Laien, denen durch das »Essen« der Brote levitische Vollmacht verliehen war, das Brot der Kommunion austeilen.

Die Anwendung der Peschermethode auf die Evangelien und die Apostelgeschichte unter Hinzuziehung entsprechender zeitgenössischer Quellen ermöglicht eine genaue Rekonstruktion der Existenzform der Religionsgemeinschaft, aus der Jesus hervorging, in der er wirkte und von der er und seine Anhänger sich schließlich lösten. Der Grund, der die damaligen Verfasser bewog, die historischen Gegebenheiten zu verschleiern, ergibt sich aus dem Verlauf der Geschichte.

Das Ganze begann hundert Jahre vor dem Auftreten Jesu, unter der Herrschaft des mächtigen Königs der Juden, Herodes des Großen.

Kapitel 5

Das jüdische Weltreich

Vierzig Jahre vor dem Anbruch des christlichen Zeitalters wurde ein ehrgeiziger und hochbegabter Mann König der Juden: Herodes. Herodes war nicht einmal Jude: Er stammte aus Idumäa im Süden des Landes, wo ein semitisches Mischvolk lebte.[1] Der neue Herrscher war zu einer Form des Judentums konvertiert, die ihm persönlich zusagte,[2] und faßte den kühnen Entschluß, diese seine Religion der ganzen Welt aufzuzwingen.

Judäa war ein armes, kleines Land, dessen einziges »Erzeugnis« im Grunde seine Religion war. Doch außerhalb des Landes lebten Hunderte und Tausende von Juden unter sehr viel angenehmeren Lebensumständen als in der Heimat. Sie waren in den großen Städten Babylon, Ephesus, Alexandria, ja selbst im fernen Rom ansässig geworden. Diese jüdische Welt außerhalb von Judäa wurde als »Diaspora« bezeichnet. Die Juden in den Metropolen waren völlig eingebunden in das dortige wirtschaftliche und intellektuelle Leben. Häufig sehr vermögend, hegten sie keineswegs den Wunsch, nach Judäa zurückzukehren, pflegten jedoch gern nostalgische Erinnerungen an ein Land, das für sie immer noch das heilige war. In diesem Land war Gott einst in seinem Tempel in Jerusalem gegenwärtig gewesen, dort hatten die Könige der davidischen Dynastie ein Goldenes Zeitalter heraufgeführt. Die Religion, die dieses Land hervorgebracht hatte, barg die große Wahrheit des Monotheismus, und die Diaspora-Juden konnten beobachten, daß ihr heidnisches Umfeld wachsendes Interesse an dem schlichten und monumentalen Glauben ihrer Väter bekundete.

Herodes hielt sich selbst für sehr viel bedeutender als das Land, dessen Herrschaft er angetreten hatte. Schon bald gewann er das Vertrauen der Römer, die er mit Soldaten und Geld versorgte. Er widerstand auf einer Reise nach Jericho Kleopatras Verführungskünsten,[3] und nach der vernichtenden Niederlage von Markus Antonius und Kleopatra bei Actium schlug er sich mit politischem Weitblick auf die Seite des Kaisers Augustus.[4] Die Römer sahen in Herodes einen Förderer ihrer Interessen im Osten. Seine Herrschaft dauerte von 37 bis 4 v. Chr.

Die Juden in der Diaspora entwickelten unter ihrem neuen Monarchen ein Gefühl der Einheit mit ihrem Mutterland und ein neues Selbstbewußtsein. Herodes selbst entfaltete eine rege Bautätigkeit. Er war entschlossen, Jerusalem und Judäa zum strahlenden Mittelpunkt des Ostens zu machen. So baute er die Stadt und den Tempel wieder auf, vergrößerte den Hafen von Cäsarea und ließ sich einen Sommerpalast am Fuß der kahlen Klippen von Masada errichten. Außerdem schuf er sich eine schlagkräftige Streitmacht in Gestalt eines Heers und einer Flotte.[5]

Für alle diese Projekte aber benötigte er riesige Geldmittel. Das Land selbst bot keinerlei finanzielle Ressourcen, wohl aber die jüdische Diaspora. Außerdem war bei den fern von der Heimat lebenden Juden ein starkes spirituelles Bedürfnis erwacht. Sie brauchten etwas, das sie mit ihren Glaubensbrüdern verband, einen Ausdruck ihrer Zugehörigkeit zum Judentum, der über die zufällige Zugehörigkeit durch die Geburt hinausging. Auch die zahlreichen Heiden, die zum Judentum übertreten und ihren Entschluß in einem feierlichen öffentlichen Akt besiegeln wollten, stellten eine potentielle Geldquelle dar.

Etwa um diese Zeit erschien eine weitere bedeutende Gestalt auf dem Schauplatz der Geschichte: Hillel der Große. Aus dem babylonischen Judentum kommend, lehrte er eine persönliche und ethische Erneuerung, die in einer Wassertaufe ihren Ausdruck fand.[6] Wer sich dieser Reinigungszeremonie unterwarf, wurde zu einem wahren Juden. Die Idee eines Neuen Bundes oder eines »religiösen Vertrages« begann Gestalt anzunehmen: Die neue Gemeinschaft sollte nicht auf dem Alten Bund gegründet sein, dem die Söhne Abrahams durch Geburt angehörten, sondern auf einer Bundeszugehörigkeit, die auf persönlicher Entscheidung beruhte und die man durch einen besonderen Initiationsritus erwarb. Ein »Neues Israel« sollte erstehen, ein neuer Abraham, ein neuer Isaak und ein neuer Jakob.

Die theologischen und rituellen Vorstellungen Hillels ermöglichten es, viele Juden in der Diaspora in den Neuen Bund aufzunehmen und zu taufen. Sie erneuerten damit ihren Gehorsam gegenüber dem Gesetz und versprachen, »umzukehren zum Gesetz des Mose mit ganzem Herzen.«[7] Viele von ihnen hatten im Lauf der Zeit griechische Namen angenommen; nun erhielten sie wieder jüdische Namen, mit denen sie einander bei den religiösen Zusammenkünften des Neuen Israel anredeten.

Hillel lieferte der neuen Gemeinschaft ihren geistigen Überbau und die ethischen Lehren wie z. B. die »Goldene Regel«. Die aktive Rolle

41

in der Bewegung übernahm jedoch ein anderer Mann: der Diaspora-Essener Menahem.[8]

Die Diaspora-Essener hatten den besonderen essenischen Kalender und zahlreiche andere Traditionen der palästinischen Essener beibehalten, vertraten jedoch nicht deren völlige Abkehr von der Welt und ihre strengen moralischen Grundsätze. Für die palästinischen Essener waren die Brüder in der Diaspora Leute, die »glatte Dinge suchten«, Menschen, die den leichten Weg gingen.

Menahem war ein Mann von besonderen Fähigkeiten. Er hatte u. a. den Orden der »Magier« gegründet, deren Name bereits ihre Herkunft aus der babylonischen Kultur erkennen läßt. Im Jahr 44 v. Chr. hatten die Mitglieder des Ordens den im Jahr zuvor eingeführten Julianischen Kalender übernommen. Er war mit ihrem eigenen Sonnenkalender vereinbar, der den Essenern lange als himmlischer Kalender galt und auf dem alle ihre Prophezeiungen beruhten. Die Magier begannen das Jahr zweimal, im Januar und zur Tag- und Nachtgleiche im März. Damit lebten sie sowohl wie römische Bürger als auch wie Juden.[9]

Menahem und sein Orden wurden zu Beratern von Herodes. Josephus, der jüdische Geschichtschreiber, dessen Aufzeichnungen für ein vollständiges Bild der damaligen Vorgänge von unschätzbarem Wert sind, berichtet, daß Menahem eines Tages, als Herodes noch ein Knabe war und zu seinem Lehrer ging, den Jungen begrüßte, ihm einen Klaps gab und ihm prophezeite, daß er einst König werden würde. Von dieser Zeit an hielt Herodes die Essener in hohen Ehren.[10]

Menahem und seine Nachfolger übernahmen im Neuen Israel die Funktion des »Isaak«. Während »Abraham« (Hillel) den »Vater« verkörperte (ein Begriff, aus dem später der Terminus »Papst« wurde), war »Isaak« der Patriarch von Babylon und dem Osten. Er war die treibende Kraft der Bewegung, die nach kurzer Zeit missionarische Tendenzen entwickelte und als deren formales Oberhaupt Herodes fungierte. Unter seiner Führung strömten jüdische Missionare in die Diaspora, auf der Suche nach potentiellen Taufkandidaten sowohl jüdischer als auch heidnischer Herkunft. Heiden mußten sich allerdings vor dem Beitritt beschneiden lassen und sich verpflichten, alle Vorschriften des jüdischen Glaubens zu befolgen.

Wahrscheinlich war es Menahem mit seinem typisch essenischen Interesse am Kalender und an Prophezeiungen, der den Gedanken eines tausendjährigen jüdischen Reiches entwickelte. Seit der Zeit der Prophezeiungen des Henoch im 3. Jahrhundert v. Chr. hatten die

42

Essener in dem Glauben, daß der Himmel große Ereignisse zu bestimmten bedeutsamen Daten des Kalenders eintreffen lasse, Berechnungen über wichtige geschichtliche Daten angestellt. Im Rahmen einer solchen Spekulation waren sie zu dem Schluß gekommen, daß das Jahr 41 v. Chr.,[11] die Zeit, in der Herodes' Aufstieg zur Macht begann, das Jahr 3900 der Schöpfung sei. Da nun aber die Henoch-Prophezeiungen lehrten, daß die Welt insgesamt 4900 Jahre lang bestehen sollte, befand man sich ganz offensichtlich am Anbruch des letzten Millenniums der Weltgeschichte. Herodes, die entscheidende Gestalt dieses vielversprechenden Beginns, leitete also das letzte Zeitalter der Geschichte ein, das Jahrtausend, in dem sich das Neue Israel über die ganze Welt ausbreiten und ein jüdisches Reich errichten sollte – das größte bis dahin bekannte Imperium.

Infolge seiner engen Beziehungen zu den Essenern war Herodes gezwungen, auf die traditionelle Loyalität dieser religiösen Gruppierung zum alten davidischen Königshaus Rücksicht zu nehmen. Die einstige Herrscherfamilie hatte den Thron im 5. Jahrhundert verloren. Doch schon kurze Zeit später scharte sich eine kleine Gruppe von Königstreuen um sie, die von ihrer Wiedereinsetzung in die königlichen Rechte und von einer Wiederkehr der alten Pracht träumte. Hier lag die historische Ursache für die Entstehung der Sekte der Essener. Sie strebten nicht nur nach einer Wiedereinsetzung der Davididen, sondern auch der Hohenpriester aus der Familie des Zadok, die mit den Davididen zusammen geherrscht hatten. Noch immer gab es viele Elemente im Land, die der Überzeugung waren, daß nur ein Davidide rechtmäßiger König sein könne.

Herodes machte daher das Zugeständnis, daß ein Davidide eine gewisse Machtposition im Reich erhalten könne, solange er selbst die absolute Oberhoheit behielt. Das Zentrum der Macht sollte in Jerusalem und im Osten liegen, und der Davidide konnte Patriarch des weniger bedeutenden Westens mit Rom als Hauptstadt werden. Es sollte eine Triarchie nach dem Vorbild des römischen Triumvirats gebildet werden, deren Oberhäupter in der Mitte, im Osten und im Westen des Reiches saßen: Ein »Abraham« im Zentrum unter Herodes, ein »Isaak« im Osten, und Rom und der Westen sollten das Patriarchat »Jakobs« und seiner Nachkommen werden.

Der Nachkomme aus der davidischen Dynastie, der bereit war, mit Herodes' Plänen zu kooperieren, war ein Mann namens Eli. Zwei Generationen später sollte er ihm ein Enkel geboren werden – Jesus.

43

Eli stammte von Nathan ab, einem jüngeren Sohn von König David. Die korrekte Geschlechtertafel Jesu findet sich im Lukasevangelium. Im Matthäusevangelium wird die Linie Elis einer königlichen Abstammungslinie, die auf Salomo zurückgeht, aufgepfropft, und Eli wird unter seinem Patriarchen-Titel »Jakob« aufgeführt. Das erklärt, warum Josef, der Vater Jesu, in der einen Geschlechtertafel einen Vater namens Eli hat, in der anderen einen mit Namen Jakob.[12]

Jakob-Eli stimmte zu, die Rolle des Dritten in der Triarchie zu übernehmen. Damit stand die Regierungsmannschaft des potentiellen Weltreiches fest. Man traf sich am Verhandlungstisch in der Art, wie sich die Eingeweihten zum rituellen Mahl der Essener versammelten. Die Worte Jesu »und man wird von Osten und Westen und von Norden und Süden kommen und im Reich Gottes zu Tisch sitzen« sind also nicht eschatologisch zu verstehen, sondern sie beziehen sich auf eine ganz konkrete politische Zukunft – auf das jüdische Reich, das das römische Imperium ablösen sollte. Das tägliche Gebet der Mitglieder war: »Dein Reich komme.« Der Herrscher dieses Reiches aber würde Herodes sein. Sein Thron würde in Jerusalem stehen, und Rom wäre eine Vasallenstadt seines Imperiums.

Um das künftige riesige Herrschaftsgebiet, das die ganze damals bekannte Welt umfaßte, überhaupt verwalten zu können, wurde es in zehn Provinzen aufgeteilt. Zwei davon lagen im jüdischen Mutterland, acht außerhalb. Von diesen wiederum befanden sich fünf in Kleinasien, einem Gebiet, das die höchsten Zahlen jüdischer Zuwanderer aufwies. Die drei übrigen waren Babylon, Alexandria und Rom.[13]

Jede Provinz sollte am Anfang sechstausend Mitglieder aufweisen, das ganze Reich also insgesamt 60 000. Wenn sich diese Zahlen verzehnfacht hatten, wie es die »Väter« der Bewegung erwarteten, würde die Gemeinschaft 600 000 Mitglieder zählen. Das war, dem Alten Testament zufolge, die Bevölkerungszahl des ursprünglichen Israel. Damit stand das Neue Israel einerseits in Kontinuität zum alttestamentlichen Gottesvolk, zugleich aber repräsentierte es ein erneuertes Judentum, das in einer neuen Zeit und unter den Bedingungen einer veränderten Welt lebensfähig war.

Kapitel 6

»Lösegeld für die Seele«

Herodes' Konzept, eine neue Form des Judentums zu stiften, schien aufzugehen. Überall in der Diaspora drängten die Juden in die weltweite Gemeinschaft. In Scharen strömten sie zu den Zusammenkünften, die abends in Privathäusern abgehalten wurden. Zu diesen Treffen hatten nur Mitglieder Zutritt; um eingelassen zu werden, mußten sie an der Tür ein Erkennungszeichen in Gestalt eines weißen Steines aus dem Jordan, den die Missionare ihnen bei der Taufe überreicht hatten, vorweisen. In den Stein war ihr neuer jüdischer Name eingeritzt. »Wer überwindet«, sagt die Offenbarung und nimmt damit Bezug auf diese Praxis, »dem will ich geben von dem verborgenen Manna und will ihm geben einen weißen Stein geben; und auf dem Stein ist *ein neuer Name* geschrieben, den niemand kennt als der, der ihn empfängt.«[1]

Die reichen Juden der Diaspora waren bereit, für ihre Mitgliedschaft in der großen Gemeinschaft zu bezahlen: Ein Beitrag von einem Halbschekel, etwa ein Tageseinkommen, war kein hoher Preis.[2] Sie sahen in dem Betrag eine Art »Lösegeld für ihre Seelen«, wie sie es aus den hellenistischen Mysterienkulten kannten.[3] Mit ihrem Beitritt zum Neuen Bund vollzogen sie eine Gott wohlgefällige Handlung, für die sie am Jüngsten Tag gerettet werden würden. Die Beitrittszahlung wurde also gleichsam als »Ablaß« aufgefaßt, der allerdings nur einmal im Leben, bei der feierlichen Zeremonie der endgültigen Initiation, zu entrichten war.[4]

Es stand allerdings jedem Mitglied frei, aus anderen Gründen weitere Halbschekel-Zahlungen zu leisten, etwa als Friedensgabe anstelle der Tieropfer, die im mosaischen Gesetz gefordert waren. Die Juden der Diaspora hatten keinen Ort, an dem sie Opfer darbringen konnten, was dazu führte, daß ihnen der Opfergedanke überhaupt immer fremder wurde. Sie zahlten statt dessen eine Geldsumme und erhielten dafür eine Erklärung, daß sie von ihrer Sünde befreit seien. Diese Friedensopfer (sehr viel später »Ablässe« genannt) wurden einmal im Jahr zu einer bestimmten Zeit dargebracht; im Rahmen der

Zeremonie konnten die Mitglieder auf der religiösen Stufenleiter der Gemeinschaft aufrücken.[5]

Die Missionare, die mit ihren Lederbeuteln voller weißer Steine in die Diaspora ausgezogen waren, kamen zurück, dieselben Beutel nun prall gefüllt mit Geld in ausländischer Währung.[6] Sobald das Geld von Geldwechslern in jüdische Währung umgetauscht war, wurde es in Gewölben deponiert, um bei Bedarf für Herodes' gigantische Bauprojekte oder andere Vorhaben verfügbar zu sein.

Später wurde dann auf dünnem Kupferblech ein Inventar der Einlagen angelegt. Die Worte wurden sorgfältig in das weiche Material eingraviert, um sicherzustellen, daß die Angaben nicht ausgelöscht wurden. Jeder Eintrag gab Auskunft über die Lage eines bestimmten Gewölbes und den riesigen Betrag an Silber- und Goldmünzen, der dort verwahrt wurde. Die Liste wurde so lang, daß schließlich zwei Kupferbänder daraus wurden, die man an einer Wand festnagelte. Sehr viel später wurde dieses Inventar und eine Kopie davon aufgerollt und versteckt, das Original in einer der Höhlen in Qumran, wo es schließlich zusammen mit den anderen Schriftrollen vom Toten Meer entdeckt wurde.[7]

Eines der Qumranfragmente enthält eine Aufstellung über die Einkünfte, die auf diese Art erzielt wurden, und auch in manchen Gleichnissen im Neuen Testament wird auf dieses Praxis angespielt.[8] Das Ziel, 600 000 Mitglieder zur Bildung eines Neuen Israel zu werben, sollte mit Hilfe eines vierzigjährigen Evangelisationsprogrammes erreicht werden, also innerhalb einer Generation, der ersten des tausendjährigen herodischen Reiches.

Die Initianden wurden, entsprechend essenischem Brauch, in Gruppen zu je hundert aufgeteilt.[9] An Beitrittsgebühren kam aus jeder dieser Gruppen eine *minah* – »ein Pfund« – zusammen, das sind hundert Halbschekel. Jeder neue Beitrag bedeutete ein neues Mitglied, so daß auf diese Weise auch der Überblick über die Mitgliederzahl gewährleistet war.

Für die Rekrutierung und Unterweisung einer neuen Gruppe waren vier Jahre anberaumt. Der Missionar, der ein Pfund zur Deckung seiner Reisekosten erhielt, brauchte ein Jahr, um hundert Leute zusammenzubringen, und verbrachte dann drei Jahre mit ihnen, in denen er sie auf die Initiation vorbereitete. Nach vier Jahren sammelte er ein Pfund, hundert Halbschekel, von ihnen ein.

Der Oberste dieser Hundertschaft arbeitete weitere vier Jahre und

46

erzielte in dieser Zeit ein weiteres Pfund. Wenn dieses Verfahren über den Zeitraum von vierzig Jahren, der für die Evangelisation angesetzt war, weitergeführt wurde, so waren das zehn Vier-Jahres-Zeiträume, die insgesamt zehn Pfund erbrachten. Damit hatte sich das Pfund des ersten Missionars verzehnfacht, und er hatte äußerst erfolgreich gearbeitet. Der Vier-Jahres-Turnus für die Rekrutierung und Unterweisung neuer Anhänger war typisch für die Provinzen von Kleinasien, wo die Juden ein ganz normales Leben in den Städten und Dörfern führten.

In anderen Distrikten dagegen, etwa in Alexandria, bestand Nachfrage nach einer längeren Instruktionszeit, in deren Verlauf die Mitglieder zu Mönchen ausgebildet wurden. Die Unterweisung für Mönche dauerte sieben Jahre. Zusammen mit dem Jahr für die Rekrutierung waren das acht Jahre. In vierzig Jahren kam man auf fünf Acht-Jahres-Zeiträume. Damit verfünffachte sich das »Anfangskapital« des Missionars, und auch er hatte gute Arbeit geleistet, denn gutausgebildete Mitglieder waren sehr wertvoll.

In der weit entfernten Provinz Rom wurde ebenfalls missioniert, doch Judäa war weit, und die Missionare hatten kein Interesse daran, Geld zurückzuschicken. Sie legten es lieber in Rom selbst an. So flossen durch diese Missionare keine Einkünfte ins Mutterland, was ihnen einen strengen Tadel wegen ihrer anti-zentralistischen Haltung eintrug.

Lukas' Gleichnis von den anvertrauten Pfunden[10] gibt Auskunft über die ursprüngliche Mission und ihre Finanzierung. In dem Gleichnis ist die Rede von einem Mann, der zehn Diener hatte, denen er jeweils ein Pfund anvertraute. Von dreien dieser zehn wird weitererzählt: Der erste legte sein Pfund so geschickt an, daß er zehn weitere Pfund damit verdiente. Der zweite erzielte nur fünf Pfund, aber beide wurden für ihr Engagement gleicherweise gelobt. Der dritte jedoch verbarg das Geld und wurde dafür verurteilt. Es fällt auf, daß die Erzählung Details enthält, die nicht erforderlich wären, wenn das Gleichnis allein auf die schlichte moralische Pointe hin angelegt wäre, daß man anvertrautes Gut gewissenhaft und klug verwalten muß. Zusammen mit dem Gleichnis von den Talenten im Matthäusevangelium (in dem die Zahlen im Blick auf die acht auswärtigen Provinzen anders angegeben sind)[11] bildet das Gleichnis von den anvertrauten Pfunden eine Art Rechenschaftsbericht über die Anfänge der Organisation, von der in den Evangelien noch an vielen anderen Stellen die Rede ist.

47

Die Missionare gaben den Neubekehrten nicht nur einen Stein und einen neuen Namen auf den Weg, sondern auch ein Abzeichen mit dem Emblem des jeweiligen Ordens, dem sie beitraten. Die zwölftausend Mitglieder in Judäa wurden in »Stämme« aufgeteilt, die die Namen der zwölf Stämme Israel (Ruben, Simeon, Levi, Juda usw.) führten.[12] Im Grunde waren diese Gemeinschaften religiöse Orden mit unterschiedlichen Ordensregeln und unterschiedlichen politischen Einstellungen. Ihre jeweiligen Embleme waren zugleich eine Art Selbstdarstellung: Einer der Orden führte z. B. das Schaf als Emblem, ein Sinnbild dafür, daß es sich hier um Essener handelte, die sich als Gefolgsleute des Hirtenkönigs David betrachteten; ein anderer zeigte das Bild der Taube, als Zeichen dafür, daß seine Anhänger für den Frieden votierten; ein dritter, dessen Mitglieder einfache Arbeiter waren, führte einen Ochsen. Wenn die Missionare den Mitgliedern diese Abzeichen im Austausch gegen den Halbschekel aushändigten, so konnte man in der Tat von ihnen sagen, daß sie »Händler« waren, die »Rinder, Schafe und Tauben verkauften« und die Religion damit »zu einem Kaufhaus« machten.

Siebzig Jahre später sollte ein Nachkomme eines der Gründer der Bewegung gegen diese Praxis zu Felde ziehen: Jesus, der Sohn Josefs, des Sohnes Elis. Er wandte sich aufs schärfste gegen den Ausverkauf religiöser Erlösung für Geld und lehrte, daß die Erlösung ein freies Geschenk der Gnade sei. Mit der Peitsche trieb er die »Händler, die Rinder, Schafe und Tauben verkauften,« hinaus und stieß die Tische der Geldwechsler um.[13] Die Beitrittsgebühren wurden abgeschafft, es gab nur noch freiwillige Spenden. Die Religion, so lehrte Jesus, sei kein finanzielles Schwindelunternehmen, sondern eine Gabe Gottes. Diese herbe Kritik am Finanzierungssystem der Mission und seine ablehnende Haltung gegenüber anderen Aspekten des herodianischen Programms führten schließlich zu seinem Ausschluß aus der Mission.

Nichtsdestoweniger hatte Herodes mit der Förderung eines Projektes, in dem Juden und Heiden in einem erneuerten Judentum zusammengeführt werden sollten, den Grundstein für eine neue Religion und eine neue religiöse Gemeinschaft gelegt. Diese neue Gemeinschaft sollte viele Stadien durchlaufen, bis aus ihr schließlich etwas hervorging, das ihre Gründer sicherlich kaum wiedererkannt hätten: die christliche Kirche.

Kapitel 7

Zufluchtsorte in der Wüste

Das in der judäischen Wüste gelegene Qumran war zumindest seit dem 2. Jahrhundert v. Chr. ein Zufluchtsort der Essener. Die Essener verkörperten die Schicht der alten Aristokratie, die sich die große Zeit Israels zurückwünschte, als David auf dem Thron saß und ein Hoherpriester aus dem Geschlecht Zadoks im Tempel amtierte.[1] In der langen Zeit des Wartens und Betens um die Wiederherstellung der alten Ordnung zelebrierten ihre Priester die gottesdienstlichen Handlungen in einem rechteckigen Hofraum auf dem kahlen Plateau, als befänden sie sich in einem Tempel. Die Laienbrüder, die ihnen ins Exil gefolgt waren, führten ein monastisches Leben in dem geräumigen Gebäude östlich des Aquädukts; ihr Leben war ganz dem Dienst für die Priester und dem Gebet geweiht.

Jeden Tag um elf Uhr ließen die Mönche die Arbeit ruhen und versammelten sich bei der großen, von Stufen eingefaßten Zisterne auf der Ostseite ihres Wohntraktes. Sie legten ihre Arbeitskleidung ab, stiegen, nur mit einem Leintuch bekleidet, ins Wasser und nahmen ein langes, erfrischendes Bad.[2] Die Zisternen des Klosterkomplexes, von denen fünf mit Stufen versehen waren, wurden durch einen Aquädukt, der vom Wadi Qumran Regenwasser heranführte und sie einmal im Jahr auffüllte, mit Wasser versorgt.[3] Das Ritual des täglichen Bades diente nicht nur der körperlichen Reinigung, es wusch auch die Sünde ab, denn die Männer mußten in einem vollkommen heiligen Zustand sein, wenn sie sich anschickten, die heilige Speise der Priester zu sich zu nehmen – und damit gleichsam eine priesterliche Handlung zu vollziehen.

Jüdischer Priester konnte nur werden, wer aus dem Stamm Levi kam. Die Leviten genossen zahlreiche Privilegien. Besondere Bedeutung kam dabei den Abgaben des Zehnten zu. Die Bürger lieferten ihnen ein Zehntel ihrer Einkünfte, gewöhnlich in Form von landwirtschaftlichen Erzeugnissen wie Getreide oder Früchte, ab und kamen damit voll und ganz für ihren Lebensunterhalt auf.[4] Als die alten Priestergeschlechter zusammen mit der davidischen Dynastie vertrieben wurden, brachten einige besonders treue Anhänger ihren Nachfahren weiterhin den Zehnten, weil sie der Überzeugung waren, daß sie die einzig rechtmäßigen, von Gott eingesetzten Priester seien. In dieser Praxis unterschieden sich die außerhalb Qumrans lebenden, externen Essener von den übrigen Juden.

Nach der Verbannung ins Exil nach Qumran wurde die Abgabe des Zehnten lebenswichtig für die Exilanten. Die Priester und Mönche hatten zwar Wasser aus dem tiefen, runden Brunnen auf der Westseite der Ansiedlung, der schon seit dem 8. Jahrhundert v. Chr. bestand, doch die unfruchtbare Wüstenerde gab keine landwirtschaftlichen Erträge her, abgesehen von etwas Gemüse, das in der Nähe einer Quelle drei Kilometer entfernt in der Küstenebene gedieh. Die Menschen, die die Bewohner des Hochplateaus unterstützten, machten deshalb die lange Reise von Norden, oft von Galiläa her, um ihnen Nahrungsmittel zu bringen. Als Gegenleistung durften sie eine Zeitlang bleiben, erhielten religiöse Unterweisung und nahmen an den Gebeten teil.

Normalerweise durften nur die Priester als Stellvertreter Gottes von den Gaben des Zehnten essen. Die arbeitenden Mönche mußten jedoch ebenfalls mit Nahrung versorgt werden. Deshalb entwickelte sich die Gepflogenheit, sie quasi als ehrenamtliche Priester, die durch ihr rituelles Bad rein geworden waren, zum Mahl der Priester zuzulassen. Das Mahl selbst wurde als »die Reinheit« bezeichnet − ein Begriff, der sich immer wieder in den Schriftrollen findet[5] −, und der Ausschluß davon wurde als Disziplinarmaßnahme eingesetzt. Brach ein Mönch eine der strengen Verhaltensvorschriften, etwa durch Ungehorsam gegen einen Oberen, durch Boshaftigkeit gegen einen Mitbruder oder auch nur, weil er »mit lauter Stimme lacht(e)«, so wurde er für einen Zeitraum von zehn Tagen bis zu einem Jahr von der »Reinheit« ausgeschlossen.[6]

Das rituelle Mahl bestand aus Brot und neuem Wein. Vor Beginn wurden beide Elemente gesegnet, zuerst Wein und Brot durch den Priester, dann das Brot allein durch den Leviten.[7] Die auffallenden Parallelen zwischen dem Gemeinschaftsmahl in Qumran und dem christlichen Abendmahl wurden in der Forschung schon immer konstatiert, und der Blick auf die historische Verbindung zwischen Qumran und dem Urchristentum zeigt denn auch, daß es sich hier tatsächlich um die Urform des christlichen Abendmahls handelte.

50

Der Gebäudekomplex von Qumran und seine Außenposten entlang der Küste des Toten Meeres spielten eine entscheidende Rolle bei den Ereignissen, von denen im Pescher der Evangelien die Rede ist.

Die Bauten von Qumran standen auf einer langgezogenen Hochfläche, die durch eine schmale Landenge von einer Reihe brauner Kalkklippen im Hintergrund abgetrennt ist. Sie bildeten zwei Blöcke mit einem breiten, von Norden nach Süden verlaufenden Korridor in der Mitte, durch den der Aquädukt führte, der die Zisternen speiste. Auf der Westseite des Korridors, um einen tiefen, runden Brunnen herum, befanden sich mehrere kleinere und größere Räume sowie ein langer Hof in nord-südlicher Ausrichtung. Das Zentrum des monastischen Lebens bildete ein großes, quadratisches Gebäude auf der Ostseite, das in der Nordwestecke mit einem Turm bewehrt war. Es lag innerhalb einer alten Mauer, die viele Jahrhundert früher Teil einer israelitischen Festungsanlage gewesen war.[8] Außerhalb dieser Mauer, nach Süden hin, erhob sich in ost-westlicher Ausrichtung eine lange, wohlproportionierte Halle, an die sich südlich ein Raum anschloß, der als »Anrichte« bezeichnet wird, weil man darin Hunderte von aufeinandergetürmten Tonschalen fand.[9] Die Halle ging direkt auf einen freien Platz hinaus, den langgezogenen südlichen Vorsprung des Plateaus. An seiner äußerste Kante brechen die Klippen steil zum Bett des darunterliegenden Wadi Qumran ab.

Über die ganze Siedlung verteilt waren eine Anzahl rechteckiger, mit Stufen versehener Zisternen, die offenbar für die rituellen Bäder benutzt wurden, während der runde Brunnen die Bewohner mit Trinkwasser versorgte. Eine weitere große Zisterne ohne Stufen lag außerhalb der Mauer an der Südwestseite.

Die Gebäude auf dem Plateau, aus Steinen erbaut, die überall reichlich herumliegen, bildeten das Zentrum der Siedlung, die bei der Ankunft der Exilanten im 2. Jahrhundert v. Chr. errichtet worden war. Daneben gab es jedoch in der Wüste von Judäa noch eine ganze Anzahl von »Außenposten«.

Die Lage dieser Außenposten enstpricht, in griechischen Stadien gemessen, ganz genau bestimmten Ortsangaben in den Evangelien. Eine Stadie maß 180 Meter, fünf Stadien 925 Meter oder 1850 Ellen, etwa einen Kilometer.[10]

Fünf Stadien in Richtung der Landenge hinab, die zum Hauptplateau führt, fand man die Überreste eines Gebäudes.[11] Dieser Bau

51

wurde aus Gründen, die später noch deutlich werden, »Haus der Königin« genannt; er spielte eine wichtige Rolle im Leben Jesu.

Etwa zwei weitere Kilometer abwärts, insgesamt drei Kilometer (fünfzehn Stadien) von Qumran entfernt, direkt an den Gestaden des Toten Meeres, liegen die Ruinen von Ain Feschcha, heute ein beliebtes Ferienziel der Israelis. Die Fundamente der Mauern und die Reste eines schönen Torbogens aus herodianischer Zeit, halbverborgen unter Gras und Gesträuch dicht an der Hauptstraße, sind noch zu erkennen.[12]

Weitere 15 Stadien an der Küste entlang, vorbei an der großen Landzunge von Ras Feschcha, erheben sich die Ruinen eines anderen Gebäudes, heute unter der Bezeichnung Chirbet (Ruine von) Mazin bekannt, ein wenig nördlich von der Stelle, wo sich das Wadi Kidron aufs Tote Meer hin öffnet.[13] Der Komplex ist also dreißig Stadien (sechs Kilometer) von Qumran und 25 Stadien vom »Haus der Königin« entfernt. Zu den Ruinen gehören auch die Reste einer großen Schleuse, die sich am Ende eines kurzen Kanals befunden haben muß, der vom Meer heraufführte; die Entfernung zwischen Schleuse und Meer beträgt heute etwas über 200 Ellen (etwa hundert Meter).

All diese Entfernungen mögen auf den ersten Blick irrelevant erscheinen, sie werden jedoch äußerst bedeutsam, wenn man die Besonderheiten des Peschers verstanden hat. Nach ihrer Verbannung in die Wüste setzte sich in den Essenern die Überzeugung fest, daß sie in Qumran ihren eigenen »Tempel« und ihr eigenes »Jerusalem« bauten. Sie nannten ihre Siedlung deshalb »Jerusalem«, so wie auch andere Auswanderer oft die Orte in ihrer neuen Umgebung nach Plätzen in der alten Heimat benennen. Um zwischen dem »alten« und dem »neuen« Jerusalem zu unterscheiden, gebrauchten sie den Namen in zwei verschiedenen Varianten – eine Praxis, die im Griechischen nachgeahmt werden konnte. Die Singularform bezieht sich auf das alte, die Pluralform auf das »Neue Jerusalem«, Qumran. Die beiden Bezeichnungen dienten gleichzeitig als Codenamen bei der Verschlüsselung ihrer Texte.

Qumran und seine Außenposten wurden zum Zentrum für alle, die am traditionellen Priestersystem festhielten. Es war Tagungsort für die Versammlungen der Orden und die Verwaltungszentrale der essenischen Sekte.

Wenn ein Gemeindevorsteher, z. B. der »Bischof« von Galiläa, zu den Konzilien, die bei der Tagundnachtgleiche und zur Sonnwende abgehalten wurden, nach Ain Feschcha kam, dann brachte er »Galiläa« mit sich, denn nach dem qumranischen Verständnis der Bischofswürde war er so eng mit seinem »Bistum« verbunden, daß er es in seiner Person verkörperte. Die christliche Kirche folgt noch heute diesem Prinzip. Ein anglikanischer Erzbischof führt als Beinamen den Namen seiner Stadt, z. B. »John London«, so daß in gewissem Sinne »London« stets dort ist, wo er sich gerade aufhält. Wenn also der »Bischof« von Galiläa in Ain Feschcha war, so war Ain Feschcha »Galiläa«.

Die Mönche, die wegen Unreinheit vorübergehend aus dem Kloster ausgeschlossen waren, mußten sich normalerweise nach Ain Feschcha begeben, wo sie Leute vorfanden, die den Status von externen Zölibatären hatten. Die Geschichtsschreibung von Qumran erzählt von einem solchen hochgestellten Besucher, der aus Samaria kam – damit war das Gebäude an der Küste des Toten Meeres während der Dauer seines Aufenthaltes »Samaria«.

Das jenseits der Landzunge gelegene Mazin wurde von Leuten mit niedrigerem Status frequentiert. Manche von ihnen gehörten zu den externen Essenern, die sich normalerweise in Kafarnaum am See Gennesaret trafen. Wenn sie zu den Konzilien nach Mazin kamen, wurde Mazin zu »Kafarnaum«.

Die Bootsfahrten, die Jesus und die Jünger unternahmen, fanden auf dem Toten Meer, nicht auf dem See Gennesaret statt. Die drei Kilometer zwischen Mazin und Ain Feschcha waren einfacher mit dem Boot zurückzulegen, da die Landzunge von Ras Feschcha bis zum Meer vorragt und so eine natürliche Barriere bildet.

Mazin war das »etwa fünfundzwanzig oder dreißig Stadien« entfernte »Kafarnaum«, von dem in einer Geschichte des Johannesevangeliums die Rede ist. Das ganze Evangelium wirkt merkwürdig uneinheitlich in seinen Ortsangaben. Zum Teil sind sie erstaunlich vage, und an anderen Stellen, wo es überhaupt nicht erforderlich scheint, werden die Entfernungen ganz genau in Stadien angegeben. So heißt es an einer Stelle, daß die Jünger, die in einem Boot nach Kafarnaum ruderten, bis zu einem bestimmten Punkt »etwa fünfundzwanzig oder dreißig Stadien gerudert waren«.[14] Mazin aber ist genau 30 Stadien von Qumran und 25 Stadien vom »Haus der Königin« auf der äußersten Grenze des qumranischen Gebietes entfernt.

In einer anderen Episode um Kafarnaum, die im Johannesevangelium erzählt wird, wurde ein Fischernetz 200 Ellen (hundert Meter) zum Land gezogen. Das entspricht genau der Länge des Kanals von Mazin, der vom Meer zur Schleuse führt.

Nach dem Bericht des Johannesevangeliums liegt Betanien fünfzehn Stadien von Jerusalem – hier im Plural gebraucht – entfernt. Das ist genau die Entfernung zwischen Ain Feschcha und Qumran. Ain Feschcha nahm, als Qumran zum »Neuen Jerusalem« wurde, den Platz Betaniens ein, das ungefähr in derselben Entfernung östlich von Jerusalem liegt.

Die verschiedenen Entfernungen konnten aber auch in Wegstunden angegeben werden. Man ging davon aus, daß ein Wanderer in dem heißen, trockenen Wüstenklima fünf Stadien in der Stunde zurücklegte. Er brauchte also eine Stunde, um zum »Haus der Königin« zu gelangen, drei Stunden nach Ain Feschcha und sechs Stunden nach Mazin. Die Landenge war der Ausgangspunkt für die Messungen, denn sie bildete die Spitze der Schlucht, durch die jeder hindurch mußte, der nach Süden wollte.

Nach den Reinheitsgesetzen der Tempelrolle, eines Schriftstücks der palästinischen Essener, mußte ein Mann, wenn er unrein geworden war, dem Heiligtum eine bestimmte Zeit fernbleiben und sich und seine Kleider waschen, bevor er zurückkehrte.[15] In Ain Feschcha, dem ersten südlichen Außenposten, fanden die Archäologen die Reste einiger flacher Becken, deren Boden mit einer weißen Schicht überzogen war. Die Analyse ergab, daß es sich dabei um Kalziumkarbonat handelte. Neben den Becken befanden sich gepflasterte Terrassen, auf denen zylindrische Steine lagen.[16] Man kann davon ausgehen, daß diese Vorrichtungen zum Waschen von Kleidern benutzt wurden. Die Essener rieben ihre weißen Leinengewänder mit Weihrauch ein, einer stärkeartigen Substanz, die hauptsächlich aus Kalziumkarbonat besteht.[17] Beim Ausspülen der Kleider löste sich die Substanz und setzte sich am Boden des Beckens ab. Danach wurden die Kleider über die zylindrischen Steine gebreitet, um in der Sonne zu trocknen. Offensichtlich war Ain Feschcha der Ort, an den die Qumranmönche sich zurückzogen, wenn sie wegen verschiedener Formen der Unreinheit vorübergehend aus der Gemeinschaft ausgeschlossen waren. Gleichzeitig war es jedoch auch der Aufenthaltsort der Zölibatäre aus der Diaspora, die denselben Status hatten wie die unreinen Mönche, weil sie nicht im Heiligen Land lebten.

Noch zwei weitere Orte in der Wüste waren in den Klosterkomplex integriert. Der eine war das heutige Chirbet Mird oder Hyrkania, neun Kilometer im Landesinnern, etwa auf derselben Höhe wie Ain Feschcha gelegen. Bei den Ausgrabungen in diesem Gebiet fanden die

Archäologen Relikte aus frühchristlicher Zeit, unter anderem die Abschriften einiger Evangelien.[18] Weil man davon ausging, daß Qumran nichts mit dem Christentum zu tun hätte, stellte man auch keine Verbindung zwischen Mird und Qumran her. Eine rührende Geschichte belegt jedoch, daß Mird und Ain Feschcha in den ersten Jahrhunderten der Kirche sehr wohl zusammengehörten. Eine kleine Gruppe christlicher Eremiten, die in Mird lebten, hatte an der Seeseite von Ain Feschcha einen Gemüsegarten angelegt. Wenn sie Gemüse brauchten, pflegten sie einen Esel aufzuzäumen, der dann ganz allein die neun Kilometer zum Haus des Gärtners hinuntertrottete, mit seinem Kopf an die Tür klopfte und wiederum ganz allein, mit Gemüse beladen, in die Berge zurückkehrte.[19]

Die Entdeckung der christlichen Handschriften in Mird bestätigt, was der Pescher der Evangelien offenbart: daß diese Region untrennbar mit der Geschichte des Christentums verbunden ist. Die Gruppierung, die sich in Mird zusammenfand, orientierte sich am Westen; aus ihr gingen schließlich die Christen hervor, während die Bewohner von Qumran dem jüdischen Glauben treu blieben.

Das mitten im Herzen der judäischen Wüste gelegene Mird bietet einen eindrucksvollen Anblick. Auf dem Gipfel eines niedrigen Hügels, von dem man einen schönen Blick nach Osten auf das Tote Meer hat, wurde eine Plattform mit verschiedenen Gebäuden errichtet. Am Fuße des Hügels nach Osten hin fand man einige Gräber aus herodianischer Zeit, darunter höchstwahrscheinlich das des Antipater, des glücklosen Erben von Herodes, der noch wenige Tage vor dem Tod seines Vaters auf dessen Geheiß hingerichtet wurde. Königin Alexandra Salome (76-67 v. Chr.) hatte den Gebäudekomplex von Mird als Schatzkammer benutzt, danach wurde der Ort von Herodes dem Großen übernommen.[20] Ein besonderes Merkmal der Anlage von Mird sind die unterirdischen Zellen unter der Hauptplattform, die möglicherweise Eremiten zur Klausur dienten. Sie wurden bis in die heutige Zeit benutzt.

Die Nordhänge des Gebirges fallen jäh ab in die Schlucht eines Wadi (des Wadi Sechacha), das nach Nordosten verläuft, bis es sich mit dem Wadi Qumran vereinigt. Dies war der natürliche Weg von Mird nach Qumran, die Route, die auch das Eselchen der Eremiten nach Ain Feschcha nahm. Wie aus der Kupferrolle zu ersehen ist, war der alte Name für Qumran »Sechacha«.[21]

An den Hängen, die das Wadi im Norden von Mird säumen,

55

entdeckten die Archäologen eine Besonderheit: An einer Stelle, an der sich das Wadi stark verengt und das eigentliche Flußbett nur noch zwei oder drei Meter breit ist, sind an zwei gegenüberliegenden Punkten Tunnel in die Felsen gehauen. Der südliche Tunnel wurde etwa dreißig Meter tief freigelegt, wobei sich zeigte, daß er über Stufen langsam nach unten führt.

Nach dem Pescher legt sich der Schluß nahe, daß Mird jenem Ort entspricht, der in den Evangelien als »die Wüste« bezeichnet wird – die »Wüste«, in der Johannes der Täufer predigte. Als Eigentum des Königs Herodes erlangte Mird zur Zeit Jesu immer größere Bedeutung. Die beiden Tunnel könnten durchaus mit einem Taufritual in Zusammenhang gestanden haben, dem die Symbolik der Geburt zugrundelag. Die »Wüste«, im Griechischen erēmos, war der Ort, an dem einsiedlerisch lebende Asketen, »Eremiten«, sich kasteiten. Sie praktizierten eine andere Form monastischen Lebens als die Zönobiten (Mönche, die in einer Klostergemeinschaft leben).

Der zweite Ort, der eine wichtige Rolle in der Geschichte spielte, war das berühmte Kloster von Marsaba, heute die Heimat einer kleinen Gruppe griechisch-orthodoxer Mönche. Man weiß, daß es im Mittelalter mit Mird in Verbindung stand.[22] Marsaba ist eines der spektakulärsten Bauwerke des Landes: In abfallenden Terrassen angelegt schmiegt sich der Komplex an den steilen Abhang des Kidrontals. Das christliche Kloster wurde zwar erst im 5. Jahrhundert n. Chr. gegründet, dem Pescher ist jedoch zu entnehmen, daß der Ort in früheren Zeiten von Asketen besucht wurde, die auf der Pilgerschaft waren. Von Jerusalem zogen die Externen das trockene Bett des Wadi Kidron hinab, das sie als Straße benutzten. Sie übernachteten in Marsaba, stiegen am Morgen dann wieder den Abhang zum Flußbett hinunter und setzten ihren Weg nach Qumran fort.

Als der »Bischof« von Nazaret, dessen Orden eine besondere Beziehung zu Marsaba hatte, hierher kam, wurde Marsaba zu Nazara. Das Gebäude, das einst hier stand, war jenes Nazara (eine andere Form für Nazaret), in dem sich die Ereignisse aus den Evangelien abspielten. Ein Evangelienbericht erzählt von einem Anschlag auf Jesus, bei dem er den »Abhang« eines »Berges« hinuntergestoßen werden sollte, »auf dem ihre Stadt gebaut war«.[23] Die Ortsangaben in dieser Erzählung passen gut zur Umgebung von Marsaba.

Die Methode der Übertragung von Ortsnamen erklärt viele Details

56

in den Evangelien und in der Apostelgeschichte, die oberflächlich betrachtet absurd wirken. So heißt es in einer Episode in der Apostelgeschichte von Paulus, daß er von »Jerusalem« nach »Jerusalem« gezogen sei, wobei das erste Mal die Pluralform, das zweite Mal die Singularform gebraucht ist.[24] Hier handelt es sich nicht etwa um einen der Irrtümer, die Lukas von der Forschung immer wieder unterstellt werden; es gibt keine solchen Irrtümer. Paulus reiste damals von Qumran nach Jerusalem.

Nach dem Bericht des Markusevangeliums fuhr Jesus einmal mit dem Boot nach Gerasa und befand sich offenbar, als er aus dem Boot stieg, sofort an Ort und Stelle.[25] Gerasa, ein wohlbekannter Ort, dessen Ruinen freigelegt wurden,[26] lag jedoch ungefähr sechzig Kilometer vom See Gennesaret entfernt. Laut Pescher fand Jesu Bootspartie denn auch auf dem Toten Meer statt und hatte das an der Küste gelegene Ain Feschcha zum Ziel, den Ort, an dem sich die Oberhäupter der Ordensabteilung von Gerasa versammelten.

In einer anderen Geschichte im Markusevangelium brachen Jesus und die Jünger anscheinend vom Westufer des Sees Gennesaret auf und fuhren mit dem Boot zu einer einsamen Stelle auf der anderen Seite des Sees. Gleichzeitig zog eine Menschenmenge auf dem Landweg dorthin. In diesem Fall hätten die Leute von Norden nach Süden um den See Gennesaret herumgehen müssen. Dennoch langten sie schon vor Jesus an.[27] Wenn man diese Passage jedoch so versteht, daß beide Parteien von Mird im Landesinnern aufbrachen und die Menge auf dem Landweg Richtung Osten nach Ain Feschcha zog, während Jesus nach Mazin hinabging und die Küste mit dem Boot hinauffuhr, wird alles ganz klar.

Die scheinbar so vagen und ungenauen Ortsangaben der Evangelienberichte sind also in Wirklichkeit äußerst präzise. Da die Zeit, die zur Zurücklegung bestimmter Entfernungen benötigt wurde, ebenfalls genau festgelegt war, sind auch die Zeitangaben für die Reisen korrekt.[28]

Qumran wurde als Kloster erstmals von palästinischen Essenern genutzt, die nach ihrer Vertreibung aus Jerusalem im 2. Jahrhundert v. Chr. dorthin gekommen waren. Im Jahr 31 v. Chr. änderte sich jedoch plötzlich alles.[29] Die Bauten von Qumran wurden von einem Erdbeben, das das ganze judäische Tal verwüstete, schwer beschädigt.[30] Am schlimmsten betroffen war die Zisterne, in der die Mönche

57

ihr tägliches Bad nahmen: Die Stufen waren auf der einen Seite um eine Elle abgesackt.[31] Nach dem Glauben der Essener hatte Gott selbst ihre Ansiedlung durch diese Naturkatastrophe geschlagen und sie damit für unrein erklärt. Sie verließen den Ort, und die Siedlung lag zwanzig Jahre lang verlassen.

In mancher Hinsicht erwies sich das Erdbeben jedoch als Glücksfall. Die Essener zogen zurück nach Jerusalem, zum Essenertor, wo sie einst unabhängig vom Jerusalemer Tempel ihre Riten zelebriert hatten. Weil sie jetzt erneut ihre Bereitschaft bekräftigen, mit Herodes zusammenzuarbeiten, wurden sie wieder in der Stadt aufgenommen.

Kurz vor 21 v. Chr. kündigte Herodes an, daß er die gesamte Tempelanlage, das Herzstück des jüdischen Glaubens, wiederaufbauen wolle.[32] Als die Essener von diesem Vorhaben Kenntnis erhielten, brachten sie Gott Dankopfer dar und begannen mit der Niederschrift eines neuen religiösen Werkes. Für sie war das Jahr 21 v. Chr., das Jahr 3920 der Schöpfung, das Jahr, in dem die Wiederherstellung des Alten Wirklichkeit werden sollte.[33] Ihrer Überzeugung nach war Herodes von Gott zum Werkzeug der Erfüllung der Prophezeiung ausersehen.

In die in dieser Zeit entstandene Tempelrolle – eine Offenbarung über den Bauplan des Tempels aus dem Munde Gottes selbst, die er vor langer Zeit am Sinai gegeben hatte – waren alle ihre Vorstellungen von der priesterlichen Reinheit und Absonderung verwoben. Auch ihre Kritik an Herodes wurde in verschlüsselter Form, in Gestalt der Regeln für das Verhalten des Königs, in die Schrift mitaufgenommen[34] – eine Kühnheit, die sie um so eher wagen konnten, als ja Gott selbst, der Herrscher der Geschichte, für die Durchführung seines Planes einstehen würde.

Doch Herodes' Pläne sahen anders aus. Die Rückkehr der Essenerpriester hätte die Rückkehr einer Kultur bedeutet, die den meisten Menschen fremd geworden war, und hätte den alten konservativen Kräften im Land, die ihm feindlich gegenüberstanden, den Rücken gestärkt. Deshalb verwarf der König den essenischen Tempelentwurf.

Das ganze Unternehmen gestaltete sich letztendlich zu einer katastrophalen Niederlage für die Essener. Nicht nur war ihre Hoffnung, sich selbst wieder in Jerusalem zu etablieren, gescheitert, auch ihre Prophetie hatte versagt. Sie fanden zwar rasch einen Weg, ihre chronologischen Berechnungen zu rechtfertigen, zogen sich in der Folge jedoch immer stärker von Herodes zurück und erklärten ihren Anhängern in der Diaspora, daß der göttliche Heilsplan nicht Herodes als

58

König des künftigen Weltreiches vorsehe. Der rechtmäßige Herrscher werde aus dem alten davidischen Geschlecht kommen und nicht aus irgendeiner hergelaufenen Familie wie die Herodier. Die Davididen sollten nach dieser Revision keine untergeordneten Herrscher sein, sondern vielmehr die höchste Macht im Reich innehaben und nur den Priestern Rechenschaft schulden.

Der jetzige »David«, Jakob-Eli, würde König des jüdischen Weltreiches werden, wenn dieses noch zu seinen Lebzeiten Realität werden sollte.[35] Nach ihm würde die Königswürde auf seinen Sohn Josef übergehen, und wenn Josef einen Sohn hatte, so würde dieser der nächste davidische Thronfolger sein.

Im März 7 v. Chr. wurde Josef und Maria ein Sohn namens Jesus geboren. Mit seiner Geburt war eine Erwartung verknüpft, die nichts mit der Oberflächenbedeutung der Evangelientexte, dem sozialen Umfeld eines schlichten Dorfzimmermanns, zu tun hatte. Josef war zwar von Zeit zu Zeit als Zimmermann tätig, weil er seinen Lebensunterhalt, wenn er unter den externen Essenern lebte, wie diese mit einem Handwerk verdiente.[36] Zugleich aber war er der Anwärter auf den Thron Davids und konnte nun, da die Konzeption des künftigen Königreiches weit über die Grenzen Judäas hinaus erweitert worden war, sogar auf die Weltherrschaft hoffen. Noch günstiger standen die Chancen, daß sich die langgehegten Hoffnungen auf eine Wiederherstellung des alten jüdischen Reiches erfüllen würden, für seinen Sohn, denn die Zahl der Mitglieder der Bewegung wuchs ständig und auch die chronologischen Berechnungen sprachen zu seinen Gunsten.

Doch Jesus wurde unter Umständen geboren, die seine Ansprüche von vornherein mit dem Makel der Außer-Ordentlichkeit belasteten, der ihm sein ganzes Leben anhaften sollte. In der Geschichte von der Jungfrauengeburt haben die Schreiber der Evangelien die Methode der Verhüllung angewandt, um denen, die »Ohren haben zu hören«, deutlich zu machen, worin das Außergewöhnliche seiner Situation lag.

59

Kapitel 8

Die Jungfrauengeburt

Nach den Berichten des Neuen Testaments und entsprechend einer tiefverwurzelten und weitverbreiteten christlichen Überzeugung war Maria, die Mutter Jesu, bei Jesu Geburt Jungfrau, und Jesu Vater war kein irdischer Mensch, sondern Gott.[1]

Auch das ist eine der scheinbar historischen Tatsachen, über deren tatsächlichen geschichtlichen Hintergrund man durch die Anwendung der Peschermethode Aufschluß erhält.

Sobald man davon ausgeht, daß Jesus mit den Essenern in Verbindung stand, findet man auch die Erklärung für die »Jungfrauengeburt«, und zwar eine Erklärung ohne alles übernatürliche Beiwerk. Für manche Menschen mag es eine Bedrohung ihres Glaubens bedeuten, wenn Jesu Empfängnis und Geburt dieser übernatürlichen Aura entkleidet und in einen ganz normalen menschlichen Kontext gestellt wird, andere dagegen empfinden diese Erkenntnis vielleicht als fruchtbare neue Einsicht.

Nicht einmal im Neuen Testament selbst ist die Jungfrauengeburt besonders gut belegt: Nur in zwei der vier Evangelien ist explizit von ihr die Rede, und das sind gerade die Evangelien, in denen andererseits Jesu davidische Abstammung über seinen Vater Josef eigens durch ein Geschlechtsregister nachgewiesen wird:[2] Das ist ein absoluter Widerspruch zur These von der Jungfrauengeburt.

Sonst wird die Jungfrauengeburt an keiner Stelle im Neuen Testament erwähnt. Paulus sagt sogar ausdrücklich, daß Jesus ein »Nachkomme Davids« war.[3] Viele Protestanten glauben denn auch nicht an die Jungfrauengeburt als ein tatsächliches Geschehen, sondern ziehen es vor, sie als eine Metapher zu verstehen und spirituell zu erklären. In der katholischen Kirche dagegen bildet sie nach wie vor ein wichtiges Element der Tradition.

Welche historische Situation steht nun wirklich hinter der Jungfrauengeburt? Der Schlüssel zur Antwort auf diese Frage liegt, wie bereits angedeutet, in der Verbindung Jesu und seiner Familie zu den Essenern.

Für die Essener war der Zölibat die höchste Lebensform. Ehe und

60

Geschlechtsverkehr galten als etwas Unheiliges. Die fortgeschritteneren Mitglieder des Ordens aber strebten nach vollkommener Heiligung, um Gott wohlgefällig zu sein. Aus den Berichten der antiken Schriftsteller wissen wir, daß die Essener die Ehe verachteten und sich damit in auffallendem Gegensatz zu den normalen Juden befanden, bei denen das Familienleben einen hohen Stellenwert hatte.[4]

In den Schriftrollen wird diese Einstellung zum Zölibat sehr dezidiert zum Ausdruck gebracht: Wer Geschlechtsverkehr gehabt hatte, wurde für drei Tage vom Heiligtum ausgeschlossen;[5] Ehepaare durften nicht innerhalb der Mauern der Heiligen Stadt Geschlechtsverkehr haben, »um nicht die Stadt des Heiligtums durch ihre Unreinheit zu verunreinigen«.[6] Die am weitesten fortgeschrittenen Mitglieder führten eine Art monastisches Leben: Sie bildeten eine Bruderschaft, die abgeschieden von der Welt innerhalb der steinernen Mauern der Klostergebäude von Qumran ein Leben in Gütergemeinschaft, frommer Hingabe, Armut und Ehelosigkeit lebte.

Einige von ihnen erkannten allerdings, daß ihre Gruppe, wenn sie nicht heirateten und keine Kinder zeugten, nicht weiterbestehen würde. Für die frömmsten Mitglieder war das kein Problem. Sie rekrutierten sich wahrscheinlich aus illegitimen oder ausgesetzten Kindern, die bei den Essenern Aufnahme fanden.[7] Das antike Äquivalent zur Abtreibung war die Aussetzung ungewollter Kinder an einem verlassenen Ort, und aus dem Alten Testament wissen wir, daß manche Priester diese Kinder, sowohl männlichen als auch weiblichen Geschlechts, aufnahmen und sie im Heiligtum zu Gehilfen oder Prophetinnen erzogen.[8] Da diese Kinder keine Familie hatten, deren Fortbestand sie sichern mußten, wurde von ihnen der Zölibat verlangt, der allmählich immer stärker mit dem Begriff der Heiligkeit verknüpft wurde.

Für andere, bedeutendere Mitglieder der essenischen Sekte war es jedoch äußerst wichtig, daß ihre Familie nicht ausstarb. Sie gehörten den großen Dynastien an, den Geschlechtern Zadoks und Davids, aus denen vor der Zerstörung des Tempels im 6. Jahrhundert v. Chr. die Hohenpriester und Könige Israels hervorgegangen waren. Die Sekte hatte sich ja gerade zu dem Zweck konstituiert, die alte Führungsschicht und die Werte, für die sie stand, zu retten.

Auch die Männer aus diesen Familien, potentielle Priester und Könige, strebten nach einem vollkommen heiligen Lebenswandel und waren der Überzeugung, daß Geschlechtsverkehr eine verunreinigende Wirkung habe. Aus diesem Grund praktizierten sie ihn nur zum

Zweck der Zeugung von Nachwuchs, wobei sie sich selbst und ihren Frauen die strengsten Restriktionen auferlegten.[9] Die meiste Zeit lebten sie von ihren Frauen getrennt, wie Mönche in einem Kloster.[10] Wenn die Vorschriften jedoch verlangten, daß sie zur Erhaltung ihres Geschlechtes Nachkommen zeugten, verließen sie das Kloster und bereiteten sich auf die Ehe vor.

Das bedeutete zunächst einmal eine lange Verlobungszeit von mehreren Jahren und schließlich eine Hochzeitszeremonie, nach der dem Paar dann der Geschlechtsverkehr gestattet war. Bei dieser ersten Hochzeit handelte sich um eine Art Ehe auf Probe, die nochmals bis zu drei Jahren dauern konnte. Wenn die Frau in dieser Zeit schwanger wurde, wartete man bis zum dritten Monat der Schwangerschaft, weil danach die Gefahr einer Fehlgeburt geringer war, und feierte dann die zweite, endgültige Hochzeit. Ehescheidung war verboten.[11] Damit befand sich die Frau zum Zeitpunkt ihrer eigentlichen Eheschließung immer im dritten Schwangerschaftsmonat. Da Geschlechtsverkehr während der Schwangerschaft streng verboten war, schliefen die Eheleute nach dieser zweiten Hochzeitszeremonie nicht mehr miteinander. Der Ehemann trennte sich wieder von seiner Frau und kehrte in das zölibatäre Leben zurück.

In einer solchen Ehe mußte auch die Frau die religiösen Vorstellungen der Sekte teilen. Sie mußte die meiste Zeit von ihrem Mann getrennt leben und ihm dabei treu bleiben, so daß er sicher sein konnte, daß ihre Kinder wirklich die seinen waren. Und sie mußte gemäß dem Reinheitsideal der Gemeinschaft bei der Heirat unberührt sein.

In der hellenistischen Welt gab es fromme Frauen, die als »vestalische Jungfrauen« bezeichnet wurden, wobei das Wort »Jungfrau« hier eine ähnliche Bedeutung wie »Nonne« hatte. Im gleichen Sinne war die Frau in einer essenischen Ehe vor ihrer ersten Eheschließung eine »Jungfrau«, d. h. sie gehörte einer religiösen Gemeinschaft oder einem Orden an und war normalerweise auch biologisch Jungfrau.

Die Länge der Verlobungszeit muß jedoch für beide Seiten sehr belastend gewesen sein. In der Auseinandersetzung mit einem Ideal, das dem der Essener glich, ist im Neuen Testament von dem Fall eines Mannes die Rede, der eine »Jungfrau« hat, und dessen »Verlangen nach ihr zu stark« wird.[12] Wenn die beiden während der Verlobungszeit, noch vor der ersten Hochzeit, von ihrer Leidenschaft überwältigt wurden und es zu einer Empfängnis kam, dann konnte man in einem

Wortspiel sagen, daß »die Jungfrau empfangen hatte«. Dem Gesetz nach war die Frau noch Jungfrau, nicht aber körperlich. Es war dieselbe Situation, wie wenn heute ein junges Paar während der Verlobungszeit ein Kind bekommt.

Josef war ein Nachkomme König Davids, wie die Geschlechtertafeln deutlich machen. Er war Essener und lebte nach den Regeln des Ordens. Daß es zwischen der Familie Jesu und den Essenern eine Verbindung gab, lag eigentlich schon lange zutage: Heißt es doch von Jakobus, dem Bruder Jesu, daß er Gewänder aus weißem Leinen trug und nie Salböl auf seine Haut brachte – beides Kennzeichen der Essener, wie Josephus hervorhebt.[13] Außerdem wurde er als »Ebionit« bezeichnet.[14] Dieselbe Bezeichnung, *'ebionim* – »die Armen«, wird in den Schriftrollen für die Qumran-Essener gebraucht.[15]

Aus all dem folgt, daß die »Jungfrauengeburt« durchaus natürlich erklärt werden kann. Maria war eine »Jungfrau«, d. h., sie gehörte einem Frauenorden an, in dem sie wie eine Nonne lebte. Sie war mit Josef verlobt und wurde noch vor der ersten Hochzeitszeremonie, also als »Jungfrau«, schwanger. Damit befand sich Josef in einer heiklen Lage: Er hatte einen weniger schwerwiegenden Verstoß gegen die Ordensregeln begangen und hätte jetzt die Möglichkeit gehabt, »sich ... von ihr zu trennen«.[16] Das Kind wäre dann für illegitim erklärt und von den Essenermönchen aufgenommen und als Waise ohne Namen und Angehörige aufgezogen worden.

Die andere Möglichkeit war, das Kind anzuerkennen, denn wenn es ein Junge werden sollte, so könnte dieser als Nachkomme König Davids zum politischen Hoffnungsträger der Bewegung werden. Josef holte sich Rat bei einem »Engel«.[17] Die »Engel« in den Evangeliengeschichten sind grundsätzlich Männer vom Rang der Leviten. Man hielt die Priester und Leviten für Inkarnationen himmlischer Wesen, für »Götter« (*'elohim*) oder »Engel«.[18] Diesen Glauben macht sich der Pescher zunutze, wenn er in verschlüsselter Form von realen Personen und Ereignissen spricht, als handle es sich dabei um Visionen und Wunder.

Der »Engel« riet Josef, das Kind anzuerkennen und die erste Hochzeit zu vollziehen, als ob es die zweite wäre, bei der die Frau normalerweise ohnehin schwanger war. Josef befolgte den Rat und enthielt sich nach der Heiratszeremonie, die vollzogen wurde, als sei sie bereits die endgültige, den Vorschriften gemäß des Geschlechtsverkehrs mit Maria. Diese schlichte Tatsache wird im Matthäusevangelium auf eine Art und Weise dargestellt, die den Eindruck erwecken sollte, daß es noch nicht zum Verkehr zwischen beiden gekommen sei.[19]

Dem Evangelienbericht zufolge wurde Maria vom »Heiligen Geist« schwanger.[20] Josef *war* der »Heilige Geist«. Wie die Priester und Leviten »Götter« und »Engel« waren, so waren die niedrigeren Priester, Könige und Fürsten »Geister«.

Die Geschichte von der Jungfrauengeburt ist ein schönes Beispiel für die Peschermethode. Der Vorgang wird für all diejenigen, für die der Gedanke von einer jungfräulichen Empfängnis symbolische Kraft hatte, als Wunder dargestellt. Diejenigen aber, die die essenischen Vorschriften kannten und die Geschichte nicht mit einem übernatürlichen Ereignis in Verbindung brachten, wußten immer, was sich hinter dieser Erzählung verbarg.

Die Geschichte von der »Jungfrauengeburt« eignete sich zudem ausgezeichnet für die Heidenmission. In den heidnischen Religionen spielte der Jungfrauenkult eine wichtige Rolle: Kore, Kybele, Diana – die Namen variierten von Ort zu Ort, doch der zugrundeliegende Mythos war überall Ausdruck der griechischen Körperverachtung, die mit dem Wunsch Hand in Hand ging, Geist und Materie voneinander zu trennen. Die neue jüdisch-christliche Religion mußte in einer heidnischen Umwelt mit diesen Kulten konkurrieren, und die Christen fanden daher in den Umständen der Empfängnis Jesu die idealen Grundvoraussetzungen für einen bewußt konstruierten Mythos.

Da Jesus durch Josef aus dem Geschlecht Davids stammte, und da die Essener die Wiedereinsetzung eines Davididen anstrebten – sei es für eine absolute Monarchie ohne Herodes, oder für ein eher geistlich verstandenes Königtum unter Herodes –, war die Frage, ob Jesus legitim gezeugt war, für sie von entscheidender Bedeutung. Vom strengen essenischen Standpunkt her gesehen war er ein außereheliches Kind Josefs und konnte nicht sein Erbe sein. Diese Sichtweise vertrat jedenfalls der östlich geprägte Flügel in Judäa, zu dem die Pharisäer gehörten. Für sie war Jesus der »Lügenmann« – ein Titel, in dem sich sowohl ein Angriff auf seine Lehre, die aus ihrer Sicht häretisch war, als auch auf seine illegitime Herkunft verbarg.[21]

Von einer anderen, liberaleren Warte her war Jesus jedoch legitim. Er war nach einer Zeremonie im Juni des Jahres 8 v. Chr. empfangen worden, bei der seine Eltern einander endgültig anverlobt worden waren. Es gab eine ganze Reihe solcher Zeremonien, die alle dazu dienten, den Ernst der Ehe zu unterstreichen und zugleich ihren

64

körperlichen Vollzug so lange wie möglich hinauszuzögern. Da war zunächst die lange Verlobungszeit, in deren Verlauf die Beziehung zwischen den beiden zukünftigen Ehepartnern einen immer stärker verbindlichen Charakter annahm. Ihre letzte Phase fiel in den Juni. Im September, der für die Juden heiligsten Jahreszeit, in der die großen Feste gefeiert wurden, fand dann die (erste) Hochzeitszeremonie statt. Im Dezember durfte das Paar erstmals Geschlechtsverkehr haben. Der Dezember war die am wenigsten heilige Zeit des Jahres, in die keine traditionellen Feste fielen. In dieser Zeit sollte nach Möglichkeit ein Sohn gezeugt werden, der dann im darauffolgenden September, wieder in der heiligsten Zeit, zur Welt kommen würde.

Da Jesus im Rahmen eines Verlöbnisses gezeugt worden war, das nicht mehr aufgelöst werden konnte,[22] waren seine Anhänger der Ansicht, daß er der wahre Erbe sei. Die Auseinandersetzung um seine Legitimität sollte jedoch sein Leben lang nicht verstummen. Die Umstände seiner Geburt machten ihn angreifbar, und diese Schwachstelle wußten seine Feinde bei jeder Gelegenheit auszunutzen. Für die einen war er ein Bastard, für die anderen ein Messias-König, aus dem vielleicht eines Tages sogar Größeres werden konnte als ein König.

Weitere Einzelheiten der essenischen Vorschriften für die Eheschließung und Familiengründung lassen sich aus der verschlüsselten Chronologie der Evangelientexte ableiten, auch wenn in keiner anderen uns überlieferten Quelle explizit von ihnen die Rede ist. Sie ergeben sich aus dem Grundgedanken, daß für die Essener der einzige Zweck des Geschlechtsverkehrs darin bestand, Kinder, vorzugsweise Söhne, zu zeugen und so die väterliche Linie fortzusetzen.

Der potentielle davidische König und die Männer, die seinem Vorbild folgten, mußten mit ihrer ersten Ehezeremonie, die grundsätzlich im September stattfand, bis zum Alter von 36 Jahren warten. Der offizielle und häufig auch tatsächliche Geburtstag des Königs lag im September, da man genügend über den weiblichen Zyklus wußte, um sicher zu sein, daß sexuelle Aktivität um die Dezembersonnwende zu einer Geburt im September führen würde. Wenn alles gut ging, wurde der nächste Erbe dann um den 37. Geburtstag des Königs geboren, drei Jahre vor seinem 40. Jahr, dem Zeitraum einer Generationsfolge. Nun konnte es konnte natürlich auch vorkommen, daß das erste Kind eine Tochter war. Für diesen Fall sah die Regel vor, daß der Ehemann seiner Frau drei Jahre fernblieb und dann zurückkehrte, um die Ehe wiederaufzunehmen, dieses Mal ohne dreimonatige Wartezeit. Wenn das erste Kind jedoch ein Junge war, durfte der Mann erst nach sechs Jahren zu seiner Frau zurückkehren – ein Mädchen war nur halb so viel wert wie ein Junge. Ein Mann, der mit 37 Jahren eine Tochter hatte, würde also mit 40 zu seiner Frau zurückkehren und, wenn die Natur mitspielte, im folgenden Juni, noch in seinem 40. Lebensjahr, einen Sohn bekommen.

Sobald die Frau im dritten Monat schwanger war – theoretisch also im März –, fand die zweite Eheschließung statt, und der Ehemann kehrte nach mehreren, mit Abschiedszeremonien ausgefüllten Tagen wieder in seine monastische Existenz zurück. Die nächsten sechs Monate war er kein Vollmitglied im Kloster, sondern hielt sich beiseite; zur Zeit der Geburt durfte er seine Frau dann nochmals besuchen. Danach trennte er sich für drei bzw. sechs Jahre von ihr und dem Kind. Eine weniger strenge Klosterregel, die von anderen Asketen der damaligen Zeit befolgt wurde, erlaubte dem Ehemann einen zusätzlichen Heimatbesuch, wenn sein Kind zwei Jahre alt war. Die übrige Zeit blieb die Frau in einem Gemeinschaftshaus, in dem die Kinder versorgt und erzogen wurden.

Im Kloster lebte der Ehemann von den Mitteln der »Armen« – dem Besitz der Vollmitglieder, die beim Eintritt in den Orden ihr gesamtes Vermögen in die Gemeinschaft einbringen mußten. Solange er jedoch außerhalb des Klosters lebte, mußte ein verheirateter Mann für seinen Lebensunterhalt arbeiten und wurde, da er dann privates Eigentum besaß, als »Reicher« eingestuft. Josef arbeitete in solchen Zeiten als Zimmermann. Wie alle externen Essener übte er ein Handwerk aus und zahlte einen Teil seines Einkommens in Form von Steuern zur Unterstützung bedürftiger Personen wie z. B. der Witwen.[23] Diese Wohlfahrtfonds wurden vom jeweiligen Gemeindeleiter verwaltet und diente unter anderem auch der Versorgung der Frauen und Kinder derjenigen Männer, die ins Kloster zurückgekehrt waren.

Wenn ein Junge das Alter von zwölf Jahren erreicht hatte, durchlief er eine Zeremonie, die der der orthodoxen Bar Mitzvah entsprach und bei der er formell von seiner Mutter getrennt wurde. Diese erste Initiation stellte eine Art zweite Geburt dar. Der Initiand erhielt dabei ein zeremonielles Gewand. Wenn das Lukasevangelium davon spricht, daß Jesus »geboren« wurde, als »Quirinius Statthalter von Syrien (war)«, im Jahr 6 n. Chr., so ist auch das nicht einer der angeblichen Irrtümer des Lukas. Im März des Jahres 6 n. Chr. war Jesus zwölf

66

Jahre alt. Die Aussage, daß Maria zu diesem Zeitpunkt »ihren Sohn (gebar)«, ist also ein Bild für die Trennung des Sohnes von der Mutter, und die Formulierung »wickelte ihn in Windeln« bezieht sich auf seine zeremonielle Einkleidung.

Maria, Josef und Jesus waren wirkliche Menschen, Mitglieder einer religiösen Bewegung mit hohen Idealen und strengen Vorschriften. Sie lebten ihr Leben in Auseinandersetzung mit dieser Gemeinschaft und ihrer historischen Entwicklung. Wenn aus ihnen bloße religiöse Symbole wurden, unwirkliche Schemen, deren Wesen sich stärker aus der menschlichen Vorstellungskraft als aus der Realität speist, so ist das ein Vorgang, der in der Geschichte der Menschheit durchaus nichts Einmaliges ist. Viele Menschen brauchen solche Bilder, die in Frage zu stellen für sie schmerzhaft wäre. Andere aber erleben die Beschäftigung mit ihren Mythen als einen positiven Wachstumsprozeß, der über die Bilder hinaus zum tatsächlichen Geschehen führt.

67

Kapitel 9

Zum König geboren?

Jesus kam nicht in Betlehem zur Welt, sondern in einem Haus ungefähr einen Kilometer südlich der Hochebene von Qumran. Die Wahl seines Geburtsortes hing mit seiner offiziellen Einstufung als »illegitimes Kind« zusammen.

Vor dem Erdbeben, als sich das Heiligtum noch in Qumran befand, gab es einen besonderen Ort, an dem die illegitimen Kinder, die für das monastische Leben bestimmt waren, zur Welt gebracht und auf ihr künftiges Leben vorbereitet wurden. Dieser Ort war Mird (Hyrkania), etwa 16 Stunden Gehstrecke in südöstlicher Richtung von Jerusalem entfernt.

Um nach Mird zu gelangen, verläßt man Jerusalem in östlicher Richtung. Man kommt durch Betanien und wendet sich dann nach Südosten zum Dschebel el Muntar, der mit 524 Metern höchsten Erhebung der Gegend. Von hier aus kann man in der Ferne noch Jerusalem sehen. Rings umher liegen niedrige, runde Hügelkuppen fast ohne Vegetation. Der Weg folgt für einige Kilometer dem Verlauf eines Wadi.

Ein junges Mädchen aus Jerusalem, das schwanger war, ohne verheiratet zu sein, wäre diesen Weg vielleicht entlanggegangen. Am steinigen Ufer des Wadi hätte sie dann ihr Kind zur Welt gebracht und es dort zum Sterben liegengelassen.

Schon die Vorgänger der Essener in alter Zeit hatten sich solcher Kinder erbarmt und sie als Gehilfen und Gehilfinnen in ihre Heiligtümer gebracht. Als sich dann das monastische System entwickelte, wurden die Jungen zu Mönchen erzogen, die als Diener der Priester fungierten.

Nach dem Erdbeben war Qumran nicht mehr rein genug, um als Kloster und Heiligtum benutzt zu werden. Als es um das Jahr 11 v. Chr. wieder besiedelt wurde, diente es zunächst als Zentrum für Zölibatäre, die der Welt nicht völlig entsagt hatten und deren Auffassung von Ritus und Moral weniger streng war. Zu ihnen gehörten z. B. die ägyptischen Therapeutae.

Sie nahmen nach wie vor uneheliche Kinder auf. Da nun jedoch

68

auch Frauen der Zutritt zum Zentrum gestattet war, durften die Mütter bei ihren Kindern bleiben. Die Frauen brachten ihre Kinder in dem Gebäude zur Welt, das die Frauen des Ordens in der Zeit der Unreinheit während der Menstruation aufsuchten, und zogen sie dort auch auf. Hinweise in der Tempelrolle lassen darauf schließen, daß es im Umkreis jeder Stadt solche Stätten für die Unreinen gab, und in einer anderen Schriftrolle ist sogar die Entfernung, in der sie errichtet werden mußten, angegeben: 2000 Ellen, das sind beinahe fünf Stadien oder ein Kilometer, eine Wegstunde, vom Zentrum oder der Stadt entfernt.[1]

Wie wir bereits gesehen haben, gab es ein Gebäude in genau dieser Entfernung südlich von Qumran. In der Kupferrolle finden wir auch die Bezeichnung dafür: Das »Haus der Königin.« In der Kupferrolle, einem Inventar der Gelddepots in und um Qumran (das aus der zweiten Phase der Besiedlung von Qumran stammt – erst nach der Verunreinigung des Ortes durch das Erdbeben konnte hier Geld aufbewahrt werden, das grundsätzlich als unrein galt), ist die Rede von Gewölben unter den Gebäuden auf der Hochfläche, aber auch in der Umgebung von »Sechacha« – die alte Bezeichnung für das Wadi, das an der südlich des Klosters gelegenen freien Fläche vorbei zum Toten Meer führt und an dem das »Haus der Königin« lag. Das Bauwerk trug den Namen »Haus der Königin«, weil die »Königin«, die Frau des potentiellen König David, darin den Vorsitz über die bedürftigen Frauen führte.

In der monastischen Phase war das Gebäude auch unter dem Namen »Krippe« bekannt, in Anspielung auf ein ähnliches Gebäude in Jerusalem, fünf Stadien vom Stadtzentrum entfernt auf dem Ölberg. Die genaue Entfernung kennen wir aus einer Passage bei Josephus über ein Ereignis, auf das auch die Apostelgeschichte anspielt.[2] Dem Bericht (es geht um den Versuch eines Mannes, der sich die Königswürde aneignen will, im Triumphzug in Jerusalem einzuziehen) ist zu entnehmen, daß die Krönungsprozession der Davididen bei der »Krippe« ihren Anfang nahm. Einem alten Ritual folgend ritt der Thronanwärter auf dem »Maultier König Salomos« in die Stadt ein.[3] Der Stall dieses Tieres, die »Krippe«, befand sich auf dem Ölberg.

Als der Erbe der Davididen mit den Priestern nach Qumran verbannt wurde, mußte ein entsprechendes Bauwerk errichtet werden. Da die früher östlich vom Herrschaftszentrum gelegenen Orte, wie z. B. Betanien, von Qumran aus gesehen nun im Süden lagen, wurde

69

»die Krippe« fünf Stadien südlich vom Kloster gebaut. Von dieser Stelle aus ritt Jesus später in einem Triumphzug auf einem Eselfüllen in »Jerusalem« (Pluralform) ein.

Bei der Krönung wurde der Davidide nach den Worten der Krönungsliturgie in Psalm 2 von Gott als »Sohn« adoptiert und damit »geboren«.[4] In einem symbolischen Sinn war die »Krippe« also »Betlehem«, der südlich von Jerusalem gelegene Geburtsort der Davididen.

Nach dem Erdbeben wurde die »Krippe« von Qumran, das symbolische »Betlehem«, zu »Betlehem in Judäa«. Die Bezeichnung »Judäa« für die Gebäude im Südosten des Klosterkomplexes war geblieben.[5]

Damit verkörperte das Gebäude südlich der Hochfläche von Qumran zugleich das »Haus der Königin«, die »Krippe« und »Betlehem in Judäa«.

Jesus wurde während der Amtszeit des Hohenpriesters Simon Boethus, der von 23 bis 5 v. Chr. an der Macht war, gezeugt und geboren.[6] Simon Boethus und seine Partei vertraten im Blick auf die rituellen und moralischen Fragen, die das Judentum damals spalteten, eine der beiden großen Strömungen. Die Boethusier nahmen eine besonders strenge Haltung zur sexuellen Moral ein, weshalb Jesus für sie ein außereheliches Kind war, einer Waise gleichzusetzen. Das bedeutete, daß er im »Haus der Königin«, in »Betlehem in Judäa«, zur Welt kommen mußte.

Herodes, alt und mißtrauisch geworden, war sich klar darüber, daß die Essener sich in ihrer Enttäuschung über das Scheitern ihres Tempelprojekts gegen ihn gewandt hatten, und hatte keine Lust, einen Thronanwärter von ihren Gnaden überleben zu lassen. Er war ja nicht einmal davor zurückgeschreckt, seine eigenen Söhne umzubringen: So hatte er seine beiden Söhne aus der Verbindung mit seiner Lieblingsfrau, der Hasmonäerprinzessin Mariamne I., aus Eifersucht umbringen lassen, und zwar im selben Jahr, in dem Jesus geboren wurde.[7]

Die Magier wiederum, Diaspora-Essener mit der liberalen Auffassung derer, die »glatte Dinge (suchen)«, akzeptierten die Legitimität Jesu und wollten ihn beschützen. Als sie nach Qumran kamen, fragten sie, in welchem Haus er geboren sei, denn sein Geburtsort würde ihnen seinen Status als Waise oder Prinz verraten. Als Herodes von ihrer Ankunft hörte, fragte auch er seine Ratgeber, »wo der Messias geboren werden solle«, denn er wollte das Kind unbedingt finden. Sie entschlossen sich, die Frage in ihrer Pescherbedeutung aufzufassen – d. h., »wo ist der Davidide in seiner Funktion als adoptierter Sohn Gottes »geboren«?

– und beantworteten sie mit einer Wendung, die ebenfalls nur von einem Pescher-Kundigen verstanden werden konnte: »In Betlehem in Judäa.«[8]

Herodes aber wußte nichts von der Peschermethode; er war lediglich das nominelle Oberhaupt der Bewegung und nicht in ihre Geheimnisse eingeweiht. Deshalb dachte er, sie meinten das wirkliche Betlehem und schickte seine Schergen dorthin.[9] Doch Jesus befand sich nicht in Betlehem und blieb so dank Herodes' Unkenntnis verschont.

Die Frage seiner Legitimität sollte sein Leben lang aufs engste mit der religiösen und politischen Richtung des gerade amtierenden Hohenpriesters verknüpft sein. War ein Mitglied der Familie des Boethus oder der mit ihm verwandten Familie des Kajaphas an der Macht,[10] so galt nicht mehr er, sondern sein Bruder Jakobus als der rechtmäßige Thronanwärter. War dagegen ein Mitglied der Familie des Hannas im Amt, war Jesus der potentielle König. In einer Welt, in der die Hohenpriester aus politischen Gründen ernannt wurden, hing auch sein Schicksal völlig von der politischen Entwicklung ab. Die Frage nach der Besetzung des Hohepriesteramtes stellte damit eine allgegenwärtige Bedrohung für ihn dar.

Kapitel 10

Josef in »Ägypten«

König Herodes starb im März des Jahres 4 v. Chr., fünf Tage, nachdem er noch seinen ältesten Sohn Antipater hatte hinrichten lassen. Antipater, der Sohn der ersten Gemahlin von Herodes, Doris, einer Frau von nicht-adeliger Herkunft, hatte mitgeholfen, die Söhne von Mariamne I., Herodes' zweiter Frau, umzubringen, in der festen Hoffnung, sich damit den Thron zu sichern. Doch sein Leben und damit auch all seine ehrgeizigen Pläne fanden ein jähes Ende in den letzten qualvollen Tagen des alten Herrschers. Antipater wurde in Mird, das in den Besitz des Herodes übergegangen war, beigesetzt.[1]

Archelaus, der nunmehrige Thronfolger, wußte erst seit ein paar Tagen von seinem neuen Status. Er und sein Bruder Antipas, Söhne des Herodes von einer samaritischen Mutter, der Malthake, wären beide für die Thronfolge in Frage gekommen, und in einem früheren Testament war Antipas zum Erben eingesetzt worden.[2] In letzter Minute änderte Herodes jedoch seinen Entschluß, und Archelaus wurde zum König ausgerufen.

Es folgten neun Jahre des Kampfes, in denen der schwache Archelaus darum rang, seine Position der Empörung von Antipas und der Feindseligkeit der meisten seiner Landsleute zum Trotz zu behaupten. Während dieser Jahre war das Land in ständigem Aufruhr. Die Römer, die sich darauf verlassen hatten, daß Herodes in Judäa für Ordnung sorgte, wurden allmählich ungeduldig und setzten sich rücksichtslos über die zahlreichen Anwärter auf die Königswürde hinweg, die plötzlich auftauchten und sämtlich überzeugt waren, daß sie von Gott persönlich als Herrscher über die Juden eingesetzt seien.[3]

Josef, der Vater Jesu, zu dieser Zeit im mittleren Mannesalter stehend, war zwischen widerstreitenden Verpflichtungen hin- und hergerissen. Als Essener war er Pazifist wie sein Vater Jakob-Eli vor ihm. Der essenische Zweig, dem er sich zugehörig fühlte, propagierte einen ruhigen und nüchternen Lebenswandel, geprägt von persönlicher Disziplin, Gebet und Barmherzigkeit.

Als Davidide aber konnte er nicht tatenlos mitansehen, wie das Land seiner Väter auseinanderbrach. Die Juden waren zu diesem

Zeitpunkt in Gefahr, unter der römischen Herrschaft ihre nationale Identität zu verlieren. Im Jahr 5 v. Chr. hatte das ganze jüdische Volk einen Treueeid auf den Kaiser und die Regierung des Herodes ablegen müssen. 6000 Pharisäer, selbstbewußte religiöse Führer, die großen Einfluß auf das einfache Volk hatten, hatten diesen Schwur jedoch verweigert.[4] Das war der Beginn des Zelotentums als nationaler Unabhängigkeitsbewegung.

Als Josef im März des Jahres 5 v. Chr. wieder einmal seine Familie besuchte, schloß er sich dem Protest an. Er verbündete sich nicht mit den palästinischen Essenern, die seinem Vater folgten, sondern mit den Therapeutae, den ägyptischen Asketen, die mittlerweile in Qumran herrschten. Solange sie dort die Oberhand hatten, war Qumran »Ägypten«, und wenn Josef sich bei ihnen aufhielt, war er »Josef in Ägypten« – eine Bezeichnung, die Erinnerungen an die Josefsgeschichte aus dem Alten Testament wach werden ließ.[5]

Die Therapeutae waren eine Gemeinschaft von Männern und Frauen, die die meiste Zeit für sich in einfachen Hütten lebten und sich nur alle sieben Wochen zu einem religiösen Mahl zusammenfanden, das gewöhnlich die ganze Nacht dauerte und in spirituelle Ekstase münden konnte. Sie nahmen dabei ein einfaches Essen aus Brot und Wasser – keinen Wein – zu sich, doch es hieß von ihnen, daß sie in ihrer religiösen Inbrunst »trunken wurden mit der Trunkenheit, in der keine Scham ist.«[6]

Das Oberhaupt der Therapeutae zu dieser Zeit war ein Mann namens Theudas. Da die Diaspora-Essener, denen Theudas angehörte, und die externen Essener einer ähnlichen Ordensregel folgten, verbündete Josef sich mit ihm. Die beiden gaben sich nach Kriegerart Namen aus dem Alten Testament: der »Stern« (Josef, der Stern aus David) und das »Zepter« (Theudas).[7]

Durch seine Unterstützung des Pharisäeraufstands zog sich Josef das Mißfallen des Herodes zu, der damals nur noch ein Jahr zu leben hatte. Herodes hatte damit umso mehr Grund, Josef und seine Familie zu verfolgen.

Josef wußte, daß er und sein Kind in Gefahr waren, und bat erneut seinen priesterlichen Vorgesetzten, den »Engel«, um Rat. Er erhielt die Weisung: »Flieh nach Ägypten.«[8]

Qumran – in der Zeit, in der die Therapeutae sich dort aufhielten, »Ägypten« – war ein ideales Versteck. Die Kalkklippen waren von zahlreichen Höhlen durchzogen, die schon immer zur Klausur genutzt worden waren und so viele Rückzugsmöglichkeiten boten, daß man sich in ihnen ohne weiteres über lange Zeit verbergen konnte.[9]

Nach dem Tod des Herodes befand sich Josef zwar nicht mehr in akuter Gefahr,[10] doch er und Theudas behielten ihr politisches Bündnis bei, das sich in immer stärkerem Maße gegen die Römer richtete. Als Operationsbasis diente ihnen Qumran. Dort führten sie eine nationalistische Bewegung an, die allerdings bei weitem noch nicht so militante Züge trug wie die, die ihr später folgen sollte. Josef selbst war für die Juden ein Held und wurde noch lange nach seinem Tod als berühmter Führer gefeiert.

Im September des Jahres 1 n. Chr. wurde Jakobus, der Bruder Jesu, geboren.[11] Maria und Josef, die nun unter der Herrschaft des boethusischen Hohenpriesters Joazar lebten,[12] warteten etwas länger als die vorgeschriebenen sechs Jahre nach der Geburt Jesu, damit ihr zweiter Sohn im Königsmonat September geboren wurde. Zur Zeit seiner Geburt war Jakobus der rechtmäßige Erbe.

Obwohl Joazar selbst einer eher gemäßigten Linie zuzurechnen war, stand er in Verbindung mit Archelaus und dem aggressiven, militanten Führer Judas der Galiläer, dessen Aufstieg zur Macht um diese Zeit begann. Alle drei wurden von ihren Gegenspielern mit phantasievollen Pseudonymen belegt: Archelaus war das »Kalb« (in Anklang an eines der vier Lebewesen bei Ezechiel, den »Stier«), Judas das »Tier« und Joazar der »Drache«.[13]

In einer Passage im Buch der Offenbarung ist offenbar in einer apokalyptischen Geheimsprache von Maria, Jesus und der Gegnerschaft Joazars gegen Jesu Legitimität die Rede:

»Dann erschien ein großes Zeichen am Himmel: eine Frau, mit der Sonne bekleidet; der Mond war unter ihren Füßen und ein Kranz von zwölf Sternen auf ihrem Haupt. Sie war schwanger und schrie vor Schmerz in ihren Geburtswehen. Ein anderes Zeichen erschien am Himmel: ein Drache, groß und feuerrot, mit sieben Köpfen und zehn Hörnern und mit sieben Diademen auf seinen Köpfen. ... Der Drache stand vor der Frau, die gebären sollte; er wollte ihr Kind verschlingen, sobald es geboren war. Und sie gebar ein Kind, einen Sohn, der über alle Völker mit eisernem Zepter herrschen wird. Und ihr Kind wurde zu Gott und zu seinem Thron entrückt.«[14]

Im Jahre 4 n. Chr. wurde »ein anderer über Ägypten König ... der von Josef nichts wußte.«[15] Unter Judas dem Galiläer machten das »Kalb«, das »Tier« und der »Drache« Qumran zum Stützpunkt einer sehr viel militanteren Bewegung. Josef verließ den Ort und schloß sich einer Friedenspartei an, die sich unter Ananus, dem Oberhaupt einer Familie, die auf die Hohepriesterschaft hoffte, zu formieren begann.[16] In den nächsten beiden Jahren diskutierten die Priester und die Führer beider Seiten heftig, ob man die Waffen gegen die Römer erheben solle oder nicht.

Theudas und Josef leisteten in dieser Zeit einen wichtigen Beitrag zur Entwicklung eines Phänomens, das für die westliche Zivilisation von unabsehbarer Bedeutung sein sollte: Sie bereiteten den Boden für die Ära des Christentums.

Josefs Ziel war es, die Erinnerung an die Familie des Herodes völlig zu tilgen. Es sollte wieder einzig und allein ein Davidide als König und potentieller Weltherrscher an der Spitze der Bewegung stehen. Eine Möglichkeit, dieses Bestreben zum Ausdruck zu bringen, bot der Kalender. Für Herodes den Großen war das Jahr 41 v. Chr. das Jahr 3900 der Schöpfung gewesen, der Anfang des letzten Jahrtausends der Weltgeschichte, die nach der Prophezeiung Henochs insgesamt 4900 Jahre währen sollte. Herodes' Anordnung zufolge sollte die erste Generation (vierzig Jahre) dieses Jahrtausends der Mission gewidmet sein, wobei er in erster Linie an sein Projekt der Verknüpfung von Evangelisation und Geldmacherei dachte.

Die Ratgeber des Königs hatten die ersten vierzig Jahre nach der Schöpfung als erste Generation gerechnet. Wenn man diese Generation jedoch als Null-Generation zählte, was durchaus plausibel war, und erst die nächste Generation als erste, dann begannen die letzten tausend Jahre erst mit dem Jahr 1 v. Chr. Dieses Jahr sollte das Jahr 3900, und das folgende Jahr, das Jahr 1 n. Chr., das Jahr 3901 sein. Das Ende der letzten tausend Jahre und das Jüngste Gericht würden daher in das Jahr 1000 n. Chr. fallen.[17]

Indem man Herodes' erste Generation auf diese Art und Weise »strich«, radierte man ihn selbst aus der Geschichte aus. Die vierzig Jahre der Evangelisation würden nun noch einmal von vorn beginnen, und zwar unter einem Davididen.

Die Geburt von Jakobus im Jahr 1 des letzten Jahrtausends war so geplant, daß er als der erste Davidide in einer tausendendjährigen davidischen Regentschaft fungieren konnte. Doch nachdem sein Bruder Jesus wieder zum rechtmäßigen Erben erklärt worden war, wurde die Datierung auf Jesus zugeschnitten. Der Kirche, die er begründete, wurde also die Vorstellung eines Tausendjährigen Reiches nicht erst zu einem sehr viel späteren Zeitpunkt aufgepfropft, wie man dachte, sondern sie besann sich darin auf die Traditionen ihrer eigenen, vorchristlichen Ursprünge zurück.

Die Zeitrechnung, die mittlerweile in der ganzen Welt Gültigkeit hat und deren Zählung sich inzwischen bereits dem Ende des zweiten Jahrtausends zuneigt, wurde mithin an den Gestaden des Toten Meeres ersonnen, um ein tausendjähriges religiöses Reich unter der Herrschaft der Söhne Josefs, des Nachkommen Davids, einzuläuten.

Kapitel 11

»Der verlorene Sohn«

»Ein Mensch hatte zwei Söhne. Und der jüngere von ihnen sprach zu dem Vater: Gib mir, Vater, das Erbteil, das mir zusteht. Und er teilte Hab und Gut unter sie. Und nicht lange danach sammelte der jüngere Sohn alles zusammen und zog in ein fernes Land; und dort brachte er sein Erbteil durch mit Prassen.«[1]

So beginnt das Gleichnis vom Verlorenen Sohn. Wie alle Gleichnisse hat auch dieses einen historischen Anhalt: Stellen doch die Gleichnisse in den Evangelien in systematischer Ordnung eine Chronik tatsächlicher geschichtlicher Ereignisse dar.[2] Die Geschichte vom Verlorenen Sohn z. B. handelt von den Geschehnissen zu Beginn einer Ära. Die Moral dieser Geschichte, in der es offenbar in erster Linie um Versöhnung geht, erwuchs aus der aktuellen Situation, doch die Einzelheiten der Erzählung gehen weit über die moralische Pointe hinaus – was hier verhandelt wird, sind tatsächliche Ereignisse aus dem Leben historischer Personen.

Der Vater in der Geschichte war Simon der Essener, zu jener Zeit Oberhaupt der asketischen Ordensgemeinschaft. Simon wird in den Evangelien, aber auch bei Josephus erwähnt, in dessen »Antiquitates« er als jener Essener erscheint, der während der Herrschaft des Archelaus berühmt war für seine Prophezeiungen.[3] Einmal deutete er einen Traum des Archelaus dahingehend, daß dessen Regentschaft nur zehn Jahre währen würde. Er gebärdete sich also als typischer Essener-Prophet, der überzeugt war, daß es mit Hilfe des Sonnenkalenders möglich sei, wichtige Ereignisse vorherzusagen. Daneben nahm Simon offensichtlich – ebenfalls ganz in essenischer Manier – für sich in Anspruch, besondere Fähigkeiten zur Entschlüsselung von Geheimnissen zu besitzen.

Simon, in den Evangelien Simeon,[4] war der »Engel Gabriel«, der Maria vor ihrer endgültigen Verlobung unterwiesen hatte.[5] Als ranghohe Persönlichkeit des Essenerordens einte er zu diesem Zeitpunkt die monastisch lebenden Essener mit den anderen Asketen, führte jedoch im Jahre 6 n. Chr. die klassischen Essener in einer gesonderten Organisation zusammen, die für die weitere Geschichte Qumrans

77

keine Rolle mehr spielen sollte. Simeons in diesem Jahr gesprochene Worte »Herr, nun läßt du deinen Diener ... in Frieden fahren« beziehen sich nicht auf seinen Tod, sondern auf seinen Entschluß, sich ganz in ein Leben geistiger Versenkung zurückzuziehen.[6]

Eine ähnliche Überzeugung vertrat auch Jakob-Eli, der Vater Josefs und Großvater Jesu, der die palästinischen Essener zu einem Bündnis mit Herodes bewogen hatte. Als »Jakob, Patriarch von Ephesus,« unterstanden ihm die fünf Provinzen von Kleinasien, die die Hälfte der Einkünfte des Steuersystems einbrachten.[7] Eli ist der »ältere Sohn« im Gleichnis. Unter seinem Einfluß weigerten sich die ihm zugeteilten Provinzen, sich an den aktiven nationalistischen Bestrebungen, die viele Zeitgenossen für das Gebot der Stunde hielten, zu beteiligen. Sie waren nicht bereit, die von ihnen gesammelten Beitrittsbeiträge für militärische Zwecke zur Verfügung zu stellen. Der damalige »Papst« Simeon wurde in ein Schisma gedrängt, und der gesamte Missionsbereich und seine Einkünfte, sein »Erbe«, wurden in zwei Teile geteilt.

Der »jüngere Sohn« im Gleichnis war Theudas, das Oberhaupt der ägyptischen Therapeutae. Er wird in einer späteren Passage als Zelotenführer, der Vorgäger Judas des Galiläers, bezeichnet.[8] Unterstützt von den fünf pro-nationalistischen Provinzen (die beiden Heimatprovinzen sowie Babylon, Alexandria und Rom) ging er »in ein fernes Land« – nach Qumran. Bei der erneuten Besiedlung der Anlage etwa um das Jahr 11 v. Chr. wurde das Kloster so wiederaufgebaut, daß es als Zelotenfestung dienen konnte. Der Turm wurde massiv verstärkt. Die Gewölbe für die Einlagen der Mitglieder wurden ausgebaut und das Vermögen des Ordens in der Kupferrolle inventarisiert. Die Steuern aus den Provinzen, die Theudas unterstützten, wurden zum Kauf von Waffen und für andere militärische Zwecke verwendet.

Unter den laxeren Moralvorschriften derer, die »glatte Dinge (suchen)«, wurde Qumran ein Ort des »Prassens«. Neuderdings durften auch Frauen in der Klostersiedlung leben, und einige von ihnen, die dem verwandten Orden Manasse angehörten, waren sogar »Huren«, wie die Prophetin von Thyatira im Buch der Offenbarung, die sexuelle Freizügigkeit als einen Ausdruck ekstatischer religiöser Erfahrungen zuließ.[9]

Theudas »brachte sein Erbteil durch«.[10] Das Geld, das im Zuge der Mobilmachung der Zeloten für Waffen aufgewendet worden war, verhalf den Nationalisten nicht zum erhofften Sieg. Von da an wurden alle Zeloten »Diebe« genannt, weil sie Geld, das für religiöse Zwecke gespendet worden war, mißbraucht hatten.

Zu dieser Zeit wurde der »verlorene Sohn« ausgeschickt, »die Säue zu hüten«. »Säue« ist in diesem Zusammenhang und auch an anderen Stellen ein Deckname für Antipas, den Tetrarchen Herodes, der eine Gruppe von Mitgliedern repräsentierte, die von den strengen Zölibatären als unrein betrachtet wurden.[11] Herodes' Lebensweise (er heiratete die Frau seines Halbbruders) wurde von ihnen streng verurteilt. Theudas war der Seelsorger oder religiöse Ratgeber des Antipas in dessen Auseinandersetzung mit Archelaus und ihm in einer Freundschaft verbunden, die sich viele Jahre später als äußerst wichtig erweisen sollte.[12]

Im Jahre 4 n. Chr. übernahm der mit Archelaus verbündete Judas der Galiläer, eine beeindruckendere Persönlichkeit als Theudas, das Szepter in Qumran. In Jerusalem und Mird bildete sich daraufhin eine Friedenspartei, die in Opposition zu Qumran stand, und kurz darauf kehrte der »verlorene Sohn« zu seinem »Vater« zurück. Gemäßigte Nationalisten wie Theudas hatten bessere Aussichten, wenn sie mit der Friedensfraktion zusammenarbeiteten. Das Schisma war damit teilweise aufgehoben, und Simeon, der Theudas mit Freuden wiederaufnahm, ließ das »gemästete Kalb« schlachten. Das »Kalb« war Archelaus, auf dessen Vertreibung nun hingearbeitet wurde.

In Qumran dagegen waren Judas der Galiläer und seine Rebellenarmee in eine heiße Phase des Widerstandes eingetreten. Seine Gefährten, bereit, für die Sache des Judentums zu sterben, standen in ihren Überzeugungen den Pharisäern nahe. Sie glaubten an ein Weiterleben nach dem Tod, und dieses Bewußtsein war für sie ein starker Antrieb, in Erwartung einer ruhmreichen Auferstehung ihr Leben in die Schanze zu schlagen.[13]

Judas war das »(Wilde) Tier« und Archelaus das »Kalb«, denn sie hatten Funktionen übernommen, die seit langer Zeit mit den Namen der vier Gestalten aus dem Buch Ezechiel belegt worden waren (der »Mensch«, der »Adler«, der »Stier«, der »Löwe«).[14] Nach Offenbarung 13 hatte der »Drache« (Joazar) alle seine Macht dem »Tier mit den zehn Hörnern und sieben Häuptern« übergeben – »auf seinen Hörnern trug es zehn Kronen und auf seinen Häuptern lästerliche Namen«. Es kämpfte »mit den Heiligen«, und sein Nachfolger war ein weiteres »Tier«, das die berühmte Zahl 666 trug. Das zweite Tier zwang »die Kleinen und die Großen, die Reichen und die Armen, die Freien und die Sklaven, sich ein Zeichen (zu) machen an ihre rechte Hand oder an ihre Stirn, und niemand (konnte) kaufen oder verkaufen ..., wenn er nicht das Zeichen hat(te), nämlich den Namen des Tieres oder die Zahl seines Namens.«

Im Buch der Offenbarung werden mit Hilfe eines aus der Apokalyptik stammenden Sprachgebrauchs in verschleierter Form politische Realitäten geschildert. Es geht um die Partei der Zeloten, die die Römer fast das ganze 1. Jahrhundert in Atem halten sollte. Die Zeloten vertraten eine anti-römische Haltung, orientierten sich am Osten und verlangten von heidnischen Proselyten, den jüdischen Glauben anzunehmen, indem sie sich beschneiden ließen. Das zweite »Tier« mit der Zahl 666 stand − in einem Spiel mit den numerischen Werten der hebräischen Buchstaben − zugleich für die verschiedenen Ordensgrade innerhalb des zölibatären Systems.[15]

In den Evangelien werden die Nachfolger des »Tiers« und des »Drachen« als »Schriftgelehrte und Pharisäer« bezeichnet. Judas der Galiläer, der Qumran übernommen hatte, hatte das dortige Schrifttum fortgeführt und die Produktion eigener Schrifterzeugnisse wie z. B. der Kriegsrolle gefördert. Die früheren Essenermönche hatten ein Scriptorium im Obergeschoß des Klosters eingerichtet, um Kopien von biblischen Büchern herzustellen. Derselbe Raum diente jetzt den neuen Schreibern. Zur Zeit der Abfassung der Evangelien war Judas Iskariot das Oberhaupt der Schriftgelehrten.

Die Kriegsrolle, mit deren Niederschrift, die sich über Jahre hinzog, in dieser Zeit begonnen wurde, schildert die Hoffnungen der Zeloten auf ein jüdisches Weltreich nach einem vierzigjährigen Krieg, der mit der Unterwerfung der ganzen Welt enden sollte. Sehr viel Raum wurde auch den verschiedenen religiösen Inschriften gewidmet, die den Hörnern, Standarten und Schilden aufgeprägt werden sollten.

Anfang des Jahres 6 n. Chr. war es so weit: Das »gemästete Kalb« wurde geschlachtet − Archelaus wurde von den Römern fallengelassen. Josephus schreibt: »Im zehnten Jahre der Regierung des Archelaus verklagten ihn die Vornehmsten der Juden und Samariter, die seine Grausamkeit und Tyrannei nicht mehr ertragen konnten, beim Cäsar.« Er wurde ins Exil nach Vienne in Südfrankreich geschickt, wo er Grundbesitz erwarb.[16]

Judäa war inzwischen ein besetzes Land ohne eigene Regierung, verwaltet vom römischen Prokuratoren. Die »Zeit des Zorns«, der Unterdrückung, war angebrochen. Quirinius, der Statthalter von Syrien, wurde nach Judäa geschickt, um die Umgestaltung zu überwachen, und verfügte sofort eine Volkszählung, bei der jedermann sein Vermögen angeben mußte. Joazar riet zur Mäßigung, doch für Judas war diese Maßnahme der Tropfen, der das Faß zum Überlaufen brachte. Die Nationalisten standen nun vor der Entscheidung zwischen der Unterwerfung unter die Herrschaft der Römer oder dem Aufruf zu einem heroischen Freiheitskampf.[17]

Judas' Aufstand wurde von den Römern rasch niedergeschlagen. Unmittelbar danach kam die Friedenspartei mit Ananus als Hohempriester an die Macht. Ihm trauten die Römer zu, eine friedliche Zusammenarbeit in Gang zu bringen. Seine Söhne, von denen fünf später ebenfalls Hohepriester wurden, verfolgten sämtlich dieselbe Politik wie ihr Vater: die Orientierung am Westen und das von der Vernunft diktierte Bemühen um Freundschaft mit den Römern.[18] Das Emblem der Hannas-Familie war die Taube, ihre Segensformel zu Beginn des Gottesdienstes lautete: »Friede sei mit euch.«[19]

Der Machtwechsel erfolgte gerade zur rechten Zeit, zu Jesu zwölften Geburtstag, als er sich der Zeremonie seiner zweiten »Geburt« unterzog. Da die Familie des Ananus ihn als legitimes Kind ansah, durchlief er den Ritus als Erbe der Krone, inmitten von Kundgebungen der Freude. Seine Eltern nahmen ihn mit nach Qumran, in das »Haus der Königin«, die »Krippe«, wo er geboren war, um das Ereignis noch einmal nachzuvollziehen. Maria und Josef, die nun dem Stand der Verheirateten angehörten, durften das katalyma, ein Wort, das mit »Gasthaus« wiedergegeben wird, in anderen Fällen aber auch das Obergemach bezeichnet, den geheiligten Speiseraum, nicht betreten. Auch an der höchsten Form der Kommunion, die den abgesondert lebenden Zölibatären vorbehalten war, durften sie nicht teilnehmen.[20]

Drunten in Ain Feschcha, auf dem »Feld«, versammelten sich die »Hirten« oder Gemeindeleiter zur Tagundnachtgleiche. Der »Engel des Herrn«, Simeon-Gabriel, kam zu ihnen und verkündigte ihnen den Anbruch der neuen Herrschaft: Der zwölfjährige Jesus würde die Nachfolge antreten. Die Klosterbrüder sangen eines Lobes- und Dankeshymne und verkündeten die Losung, unter der der neue Herrscher sein Amt antrat: »Friede auf Erden«.[21]

Joself konnte nun seine kriegerische Rolle aufgeben und in seine Position als Kronprinz zurückkehren, zu dessen besonderen Aufgaben die Betreuung der Pilger in der Wüste von Judäa gehörte. Viele Jahre lang lebten er und seine Familie nun unbehelligt, in Erwartung der kommenden Herrschaft Jesu als des Davididen.

Kapitel 12

Der junge Jesus

Als Jesus nach dem Bericht des Lukasevangeliums von seinen Eltern im Tempel zurückgelassen wurde, war er nicht etwa, wie die Geschichte uns anscheinend glauben machen will, zwölf Jahre alt, sondern 23 und hatte damit das Alter für die Vollweihe erreicht. Es war das Jahr 17 n. Chr., das »Jahr 12« nach einer Datierungsform, die zur Zeit des Zelotenaufstandes eingeführt worden war.[1]

Nach der asketischen Ordensregel wurde die Entscheidung für die Ehe oder für den Eintritt in den Zölibat im Alter von zwanzig getroffen. Entschloß sich der Betreffende für den Zölibat oder für die Sonderform des Zölibats, die von den dynastischen Familien praktiziert wurde, so begann für den jungen Mann damit ein dreijähriger Zeitabschnitt, in dem er sich auf die Vollmitgliedschaft vorbereitete. Mit dem großen Schritt in die Vollmitgliedschaft im Alter von 23 Jahren erlangte er die Zulassung zur Kommunion und durfte beim heiligen Mahl sowohl Brot als auch Wein zu sich nehmen. Danach begannen vier Jahre der Unterweisung, die im Alter von 27 ihren Abschluß fanden. In den darauffolgenden drei Jahren durfte er im Heiligtum Dienst tun und erreichte schließlich, im Alter von dreißig Jahren, die höchste Stufe im Orden.[2]

Jesus war im Jahre 14 n. Chr. zwanzig geworden. Noch immer war Ananus Hoherpriester, so daß er nach wie vor als Nachfolger Davids galt und keine andere Wahl hatte, als in die für die dynastische Linie vorgeschriebene Laufbahn einzutreten. Das bedeutete, daß er erst mit 36 Jahren heiraten durfte und danach fast ständig von seiner Familie getrennt leben mußte.

Im Jahre 14 n. Chr. war Tiberius römischer Kaiser geworden. Dem neuen Herrscher gelang es von Anfang an, sich das Wohlwollen der Juden zu sichern. Antipas, der Tetrarch von Galiläa, der einzige Herodier, der zur Zeit im Amt war, schätzte ihn sehr und benannte die Stadt Tiberias nach ihm.[3] Das freundschaftliche Verhältnis mit Rom hatte für die Heiden, die sich der Mission angeschlossen hatten, eine Aufwertung ihres Status zur Folge.

Jesus verlebte wahrscheinlich den größten Teil seiner Jugendjahre in Galiläa, es ist jedoch nicht ausgeschlossen, daß er auch einige Reisen machte. Josef nahm wohl in wachsendem Maße den Platz seines alternden Vaters als Patriarch des Westens ein und zeigte seinen Söhnen wahrscheinlich auf verschiedenen Exkursionen die Ausdehnung ihres künftigen Reiches.

Beim Passafest des Jahres 17 n. Chr., an seinem 23. Geburtstag, erwartete Jesus ein feierlicher Akt: Er wurde nun ein »Mann«, ein Eingeweihter; bis dahin war er ein »Kind« oder Novize gewesen.

Eleasar Hannas, der Sohn des Ananus, war Hoherpriester geworden und hatte das Amt für ein Jahr innegehabt.[4] Alle Priester aus der Linie des Hannas führten die Titel »Vater« und »Gott«. Die Anrede »Gott« bedeutete, daß sie als fleischgewordene Stellvertreter Gottes fungierten und die Gebete der externen Essener entgegennehmen konnten. Hinter dieser Praxis stand derselbe aus der platonischen Philosophie stammende Gedanke, wie er auch in der Bezeichnung »Engel« für einen Mann im Status des Simeon zum Ausdruck kommt. Eleasar war damit für Jesus »mein Vater.«[5]

Die Ära der Hohenpriester aus der Familie des Hannas ging ihrem Ende zu. Die Stimmung im Land tendierte allmählich immer stärker in Richtung Osten, während die Toleranz gegenüber westlichem Gedankengut und westlicher Lebensweise abnahm. Der römische Statthalter, der sich wie die meisten Prokuratoren in seinen Handlungen in der Regel am Rat der jüdischen Führungsschicht orientierte, war im Begriff, Eleasar durch einen anderen Hohenpriester zu ersetzen, dem ein Jahr später Kajaphas im Amt nachfolgen sollte.

Wieder einmal wandte sich Josef einem gemäßigten Militarismus zu und erneuerte seine Verbindung mit den Überresten der Zelotenbewegung. Er hätte es gern gesehen, wenn sein Sohn sich der militanten Partei angeschlossen hätte. In diesem Fall hätte er sich auf einen Außenposten in der Wüste, zwölf Wegstunden das Wadi Kidron hinab, begeben müssen.

Doch Jesus weigerte sich. Er hatte bereits seinen eigenen politischen Standort gefunden, der mit dem der Familie des Hannas, für die er der legitime Erbe war, übereinstimmte: Friede mit Rom und Offenheit für die Heiden. Dem Tadel seiner Eltern hielt er deshalb entgegen: »Ich (muß) sein ... in dem, was meines Vaters (Eleasar Hannas) ist.«[6]

Seiner Überzeugung entsprechend wollte er die Zeremonie seiner Weihe in Jerusalem feiern, beim Essenertor, wo die Essener zuerst ihr eigenes Heiligtum errichtet hatten.[7] Diejenigen, die sich dort versam-

84

melten, waren keine Mönche, sondern folgten der schlichten Disziplin von externen Essenern. Bei ihnen konnte man Vollmitglied werden, ohne sich auf die strenge Ordensregel zu verpflichten. Die Aufnahmeprüfungen selbst wurden von den Priestern der Externen durchgeführt.

Beim ersten Teil der Zeremonie, der Erneuerung der Taufe in Jerusalem, waren die Eltern Jesu noch zugegen. Sie gingen davon aus, daß er am folgenden Tag mit ihnen zum Versammlungsort in der Wüste aufbrechen würde. Nach der Taufe machte sich Josef deshalb auf die einen Tag dauernde Reise; doch Jesus blieb zurück. Als Josef an seinem Bestimmungsort anlangte, mußte er feststellen, daß sein Sohn nicht zur Zeremonie erschien. Enttäuscht und peinlich berührt kehrte er nach Jerusalem zurück und fand dort Jesus, wie er die letzte Stufe der Prüfung absolvierte und seine Lehrer dabei durch seine Gelehrsamkeit und seine klugen Antworten beeindruckte.

Im gleichen Jahr starb der Großvater Jesu, Jakob-Eli, und Josef wurde der Davidide.[8] Jesus kam nun für eine kurze Zeit in den Genuß der Stellung des Kronprinzen. Doch mit der Ernennung von Kajaphas, einem Pharisäer, der mit boethusischen Anschauungen sympathisierte, fiel er zurück in den schändlichen Status des »Lügenmannes«. Jakobus, sein Bruder, wurde Kronprinz und führte den Titel »Salomo«.[9]

Im Jahr 23 starb Josef. Seine Witwe Maria, die »verkrümmte« Frau (was bedeutet, daß sie den Alten zuzurechnen war), war damit vom »Satan ... gebunden«.[10] Sie gehörte nun wieder den zölibatär lebenden Frauen an und bereitete sich auf eine bestimmte Form des Dienstes vor, der vom Witwenorden ausgeübt wurde. Damit unterstand sie der Autorität »Satans« – ein anderer Name für den obersten Schriftgelehrten, Judas Iskariot. Er war Judas dem Galiläer im Amt nachgefolgt und spielte nun eine entscheidende Rolle bei den neuerlichen Umsturzplänen der Schriftgelehrten und Pharisäer. Als Zelotenführer wurde er »Satan« genannt, womit aber wohl eher die Inkarnation eines bösen Geistes als die Inkarnation Gottes gemeint war. Zu seinen Pflichten gehörte es unter anderem, sich um die Angelegenheiten der zölibatären Frauen zu kümmern, wie es einst der »Engel Gabriel« getan hatte. Maria mußte ihn also unter dem gegenwärtigen Umständen als ihren Oberen anerkennen.

In dieser Situation bekam Jesus die ganze Gewalt der Ablehnung, die sich gegen ihn formierte, zu spüren. Die politische Bewegung, die in Judäa und in der ganzen Welt einen Davididen an die Macht bringen wollte, würde, wenn das Königreich kommen sollte, Jakobus und nicht ihn selbst zum Herrscher einsetzen. Die künftige Politik würde nach Osten orientiert und nationalistisch geprägt sein. Die heidnischen Mitglieder der Bewegung würden niedergehalten werden. So sah sich Jesus in seinen späten zwanziger und frühen dreißiger Jahren mit schweren Enttäuschungen und Demütigungen konfrontiert. Es gelang ihm jedoch, einen Kreis von engagierten Freunden um sich scharen, die sich wie er selbst dafür einsetzten, der Mission eine andere Ausrichtung zu geben.

Kapitel 13

Johannes der Täufer

Im Jahr 26 n. Chr. »war ein Mensch, der ging von Jerusalem hinab nach Jericho.«[1] Dieser Mann war Johannes der Täufer, der Sohn des Zadokiden Zacharias. In den Schriftrollen vom Toten Meer wird er als »Lehrer der Gerechtigkeit« bezeichnet. Nach Aussage der Damaskusschrift trat er zwanzig Jahre nach der Gründung der »Wurzel der Pflanzung« auf.[2]

»Wurzel der Pflanzung« war eine Bezeichnung für die Zeloten, die sich im Jahre 6 n. Chr. formiert hatten. Jetzt, 26 n. Chr., mit der Ankunft des Prokurators Pontius Pilatus, kam es zu einer neuen Woge der Feindseligkeit, die die Nationalisten an die Macht trug. Die monastisch lebenden Essener hatten sich unter der Führung Simeons von der nationalistischen Bewegung getrennt. Johannes der Täufer dagegen brach, indem er in der Wüste das Leben eines Eremiten führte und nicht das eines Mönchs im Kloster, mit der Familientradition und schloß sich den Nationalisten an. Dieser Umbruch fand seinen Ausdruck auch in einem neuen Namen − Johannes −, der in seiner Familie bisher noch nie aufgetaucht war.[3]

Obwohl er große Sympathien für die östliche Ausrichtung der Nationalisten empfand, versuchte Johannes, diese in der Frage des Militarismus zu einer Neuorientierung zu bewegen. Im Damaskusdokument heißt es dazu, die Gruppe sei gewesen »wie Blinde und solche, die nach dem Weg tasten«, bis der »Lehrer« erschien. Johannes lehrte, daß die Niederwerfung der Römer dem Himmel anheimzustellen sei. Zur festgesetzten Zeit − dann, wenn die Prophezeiungen das Ende der gegenwärtigen Ordnung ansagten − würde der Himmel seine himmlischen Heerscharen senden, um »die Söhne der Finsternis« zu vernichten und nur die Gerechten übrigzulassen, »die Söhne des Lichts«, jene, die in die asketische Bewegung eingetreten waren.[4]

Johannes war eine charismatische Persönlichkeit, tief durchdrungen von dem Gefühl bevorstehenden Unheils. Einige der unter den Schriftrollen am Toten Meer entdeckten »Loblieder« sind offensichtlich Psalmen von seiner Hand.[5]

87

Und ich wurde zur Falle für die Übeltäter,
aber zur Heilung für alle, die umkehren von der Sünde,
zur Klugheit für die Einfältigen
und zum festen Sinn für alle, die bestürzten Herzens sind.
Und du machtest mich zu Schmach
und Spott für die Treulosen,
zum Rat der Wahrheit und zur Einsicht
für die, die rechtschaffen wandeln.
So wurde ich um der Sünde der Gottlosen willen
zum Gerede auf der Lippe der Gewalttätigen,
Spötter knirschten mit den Zähnen.
Und ich bin geworden zu einem Spottlied für die Übeltäter,
und gegen mich strömte die Versammlung der Gottlosen herbei.
Sie lärmen wie Stürme des Meeres, wenn seine Wogen branden,
Schlamm und Kot werfen sie aus.
Du aber setztest mich zum Zeichen
für die Erwählten der Gerechtigkeit
und zum Dolmetsch der Erkenntnis in wunderbaren Geheimnissen,
um die Männer der Wahrheit zu prüfen
und diejenigen auf die Probe zu stellen, die Zucht lieben.[6]

Der Täufer war ein machtvoller Prediger, wie alle Überlieferungen
ihm bescheinigen. In seinen Predigten in Mird, in der »Wüste«,
prophezeite er die Zerschlagung alles Heidnischen. Nach Josephus
war dies denn auch der Grund für seine Hinrichtung durch den
Tetrarchen Antipas, der befürchtete, daß Johannes' antirömischer
Einfluß Repressalien gegen die Juden heraufbeschwören könnte. In
den Schriftrollen heißt es vom »Lehrer«, daß »Gott ihm eine beredte
Zunge gab«.[7]

Johannes glaubte fest an eine unmittelbar bevorstehende Krise,
denn er orientierte sich noch an der Henochprophezeiung, die eine
Wiedereinsetzung der Zadokiden und Davididen am Ende der 8.
Weltwoche, im Jahre 3920 der Schöpfung, vorhergesagt hatte. Die
Erfüllung dieser Prophezeiung wäre im Jahr 21 v. Chr. fällig gewesen.
Sie hatte den Hoffnungen, die in der Tempelrolle ihren Ausdruck
fanden, Nahrung gegeben, doch das Erhoffte war nicht eingetreten.[8]
Wenn man jedoch ein Null-Jubeljahr nach der Schöpfung ansetzte, so
wie es bei der Neudatierung des Millenniums geschehen war, ließ sich
ein Aufschub bis in das Jahr 29 n. Chr. rechtfertigen. Diese Bestimmung machte außerdem noch weitere Zugeständnisse möglich, mit

deren Hilfe man die Erfüllung nochmals um zwei Jahre hinausschieben konnte, doch Johannes' ganzes Ansehen stand und fiel mit der Vorhersage, daß der Himmel im Jahr 29, 30 oder 31 auf dramatische Weise eingreifen und den rechtmäßigen König und Hohenpriester über ein jüdisches Weltreich einsetzen würde. Später im selben Jahrhundert würde das Jahr 4000 der Schöpfung anbrechen, und viele waren der Überzeugung, daß dann eine noch größere Katastrophe hereinbrechen würde, die die Zerstörung der gegenwärtigen, materiellen Welt herbeiführen und bei der die Gerechten in eine neue Form leiblicher Existenz versetzt würden.

Und Ströme Belials treten über die hohen Böschungen
wie ein verzehrendes Feuer in all ihren Flußarmen,
um zu vernichten jeden grünen Baum
und jeden dürren an ihren Bächen.
Und es schweift umher mit zuckenden Flammen,
bis alle, die von ihnen trinken, nicht mehr da sind.
Es frißt an den Fundamenten von Ton
und an der Wölbung des Festlandes.
Die Grundfesten der Berge verfallen dem Brand
und die Wurzeln des Gesteins den Strömen von Pech.
Und es friß sich hindurch bis zur großen Urflut,
und es dringen zum Abgrund Belials Ströme.[9]

Der Aufstieg des Täufers fiel mit zwei bedeutenden Ereignissen zusammen: mit der Ankunft des römischen Prokurators Pontius Pilatus in Judäa und mit dem etwa in die gleiche Zeit fallenden Auftreten von Herodes Agrippa, der später als Agrippa I. König der Juden werden sollte.

Agrippas Leben und Persönlichkeit prägten den Lauf der Geschichte ganz entscheidend. Josephus stellt ihn als einen rücksichtslosen, aber äußerst gewinnenden Menschen dar, der alle Stärken und Schwächen seiner Dynastie in sich vereinigte.[10] Geboren im Jahre 11 v. Chr.,[11] war er der Sohn des Aristobulus, eines der beiden Thronerben aus der Verbindung von Herodes dem Großen mit der Hasmonäerin Mariamne I. Die beiden Brüder waren wie ihre Mutter hingerichtet worden, und um die ermordeten Prinzen hatte sich ein ganzes Geflecht romantischer Legenden gerankt, so daß Agrippa bei seinem Griff nach der herodischen Königskrone – für die es berechtigtere Anwärter gegeben hätte als ihn – auf die Sympathie des Volkes zählen konnte.

Wie die meisten jungen Leute aus seiner Familie war er in Rom erzogen worden und hatte Zugang zu Hofkreisen. Sein engster Freund war Drusus, der Sohn des Kaisers Tiberius, und seine Gönnerin war die mit seiner Mutter befreundete Antonia, die mächtigste Frau im Rom der damaligen Zeit. Sie war die Schwägerin von Tiberius, die Mutter des künftigen Kaisers Claudius und die Großmutter des Kaisers Gaius Caligula, dessen Vater ihr zweiter Sohn, Germanicus, war.

Antonia bewahrte eine lebenslange Zuneigung für den jungen jüdischen Prinzen Agrippa. Sie lieh ihm Geld und machte ihren Einfluß zu seinen Gunsten geltend, wenn er in Schwierigkeiten war. Sie förderte seine Freundschaft mit ihrem Enkel Gaius. Und durch ihre Vermittlung wurde die jüdische Religion, wie sie in der Familie des Herodes praktiziert wurde, rasch bis in die höchsten römischen Kreise bekannt.

Nach dem Bericht des Josephus, einem großen Bewunderer Agrippas, war dieser »von Natur freigebig und verschwenderisch«.[12] Leidenschaftlich gern veranstaltete er üppige Festmähler für die römische Gesellschaft in seinem Haus in Rom. Er ließ den Freigelassenen des Kaisers große Geldsummen zukommen in der Hoffnung, sich ihre Unterstützung zu sichern, und brachte auf diese Art das ganze Erbe seiner Mutter durch. Ungefähr um das Jahr 25 n. Chr. war er bankrott. Er schuldete Geldverleihern enorme Beträge und mußte sich schließlich aus Rom absetzen. Per Schiff fuhr er zurück nach Judäa und zog sich nach Idumäa im Süden, auf den Stammsitz seiner Familie zurück. Dort schloß er sich in einem Turm ein und wollte seinem Leben ein Ende setzen.

Doch Agrippa hatte eine treue und kluge Ehefrau, Cypros, die auch von denen respektiert wurde, die ihrem Mann mißtrauten. Cypros überredete die Schwester Agrippas, die berühmte Herodias, die mittlerweile mit dem Tetrarchen Antipas verheiratet war, ihrem Mann zu helfen. Das Ehepaar verschaffte ihm einen Posten und setzte ihm eine Summe zu seinem Lebensunterhalt aus. Schon bald jedoch zogen sie ihre Hand wieder von ihm ab, und als Agrippa später nach der Königswürde griff, stiftete Herodias ihren Mann an, mit ihm in die Schranken zu treten. Antipas sollte den durchaus begründeten Anspruch geltend machen, daß er als *Sohn* Herodes des Großen ein weit größeres Anrecht auf den Thron habe als Agrippa, der nur sein Enkel war. Der Tetrarch nahm damit die alte Fehde wieder auf, die er bereits mit Archelaus ausgefochten hatte. Wieder bildeten sich zwei herodianische Parteien. Agrippa als der Nachfolger des »Kalbes«

90

schlug sich auf die Seite des Täufers, während der Tetrarch mit den liberalen Diaspora-Essenern zusammenging, die nicht bereit waren, die strengen Ansichten des Täufers zu übernehmen.

Zwei weitere Ereignisse trugen dazu bei, die Fronten noch zu verhärten: die Ehe der Herodias und ein Finanzskandal in Rom. Herodias war als Kind von ihrem Großvater Herodes dem Großen dem damaligen Thronerben, dem Sohn von Mariamne II., der Tochter des Boethus, versprochen worden. Der junge Mann mit Namen Herodes hatte seine Stellung als Thronerbe nur für eine kurze Zeit nach der Hinrichtung der Söhne aus der hasmonäischen Verbindung inne, bevor er sein Geburtsrecht verlor, als seine Mutter nach einem gescheiterten Mordanschlag von Herodes geschieden wurde.[13] Herodias war also mit diesem Herodes verheiratet und hatte von ihm eine Tochter namens Salome. In den frühen zwanziger Jahren n. Chr. fand sie jedoch den Tetrarchen Antipas, den Halbbruder ihres Ehemannes, attraktiver und willigte ein, seine Frau zu werden.[14] Antipas seinerseits wollte sie zwar ebenfalls gern heiraten, mußte sich jedoch zunächst von seiner arabischen Frau scheiden lassen, der Tochter des Königs Aretas, der das Gebiet jenseits des Jordan, in dem auch Damaskus lag, beherrschte. Aretas verübelte Antipas die Scheidung und begann einige Jahre später, nachdem es noch zu anderen Zwistigkeiten gekommen war, einen für den weiteren Verlauf der Geschichte äußerst bedeutsamen Krieg mit dem Tetrarchen.[15] Die Ehe der Herodias mit Antipas stellte in einer Familie, für die Scheidung und Eheschließung mit nahen Verwandten etwas durchaus Alltägliches war, nichts Unmoralisches dar. Die Essener jedoch mit ihren strengen Ansichten, wie sie gerade auch der Täufer vertrat, nahmen Anstoß daran. Für sie war eine Scheidung nach der zweiten Ehezeremonie, wenn bereits Kinder aus der Verbindung hervorgegangen waren, verboten. Der Täufer wies den Tetrarchen deshalb streng zurecht und hielt ihm vor, daß er und Herodias in Sünde lebten. Das war der persönliche Grund dafür, daß der Tetrarch den Täufer fallenließ.[16] Das andere Ereignis, das die Gefühle der Palästiner verletzte und die Verdammung des Täufers nach sich zog, war ein Finanzskandal in Rom, in den Gefolgsleute des Tetrarchen verwickelt waren. Josephus berichtet, daß sich im Jahr 19 n. Chr. »ein Mann von jüdischer Abstammung ... ein nichtswürdiger und gottloser Mensch«, der wegen religiöser Vergehen aus seiner Heimat geflohen war, in Rom zum Lehrer aufgeworfen und »für einen Erklärer des mosaischen Gesetzes« ausgegeben hatte. Mit anderen Gleichgesinnten begann er, auf hochgestellte römische Frauen einzuwirken, darunter auch eine Frau namens Fulvia, die unter dem Eindruck des Gehörten jüdische Proselytin wurde. Die selbsternannten Lehrer brachten sie dazu, ihnen Geld und Wertgegenstände zu überlassen und versprachen, daß die Gaben dem Tempel in Jerusalem zugute kommen sollten. Doch das Geld kam nie in Jerusalem an, sondern die Betrüger gaben es für sich selbst aus. Zornentbrannt wandte sich der Ehemann von Fulvia direkt an Kaiser Tiberius, der daraufhin verfügte, daß die Juden aus Rom vertrieben werden sollten.[17]

Diese zwielichtigen »Missionare« standen zweifellos mit der samaritischen Abteilung der herodianischen Mission, den Magiern, in Verbindung. Jerusalem und der Jerusalemer Tempel hatten für sie keine religiöse Bedeutung. Mehrmals wurden sie sowohl explizit als auch im Pescher der Evangelien der Unterschlagung beschuldigt. Von ihrem späteren Anführer Simon Magus heißt es in Apostelgeschichte 8, er habe versucht, sich geistlichen Einfluß mit Geld zu erkaufen.[18]

Im gleichen Jahr, in dem der Täufer an die Macht kam, wurde Pontius Pilatus römischer Statthalter von Judäa. Er scheint in seinem Amt bemerkenswert wenig Fingerspitzengefühl bewiesen zu haben und zeigte sich z. B. den religiösen Bräuchen des Landes gegenüber völlig unbedarft. Da der römische Kaiser den Beinamen der »Löwe« hatte, erhielt Pilatus den Spottnamen »der junge Löwe des Zorns«,[19] und die Zeit der Besatzung unter den Prokuratoren seit dem Jahr 6 n. Chr. wurde zur »Zeit des Zorns«.

Unter Johannes spaltete sich die herodianische Missionsbewegung in zwei Gruppen: die Hebräer und die Hellenisten. Die Hebräer orientierten sich nach Osten und vertraten eine strenge Moral, die es ihnen verbot, Jesus, den »illegitimen« Sohn, zu akzeptieren. Ihre Gottesdienste zeichneten sich durch den Gebrauch der hebräischen Sprache und Lesungen aus der Bibel in ihrer hebräischen Form aus. Frauen durften bei ihnen keine Gemeindeämter übernehmen, und sie hielten an der jüdischen Gepflogenheit fest, Frauen und Männer im Gottesdienst zu trennen.[20]

Zu den Hebräern zählte der Täufer selbst, der Hohepriester Kajaphas, Jakobus, der Bruder Jesu (der künftige Davidide für diese Gruppierung), sowie Gamaliel, eine Gestalt, der in der Öffentlichkeit große Verehrung zuteil wurde. Gamaliel war ein Nachkomme von Hillel und fungierte als Oberhaupt des Ordens Benjamin.[21] Innerhalb dieses Ordens sollte ein paar Jahre später ein junger Mann namens Saulus von sich reden machen, der sich in seiner Begeisterung für die östliche Richtung selbst einen »Hebräer von Hebräern« nannte.[22] Auch Agrippa neigte in dieser Zeit unter dem Eindruck der Persönlichkeit des Täufers den Hebräern zu. Da er in Rom erzogen worden war, war er jedoch durchaus imstande, die Fronten zu wechseln.

Die andere Partei, die Hellenisten, sprachen in ihren Gottesdiensten griechisch, verwendeten das Alte Testament in griechischer Übersetzung und ließen Frauen zu bestimmten Ämtern zu. Für sie war Jesus der rechtmäßige Erbe, d. h., sie übernahmen die Haltung der Magier von Westmanasse, die ihn bei seiner Geburt gepriesen hatten. Mit Manasse ging der Orden Efraim, die Therapeutae, immer noch unter der Führung des Theudas, zusammen. Die Schriftrollen aus dieser Zeit sprechen von den Männern aus Ephraim und Manasse als Feinden des »Lehrers der Gerechtigkeit«.[23]

Der Tetrarch Antipas, vom Täufer wegen seines unmoralischen Lebenswandels getadelt, schlug sich auf die Seite von Ephraim und Manasse – eine Verbindung, die sich als tödlich für Johannes erweisen sollte. Antipas gründete mit Efraim und Manasse eine eigene Partei mit dem Namen »Feigenbaum«. Als der »Feigenbaum« im Gleichnis von Jesus dafür »verflucht« wurde, daß er keine Frucht trug, bedeutete das, daß Jesus die Partei des Antipas für ihre Methoden verurteilte, weil sie der Mission schadeten.

Daneben gab es noch eine andere hellenistische Gruppe, die von den Priestern aus dem Hause des Hannas geführt wurde und sich »Weinberg« nannte. Beide Namen, der »Feigenbaum« und der »Weinberg«, waren an den alttestamentlichen Vers »ein jeder wird unter seinem Weinstock und Feigenbaum wohnen« angelehnt.[24] Der »Weinberg« stand für den Frieden mit Rom, während die andere hellenistische Gruppierung, der »Feigenbaum«, für Krieg plädierte.

Als sich die Hebräer mit den pazifistischen Hellenisten verbündeten, überstimmten sie die militanten Hellenisten, und Johannes der Täufer wurde der Anführer der Bewegung. Dieses Ereignis ist im Gleichnis vom Barmherzigen Samariter in sehr viel bildhafterer Sprache beschrieben.

93

Johannes war der Mann, der »von Jerusalem hinab nach Jericho (ging) und ... unter die Räuber (fiel).« »Jericho« war der Versammlungsort der Diener Agrippas.[25] Bei den dortigen Diskussionen stieß die hebräische Partei des Johannes auf den Widerstand der militanten Hellenisten und war in Gefahr zu unterliegen. Die Argumente des Täufers wurden niedergeschrien, und er selbst wurde einer Art Exkommunikation unterzogen und blieb »halbtot« zurück.

Dorch der »barmherzige Samariter«, Jonathan Hannas, kam ihm zu Hilfe. Indem er die pazifistischen Hellenisten dazu brachte, Johannes zu unterstützen, machte er dessen Ernennung zum Oberhaupt der Partei möglich. Er brachte ihn tatsächlich auf einem Lasttier – so reisten Priester gewöhnlich – nach Mird, nahe der »Wüste«, das nach der Verunreinigung Qumrans durch das Erdbeben zum Ersatzheiligtum geworden war. Zu den Gebäuden in Mird gehörte auch eine »Herberge«, die von den Pilgern benutzt wurde. Von hier aus ging Johannes in die »Wüste« und setzte dort sein asketisches Leben und sein Predigtamt fort.[26]

Johannes sollte seine führende Stellung jedoch nur fünf Jahre lang behaupten können, bis er im Jahr 31 n. Chr. hingerichtet wurde. Er wurde ein Opfer seiner eigenen prophetischen Irrtümer als auch der persönlichen Feindschaft des Tetrarchen.

Kapitel 14

Jesus der Mensch

Was wissen wir über den Menschen Jesus? Der Pescher der Evangelien liefert uns zwar genaue Einzelheiten der Ereignisse, in die er verwickelt war, doch was sagt er über Jesus als Person aus?

In vieler Hinsicht ist Jesus noch immer von einem Geheimnis umgeben. Die Form der Evangelientexte ist und bleibt rätselhaft. Sie verbergen und enthüllen, doch was sie über einzelne Personen enthüllen, führt zugleich in immer noch tiefere Schichten des Geheimnisses hinein. So wird die Persönlichkeit Jesu nur indirekt sichtbar in dem, was er tat oder unterließ, in den Bildern der sorgfältig konstruierten Geschichten. Welche Vorstellung der Leser sich von ihm macht, bleibt aber doch letztlich noch immer eine Sache der Auslegung. Dabei kommt es, wie es immer geschah, zu persönlichen Projektionen und Identifikationen mit dem, der so lange Zeit der Inbegriff des Menschen schlechthin war. Noch immer kann man mit den Worten Albert Schweitzers von ihm sagen: »Der historische Jesus wird unserer Zeit ein Fremdling oder ein Rätsel sein.«[1] Wenn wir auch mittlerweile eine Vorstellung von der sozialen und politischen Umwelt haben, in der Jesus lebte, so ist der Rest unseres Bildes von ihm doch nach wie vor geprägt von unseren ganz persönlichen Überzeugungen.

Körperlich war Jesus wahrscheinlich von eher kleiner Statur: Immerhin konnte Maria Magdalene zu dem Mann, den sie für den Gärtner hielt, sagen: »Herr, hast du ihn weggetragen, so sage mir, wo du ihn hingelegt hast; dann will ich ihn holen.«[2] Normalerweise trug er wohl das lange Haar und den Bart der Nasiräer, jener frommen Juden, die ein asketisches Gelübde abgelegt hatten; für die Essener waren langes Haupt- und Barthaar außerdem Kennzeichen des Zölibats. In der Zeit aber, in der Jesus die Vorschriften des dynastischen Ordens erfüllte, rasierte er sich wohl und schnitt sein Haar kurz.

Seine Position war ihm durch Geburt zugefallen und nicht, weil er irgendetwas Besonderes an sich hatte. Als Erbe des davidischen Thrones stand Jesus im Zentrum einer evangelistischen Bewegung, die ihre Anführer mit einer charismatischen Aura umgab, um so Ehrfurcht und Respekt bei ihren Anhängern zu wecken. In der hellenistischen Welt, in der die Vorstellung von Göttern, die in menschlicher Gestalt auf die Erde kamen, etwas ganz Alltägliches war, glaubte man von Priestern, Leviten und Königen, daß sie die Inkarnationen von Göttern, Engeln und Geistern seien.[3]

Es scheint jedoch, daß Jesus sich in einer außergewöhnlichen Art und Weise mit seiner Position auseinandergesetzt hat. Bei allen entscheidenden Ereignissen der Geschichte war er stets auf der Seite derer, die unter dem System zu leiden hatten: der Armen, der Behinderten, der sozial Diskriminierten. Sein Eintreten für sie war zugleich ein Eintreten für sich selbst. Geboren mit einem Stigma, an dem er keine Schuld trug, möglicherweise illegitim und damit vom Erbe ausgeschlossen, kämpfte er gegen alle unterdrückerischen Strukturen, seien sie nun moralischer oder politischer Art. Dadurch befreite er seine eigene Religion von ihrer Exklusivität und machte sie zugänglich für eine breitere Gesellschaft: für die griechische Welt, die das Judentum zuvor gehaßt und gefürchtet hatte. In eine Zeit und in eine Institution hineingeboren, die bereit war für eine solche Umwälzung, wurde er gleichsam zum Tor, durch das der Wandel seinen Einzug hielt.

Faktisch war Jesus wohl oft ein Werkzeug in den Händen anderer, die in gleicher Weise wie er Gestalter der Geschichte waren. Doch wenn er in das Spannungsfeld einander widerstrebender Kräfte geriet, schlug er sich stets auf die Seite der Freiheit und der Menschlichkeit – Entscheidungen, die er ganz sicher selbständig und aus sich heraus traf.

Die Geschichten über ihn spiegeln immer bestimmte institutionelle Praktiken, und er agiert darin stets im Einklang mit den Erwartungen seiner Gemeinschaft, für die jede Handlung Teil eines bestimmten Rituals war. Doch manchmal schimmern in der Art, wie er solche Rituale vollzieht, persönliche Züge durch. Mehrmals wurde er zu einem offiziellen Anlaß erwartet, zu dem er jedoch nicht erschien. Manchmal änderte er auch seine Absicht und kam später und auf einem anderen Weg.[4] Man gewinnt den Eindruck, daß er es vorzog, allein zu reisen, und daß er bekannt dafür war, oft auf geheimnisvolle und unerwartete Weise aufzutauchen.

In seinem persönlichen Leben folgte er den Regeln, die der Orden denjenigen Essenern auferlegte, die dynastische Rücksichten zu nehmen hatten. Dabei hätte er auch die Möglichkeit gehabt, eine leichtere Ordensregel zu wählen. Seine Entscheidung für den schwereren Weg bedeutete den weitgehenden Verzicht auf ein Familienleben und lange Zeiten sexueller Enthaltsamkeit.

Der Verfasser des Johannesevangeliums schildert, wie Jesus seine Mutter bei der »Hochzeit zu Kana« zurückwies: »Was geht's dich an, Frau, was ich tue? Meine Stunde ist noch nicht gekommen.«[5] Der Pescher verweist in diesem Zusammenhang auf unterschiedliche Gruppenzugehörigkeiten der agierenden Personen. Maria stand zu diesem Zeitpunkt politisch auf seiten von Jakobus, dessen Anhänger eine andere Lehre vertraten und nach einem anderen Kalender lebten.

Problematisch gestaltete sich Jesu Verbindung zum sogenannten »Lieblingsjünger«, Johannes Markus, und zu Simon Magus, der in vielem mit den Ansichten von Johannes Markus übereinstimmte, insbesondere in seiner Antipathie gegen Agrippa I. Zu der Zeit, von der die Evangelien berichten, standen diese beiden Männer Jesus am nächsten. Später wurde Simon Magus von Petrus und Paulus angegriffen und unmöglich gemacht,[6] und Johannes Markus verlor sein Amt und seinen Einfluß. Petrus, der in neutestamentlicher Zeit gar nicht zum engsten Kreis um Jesus gehört und viele seiner Handlungen nicht gebilligt hatte, wurde schließlich zum Führer und Repräsentanten der Gruppe, die sich selbst »Christen« nannte – eine Bezeichnung, die allerdings erst 44 n. Chr. offiziell gebräuchlich wurde, Jahre nach den Ereignissen, von denen die Evangelien erzählen.[7]

Eine Überprüfung der Geschichte von der Auferstehung Jesu mit der Peschermethode fördert zutage, daß Jesus noch viele Jahre nach seiner Kreuzigung weiterlebte und Kontakt zu seinen Anhängern hatte. Er verbrachte die meiste Zeit in der Abgeschiedenheit und traf sich nur gelegentlich mit besonderen Vertrauten, deren Aktivitäten er überwachte und lenkte. Gleichzeitig entstanden, unter der Ägide der Führer der verschiedenen Parteiungen unter seinen Gefolgsleuten, die vier Evangelien und die Apostelgeschichte. Das erste war das von Johannes Markus initiierte Johannesevangelium, dessen tatsächlicher Verfasser der Evangelist Philippus war (im Gegensatz zur allgemeinen wissenschaftlichen Auffassung zeigt der Pescher, daß dieses Evangelium im Jahr 37 n. Chr. geschrieben wurde).[8] Es folgten das Markusevangelium, unter Petrus, und das Evangelium nach Lukas, das von einem Mann stammt, der Jesu Arzt und enger Gefährte war. Als letztes entstand das Matthäusevangelium, unter der Ägide eines der Hannas-Brüder. In den frühen sechziger Jahren des 1. Jahrhunderts schließlich wurde die Apostelgeschichte fertiggestellt.[9]

97

Die vier Evangelien unterscheiden sich zwar in ihrem Stil, da ja in ihnen die Interessen verschiedener Parteien zum Ausdruck kommen, doch wer sie im einzelnen untersucht, kann sich kaum des Eindrucks erwehren, daß hinter all diesen Texten ein einziger Kopf steht. Jesus wäre durchaus in der Lage gewesen, ein solches Projekt zu planen, entsprechende Vorschläge zu machen und die erforderlichen Informationen zu liefern. Wenn es tatsächlich so war, dann spiegeln diese Texte zum einen die Entschlossenheit, die wirklichen Ereignisse festzuhalten, damit sie nicht durch die Verbreitung einer ins Übernatürliche verfälschten Version verloren gingen, daneben offenbaren sie aber auch ein tiefes Verständnis für die Bedürfnisse der weniger gelehrten Anhänger der neuen Religion, der »unmündigen Kinder in Christus«. Schließlich konnte Jesus nicht unabhängig von der Kirche agieren, für die er so sehr gelitten hatte.

Jesus war offenbar hochintelligent, äußerst schlagfertig und wortgewandt; viele der Aussprüche, die ihm zugeschrieben werden, enthalten hintersinnige Wortspiele. In keiner Weise aber war er nach unseren heutigen Maßstäben mehr als ein normal begabtes menschliches Wesen – ein Mensch, der anderen helfen konnte, weil er selbst die Leiden des Menschseins durchgekostet hatte. »Gott« ist nicht in Menschen, Orten oder Worten zu finden – Gott ist das, was nicht benannt oder definiert oder gewußt werden kann. Indem sie uns die wirkliche Geschichte Jesu erzählen, bereiten die Evangelien dem Gedanken den Weg, daß es jenseits der religiösen Formen eine Freiheit von aller Form gibt. Jesus war ein Mensch, wie wir Menschen sind; er kann uns nur an unsere Grenze führen und uns, indem er uns diese Grenze zeigt, auf den Weg zu Gott bringen.

Kapitel 15

Die Zwölf Apostel

Die Evangelienberichte über das Wirken Jesu setzen im 15. Jahr der Herrschaft des Tiberius, im Jahr 29 n. Chr., ein. Bei der Tagundnachtgleiche im März dieses Jahres unterzog sich Jesus der Erneuerung seiner Taufe durch Johannes den Täufer. Als er die Stufen der Taufzisterne emporstieg, »sah er, daß der Himmel sich öffnete.«[1]

Zu diesem Zeitpunkt fühlten sich beide hellenistischen Fraktionen der Mission, die Kriegspartei ebenso wie die Pazifisten, von der priesterlichen Arroganz des Täufers abgestoßen. Unter dem Vorwand reformerischer Bestrebungen hatte er versucht, den Ritualismus und die Exklusivität des alten Essenertums wiederaufleben zu lassen. Allein die Priester und Leviten aus dem Stamm Levi genossen besondere Vorrechte vor Gott, die Laien standen in der Hierarchie ganz unten. Verheiratete Männer, Heiden und Frauen waren ohnehin aus den Rängen der Auserwählten ausgeschlossen.

Die Diaspora-Essener waren jedoch daran gewöhnt, daß Laien, angetan mit langen weißen Gewändern, sogenannten »Stolen«, levitische Funktionen übernahmen.[2] Die pazifistischen Hellenisten unter den Priestern des Hauses Hannas pflegten sogar externe Essener, Heiden und Frauen in den Orden aufzunehmen. In einer Zeit, in der die Frage einer kriegerischen Auseinandersetzung ruhte, wurden diese beiden Gruppen in eine gemeinsame Opposition gegen den Täufer hineingetrieben – jede allerdings entschlossen, ihren eigenen Kandidaten an die Macht zu bringen.

Den gemeinsamen Rat, den sie bildeten, könnte man »die zwölf Apostel« nennen, eine Bezeichnung, die auch in der obersten Erzähllebene der Evangelien auftaucht.[3] Er formierte sich als eine Art Schattenkabinett des geplanten Weltreiches, in dem jedes Mitglied einen Orden oder eine Provinz vertrat.[4]

Bei der Namensliste der einzelnen Mitglieder ist die Reihenfolge umgekehrt: Die wichtigsten werden als letzte genannt. Die sechs wirklich führenden Persönlichkeiten waren Judas Iskariot, Simon der Zelot, Thaddäus, Jakobus, der Sohn des Alphäus, Tomas und Matthäus.

Die beiden Kandidaten für die Stellung des Oberhauptes waren Simon Magus für die kriegerische Richtung und Jonatan Hannas für die Pazifisten.

Simon Magus ist eine herausragende Gestalt in der neutestamentlichen Geschichte, nach Jesus der Hauptakteur in den Evangelienberichten. Er war das Oberhaupt der Magier von Westmanasse/Samariter und der Nachfolger Menahems, des eigentlichen Begründers der Mission.

In der Apostelgeschichte wird Simon in einer Episode als ein Zauberer aus Samaria vorgestellt, der den Titel »die Kraft Gottes, die die Große genannt wird« trägt. Petrus hatte einen heftigen Zusammenstoß mit ihm. Er griff ihn wegen seiner Versuche an, das Recht zur Spendung des Heiligen Geistes zu kaufen. Der gleiche Simon erscheint auch in zahlreichen Schriften außerhalb des Neuen Testaments, vor allem in den Clementinen.[5] Für den Historiker ist diese Literatur nicht weniger aufschlußreich als die neutestamentlichen Texte selbst. Sie wurde jedoch in der Forschung vernachlässigt, weil sie dem Neuen Testament in verschiedenen Punkten zu widersprechen scheint.[6]

Simon war der Anführer einer gnostischen Sekte und behauptete wie so viele bekannte Gestalten seiner Zeit, daß er eine Inkarnation Gottes sei. Seiner Geliebten, Helena, wurde nachgesagt, sie sei eine Inkarnation des »Gedankens Gottes«. Helena war einst in Helena von Troja inkarniert gewesen und lebte nun als Hure in einem Bordell in Tyrus, wo Simon sie entdeckte. Man könnte also wohl beinahe die Hypothese wagen, daß wir in Simon die Urgestalt der Faust-Legende vor uns haben, mit Helena als unglücklichem Gretchen.[7]

Die wahre Geschichte erfahren wir aus dem Pescher. Simon war das Oberhaupt eines der missionarischen Orden, eine schillernde Persönlichkeit und zugleich ein Mann mit außerordentlichen Gaben, die ihm zahlreiche Anhänger für seine Lehre, eine Mischung aus liberalisiertem Judentum, griechischer Philosophie und Wissenschaft, gewannen. Als Samariter fühlte er sich Jerusalem in keiner Weise verpflichtet, sondern betrachtete das Judentum vom nördlichen Standpunkt aus, einer synkretistischen, an der Diaspora orientierten Haltung.

Nach dem Tod des Täufers, der zu einem Machtgewinn der Hellenisten führte, wurde Simon schon bald »Papst«. Er blieb immer seinen zelotischen Überzeugungen treu und tat sich deshalb, als die Kriegsfrage wieder auf der Tagesordnung stand, mit der östlich ausgerichteten Partei, den nationalistischen Hebräern, zusammen. Vor der schließlichen Auflösung der verschiedenen Parteien, etwa im Jahr 50 n. Chr., war er das Oberhaupt aller östlichen Fraktionen, ein erbitterter Feind des Christentums, das sich aus der Abspaltung einer Gruppe aus dem pazifistischen Hellenismus entwickelt hatte. Für die Christen wiederum war Simon der Antipapst und Antichrist, der einen missionarischen Gegenfeldzug um die Herzen und Seelen der Heiden führte mit dem Ziel, sie für eine Religion zu gewinnen, die ihrem tiefsten Wesen nach noch immer jüdisch war.

Simon erscheint in den Aufzählungen der Apostel als Simon der Zelot und Simon Kananäus.[8] Sein bekanntester Deckname aber war Lazarus – jener Lazarus, der von den Toten auferweckt wurde, und der aussätzige Lazarus aus dem Gleichnis von Lazarus und dem reichen Mann. Außerdem war er mit Simon dem Aussätzigen identisch.[9]

Die Clementinen stellen ihn als einen Zauberer dar (die wörtliche Bedeutung von »Magus«), der magische Kunststücke beherrschte und sogar in die Identität anderer schlüpfen konnte. Simon kultivierte seinen Ruf als Wundertäter, um sich die Anhängerschaft Tausender einfacher Gemüter zu sichern, die ihn und Helena als Götter verehrten und sie mit einem reichen Einkommen versorgten.

Helena erscheint unter ähnlich vielfältigen Pseudonymen wie Simon: Sie war die samaritische Frau, mit der Jesus sprach; Saphira; Marta; die blutflüssige Frau; die syrophönizische Frau; die Frau »in Purpur und Scharlach«; Isebel; Salome; Johanna; und die »Schwester seiner Mutter«.[10] Die Christen lehnten auch sie ab, zum einen, weil die Form der Lehre, die Simon und sie selbst vertraten, eine ernste Bedrohung für die Reinhaltung ihrer eigenen Mission darstellte, zum anderen, weil sie sich selbst zur Priesterin ernannt hatte. Die Wendung »in Purpur und Scharlach gekleidet« besagte, daß sie die Kardinals- und Bischofswürde für sich in Anspruch nahm. Wenn sie es aber erst einmal so weit gebracht hatte, konnte sie auch »Papst« werden.

Im Johannesevangelium, das entstand, bevor die Bewegung sich im Jahr 37 n. Chr. von Simon trennte, wird der Magus noch als sympathische Gestalt, Lazarus, dargestellt. Später wurde Petrus sein Erzrivale. Die Legende, daß der Magier in Rom zu fliegen versuchte, dabei aber von einem Gebet des Petrus aus der Luft zurückgeholt wurde, überliefert diese historische Tatsache in einer dem Wesen des »Zauberers« entsprechenden Form.[11]

Simon sah in Jesus den rechtmäßigen Davididen. Da er außerdem

101

der Überzeugung war, daß ein Laie als Levit fungieren durfte, konnte Jesus, wenn er die Position des Magus akzeptierte, während dessen Amtszeit als Levit (ein untergeordneter Priester) auftreten. Jesus »liebte« Simon, d. h., er nahm mit ihm gemeinsam das Gemeinschaftsmahl, das sogenannte *Agape* − oder Liebesmahl, ein.[12] Zwischen den beiden scheinen aber auch persönliche Bande bestanden zu haben, die später bei den Ereignissen um die Kreuzigung eine Rolle spielten. Weil er zu einem kritischen Zeitpunkt, an dem er das eigentlich nicht nötig gehabt hätte, für Simon eintrat, setzte sich Jesus selbst dem Vorwurf des Zelotentums aus und lieferte damit einen Vorwand für seine Verhaftung. Doch er bewies andererseits auch seine Unabhängigkeit von Simon. So stand Simon Agrippa immer feindselig gegenüber, Jesus aber verbündete sich mit dem König und unterstützte ihn.

Simons Rivale in den eigenen Reihen war Jonatan Hannas. Wurde Simon der »Blitz« genannt, so war Jonatan der »Donner«.[13] In der Aufzählung der Apostel erscheint Jonatan als Jakobus, der Sohn des Alphäus.

Jonatan Hannas stimmte in nahezu allen Punkten bis auf einen einzigen mit Jesus überein. Dieser eine Punkt betraf seine Überzeugung, daß nur Männer aus dem Stamm Levi Priester sein konnten.

Hannas' priesterlicher Vorbehalt, zusammen mit einer gewissen Gespreiztheit in seinem Auftreten, die ihm auch von Josephus bescheinigt wird (dessen Bericht zufolge Hannas in den fünfziger Jahren des 1. Jahrhunderts zu Tode kam, weil er sich durch seine permanente Einmischung in die Regierungsgeschäfte das Mißfallen des römischen Statthalters zuzog),[14] führte schließlich zu einer Spaltung seiner Anhängerschaft. Die Christen trennten sich als Laienbewegung ohne priesterliche Führung von den pazifistischen Hellenisten; Jesus allein übernahm alle drei Führungsrollen der neuen Gemeinschaft. Immer wieder griff er Jonatan Hannas wegen seiner orthodoxen Auffassung vom Priesteramt an.

In der Apostelgeschichte wird Jonatan, der im Jahr 37 Hoherpriester war, »Stephanus« genannt, das heißt »Krone«.[15] Sein »Martyrium« (die Exkommunizierung) wurde von Zeloten vollzogen, und er wird gerne so dargestellt, als sei er auf der Seite der Heiden gestanden. Doch der Name »Krone« und »Königlicher«, wie er auch genannt wurde, war ein Hinweis darauf, daß die Christen ihm eine untergeord-

102

netere Position, nämlich die des Königs, zuwiesen, während Jesus die Rolle des Priesters übernahm.

Weitere Namen für Jonatan sind »Natanael«, eine abgewandelte Form des Namens Jonatan, und Dositheus, wie er in den Clementinen genannt wird.[16]

Unmittelbar nach dem Sturz des Täufers wurde Jonatan Hannas »Papst«, wie der Pescher und die Clementinen belegen. Er übernahm vom Täufer den Namen und die Ordensregel des »Elija« (d. h. die eremitische Lebensform). Wenn also bei der Verklärung Jesu Elija erschien und mit Jesus sprach, so war damit Jonatan gemeint.

Die nächste bedeutende Führungspersönlichkeit war Judas Iskariot. Bis zu Jesu Kreuzigung das Oberhaupt der Schriftgelehrten, fühlte er sich sowohl dem Zelotentum als auch einer östlichen Weltanschauung verpflichtet. Als Nachfolger von Judas dem Galiläer führte er den Titel »Satan« — der Name, unter dem er auch mit Jesus bei der »Versuchung« in der Wüste diskutierte. Bei dieser Gelegenheit (die Versuchung fand in der Nähe von Mird, der »Wüste«, statt) formulierten die beiden ganz klar die Unterschiede innerhalb der neu entstandenen Anti-Täufer Partei. »Satan« zeigte Jesus eine Karte der damals bekannten Welt und sagte: »Alle diese Macht will ich dir geben und ihre Herrlichkeit; (...) Wenn du mich nun anbetest, so soll sie ganz dein sein.« Die verborgene Bedeutung dieses Satzes war: »Wenn du mich als Priester und »Papst« anerkennst, mache ich dich zum König.«[17]

Jesus entgegnete: »Du sollst den Herrn, deinen Gott, anbeten und ihm allein dienen.« Damit sprach er sich für das Oberhaupt der Friedensfraktion, Jonatan, aus.

Thaddäus, der Name eines der Zwölf Apostel, ist eine Abwandlung von »Theudas«. Der einstige »verlorene Sohn« war mittlerweile älter geworden, fungierte jedoch nach wie vor als Oberhaupt der Therapeutae und konnte als gemäßigter Nationalist und Führer der alexandrinischen Mitglieder (deren Loyalität zwischen Ost und West hin- und herschwankte) mit jeder der anderen Gruppierungen zusammengehen. Vorrangig war er jedoch mit dem Tetrarchen Antipas liiert, der ihn als »Barabbas« vor der Kreuzigung rettete.

Der Apostel Matthäus war Matthäus Hannas – ein weiterer Sohn des Ananus –, der in den Jahren 42 und 43 n. Chr. als Hoherpriester amtieren sollte. Er stand in seiner Auffassung von allen Hannasbrüdern den Christen am nächsten, und während seiner Amtszeit waren sie offiziell unter ihrem neuen Namen anerkannt. Matthäus war auch der Initiator des ersten Evangeliums.

Tomas, ebenfalls ein Name aus der Liste der Zwölf, war offenbar ein Mitglied der Familie des Herodes. Er könnte von seiner Geschichte her der Sohn Herodes' des Großen und der Mariamne II., der Tochter des Hohenpriesters Boethus, gewesen sein. Nachdem er im Jahre 5 v. Chr., als sein Vater sich von seiner Mutter scheiden ließ, sein Erstgeburtsrecht verloren hatte, wurde er Esau im Alten Testament gleich, der ebenfalls seine Erstgeburt verlor. Wegen dieser Ähnlichkeit und aus organisatorischen Gründen nannte man ihn auch »Zwilling«, Didymus.[18] Tomas war der erste Mann der Herodias und wurde von ihr wegen seines Halbbruders Antipas verlassen. In dem Streit, der aus diesem Vorfall erwuchs, stand er natürlicherweise auf der Seite des Täufers, der das Verhalten der Herodias und des Tetrarchen streng verurteilte.

Die ersten sechs Personen auf der Apostelliste, die niedrigere Positionen innehatten als die letzten sechs, waren Freunde und Anhänger Jesu. Sie gehörten sämtlich der Klasse der »Unreinen« an: Es waren verheiratete Juden (Petrus und Andreas) oder Heiden (Bartholomäus, alias Johannes Markus, war ein Proselyt, und Philippus war nicht beschnitten; Jakobus und Johannes, die Söhne des Zebedäus, waren verheiratete Heiden).[19]

Johannes Markus, der »Lieblingsjünger«, stand Jesus in den Anfangsjahren am nächsten. Einzelheiten im Pescher weisen darauf hin, daß er mit Eutychus gleichzusetzen ist, einem Mann, der später in der Apostelgeschichte auftaucht, und auch mit jenem Eutychus, der bei Josephus erwähnt wird, einem Freigelassenen von Agrippa I., der seinen Herrn haßte.[20] Als Proselyt hatte er den höchsten Rang unter den Unbeschnittenen inne. Er respektierte die jüdische Religion in der mystischen Gestalt, in der er sie kennengelernt hatte, befolgte aber nicht alle ihre Rituale. Als Abgesandter Jesu übernahm er eine aktive Führungsrolle in der sich allmählich formierenden christlichen Gruppe, verlor seinen Einfluß jedoch, als Agrippa den Thron bestieg.

104

Sein Beiname »der Geliebte« besagte, daß er symbolisch die »Ehefrau« Jesu verkörperte. Petrus, der ihn nach 37 als Führer ablöste, war Jesu »Sohn«. In seiner Rolle als »Kronprinz« bestätigte er Jesus als den Christus, d. h. als König.[21] Daß Jesus auch das Amt des Hohenpriesters und »Papstes« übernehmen wollte, konnte Petrus damals noch nicht akzeptieren.

Zahlreiche Einzelheiten deuten darauf hin, daß Petrus der Mann war, der bei Josephus als »ein gewisser Simon aus Jerusalem, der im Rufe eines Gesetzeskundigen stand«, auftaucht. Während der Regierungszeit des Agrippa, als die Wogen der Gefühle für und gegen den Herrscher hoch schlugen, wagte Simon es, »das Volk zu versammeln und den König zu beschuldigen, er sei nicht gottesfürchtig und des Zutritts zum Tempel ... gar nicht wert«. Daraufhin ließ der König nach ihm schicken und fragte ihn in seiner gewinnenden Art ganz offen, was denn an dem, was er tue, gegen das Gesetz verstoße. Simon »wußte darauf nichts zu entgegnen und bat um Verzeihung«. Danach waren die beiden miteinander ausgesöhnt und Agrippa beschenkte Simon »obendrein reichlich«.[22]

Diese Episode markierte einen Wendepunkt in der Geschichte: Petrus wurde nun zum Anführer einer Gruppe, die sich zwar immer noch dem Judentum zugehörig fühlte, der Welt jedoch eine neue Form der jüdischen Religion nahebrachte. Als sie Agrippa gegenüber erneut eine kritische Haltung einnahm und daraufhin gezwungen wurde, das Land zu verlassen, blieb Simon/Kefas[23]/Petrus weiterhin ihr Führer und vertrat die Gruppe schließlich in Rom. Obwohl er Jesus als dem geistlichen Oberhaupt der Bewegung persönlich zweifellos loyal gegenüberstand, galt sein sachliches Hauptinteresse doch der Mission. Seine politische Stärke und seine persönliche Integrität trugen mit dazu bei, daß sie überlebte.

105

Kapitel 16

»Er hat den Beelzebul«

Im März des Jahres 30 n. Chr. »ging die Sonne unter«. Johannes der Täufer, das »Licht«, die »Sonne« – ein Titel der zadokidischen Hohenpriester[1] –, verlor endgültig seine Macht. Die Wiedereinsetzung des davidischen Königs, die er in in seinen Prophezeiungen geweissagt hatte, war nicht erfolgt. Man konnte ihm zwar noch ein weiteres Jahr Aufschub gewähren, doch schon jetzt übernahmen die Zwölf Apostel die Leitung der Mission, mit Jonatan Hannas als »Papst« an der Spitze. In dem Jahr seiner Amtszeit wirkte dieser gemeinsam mit Jesus darauf hin, den Heiden größere Privilegien einzuräumen, und gestattete ihnen unter anderem die Vollmitgliedschaft einschließlich der Teilnahme an der Kommunion. Von dieser historischen Wende wird in den Evangelien in dem Wunder der Verwandlung von Wasser in Wein berichtet. (Vgl. S. 37 f.)

Am Tag der März-Tagundnachtgleiche des folgenden Jahres, nachdem auch die letzte Frist verstrichen war, wurde der Täufer als falscher Prophet gefangengesetzt. Vom Tetrarchen in der Festung Machärus eingekerkert, klammerte er sich an den einzigen Hoffnungsschimmer, den er noch hatte: Da die vom jüdischen Gott bevorzugte Festzeit in den September fiel, war es möglich, daß die Restauration sich bis dahin verzögerte. Sechs Monate lang wartete Johannes, während seine Anhänger litten, beteten und in der Schrift Trost suchten.

Während seines Harrens im Gefängnis schrieb der Täufer einen weiteren Psalm:

Will ich dich suchen; und gewiß wie die Morgenröte
zu vollkommener Erleuchtung bist du mir erschienen.
Aber sie verführen dein Volk;
denn glatte Reden sprechen sie zu ihnen.
Und Lügendeuter haben sie verführt,
und sie wurden niedergeworden ohne Erkenntnis;
denn in Torheit geschehen ihre Taten.
Denn ich wurde von ihnen verworfen,
und sie achteten meiner nicht,
obwohl du dich an mir mächtig erzeigst;

106

denn sie verstoßen mich aus meinem Lande
wie einen Vogel aus seinem Nest.
Und alle meine Freunde und Verwandten
haben sich von mir abbringen lassen
und halten mich für ein untaugliches Gerät.[2]

Auch die Anhänger der Täufers verlegten sich auf das Verfassen von
Texten. Einer von ihnen schlug in Psalm 37 nach, einem Trostpsalm
für Menschen in einer verzweifelten Situation, in der die Bösen
scheinbar die Oberhand behalten und die Rechtschaffenen leiden. Er
sah in den Worten des Psalmisten eine Antwort auf das Dilemma, in
dem er und seine Gesinnungsgenossen sich befanden. Durch die
Anwendung der zur Auslegung des Alten Testamentes verwendeten
Peschermethode, die der »Lehrer der Gerechtigkeit« selbst seinen
Anhängern vermittelt hatte, gelangte er zu der Überzeugung, daß die
universalen Aussagen des Psalms eine ganz spezielle Bedeutung hätten. Der »Gerechte« war der »Lehrer«, und der »Frevler« im Psalm
der »Frevelpriester«. Jesu Anspruch auf die Priesterwürde hatte ihm
den Namen »Anti-Priester« eingetragen, im Hebräischen auch »Frevelpriester«. Er wurde beschuldigt, mit den »Gottlosen von Efraim
und Manasse, die ihre Hand ausstrecken wollten gegen den Priester
und die Männer seines Rates zur Zeit der Läuterung, die über sie
gekommen ist«, gemeinsame Sache zu machen.[3]

Im Sommer des Jahres 31 n. Chr. gewann der Schreiber aus dem
Psalm, der nach seiner Auslegung zu einer Prophezeiung wurde, die
Gewißheit, daß der »Lehrer« gerettet werden würde: »Aber Gott hat
sie erlöst aus ihrer Hand.«

Hinter den »Gottlosen von Efraim und Manasse« (Simon Magus
und Theudas) stand der Tetrarch Antipas, der in seinem Vorgehen
gegen Johannes seiner persönlichen Animosität nachgeben und dabei
gleichzeitig den politischen Erfordernissen gerecht werden konnte.
Zweifellos hatte Jesus über die Gruppe der zwölf Apostel Kontakt zu
diesen Männern und ebenso zweifellos war er, der mit seiner Forderung nach einem allgemeinen Priestertum der Laien allein stand, die
bekannteste Persönlichkeit dieser Gruppierung. Seine Opposition
gegen den Täufer hatte sich an der Frage der Priesterwürde entzündet,
und sein Standpunkt galt in diesem Streit als die dem Täufer entgegengesetzte Extremposition. Das Dokument war deshalb ein Versuch,
Jesus zu diskreditieren; es ging aus von einer Partei, die in ihm eine

107

ernsthafte Bedrohung für die jüdische Identität sah, weil er der Sekte eine allzu verwestlichte Auffassung aufprägen wollte.

Da es Jesus von seinen Gegnern zum Vorwurf gemacht wurde, daß er mit der Fraktion im Bunde war, die die Verantwortung für den Tod des Täufers trug, berichtet das Markusevangelium in voller Breite über dieses Ereignis. Nach Markus lag die Schuld für den Untergang des Johannes in erster Linie bei Helena, der Geliebten des Magus, und ihrem Intrigenspiel. Anläßlich der herodianischen Version des externen Essener-Mahles, bei der nach Art der Therapeutae ekstatische Tänze aufgeführt wurden, »trat herein die Tochter der Herodias und tanzte.«[4] Helena, die auch den Titel »Salome« führen konnte,[5] nutzte gemäß ihren vorher erhaltenen Instruktionen die aufgeheizten religiösen Leidenschaften und überredete Antipas, den Täufer hinrichten zu lassen. Sie bat um sein »Haupt«, wahrscheinlich im wörtlichen Sinne, zugleich aber auch metaphorisch gemeint, weil sie wollte, daß das Amt des Oberhauptes, des »Papstes«, auf Simon überging.

In einer der Schriftrollen ist die Rede von einer Zeitspanne von etwa 40 Jahren zwischen dem Tod des »Lehrers der Gerechtigkeit« und dem Ende der Häretiker, das zusammen mit der antizipierten Zerstörung der Stadt Jerusalem erwartet wurde. Johannes starb nach der Auskunft des Peschers im September des Jahres 31 n. Chr., und Jerusalem wurde im Jahr 70 n. Chr. zerstört.[6]

Wie es sein Ehrgeiz gewesen war, wurde Simon Magus »Papst« in der Nachfolge von Jonatan Hannas. Da der Täufer nun tot war und der Magus das höchste Amt inne hatte, benutzte er einige von dessen Titeln, z. B. den Namen »Johannes« (II.) und den Titel »die Stimme«. Für seine Feinde war er allerdings ein zweiter »Satan«; sie nannten ihn »Beelzebul«, eine andere Bezeichnung für eine dämonische Macht.[7]

Die politische und religiöse Stimmung schlug erneut um. Pilatus machte den Juden zunehmend Angst, denn er legte einen völligen Mangel der sonst üblichen römischen Sympathie für die jüdische Religion an den Tag. Selbst diejenigen, die normalerweise für eine Kooperation mit Rom plädierten, wurden durch seine Exzesse in den Widerstand getrieben.[8]

In dieser Zeit wurde Jesus beschuldigt, »den Beelzebul« zu haben. »Er treibt die bösen Geister aus durch ihren Obersten.« Es hieß, er gebe vor, mit den pazifistischen Hellenisten gegen die Zeloten im Bunde zu sein, arbeite aber in Wirklichkeit mit einem Zeloten zusammen. Solange Simon »Papst« war, hatte Jesus letztlich auch gar keine andere Wahl, als sich ihm als König zur Verfügung zu halten. Schließlich war er der Davidide, den Simon auf den Thron bringen wollte, wenn er sowohl »Papst« als auch Pontifex Maximus geworden war. Darüber hinaus stimmte er aber auch tatsächlich in einigen Punkten mit Simon gegen Jonatan Hannas überein, besonders in der Frage der Priesterschaft der Laien. Für die Hebräer, einschließlich seiner eigenen Familie, war das Verrat, und sie sahen in ihm deshalb einen Verräter am Glauben.

Die Evangelisten versuchen gar nicht zu leugnen, daß Jesus damals mit dem Magier verbündet war. Simon war eine eindrucksvolle Persönlichkeit, die dem Zeitalter ihren Stempel aufprägte. Als Anführer der Opposition gegen Agrippa hatte er die Sympathien vieler hochstehender Juden, und neben Pilatus, der all das verkörperte, was an den Römern hassenswert war, wurde er in den Augen der Menschen zum Verteidiger der nationalen religiösen Identität.

Die Verbindung zu Simon machte Jesus bei Petrus, der keine Zeit für die Spitzfindigkeiten eines »Zauberers« hatte, nicht gerade beliebt. Petrus stimmte in seinen Auffassungen nahezu vollständig mit Jonatan Hannas überein und hatte seine nüchtern denkenden externen Essener während der vergangenen Jahre auf die Seite Jesu gebracht. Als die Regierungsfraktion jedoch anfing, mit militärischen Aktionen zu liebäugeln und damit einhergehend auch ihre Sympathie für eine bestimmte zölibatäre Disziplin, die die Ehe verbot, entdeckte, verlor Petrus mehr und mehr sein Vertrauen in das Regime.

Die verschlungenen Wege der verschiedenen Parteiungen und Fraktionen, die sich miteinander verbündeten und wieder trennten, sich unterstützten und denunzierten, spiegelten die Situation des Landes, wie sie sich seit dem Tod des Herodes und dem Einzug der römischen Besatzungsmacht darstellte. In den nächsten zwei Jahren sollte Jesus sich mit allen Fraktionen überwerfen und zum Opfer seiner eigenen Unabhängigkeit werden. Zum gegenwärtigen Zeitpunkt aber stand er fraglos in einem formalen Verhältnis zu Simon, dem obersten Zeloten – eine Tatsache, die sich nicht bestreiten ließ, als er später vor Gericht stand.

109

Kapitel 17

Maria Magdalene

Der Bericht über die Ehe Jesu mit Maria Magdalene liegt dicht unter der obersten Erzählebene der Evangelienberichte. Es ist nicht schwer, in der Geschichte über die Frau mit dem Alabasterflakon, gefüllt mit reinem Nardenöl, das sie über Jesus ausgoß, so daß »das Haus ... erfüllt vom Duft des Öls (wurde)«, ein erotisches Element zu spüren.[1] Wer bibelfest ist, erkennt in dieser Stelle eine Passage aus dem Hohenlied wieder: »Als der König sich herwandte, gab meine Narde ihren Duft.«[2] Das Hohelied Salomos war die Hochzeitsliturgie der davidischen Könige, eine wunderschöner Begleittext zu den Zeremonien.

Im Johannesevangelium wird ganz deutlich, daß die Frau mit dem Salböl Maria aus Betanien und damit Maria Magdalene war.[3]

Das offenbar bereits zu einem sehr frühen Zeitpunkt entstandene Philippevangelium liefert noch genauere Informationen: »Da waren drei, die immer mit dem Herrn wandelten: Maria, seine Mutter, und ihre Schwester und Magdalena, die seine Gefährtin hieß. Seine Schwester und seine Mutter und seine Gefährtin waren alle eine Maria.« In einer späteren Passage heißt es:

Und die Gefährtin des [Heilandes war] Maria Magdalene. Er liebte sie mehr als all seine Jünger [und pflegte] sie oft auf ihren [Mund] zu küssen. Die anderen Jünger [waren gekränkt und] sagten zu ihm: »Warum hast du sie mehr lieb als uns alle?« Der Heiland antwortete und sagte zu ihnen, »Warum ich euch nicht so liebe wie sie? Wenn ein Blinder und einer, der sieht, miteinander in der Dunkelheit gehen, so unterscheiden sie sich nicht voneinander. Wenn das Licht kommt, dann wird der, der sieht, das Licht sehen, und der, der blind ist, wird in der Finsternis bleiben.«[4]

Wenn wir die Passage von der Frau mit dem Salböl auf dem Hintergrund der essenischen Ehevorschriften betrachten, offenbaren sich uns die tatsächlichen historischen Zusammenhänge. Zwischen Maria und Jesus bestand nicht nur eine rein geistige Beziehung, sondern eine ganz normale Ehe nach den Regeln des dynastischen Ordens der

Essener. Jesus mußte heiraten, um die Linie seiner Familie fortzusetzen, und in seinem Fall war eine Ehe umso mehr angeraten, als sie ihm helfen konnte, seine Stellung als legitimer Davidide zu festigen. Die Eheschließung fand, in der Amtszeit Jonatans als »Papst«, statt, als Jesus das vorgeschriebene Alter erreicht hatte. Obwohl damals Kajaphas Hoherpriester war, konnte Jesus mit der Anerkennung Jonatans im Rücken durch diesen Schritt seinem Recht als Träger der Dynastie Geltung verschaffen.

Zweimal im Neuen Testament wird Jesus mit Salböl gesalbt: Einmal, nach der Schilderung von Lukas, am Anfang seines Wirkens, und ein zweites Mal, sowohl nach Markus als auch nach Johannes, unmittelbar vor der Kreuzigung.[5] Dabei handelt es sich nicht, wie manche Bibelforscher behaupten, um dieselbe Geschichte, die zweimal erzählt wird, sondern um zwei verschiedene Ereignisse.

Die erste Salbung fand nach Auskunft des Lukasevangeliums und in Übereinstimmung mit anderen Belegen im September des Jahres 30 n. Chr. statt. Jesus war damals 36½ Jahre alt, doch wenn er zur für die davidischen Könige vorgesehenen Zeit geboren worden wäre, wäre er genau 36 gewesen und hätte damit das Alter gehabt, in dem ein Mitglied des dynastischen Ordens heiraten mußte. Die für den ersten Hochzeitstermin festgelegte Zeit war der September, und Jesus folgte insoweit der Ordensregel. Das Datum der zweiten Zeremonie war der März des Jahres 33, unmittelbar vor der Kreuzigung. Die vorläufige Hochzeit hatte bereits stattgefunden – nach der Vorschrift, die eine dreijährige Probezeit erlaubte. Maria war im Dezember des Jahres 32 schwanger geworden, in der am wenigsten heiligen Zeit, in der sexuelle Aktivitäten besonders erlaubt waren, und befand sich nun im dritten Monat der Schwangerschaft. Die zweite Eheschließung besiegelte dann das erste Eheversprechen. Man hoffte, daß im Jahr 33 n. Chr. im September, der angemessenen Zeit für einen künftigen König, ein Sohn zur Welt kommen würde. Bestimmte Einzelheiten in der Apostelgeschichte, die diese Zeit betreffen, deuten allerdings darauf hin, daß Maria eine Tochter gebar.

Maria Magdalene taucht in den Evangelienberichten auch als die Frau, »von der sieben böse Geister ausgefahren waren«, auf.[6] Das bedeutet, daß sie, wie die »verkrümmte Frau«, die »Witwe«, ebenfalls unter der Autorität »Satans« gestanden hatte. Judas Iskariot war beides, »Satan« und »Dämon 7« – eine Bezeichnung für ihn als Mitglied der Zelotenpartei (»ein großer, roter Drache, der hatte

111

sieben Häupter und zehn Hörner«, Offb 12). Als Oberhaupt der Schriftgelehrten hatte er dieselbe Position inne wie der »Gabriel«. Dazu gehörte auch die Sorge für die zölibatären Frauen vor und nach ihrer Heirat.

Judas war also der Ordensobere von Maria, der Mutter Jesu, und auch von Maria Magdalene, weil beide dem östlichen nationalistischen Flügel angehörten. Später, als es zu einem formalen Bruch zwischen den Christen und den östlichen Parteien kam, blieb Maria Magdalene weiterhin auf der Seite des Ostens und der »bösen Geister«, was zu einer schweren Krise in der Mission führte.

»Maria« war ein Titel, kein Name. Das Wort ist eine abgewandelte Form von »Mirjam«, dem Namen der Schwester Moses. Die Marien im Neuen Testament, einschließlich der Mutter Jesu und der Maria Magdalene, führten den Titel »Mirjam«,[7] weil ihnen ein bestimmtes Amt in der Gemeinschaft übertragen war: Sie fungierten als Prophetinnen und wirkten bei der Liturgie von bestimmten Orden wie dem der Therapeutae mit. Der asketische Therapeutenorden zelebrierte den Exodus als ein Heilsdrama mit zwei Chören — einem Männerchor, der von einem Mann, der Mose darstellte, angeführt wurde, und einem Frauenchor, geführt von einer »Mirjam«.

Zum Zeitpunkt ihrer Heirat war Maria Magdalene 27 Jahre alt; damit hatte sie das übliche Heiratsalter überschritten. Das wissen wir aus der Datierung ihrer »Geburt« (ersten Initiation), die der Geschichte von der Tochter des Jaïrus — Maria — zu entnehmen ist.[8] Dem Pescher zufolge wurde Maria »im Jahr zwölf«, 17 n. Chr., »geboren«. Da wir Hinweise darauf haben, daß Frauen ihre erste Initiation gewöhnlich im Alter von 14 erlebten, muß Maria im Jahr 3 n. Chr. geboren sein.[9] Normalerweise war eine Frau bei ihrer ersten Eheschließung zwischen 16 und 20 Jahre alt.

Das von der Norm abweichende Alter Marias bei ihrer Heirat mit Jesus kann verschiedene Gründe gehabt haben. Eine Möglichkeit wäre, daß sie bereits zuvor verheiratet gewesen war. Wir werden sehen, daß später, als es zu der Krise um Maria kam, auch die Frage eine Rolle spielte, ob ihre Ehe mit Jesus nach essenischem Gesetz überhaupt Gültigkeit hatte. Judas Iskariot, der gegen die zweite Eheschließung im März 33 n. Chr. Einspruch erhob, war z. B. der Ansicht, daß sie es nicht war.[10] Der plausibelste Grund dafür wäre gewesen, daß Maria schon eine Heirat und eine Trennung hinter sich hatte.

Mit seiner Ehe erfüllte Jesus die Auflagen des dynastischen Ordens. Wie weit auch persönliche Gefühle dabei eine Rolle spielten, ist nur schwer zu sagen, wenn man sich nicht in Spekulationen verlieren will. Außer der Tatsache, daß Maria bei verschiedenen Gelegenheiten als etwas wirr agierend dargestellt ist und verschiedentlich zum Gegenstand der Kritik anderer wird, erfahren wir aus dem Neuen Testament kaum persönliche Details über sie.[11] Dem Pescharisten enthüllen sich lediglich politische Tatsachen und Ordensinterna, und mehr zu wissen steht ihm auch nicht zu.

113

Kapitel 18

Die Speisungswunder und das Wandeln auf dem Wasser

Im Jahr 32 n. Chr. intensivierte Jesus seinen Feldzug zugunsten der Heiden so weit, daß er sie den Platz jüdischer Geistlicher einnehmen ließ. Aus jüdischer Sicht war es das Jahr seiner größten »Greueltaten«.

Die beiden Speisungswunder sollen Jesus – jedenfalls für den kritischen Leser – keineswegs als überspannten Wundertäter hinstellen, der lieber einen Zauber veranstaltete als Brot kaufen ging. Es handelt sich dabei vielmehr um Berichte über die ersten Ordinationen von Laien zum Dienst in der Gemeinde, ein Akt, dessen Denkwürdigkeit durch die Form der Darstellung unterstrichen werden sollte. Die Speisung der Fünftausend, das wichtigere der beiden Ereignisse, taucht denn auch in allen vier Evangelien auf.[1] Es ist darin von den Anfängen einer apostolischen Nachfolge die Rede, die bis in unsere heutige Zeit hinein lebendig geblieben ist.

Von Anfang an hatte die Mission Heiden angezogen, die sich der Gemeinschaft, die Anhänger selbst unter Mitgliedern des höchsten jüdischen Adels, besonders unter den Frauen, gefunden hatte, anschlossen, weil sie die von ihr vertretene, aus dem Osten kommende Lehre als eine vernünftige neue Religion erkannten. In ihrer ursprünglichen, herodianischen Form propagierte diese Lehre ein liberalisiertes Judentum, in das einige der besten Elemente des jüdischen Denkens eingegangen waren, in erster Linie der Monotheismus und die Ablehnung von Bildern.

Doch in der eigentlichen Organisation wurden Heiden allenfalls toleriert, es sei denn, sie entschlossen sich, ganz zum Judentum überzutreten, sich beschneiden zu lassen und die jüdischen Speisevorschriften und Riten zu übernehmen. Wenn sie das nicht taten, wurde ihnen die Kommunion vorenthalten und sie wurden lediglich zur Taufe zugelassen.[2]

Dessenungeachtet hatte in den siebzig Jahren seit der Gründung der Mission der Anteil der heidnischen Mitglieder immer mehr zugenommen, so daß sie allmählich der Bewegung ein neues Gesicht gaben. Es entstand eine Religion, die dem Heidentum weit überlegen war, die aber auch keiner jüdischen Identität mehr bedurfte. Jesus bewies vom

114

Anfang seines Wirkens an eine große Sympathie für den Wunsch der Heiden, diese Religion zu praktizieren und dabei doch ihre eigene Nationalität und ihre eigenen Bräuche beizubehalten.

Zwei Jahre zuvor hatte er mit Hannas »Wasser in Wein verwandelt«, als er den unbeschnittenen Heiden, die sich ursprünglich nur zur Taufe versammelt hatten, gestattete, an der Kommunion teilzunehmen.[3]

Doch es gab noch etwas Höheres als die Zulassung zur Kommunion: die Zulassung zum Dienst in der Gemeinschaft. In der jüdischen Religion taten Priester und Leviten im Heiligtum am Tisch mit den Schaubroten Dienst. Zwölf Leviten legten die Brote den heiligen Personen vor, entweder Priestern oder zölibatären Laien. Die Leviten waren mittlerweile so stark mit diesem Vorgang assoziiert, daß sie auch als »Laibe« bezeichnet werden konnten.

Sieben der Brotlaibe waren den Priestern vorbehalten, die fünf anderen wurden den zölibatären Laien vorgesetzt. Die sieben höherrangigen Leviten legten die sieben Brote für die Priester vor, und die fünf niedrigeren »Laibe« fungierten als Diener der heiligen Laien.[4]

Schon die Orden der Magier hatten einigen höhergestellten jüdischen Laien gestattet, als Leviten zu amtieren. Doch es war nochmals ein Riesenschritt, nun auch Heiden zu solchen Aufgaben zuzulassen. Für die Juden war die Priesterwürde ein Vorrecht der Geburt. Ganz abgesehen von der jüdischen Herkunft, die natürlich ohnehin eine notwendige Voraussetzung für jedes geistliche Amt innerhalb der jüdischen Religion war, mußten rechtmäßige Priester und Leviten aus dem Stamm Levi kommen.

Doch im März des Jahres 32 n. Chr, bei Ain Feschcha, verwandelte Jesus »auf wunderbare Weise« heidnische Laien des niedrigsten Standes in »Laibe« − Geistliche, die bei der Kommunion das Brot reichen konnten. Indem sie »die Brote aßen«, wurden sie selbst zu »Laiben« und durften bei den Gottesdiensten der normalen heidnischen Mitglieder, die sich selbst jetzt als Christen, nicht mehr als Juden fühlten, Dienst tun.

Um in den heiligen Stand zu gelangen, der mit dem Dienst in der Gemeinde verbunden war, verleibte sich die neuetablierte Priesterklasse außerdem »zwei Fische« ein. Die »Fische« waren zölibatär lebende Heiden, die vergleichsweise immer noch einen höheren Rang bekleideten als die Verheirateten. Zu ihrer Initiationszeremonie gehörte unter anderem eine Taufe in Salzwasser, da die verschiedenen

115

Arten des Wassers für die Juden unterschiedliche Grade der Heiligkeit verkörperten, wobei Meerwasser für den niedrigsten Grad stand. Aus dieser Praxis stammt denn auch das Emblem des Fisches, das später mit den Christen in Rom assoziiert war.[5]

Nach der Zeremonie, am Abend, fuhren die Jünger mit dem Boot zurück nach Mazin. Jesus ging nicht mit ihnen, sondern blieb in Ain Feschcha zurück.

In dem Gebäudekomplex von Mazin, der für externe Essener erbaut war, wurde ein komplizierter Taufritus für externe Essener und Heiden praktiziert. Im Rahmen eines Schauspiels, das auf der Geschichte der Arche Noah basierte, wurden die externen Essener, die als Verheiratete das »Vieh« waren, mit einem Boot »gerettet«. Durch die Einweihung wurden sie vor der Vernichtung – symbolisiert in der Sintflut – bewahrt, die die Welt schon bald verschlingen sollte. Wenn das »Vieh« an Bord war, wurde das Boot den Kanal hinauf zur Schleuse gerudert und entließ seine Fracht dann auf das trockene Land der »Erlösung«.[6]

Neben den jüdischen Externen wurden auch Heiden aufgenommen, die als »Fische« das Meerwasser durchqueren mußten und dann von Petrus in seiner Rolle als »Fischer« gefangen wurden.

Das Boot wurde im Kanal vertäut, und die »Fische« mußten vom Ufer aus durch das Wasser waten, um schließlich von den »Fischern« an Deck gezogen zu werden. An Deck befand sich auch der Priester. Er sprach einen Segen über die Heiden, berührte sie aber nicht.

Für diese Zeremonie mußte der Priester irgendwie vom Land ins Boot gelangen, ohne durchnäßt zu werden, da er schwere Gewänder trug und seine priesterliche Würde zu wahren hatte. Deshalb wurde für ihn ein Steg über das Wasser gebaut, der vom Ufer zum Boot führte. Diejenigen, die sich gern über die priesterliche Selbsterhöhung lustig machten, sagten dann, daß er »auf dem See« gehe.

Es war anläßlich einer solchen Feier, daß die Jünger nach Mazin oder »Kafarnaum« kamen. Sie waren um 3 Uhr nachts – »in der vierten Nachtwache« – im Boot, bereit, mit der Zeremonie zu beginnen. Jesus war noch nicht da. Es gab jedoch auch noch einen Landweg von Ain Feschcha nach Mazin, der um die ins Meer hinausragende Landspitze von Ras Feschcha herumführte. Die Asketen waren daran gewöhnt, die ihnen vertrauten Pfade auch bei Nacht zu benutzen, wie in den Erzählungen des Neuen Testaments immer wieder deutlich wird.

Die im Boot wartenden Jünger brauchten einen Priester für die Zeremonie. Als sie in Richtung des Steges blickten, sahen sie plötzlich Jesus »auf dem See« auf sich zukommen. Er hatte offenbar den Landweg genommen und war nun rechtzeitig eingetroffen, um die heilige Handlung zu vollziehen.

Das Wunderbare an diesem Vorgang war nicht physikalischer Art – Jesus ging nicht etwa über die Wasseroberfläche, sondern über den Steg –, das eigentliche »Wunder« bestand vielmehr darin, daß Jesus hier als Priester agierte, womit er Jonatan Hannas quasi absetzte. Er erhob also den Anspruch, daß zwischen ihm und einem Mann aus dem Stamm Levi kein Unterschied bestehe. Wenn sich diese Ansicht durchsetzte, konnte er sogar Hoherpriester und »Papst« werden, und die jüdische Priesterschaft wäre überflüssig geworden. Seine Handlungsweise trug ihm denn auch den Titel »Frevel(Anti-)priester« ein. War schon sein Status als rechtmäßiger Erbe Davids zweifelhaft, was allein schon ausreichte, um ihn zum »Lügenmann« abzustempeln, so beanspruchte er nun auch noch einen Status für sich, der allen, die nicht dem Stamm Levi angehörten, auch dem Davididen, grundsätzlich verwehrt war.[7]

Diese Unverfrorenheit ließ sich nur noch durch eines überbieten: den Griff nach dem höchsten Privileg des Hohenpriesters, dem Vorrecht, das Allerheiligste zu betreten. Schon im folgenden September sollte Jesus auch diesen Schritt tun.

Kapitel 19

Das Versöhnungsfest

Der September des Jahres 32 n. Chr. war ein Monat der historischen Höhepunkte. Jedes Jahr am zehnten Tag des siebten Monats nach dem jüdischen Kalender (dessen Jahr im März begann) wurde das Versöhnungsfest gefeiert. Nur der Hohepriester, der allein das Allerheiligste betreten durfte, konnte den Akt der Versöhnung vollziehen.[1] Für die Mitglieder der abgespaltenen essenischen Gemeinschaft, die ihre eigenen Hohepriester für ihr eigenes Heiligtum hatten, entschied sich mit der Frage, wer in diesem Jahr als Priester amtierte, immer auch die Frage, welche Partei gerade an der Macht war.

Seit dem Erdbeben hatte sich der Gebäudekomplex in Mird zum höchsten Heiligtum der Gemeinschaft, ihrer »heiligen Erde«, entwikkelt. Dort zelebrierte Simon Magus als »Papst« im Jahr 32 n. Chr. das feierliche Ritual.

Der Hohepriester mußte immer einen Assistenten, den sogenannten »Zweiten«, neben sich haben, der die Versöhnung vollenden konnte, falls sein Ordensoberer aus irgendeinem Grund nicht dazu in der Lage war.[2] Simons »Zweiter« im Wüstenheiligtum war an diesem Tag Judas Iskariot, der in der Hierarchie des Ordens direkt unter ihm stand.

Die herodianische Mission hatte jedoch noch ein zusätzliches Ritual hervorgebracht, das den Diasporajuden verdeutlichen sollte, daß sie gemeinsam mit den palästinischen Juden die Vergebung der Sünden empfingen: Gleichzeitig mit dem Festakt in Mird wirkten an einem anderen Ort drei weitere Geistliche, die die Diaspora verkörperten. In dem Augenblick, in dem die Versöhnung vollzogen wurde, um drei Uhr nachmittags, erklärten sie sich selbst zu Zeugen, die die frohe Botschaft von der Vergebung allen Mitgliedern überbringen wollten. Durch sie sollte diese Botschaft sich in der ganzen Welt verbreiten. Zur gleichen Zeit wurde derselbe Ritus auch in den Städten der Diaspora vollzogen.

Die drei Zeugen trugen die Titel »Mose«, »Elija« und »Christus«, die für eine Dreierherrschaft von Prophet, Priester und König standen. In diesem Jahr war Theudas, das Oberhaupt von Efraim, der »Mose«, Jonatan Hannas war der »Elija«, und Jesus in seiner Rolle als

118

davidischer König war der »Christus«. Die Aufgabe Jesu an diesem Tag war es, im Westen neben den beiden anderen zu stehen und damit den westlichen Mitgliedern der Gemeinde symbolisch zu verstehen zu geben, daß ihnen ihre Sünden vergeben waren.

Vor dem Erdbeben hatte der Diaspora-Ritus in Mird stattgefunden, das damals in der Heiligkeitshierarchie unter Qumran stand. Nach dem Erdbeben war die Bedeutung der beiden Orte jedoch vertauscht, und Qumran, das nun weniger rein war, verkörperte alle niedrigeren Bereiche des Ordens, einschließlich der Diaspora.

An dem bewußten Tag, einem Freitag, war Jesus in Qumran und nahm an der Zeremonie teil. Der Raum, in dem sie stattfand, war die ehemalige »Sakristei« auf der Westseite des Gebäudekomplexes. Sie lag zum Teil unter einem Halbdach, zu dem man über eine Reihe von Stufen hinaufgelangte. Auf dieser erhöhten Plattform mußten die drei Männer, Hannas in der Mitte, vor der Gemeinde, die unten saß, erscheinen.³

Um drei Uhr nachmittags wurde das Versöhnungsritual vollzogen. Die drei Männer hatten als Abgeordnete des Hohenpriesters ihre Formeln zu sprechen. An diesem Punkt nun tat Jesus etwas, das ihm niemals vergeben werden konnte. In einer der Schriftrollen wird dieser unverzeihliche Vorfall mit den Worten beschrieben: »Zur Zeit des Festes der Ruhe, am Versöhnungstag, erschien er bei ihnen, um sie zu verschlingen und um sie zu Fall zu bringen am Tage des Fastens, dem Sabbat ihrer Ruhe«.⁴

Jesus betrat die Plattform in den Gewändern des Hohenpriesters, den heiligsten aller Kleidungsstücke. In den Evangelien heißt es, er »wurde ... verklärt«: »... und seine Kleider wurden hell und sehr weiß, wie sie kein Bleicher auf Erden so weiß machen kann.«⁵ Von einem solchen Weiß waren nur die zahlreichen Gewänder des Hohenpriesters, die der »Bleicher« mit Weihrauch einrieb, so daß das Leinen schneeweiß wurde.

Jesus begab sich in die Mitte des Podiums, womit er Hannas vom Platz verwies, und fungierte dort, indem er die Zeremonie der Versöhnung vollzog, nicht als Priester von untergeordnetem Rang, sondern als Hoherpriester.

Diese Handlung implizierte nicht nur, daß der Christus »Papst« und Pontifex Maximus werden konnte, sondern auch, daß der Ort, an dem er stand, das Heiligtum war. Die Diaspora war damit also ebenso heilig wie das Heilige Land. Von jetzt an war das Heilige Land weder auf das jüdische Priestertum noch auf das jüdische Mutterland beschränkt.

Jesus gebrauchte sogar die Worte des zadokidischen Täufers, der in einem seiner Psalmen gesagt hatte, seine Lehre sei wie das »Wasser des Lebens«, das diejenigen, die von ihm getauft wurden, fruchtbar mache. »Aber am letzten Tag des Festes, der der höchste war, trat Jesus auf und rief: Wen da dürstet, der komme zu mir und trinke! Wer an mich glaubt, wie die Schrift sagt, von dessen Leib werden Ströme lebendigen Wassers fließen.«[6]

Im Johannesevangelium ist noch etwas von dem Aufschrei zu spüren, der nach diesem Auftritt durch die Menge ging. Ausgerechnet an einem Sabbat und noch dazu am Versöhnungsfest hatte Jesus, um es mit den Worten der Schriftrolle zu sagen, die Gemeinde »zu Fall gebracht«. Möglicherweise kam es zu einem Tumult, bei dem Jesus tätlich angegriffen wurde und man ihm die Insignien seines angemaßten Amtes entriß. Noch lange Zeit sprach man von diesem unglaublichen Affront, und er kam auch dem Verfasser einer der Schriftrollen in den Sinn, als er in den Propheten von einem hochmütigen Menschen las, der einen Aufruhr verursacht hatte, »um ihren Festen zuzuschauen«.

Später am selben Abend langte Simon Magus in seiner Rolle als »Papst« auf Visitationstour selbst in Qumran an. Er konnte die dreistündige Reise noch am Freitag abend zurücklegen, da der Sabbat für ihn erst um Mitternacht begann. Simon erschien persönlich auf der Tribüne und verkündete unter seinem vom Täufer entlehnten Titel »die Stimme«: »Das ist mein lieber Sohn, den sollt ihr hören.«[7] Diese Worte bedeuteten eine strenge Rüge für Jesus; er war damit wieder auf seinen ursprünglichen Rang, auf die Position des Königs, verwiesen.

Trotzdem wurde Jesus in der Folge von den Christen als der »Hohepriester, den wir bekennen,« akzeptiert. In dem neutestamentlichen Brief an die Hebräer (die östliche Partei) argumentierten sie, daß er, obwohl er nicht in den Stamm Levi, sondern in den Stamm Juda hineingeboren war (übrigens ein impliziter Hinweis darauf, daß Josef sein Vater war), ein Priester »nach der Ordnung Melchisedeks« sei.[8] Damit bezogen sie sich auf einen der Titel des Täufers, einen Nachkommen der melchisedekischen Priester von Jerusalem.[9] Einer der Psalmen zeigt, daß die davidischen Könige diesen Titel angenommen hatten, als sie in Jerusalem einzogen.

120

Derlei Argumente waren jedoch nur für die Juden interessant. Für die westlichen Parteien war Jesus aufgrund seiner charismatischen Qualitäten ein Hoherpriester und das Oberhaupt ihrer Gemeinschaft. Sie vermieden es, auf die Geschehnisse am Versöhnungsfest zu sprechen zu kommen, und verschleierten den genauen Zeitpunkt des Vorfalls. Für sie hatten die Festzeiten im September keine Bedeutung mehr, weil sie lehrten, daß ein einziges Opfer für die Erlösung von den Sünden ausreiche und keine alljährliche Feier mehr nötig sei. Jesu Einzigartigkeit und Überlegenheit sollte sich in ihren Augen vor allem in den Ereignissen anläßlich des folgenden Passafestes offenbaren.

Kapitel 20

Die Auferweckung des Lazarus

Im Dezember des Jahres 32 n. Chr. hatte Jesus einen privaten Termin. Seine Ehe, die im September des Jahres 30 n. Chr. geschlossen worden war, befand sich noch im vorläufigen Stadium, und es war bis jetzt zu keiner Empfängnis gekommen. Im Dezember aber sollte nun ein Kind gezeugt werden, damit es im folgenden September, der bevorzugten Jahreszeit für die Geburt eines künftigen Königs, zur Welt käme.

Die Ehe mußte im wirklichen Jerusalem, das bei den Asketen nach wie vor als unrein galt, erneuert werden. Die Zeremonie sollte nach der Dezember-Sonnwende, nach dem Abschluß aller religiösen Feste, stattfinden.

Vor diesem Ereignis reiste Jesus jedoch von Qumran nach Mird und blieb einige Tage dort, um Maria Magdalene und Marta/Helena, ihre Anstandsdame, im Frauenhaus zu besuchen. Marta fungierte bei diesem Besuch als levitische »Diakonin« und »machte sich viel zu schaffen, ihm zu dienen«, Maria dagegen »setzte sich dem Herrn zu Füßen«.[1]

Für einige der Mitstreiter Jesu war es eine glücklose Zeit. Es ist die Rede »von den Galiläern, deren Blut Pilatus mit ihren Opfern vermischt hatte«. Und das war nur eine der Gelegenheiten, bei denen der »junge Löwe des Zorns« seine völlige Verständnislosigkeit für die religiösen Gefühle der Juden unter Beweis stellte.[2] Möglicherweise hatten die Juden dagegen aufbegehrt, daß Pilatus Gelder aus dem Tempelschatz für Bautätigkeiten ausgegeben hatte. Daraufhin hatte dieser seinen Soldaten befohlen, sich mit Knüppeln bewaffnet und als Juden verkleidet unter die protestierende Menge zu mischen. Es kam zu einem Gemetzel; die Soldaten schlugen wahllos auf die Menschen ein und töteten dabei viele der Demonstranten.

Die drei Zelotenführer Simon Magus (»Papst«), Judas Iskariot (sein »Zweiter«) und Theudas (Barabbas) führten den Aufstand der Nationalisten an. Sie bildeten eine Triarchie aus Priester, Prophet und König und verstanden sich als eine Nachbildung des Triumvirats, das einst Rom regiert hatte. Als die Erhebung scheiterte und ihre Anhänger in die Flucht geschlagen wurden, entkamen die drei, mußten sich aber von nun an versteckt halten. Einer von ihnen, Theudas/Barabbas hatte sogar Blut an den Händen: Er hatte »beim Aufruhr einen Mord begangen«, d. h., er hatte einen römischen Soldaten getötet.[3] Pilatus mußte unter allen Umständen daran gelegen sein, dieses gefährliche zelotische Triumvirat aufzuspüren und auszuheben. Wenn es ihm gelang, erwarb er sich damit auf jeden Fall das Verdienst, einen Unruheherd, der der römischen Besatzung immer wieder schwer zu schaffen machte, beseitigt zu haben.

Eines der vielen Pseudonyme Simons war »Blitz«. Er unterschied sich durch diesen Beinamen von dem anderen Vertreter der Hellenisten, Hannas, dem »Donner«. Nach dem mißglückten Aufstand wurden Simon und Judas (»Satan«) ihrer Ämter enthoben. Jesu Worte »Ich sah den Satan vom Himmel fallen wie einen Blitz« stellen einen Kommentar zu dieser Niederlage dar. Auch für die Galiläer, deren Blut vergossen worden war, empfand er Mitgefühl.[4]

Mit dem Umschlag des politischen Klimas kam sofort wieder der »Papst« der Friedenspartei, Jonatan Hannas, an die Macht. Bei dieser Gelegenheit »freute sich Jesus im Heiligen Geist (*to pneuma to hagion*, ein Titel Jonatans)« und rief aus: »Ich preise dich«, wobei er Jonatan im Gebet mit »Vater« anredete.[5]

Simon hatte in den Höhlen von Qumran Zuflucht gesucht, doch seine Feinde in der Bewegung wollten ihn noch tiefer gedemütigt sehen. Ein abgesetzter »Papst« mußte exkommuniziert werden, damit er nicht noch einmal an die Macht kam.

Zwischen Agrippa und dem Tetrarchen war inzwischen eine erbitterte Auseinandersetzung entbrannt. Agrippa genoß zu diesem Zeitpunkt das Wohlwollen seines Freundes Flaccus, des römischen Statthalters von Syrien,[6] und besaß von daher die Macht, die gegnerischen Parteien des Magus zu einen und diesen selbst exkommunizieren zu lassen.

Die Exkommunikation, eine kirchliche Sanktion, die bis ins Mittelalter verhängt wurde, schrieb vor, daß der Exkommunizierte zu behandeln sei, als sei er tot. Er wurde in Leichentücher gehüllt und mehrere Tage in sein Grab gesperrt. Danach wurde er dann als geistlich »Gestorbener« aus der Gemeinschaft ausgestoßen.[7]

Simon, auch Lazarus genannt, sollte seinem ehemaligen Amt entsprechend in die Grabhöhle der »Päpste« von Qumran gebracht werden. Nach dem ersten Träger dieses Titels, »Abraham«, hieß der Ort auch »Abrahams Schoß«.

Es handelte sich dabei um die heute als »Höhle 4« bekannte Höhle, die am Ende eines schmalen Vorsprungs im Westen des Plateaus von Qumran liegt. Ihre Lage wird im Gleichnis vom Reichen Mann und dem Armen Lazarus bei Lukas angegeben,[8] das sich auf eine spätere Begebenheit bezieht, bei der Simon nochmals dasselbe Schicksal erlitt.

Im Gleichnis befindet sich der »reiche Mann« an seiner Begräbnisstätte, »in der Unterwelt«, und kann über eine Kluft hinweg (»... besteht zwischen uns und euch eine große Kluft«) mit »Abraham« und Lazarus sprechen, der in »Abrahams Schoß« liegt. Diese Kluft existiert tatsächlich: Es ist der Einschnitt zwischen dem freien Platz neben dem Kloster und dem Vorsprung von Höhle 4, zu dem ein Pfad hinabführt.

Von ihrer Lage her, genau gegenüber vom Hauptplateau, war Höhle 4 geradezu zur Gruft prädestiniert. Die Höhle war künstlich aus dem Stein herausgehauen und wies auf drei Seiten fensterähnliche Öffnungen auf.[9] Ein Mann, der hier symbolisch »begraben« war, konnte zwar noch atmen, an ein Entkommen etwa durch die Fensteröffnungen aber war nicht zu denken, da sie über einem steilen Abhang lagen. Man betrat die Höhle von der Nordseite her über einen abfallenden Schacht, der von einer Öffnung in der Decke nach unten führte; diese Öffnung konnte mit einem schweren Stein verschlossen werden.

Jesus hatte es bei seinem Aufenthalt in Mird nicht nötig, sich zu verstecken, weil er nicht zu den Anführern des Aufstands gehört hatte. Durch Maria und Marta/Helena erfuhr er von der Exkommunikation Simons: »Herr, siehe, der, den du liebhast, liegt krank« (d. h. steht vor der Exkommunizierung),[10] konnte jedoch zunächst nichts unternehmen.

Dann geschah etwas, das ihm die Möglichkeit bot zu handeln. Der Tetrarch Antipas gewann die Oberhand über Agrippa, möglicherweise, weil Agrippa die Freundschaft des Flaccus verloren hatte. Flaccus hatte Agrippa fallengelassen, nachdem ihm hinterbracht worden war, daß Agrippa sich in einer Streitsache hatte kaufen lassen.[11] Der Tetrarch aber ordnete nun an, Simon Magus freizulassen.

Der Akt der Freilassung mußte durch den Leviten des abgesetzten Priesters vollzogen werden. Wenn Jesus Simon unterstützen wollte, so konnte er diese Rolle übernehmen. Diese Hilfe bedeutete allerdings nicht, daß er auch politisch mit ihm einig war: Standen die Methoden der Zeloten doch in allerschroffstem Gegensatz zu seiner Lehre von der Feindesliebe.

Dennoch empfand er eine persönliche Verpflichtung gegenüber Simon, die offenbar alle anderen Erwägungen ausschaltete. Er entschloß sich daher, nach Qumran zu gehen und Simon zu befreien, obwohl er wußte, daß er sich dadurch aus römischer Sicht mit einem Kriminellen einließ. Seine Freunde protestierten und hielten ihm eindringlich vor, daß er sich nicht darauf verlassen könne, daß der Tetrarch ihn ebenso unterstützen würde wie Simon.

Jesus reiste also von Mird nach Qumran. Auch die beiden Frauen machten sich auf den Weg. Vor der Höhle, in der Simon lag, traf Jesus mit Helena zusammen. Wie sie sagte, als sie vor dem Gefängnis ihres Gefährten standen, »stank« dieser sicher bereits, weil er nicht mehr die Möglichkeit zu den üblichen rituellen Waschungen hatte.[12]

Jesus stieg hinunter auf den schmalen Rücken des Vorsprungs. Der Stein lag auf dem Eingang zum Schacht. Er befahl den Leuten, die dabeistanden: »Hebt den Stein weg!« Sie hoben ihn auf, und er rief: »Lazarus, komm heraus!« Simon unten in der Höhle begriff, daß er begnadigt war. Noch in die Leichentücher gewickelt, arbeitete er sich den Schacht hoch und kletterte durch die Öffnung. Auf dem Kopf trug er seinen Turban aus dem sogenannten *soudarion*, die Kopfbedeckung eines Priesters.

Damit hatte sich Jesus offen auf die Seite eines Mannes gestellt, der von Rom gesucht wurde. Er war jetzt dem Namen und seinem Handeln nach ein Mitglied der Rebellenpartei. Wenn Simon an die Römer verraten wurde, so würde auch nach Jesu Beteiligung an den zelotischen Aktivitäten gefragt werden.

Vorläufig hatte sich Jesus an die Regel seines Ordens zu halten, die ihm als nächstes vorschrieb, seine Ehe wiederaufzunehmen. Da es keine direkten Beweise gab, daß er in den Aufstand verwickelt gewesen war, war er frei, nach Jerusalem zu gehen. Er ließ Qumran und das asketische Leben hinter sich und wanderte nach Marsaba, dann das Bett des Wadi Kidron hinauf bis zur Hauptstadt. Dort bestätigte er sein Ehegelübde und lebte eine Saison lang in der Welt.

Kapitel 21

Dreißig Silberlinge

Wenige Monate später, im März des Jahres 33 n. Chr., fand die Versammlung der Leiter der Gemeinschaft anläßlich der Feier des Passafestes und der sich daran anschließenden Festtage statt.

Es war die erste Zusammenkunft seit Dezember. Die von Pilatus gesuchten Männer hatten sich bis jetzt in Höhlen versteckt gehalten, waren jedoch bereit, das Risiko auf sich zu nehmen und die nahegelegenen Gebäude von Qumran aufzusuchen, um an den Feierlichkeiten teilzunehmen. Ihre Ordensbrüder würden sie nicht verraten, auch Kajaphas und Hannas nicht. Sie alle wußten sich geeint in dem Ziel, das Judentum zu bewahren. Gefahr drohte also höchstens, wenn einer von ihnen aus dem Glied trat und Pilatus über den Aufenthaltsort der gesuchten Zeloten in Kenntnis setzte. Nun gab es zwar sicherlich immer jemanden, der einem persönlichen Rivalen schaden wollte, doch in diesem Fall hätte er eine Gelegenheit abwarten müssen, in der der Betreffende ohne den Schutz der übrigen Mitglieder dastand.

Ein solcher Augenblick konnte jedoch durchaus eintreten. Die Prophezeiungen Johannes des Täufers über die Wiedereinsetzung des Königs einige Jahre zuvor waren unerfüllt geblieben. Er hatte aber darüber hinaus die Wiedereinsetzung des Hohenpriesters geweissagt und sich dabei auf Abweichungen im Kalender bezogen, die dieser Prophezeiung Glaubwürdigkeit verliehen.[1] Johannes selbst hatte als Datum für dieses Ereignis den Versöhnungstag im September 32 n. Chr. angegeben, und die Nichterfüllung seiner Prophezeiung war einer der auslösenden Faktoren für den Aufstand an diesem Tag gewesen. Die Weissagung, die von seinem Nachfolger im Amt des »Papstes«, Simon Magus, übernommen wurde, ließ sich jedoch auch auf den kommenden März beziehen. Das wahrscheinlichste Datum für eine himmlische Intervention wäre in diesem Fall die Tagundnachtgleiche am Freitag, dem 20. März gewesen. Wenn die westlich ausgerichteten Mitglieder recht hatten, so mußte es am Donnerstag um Mitternacht soweit sein, dem Zeitpunkt, an dem nach Julianischer Zeitrechnung der Freitag begann.

Falls die himmlische Intervention in dieser Stunde ausblieb, wurden

Simon und mit ihm auch Jesus angreifbar, denn immerhin hatte letzterer sich das Hohepriesteramt angemaßt. Ein Feind aus den eigenen Reihen hätte die beiden Männer und alle, die ihre Ansichten teilten, zu diesem Zeitpunkt also in der Hand gehabt. Simon hatte jedoch so großes Vertrauen in die Prophezeiung, daß er an der Versammlung teilnahm, bei der er sich eine dramatische Rehabilitation erhoffte. Jesus dagegen faßte, wie seine Aussagen zeigen, die Möglichkeit seines Todes klar ins Auge.[2]

Judas Iskariot war als Oberhaupt der Schriftgelehrten zuständig für das Vermögen der Sekte, die »Kasse«. Da er mit den Herodianern, denen das in Qumran gelagerte Geld gehörte, zusammenarbeitete, konnte er im Fall einer Gefahr für die Religion auf das Geld der »Armen« (Zölibatäre) zurückgreifen. Wie alle römischen Statthalter erwartete Pilatus hin und wieder eine kleine finanzielle Anerkennung für seine Kooperationsbereitschaft in politischen Angelegenheiten; es war allgemein bekannt, daß alle Provinzgouverneure sich auf diese Weise bereicherten.[3]

Der Wettstreit zwischen den beiden Herodiern Agrippa und Antipas war auch ein Kampf darum, wer die Hand auf die Gelder von Qumran legen durfte, da keiner von beiden bisher zum König gekrönt worden war. Agrippa, der zu diesem Zeitpunkt gerade wieder einmal die Gunst des Pilatus genoß, hatte durchaus Gründe, gegen Simon Magus vorzugehen. Simon war möglicherweise in die Denunziationsaffäre, die Agrippa die Freundschaft des Flaccus gekostet hatte, verwickelt gewesen. Die Feindschaft zwischen den beiden Männern gipfelte Jahre später in der Ermordung Agrippas, die von Simon Magus in Szene gesetzt wurde.

Obwohl sie demselben Orden angehörten, war Judas Simons Rivale, weil er die östlichen Werte gegen die westliche Orientierung der Magier durchzusetzen suchte. Genauso erbittert bekämpfte er Jesus, den er wegen seines Anspruchs auf die Hohepriesterschaft und seiner laschen Haltung gegenüber den rituellen Vorschriften haßte. Jetzt bot sich ihm eine einmalige Gelegenheit, sich mit Agrippas Hilfe aller lästigen Gegner zu entledigen, indem er Pilatus das Versteck der gesuchten Zeloten verriet. Sich selbst wollte er durch Bestechung von der Strafverfolgung freikaufen, die sonst auch ihn getroffen hätte.

Die Zusammenkunft in Qumran hatte bereits Anfang März begonnen. Judas mußte sich mit seinen Plänen deshalb noch einige Wochen, bis der Himmel seine Gegner durch ein abermaliges Nichteingreifen endgültig diskreditiert hatte, gedulden. Falls die Prophezeiung aber tatsächlich auf Jesus gemünzt war, mußte sich allerdings schon jetzt eine vorläufige Erfüllung abzeichnen. Jesus hatte den Anspruch erhoben, König und Hoherpriester zu sein. Wenn dieser Anspruch berechtigt war, mußten ihm irgendwann Anfang März königliche Würden übertragen werden – ein erster Schritt auf dem Weg hin zu seiner Erhöhung zum Priester. Damit er König werden konnte, mußte es zu einer Krönungszeremonie kommen, bei der er von der »Krippe« aus auf dem »Maultier König Salomos« in die Stadt einritt, wie es die davidischen Könige seit der Zeit Salomos getan hatten.

Doch Jesus war noch aus einem anderen Grund nach Qumran gekommen. Maria Magdalene war im dritten Monat schwanger, die Vorbedingung für die zweite und endgültige Hochzeit des Paares war also nun erfüllt. Die Feier sollte unmittelbar vor den spannungsgeladenen Tagen der Tagundnachtgleiche stattfinden, und am folgenden Abend würde Jesus wieder in den zölibatären Stand aufgenommen.

Er war mit seinen Getreuen wie die anderen Anfang März in Qumran eingetroffen. Seine Anhänger begaben sich zum »Haus der Königin«, der Nachbildung der »Krippe« in Jerusalem, fünf Stadien südlich vom Plateau. Man führte das zeremonielle Reittier vor, und es kam zu einer antizipatorischen Krönung Jesu, bei der sein Gefolge rief: »Hosianna! ... Gelobt sei das Reich unserers Vaters David, das da kommt.«[4]

Der Krönungszug führte hinauf zu der Stelle, an der das Wadi Qumran in west-östlicher Richtung zum Toten Meer verläuft, und wandte sich dann nach Westen bis zum Fuß der Schlucht. Das Maultier kletterte den steilen Pfad zwischen den an beiden Seiten aufragenden Felswänden bis zum Felsvorsprung empor. Dann ging es wieder nach Osten, auf den Gebäudekomplex zu. So zog Jesus »hinein nach Jerusalem (Plural) in den Tempel.«[5]

Als »Tempel« wurde das vorderste Drittel des ehemaligen Heiligtums bezeichnet. Die beiden anderen Teile, das »Heilige« und das »Allerheiligste«, in denen die Leviten und Priester Dienst taten, waren nach Mird verlegt worden, doch der vordere Teil, der mit dem König assoziiert war (das Wort für »Tempel« bedeutet im Hebräischen auch »Palast«), war in Qumran geblieben und wurde als Schatzkammer genutzt. Unmittelbar vor dem östlichen Eingang befand sich das erste der in der Kupferrolle beschriebenen Gewölbe. Der »Tempel« war also assoziiert mit dem Vermögen der Gemeinschaft, dem »Gotteskasten«, wie an mehreren Stellen in den Evangelien deutlich wird. Hier standen die »Tische der Geldwechsler.« Qumran war quasi in eine Bank verwandelt worden, wo die riesigen Einkünfte aus der Mission aufbewahrt und die fremde Währung in Landeswährung umgetauscht wurde.

Die Prozession mit dem »König« Jesus langte an, und wenn es tatsächlich der Tag für seine Einsetzung als König gewesen wäre, so hätte sich jetzt irgendein Zeichen ereignen müssen. Doch nichts Dramatisches geschah.

Die Nichterfüllung einer Prophezeiung schuf immer Raum für reformerische Bestrebungen, ließ sie sich doch damit begründen, daß der Himmel seinen Segen zurückhalte, solange es noch Häresien oder Unrecht gab. Jesus ergriff denn auch seine Chance, wie er es bereits bei einer früheren Gelegenheit getan hatte, und erklärte, daß der Hinderungsgrund diesmal in der rücksichtslosen Geschäftemacherei der Mission liege. Er warf die Tische der Geldwechsler um und beschuldigte sie, die Mission in eine »Räuberhöhle« verwandelt zu haben.[6]

Während der nächsten vierzehn Tage kamen die Ratsmitglieder zu täglichen Gesprächen zusammen, bei denen Jesus verschiedene Punkte der Lehre mit ihnen erörterte.

Am Mittwoch, den 18. März, fand die zweite Hochzeitszeremonie von Jesus und Maria Magdalene in Ain Feschcha, im »Hause Simons des Aussätzigen«, statt. Die Liturgie aus dem Hohenlied erklang: »Das Haus aber wurde erfüllt vom Duft des Öls.« Aus im Text nicht näher ausgeführten Gründen erhob Judas Einwände gegen die Ehe.[7]

Nach der Zeremonie hatte Judas noch mehr Grund, seinen Anschlag gegen Jesus in die Tat umzusetzen. Wenn Jesus am folgenden Abend wieder an der Kommunion teilnahm als einer, der in das zölibatäre Leben zurückgekehrt war, hätte er jetzt den Status gehabt, der ihn berechtigte, Anspruch auf die Priesterschaft zu erheben. Zwar würde Jonatan Hannas als »Papst« beim Mahl den Vorsitz haben, doch Jesus würde möglicherweise erneut versuchen, seinen Platz einzunehmen, wie er es schon bei verschiedenen anderen Anlässen getan hatte. Wenn es abermals dazu kommen sollte, so ließ sich Hannas sicherlich leicht überreden, Judas gegen Jesus zu unterstützen.

Also ging Judas zu Hannas und bot ihm an, Jesus für »dreißig Silberlinge« zu verraten.[8] Hannas ließ sich darauf ein, was bedeutete, daß er sich mit Judas verbündete und ihn zu seinem Leviten machte.

129

Damit waren nun beide hellenistischen Gruppierungen vereint. Als Levit durfte Judas die Zehntenabgaben der externen Essener, versinnbildlicht in den »dreißig Silberlingen« (in der Zahl spiegelt sich die Organisation der externen Sektenmitglieder), annehmen.

Wohlwissend, daß alle seine Widersacher sich nun gemeinsam gegen ihn stellten und daß er als ein Mann, der Simon Magus offen unterstützt hatte, in jeder Falle, die für Simon ausgelegt wurde, mitgefangen war, traf Jesus unbeirrt seine Vorkehrungen für das Letzte Abendmahl.

Kapitel 22

Das Letzte Abendmahl

Das Letzte Abendmahl und der Prozeß Jesu fanden in der »Sakristei« in Qumran statt, jenem langggezogenen Raum im Südosten des ummauerten Hofes, der das Ersatzheiligtum der Exilanten vorgestellt hatte. Man kann dort noch heute die Überreste der Feuerstelle sehen, an der Petrus während des Prozesses stand.[1]

Alle Evangelien berichten übereinstimmend, daß die Kreuzigung und die ihr vorangehenden Ereignisse in »Jerusalem« (Plural) geschahen. Wie wir bereits gezeigt haben, stimmen die Entfernungen der einzelnen Orte in den Evangelien, nach Stadien gemessen, genau mit den Entfernungen zwischen Qumran und seinen verschiedenen Außenposten überein, bleiben jedoch eher vage, wenn man sie auf Jerusalem bezieht.

Das Buch der Offenbarung spricht von »der großen Stadt, die heißt geistlich: Sodom und Ägypten, wo auch ihr Herr gekreuzigt wurde.«[2] Qumran lag in der Nähe des alttestamentlichen Sodom, und »Sodom« wurde es auch von den Gegnern des zölibatären Männerordens genannt, der sich dort unter dem Vorsitz von Judas zu versammeln pflegte. Trafen sich dort jedoch die Therapeutae, so konnte Qumran, wie wir gesehen haben, zu »Ägypten« werden.

Das Johannesevangelium weist eigens darauf hin, daß die Inschriften über den Kreuzen von »der Stadt« aus zu lesen waren.[3] Das wäre wenig plausibel, wenn die Kreuze weit außerhalb der Höhen von Jerusalem gestanden hätten; es war jedoch sehr leicht möglich, wenn sie, wie auch andere Belege zeigen, auf dem südlichen Vorplatz von Qumran aufgerichtet worden waren und damit nur wenige Meter vom rückwärtigen Eingang entfernt auf der gleichen Höhe wie die Ansiedlung standen.

Als Qumran als das »Neue Jerusalem« errichtet worden war, waren seine verschiedenen Quartiere nach Bezirken der Hauptstadt benannt worden, so daß Qumran ein Abbild Jerusalems im Kleinen war. Der Aquädukt, der die Siedlung durchschnitt, wurde zum »Kidron«; westlich von ihm lagen die »Stadt« und der »Tempel«; das große Klostergebäude im Osten war der »Ölberg«. Die große Halle für Pilger auf der

131

Südseite außerhalb der Mauern war ein »Garten«, da so auch der Aufenthaltsort für Pilger in Jerusalem hieß.[4]

Während der lange Hof westlich der runden Zisterne ursprünglich das »Heiligtum« gewesen war, verkörperte die südlich der Zisterne gelegene »Sakristei« die »Stadt«, da hier die Priester ihre Mahlzeiten einnahmen und den Ornat mit der Alltagskleidung vertauschten. Hier waren sie »in leiblicher Gestalt« und standen damit eine Stufe unter dem heiligeren Rang, den sie im Heiligtum innehatten.[5] Der Raum war zehn Ellen oder fünf Meter breit und etwa dreißig Ellen lang. Er war in zwei Bereiche unterteilt, wobei der Boden des Nordteils eine Elle über dem des Südteils lag, also eine Art Podest bildete. Der nördliche Abschnitt, in dem auch die Tafel stand, war das »Obergemach« (katalyma). Der Tisch selbst stand in ost-westlicher Ausrichtung quer im Raum, ziemlich nah an der Kante des Podestes. Diese Anordnung wurde zum Grundmuster für die Aufteilung christlicher Kirchen: Der Altar auf einer etwas erhöhten Plattform, durch das Altargitter von der Gemeinde abgegrenzt.[6]

Um 18 Uhr abends versammelten sich dreizehn Männer um diesen Tisch und nahmen ihre Plätze ein. Die Sitzordnung hatte eine lange Tradition. Jesus und Jonatan Hannas saßen in der Mitte, Jesus als König links, Jonatan Hannas rechts. Sie lagen mehr als sie saßen, auf erhöht stehenden Eßliegen, die etwas vom Tisch abgerückt waren. Vor ihnen, näher an der Tafel, befanden sich ihre jeweiligen »Zweiten«, Petrus vor Jesus und Judas vor Hannas. Petrus übernahm die Rolle des »Sohnes« Jesu in seiner Position als König, und Judas hatte unmittelbar zuvor das Bündnis mit Hannas geschlossen, das ihm seinen Platz sicherte.[7]

Auf der anderen Seite des Tisches, gegenüber den beiden mittleren Plätzen, saß Johannes Markus, der »Lieblingsjünger«. Die übrigen Mitglieder verteilten sich rings um den Tisch.

Das Mahl, eine reguläre Abendmahlzeit, wie sie jeden Abend von den Sektenmitgliedern eingenommen wurde, sollte vier Stunden dauern. Die beiden ersten Stunden dienten der normalen Nahrungsaufnahme zur Stillung des Hungers, die nächsten beiden waren dem heiligen Teil des Mahles vorbehalten. Dabei war jeweils die erste Stunde für den Verzehr von fester Nahrung vorgesehen, in der zweiten wurde getrunken.

Sitzordnung und Ablauf des Mahles orientierten sich am Mahl der Externen. Dahinter stand der Gedanke eines Familienoberhauptes,

132

das als Gastgeber für Gäste fungierte, unter denen auch ein Priester und ein Levit waren. Der Gastgeber selbst nahm den Platz des Königs ein. In den ersten beiden Stunden des Mahles fungierte also Jesus als Gastgeber. Eine seiner Pflichten war es, seinen Gästen, auch den Bedürftigen, die vielleicht zum Mahl geladen waren, die Füße zu waschen. Jesus unterzog sich dieser Aufgabe gleich zu Anfang des Mahles, nahm dann seinen Platz ein und präsidierte an der Tafel, während die Speisen aufgetragen wurden. Um neunzehn Uhr segnete er einen Kelch mit Most, das übliche Getränk, und reichte ihn weiter. Es tranken jedoch nicht alle Anwesenden davon (da manchen, wie z. B. den Therapeutae, der Genuß alkoholischer Getränke von ihrer Ordensregel untersagt war).

Um 20 Uhr kam die Zeit für das heilige Mahl, die Kommunion. Jesus konnte daran teilnehmen, da er wieder in seinen zölibatären Rang eingesetzt war. Zu diesem Zeitpunkt war er nach dem Bericht des Johannesevangeliums »betrübt im Geist«. Damit ist, wie aus einem Wortspiel ersichtlich wird, gemeint, daß er sich an den neben ihm sitzenden Jonatan Hannas (zu dessen vielen Titeln auch der Titel »Geist« gehörte) wandte und ihm seinen Rang streitig machte.[8]

Solange die Angelegenheit noch in der Schwebe war, war unklar, ob Petrus oder Judas während der Kommunion als Jesu »Zweiter« fungieren würde. Wenn Jesus sich auf den Platz des Priesters setzte, so wäre diese Aufgabe Judas zugefallen. Die Wendung »einer unter euch wird mich verraten« (*paradidōmi*) enthält ein weiteres Wortspiel: *Paradidōmi* bedeutet entweder »verraten« oder »als Gehilfe assistieren«. Jesus wies dabei auf Judas, doch Petrus, der vor ihm saß, konnte nicht sehen, wohin er deutete. Er beugte sich deshalb zu Johannes Markus hinüber, der auf der anderen Seite des Tisches saß und ihm sagen konnte, ob Jesus Anspruch auf den Platz des Priesters erhob. Gleichzeitig wechselte Johannes Markus von der einen Seite seines Doppelsitzes, der »Brust«, auf die andere Seite, Jesus gegenüber. Jonatan Hannas gab nach und nahm den Platz des Königs ein.[9]

Judas wußte nun ganz sicher, daß er in Jonatan Hannas den Verbündeten hatte, den er brauchte. Er blieb noch eine Stunde und fungierte als Assistent Jesu bei der Verteilung des Kommunionsbrotes. Doch kurz nach 21 Uhr, als der geweihte Wein hereingebracht wurde, entschuldigte er sich und verließ den Raum, da er einem Orden angehörte, dessen Mitglieder keinen Alkohol tranken.

Bis 22 Uhr führte Jesus nun in der Position des Priesters den Vorsitz bei der Tafel und beantwortete Fragen der Anwesenden nach der Ordensregel. Dann war es Zeit, das Mahl zu beenden. Um 22 Uhr sangen die Teilnehmer noch eine Hymne, dann hob Jesus die Tafel auf mit den Worten: »Steht auf und laßt uns von hier weggehen.«[10]

Kapitel 23

Gefangennahme und Prozeß Jesu

Der »Ölberg« des nachgebildeten »Jerusalem« war das Klostergebäude östlich vom Aquädukt. Nach dem Letzten Abendmahl ging Jesus mit seinem Gefolge hinüber zum Kloster und wandte sich dann zu der geteilten Zisterne südlich der Klostermauer.

Es waren noch zwei Stunden bis Mitternacht, der Stunde der Entscheidung für Simon Magus und seine Verbündeten. Der eine von ihnen, Jesus, hatte Simon öffentlich unterstützt und war bekannt dafür, daß er westliche Auffassungen und den Julianischen Kalender befürwortete; der andere, Theudas/Barabbas, gehörte als enger Verbündeter des Tetrarchen Antipas derselben Partei an.

Wenn der Himmel diesmal zugunsten Jesu entschied, würde sich das Zeichen an dem Ort zeigen, der am engsten mit seiner Lehre verknüpft war: in der Versammlungshalle der externen Essener. Zu diesem Rang zählten sowohl verheiratete Männer als auch Heiden. Die Halle war als Versammlungsort für sie errichtet worden, wenn sie als Pilger nach Qumran kamen.[1]

Als Jesus zum Eingangstor kam, sagte er zu Johannes Markus: »Setzt euch hierher«.[2] Dann nahm er Petrus, Jakobus und Johannes mit hinein in die Halle. In den nächsten beiden Stunden rang er mit der Frage, wem seine Loyalität in erster Linie galt. Er stand nicht wirklich auf der Seite des Magus, sondern hatte ihm lediglich einen Freundschaftsdienst erwiesen. Es würde einer Preisgabe seiner eigenen politischen Position gleichkommen, wenn er nun als Zelot gefangengenommen und vor Gericht gestellt würde. Seine eigentlichen Sympathien galten der Linie des Hannas, der ebenfalls zur mitternächtlichen Vigilie in die Pilgerhalle gekommen war. Er wandte sich mehrfach an ihn um Hilfe, bezeugte ihm seinen Gehorsam und betete zu ihm als seinem »Vater«.[3]

Während eines dieser Gebete sprach Hannas zu ihm von einem »Kelch«, und Jesus antwortete: »Vater ... nimm diesen Kelch von mir; doch nicht, was ich will, sondern was du willst!« Was damit gemeint war, wird noch deutlich werden.

Nachdem Judas die Versammlung kurz nach 21 Uhr verlassen hatte,

135

hatte er einen Boten zu Pferd nach Jerusalem geschickt, der Pilatus den Aufenthaltsort der gesuchten Männer verraten und ihm gleichzeitig ein Bestechungsgeld anbieten sollte, um Judas selbst Straffreiheit zu sichern.

Die kurvenreiche Strecke zwischen Jerusalem und Qumran ist etwa 40 Kilometer lang. Die römischen Straßen waren in gutem Zustand, und Judas' Bote konnte die Hauptstadt bis Mitternacht erreichen, sich Zutritt bei Pilatus verschaffen und ihn davon überzeugen, daß es für ihn vorteilhaft wäre, wenn er noch in derselben Nacht das Lager der Zeloten aufsuchte. Gegen Morgen langten sie in Qumran an.

Um Mitternacht sagte Jesus: »Die Stunde ist gekommen.« Nach zweistündigem innerem Kampf hatte er sich entschlossen, sein Schicksal mit dem des Simon zu verknüpfen und sich der Strafe, die ihn in diesem Fall erwartete, zu stellen. Wenn es nun zu keinem himmlischen Eingreifen kam, so mußte er akzeptieren, daß er vom Himmel als falscher Prophet gebrandmarkt war.

Nichts geschah. Die westliche Version der Prophezeiung hatte sich als falsch erwiesen. Judas, der mit seinen Gefährten draußen wartete, war bereit loszuschlagen. Zusammen mit den anderen drang er in die Halle ein und näherte sich Jesus.

Nachdem er sich durchgerungen hatte, auf der Seite Simons zu bleiben, konnte Jesus als Levit fungieren. Er trat vor an die Kante des steinernen Podestes – das noch heute in der Halle zu sehen ist – und stellte sich an den Platz, an dem normalerweise der Levit oder Priester stand. Als er Judas und seine Männer fragte, wen sie suchten, und sie mit einem seiner Laientitel antworteten, sagte er: »Ich bin's« – ein Wortspiel, das darauf hindeutete, daß er ein Priester war, der den göttlichen Namen »Ich bin« führen durfte.[4]

Daraufhin wurde er von Jonatan Hannas und Judas festgenommen. Sein Bruder Jakobus war damit automatisch der Davidide. Er und Kajaphas waren ebenfalls im Kloster anwesend, da sich ja sämtliche Gruppierungen zur Tagundnachtgleiche in Qumran eingefunden hatten. Als König konnte Jakobus nun auch »Malchus« genannt werden, eine Form des hebräischen Wortes für »König«. Petrus griff Jakobus an und »hieb ihm das rechte Ohr ab«, ein symbolischer, an der Leibmetapher für die Sakristei angelehnter Ausdruck dafür, daß er ihn nicht als levitischen König anerkannte.[5]

Auch Simon Magus wurde gefangengenommen. Er war der »junge Mann«, der ergriffen wurde und »nackt davon (floh)«.[6] Das bezieht sich auf sein Verhör vor Kajaphas, bei dem er verurteilt und seiner Priesterwürde »entkleidet« wurde. Auf den Status eines Novizen zurückgestuft, wurde er wieder zum »jungen Mann« (die Stufe, bevor der Initiand zum »Mann« wurde).

Jesus, Simons »Zweiter«, wurde zunächst einem Tribunal vorgeführt, dessen Vorsitz Hannas hatte. Um zwei Uhr morgens brachte man ihn vor Kajaphas, der ihn ebenfalls verurteilte. Und um drei Uhr mußte er sich dann in eine den Unreinen zugewiesene Ecke im nördlichen Teil der Sakristei stellen.

Zwischen ein Uhr und drei Uhr, während Jesus verhört wurde, durchlebte Petrus, nicht weit von ihm entfernt, jene traumatische Erfahrung, die als seine »Verleugnung« bezeichnet wird.

Noch am vorhergehenden Abend hatte Jesus Petrus gegenüber einen seiner rätselhaften Aussprüche getan: »Heute, in dieser Nacht, ehe der Hahn zweimal kräht, wirst du mich dreimal verleugnen.«[7] Jesus wußte, daß in dieser Nacht aufgrund einer bestimmten Stundeneinteilung das sogenannte »Hahnenschrei«-Signal, das normalerweise nur einmal, um drei Uhr erklang, zweimal gegeben werden würde. Der Grund dafür (der im Kapitel »Chronologie«, S. 250, ausführlicher erläutert wird) war, daß die von den Priestern festgelegte Zeitrechnung im Vergleich zum tatsächlichen Lauf der Sonne mittlerweile drei Stunden »vorging«. Die Angleichung des Kalenders war für den kommenden Nachmittag vorgesehen, wo für drei Stunden »Finsternis« herrschen würde (indem man das Halbdach, das normalerweise um 12 Uhr mittags geöffnet wurde, um die Sonne hereinscheinen zu lassen, geschlossen hielt). Von Donnerstag mitternacht an wurden die Stunden deshalb in zweifacher Weise gezählt, so daß Mitternacht gleichzeitig auch drei Uhr war und das Hahnenschrei-Signal erklang. Wenn es dann wirklich drei Uhr wurde, nach der vorgehenden Zeitrechnung sechs Uhr, ertönte das Signal ein zweites Mal. Diejenigen, die den Anweisungen der Priester folgten, mußten sich an die vorgehende Zeitrechnung halten. Zu ihnen gehörte auch Petrus, das Oberhaupt der externen Essener, für die der Tag um drei Uhr begann und die dann um vier, fünf und sechs Uhr beteten.

Unter der Bedingung der Zeitverschiebung hatte Petrus seine Gebete also um ein, zwei und drei Uhr tatsächlicher Zeit zu verrichten, während Jesus verhört wurde. Er stand dabei in unmittelbarer Nähe von Jesus. Dem Gebetssystem zufolge, nach dem jede Elle der »Sakristei« einem besonderen geistlichen Grad und einer bestimmten

Stunde zugeordnet war, mußte er neben dem großen Feuer im Nordteil der »Sakristei« stehen, nahe genug, daß er sich »wärmen« konnte, doch nicht zu nahe. Jesus befand sich westlich von ihm, vor seinen Richtern, die auf einem erhöhten Podest vor ihm saßen.

Petrus hatte die Wahl, sich beim Beten entweder nach Osten oder nach Westen zu wenden. Wenn er sich nach Osten drehte, tat er damit kund, daß er einer östlichen Form der Lehre zuneigte, wenn er sich nach Westen wandte, einer westlichen. Tief enttäuscht durch das Ausbleiben des himmlischen Eingreifens zugunsten Jesu wandte er sich nach Osten. Auf diese Weise konnte er mit der Türsteherin sprechen, die an der Tür in der östlichen Längsseite des Raumes stand. Zugleich kehrte er damit Jesus, der im Westen stand, den Rücken zu. Bei jedem seiner drei Gebete in den folgenden drei Stunden »verleugnete« er Jesus durch die Haltung, die er dabei einnahm. Beim letzten Gebet (um drei Uhr morgens, nach der vorgehenden Zeitrechnung um sechs Uhr, beim zweiten »Hahnenschrei«) standen er und Jesus auf gleicher Höhe. Nachdem er sein Gebet gesprochen hatte, wandte Petrus sich wieder nach Süden, und Jesus drehte sich um und sah ihn an. Petrus verstand den stummen Tadel, ging hinaus und »fing an zu weinen«.

Um sechs Uhr morgens traf Pilatus in Qumran ein, und die Situation schlug um. Nachdem er von Judas über die Vorgänge informiert worden war, verlangte er, die drei Zeloten, die angeklagt waren, falsche Propheten zu sein, zu sehen. Jesus wurde vorgeführt und Pilatus befragte ihn, konnte allerdings nur schwer glauben, daß er in gleichem Maße schuldig sein sollte wie die anderen. Er behielt sich sein endgültiges Urteil noch vor und wandte sich Theudas zu.

Doch da änderte sich die Lage erneut grundlegend. Der Tetrarch Antipas, der kurz zuvor noch das Rennen um die Gunst des Pilatus verloren hatte, sah plötzlich eine Möglichkeit, sie wieder zu erlangen. Entschlossen, wenigstens Simon Magus und Theudas zu retten, bot er Pilatus ein höheres Bestechungsgeld als Agrippa und Judas.

Um in den Besitz dieser Summe zu kommen, die aus Spendengeldern der Mission stammte, mußte Pilatus nominelles Mitglied der Gemeinschaft werden. Zu diesem Zweck unterzog er sich einer symbolischen Taufe, die in der Handwaschung ihren Ausdruck fand.[8] Sobald er das Geld in Empfang genommen hatte, änderte er das Urteil von Theudas/Barabbas. Theudas war ein alter Mann, und der Tetrarch wußte, daß er die partielle Kreuzigung, die für Simon vorgesehen war,

138

nicht durchgestanden hätte. Deshalb griff er rechtzeitig ein, um ihn davor zu bewahren. An seiner Stelle wurde Judas, nun der eigentliche Verlierer seines eigenen Intrigenspiels, vor Gericht gestellt, und die ihm zugesagte Straffreiheit wurde ausgesetzt.

Damit verlor Judas seine geschützte Position unter Hannas, der es nun für geraten hielt, die »dreißig Silberlinge« wieder zurückzunehmen. Bei seinem Verhör mußte Judas seine Schuld zugeben und »erhängte sich« damit selbst, d. h., er besiegelte sein Todesurteil.[9] Er wurde dazu verurteilt, neben Simon gekreuzigt zu werden. Die beiden mit Jesus gekreuzigten »Räuber« waren also Judas und Simon Magus, die damit für ihre zelotischen Aktivitäten gegen Rom gerichtet wurden.

Danach befaßte sich Pilatus erneut mit Jesus. Er hegte noch immer Zweifel an seiner Schuld und hoffte außerdem, daß man ihm ein weiteres Bestechungsgeld anbieten würde. Deshalb fragte er die jüdischen Priester nochmals, ob es wirklich ihr Wille sei, daß Jesus zum Tode verurteilt würde.

Die Entscheidung blieb Hannas überlassen. Der Hohepriester traf seine Wahl: Er war entschlossen, diesen lästigen Rebellen loszuwerden, der ihm dauernd seine Stellung streitig machte. Es fiel ihm nicht schwer, den Tetrarchen, der ebenfalls mit Jesus aneinandergeraten war, von seiner Haltung zu überzeugen. Der Tetrarch ging zu Pilatus und forderte die Kreuzigung Jesu.

Pilatus versicherte sich nochmals des Rückhalts der Juden, indem er sie wiederholt fragte, ob sie wirklich wollten, daß die drei Männer hingerichtet würden. Schließlich, um neun Uhr, gab er Befehl, die Kreuzigung zu vollstrecken.

Kapitel 24

Die Kreuzigung

Die Kreuze bestanden aus hölzernen Pfosten, wie sie gewöhnlich zum Aufschlagen der Zelte für die Pilger verwendet wurden. Die Stelle in Qumran, an der sie aufgerichtet wurden, läßt sich exakt bestimmen. Sie standen vor dem südlichen Eingangstor des Klosterkomplexes, auf einer Linie, die neun Meter südlich der Südwestecke des unteren Teils der »Sakristei« verlief.[1]

Einer neutestamentlichen Textstelle zufolge wurde Jesus »draußen vor dem Tor«, außerhalb des »Lagers«, gekreuzigt.[2] »Lager« war ein Begriff, den die Pilger gebrauchten, die sich selbst als Nomaden in der Wüste betrachteten. Die Wendung »aus dem Lager« hatte für diejenigen, die ihre alttestamentlichen Texte gut im Kopf hatten, außerdem noch eine weitere Bedeutung: Aus Deuteronomium 23,12 geht hervor, daß damit das Areal für die Latrine gemeint war.

Die Ausgrabungen in Qumran haben in einem Gebiet südlich des rückwärtigen Tors der Einfriedungsmauer ein langes, schmales Gebäude zutage gefördert, das in südlicher Richtung verläuft.[3] Man hat es als »Stallung« interpretiert, und so lautet auch das entsprechende Schild, das heute daran angebracht ist. Doch das Bauwerk ist eigentlich zu schmal für Reittiere. Es liegt zwar außerhalb der inneren Mauer, war jedoch vom südlichen Eingang des Hofes aus, der das Ersatzheiligtum verkörperte, leicht zu erreichen. Außerdem steht es neben einer Zisterne, die im Gegensatz zu den übrigen keine ins Becken hinabführenden Stufen aufweist.

Diese außerhalb der Mauer gelegene Zisterne war von der Siedlung her zugänglich. Das paßt sehr gut zu der Vorschrift der Tempelrolle, daß ein Mönch, der einen nächtlichen Samenerguß hatte, sich drei Tage lang außerhalb des Heiligtums aufhalten, baden und seine Kleider waschen mußte.[4] In diesem Fall wäre hier ein »Ort für die Unreinen« gewesen, passenderweise in der Nähe der Latrinen gelegen. Die Latrinen selbst wurden von den Priestern im Heiligtum benutzt. In der Kriegsrolle ist zwar eine Vorschrift zu finden, daß die Latrine eines Lagers 2000 Ellen entfernt angelegt werden muß, doch die näher gelegene Einrichtung ging wohl auf die erste Phase der

Besiedelung zurück, als die Priester, die im Heiligtum Dienst taten, zu den vorgeschriebenen Zeiten rund um die Uhr Gebete sprechen mußten. Sie konnten die Latrinen durch den Südausgang des Heiligtums, über den Weg entlang der Westseite der Sakristei erreichen. Nach dem Bericht der Evangelien war der Ort der Kreuzigung unter der Bezeichnung »Schädelstätte« bekannt. Schon das deutet auf eine Begräbnisstätte, wie sie denn auch zu den bemerkenswertesten Funden in der Umgebung von Qumran gehört. Möglich wäre auch, daß hier ein besonders unreiner Ort durch einen Schädel gekennzeichnet war, als Warnung für diejenigen, die aus Versehen an diesen Ort gerieten. Die schlimmste Verunreinigung nach den Vorschriften der Tempelrolle aber war es, in die Nähe der Toten zu gehen. Die Priester, die die Latrine benutzten, mußten sich deshalb in der nahegelegenen Zisterne waschen, bevor sie ins Heiligtum zurückkehrten.

Die kurzen an den Kreuzen befestigten Inschriften waren von der »Stadt« aus zu erkennen. Sie waren in Hebräisch, Lateinisch und Griechisch gehalten, jenen drei Sprachen, die die Gelehrten, die in Qumran lebten, gebrauchten.[5]

Die Linie, auf der die Kreuze standen, läßt sich anhand der neutestamentlichen Aussage, daß die Kreuzigung um die dritte Stunde stattfand, ganz genau bestimmen. Im essenischen Denken waren Zeit und Raum einander zugeordnet und durch das Stundengebet geregelt. Der ganze Gebäudekomplex war von Norden nach Süden in Abschnitte von je zwölf Ellen für die zwölf Stunden des Tages unterteilt. Die einzelnen Segmente waren den verschiedenen Ordensgraden zugeteilt und so festgelegt, daß man aus bestimmten Details das Segment und sogar die genaue Linie innerhalb des Segmentes, auf der die Kreuze standen, erschließen kann.[6]

Jesus hing nicht am mittleren Kreuz, sondern am linken (westlichen). Auch diese Tatsache ist im Pescher enthalten, wenn sie auch natürlich der Aussage der obersten Erzählebene und der gesamten christlichen Überlieferung zu widersprechen scheint. Die Hauptperson bei der Hinrichtung war in Wirklichkeit Simon. Er hing in der Mitte, in der Position, die dem »Papst« und Priester vorbehalten war. Judas als sein »Zweiter« hing zu seiner Rechten (im Osten), und Jesus in seiner Position als »König der Juden« zur Linken (im Westen).[7]

Einiges Wissen um die tatsächlichen Ereignisse spiegelt sich in der gnostischen Überlieferung, daß Simon von Kyrene (der Name, der jetzt, in seinem niedrigsten Status, für Simon gebraucht wurde) an

141

Jesu Stelle gekreuzigt wurde.[8] Die Stelle, an der Simon und Judas gekreuzigt wurden, wird in indirekter Weise auch in einer der Schriftrollen erwähnt, die von der Kreuzigung derer, »die Glattes suchen«, durch den »jungen Löwen des Zorns«, Pilatus, berichtet.[9]

Die drei wurden in der Position ans Kreuz gebunden, die die Kreuzigung zu einer so besonders grausamen Hinrichtungsmethode machte: Die Blutzirkulation verlangsamt sich und die inneren Organe leiden Schaden. Es war ein langes, langsames Sterben, das sich über Tage, ja Wochen hinziehen konnte und bewußt darauf abzielte, einen langdauernden Todeskampf zu erzeugen.[10]

Bevor Jesus ans Kreuz gefesselt wurde, bot man ihm nach den Worten des Evangelisten Matthäus Wein gemischt mit Gift an, doch er wies es zurück.[11] Der Giftbecher hätte ihm die Möglichkeit gegeben, seine Leiden zu verkürzen, um den unerträglichen Schmerzen zu entgehen. Selbstmord war für die Zeloten nichts Unehrenhaftes – viele Jahre später begingen die letzten Anhänger dieser Richtung in Masada lieber einen Massenselbstmord, als sich der römischen Herrschaft zu unterwerfen.[12]

Doch um 15 Uhr, nach sechs Stunden am Kreuz, schrie Jesus gepeinigt auf: »Mein Gott, mein Gott, warum hast du mich verlassen?« Mit den Worten eines Psalms klagte er Jonatan Hannas für den Verrat an, der ihn ans Kreuz gebracht hatte.[13]

Schon am Abend zuvor, als er mit Jonatan Hannas in der äußeren Halle gesprochen hatte, war die Rede von einem Kelch gewesen. Ein Kelch stand für Wein – und mehr.

Auf seinen Schrei hin wurde Jesus ein Getränk aus Essig, verdorbenem Wein, gereicht. Wie spätere christliche Quellen bezeugen, war dieser Wein durch Gift »verdorben«.[14] Diesmal trank Jesus das Gift, das er zuvor zurückgewiesen hatte. Kurz darauf verlor er das Bewußtsein. Sein Kopf sank nach vorne, und weil er als Kranker nun verunreinigt war, »hauchte (er) den Geist aus«.[15]

Kapitel 25

Der Tod, der nicht eintrat

Jesus starb nicht am Kreuz. Er erholte sich wieder von den Wirkungen des Giftes. Seine Freunde halfen ihm, aus dem Grab zu entkommen, und begleiteten ihn nach Rom, wo er bis zum Jahr 64 n. Chr. lebte. Das sind keine Vermutungen, sondern Erkenntnisse, die beim Lesen des Textes nach der Peschermethode gewonnen werden können. Dabei sollte man grundsätzlich davon ausgehen, daß nach der Kreuzigung nichts Übernatürliches geschah, daß es keine »Erscheinungen« gab – das sind Erzählungen für die »unmündigen Kinder«. Wenn Jesus in den folgenden Jahren Petrus oder Paulus »erschien«, wie es in der Apostelgeschichte heißt, so handelte es sich um ein Auftreten des wirklichen Jesus in Fleisch und Blut, der sich mit seinen Mitarbeitern beriet. Er, der von ihnen als Hoherpriester anerkannt wurde, zeigte sich seinen Jüngern im allgemeinen in einer Art und Weise, die ihn mit einer ehrfurchtheischenden Aura des Geheimnisvollen umgab und so dazu beitrug, die Vorstellung von den »Erscheinungen« zu nähren. Meistens lebte Jesus in der tiefen Abgeschiedenheit der zölibatären Gemeinschaften und kehrte lediglich zu den von den Heiratsvorschriften der dynastischen Essener festgesetzten Zeiten in die Welt zurück. Bei diesen »Erscheinungen« gab er seinen Mitarbeitern persönlich Anweisungen, die eine immer stärkere Ablösung seiner Partei von Palästina zur Folge hatten und schließlich zu ihrer Übersiedlung nach Rom führten.

Schon oft wurde eingeräumt, daß die Belege für eine wirkliche Auferstehung äußerst schwach sind. Ein leeres Grab ist kein Beweis für eine Auferstehung; es beweist nur, daß das Grab leer ist, und dafür kann es viele Erklärungen geben. Auch die freudig erregte Stimmung an Pfingsten, die manchmal als psychologisches Argument ins Feld geführt wird, beweist nicht mehr, als daß die Jünger an die Auferstehung glaubten.

Das Markusevangelium schloß in seiner ursprünglichen Fassung mit Kapitel 16, Vers 8, wo die Frauen vom leeren Grab fortlaufen. Von »Erscheinungen« Jesu war damals noch nicht die Rede; die Berichte darüber wurden erst in einem späteren Anhang an den Text angefügt.

Diese Berichte variieren denn auch in den Evangelientexten und kommen zu keiner übereinstimmenden Aussage, wie man sie als Beleg für ein solches Ereignis doch verlangen würde. Das Johannesevangelium erzählt, daß Maria Magdalene allein zum Grab ging. In den drei anderen Evangelien heißt es, drei Frauen hätten das Grab aufgesucht. Johannes und Lukas sprechen von zwei Engeln (oder, im Falle von Lukas, »Männern«), Markus und Matthäus erwähnen nur einen. Bei Markus ist es eigentlich sogar nur ein »junger Mann«, der im Grab sitzt, während bei Matthäus ein »Engel« vor dem Grab wacht. Alle Evangelien erzählen also von unterschiedlichen »Erscheinungen«, die sich in den auf die Kreuzigung folgenden Tagen ereignet haben sollen.

In den übrigen Schriften des Neuen Testaments finden sich keinerlei Hinweise darauf, daß die Auferstehung *das* zentrale Ereignis für das Christentum war, als das es später hingestellt wurde. Sie wird zwar erwähnt, wie die lange Erörterung bei Paulus in 1. Korinther 15 zeigt, in der der Apostel zudem noch andere »Erscheinungen« aufzählt als die, über die die Evangelien berichten. Sein entscheidendes Argument jedoch ist wenig überzeugend: »Ist aber Christus nicht auferstanden, ... so ist auch euer Glaube vergeblich.« Er argumentiert damit von der Wirkung statt von der Ursache her – eine Strategie, die typisch ist für jemanden, der sich in einer schwachen Position befindet. Fragliche Sachverhalte lassen sich jedoch allein durch solide Belege, die auch einer strengen Überprüfung standhalten, untermauern. Hat aber jemand nichts besseres ins Feld zu führen als den Satz »wenn diese Tatsachen nicht stimmen, dann werde ich wütend«, so fehlen ihm offensichtlich die wirklich stichhaltigen Argumente.

Für Paulus liegt der Schwerpunkt seiner Lehre aber auch gar nicht auf der Auferstehung. Das zentrale Ereignis war für ihn die Kreuzigung. Für den Apostel war das Leiden Christi das Mittel zur Sühne für die Sünde, das die Last des Strebens nach Vollkommenheit unter dem Gesetz von den Menschen nahm, die Notwendigkeit ständig wiederholter Opfer aufhob und damit die jüdische Priesterschaft überflüssig machte.

Die weniger bedeutenden Autoren neutestamentlicher Schriften, Jakobus und Judas, erwähnen die Auferstehung überhaupt nicht, und in den Johannesbriefen ist zumindest nicht explizit davon die Rede.

In dem erst kürzlich entdeckten Philippevangelium findet sich eine Passage, die geradezu als Leugnung der Auferstehung gewertet wer-

144

den kann: »Jene, die sagen, daß der Herr zuerst starb und dann auferstand, irren, denn er stand zuerst auf und starb dann.«[1]

Manche der anderen neuentdeckten gnostischen Schriften spiegeln die bekannte doketische Überlieferung, daß Jesus nicht wirklich am Kreuz starb, sondern daß ein anderer seinen Platz einnahm.[2] Obwohl diese Überzeugung ihre Stärke offenbar aus dem Gedanken bezog, daß Jesus kein Sterblicher war und deshalb auch nicht leiden konnte, so wäre sie doch wohl kaum in gnostischen Kreisen so verbreitet gewesen, wenn es solide und sichere Belege dafür gegeben hätte, daß er wirklich gestorben war.

Auch in der Geschichte der Christenheit war die Auferstehung lange Zeit keineswegs der Dreh- und Angelpunkt des Glaubens. Dieser Gedanke hat sich erst in der Neuzeit entwickelt. Seit der Aufklärung, in der der menschlichen Vernunft größere Autorität beigemessen wurde und daher auch verstärkt Beweise für Glaubensinhalte gefordert wurden, haben die Christen versucht, Beweise für ihre Überzeugungen zu finden, und dabei wissenschaftliche Kategorien herangezogen. Der Fundamentalismus gar, der davon ausgeht, daß es bestimmte fundamentale, auf Fakten basierende Glaubensinhalte gibt, ist eine Errungenschaft des 20. Jahrhunderts.

All diese Erwägungen sind schon oft angestellt worden, sowohl von Theologen selbst als auch von kritischen Denkern außerhalb der Kirche. Das eigentlich Neue am vorliegenden Ansatz ist also nur, daß wir jetzt eine neue Methode zum Lesen der Evangelien besitzen, die deutlich macht, daß die Evangelisten selbst nicht an die Auferstehung glaubten, und uns Informationen darüber liefert, was tatsächlich geschah.

Die Evangelisten standen vor einer schwierigen und heiklen Aufgabe. Die Geschichte von der Auferstehung war ganz bewußt in die Welt gesetzt worden, und zwar von einem Mann, der das religiöse Bedürfnis der Menschen nach dem Mythos nur zu gut kannte und sich zunutze zu machen wußte. Simon Magus, im Mittelpunkt des Geschehens stehend, wußte sehr genau, wie man die Menschen dahin bringt, wo man sie haben will. Er witterte in dieser Geschichte einen Vorteil, der es ihm nicht nur ermöglichte, die eigene Haut zu retten, sondern sogar seine verlorene Macht wiederzuerlangen. Mit Hilfe des Gedankens der Auferstehung wollte er sich die große Zahl von Heiden, die von der hellenistischen Idee der Unsterblichkeit der Seele beeinflußt waren, als Mitglieder der Bewegung erhalten: Mit einer solchen

145

religiösen Vorstellung konnten diese Leute etwas anfangen. Die Heiden blieben der christlichen Partei denn auch treu, und als es zur Abspaltung von den anderen Gruppierungen kam, standen sie bereits ganz unter dem Eindruck des künstlich erzeugten Mythos. Das starke christliche Wahrheitsethos nötigte die Evangelisten jedoch, im Gegensatz zum Magus die Wahrheit zu sagen und auf irgendeine Weise den tatsächlichen Verlauf der Ereignisse zu überliefern. Es gab allerdings Dinge, die auch sie lieber verbergen als offenlegen wollten: so etwa die gesamte Vorgeschichte der Mission. Die Lösung fanden sie in der Peschermethode. Jetzt waren die tatsächlichen Ereignisse nur noch von denen zu entschlüsseln, die »Ohren haben zu hören«, während die Oberfläche der Erzählung den Mythos aufrechterhielt.

Um 15 Uhr am Freitag der Kreuzigung begann bereits der Sabbat, d. h., es war nicht mehr gestattet, mehr als 1000 Ellen weit zu gehen.[3] Bis 18 Uhr durfte man allerdings noch eine Last hochheben.

Der Tetrarch Antipas, der mit den Sabbatvorschriften vertraut war, hatte sich bereits eine Strategie zur Rettung der Verurteilten zurechtgelegt. Er ging zu Pilatus und bat ihn, die Hinrichtungsmethode für die drei Männer in ein Lebendig-Begraben-Werden abzuwandeln. Sie waren nach römischem Gesetz gekreuzigt worden, doch wenn Pilatus nun nach Jerusalem zurückkehren wolle, so könne er sie getrost den Juden und damit dem jüdischen Gesetz überlassen. Damit fielen die Delinquenten unter eine im Alten Testament und in der Tempelrolle aufgezeichnete Vorschrift, derzufolge Gehenkte nicht über Nacht am Holz bleiben durften.[4] Antipas schlug daher vor, die Beine der beiden Männer, die noch am Leben waren, zu brechen und sie zum Sterben in einer nahegelegenen Höhle zu verscharren. Jesus, der anscheinend schon tot war, konnte mit ihnen begraben werden.

Die Höhle, die der Tetrarch Pilatus zeigte, lag an der Südspitze der Esplanade, auf der die Kreuze standen. Sie war aus der Felswand etwas unterhalb der Hochebene herausgehauen und über einen schmalen Pfad, der von der Kante der Hochfläche nach unten verlief, zu erreichen.

Die Höhle diene eigentlich als Sabbatlatrine, erläuterte der Tetrarch. Weil es nach dem Sabbatgebot untersagt war, am Freitag nach 15 Uhr noch weiter als 1000 Ellen zu gehen, konnten die Laienbrüder, deren Latrinen 2000 Ellen entfernt lagen, diese am Freitagnachmittag nicht mehr benutzen. Sie brauchten also eine

146

besondere Latrine, die sie nach 16 Uhr aufsuchen konnten, da zusätzliche Vorschriften für die Asketen die Defäkation am Sabbat überhaupt untersagten (eine Restriktion, für die die Essener berüchtigt waren).

Am Freitag abend wurde die Höhle versiegelt und würde, wenn man sich nur an die jüdische Zeitrechnung hielt, eine Woche lang versiegelt bleiben. Das war alles, was Pilatus erfuhr. Er stimmte zu, daß die Männer in die Höhle gebracht wurden. Im Laufe der Woche würden sie dann sterben.

Was Pilatus nicht erfuhr, war, daß für die Magier und andere westlich orientierte Gruppierungen eine andere Zeitrechnung maßgeblich war. Für sie, die dem Julianischen Kalender folgten, begann der Samstag erst um Mitternacht oder sogar erst um ein Uhr, wenn man Mitternacht als null Uhr zählte. Nach den üblichen Vorschriften für die Asketen, die sogar bestimmte Zeiten für die Körperfunktionen vorsahen, benutzten sie die Sabbatlatrine am Freitag um 16 Uhr und suchten sie dann wie alle anderen bis um vier Uhr am Samstag morgen nicht mehr auf. Doch während die anderen, die nach jüdischer Zeitrechnung lebten, von Samstag 16 Uhr an wieder die normalen Einrichtungen zweitausend Ellen entfernt frequentierten, war es für die Westlichen noch Sabbat, und sie mußten weiterhin die Sabbatlatrine benutzen, die aus diesem Grund für sie geöffnet blieb.

Simon mußte also nur 24 Stunden in der Höhle bleiben und konnte dann, sobald Pilatus aus dem Weg war, befreit werden.

Pilatus, der sich bereit erklärt hatte, die Angelegenheit der jüdischen Gerichtsbarkeit zu übertragen, gestattete auch, daß die Juden ihre eigenen Wachen aufstellten. Man versicherte ihm, daß die Höhle mindestens »bis zum dritten Tag« bewacht werde. Der römische Statthalter wußte allerdings nichts von der besonderen Sprachregelung für Zeitangaben, derzufolge diese Versicherung besagte, daß die Höhle lediglich bis zum nächsten Tag, Samstag 15 Uhr, bewacht wurde – wobei der Wachposten aus der ganz normalen Wache bestand, die vor der Sabbatlatrine postiert war, um zu verhindern, daß der Ort während der nächsten 24 Stunden benutzt wurde.[5]

Die Höhle diente aber noch einem weiteren Zweck: Sie war die Begräbnisstätte und Exkommunikationshöhle für den Prinzen, den Sohn des davidischen Königs. Der Davidide selbst wurde gemeinsam mit dem »Papst« in Höhle 4, in »Abrahams Schoß«, bestattet, doch

147

seinem Sohn war ein weniger vornehmer Ort am Ende der Esplanade zugewiesen. Nach einem Eintrag der Kupferrolle befand sich dort »die Gruft des Sohnes, des dritten Großen«, in der ein Geldschatz deponiert war.[6] Der König war nach östlicher Auffassung der »Dritte« nach dem Priester und dem Propheten. Die Höhle war damit für Jakobus bestimmt gewesen, der der Erbe war, solange Jesus keinen Sohn hatte. Jakobus war der »reiche Mann« in den Erzählungen und Gleichnissen der Evangelien. Nun trat er als »Josef von Arimathäa« auf, der »reiche Mann«, in dessen Grabhöhle Jesus begraben werden sollte.[7]

Man war allgemein der Ansicht, daß Jesus bereits tot sei. Er mußte jedoch mit den beiden anderen in die gleiche Höhle gelegt werden, weil diese sich als einzige innerhalb der zulässigen Entfernung befand. Der Transport der »Leichen« mußte noch vor 18 Uhr durchgeführt werden. Jakobus als nächster Verwandter Jesu erhielt den Auftrag, seinen Bruder zu begraben. Er wurde bei Pilatus vorstellig, der seinem Erstaunen darüber Ausdruck gab, daß Jesus bereits tot war – wußte er doch, daß der Tod nach einer Kreuzigung normalerweise erst sehr viel später eintrat.[8]

Simon Magus und Judas wurden von den Kreuzen abgenommen, und die Beine wurden ihnen gebrochen. Man trug sie zum Südende der Esplanade und schaffte sie dann den gewundenen Pfad zur Höhle hinab. Drinnen wurden sie in die östliche Kammer gelegt.

Johannes Markus, der »Lieblingsjünger«, hatte bei Jesu Kreuz gestanden. Wie alle, die mit den Therapeutae zu tun hatten, besaß er medizinische Kenntnisse. Als die Seite Jesu durchbohrt wurde, um festzustellen, ob er bereits tot war, sah er, daß Blut aus der Wunde kam, und wußte damit, daß Jesus höchstwahrscheinlich noch am Leben war.[9]

Er informierte Jakobus und Theudas. Letzterer hatte viele Gründe, Jesus dankbar zu sein. Er half Jakobus, ihn in die Höhle hinunterzubringen, und stellte nebem dem Bewußtlosen ein Gefäß mit 100 Pfund Myrrhe und Aloe auf – eine riesige Menge.[10]

Der Saft der Aloepflanze, ein Purgativum, wirkt, wenn er in großen Mengen verabreicht wird, sehr schnell.[11] Myrrhe ist ein Mittel, das beruhigend auf die Schleimhäute wirkt. Die Heilkräuter waren dazu gedacht, das Gift möglichst schnell wieder aus dem Körper auszuschwemmen, bevor es seine Wirkung tun konnte.

Sobald die drei Männer in die Höhle geschafft worden waren, wurde ein großer Stein über die Öffnung in der Höhlendecke, die als Eingang diente, gewälzt. Dem äußeren Anschein nach waren sie nun dort unten, um zu sterben. Nachdem Pilatus sich davon überzeugt hatte, daß die Höhle versiegelt und die Wache aufgestellt war, kehrte er nach Jerusalem zurück in dem Glauben, sein Ziel erreicht zu haben.

Kapitel 26

In der Grabhöhle

Die Überreste der Grabhöhle, oder vielmehr der beiden zusammenhängenden Höhlen auf der Klippenseite unterhalb des Hochplateaus von Qumran sind noch heute zu sehen. Auch der Pfad dort hinab ist noch zu erkennen und zum Teil sogar noch begehbar. Die Außenwand der Haupthöhle, deren Decke schon in der Antike einbrach, ist von unterhalb der Felswand und von der Seite auszumachen, nicht jedoch von oben.

1955 haben Archäologen die Höhle auf der Suche nach Handschriften kurz durchforscht und eine knappe Beschreibung angefertigt.[1] Sie stellten fest, daß es sich ursprünglich um zwei miteinander verbundene Höhlen gehandelt haben muß, wenn auch nur sehr wenig von ihnen übrig blieb. Die Haupthöhle, die sogenannte Höhle 7, lag direkt unterhalb der Esplanade und war über den Pfad und ein paar Stufen, die an ihrer Nordwestseite hinabführten, zu erreichen; die untersten Stufen sind noch heute erhalten. Auf der Südwestseite schloß sich Höhle 8 an; auf welchem Weg sie betreten wurde, war nicht mehr zu erkennen. Man fand Tonscherben, Öllampen und andere Überreste der einstigen Benutzer, außerdem ein Stück von einer Sandale und Überbleibsel von Datteln, Feigen und Oliven. Die Öllampe gehört sicherlich in die zweite Besiedlungsphase von Qumran.

Höhle 8 lag, nur getrennt durch die dazwischenliegende Schlucht, direkt gegenüber von der in den nächsten Felsvorsprung gehauenen Höhle 4. Durch die Fensteröffnungen in Höhle 8 konnte man mit jemandem, der sich gegenüber in Höhle 4 aufhielt, sprechen. Ein Beispiel für ein solches Gespräch findet sich im Gleichnis vom Reichen Mann und dem Armen Lazarus im Lukasevangelium, bei dem der Arme in »Abrahams Schoß« sitzt und der Reiche in der »Hölle«. Das ist ein erster Hinweis darauf, daß Höhle 7 und 8 die Grabhöhle des reichen Mannes vorstellten, in die später Jesus gelegt wurde.[2]

Der »reiche Mann« im Gleichnis des Lukasevangeliums befand sich in der »Hölle«. In der Qumranschen Nachbildung von Jerusalem muß der Ausläufer der Esplanade den Anfang des »Hinnomtals« dargestellt haben, jenes Tales im Süden des tatsächlichen Jerusalem. Das Tal trug den Beinamen »Gehenna« oder »Hades«, da hier ständig Feuer unterhalten wurden, in denen der Abfall aus der Hauptstadt verbrannte.

Es hat den Anschein, daß Höhle 7 und 8 miteinander verbunden waren und über einen einzigen Eingang zu betreten waren: über die vom Pfad zu Höhle 7 hinabführenden Stufen. Den eigentlichen Zugang bildete ein großes Loch in der Höhlendecke. Dieses Loch wurde, wenn die Höhle nicht betreten werden durfte, mit einem Stein verschlossen.

In der östlichen Höhle, Höhle 7, lagen Simon Magus und Judas, unfähig zu gehen. Sie waren in ihre weißen Gewänder gehüllt, die nun Leichengewänder darstellten. Als levitische Zölibatäre waren beide »Engel«. Jesus lag in Höhle 8, der eigentlichen Latrine.

Die draußen aufgestellte Wache war die gewöhnliche Wache vor der Sabbatlatrine. Diese Funktion wurde vom niedrigsten Priester versehen; er hatte sicherzustellen, daß die Reinheitsvorschriften strikt befolgt wurden. Der Wachhabende an diesem denkwürdigen Tag war Ananus der Jüngere, der jüngste der Hannas-Brüder.[3] Er sollte später noch eine entscheidende Rolle in der Geschichte spielen. Als politischer Gegner des Simon Magus war er besonders für sein Wächteramt geeignet, denn er hätte jeden Versuch, Simon vor ein Uhr nachts aus der Höhle zu holen − dem nach der Zeitrechnung Simons spätesten Zeitpunkt des Freitag −, vereitelt.[4]

Ein zusätzlicher Wachposten erschien in Gestalt von Theudas. Er hatte die Nachtwache zwischen 21 Uhr und drei Uhr und mußte dabei am Südende des Plateaus hin- und herpatrouillieren.

Theudas empfand eine gewisse Sympathie für Jesus und hatte ihm deshalb die Arznei in der Höhle zurückgelassen. Auch Ananus hatte persönlich nichts gegen Jesus.[5]

Die Heilkräuter mußten von jemandem verabreicht werden, der mit ihrem Gebrauch vertraut war, und das traf auf den Magus zu. Theudas beschloß, die Chance, Jesus zu helfen, wahrzunehmen. Sein eigener Sabbat begann erst um Mitternacht bzw. um 1 Uhr; bis zu diesem Zeitpunkt durfte er noch eine Last aufheben. Auch Ananus hielt sich an die westliche Zeitrechnung. Theudas, der einen höheren Rang innehatte als Ananus, forderte ihn deshalb auf, mit ihm zusammen den Stein wegzuschieben, der den Eingang zur Höhle versperrte.

Die beiden Männer schlüpften den gewundenen Schacht hinunter. Mit der Zustimmung Simons brachten sie ihn hinüber in die westliche Kammer. Neben Jesus liegend war er imstande, ihm die Medizin einzuflößen und damit die Ausschwemmung des Giftes in Gang zu bringen.

Um diese Arbeit tun zu können, brauchte er Licht. Es gab eine Öllampe in der Höhle, und seine Helfer zündeten sie an. Unten im Tal, im »Haus der Königin«, von dem aus man direkt auf das Ende der Esplanade blicken konnte, schaute Maria Magdalene hinauf zu der Felswand, wo sie die Grabhöhle wußte. Sie sah ein Licht in der westlichen Kammer aufflackern und merkte, daß etwas im Gange war.

Schwangere Frauen waren von den Sabbatvorschriften ausgenommen, da es ja möglich war, daß sie am Sabbat gebären mußten. Maria nahm deshalb ihre Lampe, ging die 2000 Ellen bis zum Plateau und stieg dann hinunter zur Höhle, wo sie um Mitternacht anlangte.[6] Von den Stufen aus sah sie bereits, daß der Stein von der Öffnung über der Grabhöhle weggewälzt war, und konnte auch erkennen, daß Simon sich in der westlichen Höhlenkammer befand.

Das beste, was sie tun konnte, war, zum Klosterkomplex zurückzulaufen und Petrus und Johannes Markus zu wecken. Sie kletterte den Pfad wieder hinauf, weckte die beiden und erzählte ihnen, was sie gesehen hatte.

Ihre Aussage, daß Simon bei Jesus sei, gab Johannes Markus eine ungefähre Vorstellung von dem, was wohl geschehen war. Jesus war offenbar wieder bei Bewußtsein und würde wahrscheinlich Hilfe brauchen. Sicherlich würde Theudas ihm und Petrus erlauben, in die Höhle hinabzusteigen und den Kranken zu versorgen. Sie liefen zur Höhle und stiegen hinab, Petrus voran.

Simon war mittlerweile wieder in die östliche Kammer zurückgebracht worden, und die beiden Wachen standen vor der Höhle. Es war 1 Uhr. Von jetzt an waren sie an das Sabbatgebot gebunden, d. h., sie durften keine Last mehr hochheben, sondern mußten sich jeglicher Tätigkeit enthalten.

Simon hatte unabsichtlich ein Zeichen seiner Anwesenheit in der westlichen Grabkammer zurückgelassen: seine Kopfbedeckung (*soudarion*).[7] Als Johannes und Petrus sie entdeckten, wußten sie, daß Maria die Wahrheit gesagt hatte: Simon war hier gewesen.

Die beiden Männer fanden Jesus am Leben, doch äußerst geschwächt. Sie kamen überein, daß er unbedingt aus der Höhle herausgebracht werden mußte, auch wenn das bedeutete, das Sabbatgebot zu brechen, und einer von ihnen ging los, um eine Trage zu holen, mit der sie ihn fortschaffen konnten.

Maria, die draußen auf den Stufen stand, bückte sich und schaute durch die Öffnung in die östliche Höhle, wo die beiden »Engel« waren. Sie wußten, daß sie den Status einer von ihrem Mann getrennt lebenden Frau hatte und daß es ihr deshalb nicht gestattet war, mit ihrem Ehemann in Verbindung zu treten, gaben ihr aber dennoch ein Zeichen, daß sie die westliche Grabkammer betreten dürfe.[8]

Maria kletterte also den Schacht hinunter und spähte in die westliche Kammer.[9] Im Dämmerlicht sah sie Jesus aufrecht dastehen, doch da sie ganz sicher war, daß er am Boden liegen müßte, hielt sie ihn für jemand anderen. Wegen der äußeren Ähnlichkeit verwechselte sie ihn mit seinem Bruder Jakobus. Jakobus war nun offiziell König und damit ein »Adam«, der auch den Beinamen »Gärtner« trug (weil Adam im Garten Eden gelebt hatte; der König wurde jeweils als der »neue Adam« bezeichnet).

Maria gab dem vermeintlichen Jakobus zu verstehen, daß sie bereit sei, ihm dabei zu helfen, Jesus aufzuheben. Der Mann sagte nur ein Wort zu ihr: »Maria.« Da wußte sie, daß es Jesus war, und ging auf ihn zu. Er warnte sie jedoch: »Rühre mich nicht an«, weil er noch nicht von den Spuren der überstandenen Ausschwemmung gesäubert war.[10]

In der folgenden Stunde halfen ihm seine Freunde, die Höhle zu verlassen. Theudas und Ananus ließen sie gehen, da ihr Auftrag sich weniger auf Jesus erstreckte. Ihre Pflicht war es vielmehr zu verhindern, daß die beiden anderen weggeschafft wurden. In bezug auf Jesus hatte Pilatus keine besonderen Instruktionen hinterlassen, da er ja tot zu sein schien.

Jesus wurde hinter den Klostergebäuden vorbei und die Schlucht hinunter zum »Haus der Königin« gebracht, wo er bis zu seiner Genesung bleiben sollte.

Um drei Uhr kehrte Maria Magdalene mit den beiden anderen Frauen, Helena und Maria, der Mutter Jesu, in die Höhle zurück, um Simon und Judas zu pflegen. Sie wußten, daß Petrus den Stein wieder an seinen ursprünglichen Platz gerollt hatte, und baten Theudas, ihnen dabei zu helfen, ihn wegzurücken. Nach dem Gesetz durfte der Stein am Sabbat bewegt werden, wenn er nur gerollt und nicht angehoben wurde. Dabei rollte der Stein den Schacht hinab und blieb nahe bei Simon Magus liegen, der sich hochzog und auf ihn setzte, als sei er ein Thron.[11]

Der Fall des Steines wurde durch ein »Erdbeben« – eines der

Pseudonyme von Theudas — verursacht. Indem Simon sich auf diesem natürlichen Thron niederließ, nahm er, in dem Bewußtsein, daß er nun in der Lage war, seine Macht wiederzuerlangen, erneut die Position des »Papstes«, des »Blitzes«, für sich in Anspruch.

Als die Frauen durch die Öffnung hinunterschauten, rief ihnen der »Jüngling« — kein anderer als Simon — eine Botschaft zu, die zweierlei bedeuten konnte. »Er ist auferstanden«[12] konnte einfach heißen, daß Jesus durch sein Leiden einen höheren Status erworben hatte. Die Formulierung konnte aber auch so aufgefaßt werden, daß er von den Toten auferweckt worden war und der Himmel damit tatsächlich ein Zeichen zugunsten Simons und seiner Partei getan hatte. Auf jeden Fall stand außer Zweifel, daß Jesus als tot in die Höhle gebracht worden war und daß er sie lebendig wieder verlassen hatte.

Die Frauen kannten die Wahrheit, wie die späteren christlichen Berichte zeigen.[13] Die Formel, die Simon gebraucht hatte, konnte jedoch von anderen, die in diesem Gedanken eine Stärkung ihres Glaubens erfuhren, auch dahingehend verstanden werden, daß eine Auferstehung stattgefunden hatte.

Als der Sabbat vorüber war, wurde Simon aus der Höhle befreit. Für Judas dagegen, der an seinen Gefährten zum Verräter geworden war, indem er Pilatus auf ihr Versteck aufmerksam gemacht hatte, gab es keine Gnade. Er wurde zur Fensteröffnung der Höhle geschleift und den Abrund hinunter geworfen: »Er ist vornübergestürzt und mitten entzwei geborsten, so daß alle seine Eingeweide hervorquollen.«[14]

Der zeitliche Ablauf des Geschehens trug mit dazu bei, den Glauben an ein himmlisches Eingreifen zu nähren. Immerhin ereignete sich dies alles — zumindest nach einer bestimmten Zeitrechnung — um die Tagundnachtgleiche im Letzten Jubeljahr. Das ersehnte Wunder war also eingetreten, die Restauration hatte stattgefunden. Der Himmel hatte bewiesen, daß er auf der Seite Jesu und seiner Lehre stand. Von dieser Zeit an würden seine einfachen Anhänger in der festen Überzeugung leben, daß ihr Tun auf Erden dem Himmel wohlgefällig sei.

154

Kapitel 27

Die »Erscheinungen«

Später am selben Tag und an den kommenden Tagen »erschien« Jesus seinen Gefährten mehrmals. In Wirklichkeit kam er einfach zu den Gottesdiensten, die für diese Tage festgesetzt waren. Diejenigen, die diesen Gottesdiensten beiwohnten, wußten, was geschehen war, und akzeptierten seine Rolle dabei bereitwillig, wie sie es jederzeit getan hätten. Ihr Erstaunen galt weniger seiner »Auferstehung« als der Kraft und dem ungeheuren inneren Engagement, das ihn sich so rasch hatte erholen lassen.

Am Samstag abend, zur Zeit des Gemeinschaftsmahles, »erschien« er in Ain Feschcha, nachdem er den kurzen Weg vom »Haus der Königin« dorthin zurückgelegt hatte. Die »Türen« waren »verschlossen«, aus dem einfachen Grund, weil nun die Stunde für den geheiligten Teil des Mahles gekommen war, zu dem Gäste keinen Zutritt hatten. Tomas, der nur als »Gast« am Mahl teilgenommen hatte, war hinausgegangen.[1]

Nach einigen Stunden der Ruhe hatte Jesus sich offenbar so weit erholt, daß er mehrere kleine Reisen unternehmen konnte. In den nächsten drei Tagen besuchte er die verschiedenen Versammlungsorte der Asketen und verabschiedete sich von ihnen, bevor er in das zölibatäre Leben zurückkehrte.

Am Sonntag zog er über die Hochebene von Buqeia von Ain Feschcha nach Mird. Tomas, der zur Gruppe um den Täufer in Mird gehört hatte, kam zum Mittagsmahl. Da er auf seiten der Hebräer stand, hatte er sich stets geweigert, Jesus als rechtmäßigen König anzuerkennen. Nun aber änderte er seine Ansicht. Er akzeptierte Jesus als Priester und nannte ihn sogar mit dem priesterlichen Titel »Gott«.[2]

Später am selben Tag langte Jesus nach einer Wanderung über die niedrigen Hügel in Marsaba an. Dort traf er sich mit Theudas und seinem Bruder Jakobus. Jakobus verhielt sich anfangs noch feindselig ihm gegenüber und »erkannte« ihn nicht, d. h. er erkannte Jesus nicht als den legitimen Erben an. Er warf ihm seine Heirat vor. Die Vorschriften über die Erhaltung der dynastischen Linie hätten für ihn

155

als nicht rechtmäßigen Sohn doch eigentlich keine Geltung gehabt: Jesus hätte einsehen müssen, daß er nicht heiraten durfte.[3]

Als sie jedoch das heilige Brot miteinander teilten und Jesus als König den Segen darüber sprach, änderte Jakobus seine Meinung und erkannte ihn an. Von da an sollte Jakobus auf der Seite der Judenchristen bleiben, die viele jüdische Bräuche bewahrten und weder an die Auferstehung noch an die Jungfrauengeburt glaubten.

Am nächsten Tag, dem Montag, hatten sie alle gemeinsam Jerusalem erreicht und versammelten sich heimlich am Essenertor. Jesus kam zum Mittagsgottesdienst und sprach auch hier wieder den Segen: »Friede sei mit euch!« Er unterstrich bewußt, daß er lebendig war, ein Mensch von Fleisch und Blut, indem er mit den Versammelten aß.[4]

Der Dienstag, der letzte Tag der Festzeit, war der Tag der »Himmelfahrt«: Jesus kehrte in die zölibatäre Gemeinschaft zurück, um ein Leben in Abgeschiedenheit zu führen, wie es für die Zeit nach seinem Aufenthalt in der Welt zum Zweck der Eheschließung vorgeschrieben war.

Mit einigen seiner Freunde kehrte er nach Qumran zurück, wo sie am Dienstag abend anlangten. Jesus sprach ein Segenswort und »fuhr« dann »auf gen Himmel«.[5] Das bedeutete, daß er auf das Podest in der Sakristei, das die Priester für ihre Gebete benutzten, emporgehoben wurde. Hier war der »Himmel«, der Ort, an dem die Priester und Leviten oder »Götter« und »Engel« Gott unablässig mit ihren Gebeten dienten.

Jonatan Hannas, in weiße Gewänder gehüllt, nahm ihn in Empfang. Er geleitete ihn in das Innere des Gebäudes und kehrte dann zu den wartenden Freunden zurück, denen er versprach, daß Jesus in drei bzw. sechs Jahren, wie es die Vorschriften des dynastischen Ordens festsetzten, zu ihnen zurückkehren würde.

Jesus »blieb« bei seinen Gefährten, wie er versprochen hatte. Manchmal von der Abgeschiedenheit aus, manchmal in der Welt lebend, lenkte er ihre Schritte durch verschiedene Stellvertreter, aber auch ganz persönlich.

Am Pfingsttag im Juni des Jahres 33 n. Chr. wurde ein großes Konzil von Heidenmissionaren in Jerusalem abgehalten. Sie waren aus der ganzen damaligen Welt, vom fernen Osten und aus dem fernen Westen, zusammengeströmt. An diesem Tag legte Petrus in seiner Ansprache großes Gewicht auf die Tatsache, daß »Gott« Jesus auferweckt habe: Jonatan hatte Jesus wieder in Qumran aufgenommen und ihn so »auferweckt«, indem er ihn in den höheren Status eines Zölibatärs erhob. Bei der Zusammenkunft mit weltlichen Gemeindeleitern mußte Petrus allerdings die Tatsache vertuschen, daß Jonatan, der Freund der Heiden, aus seiner Ablehnung der antipriesterlichen Ansichten Jesu heraus faktisch mitschuldig an der Kreuzigung war. Aus diesem Grund gebrauchte er das Wort »auferweckt« in zwei verschiedenen Bedeutungen und setzte so die Strategie der Verschleierung des eigentlichen Hergangs der Geschichte fort.

Im September des Jahres 33 n. Chr. wurde Simon Magus wieder »Papst«, nachdem sich die Prophezeiung ein weiteres Mal nicht erfüllt hatte.[6] Das »Wunder«, das er angeblich in der Grabhöhle vollbracht hatte, hatte nicht geringen Anteil daran, daß seine Kandidatur erfolgreich war. Im folgenden Jahr kam es unter seiner Führerschaft zu einer Spaltung der Parteien und des Vermögens der Bewegung. Einer der Gründe dafür waren die drückenden Forderungen Agrippas, der Geld brauchte, um nach Rom zurückkehren zu können. Einige Mitglieder waren bereit, Agrippa aus dem Gemeinschaftsfonds, der ursprünglich den Herodiern gehört hatte, Gelder zur Verfügung zu stellen, unter der Bedingung, daß er in Rom seinen Einfluß zugunsten der Mission geltend machte. Da er mit Antonia, der mächtigsten Frau der römischen Gesellschaft, befreundet war, war er geradezu prädestiniert für eine solche Aufgabe.

Andere Mitglieder der Gemeinschaft mißtrauten Agrippa jedoch mittlerweile und lehnten es ab, ihn finanziell zu unterstützen. Das Ganze endete mit einer Teilung des Gemeinschaftsvermögens und der Schaffung einer neuen Finanzzentrale in der Stadt Cäsarea, in der es ein Gemeinschaftshaus für heidnische Zölibatäre gab. Die Hebräer blieben zunächst noch in Qumran und siedelten dann einige Jahre später nach Damaskus über.

Jesus verbrachte die nächsten drei Jahre in Klausur. Da im September des Jahres 33 n. Chr. seine Tochter geboren war,[7] durfte er im September des Jahres 36 n. Chr. wieder in die Welt zurückkehren. Während dieser drei Jahre der Abgeschlossenheit kann er durchaus an der Niederschrift des vierten Evangeliums beteiligt gewesen sein, das, wie der Pescher zeigt, vor dem Jahr 37 n. Chr. entstand, in dem es zum Bruch mit Simon Magus (Lazarus) kam. Das Evangelium war der erste Versuch der Anwendung der Zwei-Ebenen-Technik – eines Kunstgriffs, der entwickelt wurde, um den religiösen Inhalten auch die

157

historische Wahrheit und ganz besonders die Tatsachen im Zusammenhang mit der »Auferstehung« zu überliefern. Vielleicht hat Jesus selbst das Dilemma, in dem er und seine Gefährten sich befanden, auf diese Weise gelöst, in der sich der Wunsch nach Wahrheit mit dem Wissen um den Wert des Geheimnisses verbindet. Es sollten noch verschiedene andere solcher Versuche folgen, die die neue Form allmählich zur Vollendung weiterentwickelten. Doch schon der erste Wurf schuf ein Werk, dessen Oberflächenbedeutung unendlich vielen Gläubigen geistliche Anregung und Kraft gab und noch heute gibt.

158

Kapitel 28

Könige und Statthalter

Im März des Jahres 37 n. Chr. starb auf der Insel Capri der römische Kaiser Tiberius, der listige alte Politiker, der seit Jesu Jugend an der Macht gewesen war.[1] Mit dem neuen Herrscher, Gaius Caligula, brach eine Zeit der Krisen an, die das Gesicht der Mission grundlegend verändern sollten. Seine Thronbesteigung war das erste einer ganzen Kette von Ereignissen, die schließlich zur Vertreibung der Christen aus ihrer Heimat führte und sie in eine von Israel völlig unabhängige Existenz entließ.

Gaius' vierjährige Herrschaft war geprägt von beispielloser Extravaganz und Grausamkeit. Nach zwei noch relativ erträglichen Jahren entwickelte er aufgrund einer Krankheit, die sich schon früh in seiner Regierungszeit zeigte, einen zunehmenden Größenwahn. Er hielt sich für einen Gott, dem Jupiter gleich oder sogar überlegen. Ein schwacher, anspruchsvoller Tyrann, ließ er bei einer Gelegenheit, einzig, um sich die Beschwerlichkeit einer Bootsfahrt von sechs Kilometern zu ersparen, eine Pontonbrücke errichten, die er mit seinem Wagen befahren konnte. Als ihm eine Tochter geboren wurde, brachte er sie in den Jupitertempel und legte sie der Götterstatue mit den Worten auf die Knie, daß das Kind ihm und Jupiter gehöre, er selbst jedoch möglicherweise der größere von beiden sei. Er baute sich einen Tempel als Jupiter Latiaris, in dem Priester Dienst taten und ihm Gebete darbrachten. Im Jahr 40 n. Chr. marschierte er in Gallien ein und drang bis zum Ärmelkanal vor, als ob er eine Invasion Britanniens plane. Hier ließ er seine Truppen in Schlachtordnung antreten, um ihnen schließlich den Befehl zu erteilen, Muscheln zu sammeln, »als die Kriegsbeute des besiegten Ozeans.«[2]

Seine schlimmste Provokation an die Adresse der Juden war die Anordnung, im Tempel in Jerusalem seine Statue aufzurichten.[3] Ein weiterer Makkabäeraufstand konnte nur durch das bewußte Zaudern seines Statthalters und die Intervention Agrippas abgewendet werden. In seinem Wahnsinn stellte Gaius eine solche Gefahr dar, daß sich jeder loyale Anhänger der Mission gegen ihn wenden mußte. Am 24. Januar des Jahres 41 n. Chr. wurde er dann von einer Gruppe römischer Patrizier ermordet.[4]

Einer der besten Freunde des Gaius war der jüdische Prinz Agrippa. Bei seiner Rückkehr nach Rom um das Jahr 35 n. Chr., nachdem er sich von seinen Schulden freigemacht hatte, fand Agrippa wieder Zugang zu den Kreisen um Kaiser Tiberius. Durch Antonia, die ihm Geld lieh, kam er auch in engere Berührung mit ihrem Enkel Gaius.

Im Jahr 36 n. Chr. begann Gaius, den Sturz des Tiberius vorzubereiten, und schmiedete Pläne, wie er seinen Platz einnehmen konnte. Agrippa unterstützte und begünstigte ihn bei diesem Vorhaben. Eines Tages fuhren die beiden in einem Wagen aus, der von dem Wagenlenker Eutychus, nach der Beschreibung ein Freigelassener Agrippas, gefahren wurde. Eutychus hörte, wie Agrippa sagte, er wünschte, der kränkelnde Tiberius würde zugunsten von Gaius, der ein weit besserer Kaiser wäre, abdanken. Er schwieg damals über die Sache, doch kurze Zeit später, als er beschuldigt wurde, Kleidungstücke Agrippas entwendet zu haben, floh er, erreichte es, bei Tiberius vorgelassen zu werden und warnte diesen vor der Gefahr. Auf seine Aussage hin wurde Agrippa verhaftet und eingekerkert und erst im März des Jahres 37 n. Chr., nach dem Tod des Tiberius, wieder auf freien Fuß gesetzt.[5] Ein Diener überbrachte Agrippa die gute Nachricht; er flüsterte ihm auf hebräisch zu: »Der Löwe ist tot.«[6]

Schon kurz darauf schickte der neue Kaiser Gaius nach Agrippa, um ihn zum Herrscher über einen Teil des Gebiets von Palästina zu machen, und schenkte ihm eine goldene Kette. Später wurde ihm dann die Tetrarchie des Antipas übertragen, der nach Rom gekommen war, um gegen die Standeserhöhung Agrippas zu protestieren, sich unversehens jedoch in Gallien im Exil wiederfand.[7]

Diese Ereignisse, die sich im fernen Rom zutrugen, waren möglicherweise aufs engste mit der Geschichte des Christentums verwoben. Die Einzelheiten zur Person des Eutychus würden sehr gut auf jenen Mann namens Johannes Markus passen, den »Lieblingsjünger«, der am Ende der Apostelgeschichte unter dem Namen Eutychus auftritt.[8] Damit wäre Eutychus ursprünglich ein Angehöriger des Hauses von Agrippa gewesen, und zwar sein Wagenlenker. Als Heide geboren, war er zu der herodianischen Form des jüdischen Glaubens übergetreten. Er hatte sich – wie viele andere – im geheimen gegen seinen rücksichtslosen Arbeitgeber aufgelehnt und war, als er sich in den späten zwanziger- und frühen dreißiger Jahren in Judäa aufhielt, in den Bannkreis Jesu geraten. Johannes Markus war zweifellos jener ungenannte erste Jünger, der den Täufer verließ, um mit Jesus zu gehen.[9] Die Abkehr vom Täufer aber war damals gleichbedeutend mit der Abkehr von Agrippa.

Eutychus könnte ein enges Vertrauensverhältnis zu Jesus entwickelt und ihm von den Erwartungen und Sehnsüchten der vielen heidnischen Proselyten erzählt haben, die die jüdische Lebensweise nicht völlig übernehmen wollten, sich aber von den eher mystischen und intellektuellen Aspekten dieser Religion sehr angesprochen fühlten. Ein paar Jahre fungierte er als Jesu Hauptstellvertreter. Er nahm den Namen Johannes Markus an und wurde in seinen Kreisen als der »Lieblingsjünger« Jesu bekannt. Nach der Kreuzigung stand er zwei Jahre lang in engem Kontakt mit Jesus und überwachte dabei die Abfassung des vierten Evangeliums, das unter seinem Namen herausgegeben wurde. Dann kehrte er mit Agrippa nach Rom zurück, wo die Episode stattfand, die zu der sechsmonatigen Inhaftierung Agrippas führte. Von jetzt an galt Johannes Markus/Eutychus als Feind Agrippas und verlor deshalb, als dieser König wurde, seinen Einfluß. Seinen Platz in der christlichen Bewegung nahm Lukas ein.

Etwa zur selben Zeit wuchs Petrus' Ansehen in der Mission. Es ist die These aufgestellt worden, daß Petrus mit jenem rechtschaffenen Bürger Simon von Jerusalem identisch sei, der sich anfänglich gegen Agrippa gestellt hatte, dann jedoch dessen Charme erlag.[10] Petrus und Johannes Markus waren einander zunächst nicht besonders gewogen, nicht zuletzt, weil Johannes im Zölibat lebte und die heidnische Version einer asketischen Disziplin befolgte, während Petrus verheiratet war. Zudem stand Johannes Jesus persönlich näher, und die beiden pflegten engen Kontakt zu Simon Magus, den der unverbildetere Petrus für einen Verräter am Glauben hielt. Mit dem Aufstieg des Agrippa verloren jedoch sowohl Johannes Markus als auch Petrus an Einfluß. Jesus selbst, der die meiste Zeit in der Abgeschiedenheit lebte, hielt sich zwar aus den Auseinandersetzungen heraus, stellte sich jedoch schließlich auf die Seite Agrippas.

Als Agrippas Stern zu steigen begann, verlor Simon Magus sofort seine Position als »Papst«. Sein Sturz ist in der Geschichte von Hananias und Saphira geschildert.[11] Die beiden wurden von Petrus wegen finanzieller Unregelmäßigkeiten gerügt, woraufhin sie jäh »zu Boden fielen und den Geist aufgaben« (d. h. exkommuniziert wurden, das übliche Schicksal eines gestürzten »Papstes« und seines Anhangs).

Im Jahr 36 n. Chr. wurde Pilatus abgelöst, und auch Kajaphas wurde seines Amtes enthoben. An seiner Stelle ernannte der Statthalter

Jonatan Hannas zum Hohenpriester.[12] Einer der Beinamen Jonatans war »Stephanus«, die »Krone«.

Die Ernennung Agrippas und die Aussicht auf seine unmittelbar bevorstehende Rückkehr nach Judäa war für den Bruder Jesu, Jakobus, höchst alarmierend. Man befürchtete, daß Agrippa einen weiteren Versuch unternehmen könnte, sich einen Anteil des in Qumran aufbewahrten Geldes zu sichern. Als Reaktion auf diese Gefahr bekräftigte Jakobus nochmals, daß das kommende Königreich einzig und allein von einem Davididen beherrscht werden sollte, ohne die Einmischung irgendwelcher Herodier. Sein Vater Josef hatte sich, als er einst auf der Schwelle zu einer neuen Ära denselben Schritt getan hatte, mit Theudas verbündet, und die beiden hatten sich die Beinamen »Stern« und »Zepter« zugelegt. Jakobus erneuerte diese Verbindung nun und führte den Gebrauch der beiden Titel wieder ein. Er erklärte einen Teil des Qumranschatzes zum Eigentum der Davididen, die in ihm selbst repräsentiert seien, und brachte ihn in ein neues Klosterzentrum in Damaskus. Das war die Zeit, in der nach den Worten eines Gleichnisses Jakobus (der »reiche Mann«) »größere Scheunen baute«. Er ließ in Damaskus neue Gewölbe errichten, in denen die Mitglieds- und Spendengelder derjenigen, die einen Davididen als König wollten, aufbewahrt wurden.[13]

Unter den Schriftrollen, die aus dieser Zeit stammen, befanden sich Abschriften eines Werkes, das unter dem Titel »Damaskusschrift« bekannt wurde. Es wurde von einer Gruppe verfaßt, die sich selbst als »Gemeinde des neuen Bundes im Lande Damaskus« bezeichnete. Die Schrift galt der Rechtfertigung der Handlungsweise ihrer Verfasser, die als Exilanten dargestellt werden. Es ist darin die Rede vom »Stern« und vom »Zepter« und davon, daß der Messias bei seinem Kommen zuerst in Damaskus erscheinen werde.[14]

Zwischen Jerusalem und Damaskus war häufig ein junger Mann mit Namen Saulus unterwegs. Saulus war ein fanatischer Nationalist und hegte die feste Überzeugung, daß die Heiden den Juden weit unterlegen seien und nicht über die untersten Rangstufen innerhalb der Bewegung hinauskommen sollten. Die Sympathie gegenüber Heiden, wie sie der Hohepriester Jonatan Hannas/Stephanus an den Tag legte, war in seinen Augen ein Zeichen der Schwäche, und Jesus, der uneheliche Bruder von Jakobus, war für ihn ganz einfach ein Abtrünniger, ein Verräter seines Volkes, der die Heiden behandelte, als seien sie genauso viel wert wie die Juden. Eines Tages, so gelobte sich

162

Saulus, würde er der Missionstätigkeit solcher Kompromißler endgültig ein Ende machen und dafür sorgen, daß nur die reinste Form des Judentums weiterverbreitet würde. Denn nur dann würde der Tag kommen, den Gott in den Prophezeiungen verheißen hatte, der Tag, an dem die Römer von der Erdoberfläche vertilgt werden würden und das jüdische Weltreich sich durchsetzte.

Kapitel 29

»Zur Rechten Gottes«

Das Jahr 37 n. Chr. brachte politische Veränderungen, die eine neue Phase in der Mission einleiteten. Die ersten Schritte in Richtung auf eine Abspaltung der Christen von den Juden zeichneten sich ab. In dieses Jahr fiel auch die Geburt eines Sohnes und Erben für Jesus und Maria Magdalene.

Jesus hatte im September des Jahres 36 n. Chr., drei Jahre nach der Geburt seiner Tochter, die Klausur verlassen und war zu seiner Familie zurückgekehrt. Im Blick auf die Geburt des zweiten Kindes gab es keine so strengen Vorschriften für die Zeit der Empfängnis, und so kam es zu einer Schwangerschaft. Im Juni des Jahres 37 n. Ch. konnte man dann sagen: »Das Wort Gottes breitete sich aus« – das hieß, daß Jesu Familie Zuwachs bekommen hatte.[1] Der neugeborene Sohn wurde ebenfalls Jesus genannt und erhielt den Titel »Justus«, »der Gerechte«, den vorher Jakobus als Kronprinz getragen hatte. Derselbe Jesus Justus, der Sohn Jesu, war später zusammen mit Paulus in Rom, als dieser den Brief an die Kolosser schrieb, in dem Grüße von einem Jesus Justus ausgerichtet werden.[2]

Da inzwischen Jonatan Hannas/Stephanus Hoherpriester war, kam es zu einem Wechsel im offiziellen Status von Jesus. Er wurde wieder einmal öffentlich zum legitimen Erben Davids erklärt, was bedeutete, daß er mit Agrippa in Verbindung treten mußte, um die seit langem bestehende Allianz zwischen den herodischen Königen und den Davididen zu erneuern. Jakobus hatte sich einer anti-herodianischen Partei angeschlossen, doch Jesus, der nach der Geburt seines Sohnes wieder in das zölibatäre Leben zurückkehrte, dabei jedoch nach wie vor mit seinen Missionaren in Kontakt blieb, war auf den Rat von Petrus hin bereit, den neuen Herodes anzuerkennen.

Hannas verlor keine Zeit, die Reformen, die er und Jesus vorbereitet hatten, in die Tat umzusetzen und die unbeschnittenen Heiden mit allen Privilegien auszustatten. Sie durften eine eigene Organisation gründen, die nur noch sehr wenig Berührungspunkte mit der jüdischen Lebensweise aufwies.[3]

Damit galt Hannas für andere führende Männer im Land als zu

164

verwestlicht. Die Anhänger einer eher östlichen Orientierung drängten auf seine Amtsenthebung, eine Forderung, mit der sie sich schon sechs Monate nach seiner Ernennung durchsetzten. Die Krise, die schließlich zu Hannas' Absetzung führte, wird in der Apostelgeschichte als »Martyrium des Stephanus« beschrieben. Aus der Sicht der westlich Gesinnten mußte Jonatan Hannas für seine Unterstützung der Nicht-Juden, jener Mitglieder, die schon bald Christen genannt werden sollten, leiden. Er starb damals allerdings nicht, sondern erlitt lediglich den symbolischen Tod der Exkommunikation.[4]

Die Entmachtung von Jonatan Hannas blieb jedoch der einzige Erfolg, den die Ostpartei für sich verzeichnen konnte. Politisch kam sie nicht auf ihre Kosten, ja die nächste Ernennung für das Hohepriesteramt erwies sich sogar als noch günstiger für den Westen, da sie an Jonatans Bruder Theophilus erging. Theophilus suchte die politische Nähe zu Rom noch weit stärker als sein Vorgänger und ließ das Volk sogar den Treueeid für den römischen Kaiser schwören.[5]

Theophilus hatte bis dahin noch kaum eine Rolle in der Geschichte des entstehenden Christentums gespielt. Es hat jedoch den Anschein, daß er eine enge persönliche Beziehung zu Jesus hatte und auch seinen Anhängern stets wohlwollend gegenüberstand. (Immerhin widmete ihm Lukas sein zweibändiges Werk, das Lukasevangelium und die Apostelgeschichte.)

Neben seinem offiziellen Amt als Hoherpriester versah Theophilus auch die Funktion des »Papstes« in der Bewegung und zelebrierte das Versöhnungsfest im Heiligtum zu Mird. Jesus stand ihm bei der Feier als sein »Zweiter« zur Seite und übernahm damit die Rolle des Königs und des Leviten. Als Jonatan/Stephanus im Verlauf seiner Amtsenthebung »zum Himmel (aufsah) und sah ... Jesus stehen zur Rechten Gottes«,[6] stand er außerhalb des Allerheiligsten im Heiligtum von Mird am Fenster, durch das der Zeuge hineinblicken mußte, um festzustellen, ob der Versöhnungsritus vorschriftsmäßig vollzogen wurde. Die Fenster des Gegenstücks des Heiligtums in Qumran sind noch heute zu sehen. Jonatan spähte in das Allerheiligste oder den »Himmel« und erblickte Jesus auf dem Platz des »Zweiten«, zur rechten Hand »Gottes«, des Theophilus.

Im folgenden Jahr, 38 n. Chr., verschwand der Tetrarch Antipas vom Schauplatz der Geschichte. Als Agrippa in diesem Jahr in sein

165

Heimatland zurückkehrte und dabei seinen königlichen Status bewußt zur Schau stellte, erregte er den Zorn der Herodias, die sich über das Gepränge ihres Bruders ärgerte. Er hatte weniger Anrecht auf den Thron als ihr Ehemann, und außerdem vertrauten ihm viele im Lande längst nicht mehr. Herodias drängte Antipas, mit ihr nach Rom zu gehen und zuzusehen, ob sie nicht mit ihrem Reichtum Gerechtigkeit erwirken könnten. Der träge Antipas zeigte sich zunächst wenig willig, »weil er Ruhe und Bequemlichkeit liebte und das aufregende Treiben in Rom fürchtete«, doch schließlich gab er nach und sie reisten ab. Schon auf der Fahrt, stärker aber noch in Rom selbst scheuten sie keinerlei Kosten, um ihrem Anliegen Nachdruck zu verleihen. Agrippa kam allerdings schon bald zu Ohren, was sie vorhatten, und er schickte einen Abgesandten nach Rom, der Gaius über das Abkommen des Antipas mit den Parthern zur Ausrüstung eines Heeres gegen den römischen Kaiser informierte. So sah sich der Tetrarch unversehens um sein Land gebracht, das stattdessen Agrippa zugesprochen wurde. Er und Herodias wurden nach Lyon in Gallien verbannt, wodurch sich der Besitz seiner Familie in Südfrankreich weiter vergrößerte.[7]

Die Position des Antipas in der Mission wurde von Herodes von Chalkis, einem Bruder Agrippas, übernommen. Dieser heiratete nach bester herodischer Art die sechzehnjährige Tochter seines Bruders, Berenike, deren zweiter Ehemann er bereits war. Berenike war eine Tochter Agrippas und Schwester Agrippas II. Sie sollte später in der Erzählung der Apostelgeschichte eine Rolle spielen.[8]

Der altbewährte Bundesgenosse von Antipas, der »Verlorene Sohn« Theudas, ging damit ebenfalls seiner Macht verlustig. Ein paar Jahre später brachte er sich sogar um seinen Kopf, weil er sich allzu tief in die Vorstellungswelt des Exodus verstrickt hatte. Josephus berichtet, daß im Jahre 44 n. Chr. »ein Betrüger mit Namen Theudas eine ungeheure Menschenmenge (bewog), ihm unter Mitnahme ihrer gesamten Habe an den Jordan zu folgen. Er gab sich nämlich für einen Propheten aus und behauptete, er könne durch sein Machtwort die Fluten des Jordan teilen und seinem Gefolge einen bequemen Durchgang ermöglichen.« Damit handelte er als ein zweiter Josua (ein Evangelientext bezeichnet ihn als Jesus, d. h. »Josua, Barabbas«). Doch der römische Statthalter griff ein, bevor der Himmel die Wasser teilen konnte. Theudas wurde gefangengenommen und enthauptet. Seinen Kopf brachte man nach Jerusalem.[9]

Mittlerweile wuchs eine neue Generation heran. Sie sollte von dem Mann geführt werden, der die Gedanken Jesu aufnahm, zuende dachte und ihnen zum Sieg verhalf – jenem Mann, den wir heute als den Apostel Paulus kennen.

Kapitel 30

Saulus, der rebellische Schüler

Spät im Jahr 37 n. Chr. verbrachte ein junges Mitglied des Ordens Benjamin mit Namen Saulus einen Teil seiner Pränoviziatszeit in Qumran. Im September 17 n. Chr. geboren, war er gerade zwanzig geworden.[1] Er war bei der Amtsenthebung von Jonatan Hannas/ Stephanus zugegen gewesen und hatte die Gewänder der Priester gehalten. Sein Leben lang sollte sich nichts an der Abneigung, die er damals gegen Hannas empfunden hatte, ändern.

Zusammen mit den anderen Novizen beobachtete Saulus den Aufmarsch der Armee des römischen Statthalters Vitellius unweit von Qumran. Im September brachte Vitellius zwei Legionen schwerbewaffneten Fußvolkes, einfacher Soldaten und Reiter zum Toten Meer hinab. Er war auf dem Marsch nach Petra, wo ihn ein Gefecht mit dem Araberkönig Aretas erwartete, der mit Herodes verfeindet war, seit der Tetrarch sich von seiner Tochter hatte scheiden lassen, um Herodias zu heiraten. Vitellius kam dabei dem Teil des Vermögens, das noch in Qumran lagerte, gefährlich nahe, und es war allgemein bekannt, daß er um dessen Existenz wußte. Die jüdischen Ordensoberen gingen ihm deshalb entgegen und flehten ihn an, nicht durch ihr Land zu ziehen, denn ihre Tradition verböte es, daß militärische Standarten mit ihren Emblemen den heiligen Boden entweihten. Vitellius gab nach; er änderte seine Route und bekundete auch später in auffallender Weise seinen Respekt für den jüdischen Glauben. Einmal nahm er sogar an einem religiösen Fest in Jerusalem teil.[2]

Noch vor diesem Ereignis hatte Saulus an der Abfassung eines Peschers zum Propheten Habakuk mitgearbeitet – ein Werk, das erhalten blieb und uns in den Schriften vom Toten Meer überliefert ist.[3] Nachdem er in der Methode der Schriftauslegung Johannes des Täufers unterwiesen worden war, beschäftigte er sich mit dem Buch Habakuk und wandte das Prinzip, allgemeine Aussagen auf eine spezielle Situation zu beziehen, auf diesen Text an. Er fand daraufhin in der Schrift des Propheten ganz exakte Aussagen über historische Tatsachen, Weissagungen all der aufwühlenden Geschehnisse der letzten Jahre, die in Qumran Gesprächsthema waren. Es war nicht schwer, das »schrecklich[e] und furchbar[e]« Volk der Chaldäer, »das die Weite der Erde durchzieht, um Wohnsitze zu erobern, die ihm nicht gehören«, mit den Römern oder Kittim oder, noch genauer, den Streitkräften des Vitellius in Verbindung zu bringen, die so gefährlich nahe gerückt waren. Der Prophet sprach sogar – in verschlüsselter Form – von ihren Militärstandarten, so daß der Pescharist anmerken konnte, »daß sie ihren Zeichen Opfer bringen, und ihre Kriegswaffen ... Gegenstand ihrer Verehrung (sind).«[4]

Wenn der Prophet von einem »hochmütigen Mann« spricht und vier Weherufe (Flüche) gegen ihn schleudert, so steckte darin für Saulus ganz offensichtlich eine Weissagung in bezug auf jenen Zeitgenossen, der mit seinen Häresien wahrhaftig die Existenz des ganzen Judentums in Gefahr brachte. Jesus, der »Lügenmann« (der Bastard) und »Frevelpriester«, der Antipriester, hatte »verworfen ... das Gesetz inmitten ihrer ganzen Gemeinde«, indem er behauptete, ein Priester zu sein, ohne aus dem Stamm Levi zu kommen. Er haßte die östlich orientierten Zölibatäre, die sogenannten »Armen«, und hatte die Reinheitsvorschriften verletzt. Das bedeutete, daß er »das Heiligtum Gottes verunreinigte.« Er hatte schwer gelitten, wie jeder, der vor ein paar Jahren in Qumran gewesen war, bezeugen konnte. Seine Gegner hatten ihm »Leiden« angetan »und Rachehandlungen an seinem Fleischesleib.« Diese Behandlung war in den Augen des Auslegers wohlverdient, weil er den »Lehrer der Gerechtigkeit«, den Täufer, angegriffen hatte. Nach dem Willen des Himmels war er jedoch gedemütigt worden »durch Plage zur Vernichtung, durch Bitternisse der Seele, weil er gefrevelt hatte an seinen Auserwählten.«[5]

Die Mitarbeit des Saulus am Habakukkommentar wird an zwei Passagen des Dokumentes deutlich, in denen er Verse des Textes auf genau dieselbe Weise abhandelt wie später als Paulus in seinen Briefen. An einer Stelle deutet er die Aussage »aber der Gerechte wird durch seine Treue leben« im Sinne der später im Römerbrief auftauchenden Aussage »der Gerechte wird aus Glauben leben« – in dem früheren Dokument ist damit der Glaube an den »Lehrer«, im Brief an die Römer dann der Glaube an Jesus gemeint. Die andere Habakuk-Passage bezieht sich auf Menschen, die etwas nicht glauben wollten, weil es so ungewöhnlich war. Dies deutet Saulus im Sinne einer bewußten Verweigerung des Glaubens an das, was geglaubt werden *muß* – die Lehre des »Lehrers« im Habakuk-Kommentar, die christliche Lehre in Apostelgeschichte 13.[6]

Während der drei Jahre seiner weiteren Ausbildung in Jerusalem und Damaskus setzte Saulus seine Anwürfe gegen die christlichen Häretiker, insbesondere gegen ihren Anführer Jesus, fort. Er war überzeugt davon, daß sie eine echte Bedrohung für das große Missionswerk der Ausbreitung des jüdischen Glaubens unter den Heiden darstellten. Im Verbund mit der Priesterfamilie der Boethusier arbeitete er darauf hin, daß die Boethusier wieder in das hohepriesterliche Amt zurückkehren durften, und sah in Jakobus in Damaskus den rechtmäßigen Thronanwärter, der den davidischen Thron besteigen würde, wenn das erhoffte Königreich Realität wurde.

39 n. Chr. wußte man im ganzen Reich, daß Gaius wahnsinnig war. Die Stimmung im Osten wurde nun vollends anti-römisch, und diesmal protestierten nicht einmal mehr diejenigen, die die Römer früher unterstützt hatten. Der Hohepriester Theophilus, der den Treueeid für Rom abgelegt hatte, verlor seinen Einfluß, und der Stern der Familie des Boethus begann wieder zu steigen.[7]

Im September 39 n. Chr. wurde Petronius Statthalter in Judäa. Er hatte Befehl, im Jerusalemer Tempel eine Kaiserstatue aufzurichten und diese Order notfalls mit Waffengewalt durchzusetzen. Im vergangenen Jahr war es in Alexandria zu einem Judenpogrom gekommen, nachdem die Griechen verlangt hatten, daß in jeder Synagoge Statuen des Gaius aufgestellt und angebetet werden müßten. Offensichtlich war ein gemeinsames Vorgehen gegen Rom dringend notwendig, und sicherlich waren unter den Zehntausenden von Juden, die zu Petronius kamen und erklärten, daß sie lieber das Martyrium auf sich nehmen wollten, als eine solche Blasphemie zu dulden, auch die Leiter der Mission.[8]

Niemand trauerte, als Gaius im Januar des Jahres 41 n. Chr. in einer engen Gasse in Rom erstochen wurde. Seine Schreckensherrschaft hatte die beiden Missionsparteien geeint, und auch der westliche Flügel war stärker auf die Richtung des Ostens eingeschwenkt.

Beide Parteien hatten sich zu gemeinsamen Konzilen in Damaskus getroffen. Im März des Jahres 40 n. Chr. nahmen Hananias/Simon und Jesus, der aus Cäsarea kam, daran teil. Die Zusammenkunft war nicht zuletzt anberaumt worden, weil nun eine entscheidene Periode für die Mission zuende ging. Nach dem ursprünglichen herodianischen Missionsplan, der im Jahr 41 v. Chr. in Kraft getre-

170

ten war, waren achtzig Jahre verstrichen, und damit hätten auch der Heilige Krieg und die Eroberung der Welt abgeschlossen sein müssen. Das war ganz offensichtlich nicht der Fall, was vor allem für den benjaminitischen Orden, dessen Oberhaupt Hillel an der Erstellung des ursprünglichen Zeitplans beteiligt gewesen war, ein Grund zu großer Enttäuschung war.

Jedesmal, wenn eine Prophezeiung sich nicht erfüllte, kam es zu gegenseitigen Beschuldigungen. Der Himmel hatte der Mission den Sieg verweigert, so wurde argumentiert, weil es Irrtümer in der Lehre gab. Ein Reformprozeß setzte ein, der im Zuge der Konzilsdebatten auf den Weg gebracht wurde. Der leidenschaftliche junge Saulus, inzwischen in seinem letzten Studienjahr unter Gamaliel in Jerusalem, war ebenfalls unter den Teilnehmern des Konzils – entschlossen zu beweisen, daß der Stein des Anstoßes in der »glatten« Lehre der westlichen Heidenmission zu suchen sei.

Doch es gab auch eine andere Auffassung: daß das eigentliche Hindernis Saulus selbst sei. Die palästinische Praxis der Beschneidung schreckte die Heiden ab, die die spirituellen Aspekte der Religion gern übernommen hätten. Jesus hatte stets gelehrt, daß Heiden aufgenommen werden konnten, ohne zuvor Juden geworden zu sein.

Im März, während der Vorbereitungsgespräche zum Konzil, wohnte Saulus dem Mittagsgottesdienst in der »Sakristei« des Klosters von Damaskus bei. Es war die Zeit, zu der die Pilger und Proselyten des »Weges« in der Gemeinde saßen, während ihr Priester oben auf dem Halbdach die Gebete sprach.

Die Magier hatten Jesus gestattet, als »Zweiter« zu fungieren, und bei manchen Gelegenheiten vertrat er sogar den Priester. So versah er auch bei diesem Gottesdienst das Priesteramt. In den Augen des Saulus dagegen war er weder ein legitimer Davidide noch ein rechtmäßiger Priester, wie er auch im Habakuk-Kommentar geschrieben hatte.

Der junge Mann nahm seinen Platz in der Gemeinde ein. Die Mittagsstunde kam heran, und ein Teil des Daches wurde, wie es Brauch war, entfernt, so daß die Sonne in den Raum schien und die Zeit anzeigte, und man den Priester oben beim Beten sehen konnte. Saulus erhob sich mit den übrigen Gemeindegliedern und schlug die Augen nieder, um nicht von der Sonne geblendet zu werden. Da sprach »die Stimme« – die Stimme Jesu – zu ihm.

171

Jesus wußte von Saulus' Feindseligkeit und sprach ihn direkt an: »Du verfolgst mich.« Saulus entgegnete: »Du bist von illegitimer Herkunft.« Darauf antwortete Jesus mit der Formel »Ich bin«, die bekräftigte, daß er ein Vollpriester war. Dann forderte er Saulus auf, nach vorn zu kommen, wo er die Predigt hören konnte. Als Saulus Jesus zuhörte, begannen sich seine hartnäckig behaupteten Einwände gegen alles, wofür Jesus stand, in nichts aufzulösen. Er erkannte auf einmal, wie sehr er unter der Knechtschaft des Gesetzes stand und wie sehr dieses Gesetz auch andere unterdrückte.[9]

In den folgenden Tagen wurde Saulus im Ostteil des Klosters, im »Haus des Judas«, unterwiesen. Hananias/Simon nahm an der Unterweisung teil, in deren Verlauf Saulus sich vom hebräischen Standpunkt abkehrte und dem hellenistischen zuwandte. Doch schon bald mußte er sich zwischen der hellenistischen Friedens- und der hellenistischen Kriegspartei entscheiden, und wählte die erstere. Wahrscheinlich erfuhr er von Simon selbst die Geschichte von der Auferstehung, die er dann später als Teil der anerkannten Lehre für diejenigen Mitglieder einsetzte, die noch stärker dem konventionellen Mythenglauben verhaftet waren.

Zu Beginn seiner Unterweisung befand sich Saulus noch im Zustand der »Blindheit«, d. h. er war Novize. Doch als er dann als Vollmitglied in die Gemeinde aufgenommen wurde, sah er »das Licht des Lebens« − ein Ausdruck, der sich in den Schriftrollen findet.

Zwischen 40 und 43 n. Chr. wurde er in die Gedankenwelt seines neuen Glaubens eingeführt und am Ende dieses Zeitraums zum »Bischof« ernannt. Im Jahr darauf wurde sein Name in »Paulus« geändert,[10] und man übertrug ihm die Mission unter den unbeschnittenen Heiden im Westen.

Mit dem Jahr 43 n. Chr. war es jedoch in Damaskus zu einschneidenden Veränderungen gekommen. Die vorübergehende Einheit, die aus dem gemeinsamen Widerstand gegen Gaius erwachsen war, zerbrach, und die Spaltung zwischen Ost und West lebte wieder auf. Paulus, nun ein westlicher »Bischof«, sah sich in Damaskus auf einmal Feindseligkeiten ausgesetzt. Die neue Lehre, die er jetzt vertrat, bereitete den Weg für die endgültige Ablösung der Gemeinschaft von allen früheren Bindungen.[11]

Die Kehrtwendung, die Paulus vollzog, wurde nicht zuletzt dadurch erleichtert, daß Agrippa Jesus anerkannte, denn der Orden Benjamin, dem Paulus angehört hatte, hatte sich den herrschenden Herodiern gegenüber immer loyal verhalten. Als dann noch Petrus zu Agrippa stieß, kamen in Petrus und Paulus die beiden wichtigsten Mitarbeiter Jesu zusammen, um gemeinsam die Missionierung des Westens voranzutreiben.

Kapitel 31

Ein Mord und seine Folgen

Kaiser Claudius, der Nachfolger von Gaius, erwies sich als ein milder Herrscher, dem es gelang, die guten Beziehungen zwischen den Juden und Rom wiederherzustellen. Kurz nach seiner Thronbesteigung wurde Matthias als Hoherpriester berufen. Er führte den Beinamen »Friede«, der in seiner Familie eine lange Tradition hatte.[1] Als Mitglied der Zwölf Apostel und Förderer des ersten Evangeliums war er der Hohepriester, den sich die Christen gewünscht hatten. Während seiner Amtszeit eröffneten sich ihnen ganz neue Möglichkeiten. Sie begannen, eine eigene Identität zu entwickeln, und gebrauchten erstmals die Bezeichnung »Christen« für sich selbst und den Begriff »Kirche« für ihre Versammlungen.[2]

Selbst Jakobus, der Bruder Jesu, fühlte sich von dem neuen Klima in der Bewegung so angesprochen, daß er seine Verbindung zu Damaskus abbrach und nach Judäa zurückkehrte, wo er in Qumran eine judenchristliche Gemeinde aufbaute. In einer Passage der Damaskusschrift, die in dieser Zeit entstand, findet sich eine ungehaltene Anspielung auf die »Fürsten Judas« (Jakobus und die anderen Brüder Jesu), die die östliche Partei verlassen hatten und ins Lager der Häretiker übergewechselt waren.[3]

Im Juni 43 n. Chr., sechs Jahre nach der Geburt seines Sohnes, kam für Jesus wieder die Zeit, sich in die Welt zu begeben. Wiederum »(wuchs) das Wort Gottes und breitete sich aus«: Im März 44 n. Chr. wurde ein ihm zweiter Sohn geboren.[4]

Im Juni 43 n. Chr. kam Jesus zuächst nach Joppe, wo die Witwen und von ihren Männern getrennt lebenden Frauen, die »Schwestern«, wohnten.

Um diese Zeit sollte eine Zeremonie stattfinden, in deren Rahmen Petrus Agrippa offiziell anerkannte. Der König, »der von Natur freigebig und verschwenderisch war«, hatte viele durch sein Wesen beeindruckt und war stets darum bemüht, sich »freundlich gegen die Ausländer« zu zeigen.[5] Auch auf Petrus, der früher viele seiner Handlungsweisen als unrein mißbilligt hatte, war der Charme Agrippas nicht ohne Wirkung geblieben, und die beiden hatten Frieden miteinander geschlossen.

Petrus hielt sich damals in Joppe auf, wo es unter anderem zu seinen Pflichten gehört hatte, Maria, die Mutter Jesu, wieder als Mitglied aufzunehmen. Als die »Witwe Dorkas« war sie in den Augen der Christen »gestorben«, als sie mit Jakobus nach Damaskus gegangen war. Doch nun kehrte sie mit ihm zurück und wurde wieder in die Gemeinschaft eingebunden.[6]

Joppe war ein zölibatäres Zentrum, das von unbeschnittenen Mitgliedern, Heiden und Frauen, frequentiert wurde. Der Gebäudekomplex war dreistöckig, höher als die zweigeschossige Bauweise der jüdischen externen Essener, in deren Klöstern die Priester auf dem Dach beteten, während die Gemeinde sich im Erdgeschoß befand. Bei den Bauwerken der Heidenchristen stand der Priester oder sein Stellvertreter im dritten Stock, während die verheirateten Juden, die wie Petrus in der Heidenmission tätig waren, ihren Platz im zweiten Stock hatten, der dem »Dach« bei den jüdischen Bauten entsprach. Deshalb wurde dieser Stock auch bei den heidenchristlichen Häusern als »Dach« bezeichnet.

Auf dem »Dach« befand sich eine weitere Tafel für das rituelle Mahl, an der die jüdischen Missionare saßen, die nicht mit den Unbeschnittenen im Untergeschoß aßen. Hier nahm Petrus das heilige Mahl ein, nachdem er um die Mittagsstunde wie ein Priester Gebete dargebracht hatte.[7]

Einmal stellte sich Petrus um die Mittagszeit auf seinen Platz auf dem »Dach«, während Jesus in der Position des Priesters im dritten Geschoß über Petrus stand. Es war Brauch, daß der höhere Priester das Tafeltuch segnete und es dann hinunterschickte, wo es die Externen bei ihrer Kommunion verwendeten.

An diesem Mittag nun vernahm Petrus die »Stimme« Jesu beim Gebet. Dann wurde das Tischtuch herabgereicht. Es handelte sich jedoch nicht wie erwartet um das Tuch, das externe Essener wie Petrus benutzten, sondern um ein Tuch, wie es beim herodianischen Gottesdienst verwendet wurde. Seine aufgestickten Tieremble symbolisierten die Praxis, auch die Unreinen, das »Vieh«, zur Kommunion zuzulassen.

Petrus erhob Einspruch: Er war nicht bereit, die Kommunion in der herodianischen Form zu feiern, bei der die unbeschnittenen Heiden auf derselben Stufe standen wie die Juden. Doch Jesus befahl ihm: »Was Gott rein gemacht hat, das nenne du nicht verboten.« In Übereinstimmung mit Jesus hatte Matthäus, der Hohepriester

(»Gott«), eine herodianische Form des Gottesdienstes zugelassen und damit die Tradition der Hannas-Brüder, die für die Gleichberechtigung der Heiden waren, fortgesetzt.

Nach dem Ende des Gottesdienstes kamen Boten aus Cäsarea von Kornelius, einem vornehmen Römer, auf Petrus zu. (Kornelius sollte sich in Kürze den Namen »Lukas« zulegen. Als Oberhaupt der unbeschnittenen römischen Heidenchristen war er bereits einem Proselytendiakon gleichgestellt worden.) Er war ein Beamter des Agrippa und ließ Petrus in seinem Namen, eigentlich jedoch auf Wunsch des Agrippa, nach Cäsarea einladen. Petrus begab sich nach Cäsarea und nahm dort an einer zeremoniellen Feier teil, in deren Rahmen der König in die Gemeinschaft aufgenommen wurde.[8]

Solange Matthäus Hoherpriester war, stand die gesamte westliche Mission dem König wohlwollend gegenüber, doch gegen Ende des Jahres 43 n. Chr. begann sich sein Verhalten in einer Weise zu ändern, die an Herodes den Großen in seinen letzten Lebensjahren gemahnte. Als früherer Freund des Gaius legte Agrippa auf einmal ähnliche Neigungen wie dieser an den Tag: Er interpretierte die priesterliche Rolle, die die Herodier für sich in Anspruch nahmen, im Sinne des Inkarnationsgedankens und ließ sich von seinen Untertanen als Gott verehren, denn er hatte erkannt, daß der Wunsch des Ostteils des Reiches nach einem Gott-Kaiser bei geschicktem Taktieren dem Griff seiner eigenen Familie nach der Kaiserkrone Vorschub leisten konnte.

Simon Magus, sein alter Erzfeind, ließ keinen Zweifel daran, daß dieser König aus dem Weg geräumt werden mußte. Die hellenistische Friedenspartei, der auch Petrus angehörte, verhielt sich zunächst passiv. Als jedoch Matthäus in seinem Amt durch einen Boethusier abgelöst wurde, protestierte sie dagegen, daß Agrippa »Gott (Matthäus) nicht die Ehre gab«. Die beiden hellenistischen Gruppierungen begannen sich wieder aufeinander zuzubewegen.

Jakobus, der Sohn des Zebedäus, stimmte mit Simon Magus darin überein, daß etwas unternommen werden müsse. Agrippa bekam jedoch Wind von dem Plan und »tötete«, d. h. exkommunizierte ihn. Zur gleichen Zeit besuchte Petrus das Passa-Konzil des Jahres 44 n. Chr. Der König sah in ihm eigentlich keine Gefahr, doch auf den Rat seines Bruders Herodes von Chalkis hin stellte er ihn unter Arrest, »warf (...) ihn ins Gefängnis«.[9]

Das genügte, um Petrus wieder der Protestbewegung zuzuführen. In dieser extremen Situation war er sogar bereit, mit Simon Magus

176

zusammenzuarbeiten. Jesus, das »Licht«, schloß sich der Verschwörung an; gemeinsam mit Simon, dem »Engel des Herrn«, befreite er Petrus aus dem Gefängnis.[10]

Kurz darauf kam Agrippa nach Cäsarea, wo sich eine Anzahl hochrangiger Männer versammelt hatte. Während eines öffentlichen Festes erschien der König auf einer erhöhten Plattform, eingehüllt in ein ganz mit Silber durchwirktes Gewand. Er trat bei Tagesanbruch hinaus, so daß sich die ersten Sonnenstrahlen in seinem Kleid brachen und seine Gestalt von innen zu leuchten schien. Bei diesem Anblick jubelten ihm seine Schmeichler und Anhänger, wie er es vorhergesehen hatte, zu, »nannten ihn Gott und sprachen: Sei uns gnädig! Haben wir dich bisher nur als Mensch geachtet, so wollen wir in Zukunft ein überirdisches Wesen in dir verehren.«[11]

Doch plötzlich ergriff ihn mitten in diesem Augenblick höchsten Triumphes »bitterer Gram«: Heftige Leibschmerzen stellten sich ein, und während der nächsten fünf Tage litt er fürchterliche Qualen, bis ihn schließlich der Tod erlöste.

Nach Apostelgeschichte 12 »schlug ihn der Engel des Herrn«, und er wurde »von Würmern zerfressen.« »Von Würmern zerfressen« aber war die Umschreibung dafür, daß jemand mit Schlangengift vergiftet worden war. Der »Engel des Herrn«, Simon, hatte Agrippa durch einen seiner Eunuchen vergiften lassen. Josephus berichtet nichts davon, daß der König vergiftet wurde, doch er übergeht auch die Ermordung des Tiberius, vielleicht, weil er für beide Ereignisse keine Belege hatte.

Die hebräische Partei hatte keinerlei Anteil an dem Mordanschlag gehabt, und ein Hoherpriester aus ihren Reihen war nun an der Macht. Die Verschwörer waren gezwungen, aus dem Land zu fliehen.

In der Metropole Antiochia, der Hauptstadt Syriens, entstand ein neues Zentrum der Bewegung, das heidnische Asketen aus Cäsarea aufnahm. Ihr Oberhaupt war Lukas, und ihre geistlichen Führer waren Petrus und Paulus.[12] Auch auf der Mittelmeerinsel Zypern hatte sich mittlerweile in relativer Abgeschlossenheit eine Brudergemeinschaft gebildet. Dorthin wurden Jesus und Simon Magus gebracht. Jesus sollte sich allerdings kurz darauf, sowohl aus persönlichen Gründen als auch auf Druck von Petrus und Paulus, von seinem früheren Bundesgenossen distanzieren.[13]

Es war nun sehr viel sicherer und auch effektiver, die Missionzentren aus Judäa heraus in Orte der Diaspora zu verlegen, wo die

Einkünfte gesammelt und Konzilien abgehalten werden konnten. Lediglich zu den großen Konzilien kam man nach wie vor in Jerusalem zusammen.

Die Aufteilung in verschiedene Zentren wie auch die finanzielle Zersplitterung führte schließlich zu einer Trennung der einzelnen Parteien. Jede betrieb von nun an ihre eigene Mission, unabhängig von den übrigen. Die westlichen Missionare in Antiochia nahmen unter Petrus einen neuen Namen an: Sie nannten sich »Christen«. Das bedeutete, daß sie sich nicht an einem herrschenden Herodier orientierten, sondern einzig und allein einen Davididen als König anerkannten – Jesus. Jesus wurde dabei stärker in seiner königlichen als in seiner priesterlichen Rolle gesehen, doch er konnte auf jeden Fall die religiösen Rechte und Pflichten des Königs für sich in Anspruch nehmen. Sein Nachfolger, das Oberhaupt der Versammlungen der Verheirateten, der sogenannten »Gemeinden«, wurde Petrus.

Das Jahr 44 n. Chr. war also das Jahr der Gründung der christlichen Kirche als einer eigenen Institution. Sie sollte sich von Antiochia aus nach Westen ausbreiten, bis sie schließlich ihr Endziel, Rom, erreichte.

Kapitel 32

Private Krisen

Danach gab es in der Geschichte der Kirche keine weiteren ernsthaften Auseinandersetzungen mit den Juden mehr. Die Christen faßten im Westen immer mehr Fuß und entwickelten in den nächsten 20 Jahren ihre eigene Identität.

Der Erbe des ermordeten Agrippa war sein Sohn, Agrippa II. Im Jahr 27 n. Chr. geboren, war er zum Zeitpunkt des Todes seines Vaters noch nicht ganz 17 Jahre alt und galt deshalb als zu jung für die Thronbesteigung.[1] Er wurde in Rom erzogen und war ein enger Freund des Claudius und der kaiserlichen Familie. Als einziger überlebender Sohn Agrippas mußte er nicht um die Nachfolge kämpfen. Überhaupt scheint Agrippa II. von verträglichem und ruhigem Temperament gewesen zu sein. Er blieb unverheiratet, und da er keinen Erben hatte, erlosch mit ihm die herodische Dynastie.

Wie alle Herodier stand er in Kontakt mit der Mission, doch offenbar hatte man ihm hinterbracht, daß die Samariter für den Tod seines Vaters verantwortlich waren. Seine Politik richtete sich deshalb durchgehend gegen diese Gruppierung. Sehr zu seinem Unwillen hatte sein Onkel Herodes von Chalkis, der von Claudius zur Berufung der Hohenpriester bevollmächtigt worden war, im Jahre 49 n. Chr. einen Samariter eingesetzt. Agrippa II. nutzte die erste Gelegenheit, sich des Mannes zu entledigen, als dieser einige Jahre später in Ketten nach Rom gebracht wurde, weil er offenbar einen Aufruhr angezettelt hatte. Unter der gleichen Beschuldigung wurde auch Jonatan Hannas nach Rom überführt. Die Anhörungen verliefen zuungunsten der Angeklagten, und ihre Untergebenen wurden hingerichtet.[2]

Die feindselige Haltung Agrippas des Jüngeren gegen die Samariter war der entscheidende politische Faktor für die Abspaltung und das Überleben der Christen. Paulus genoß das Vertrauen Agrippas, weil sein Orden dessen Vater gegenüber loyal geblieben war und sich nicht an dem Mordkomplott beteiligt hatte. Es gelang ihm, Agrippas Interesse an der christlichen Version der Ordenslehre zu wecken, so daß dieser, als er Paulus bei seinem letzten Besuch in Judäa hörte, ausrief:

179

»Es fehlt nicht viel, so wirst du mich noch überreden und einen Christen aus mir machen.«[3]

Im September des Jahres 44 n. Chr. wandte sich Paulus auf Zypern gegen den Magus, der dort als Zauberer »Barjesus« auftrat. Er bezichtigte ihn ebenso wie vor ihm Petrus der Unmoral und verbannte ihn damit endgültig ins gegnerische Lager.

Auch Jesus, das »Wort Gottes«, hielt sich zu der Zeit auf der Insel auf. Er versöhnte sich mit Johannes Markus, doch die Versöhnung war nur von kurzer Dauer. Paulus, der mit Barnabas im Zuge einer Missionsreise nach Südgalatien auf Zypern Station machte, brachte die beiden dazu, ihn zu begleiten. An dieser Stelle kam es zur entscheidenden Spaltung zwischen Jesus und Simon. Paulus hatte nun das Heft in der Hand − er legte den Willen Jesu aus und brachte die theologischen Implikationen seiner Lehre auf den Punkt. Auf der gemeinsamen Reise mit Jesus durch Galatien strömten die Gemeinden zusammen, »um das Wort Gottes zu hören.« Johannes Markus war ursprünglich mit von der Partie, setzte sich jedoch ab, sobald sie das Festland erreicht hatten. Sein Weggang hatte mit der Tatsache zu tun, daß er der männliche Repräsentant Maria Magdalenes war und als der »Geliebte« den Platz der »Königin« einnahm.[4]

Für die Christen wurde im folgenden eine innerkirchliche Angelegenheit weit wichtiger als ihre Auseinandersetzungen mit den Juden. Nach der Geburt des dritten Kindes und zweiten Sohnes aus der Verbindung mit Jesus im März 44 n. Chr. entschloß sich Maria Magdalene, ihren Mann zu verlassen.

Die Geschichte von der Befreiung des Petrus in Apostelgeschichte 12 enthält eine Szene, in der er an der Tür der »Sakristei« klopft und um Einlaß bittet, wie es die Pilger taten, wenn sie zum Versammlungsraum kamen. Maria Magdalene als Rhode war die Türhüterin, eine Rolle, die dem »Apostel« oder einer Frau in unreinem Zustand übertragen wurde.[5]

Als Maria Petrus klopfen hörte, ging sie, um es den Leuten im Haus zu sagen. Sie bekam zur Antwort: »Du bist von Sinnen (mainē).«[6] Das bedeutete, daß sie einem der ekstatischen Orden angehörte, die mit dem Zelotismus sympathisierten und der Lebensweise derer verhaftet waren, die »glatte Dinge (suchen)«. Sie konnte deshalb nicht mehr zu den Christen gezählt werden.

Daß Maria und Jesus sich trennten und Jesus eine zweite Ehe einging, ist einer auf die »Purpurhändlerin« Lydia bezogenen Aussage

180

aus dem März des Jahres 50 n. Chr. zu entnehmen: »Der tat der Herr das Herz auf«.[7] Dieser Hinweis auf eine Geburt sechs Jahre nach der Geburt des Sohnes Jesu im März des Jahres 44 n. Chr. kann unmöglich auf Maria gemünzt sein, die um das Jahr 50 bereits zu alt gewesen wäre, um noch Kinder zu bekommen, zumal sie zum Zeitpunkt ihrer Eheschließung mit Jesus vor zwanzig Jahren älter als üblich war. Die Wendung »tat das Herz auf« deutet darüber hinaus an, daß Lydia Jungfrau war.

Jesus hatte Paulus seit dem September 44 n. Chr. auf seinen Missionsreisen begleitet, obwohl er sich nach der Ordensregel eigentlich wieder in Klausur hätte begeben müssen. Für Paulus als ehemaligen Pharisäer war die Scheidung nichts Unstatthaftes, und er machte in seinen Ausführungen zu diesem Thema in 1. Korinther 7 denn auch kein Hehl daraus, daß er, wenn er von der Scheidung abriet, nicht seine persönliche Auffassung vertrat, sondern für den »Herrn« sprach.[8]

Die Vorschriften, die er an dieser Stelle erläutert, entstammten der unglücklichen Erfahrung dieser Jahre. Vom christlichen Standpunkt aus war Maria Magdalene eine Ungläubige. Als Gefährtin von Helena teilte sie die Auffassungen des Magus. Die entschiedene Abfuhr, die dem Magus auf Zypern zuteil geworden war, hatte deshalb auch ihren Ausschluß aus der Kirche zur Folge gehabt. Ihre Ehe mit Jesus fiel damit unter die Anweisungen des 1. Korintherbriefes in bezug auf die Ehe mit Ungläubigen.

Nach der Ansicht des »Herrn«, die dort zitiert wird, sollte es zwischen christlichen Eheleuten keine Scheidung geben. War jedoch einer der Partner ungläubig, so sollten sie die Sache untereinander abmachen. Wenn der eine Ehepartner einwilligte zu bleiben, so sollte der andere die Scheidung nicht herbeiführen. Der ungläubige Teil war durch den anderen geheiligt, so daß auch ihre Kinder nicht unrein, sondern heilig waren. Doch − und das war der entscheidende Punkt − »wenn aber der Ungläubige sich scheiden will, so laß ihn sich scheiden; der Bruder oder die Schwester ist nicht gebunden in solchen Fällen.« Und Paulus fährt fort: »Zum Frieden hat euch Gott berufen.« Maria aber war Zelotin; sie vertrat eine Auffassung, die der von Jesus genau entgegengesetzt war, und hatte sich offenbar entschlossen, sich von ihm zu trennen.

Das ist die Situation, die hinter dem kurzen Herrenwort in den Evangelien steht: »Wer sich scheidet von seiner Frau und heiratet eine andere, der bricht ihr gegenüber die Ehe.« Im Falle Jesu hatte allerdings nicht der Ehemann die Scheidung eingeleitet, und der Text erklärt denn auch weiter, daß auch die Frau die Scheidung veranlassen kann und daß dann für sie dieselbe Verurteilung gilt.[9]

Noch eine weitere Streitfrage wurde unter den Anhängern Jesu diskutiert: War Jesu erste Ehe überhaupt rechtskräftig gewesen, da Maria doch offenbar zuvor bereits verheiratet gewesen war? Wenn die Scheidung nicht erlaubt war, dann war es keine legale Ehe gewesen und ihr Mann war frei, sich wieder zu verheiraten; allerdings wären die Kinder aus dieser Ehe dann nicht legitim. Paulus, für den die Scheidung erlaubt war, vertrat den Standpunkt, daß es eine rechtmäßige Ehe gewesen war, daß die Kinder legitim waren und Jesus nach der Trennung frei war, ein zweites Mal zu heiraten. Er selbst blieb der Beschützer und möglicherweise auch der Lehrer des jungen Jesus Justus.

Im März des Jahres 50 n. Chr., sechs Jahre nach der Geburt von Jesu zweitem Sohn, empfing Paulus durch eine »Erscheinung« eine Botschaft: »Komm herüber nach Mazedonien und hilf uns.« Der Überbringer der Botschaft war Lukas, jetzt der engste Mitarbeiter und Arzt Jesu anstelle von Johannes Markus. Lukas gebrauchte bei der Niederschrift der Apostelgeschichte von dieser Stelle an die erste Person Plural, wenn er von sich als Stellvertreter Jesu sprach.[10]

Paulus zog also nach Philippi, wo »wir« Lydia, einer »Purpurhändlerin« aus Thyatira begegneten. In Thyatira im westlichen Kleinasien lebte nach Auskunft der Offenbarung auch »Isebel«. Thyatira war ein Zentrum der hellenistischen Frauenorden, und Lydia war ein weiblicher »Bischof«, der anderen Frauen gegen eine Gebühr die Bischofswürde — den »Purpur« — verleihen durfte. Sie ließ sich auf die christliche Version der Lehre taufen.[11]

Die zweite Eheschließung Jesu mit Lydia rief heftige Kritik bei den östlichen Gegnern der Christen hervor. Ein Abschnitt in der Damaskusschrift, die etwa um diese Zeit entstand, greift die häretischen Anhänger von »Saw« (wahrscheinlich ein hebräisches Kürzel für »Gerechter«) an, die »in der Hurerei (gefangen)« waren, weil sie »zwei Weiber zu ihren Lebzeiten nahmen.« Die Verfasser mußten sich daraufhin allerdings mit dem Einwand auseinandersetzen, daß König David selbst ein Polygamist gewesen war, und verbreiteten deshalb die Legende, daß David das versiegelte Buch des Gesetzes nicht gelesen habe.[12]

182

Die Polygamie war tatsächlich unter den Juden der damaligen Zeit durchaus üblich. Erst unter dem Einfluß der griechischen Askese entwickelten die Essener ihre strengen Ehevorschriften. Die Christen standen zwischen den jüdischen Gepflogenheiten und der strengen essenischen Auffassung. Im Timotheusbrief muß Paulus immerhin den Rat erteilen, daß ein »Bischof« nur der »Mann einer einzigen Frau« sein sollte, was darauf hindeutet, daß die Alternative durchaus noch möglich war.[13]

Lukas enthüllt in seinem Evangelium und in der Apostelgeschichte die tatsächlichen geschichtlichen Ereignisse so weit wie nur irgend möglich und läßt sie manchmal bis zur Erzähloberfläche durchschimmern. Wenn sie heute trotzdem kaum noch zu erkennen sind, so liegt das daran, daß die Person Jesu in den Evangelientexten aller Menschlichkeit entkleidet ist, während der Kirche andererseits doch stets an der Lehre lag, daß er ganz Gott *und* ganz Mensch war. Nur ganz selten gelang der Balanceakt zwischen diesen beiden Polen, die einfach gleichwertig nebeneinander stehen zu lassen das menschliche Vorstellungsvermögen eigentlich übersteigt. Vielleicht muß heute, den Bedürfnissen unserer Zeit entsprechend, die Göttlichkeit Jesu seiner Menschlichkeit geopfert werden. Jesus und die Menschen um ihn herum waren schwache menschliche Wesen wie wir alle, verstrickt in persönliche Zwänge, die nur in der jeweiligen Situation zu lösen waren und nicht im Blick auf irgendwelche an Idealen ausgerichteten, allgemeingültigen Regeln.

Der Blick hinter die historischen Kulissen hilft uns aber auch, wirklich zu verstehen, was das Neue Testament von Jesus sagt: »Denn worin er selber gelitten hat und versucht worden ist, kann er helfen denen, die versucht werden.«[14]

183

Kapitel 33

Die Trennung vom Osten

Nach dem großen Konzil in Jerusalem im Jahr 46 n. Chr. hatten sich einige der führenden Persönlichkeiten der westlichen Partei nach Rom begeben, wo sie gegen Ende des fünften Jahrzehnts n. Chr. den ersten Versuch einer christlichen Fassung der Lehre unternahmen. Auf dem Jerusalemer Konzil waren die »Christen« als eigene Missionsbewegung anerkannt worden, und man hatte ihnen zwei Missionsbereiche zugestanden, deren östlicher von den Judenchristen betreut wurde.

Zu der Gruppe in Rom gehörten Petrus und der Zebedaïde Johannes, der sich jetzt Aquila nannte.[1] Die beiden galten zusammen mit dem Zebedaïden Jakobus und Andreas als die vier neuen »Säulen« der Welt.[2] Auch Jesus und Lukas, sein Arzt, waren in Rom, weshalb Lukas in der Erzählung das Pronomen »wir« verwendet, um zu verdeutlichen, daß sie beide gemeint sind.

Paulus, der nach dem Konzil in Jerusalem getrennt von Jesus weiterarbeitete, blieb in Kleinasien, um dort das Reformwerk fortzusetzen. Zwischen ihm und der römischen Gruppe gab es in gewissem Sinne keinerlei Anknüpfungspunkte mehr, da er beim Konzil mit seinem Plädoyer für eine völlige Aufgabe der jüdischen Identität weit über ihre Forderungen hinausgegangen war. Petrus dagegen hegte noch immer Sympathien für Jakobus und hielt an der Überzeugung fest, daß es die Aufgabe der Mission sei, die Heiden einer revidierten Form des Judentums zuzuführen.

Ein römischer Geschichtsschreiber berichtet, daß um das Jahr 49 n. Chr. Juden aus Rom vertrieben wurden, weil sie, »aufgehetzt von Chrestus, fortwährend Unruhen machten.«[3] Christen mit einer Haltung, wie sie der Zebedaïde Johannes vertrat und in seinem Offenbarungsbuch schriftlich niederlegte, waren in ihrer Erwartung eines himmlischen Zeichens zu den fanatischsten Aktionen imstande. Die römische Obrigkeit war jedoch nicht länger bereit, irgendwelche Ausfälle von jüdischer Seite hinzunehmen. Die Unruhestifter wurden deshalb aus der Stadt vertrieben und zogen sich nach Griechenland, nach ihrem Weltbild die östliche Grenze der Provinz Rom, zurück.

Der Zebedaïde Johannes kam zunächst zusammen mit Jesus auf die

184

Insel Patmos vor der kleinasiatischen Küste. Dort verfaßte er den ersten Teil des Buchs der Offenbarung, die Briefe an die sieben Gemeinden in der Provinz Asien, in denen er den Willen Jesu in bezug auf die verschiedenen moralischen und dogmatischen Probleme, mit denen die jungen Gemeinschaften rangen, darlegte. Der Brief an Thyatira, in dem die Lehre der »Isebel« verurteilt wird, könnte zu dem Sinneswandel der Lydia beigetragen haben, der schließlich zu ihrer christlichen Taufe um die Zeit ihrer Eheschließung im folgenden Jahr führte.

Johannes schrieb, daß er auf der Insel Patmos sei »um des Wortes Gottes willen und des Zeugnisses von Jesus.« Er »wurde vom Geist ergriffen am Tag des Herrn«, d. h., als er beim Sonntagsgottesdienst als »Presbyter« fungierte, wobei er plötzlich hinter sich eine laute Stimme vernahm, die ihn anwies, alles, was er sah, in einem Buch niederzuschreiben. Johannes stand vor der Gemeinde, und Jesus in der Position des Priesters hinter ihm. Als Johannes sich umwandte, sah er deshalb »mitten unter den (sieben) Leuchtern einen, der war einem Menschensohn gleich.« Auf dem heiligen Tisch befanden sich die Kerzen in einer Anordnung, wie sie noch heute in der römisch-katholischen Kirche üblich ist: drei auf jeder Seite und eine in der Mitte, wobei der Priester auf der Höhe des mittleren Lichtes steht.[4]

Von Patmos reisten sie weiter nach Philippi, wo im März des Jahres 50 n. Chr. Jesu Heirat mit Lydia stattfand. Für Paulus, der sich in dieser Zeit Europa zuwandte und seine Verbundenheit mit Jesus erneuerte, war das Jahr 50 n. Chr. »der Anfang des Evangeliums«, der Zeitpunkt, von dem an man seiner Ansicht nach von einer unabhängig bestehenden Form des Christentums reden konnte.

Von Philippi aus gingen sie nach Korinth und nahmen in einem Haus für heidnische Zölibatäre Wohnung, das wie die Häuser für jüdische Proselyten an eine Synagoge angeschlossen war.

Die Ruinen des alten Korinth sind ausgegraben worden, und die Synagoge konnte identifiziert werden. Das Haus der Christen, in dem die führenden Männer der christlichen Gemeinden einige Jahre wohnten, bis sie wieder nach Rom zurückkehren konnten, muß ganz in der Nähe gewesen sein. Wenn man in Korinth steht und zu dem hochaufragenden Hügel bei der Stadt hinaufblickt, kann man sich die Gefühle Jesu und seiner Gefährten vorstellen, die als Exilanten in diesem schönen Land lebten und doch darum beteten, wieder in die Hauptstadt zurückkehren zu können, wo, wie sie spürten, die Zukunft ihrer Bewegung lag.

Paulus kam im Jahr 51 n. Chr. nach Korinth und traf dort auf Aquila und seine Frau Priszilla, die »kürzlich aus Italien gekommen (waren), weil Kaiser Claudius allen Juden geboten hatte, Rom zu verlassen.«[5]

Im Juni des Jahres 53 n. Chr. »erschien« Jesus Paulus und wies ihn an: »Fürchte dich nicht, sondern rede und schweige nicht! Denn ich bin mit dir.« Er sprach mit ihm über die Probleme des Apostels mit den Judenchristen und darüber, daß er beabsichtigte, seinen Sohn Jesus Justus, der mittlerweile 16 war, zu seinem Erben zu machen.[6]

Im September des Jahres 53 n. Chr. tat Paulus in Korinth den nächsten Schritt in seinem Leben: er heiratete. Da er im selben Jahr 36 wurde, lebte er nun nach den Vorschriften des dynastischen Ordens, die auch Jesus befolgte.

Als er Korinth am Ende der Festzeit verließ, »ließ er sich in Kenchreä sein Haupt scheren« wie ein »Schaf«[7] – ein Bild der Nasiräer für die Eheschließung. Es geht darauf zurück, daß sie nach dem nasiräischen Gelübde in der Zeit des Zölibats ihr Haar wachsen ließen. Das Schaf war ihr Ordensemblem.

Kenchreä, der Hafen von Korinth, gibt uns einen Anhaltspunkt für die Identität der Frau, die Paulus heiratete. Es war jene Phoebe, der er einige Jahre später seinen Brief an die Römer anvertraute. Phoebe stand »im Dienst der Gemeinde von Kenchreä« und hatte »vielen beigestanden« (als weiblicher »Diakon«), auch Paulus selbst (als seine Ehefrau).[8] Sie wurde in einer Zeit der Trennung der Eheleute zwischen der Geburt zweier Kinder nach Rom entsandt. Während dieser Trennungszeit schrieb Paulus im Korintherbrief, daß es den Unverheirateten zieme zu sein, »wie ich bin«; doch es sei auf jeden Fall »besser zu heiraten, als sich in Begierde zu verzehren« – eine Anspielung auf die Zeloten, die ein Zölibatsgelübde ablegen konnten, das sie in der Praxis nicht einhielten.

Ein weiterer Hinweis auf die Identität der Ehefrau des Apostels verbirgt sich in der Notiz über seine Begegnung mit einer »Frau mit Namen Damaris« in Athen, bevor er nach Korinth kam.[9] Der Name »Damaris« entspricht dem hebräischen »Tamar« – dem Namen der jungfräulichen Tochter König Davids im Alten Testament.[10] Der gegenwärtige davidische König aber war Jesus, dessen Tochter im September des Jahres 33 n. Chr., zwanzig Jahre vor dem September 53 n. Chr., dem Zeitpunkt von Paulus' Eheschließung, geboren worden

186

war. Die Einführung der Damaris zu diesem Zeitpunkt kann deshalb wohl als Beleg dafür gewertet werden, daß Paulus die Tochter Jesu heiratete, die als »Jungfrau« vor ihrer Heirat »Tamar«, danach »Phoebe« hieß.

Im September des Jahres 57 n. Chr. war es in Ephesus zu einem dramatischen Zwischenfall gekommen, dem Lukas in seiner Apostelgeschichte auffallend viel Platz einräumt.[11] Es ist eines der besonderen Merkmale der Apostelgeschichte, daß oft scheinbar unbedeutende Anlässe durch breit ausgeführte Geschichten und Reden gewürdigt werden. In Wirklichkeit enthalten jedoch gerade diese Passagen entscheidende Informationen über die eigentlichen historischen Höhepunkte.

So wird von einem Mann namens Demetrius, einem Silberschmied, berichtet, der Schreine der Artemis (Diana) herstellte und sich nun öffentlich darüber beschwerte, daß »dieser Paulus« ihm mit seiner Predigt den Absatzmarkt nahm. (Der Tempel der Diana in Ephesus war eines der sieben Weltwunder der Antike.) Es kam zu einem Protestmarsch, nach dessen Auflösung Paulus die Stadt verlassen mußte.

In Wirklichkeit hatte sich das alles keineswegs so vor aller Augen abgespielt, wie es den Anschein hat, und es ging dabei auch nicht um den Kult der römischen Göttin Diana. Der Tumult fand vielmehr in einer »Kirche« (ekklēsia) statt, und der Mann, der versuchte, die Anwesenden zur Mäßigung zu bewegen, war ein »Schriftgelehrter« (grammateus). Da es eine der Vorannahmen des Pescharisten ist, daß dieselben Wörter immer dasselbe bedeuten, muß es sich hier um einen Streit innerhalb einer der Missionsgemeinden gehandelt haben, bei dem einer der Schriftgelehrten den Vorsitz führte. Anlaß waren die Methoden der Mission: Durfte man den Heiden gestatten zu glauben, daß die jüdischen Priester und Leviten Inkarnationen heidnischer Götter seien? Lange hatte die Überzeugung geherrscht, daß ein Priester die Inkarnation eines jüdischen Gottes sei, und die herodianische Mission war in diesem Punkt sogar noch toleranter gewesen, um den Heiden die Konversion so leicht wie nur irgend möglich zu machen. So konnten die Missionare z. B. als Inkarnationen von Zeus und Hermes auftreten. Das war auch der Grund für die ungewöhnliche Szene in Lystra einige Jahre zuvor, wo die Einwohner Barnabas und Paulus als heidnische Götter verehren wollten.[12] In ähnlicher Weise konnten die Magier Helena als eine Inkarnation der Diana von Ephesus ausgeben.

187

Die christlichen Reformer versuchten, dieser Praxis Einhalt zu gebieten, stießen jedoch in Ephesus auf Widerstand, wo der Kult nicht nur ein nützliches Instrument bei der Gewinnung von Proselyten, sondern auch ein einträgliches Geschäft war: Der Verkauf der Silberstatuetten von Helena/Diana an die Gläubigen florierte bestens. Paulus erlitt bei der Auseinandersetzung letztlich eine Niederlage und wurde aus der Stadt, in der er einige Jahre »Bischof« gewesen war, verjagt.

Eine andere merkwürdige Geschichte bei Lukas ist die von den sieben Söhnen des Skevas. Sie enthält in verschlüsselter Form den Bericht über den Mord an Jonatan Hannas durch den römischen Statthalter Felix.[13] Bei Josephus ist dieses Geschehen unverhüllt geschildert. Jonatan, der immer wieder versuchte, sich in die Verwaltungsgeschäfte des Felix einzumischen, war für diesen durch seine »steten Ermahnungen« zu einem »unbequemen Tadler« geworden. Felix holte deshalb »gedungene Mörder« nach Jerusalem, die so tun sollten, als ob sie am Gottesdienst im Tempel teilnehmen wollten. Bewaffnet mit unter ihren Gewändern verborgenen Dolchen mischten sie sich unter die Menge um Jonatan, und stachen ihn, als sie ihm nahe genug waren, nieder. Der Mord blieb ungesühnt.[14] Dabei spielte sicherlich nicht zuletzt die Tatsache eine Rolle, daß der Schwager von Felix Agrippa II. war,[15] der die Samariter und damit auch Jonatan sein Leben lang mit seinem Haß verfolgte, weil sie in die Ermordung seines Vaters verwickelt gewesen waren.

Einige Jahre später kam es in Jerusalem zu einem weiteren Mord, bei dem sich dieselben tiefen Parteienzwistigkeiten im Mutterland offenbarten. Im Jahr 62 n. Chr. wurde Jakobus, der Bruder Jesu, auf Befehl von Ananus dem Jüngeren, der gerade Hoherpriester geworden war, hingerichtet. Anananus berief den Sanhedrin ein und brachte Jakobus und einige andere vor den Rat. Sie wurden beschuldigt, das Gesetz übertreten zu haben, und zur Steinigung verurteilt. Josephus berichtet von dem Ereignis und bringt es mit dem unbesonnenen und waghalsigen Charakter des jüngsten der Hannas-Brüder sowie mit der Tatsache, daß er den Sadduzäern angehörte, in Verbindung, »die, wie schon früher bemerkt, im Gerichte härter und liebloser sind als alle anderen Juden.«[16]

Den kirchlichen Aufzeichnungen zufolge kam es zu der Steinigung, weil Jakobus den Menschen sagte, daß Jesus der Retter sei, und manche daraufhin den erhofften Messias in ihm sahen. Außerdem heißt es, daß sich im Tod des Jakobus ein Vers aus Jesaja (3,10) erfüllte, der folgendermaßen wiedergegeben wird: »Lasst uns erheben den Gerechten, weil er uns nicht brauchbar ist. Deswegen werden sie das Werk ihrer Hände essen.«[17]

Doch der Tod von Jakobus war ein Teil der östlichen, judenchristlichen Kirchengeschichte. Nach den Ereignissen in Ephesus im Jahre 57 n. Chr. mußten Paulus und seine Anhänger erkennen, daß sie im Osten nur noch mit wenig Sympathie rechnen konnten. Ihre Gedanken waren schon seit einiger Zeit auf Rom als neues Zentrum für ihre Mission gerichtet. Rom hatte einst als der ferne Westen des künftigen jüdischen Reiches mit Jerusalem als Zentrum und Persien im Osten gegolten. Doch nun wurde die Weltkarte neu gezeichnet. Rom sollte das Zentrum sein, Jerusalem würde die Ostgrenze markieren, während die Westgrenze in Spanien oder sogar noch weiter westlich verlaufen würde. Der Berg, die heilige Stadt, war durch den Glauben versetzt worden: Auf den sieben Hügeln Roms würde ein Neues Jerusalem erstehen.

Kapitel 34

Das große Pfingstereignis

Als Paulus Ephesus verließ, begann er damit, Vorkehrungen für die nächsten Jahre − entscheidende Jahre aus der Sicht der essenischen Kalenderforscher − zu treffen.

Das Jahr 60 n. Chr. war, wenn man keine Nullgeneration mitrechnete, das Jahr 4000 AM.[1] Manche erwarteten in diesem Jahr eine Katastrophe von der Art, wie sie in den Schriftrollen und in den Evangelien vorhergesagt wird. Die Sonne sollte sich verdunkeln, das Licht des Mondes verlöschen, die Sterne sollten vom Himmel fallen und die Himmel wanken. Dann sollte der Menschensohn, der König, mit »großer Kraft« (dem »Kardinal«) und »Herrlichkeit« (dem »Bischof«) vom Himmel herniedersteigen.[2] Bezogen auf die jüdischen Weltherrschaftsambitionen wurde diese Prophezeiung zugleich als Schilderung des Szenariums beim Anbruch des jüdischen Weltreiches gedeutet. Gott würde eingreifen und einen jüdischen Herrscher einsetzen, im Osten oder im Westen.

Dieses einschneidende Ereignis wurde auch als »Geburt« verstanden, deren »Wehen« (»Trübsal« genannt) bereits dreieinhalb Jahre zuvor einsetzen sollten.

Paulus ging von einem etwas anderen Verständnis der Prophezeiung aus, weil nach seiner Zeitrechnung auf die Schöpfung ein Nulljahr folgte.[3] Für ihn begannen die »Wehen« deshalb an Pfingsten im Juni des Jahres 58 n. Chr., und das Ende (das Eschaton) wurde im Dezember 61 n. Chr. erwartet.

Anfang des Jahres 58 n. Chr. kündigte Paulus deshalb an, daß er zu Pfingsten in Jerusalem sein wollte. Nach einigen Schwierigkeiten war es ihm gelungen, Jesus, der sich zu dieser Zeit in Korinth aufhielt, dazu zu bewegen, ihn zu begleiten.[4] Sie gingen zusammen mit einigen Mitarbeitern nach Troas, von wo aus sie sich für die Seereise in die Heimat einschifften.

In Troas kam es zu einer Versöhnung zwischen Paulus und Johannes Markus/Eutychus. Die beiden waren stets unterschiedlicher Ansicht gewesen, insbesondere in ihrer Haltung zu den Agrippinen. Agrippa II. war jedoch weit weniger unberechenbar als sein Vater, und die

190

persönlichen Erlebnisse, die Johannes Markus seit dem Jahr 44 n. Chr. von Jesus ferngehalten hatten, lagen nun weit zurück. Die Geschichte von der Aussöhnung zwischen Paulus und Eutychus wird in der Episode von dem »jungen Mann«, Eutychus, erzählt, der während Paulus' Predigt aus dem dritten Stockwerk eines Hauses hinabstürzte, wie »tot« aufgehoben und schließlich von Paulus ins »Leben« zurückgeholt wurde. Johannes Markus, der mittlerweile ein alter Mann war, durchläuft in dieser Geschichte noch einmal seine ganze Ordenskarriere: Seinen hohen Status als zweiter Priester im dritten Geschoß eines heidenchristlichen Versammlungshauses, seine Zurückstufung auf den Status eines Novizen und seine Exkommunikation. Nun wurde er von Paulus wieder formell als Mitglied der römischen Gemeinde aufgenommen.[5]

Die Gruppe langte rechtzeitig zum Pfingstfest in Judäa an und besuchte sowohl Qumran als auch die Hauptstadt. Die Stimmung am Tag der Junisonnwende, an dem die Erfüllung der Prophezeiung und damit die Rechtfertigung der Lehre erwartet wurde, war hochgespannt.

Mit einer ähnlichen Erwartung war auch der Ägypter Apollos, ein Gefährte von Paulus, nach Jerusalem gekommen. Nach seiner vom Exodusthema dominierten Auslegung der Prophezeiung standen im Jahr 58 n. Chr. das Ende des Exodus und der »Fall Jerichos« bevor. »Jericho« war Jerusalem, das ihm als neuem »Josua«, dem Hauptbefehlshaber, in die Hände fallen würde. Er kam zu dem Gebäude am Ölberg, fünf Stadien von der Stadt entfernt. Von hier aus begann er seinen Eroberungszug, der als Krönungsprozession angelegt war. Auf Jerusalem weisend, forderte Apollos die Mauern der Stadt zum Einsturz auf.

Josephus berichtet von diesem Unternehmen als einem der zahlreichen bedauerlichen Zwischenfälle jener unruhigen Zeit, die schließlich im Fall von Jerusalem ihr Ende fand. Die Volksmassen hatten sich dem Zug des Apollos angeschlossen, weil sie an die Prophezeiung glaubten. Als der Statthalter Felix von dem Volksauflauf hörte, schickte er ihnen eine starke Streitmacht aus Reitern und Fußsoldaten entgegen. Es kam zu einem Zusammenstoß, bei dem 400 Menschen getötet und 200 gefangengenommen wurden. »Der Ägyptier selbst aber entkam aus dem Treffen und wurde unsichtbar.«[6]

Auch Paulus bekam die hochschlagenden Wellen der eschatologischen Erregung zu spüren. Als sich am Pfingstfest kein Zeichen für

191

den Beginn der »Trübsal« zeigte, wurde er angeklagt und beschuldigt, unreine Leute ins Heiligtum gebracht zu haben.[7] Bei den anschließenden Anhörungen legte er einen vollständigen Rechenschaftsbericht über sein Leben und seine Lehre ab.

Nach einem dieser Verhöre suchte Jesus ihn in der Nacht auf und sprach ihm Mut zu: »Sei getrost! denn wie du für mich in Jerusalem Zeuge warst, so mußt du auch in Rom Zeuge sein.«[8] Das Verb *martyrō* bedeutet ursprünglich »Zeuge sein« und bezieht sich auf die Zeugen bei der Versöhnungszeremonie. Es hatte jedoch mittlerweile noch einen anderen Sinn bekommen, der sich im Falle des Paulus einige Jahre später erfüllen sollte.

Der Apostel und seine Anhänger blieben die beiden kommenden Jahre, bis zum Juni des Jahres 60 n. Chr, in Judäa. Sie waren vom rechtlichen Standpunkt aus frei, wurden jedoch von den anderen Missionaren mit Intrigen verfolgt. Lediglich der Schutz des Königs und des Statthalters Felix verschaffte ihnen eine gewisse Bewegungsfreiheit. Als dann jedoch das Jahr der endgültigen Entscheidung heranrückte, schifften sich Paulus und seine Mitarbeiter, sobald sich ihnen eine Gelegenheit dazu bot, nach Rom ein.

192

Kapitel 35

Die letzte Reise

An Bord des Schiffes, das im Juni des Jahres 60 n. Chr. aus Cäsarea auslief, befanden sich neben Paulus noch Petrus und, wie das Pronomen »wir« belegt, auch Jesus und Lukas.[1]

Einer Deutung der Prophezeiungen für das Jahr 4000 AM zufolge sollten die erwarteten verheerenden Geschehnisse im September des Jahres 60 n. Chr., am Tag des Versöhnungsfestes, eintreffen. Der spätestmögliche Zeitpunkt für das prophezeite Weltende war das Fest der Erneuerung Anfang Dezember. Diejenigen, die an die Prophezeiung glaubten, hielten es für sicherer, auf einer Insel Schutz zu suchen, von wo aus sie sich, wenn die Krisis vorüber war, auf den Weg ins Zentrum des neuen Reiches machen konnten, in dem sie dann nur noch Menschen vorfinden würden, die der Bewegung angehörten. Alle anderen würden umgekommen sein.

Die Insel Kreta, auf dem Längengrad zwischen Europa und Asien gelegen, bot eine besonders günstige Position zwischen Ost und West. Am Versöhnungstag langten die Reisenden im östlichen Hafen der Insel, Guthafen, an. Als auf der Ostseite nichts zu sehen war, zogen sie hinüber nach Phönix auf der Westseite, wo sie Ausschau hielten »gegen Südwest und Nordwest«, das heißt in die beiden westlichen Richtungen.[2] (Tatsächlich öffnet sich der Hafen von Phönix nach Nord- und Südost. Daß Lukas hier »Westen« schreibt, ist einer seiner bewußt eingearbeiteten »Irrtümer«, die die Aufmerksamkeit des kritischen Lesers auf sich ziehen sollen.)

Dort warteten sie bis zum Fest der Erneuerung, an dem denn auch wirklich ein Sturm aufkam, den manche von ihnen in eschatologischen Termini deuteten: »Weder Sonne noch Sterne schienen (viele Tage).«[3] Das konnte ein Zeichen sein, daß in Rom etwas geschehen war. Andererseits war jedoch ein solches »Ungewitter« immer wieder auch ein Zeichen dafür, daß sich eine Prophezeiung nicht erfüllte; jedenfalls taucht diese Symbolik an verschiedenen Punkten in den Evangelien in diesem Sinne auf. Die Entdeckung, daß der himmlische Kalender offenbar gegen sie war, führte zu einer schweren Vertrauenskrise.

Das nächste mögliche Datum für die Erfüllung war der 1. Januar des

Jahres 61 n. Chr. des Julianischen Kalenders, mit dem bei Einschaltung eines Nulljahres das Jahr 4000 AM begann. Wenn jedoch ein nach dem Julianischen Kalender errechnetes Datum vom Himmel begünstigt wurde, so war das ein Zeichen, daß der Himmel dem Westen den Vorzug gab. Die westlichste Insel auf der Fahrt nach Rom aber war Malta, und die Reisegesellschaft beschloß deshalb, dorthin zu segeln. In der Nacht des 31. Dezember erreichten sie die Insel und landeten, wie es üblich war, in der Morgendämmerung.[4] Sie planten, die nächsten drei Monate in einem Gemeinschaftshaus für Zölibatäre auf der Insel zu verbringen. Es kam damals nicht, wie der Bericht der Apostelgeschichte vermuten läßt, zu einem Schiffbruch im wörtlichen Sinn; Lukas' lebendige Schilderung eines offenkundigen Desasters sollte lediglich die Streitigkeiten veranschaulichen, die aufflammten, als die Erfüllung der Prophezeiung abermals ausblieb.

Als die Gruppe im Kloster von Malta, in jenem Raum, der der »Sakristei« in Qumran entsprach, um das Feuer stand, wurde Paulus von einer »Schlange«, einem »wilden Tier«, gebissen, das aus dem »Feuer« herausgeschossen kam. Das hieß nichts anderes, als daß er erneut von seinen politischen Gegnern beschuldigt wurde, der Hinderungsgrund für das Ausbleiben der Erfüllung zu sein. Diesmal hatten sie sogar versucht, ihn zu vergiften, doch er kam noch einmal mit dem Leben davon.

Als aber die Leute (Mitglieder der römischen Gemeinde) das Tier an seiner Hand hängen sahen, sprachen sie untereinander: Dieser Mensch muß ein Mörder sein, den die Göttin der Rache nicht leben läßt ... Er aber schlenkerte das Tier ins Feuer und es widerfuhr ihm nichts Übles. Sie aber warteten, daß er anschwellen oder plötzlich tot umfallen würde. Als sie nun lange gewartet hatten und sahen, daß ihm nichts Schlimmes widerfuhr, änderten sie ihre Meinung und sprachen: Er ist ein Gott.[5]

Im März des Jahres 61 n. Chr. bestiegen sie ein anderes Schiff und segelten nach Rom. Am Ostersonntag, 28 Jahre nach der Kreuzigung trafen sie dort ein und begaben sich als erstes in das Gemeinschaftszentrum der Bewegung an der Via Appia in der Nähe der Katakomben.[6] Die Katakomben, eine Nachbildung der Höhlen im fernen Qumran, sollten ihnen von da an immer wieder als Zufluchtsort vor den Nachstellungen der Obrigkeit dienen; zugleich benutzten sie sie aber auch als Begräbnisstätten für ihre Toten, deren Leiber in den

194

Gängen auf eine Art Regal gelegt wurden und dort auf die Auferstehung warteten.

Der entscheidende Knall blieb jedoch aus – es gab keinen Zusammenbruch des Bestehenden, kein plötzlich erstehendes neues Weltreich. Wieder einmal wurde die Datierung angeglichen: Vielleicht fiel das große Jahr ja in das Jahr 64 n. Chr. Paulus stand in dieser Zeit unter Hausarrest und wartete auf sein Verhör im Zusammenhang mit seiner Kontakte zu Felix, der sich wegen einer ganzen Reihe von Vergehen während seiner Amtszeit, insbesondere wegen der Ermordung von Jonatan Hannas, vor dem Kaiser verantworten mußte.

Der letzte Brief des Apostels war an Timotheus gerichtet, den er zu seinem Nachfolger in Ephesus gemacht hatte. Dieser Brief enthält eine verschlüsselte Botschaft: »Gottes Wort ist nicht gebunden.«[7] Das hieß für die Eingeweihten, daß Jesus nicht in die gegen Paulus erhobenen Anschuldigungen verwickelt war und sich in Freiheit befand.

Im März des Jahres 64 n. Chr. kam es zu einem Aufruhr derjenigen Christen und Juden, die nach wie vor an der Prophezeiung festhielten. Viele von ihnen wurden ins Gefängnis geworfen, und alle, die mit ihnen in Verbindung standen – darunter auch Männer wie Petrus und Paulus –, unter Bewachung gestellt. Der Kaiser dieser Tage war Nero, ein wahnsinniger Tyrann. Als im Juli des Jahres 64 n. Chr. Teile von Rom durch einen Brand zerstört wurden, verdächtigte man den Kaiser, das Feuer selbst gelegt zu haben. Bei seiner Suche nach einem geeigneten Sündenbock für die Tat kamen Nero die Christen gerade recht.

Wohlwissend, in welcher Gefahr er sich befand, versuchte Petrus, aus Rom zu fliehen. Er kam aber nur bis zu der Kirche an der Via Appia, die heute den Namen »Domine Quo Vadis« trägt. Dort trat ihm Jesus in den Weg und überredete ihn, umzukehren und den Märtyrertod auf sich zu nehmen, wie es von Anfang an all diejenigen getan hatten, die gelobt hatten, notfalls für ihre Religion zu sterben. Die Legende verlegt diese Begegnung in den visionären Bereich, doch es war der wirkliche Jesus, mit dem Petrus bei dieser Gelegenheit sprach.

Auch Paulus fand in dieser Zeit den Tod – ein Schicksal, das er in seinem Brief an Timotheus bereits vorhergesehen hatte. Petrus wurde gekreuzigt, wie sein Herr.[8]

195

Tacitus, der römische Historiker, ergänzt den Bericht von der neronischen Christenverfolgung:

Um daher dieses Gerede [daß er den Brand gelegt habe] zu vernichten, gab Nero denen, welche wegen ihrer Schandtaten verhaßt das Volk Christianer nannte, die Schuld, und belegte sie mit den ausgesuchtesten Strafen. Derjenige, von welchem dieser Name ausgegangen, Christus, war unter des Tiberius Regierung vom Prokurator Pontius Pilatus hingerichtet worden; und der für den Augenblick unterdrückte verderbliche Aberglaube brach wieder aus, nicht nur in Judäa, dem Vaterlande dieses Unwesens, sondern auch in der Hauptstadt ...
Die erste Zeit also wurden solche ergriffen, welche sich dazu bekannten, und dann auf deren Anzeige eine ungeheure Menge nicht sowohl der Brandstiftung als des allgemeinen Menschenhasses überwiesen. Und bei ihrem Tod ward auch noch Spott mit ihnen getrieben, daß sie, mit Häuten wilder Tiere bedeckt, durch Zerfleischen durch Hunde oder an Kreuze geheftet oder im Feuerkleide ihren Tod fanden, und wenn sich der Tag geneigt, zur nächtlichen Erleuchtung verbrannt wurden.[9]

Über die letzten Tage von Jesus selbst wissen wir nichts. Er war im Jahre 64 n. Chr. siebzig Jahre alt, und es ist wahrscheinlich, daß er irgendwann später in Abgeschiedenheit in Rom an Altersschwäche starb. Möglich ist aber auch, daß seine Familie nach Norden zog, aus Angst vor den Verfolgungen, die mit der Erneuerung der jüdischen Hoffnungen auf das Weltreich wieder aufflammten. Vielleicht fanden sie Zuflucht in dem schon seit langer Zeit bestehenden herodischen Besitztum in Südfrankreich. Hier könnte auch der Ursprung für die zahlreichen einschlägigen Legenden in Frankreich und England liegen, wie etwa die Legende vom heiligen Gral.
Im Jahre 70 n. Chr. ging Jerusalem in Flammen auf, und 74 n. Chr. starb der zelotische Gedanke im Massenselbstmord von Masada. Die politischen Hoffnungen auf ein jüdisches Weltreich waren in nichts zerstoben. Aus dem Weltreich aber war das Reich Gottes geworden, ein geistliches Reich, das in den Herzen und Gemütern der Menschen lebte – und in dieser dauerhaften Form besteht es noch heute unter uns.

Anmerkungen

Kapitel 1: Qumran — die Heimat der Schriftrollen

1. Plinius, *Hist. nat.* V,73.
2. Josephus, *Bellum* IV,476.486.
3. *DJD* 1, 5-7.
4. Milik, *Ten Years of Discovery in the Wilderness of Judea*, Kap. 1.
5. Vermes, *DSSE*.
6. Yadin, *The Temple Scroll, The Hidden Law of the Dead Sea Sect.*
7. Yadin, *Megillat-hammiqdaṣ* (1977); *The Temple Scroll* (1983).
8. de Vaux, *ADSS*, Kap. 1.

Kapitel 2: Qumran und das Christentum

1. 1Qs VI,2-7; 1QSa II,11-22; Apg 4,42-46.
2. 1QS I,12; 1QS VI,22; Apg 2,45; 4,34-35 (Gütergemeinschaft). 11QT XLV,11-12; Offb 14,2-4; 1 Kor 7,8-9; Mt 19,10-12 (Zölibat). 1QS III,4-5; 1QS V,13; Joh 4,1-2; Apg 2,41 (Taufe). 1QM; 1QH III,19-36; Mk 13 (apokalyptische Krise).
3. 1QS V,24; VIII,10.13; IX,18 (»Weg« ist bei Vermes großgeschrieben); IX,21 und an vielen anderen Stellen (zu »Weg« vgl. auch Fitzmyer, *Semitic Background*, S. 282: »Der gleiche absolute Gebrauch von »der Weg« (wie in der Apostelgeschichte) taucht in den Schriften von Qumran auf, wo er die Lebensweise der Essener kennzeichnet.«). CD VI,19; VIII,21; IXX,33; XX,12; Lk 22,20; 1 Kor 11,25 (»Neuer Bund«). 1QS I,9; 1QM I,1 und an vielen anderen Stellen; Joh 12,36 (»Kinder des Lichtes«).
4. CD I,13; Apg 9,1-2.
5. 1QS VI,12, 20; CD IX,18 und an vielen anderen Stellen; 1 Tim 3,2; 1 Petr 2,25. Thiering, *»Mebaqqēr« and »Episkopos« in the Light of the Temple Scroll*.
6. 11QT IXL; LXIV; Offb 21,10-13; 7,5-8. Thiering, *Date of Composition of the Temple Scroll*.
7. Vgl. auch 1QS III,18-26 mit dem *Barnabasbrief* 18 (die beiden Wege des Lichtes und der Finsternis). 2 Kor 6,14-7,1 wurde als »qumranisch in Gedanken und Stil; ein Meteor, der vom Himmel Qumrans in Paulus' Brief gefallen ist«, bezeichnet (Benoit in Murphy-O'Connor, *Paul and Qumran*, S. 5).

197

8. Josephus, *Bellum* II,119-161; Philo, *Omnis probus liber*; Plinius, *Hist. nat.* V,73.
9. Renan, *Histoire du peuple d'Israel*, Band 5, 70ff; zitiert nach Baigent/Leigh, *Verschlußsache Jesus*.
10. E. Wilson, *The Dead Sea Scrolls*, 107.
11. J.M. Allegro, *The Dead Sea Scrolls* (1947), *The Sacred Mushroom and the Cross* (1971), *The Dead Sea Scrolls and the Christian Myth* (1979).
12. 11QT XLV,7-14.
13. Mk 1,40-45; Mk 8,22-26; Lk 13,10-17; Lk 5,8; Mk 5,24-34.
14. 1QpHab VIII,1-2.
15. 1QpHab II,1-4.
16. 1QpHab V,11-12.
17. 4QpPss II,18.19.
18. CD IV,19; I,14-17; vgl. G. Jeremias, *Der Lehrer der Gerechtigkeit*, Kap. 3.
19. 1QpHab VIII,16-IX,2.
20. 1QpHab IX,9-12.

Kapitel 3: Eine Frage der Datierung

1. Vermes, *DSSE*, S. 30-33.
2. Cross, *The Development of Jewish Scripts*, 146, 182.
3. Milik, *Ten Years of Discovery in the Wilderness of Judea*, 58.
4. Milik, *Fragment d'une source du Psautier*. Milik behauptet in einer Fußnote dieses Artikels (Anm. 4, 103), daß das Fragment früher mit 4QD^b bezeichnet wurde, daß diese Sigle jedoch später in 4QD^a umgewandelt wurde.
5. Vor kurzem wurde eine neue Datierung von 14 Schriftrollenfragmenten und verwandtem Material nach der Radiokarbonmethode veröffentlicht (*Atigot* 20, Juli 1991; 27-32). Zwei der untersuchten Textstücke, eines aus der Tempelrolle und eines aus den Lobliedern, sind für unser Thema relevant. Die neuen Datierungen stimmen mit den hier vorgeschlagenen überein: Für die Tempelrolle wird eine Enstehungszeit zwischen 97 v. und 1 n. Chr. angegeben (vgl. S. 58 im vorliegenden Buch, wo es heißt, daß der Text kurz vor 21 v. Chr. geschrieben wurde); die Loblieder werden in die Zeit zwischen 21 v. und 61 n. Chr. datiert (vgl. S. 88 des vorliegenden Buches, wo die Entstehungszeit mit 26 bis 30 n. Chr. angegeben ist).

   Man sollte sich dabei vor Augen halten, daß die Radiokarbonmethode, da sie sich auf das Schreibmaterial konzentriert, nicht als *Beweis* für den genauen Entstehungszeitpunkt des betreffenden Werkes herangezogen werden kann.

6. Z. B. 1QS I,11.15; II,24; III,24; 1QpHab VII,12; 11QT LVII,8.
7. 1QpHab VIII,8-9.
8. 1QpHab VII,10; 1QS IV,5.17.
9. Vgl. B. Thiering, *Redating the Teacher of Righteousness*, Kap. 2.
10. CD I,5-11.
11. 1 Petr 5,13.
12. Offb 18,2.10. Vgl. auch Offb 17,9, die »sieben Berge« (die sieben Hügel Roms).
13. Ez 4,5.
14. Josephus, *Antiquitates* XVII,1-10.
15. Lk 3,1.
16. Josephus, *De vita sua* X,11. E. Brehiér, *Les Idées Philosophiques et religieuses de Philon d'Alexandrie* (über Philo).
17. 1QpHab II,10−15.
18. 4QpPss II, 19.
19. J. Carmignax, *Textes de Qumran Traduits et Annotés*, Band 2, 50.
20. Genaueres s. in Thiering, *Redating the Teacher ...*, 207−12. *Moreh haṣṣedeq*, »Lehrer der Gerechtigkeit«, ist ein Wortspiel. Es bedeutet sowohl »der Gerechtigkeit lehrt« als auch »der Gerechtigkeit regnet« (»der mit Gerechtigkeit tauft«).
21. Joh 1,1-8 stellt Johannes und Jesus in seiner Rolle als »das Licht« einander gegenüber, was darauf hinweist, daß es auch Gruppen gab, die Johannes diese Rolle zuwiesen. Von Johannes wird gesagt, »er war nicht das Licht« (Joh 1,8), während Jesus das Licht *war* (Joh 8,12). Wir wissen jedoch aus dem Judentum, und jetzt auch aus 1QH VII,23-25, wo der »Lehrer« sich selbst mit der Menorah vergleicht, daß »das Licht« ein Bild für die Menorah ist, den siebenarmigen Leuchter als zentrales Symbol des Judentums. Ein Mensch aber, der »das Licht« war, war ein Anwärter für das Hohepriesteramt. Die Passage im Prolog des Johannesevangeliums impliziert also eine nicht unwesentliche Spannung zwischen zwei Parteien.

    Auf eine große Spannung verweist auch die Botschaft des Johannes an Jesus in Lk 7,19: »Bist du, der da kommen soll,« (der Messias) »oder sollen wir auf einen anderen warten?«, denn sie enthält immerhin die Drohung, einen anderen Messias zu suchen.

    In Apg 19,1-7 tauft Paulus zwölf Jünger des Täufers zum zweiten Mal. Das bedeutet nicht nur, daß es eine eigene Organisation des Täufers gab, sondern auch, daß eine gewisse Rivalität zwischen beiden Gruppen bestand.
22. In ihrem kürzlich erschienenen Buch mit dem Titel *Verschlußsache Jesus* schreiben M. Baigent und R. Leigh von dem »Skandal um die Schriftrollen«. Ihrer Argumentation zufolge wurden die Rollen der Wissenschaft

bewußt vorenthalten, und zwar in erster Linie durch die Kirche, aus Angst, daß ihr Inhalt dem Christentum Schaden zufügen könnte.

Das Buch verdient durchaus Beachtung. Leider tendieren die Autoren jedoch dazu, einige Tatsachen durcheinanderzubringen. So stimmt es beispielsweise nicht, daß alle wichtigeren Rollen unterdrückt wurden. Alle Schriftstücke von einer bestimmten Größe wurden veröffentlicht und sind sowohl der wissenschaftlichen Forschung als auch der Öffentlichkeit zugänglich; letzterer in Vermes' Buch *The Dead Sea Scrolls in English*, das von 1962 bis 1987 bereits zahlreiche Neuauflagen erfahren hat.

Richtig ist allerdings, daß eine große Anzahl kleinerer Fragmente, besonders Fragmente aus Höhle 4, unveröffentlicht blieb, vor allem, weil es sich dabei um winzige Textausschnitte handelt, die als uninteressant galten. Sie wurden jedoch mittlerweile herausgegeben (R.H. Eisenmann und J.M. Robinson, *A Facsimile Edition of the Dead Sea Scrolls*, 2 Bde., Biblical Archaeology Society, Washington D.C., 1991).

Es besteht natürlich nach wie vor die Möglichkeit, daß weitere vollständige Rollen auftauchen, doch im Augenblick ist den Forschern nichts von solchen Texten bekannt.

Das vorliegende Buch stimmt allerdings mit dem Vorwurf von Baigent und Leigh überein, daß die Wissenschaftler dem Inhalt der bereits veröffentlichten Rollen, die doch ganz offensichtlich das wichtigste für das Urchristentum relevante Datenmaterial enthalten, das in den letzten Jahrhunderten ans Licht kam, nicht die gebührende Aufmerksamkeit geschenkt haben. Es bleibt allerdings zweifelhaft, ob es sich hier tatsächlich um eine »Verschwörung« oder aber um eine bewußte wissenschaftliche Entscheidung handelt. Immerhin enthielten die ersten Textveröffentlichungen – entweder aufgrund der Eile, mit der sie übersetzt worden waren, oder auch wegen der mangelnden Erfahrung der Forscher – eine Reihe von Fehlern, die die Wissenschaft manchmal in die Irre geführt haben.

Was wir heute vor allem brauchen, sind genauere wissenschaftliche Methoden, unbelastet von aller Angst, daß die Aufdeckung der Wahrheit der wahren Religion abträglich sein könnte.

Kapitel 4: Die Peschermethode

1. 1QpHab III,2-6; XI,2-8.
2. Gen 40,5 (in der Form *pitron*, 40,8 (*poter*); Dan 2,36 (aramäisch); Pred 8,1.
3. 4QpPss II,12-15; IV,7-10.
4. Philo, *Opera*. Philos Lebenswerk bestand in der Bearbeitung der Geset-

200

zesbücher, in denen er die Erkenntnisse der griechischen Philosophie und Wissenschaft in allegorischer Form vorzufinden meinte. In der heidnischen Welt behandelten Schriftsteller wie Plutarch die Göttermythen in der gleichen Weise. Vgl. Plutarch, *Isis und Osiris*.

5. Mk 4,9-12. Clemens von Alexandria schrieb: »Denn weder die Propheten noch der Heiland selbst haben die göttlichen Geheimnisse einfach so verkündet, daß sie für jeden beliebigen ohne weiteres verständlich wären, sondern sie redeten in Gleichnissen« (*Stromata* 6.15.124.6).

6. Mk 12,1-9.

7. Joh 11,1-44; Mk 5,35-43; Lk 7,11-17; Apg 9,36-42; 20,7-12.

8. Mk 11,12-14.20-24.

9. Mk 5,2-20.

10. Mk 6,30-44.

11. Mk 8,1-10.14-21.

12. Mk 6,45-52; 5,35-41.

13. Phil 2,5-11.

14. Joh 2,1-10.

15. Joh 4,46-54; 5,2.9; 6,1-14; 6,16-21; 9,1-12; 11,1-44.

16. 1QS VI,13-23; Josephus, *Bellum* II,137-42; vgl. Thiering, *Inner and Outer Cleansing at Qumran as a Background to New Testament Baptism* sowie *Qumran Initiation and New Testament Baptism*. Vgl. auch das Kapitel »Hierarchie«, S. 482f.

17. 1QSa II,5-10: »Und jeder Mann, der an seinem Fleisch geschlagen ist, gelähmt an den Füßen oder Händen, hinkend oder blind oder taub oder stumm oder mit einem Makel an seinem Fleisch geschlagen, der vor den Augen sichtbar ist ... nicht dürfen diese kommen, um inmitten der Gemeinde ... einen Platz einzunehmen; denn die Engel der Heiligkeit sind in ihrer Gemeinde.« Vgl. auch CD XV,15-17: »Und jeder Törichte und Verrückte ...«. 1QpHab XII,1-5 legt die Vermutung nahe, daß mit den »Toren« (*peti'im*) wohl eher die Gruppe *aller* Ausgeschlossenen gemeint ist als nur die »Einfältigen«. Das würde auch die Stelle in CD XIII,6 verständlicher machen: »Und selbst wenn er (der Aussätzige, nicht der Priester) ein Tor (*peti'*) ist, soll er ihn ausschließen (da er ein Gemeinschaftsglied von niedrigerem Rang ist).«

18. 11QT XLV,7-14.

19. Joh 6,1-14; Mk 6,30-44; Lk 9,10.17; Mt 14,13-21.

20. Lev 24,5-9. Der Tisch für die Schaubrote stand im Heiligtum (Ex 26,35), mit dem die Leviten und Israeliten assoziiert waren, nicht im Allerheiligsten, dem die Priester zugeordnet waren (1QS VIII,4-6). Zwölf Leviten, 11QT LVII,12-13; 1QM II,2. Vgl. auch das Kapitel »Hierarchie«, S. 495.

Kapitel 5: Das jüdische Weltreich

1. Josephus, *Bellum* I,19.181; *Antiquitates* XIV,10.
2. *Antiquitates* XX,173.
3. *Antiquitates* XV,97-103.
4. *Antiquitates* XV,194-195.
5. *Antiquitates* XV,318.323-325.331-341.380-425; XVI,136-145; Yadin, *Masada*.
6. Vgl. den Artikel »Hillel« in der *Jewish Encyclopedia*.
7. CD XV,9-10; XVI,1-2.
8. *Antiquitates* XV,373-378.
9. Vgl. das Kapitel »Chronologie«, S. 243.
10. *Antiquitates* XV,374-378.
11. Vgl. das Kapitel »Chronologie«, S. 234.
12. Vgl. das Kapitel »Hierarchie«, S. 460.
13. Vgl. die Aufteilung der Welt, S. 403ff.

Kapitel 6: »Lösegeld für Seele«

1. Offb 2,17.
2. 14Q*159* (*Ordinances*, Vermes 297),6-13 enthält die finanzielle Kalkulation der Bewegung. Es geht hier nicht um die übliche Tempelsteuer (Ex 30,13), da die Essener den Tempel nicht besuchten. Die Zahl der Steuerpflichtigen, 600000, war fiktiv. Vgl. Weinert, »4Q*159*: Legislation for an Essene Community Outside of Qumran?«
3. Die Mitglieder hellenistischer Mysterienkulte wurden mit Goldplatten beerdigt, auf denen Anweisungen für das Verhalten im Jenseits standen. Diese Platten wurden noch zu Lebzeiten als eine Art Passierschein in die Erlösung erworben. (Guthrie, *Orpheus and Greek Religion*, 171-80.)
4. Q*159*,6-7: »Was das [Lösegeld] betrifft, die festgesetzte Geldsumme, die einer als Lösegeld für sich gibt, ein halber [Schekel von dem Schekel, der als Opfergabe für Gott an das Heiligtum geht]: nur einmal in seinem Leben soll er sie bezahlen.« Vgl. Ex 30,12-16; Ex 38,25-26; die Wendung »nur einmal im Leben soll er sie bezahlen« wurde dem biblischen Text hinzugefügt.
5. Weinert vollendet Zeile 10: »... die Mine ... [ihr] Frie[densop]fer, nach [ihren festgelegten Gruppen: tausend M]ann für zehn Minen; [hundert pro Mine; fünfzig Mann pro Halbmine]«.
6. Ein Häufchen von 18 Bronzemünzen, die durch die Oxydation zusammengebacken waren, wurde auf einer Mauer in Ain Feschcha gefunden. Der Abdruck der Tasche, in der die Münzen aufbewahrt worden waren,

war in der Oxydationsschicht erhalten (de Vaux, *ADSS* S. 67, Tafel XXXVc).
7. *DJD* III (2 Bände, Text und Tafeln). Vgl. dazu das Kapitel »Ortsangaben«, S. 423. Der letzte Eintrag, Satz Nr. 64, bezieht sich auf eine weitere Kopie dieses Werkes.
8. Lk 19,11-27; Mt 25,14-30.
9. Josephus, *Bellum* II,145.
10. Lk 19,11-27.
11. Mt 25,14-30.
12. 11QT XLIV-XLV; Offb 7,4-8.
13. Joh 2,14-16.

Kapitel 7: Zufluchtsorte in der Wüste

1. 2 Sam 6-24; 20,25; 1 Kön 1,38-40; Ez 44,15.
2. Josephus, *Bellum* II,129.
3. de Vaux, *ADSS*, 8-10.
4. 11QT XX,12-XXI,10.
5. 1QS V,13; VI,16; VII,3.16.19; VIII,17; CD IX,21.23.
6. 1QS VI,24-VII,25.
7. 1QS VI,4-6; 1QSa II,17-21.
8. de Vaux, *ADSS*, 3.
9. de Vaux, *ADSS*, S. 11. Vgl. auch das Kapitel »Ortsangaben«, S. 416.
10. Vgl. dazu das Kapitel »Ortsangaben«, S. 384 f.
11. de Vaux, *ADSS*, 58-59.
12. de Vaux, *ADSS*, 60-83.
13. Stutchbury and Nicholl, »Chirbet Mazin«.
14. Joh 6,19.
15. 11QT XLV,7-10.15-16; XLIX,16-20.
16. de Vaux, *ADSS*, 75-83.
17. CD XI,4: *lebonah*, »Weihrauch«. »Weihrauch verbrennt mit einer hellen, weißen Flamme, wobei eine Asche zurückbleibt, die hauptsächlich aus Kalziumkarbonat besteht. Die übrigen Substanzen sind Kalziumphosphat und das Sulphat, Chlorid und Karbonat der Pottasche.« *Encyclopedia Britannica*, Art. »Frankincense«.
18. Milik, *Ten Years of Discovery …*, 15-16. G.R.H. Wright, *The Archaeological Remains at El Mird in the Wilderness of Judea*.
19. Zitiert von de Vaux, *ADSS*, 75, aus John Moschus, *Pratum Spirituale*, PG lxxxvii, 3026.
20. Josephus, *Antiquitates* XIII,417; *Bellum* I,364; vgl. auch das Kapitel »Ortsangaben«, S. 400.

21. 3Q*15* (Kupferrolle), Ss 22.23.24.26.
22. Milik, Ten Years ..., 97.152. G.R.H. Wright, *The Archaeological Remains* ..., Anhang von J.T. Milik, 21.
23. Lk 4,16-30.
24. Apg 11,27-30; 12,25.
25. Mk 5,1-2.
26. J.W. Crowfoot, *Early Churches in Palestine* (Schweich lectures, 1937, London, OUP 1941, 43.
27. Mk 6,31-33.
28. Vgl. dazu das Kapitel »Ortsangaben«, S. 382 ff.
29. Vgl. dazu das Kapitel »Ortsangaben«, S. 422.
30. Josephus, *Antiquitates* XV,121-122.
31. de Vaux, *ADSS*, 20-21.
32. Josephus, *Antiquitates*, XV,380-387.
33. Vgl. dazu das Kapitel »Chronologie«, S. 234.
34. 11QT LVI,12-LVIII,21.
35. Apg 13,22; vgl. dazu auch das Kapitel »Chronologie«, S. 239.
36. Philo, *Omnis probus liber* LXXVI.

Kapitel 8: Die Jungfrauengeburt

1. Lk 1,26-55; Mt 1,18-25.
2. Lk 3,23-38; Mt 1,1-17. In beiden Fällen wird diese Geschlechtertafel als Stammbaum *Jesu* und nicht Josefs bezeichnet. Die modifizierende Wendung *hōs enomizeto*, »man hielt ihn«, in Lukas 3,23, hat einen Pescher: »entsprechend dem allgemeinen Gesetz« (das normale mosaische Gesetz, das die Juden befolgten, nicht das strengere zölibatäre Gesetz).
3. Röm 1,3.
4. Josephus, *Bellum* II,120.
5. 11QT XLV,11-12.
6. CD XII,1-2.
7. Josephus, *Bellum* II,120.
8. Ez 16,1-22.
9. Josephus, *Bellum* II,160-161, beschreibt kurz ihre Ordensregel: »Außerdem gibt es nun noch einen zweiten Zweig der Essener, der in Lebensart, Sitten und Gebräuchen mit dem anderen ganz übereinstimmt, in der Ansicht über die Ehe dagegen von ihm abweicht. Sie glauben nämlich, daß die, welche nicht in die Ehe träten, den wichtigsten Lebenszweck, die Erzielung von Nachkommenschaft, außer Acht ließen, oder vielmehr, daß, wenn alle so dächten, das ganze Menschengeschlecht in kürzester Zeit aussterben müsse. Doch erproben sie die Bräute drei Jahre lang, und

wenn sie nach dreimaliger Reinigung deren Fähigkeit, Kinder zu gebären, erkannt haben [d. h., die Frau ist drei Monate schwanger, wenn ihre Periode dreimal ausgeblieben ist, und sie damit nach essenischen und allgemeinen jüdischen Vorstellungen »rein« ist; vgl. 11QT XLVIII,16], nehmen sie dieselben zur Ehe. Während der Schwangerschaft enthalten sie sich des Beischlafes zum Beweise, daß sie nicht aus Wollust, sondern um Kinder zu erzielen geheiratet haben.«

10. Vgl. die oben zitierte Passage: »... der in Lebensart, Sitten und Gebräuchen ganz mit dem anderen übereinstimmt.«
11. CD IV,21; 11QT LVII,17-19.
12. 1. Kor 7,36.
13. Hegesippus 5, zitiert Eusebius, *Kirchengeschichte* II,23. Josephus, *Bellum* II,123.
14. Die Ebioniten waren jüdische Christen, die in Röm 15,26 und Gal 2,10 als »die Armen« bezeichnet werden. Vgl. Fitzmyer, *Semitic Background*, Kap. 16: »The Qumran Scrolls, the Ebionites and their Literature.«
15. 1QpHab XII,3.6.10; 1QM XI,13; 1QH III,25; 4QpPss I,9; 2,10; CD VI,21; 14,14.
16. Mt 1,19.
17. Mt 1,20.
18. 4QSir Sabb; Joh 10,34-36.
19. Mt 1,25.
20. Lk 1,35.
21. 1QpHab II,2; V,11; X,9; 1QH II,31; CD I,15; VIII,13; IXX,26; XX,1.
22. Die gleiche Zeremonie im Rahmen seiner eigenen Verlobung im Juni des Jahres 30 n. Ch. wird als »Hochzeit« (*gamos*) bezeichnet; Joh 2,1.
23. Philo, *Omnis probus liber* 86-87.

Kapitel 9: Zum König geboren?

1. Vgl. das Kapitel »Ortsangaben«, S. 386.
2. Josephus, *Antiquitates* XX,169-172; Apg 21,38.
3. 1Kön 1,38.
4. Ps 2,7.
5. Vgl. das Kapitel »Ortsangaben«, S. 422.
6. Josephus *Antiquitates* XV,320.
7. Josephus, *Antiquitates* XVI,394.
8. Mt 2,5.
9. Mt 2,8. Lukas 2,15 spricht offensichtlich vom symbolischen, dem sogenannten Betlehem (vgl. V.4 »die da heißt Betlehem«).
10. Josephus, *Antiquitates* IXX,342; der Hohepriester Elionäus, Sohn des

Cantheras, aus der Familie des Boethus (vgl. *Antiquitates* IXX,297: Simon, Sohn des Boethus, mit dem Beinamen Cantheras), wird in *Mischnah Parah* 3,5 als Sohn des Kajaphas bezeichnet.

Kapitel 10: Josef in »Ägpyten«

1. Josephus, *Antiquitates* XVII,185-187.
2. Josephus, *Antiquitates* XVII,188-189.224-227.
3. Josephus, *Antiquitates* XVII,269-298.
4. Josephus, *Antiquitates* XVII,41-46.
5. Mt 2,14; Apg 7,9; Vgl. das Kapitel »Ortsangaben«, S. 413.
6. Philo, *De Vita Contemplativa* 89.
7. CD VII,19-21. (Der Titel »der Fürst der ganzen Gemeinde«, *nesi' kol ha 'edah*, wird für das Zepter gebraucht; vgl. auch 1QM V,1. Ohne den Zusatz »ganz« ist die Wendung »Fürst der Gemeinde« in 1QSb V,20 und offensichtlich auch in dem vor kurzem publizierten Fragment von Eisenmann und Wise (vgl. Kap. 2, Anm. 21) ein Titel des Messias. Daran wird deutlich (vgl. das Kapitel »Hierarchie«, S. 476), daß das Haupt des Ordens Efraim im herodianischen System der Stellvertreter Davids war. Theudas vertrat in den Jahren 1-4 n. Chr. den bereits hochbetagten Jakob-Eli und ist auch Gegenstand von 1QM V,1. Er blieb mit dem davidischen Kronprinzen in Verbindung. Zu dem neuen messianischen Fragment vgl. Kapitel 33.
8. Mt 2,13.
9. Vgl. das Kapitel »Ortsangaben«, S. 413.
10. Josef verließ sein Versteck, solange Herodes noch am Leben war. *Eōs tēs teleutēs tēs Hērōdou* (Mt 2,15) hat den Pescher: »bis Herodes 70 wurde« (s. S. 479). Im Jahre 5 v. Chr. wurde Matthias Hoherpriester (Josephus, *Antiquitates* XVII,78); seine asketischen Neigungen werden in *Antiquitates* CXVII,165-166 beschrieben. Er war der sadduzäische »Gott« von Apg 7,7 und akzeptierte Jesus als legitimen Sohn. Der Pescher von Mt 2,20 – »die, die dem Kind (Jesus) nach der Königswürde (Seele) trachten, sind exkommuniziert (tot)« – bedeutet, daß Simon Boethus nicht mehr Hoherpriester war. Im September des Jahres 5 v. Chr., als Herodes siebzig Jahre alt wurde (Mt 2,19), wurde Josef begnadigt und Jesus anerkannt.
11. Apg 7,17: *ho laos ēuxēsen*, »vermehrte sich das Volk«, Pescherbedeutung: »der Fürst (Josef, der Repräsentant der Laienschaft) bekam einen Sohn.«
12. Josephus, *Antiquitates* 17,164.
13. Vgl. das Kapitel »Hierarchie«, S. 451.458. Judas folgte Theudas an

die Macht, der als Statthalter des »Löwen« ein »Wildes Tier« war (»Hierarchie«, S. 461.)
14. Offb 12,1-5. Diese Passage ähnelt in Terminologie und Aufbau 1QH III,1-18. Beide sprechen von der Geburt eines Messias, der mit einem alttestamentlichen Titel gekennzeichnet wird (Offb 12,5, »mit eisernem Zepter«; vgl. Ps 2,9; 1QH III,9-10, »ein Wunder von einem Ratgeber«, vgl. Jes 9,6) und dem ein Anti-Messias gegenübersteht.
15. Apg 7,18.
16. Josephus, *Antiquitates* XVIII,26; Apg 7,30-34.
17. Vgl. das Kapitel »Chronologie«, S. 239. Die Erwartung galt noch immer einem diesseitigen Königreich, einem jüdischen Weltreich unter einem neuen David. Offb 20-22 sagt dazu, das »Neue Jerusalem« werde aus dem Himmel auf die Erde herabkommen.

Dieselbe Erwartung hatten einige Christen in nachevangelischer Zeit. Papias, ein Christ der zweiten Generation, glaubte, »daß nach der Auferstehung der Toten ein Tausendjähriges Reich sein wird, wenn das Reich Christi auf dieser Erde Gestalt annehmen wird« (Eusebius, *Kirchengeschichte* III,39; XII).

Kapitel 11: Der »Verlorene Sohn«

1. Lk 15,11-13.
2. Das Lukasevangelium enthält zwölf historische Gleichnisse (in Gestalt von Erzählungen in der Vergangenheitsform). Die ersten vier (der Sämann, 8,4-8; der Barmherzige Samariter, 10,30-37; der Reiche Narr, 12,16-21; der Feigenbaum, 13,6-9) behandeln in chronologischer Reihenfolge die essenische Geschichte ausgehend vom Beginn des tausendjährigen Reiches der Davididen im Jahre 1 n. Chr. Die nächsten sechs (das Festmahl, 14,15-24; der Verlorene Sohn, 15,11-32; der Kluge Verwalter, 16,1-8; der Reiche Mann und der Arme Lazarus, 16,19-31; der Gottlose Richter und die Witwe, 18,1-8; der Pharisäer und der Zöllner, 18,9-15) befassen sich mit der herodianischen Geschichte, ebenfalls in chronologischer Reihenfolge, ausgehend vom Beginn des herodianischen Milleniums 41-40 v. Chr. Die beiden letzten (die Anvertrauten Pfunde, 19,11-27; die Bösen Winzer, 20,9-16) handeln von der ersten Generation der Christen im Millennium der Davididen.
3. Josephus, *Antiquitates* XVII,346-347.
4. Lk 2,25.
5. Lk 1,26; zu Simeon als Nachkommen der Linie des Abjatar vgl. das Kapitel »Hierarchie«, S. 442.
6. Lk 2,29-32.

207

7. Vgl. den Plan zur Weltherrschaft im Kapitel »Ortsangaben«, S. 405 bis 409.
8. Apg 5,36. Theudas wurde nicht getötet, sondern »erhöht«, *anērethē*, d. h., er wurde Eremit.
9. Offb 2,20−23.
10. Lk 15,13.
11. Vgl. das Kapitel »Hierarchie«, S. 466.
12. Josephus, *Antiquitates* XVII,224−227. Nach dem Tode Herodes' des Großen fuhr Antipas nach Rom, um Anspruch auf den Thron des Archelaus anzumelden, und fand bei einigen dort lebenden Familienmitgliedern auch tatsächlich Unterstützung. die beiden herodianischen Parteien, die sich zu diesem Zeitpunkt in Rom formierten, bereiteten den Boden für die spätere historische Entwicklung: die Partei des Antipas blieb weiterhin die Partei der »Juden«, während die des Archelaus, die später unter den Einfluß der Agrippinen geriet, den christlichen Flügel unter Paulus und Petrus bildete.
13. Josephus, *Antiquitates* XVIII,3−10.23−25. Vgl. die Rede des Eleasar, des Anführers der Sikarier in Masada, der die Zeloten zum Selbstmord aufstachelte, da sie ja wieder von den Toten auferstehen würden (Josephus, *Bellum* VII,341−388).
14. Zum »Tier« vgl. das Kapitel »Hierarchie«, S. 461. Judas folgte Theudas, dem Oberhaupt von Ephraim und »Wilden Tier«, im Amt nach.
15. Vgl. das Kapitel »Hierarchie, S. 483.
16. Josephus, *Antiquitates* XVII,342.344.
17. Josephus, *Antiquitates* XVIII,1−4.
18. Ananus (der ältere), 6−15 n. Chr. (Josephus, *Antiquitates* XVII,26.34; Eleazar Hannas, 16−17 n. Chr. *(Antiquitates* XVIII,34); Jonatan Hannas, März bis September des Jahres 37 n. Chr. *(Antiquitates* XVIII,95.123); Theophilus, 37−41 n. Chr. *(Antiquitates* XVIII,123; IXX,297); Matthäus Hannas, 42−43 n. Chr. *(Antiquitates* IXX,316.342); Ananus der Jüngere, 62 n. Chr. *(Antiquitates* XX,197.203).
19. Lk 3,22. Jonathan Hannas als *to pneuma to hagion* wurde als Taube dargestellt, wenn er »in leiblicher Gestalt« *(sōmatikō)* war. Matthäus Hannas trug den Beinamen »Friede« (Apg 9,31).
20. Lk, 2,7; vgl. Mk 14,14.
21. Lk 2,8−14.

Kapitel 12: Der junge Jesus

1. Vgl. das Kapitel »Chronologie«, S. 243.
2. Vgl. das Kapitel »Hierarchie«, S. 483.
3. Josephus, *Antiquitates* XVIII,36.
4. Josephus, *Antiquitates* XVIII,34.
5. Josephus, *Antiquitates* XVIII,34-35.
6. Vgl. Lk 2,41-52.
7. Die Bäder beim Essenertor, im Süden Jerusalems, sind ausgegraben worden. (Pixner, *Revue de Qumran* 43, 1983, 333).
8. Apg 7,45, die »Zeit Davids«. Als er »Gnade bei Gott« (Apg 7,46 p) fand, schrieb man das Jahr 17 n. Chr., das Jahr, in dem die Proselyten (geführt von der »Gnade«, »Johannes Markus«; Johannes bedeutet »Gnade«) zum *Qof*, dem Grad des »Kalbes«, das mit dem Norden assoziiert war, aufstiegen (vgl. das Kapitel »Hierarchie«, S. 483).
9. Apg 7,47.
10. Lk 13,10-17; vgl. das Kapitel »Chronologie«, S. 314, und das Kapitel »Hierarchie«, S. 479.

Kapitel 13: Johannes der Täufer

1. Lk 10,30.
2. Vgl. Kap. 3.
3. Josephus, *Antiquitates* XVIII,35.
4. Lk 1,59-63. Priester und Levit waren »Gnade, Gnade« (Sach 4,7), weil sie die Absolution erteilen und damit Sünden vergeben konnten. *Ho Iōannēs*, die griechische Form des Namens »Jehochanan« (»der Herr ist gnädig«), wurde bei den hellenistischen Versammlungen der externen Essener gebraucht, bei denen griechisch gesprochen wurde. Der Täufer hatte dem monastischen Status entsagt und war damit einem externen Ortsgeistlichen gleichgeworden. Die Schriftrollen hingegen, die von Hebräern stammen, gebrauchen seinen neuen Namen an keiner Stelle, weil sich in ihm hellenistische Vorstellungen spiegeln. Sie bezeichnen den Täufer stattdessen als den »Lehrer«, ein anderer Name für den externen Priester, der wahrscheinlich schon von Hillel verwendet wurde. Der Zusatz »der Gerechtigkeit« (*haṣṣedeq*) fügt dem Namen noch ein zadokidisches Element hinzu. 1QS 3,13-IV,26 enthält die Lehre des »Lehrers«.
5. G. Jeremias (*Der Lehrer der Gerechtigkeit*, Kap. 6) hat aufgrund einer Analyse von Wortschatz, Stil und Gedanken festgestellt, daß bestimmte Passagen aus den Lobliedern (*DSSE*, 165) vom »Lehrer der Gerechtigkeit« stammen müssen. Es handelt sich dabei um folgende Stellen: II,1-19.31-39; III,1-18; IV,5-V,4; V,5-19; V,20-VII,5; VII,6-25; VIII,4-40.

6. 1QH II,8-14.
7. 4QpPss IV,27; Josephus, *Antiquitates* XVIII,116-119; Lk 3,16-17.
8. Vgl. das Kapitel »Chronologie«, S. 237.
9. 1QH III,29-32.
10. Josephus, *Antiquitates* XVIII,142-204.
11. *Antiquitates* IXX,250.
12. *Antiquitates* XVIII,144.
13. *Bellum* I,552.557; *Antiquitates* XVII,78.
14. *Antiquitates* XVIII,110-111.136.
15. *Antiquitates* XVIII,109-115.
16. Mk 6,17. Herodes (Tomas), der erste Ehemann der Herodias, wird hier Philippus genannt. Der Tetrarch Philippus, ein Sohn einer Nebenfrau des Herodes (*Bellum* I,562), war das nominelle Oberhaupt des zölibatären Ordens Dan von Schem, dessen Zusammenkünfte in seinem Verwaltungsbereich, in Cäsarea Philippi, stattfanden. Das aktive Oberhaupt der Gemeinschaft war Philippus, ein Mitglied der Zwölf Apostel. Als Diener des Tetrarchen Philippus trug er dessen Namen. Der Tetrarch Philippus wiederum stand drei Stufen unter Herodes (Tomas) (vgl. das Kapitel »Hierarchie«, S. 447.472). Herr und Diener konnten die Namen miteinander tauschen, da ein Meister manchmal »in leiblicher Gestalt« war und damit drei Stufen unter seinem normalen Rang stand, und umgekehrt ein Diener, wenn er nicht »in leiblicher Gestalt« war, drei Stufen aufstieg. Aus diesem Grund konnte Herodes (Tomas) »Philippus« heißen, wenn er sich »in leiblicher Gestalt«, im Stand der Ehe, befand.
17. *Antiquitates* XVIII,82-83.
18. Apg 8,18-19.
19. 4QpNah I,6-7. Vgl. Thiering, *Redating the Teacher ...* Kap. 3. Der »junge Löwe des Zornes« kann nicht, wie angenommen wurde, Alexander Jannai sein, da der Text impliziert, daß alle »Löwen« Heiden sind, und Alexander ein jüdischer König war.
20. Apg 6,1 Vgl. auch das Kapitel »Hierarchie«, S. 476 ff.
21. Mk 10,46: der Blinde von »Jericho«. Jericho lag im traditionellen Stammesterritorium von Benjamin. Saulus, der spätere Paulus, war ein Schüler Gamaliels gewesen (Apg 22,3) und gehörte dem »Stamm« (Orden) Benjamin an (Röm 11,1).
22. Phil 3,5.
23. QpPss 2,17.
24. Mi 4,4.
25. Vgl. das Kapitel »Ortsangaben«, S. 402.
26. Mk 1,4.

210

Kapitel 14: Jesus der Mensch

1. A. Schweitzer, *Die Frage nach dem historischen Jesus*, 1906, 397.
2. Joh 20,15.
3. Apg 14,12.
4. Lk 2,44-45; Mk 6,47-50; Apg 7,8-10.
5. Joh 2,4.
6. Apg 8,18-24; 13,6-11.
7. Apg 11,26.
8. Simon Magus trägt hier noch positive Züge; seine »Auferweckung« als Lazarus stellt den Höhepunkt der »sieben Zeichen« dar. Im Jahr 37 n. Chr., als Agrippa I. bei der Thronbesteigung des Gaius die Herrschaft über Judäa erhielt, verloren Simon Magus, Johannes Markus und Philippus als Feinde Agrippas ihre Machtposition. Die Führerschaft ging auf Petrus und Paulus über, die Agrippa unterstützten.
9. Die Apostelgeschichte endet im Jahr 63 n. Chr. Der Schluß bleibt offen.

Kapitel 15: Die Zwölf Apostel

1. Vgl. das Kapitel »Chronologie«, S. 293.
2. Lk 15,22. Der »verlorene Sohn« erhielt bei seiner Rückkehr »das beste Gewand« (*stolēn tēn protēn*), d. h., Simeon gestattete ihm, angetan mit einer priesterlichen Robe (*stolē*, Ez 44,17, LXX) als Laienpriester aufzutreten. Die Schriftgelehrten trugen solche Roben (Mk 12,38). Sich wie ein Priester zu kleiden war gleichzeitig ein Ausdruck des Anspruchs, den Zehnten, der den Priestern zustand, annehmen zu können und damit ein »Tagelöhner« zu sein (Lk 15,19).
3. Mk 3,14-19. Die Pescherbedeutung von »die Zwölf« und »die Apostel« steht eigentlch für Johannes Markus, denn er war die Nummer Zwölf und ein »Diakon«, der vor dem heiligen Teil des Mahles aus dem Raum »hinausgesandt« wurde (vgl. das Kapitel »Hierarchie«, S. 452). Doch die Bezeichnung »die Zwölf Apostel« kann auch auf den gesamten Rat bezogen werden.
4. Vgl. das Kapitel »Hierarchie«, S. 469 ff.
5. *Clemens, Recognitiones et Homiliae.* Vgl. die Bibliographie. Vgl. auch Jonas, *The Gnostic Religion*, Kap. 4.
6. Vgl. Fitzmyer, *Semitic Background*, S. 447-460.
7. Jonas, *Gnostic Religion*, 110-111.
8. Mk 3,16-19; Lk 6,12-16; Mt 10,1-4.
9. Vgl. das Kapitel »Hierarchie«, S. 437 ff.
10. Vgl. das Kapitel »Hierarchie«, S. 437 ff.

211

11. Jonas, *Gnostic Religion*, 111.
12. Joh 11,5.
13. Vgl. das Kapitel »Ortsangaben«, S. 398.
14. Josephus, *Antiquitates* XX,162-164.
15. Apg 6,5.
16. Joh 1,45; *Clem. Rec.* I,54; *Clem. Hom.* II,24.
17. Lk 4,5-8.
18. Vgl. das Kapitel »Ortsangaben« S. 496 und »Hierarchie«, S. 464.
19. Vgl. das Kapitel »Ortsangaben«, S. 402.
20. Josephus, *Antiquitates* XVIII,183-186.
21. Mk 8,29.
22. Josephus, *Antiquitates* IXX,332-334.
23. 1 Kor 9,5; Gal 1,18.

Kapitel 16: »Er hat den Beelzebul«

1. Das Licht, der Hohepriester, der bei der Menorah steht (Joh 1,6-8). Vgl. 1QH VII,23-25, die Worte des »Lehrers«: »Ich bin erstrahlt in siebenfältigem Licht ... Denn du bist mir eine ewige Leuchte.« Als Zadokide war er auch die »Sonne«, verantwortlich für den Sonnenkalender.
2. 1QH IV,5-9.
3. 4QpPss II,17-18.
4. Mk 6,21-29.
5. Herodias hatte eine Tochter namens Salome von Herodes (Tomas)/Philippus (Josephus, *Antiquitates* XVIII,136). In der Geschichte von Markus 6,21-29 wird die »Tochter« der Herodias nicht mit Namen genannt. Helena war eine »Diakonin« und stand damit einen Grad unter Herodias, einer »Presbyterin«, war also ihre »Tochter«. In Markus 15,40 und 16,1 wird sie als »Salome« bezeichnet, da sie und die tatsächliche Salome in dem Verhältnis von Lehrerin und Schülerin zueinander standen, das dem von Herrn und Diener entsprach. Deshalb konnten sie den gleichen Namen benutzen.

   Möglicherweise waren Herodias und (die wirkliche) Salome mit »deiner Großmutter Lois und ... deiner Mutter Eunike« in 2 Tim 1,5 identisch. Salome heiratete nach 34 n. Chr. Aristobulus, einen Neffen von Agrippa I., und hatte drei Söhne mit ihm (*Antiquitates* XVIII,137). Da Agrippa II. kinderlos blieb, war der älteste dieser drei – er trug den Namen Herodes – ein möglicher Thronanwärter. Der junge Mann namens Timotheus (im Jahr 48 n. Chr. war er zwölf Jahre alt; Apg 16,1-3 p) war ein Schüler des Paulus, dessen Orden die Lehrer der herodischen Prinzen stellte. Als herodischer Erbe, der zum Christentum übertrat, war Timotheus äußerst wichtig für die Mission der christlichen Partei.

212

6. CD XX,13-15.
7. Mk 9,7; vgl. Joh 1,23; Apg 4,6 »Johannes«; Mk 3,22.
8. Josephus, *Antiquitates* XVIII,55-59.62.

Kapitel 17: Maria Magdalene

1. Joh 12,1-8.
2. Hld 1,12.
3. Joh 12,3.
4. *Phil. Ev* 63,30-64,10.
5. Lk 7,37-50; Joh 12,3-8; Mk 14,3-9.
6. Lk 8,2.
7. Philo, *De Vita Contemplativa* 87.
8. Mk 5,21-24.35-43. »Jaïrus« war der Name des Hauptpriesters (vgl. das Kapitel »Hierarchie«, S. 443). Allein lebende Frauen unterstanden dem monastischen »Zweiten«, dem »Gabriel« oder dem obersten Schriftgelehrten (»Dämon 7«), während ältere und verheiratete Frauen dem externen Priester unterstellt waren.
9. Vgl. das Kapitel »Hierarchie« S. 481.
10. Mk 14,4-9; Joh 12,2-8.
11. Joh 20,15; Apg 12,13-15 (zu ihrem Namen »Rhode« vgl. das Kapitel »Ortsangaben«, S. 411); Lk 7,39; Mk 14,4-5.

Kapitel 18: Die Speisungswunder und das Wandeln auf dem Wasser

1. Joh 6,1-14; Mk 6,30-44; Lk 9,10-17; Mt 14,13-21.
2. Vgl. das Kapitel »Hierarchie«, S. 441.
3. Vgl. Kapitel 4.
4. Vgl. Kapitel 4 und das Kapitel »Hierarchie«, S. 451 f.
5. Vgl. das Kapitel »Ortsangaben«, S. 429.
6. Vgl. das Bootssystem im Kapitel »Ortsangaben«, S. 429 ff.
7. Außerdem brach er bei dieser Gelegenheit das Sabbatgebot. Vgl. das Kapitel »Chronologie«, S. 306-308.

Kapitel 19: Das Versöhnungsfest

1. Hebr 9,7.
2. *Mischna Yoma 1.1.*
3. Vgl. das Kapitel »Ortsangaben«, S. 423 f.

4. 1QpHab XI,6-8.
5. Mk 9,2.
6. Joh 7,37-38; vgl. 1QH VIII,16-27.
7. Vgl. das Kapitel »Chronologie«, S. 311.
8. Hebr 3,1; 5,1-10; 7,1-22.
9. 11QMelch; Gen 14,18-24; Ps 110,4.

Kapitel 20: Die Auferweckung des Lazarus

1. Lk 10,17-42.
2. Lk 13,1; Josephus, *Antiquitates* XVIII,55-59.62.
3. Mk 15,7.
4. Lk 10,18.
5. Lk 10,21.
6. Josephus, *Antiquitates* XVIII,150-154.
7. Vgl. Josephus, *Bellum* II,143-144; 1QS 7,22-25.
8. Lk 16,19-31.
9. Vgl. das Kapitel »Ortsangaben«, S. 387. Zu einer detaillierten Beschreibung der Höhle vgl. *DJD* VI, S. 9-13.
10. Joh 11,3.
11. Josephus, *Altertümer* XVIII,151-154.
12. Joh 11,39.

Kapitel 21: Dreißig Silberlinge

1. Zu den dreieinhalb Jahren vgl. das Kapitel »Chronologie«, S. 239-240. Die Erwartungen zielten entweder auf den März des Jahres 29 und den September des Jahres 32, oder auf den September 29 und den März 33, die jeweils dreieinhalb Jahre auseinander liegen.
2. Die Aussagen von Mk 8,31; 9,31; 10,32 sind doppeldeutig. Die hier gebrauchten Worte sind einerseits die übliche Formel, die beim Abschied von der Gemeinschaft gesprochen wurde, wenn jemand ins eheliche Leben, den zeitweiligen »Tod«, zurückkehrte. Zugleich spricht aus ihnen aber auch eine reale Todeserwartung.
3. Kaiser Tiberius sprach von der »natürlichen Habgier der Bedränger« (Josephus, *Antiquitates* XVIII,172).
4. Mk 11,8-10.
5. Mk 11,15-19.
6. Mk 11,15-19.

7. Joh 12,1-8.
8. Mk 14,10-11.

Kapitel 22: Das Letzte Abendmahl

1. Vgl. das Kapitel »Ortsangaben, S. 424.
2. Offb 11,8.
3. Joh 19,20.
4. Vgl. das Kapitel »Ortsangaben«, S. 427.
5. Vgl. das Kapitel »Hierarchie«, S. 447.
6. Vgl. das Kapitel »Ortsangaben«, S. 425.
7. Vgl. das Kapitel »Hierarchie«, S. 469 ff.
8. Joh 13,21.
9. Joh 13,23-25 (kolpos, V. 23, stēthos V. 25).
10. Mk 14,26; Joh 14,31.

Kapitel 23: Gefangennahme und Prozeß Jesu

1. Vgl. das Kapitel »Ortsangaben«, S. 416.
2. Mk 14,32 (hoi mathētai autou, »seine (Jesu) Jünger«, meint immer Johannes Markus.
3. Mk 14,35-39.
4. Joh 18,5-6.
5. Joh 18,10. Zur Sitzordnung an der Tafel vgl. das Kapitel »Hierarchie«, S. 469 ff. Die Sakristei war der »Leib«, und dieses Bild wurde auch auf ihre verschiedenen Teilbereiche ausgedehnt. Der Priester und König in der Mitte waren das »Haupt«, der »Kehat« zur Rechten (Osten) war das »rechte«, und der »Gerschon« zur Linken (Westen) das »linke Ohr«. Der »Diakon« auf der gegenüberliegenden Seite des Tisches saß an der »Brust«, die Gemeinde im südlichen Teil der Sakristei an den »Lenden«. Die Übertragung dieser Symbolsprache auf die Menschen, die die »Sakristei« benutzten, konnte auch in einem wörtlichen Sinn gemeint sein, da sie einen wirklichen Leib bildeten, wenn sie sich »im Leib« aufhielten.
6. Mk 14,51-52.
7. Mk 14,30.
8. Mt 27,24.
9. Mt 27,3-5.

215

Kapitel 24: Die Kreuzigung

1. Vgl. das Kapitel »Ortsangaben«, S. 427 f.
2. Hebr 13,12-13.
3. Vgl. das Kapitel »Ortsangaben«, S. 391.
4. 11QT XLV,7-10.
5. Joh 19,20. Unter den Schriftrollen fanden sich auch griechische Abschriften des Alten Testaments.
6. Vgl. das Kapitel »Ortsangaben«, S. 427 f.
7. Joh 19,18; Mk 15,27.
   Joh 19,18 p: »Im Westen (*hopou*, im deutschen Text »dort«, griechisch: »wo, an welcher Stelle«, p: Westen, die Richtung, in der der König das Kloster als Laie verließ, führte die Zölibatäre im Osten zu der Frage: »Wo ist er?«. In Joh 20,12 meint *hopou* die westliche Kammer, Höhle 8) kreuzigten sie ihn.«
   »Und mit ihm einen Zölibatären, der als Priester auftrat« (Simon Magus, *allous dyo*, »zwei andere«; ein »Sariel« war eine Nummer Zwei − vgl. das Kapitel »Hierarchie«, S. 440; *allos* steht für den zölibatär lebenden Priester oder Leviten. Simon als Priester hing in der Mitte).
   »Osten und Osten« (*enteuthen kai enteuthen*. *Enteuthen kai ekeithen* bedeutet »Osten und Westen«, Offb 22,2). Die drei Positionen stellten sich also folgendermaßen dar:

König	Priester	Levit (= Kehat)
Westen	Osten	äußerster Osten
Links	Rechts	äußerst rechts
(ekeithen)	*enteuthen*	*enteuthen*
hopou		
mesos		
(Laie)		
Jesus	Simon Magus	Judas

   Mk 15,27 p: »Und mit ihm kreuzigen sie Dieb 2« (Simon Magus als »Dieb«, Zelot und Nummer 2, da er die Stellung des Priesters innehatte).
   »(Judas) einen Raum östlich vom Priester (dem Rechten) und (Simon) einen Raum östlich vom König (dem Linken)«. (*Ek*, »aus«, bedeutet »einen Raum östlich auf der ost-westlichen Zeitlinie.).

8. *Die zweite Schrift des Großen Seth* LV,30-LVI,15.
9. 4QpNah 1,6-8.
10. Josephus berichtet von der Kreuzigung einiger Gefangener und deutet dabei implizit an, daß die Hinrichtung stattfand, bevor er eine Reise nach Thekoa unternahm. Als er zurückkehrte, waren sie immer noch am

216

Leben. Er ließ drei von ihnen, die er kannte, abnehmen und ärztlich versorgen. »Trotzdem starben zwei von ihnen während der Behandlung, der dritte aber ward gerettet.« (*De Vita Sua* 420-421).

11. Mt 27,34 *cholē*, »Gift«. Das Wort bedeutet »Galle« und wird in Hiob 20,14; Dtn 29,17; Ps 68,22 (LXX) als Übersetzung des hebräischen Wortes für »Gift« verwendet. Vgl. auch Anm. 14.

12. *Josephus, Bellum* VII,389-401.

13. Mk15,34; Ps 22,1.

14. Im Petrusevangelium 5 heißt es im Zusammenhang mit einem Plan, ihn sterben zu lassen, solange er am Kreuz hing: »Und einer unter ihnen sprach: Gebet ihm Galle mit Essig zu trinken. Und sie mischten es und gaben ihm zu trinken.« Dem entspricht die Aussage aus dem Barnabasbrief 7,3: »Er wurde aber am Kreuz auch noch mit Essig und Galle (*cholē*) getränkt.« Darin steckt eine Anspielung auf Psalm 69,22 (LXX 68,22): »Sie geben mir Galle (LXX *cholē*) zu essen und Essig zu trinken für meinen Durst.« Vgl. auch Kap. 26, Anm. 13.

15. Mk 15,37: *exepneusen*.

Kapitel 25: Der Tod, der nicht eintrat

1. *Phil.Ev.* 56,15-20.

2. *Schriften des Großen Seth* LV-LVI; *Petr. Offb.* 81-82.

3. CD X,20-21.

4. Dtn 21,22-23; 11Qt LXIV,6-13.

5. Mt 27,64; vgl. das Kapitel »Ortsangaben«, S. 390.

6. 3Q 15,2: *benephesh ben rabbah hashelishi*, »in der »Seele« (Gruft) des Sohnes des Großen, des Dritten.« Milik, *DJD* III, S. 285, geht davon aus, daß die ganze Wendung ein Eigenname ist.

7. »Josef« als der davidische Kronprinz, vgl. das Kapitel »Hierarchie«, S. 461.

8. Nach Mk 15,44 p fragte Pilatus: »Ist er schon tot?« (*ei* leitet in der Pescherbedeutung eine direkte Frage ein). Vgl. S. 493.

9. Joh 19,34. *Black's Medical Dictionary* (London: A. & C. Black, 1955, 1955), S. 235: »Ein wichtiges Anzeichen (des Todes) ist, daß keine Blutung erfolgt, wenn man nach Eintritt des Todes einen Schnitt in die Haut macht oder ein Blutgefäß öffnet.«

10. Joh 19,39. *Libra*, ein römisches Pfund, zwölf Unzen oder 327 Gramm.

11. *Black's Medical Dictionary*, 34.

217

Kapitel 26: In der Grabhöhle

1. *3DJD* III, 27-31.
2. Lk 16,19-31.
3. Vgl. das Kapitel »Hierarchie«, S. 450.
4. In der Diskussion von Mt 27,63-65 geht es im Kern darum, daß Johannes Markus, der auch ein Jünger des Simon Magus, »des Verführers« (*ho planos*, V. 63) war, vor dem Gesetz dazu berechtigt war, um ein Uhr nachts am Samstag zur Höhle zu gehen. Das gab ihm die Möglichkeit, Simon zu befreien. Als Proselyt mußte er nicht alle rituellen Vorschriften einhalten. Er hielt sich zwar an das Gebot, am Sabbat nicht weiter als 1000 Ellen zu gehen, und benutzte deshalb die Sabbatlatrine, ignorierte jedoch die Vorschrift, die die Defäkation am Sabbat verbot, und konnte daher am Samstag früh um 4 Uhr, der üblichen Zeit, die Höhle aufsuchen (16 Uhr und 4 Uhr waren festgesetzte Zeiten: zehn Stunden nach den Mahlzeiten um 18 Uhr und um 6 Uhr). An diesem speziellen Samstag hatte er sogar die Möglichkeit, bereits um 1 Uhr nachts zur Höhle zu gehen, weil er sich noch an die vorgehende Zeitrechnung hielt; für ihn begann die Zeitangleichung, bei der die Uhr gleichsam um drei Stunden zurückgestellt wurde, erst am Samstag nachmittag (vgl. das Kapitel »Chronologie«, S. 270). Um 1 Uhr nachts konnte er außerdem beim Zurückwälzen des Steines noch die Hilfe derer in Anspruch nehmen, die den Sabbat nach dem Julianischen Kalender begingen, denn 1 Uhr war der spätestmögliche Zeitpunkt vor dem Beginn ihres Sabbat.
5. Ananus erscheint in Lk 19,2-10, einer Episode, die sich im Dezember des Jahres 32 n. Chr. abspielte, als Zachäus.
6. Joh 20,1.
7. Joh 20,7.
8. Joh 20,11-12. *Hopou*, »wo«, bezieht sich auf die westliche Kammer der Höhle; vgl. Kap. 24, Anm. 7.
9. Joh 20,14. *Ta opisō* bedeutet »Westen«.
10. Joh 20,17.
11. Mt 28,2-3.
12. Mk 16,6.
13. Der Kirchengeschichtler Eusebius erfuhr von Papias (der viele frühe Traditionen bewahrte) etwas, was diesem wiederum von den »Töchtern des Philippus« (d. h. christlichen Nonnen, vgl. Apg 21,8), mitgeteilt worden war: »... daß aber in ihren Tagen Papias war und Geschichten von Wundern erwähnt, die er von den Töchtern des Philippus empfangen hat, tun wir jetzt kund. Daß ein Toter nämlich aufstand in seinen Tagen, erzählt er, und wieder ein anderes Wunder erzählt er über Justus, der Barsabbas hieß: daß er (nämlich) Gift des Todes trank, und wegen der

218

Gnade unseres Herrn ereignete sich ihm nichts Häßliches.« (*Kirchenge-schichte* III 39,9).»Justus« war ein Titel des Davididen als »des Gerech-ten« (lat. *iustus*, gr. *dikaios*, hebr. *saddiq*). Er wurde von Jakobus, dem Josef Barsabbas Justus von Apg 1,23, gebraucht. Jakobus war normaler-weise unter diesem Titel bekannt (Hegesippus, zitiert in *Kirchenge-schichte* II 23). Jesus wird in Apg 22,14 »der Gerechte« genannt (*ho dikaios*). (Der Name *Zaw* für den rivalisierenden »Lehrer« in CD IV,19 setzt sich aus den Buchstaben *Sade* und *Waw* zusammen, die wahrschein-lich für den Begriff *saddiq* stehen.) Folglich ist der Jesus Justus von Kol 4,11 der Sohn Jesu.»Barsabbas« ist ein Titel der Söhne Josefs; Jakobus in Apg 1,23, Judas in Apg 15,22.

14. Apg 1,18.

Kapitel 27: Die »Erscheinungen«

1. Joh 20,19-23.
2. Joh 20,28.
3. Lk 24,13-33.»Kleopas« (V. 18) war Jakobus, vgl. »Maria, die Frau des Klopas«, eine der vier Frauen unter dem Kreuz in Joh 19,25 (»seiner Mutter Schwester«, Helena und die drei »Marien«: Königinmutter, Königin und Prinzessin). Hegesippus (zitiert nach *Kirchengeschichte* III 32; vgl. auch III 11) zeigt, daß Kleopas ein Familienname war, den der Onkel Jesu, der Bruder des Josef, trug. Der ungenannte Begleiter von Kleopas war Theudas; das Paar verkörperte den »Stern« und das »Zep-ter«.
4. Lk 24,36-43.
5. Lk 24,51; Apg 1,10.
6. Apg 4,6; Simon ist »Johannes«.
7. Vgl. das Kapitel »Chronologie«, S. 337.

Kapitel 28: Könige und Statthalter

1. Josephus, *Antiquitates XVIII,224-225*.
2. *Antiquitates* XIX,2-16; Cary und Scullard, *History of Rome*, S. 354-355; *Smaller Classical Dictionary*, »Caligula«.
3. *Antiquitates* XVIII,261-262.
4. *Antiquitates* XIX,78-83.
5. *Antiquitates* XVIII,168-204.
6. *Antiquitates* XVIII,228. Auf hebräisch: *'ari meth*. Diese Wendung wurde möglicherweise zu einem Scherznamen Agrippas, aus dem später »Ari-

219

mathäa« wurde. Jakobus, oder »Josef von Arimathäa«, stand zur Zeit der Kreuzigung in den Diensten Agrippas.

7. *Antiquitates* XVIII,237.240-252.
8. Apg 20,7-12.
9. Joh 1,35-39.
10. *Antiquitates* XIX,332-334.
11. Apg 5,1-11.
12. Antiquitates XVIII,88-89.95.
13. Lk 12,31-21.
14. CD VII,15-21.

Kapitel 29: »Zur Rechten Gottes«

1. Apg 6,7. Vgl. das Kapitel »Chronologie«, S. 341.
2. Vgl. Kapitel 26, Anm. 13.
3. Apg 6,2-6.
4. *Antiquitates* XVIII,123; Apg 6,8-8,1.
5. *Antiquitates* XVIII,123-124.
6. Apg 7,55-56.
7. *Antiquitates* XVIII,240-255.
8. *Antiquitates* XVIII,137; XIX,277.353; XX,103.145.
9. *Antiquitates* XX,97-98.

Kapitel 30: Saulus, der rebellische Schüler

1. In Apg 19,22 steht zu lesen, daß Paulus, wie im Kapitel »Chronologie« nachgewiesen wird, im September 57 n. Chr. *epeschen chronon*, d. h., »eine Generation« (40 Jahre) »hatte«. Daraus läßt sich als sein Geburtsdatum der September des Jahres 17 n. Chr. errechnen. Im September 53 n. Chr. heiratete er (»ließ sich sein Haupt scheren«; Apg 18,18; vgl. das Kapitel Chronologie, S. 360) – mit 36 Jahren, wie es der »Weg« des Ordens mit seiner zölibatären Ordensregel vorschrieb. Im September 37 n. Chr. war Saulus demnach 20 Jahre alt.
2. Josephus, *Antiquitates* XVIII,115.120-126.
3. 1QpHab, Vermes, *DSSE*, 283.
4. 1QpHab II,10-VI,11.
5. 1QpHab VIII,3-XII,14.
6. 1QpHab VIII,1-3, vgl. Röm 1,17; 1QpHab II,1-10, vgl. Apg 13,40-41.
7. *Antiquitates* XIX,297.

8. *Antiquitates* XVIII,297-309.
9. Apg 9,1-19.
10. Apg 13,9.
11. Apg 9,23-25. Vgl. das Kapitel »Chronologie«, S. 346.

Kapitel 31: Ein Mord und seine Folgen

1. Josephus, *Antiquitates* XVII,78. »Friede« (*eirēnē*) in Apg 9,31 meint Matthäus.
2. Apg 11,26; zu »Kirche« vgl. das Kapitel »Ortsangaben«, S. 402 f.
3. CD VIII,3-13.
4. Apg 12,24.
5. Josephus, *Antiquitates* XVIII,143; XIX,328.
6. Apg 9,36-43.
7. Apg 10,9.
8. Apg 10.
9. Apg 12,1-17.
10. Apg 12,7.
11. Josephus, *Antiquitates* XIX,343; Apg 12,20-23.
12. Apg 13,1-3.
13. Apg 13,6-12; vgl. V. 7: »das Wort Gottes zu hören.« Der »Statthalter Sergius Paulus« auf Zypern war der siebzehnjährige Agrippa II. Sein Name »Paulus« deutet an, daß er ein »Diener« des Paulus, d. h. ein Schüler des Apostels war, denn die Lehrer-Schüler-Beziehung entsprach dem Verhältnis von Herr und Knecht. Der aus dem Orden Benjamin stammende Paulus war ein Lehrer der jungen Herodier und unterrichtete sie in Fächern wie griechischer Philosophie (vgl. den platonischen Inhalt der Unterweisungen, die Paulus dem Felix, einem angeheirateten Verwandten der Herodier, angedeihen läßt, in Apg 24,25). Vgl. auch Paulus' Verhältnis zu Timotheus und die Ausführungen in Kapitel 16, Anm. 5, die darauf hindeuten, daß Timotheus ein Herodier war. Die Prinzen aus der Familie des Herodes wurden im Zuge ihrer Ausbildung bei Statthaltern in die Lehre geschickt.

Kapitel 32: Private Krisen

1. Josephus, *Antiquitates* XIX,360.362.
2. Josephus, *Antiquitates* XX,135.
3. Apg 26,28.
4. Josephus, *Antiquitates* XIII,4-12.
5. Apg 12,13. Zum Namen »Rhode« vgl. das Kapitel »Ortsangaben«, S. 411.
6. Agp 12,15.
7. Apg 16,14.
8. 1 Kor 7,10-16.
9. Mk 10,11-12.
10. Apg 16,9.
11. Apg 16,11-15; Offb 2,20-23.
12. CD IV,19-V,6.
13. 1 Tim 3,2.
14. Hebr 2,18.

Kapitel 33: Die Trennung vom Osten

1. In den Clementinen kann man nachlesen, daß Jakobus und Johannes, die Söhne des Zebedäus, mit Niceta und Aquila, zwei Brüdern aus vornehmem römischem Hause, identisch waren. In Judäa traten sie unter dem Einfluß der »Mutter« (Sara/Helena/die syrophönizische Frau), zum jüdischen Glauben über und wurden zunächst von Simon Magus unterwiesen. Danach folgten sie der Lehre des Zachäus (Ananus des Jüngeren), d. h. sie wechselten die Fronten: Aus früheren Gegnern Agrippas wurden sie zu seinen Anhängern. Der Zebedaïde Johannes/Aquila, ein verheirateter Mann, arbeitete zunächst mit Petrus, dann mit Paulus zusammen. Diese Vorgänge sind erschlossen aus *Clem. Hom.* II,19-21 und aus dem Pescher der Evangelien und der Apostelgeschichte.
2. Gal 2,9.
3. Sueton, *Vita Claudii* XXV,4.
4. Offb 1,9-16.
5. Apg 18,2.
6. Apg 18,9-10.
7. Apg 18,18.
8. Röm 16,1.
9. Apg 17,34.
10. 2 Sam 13,1.
11. Apg 19,23-41.

12. Apg 14,11-13.
13. Apg 19,11-19.
14. Josephus, *Antiquitates* XX,162-164.
15. *Antiquitates* XX,142-243.
16. *Antiquitates* XX,200.
17. Eusebius, *Kirchengeschichte* II 23,10-16.

Kapitel 34: Das große Pfingstereignis

1. Vgl. das Kapitel Chronologie, S. 233-234.
2. Mk 13,26.
3. Vgl. das Kapitel »Chronologie«, S. 235.
4. Paulus' gespannte Erwartung der Ankunft des Titus in 2 Kor 2,12-13; 7,5-7 hing z. T. damit zusammen, daß Titus aus Korinth kam. Er brachte die Antwort von Jesus, dem Paulus in 1 Kor 16,22 eine Botschaft gesandt hatte: »Unser Herr, komm« (Maranata). Paulus wollte, daß Jesus sich ihm auf der Rückreise nach Jerusalem anschloß, war aber nicht sicher, ob er einwilligen würde.
5. Apg 20,7-12.
6. Josephus, *Antiquitates* XX,169-72.
7. Apg 21,27-36.
8. Apg 23,11.

Kapitel 35: Die letzte Reise

1. Apg 27,1.
2. Apg 27,12.
3. Apg 27,20; vgl. Mk 13,24-25.
4. Apg 27,27-32; vgl. das Bootssystem im Kapitel »Ortsangaben«, S. 429 ff.
5. Apg 28,4-6.
6. Apg 28,11-15; vgl. das Kapitel »Chronologie«, S. 380.
7. 2 Tim 2,9.
8. Eusebius, *Kirchengeschichte* II,25,5-8: »Paulus also wurde enthauptet eben in Rom und Petrus, auch er wurde gekreuzigt kopfabwärts, wie gesagt wird in den Geschichten. Und es bestätigt die Geschichte diese Benennung des Petrus und Paulus, welche herrscht und kommt bis heute unter den Cömeterien dort.« Im selben Zusammenhang wird ein anderer antiker Schriftsteller namens Gaius zitiert: »Es ist mir aber möglich, daß ich zeige den Sieg der Apostel. Wenn du nämlich gehen willst zu Bisiqnus oder zu dem Weg von Ostia, so findest du dort den Sieg derer, welche

diese Kirche gründeten.« Und noch ein weiterer Gewährsmann, Diony-
sius, wird angeführt, um zu belegen, daß Petrus und Paulus zur gleichen
Zeit den Märtyrertod erlitten.

9. Tacitus, *Annales* XV,44.

Anhang I

Chronologie

Einführung

Die sorgfältige Untersuchung der Chronologie, die sich aus dem Pescher gewinnen läßt, liefert uns ein breites Spektrum höchst aufschlußreicher historischer Details.

Die asketische Gemeinschaft, die sich in Qumran und in der Wüste von Judäa versammelte, wurde geeint durch den Gebrauch des Sonnenkalenders. Während die übrigen Juden sich am Mondkalender orientierten, der noch heute der jüdischen Religion zugrundeliegt, und den Jerusalemer Tempel als ihr religiöses Zentrum betrachteten, feierten die Qumraner ihre Feste zu anderen Zeiten und beobachteten auch andere religiöse Vorschriften.

Das Jahr des Sonnenkalenders hatte 364 Tage, das Jahr des Mondkalenders 354 Tage. In einem ihrer Bücher beschuldigen die Anhänger des Sonnenkalenders den Mond, daß er den Kalender verderbe, weil er »von Jahr zu Jahr zehn Tage vor(geht)«. Diejenigen, die ihm folgen, sind Gott ungehorsam, denn sie feiern die Feste an den falschen Tagen (*Jub* VI,36-38).

Ein Jahr mit 364 Tagen ist 1¼ Tage oder dreißig Stunden kürzer als das echte Sonnenjahr. Dieses Sonnenjahr mit seinen 365¼ Tagen mißt der Julianische Kalender, der heute fast überall auf der Welt in Gebrauch ist. Er wurde im Jahre 45 v. Chr. als eine genauere und handlichere Methode der Zeitrechnung von Julius Cäsar eingeführt. Das Julianische Jahr hat 365 Tage. Der fehlende Vierteltag wird durch einen Extratag, den 29. Februar, der alle vier Jahre eingeschaltet wird, ausgeglichen.

Ein Kalender muß mit den tatsächlichen Bewegungen der Sonne übereinstimmen, sonst sind seine Datierungen nach einigen Jahren nicht mehr mit der Zeit synchron. So kann es geschehen, daß die Jahreszeiten des Kalenders nicht mit den tatsächlichen Jahreszeiten übereinstimmen und beispielsweise der Winter immer stärker in den kalendarischen Frühling hineinragt.

Die Methode, mit deren Hilfe ein Kalender aktualisiert wird, bezeichnet man als Interkalation – eine solche Interkalation ist etwa die Einschaltung eines 29. Februar. Wie der alte Sonnenkalender mit seinen 364 Tagen interkaliert wurde, ist noch nicht ganz klar. Aus bestimmten Details im Buch Daniel kann man jedoch schließen, daß die Interkalationsmethode, die auch der Pescher der Evangelien bestätigt, eine Einschaltung von 17½ Tagen alle 14 Jahre vorsah. (In 14 Jahren lag der Kalender 420 Stunden oder 17½ Tage hinter der Sonnenzeit zurück. Uns erscheint eine Einheit von 17½ Tagen als

225

merkwürdiges Zeitmaß, doch die Benutzer des qumranischen Sonnenkalenders sahen das anders: 17½ Tage sind 2½ Wochen, und eine Halbwoche war für sie eine ganz normale Zeiteinheit. Vgl. Daniel 9,27.)

Mit einem normalen Jahr von 364 Tagen ließ sich sehr gut rechnen. Es hatte 52 Wochen mit je sieben Tagen. (Die Siebentagewoche war eine speziell jüdische Errungenschaft, die in der römischen Welt keine Gültigkeit hatte. Sie geht zurück auf die Praxis, jeden siebten Tag, den Samstag, als Ruhetag zu begehen.)

Mit seiner geraden Wochenzahl stützte der Sonnenkalender das Bild von einer vollkommenen Symmetrie der Welt. Der Erste des ersten Monats war (in der normativen Position) jedes Jahr ein Mittwoch, und auch die Anordnung aller anderen Tagen blieb immer gleich. So war es jederzeit möglich vorherzusagen, auf welchen Wochentag ein bestimmtes Datum fallen würde.

Die Gepflogenheiten, die sich aus dem Gebrauch des Sonnenkalenders entwickelten, führten zu der Vorstellung, daß nicht nur die Vorgänge in der Natur, sondern auch die geschichtlichen Prozesse in vollkommener Symmetrie abliefen. Gott hatte die Sonne (den Gegenpart des ungehorsamen Mondes) an den Himmel gesetzt als eine himmlische Uhr, die Tage, Wochen, Jahre, Jubiläen und Epochen maß. Da der siebte Tag der heilige Tag war, wurden alle größeren Zeiteinheiten von der Zahl 7 bestimmt.

Eine besondere Bedeutung kam der Multiplikation sieben mal sieben zu. So war man z. B. überzeugt, daß die Jahre in Gruppen von 49 Jahren – sieben »Jahrwochen« – zu unterteilen seien. Das Buch der Jubiläen, das in einer der Qumranschriften erwähnt wird (CD XVI,3-4), teilt die alttestamentliche Geschichte denn auch in Einheiten von Jubiläen (in CD 49 Jahre, im Alten Testament allerdings fünfzig Jahre).

Größere historische Zeitabschnitte wurden in Einheiten von 490 Jahren unterteilt. Sie finden sich z. B. in der Henochapokalypse, im Buch Daniel und in manchen Fragmenten der Schriftrollen (4Q *180-181*, 4Q *384-389*, 4Q *247*, 11QMelch).

Der Glaube an diese Einheiten eröffnete allen Möchtegernpropheten der damaligen Zeit ein breites Betätigungsfeld. Man war überzeugt, daß Gott die großen Ereignisse der Geschichte grundsätzlich an mathematisch festgesetzten, großen Zeitenwenden geschehen ließ. Die essenischen Verfechter des Sonnenkalenders, die in dem Ruf standen, Propheten zu sein, machten sich deshalb daran herauszufinden, in welchen Intervallen in der Vergangenheit große Dinge geschehen waren, um daraus ein Schema zu konstruieren, das sie zur Vorhersage künftiger Krisen befähigte.

Ihr Interesse an einer mathematisch berechenbaren Ordnung des Universums wurde durch die Berührung mit pythagoreischem Gedankengut, das in der damaligen hellenistischen Kultur weitverbreitet war, noch verstärkt. Manche Zeitgenossen der Essener glaubten sogar, daß diese ein Leben nach der Lehre des Pythagoras führten (*Antiquitates* XV,371). Eines ihrer Hauptanliegen, das auch die anderen asketischen Gruppierungen, die sich mit ihnen zusammentaten, beherrschte, war die Vorhersage kommender Ereignisse. Vor allem aber ging es ihnen darum, das Ende der gegenwärtigen Ordnung und das Kommen der letzten großen Krise, aus der eine neue Ordnung erwachsen würde, zu errechnen. Viele von ihnen waren der Überzeugung, daß eine solche Krise etwa um die Zeit, in der Jesus lebte, eintreten würde – eine Erwartung, die sein Leben nachhaltig bestimmen sollte.

Einer Prophezeiung aus der Henochapokalypse (s. u.)*zufolge, die bei den Qumranern großes Ansehen genoß, traten die großen Ereignisse (Sintflut, Abraham, Exodus) in regelmäßigen Intervallen von 490 Jahren auf. Diese Annahme folgte einem System, das die Zeit der Propheten selbst als die siebte Weltwoche (490 Jahre) nach der Schöpfung einordnete. Die Welt mußte also vor sieben mal 490 Jahren geschaffen worden sein, d. h. nach unserer Zeitrechnung im Jahr 3668 v. Chr., wenn man berücksichtigt, daß die damaligen Prognostiker (wie sich nachrechnen läßt) im Jahre 238 v. Chr. lebten. Kurz nachdem dieses System eingeführt worden war, mußte das Schema allerdings geändert werden, was auch zu einer Verschiebung der Datierung der Schöpfung führte.

Alle Systeme gingen davon aus, daß die Welt etwa 4000 Jahre zuvor geschaffen worden war. Diese Zahl stammte aus dem Alten Testament, doch die verschiedenen Ausleger hatten keine Hemmungen, sie im einzelnen ihren Spekulationen anzupassen.

Vom 2. Jahrhundert v. Chr. an war es den Propheten klar, daß sie in nach ihren Berechnungen historisch entscheidenden Zeiten lebten. Eine ganze Anzahl von Schemata wurde von den verschiedensten Gruppierungen entwikkelt und immer wieder berichtigt. Einige dieser Schemata finden sich auch in Werken, die auf dem Sonnenkalender basieren (im Buch Henoch, bei Daniel, im Jubiläenbuch, in den Testamenten der zwölf Patriarchen und in Teilen der Schriftrollen vom Toten Meer). Wir kennen diese Schemata zwar, doch nicht immer war man sich bewußt, daß es Beziehungen zwischen ihnen gibt und daß man ihre Entwicklung zurückverfolgen kann.

Das interessanteste Ergebnis der Auseinandersetzung mit diesen alten Zeitrechnungen ist nicht mehr und nicht weniger als die Entdeckung des Fundamentes, auf dem die christliche Ära ruht.

Die »Großen Tage«

Mit steigender Spannung stellte sich auch immer brennender die Frage, in welcher Jahreszeit und an welchem Tag das erwartete große Ereignis eintreten würde. Der Sonnenkalender bot einen Rahmen, in dem sich die zahlreichen Möglichkeiten auf einige wenige reduzieren ließen.

Seine 364 Tage waren in vier Viertel zu je 91 Tagen unterteilt. Jede Jahreszeit bestand aus drei Monaten mit je dreißig Tagen; in jedem Vierteljahr gab es einen Extratag. Diese vier Extratage im Jahr wurden, weil sie gleichsam aus dem symmetrischen Schema der 360 Tage herausfielen, als besondere Tage betrachtet, als die »Großen Tage«, an denen die bedeutsamen Ereignisse geschehen würden. Sie wurden auf den Anfang des ersten, vierten, siebten und zehnten Monats gelegt, wie aus *Jub* VI,23 hervorgeht. Dort erfahren wir auch, daß schon die großen Krisen der Vergangenheit an diesen Tagen stattfanden. In der Datierung wurden sie jedoch nicht als Monatserste bezeichnet, sondern als 31. Tag des vorhergehenden Monats gerechnet, obwohl sie eigentlich zum folgenden Monat gehörten. Damit waren sie so etwas wie Null-Tage.

Der vollständige Sonnenkalender (in der normativen Position) ist in Tabelle A dargestellt:

Tabelle A
Sonnenkalender (Tagposition)

		I (Frühling)	TNG				II					III			
So		5	12	19	26		3	10	17	24	1	8	15	22	29
Mo		6	13	20	27		4	11	18	25	2	9	16	23	30
Di		7	14	21	28		5	12	19	26	3	10	17	24	31
Mi	1	8	15	22	29		6	13	20	27	4	11	18	25	
Do	2	9	16	23	30		7	14	21	28	5	12	19	26	
Fr	3	10	17	24		1	8	15	22	29	6	13	20	27	
Sa	4	11	18	25		2	9	16	23	30	7	14	21	28	
		IV (Sommer)	SW				V					VI			
So		5	12	19	26		3	10	17	24	1	8	15	22	29
Mo		6	13	20	27		4	11	18	25	2	9	16	23	30
Di		7	14	21	28		5	12	19	26	3	10	17	24	31
Mi	1	8	15	22	29		6	13	20	27	4	11	18	25	
Do	2	9	16	23	30		7	14	21	28	5	12	19	26	
Fr	3	10	17	24		1	8	15	22	29	6	13	20	27	
Sa	4	11	18	25		2	9	16	23	30	7	14	21	28	
		VII (Herbst)	TNG				VIII					IX			
So		5	12	19	26		3	10	17	24	1	8	15	22	29
Mo		6	13	20	27		4	11	18	25	2	9	16	23	30
Di		7	14	21	28		5	12	19	26	3	10	17	24	31
Mi	1	8	15	22	29		6	13	20	27	4	11	18	25	
Do	2	9	16	23	30		7	14	21	28	5	12	19	26	
Fr	3	10	17	24		1	8	15	22	29	6	13	20	27	
Sa	4	11	18	25		2	9	16	23	30	7	14	21	28	

		X		SW		XI					XII			
		(Winter)												
So		5	12	19	26		3	10	17	24	1	8	15	22	29
Mo		6	13	20	27		4	11	18	25	2	9	16	23	30
Di		7	14	21	28		5	12	19	26	3	10	17	24	31
Mi	1	8	15	22	29		6	13	20	27	4	11	18	25	
Do	2	9	16	23	30		7	14	21	28	5	12	19	26	
Fr	3	10	17	24		1	8	15	22	29	6	13	20	27	
Sa	4	11	18	25		2	9	16	23	30	7	14	21	28	

I Monatsbeginn um die März-Tagundnachtgleiche 14/1 Passa
(vgl. Tabelle C, S. 255). 15/III Pfingsten
IV Monatsbeginn um die Junisonnwende 10/VII Versöhnungsfest
VII Monatsbeginn um die September-Tagundnachtgleiche 15/VII Laubhüttenfest
X Monatsbeginn um die Dezembersonnwende Die 31. werden jeweils zum Folgemonat gerechnet.

Die Jahresviertel standen im Zusammenhang mit den Tagundnachtgleichen und den beiden Sonnwenden: um den 20. März und den 22. September, an denen Tag und Nacht gleich lang sind (Tagundnachtgleiche), und um
den 21. Juni und den 22. Dezember, dem längsten Tag und der längsten
Nacht im Jahr (Sonnwende). Die vier Einunddreißigsten wurden so nahe wie
möglich an diese Daten heranverlegt, obwohl es sich dabei normalerweise
um eine künstliche Tagundnachtgleiche bzw. Sonnwende handelte, da die
symmetrische Ordnung des Kalenders nicht mit den natürlichen Intervallen
übereinstimmte. Damit stand fest, daß der Himmel die großen Ereignisse
zur Zeit der Tagundnachtgleichen oder Sonnwenden schicken würde, oder
noch genauer gesagt, am jeweiligen Einunddreißigsten in der Nähe dieser
Phänomene.

Die Frage nach der entscheidenden Jahreszeit warf auch soziale und
politische Probleme auf. Die asketischen Gemeinschaften waren hierarchisch
gegliedert: Die Priester und Leviten bekleideten die höheren Ränge, die
Laien die niedrigeren. Die Laienschaft konnte zwar in der Natur beobachten,
welches der längste Tag oder die längste Nacht war, doch um die Tagundnachtgleichen zu bestimmen, bedurfte es des exakteren Wissens der Priester.
März und September waren daher zu besonders priesterlichen Jahreszeiten
geworden. Eine Krise, die in diese Zeit fiel, wäre als Zeichen dafür gedeutet
worden, daß der himmlische Kalender ein priesterlicher Kalender war. Wenn
die Krise dagegen um die Zeit der Sonnwende eintrat, so hätte man gesagt,
daß der Himmel sich den Laien zuneigte.

Neben diesen besonders geschichtsträchtigen Einunddreißigsten boten sich
auch die traditionellen jüdischen Festzeiten für ein Eingreifen des Himmels
an: das Passafest, der 14. des ersten Monats; das Versöhnungsfest, der 10. des
siebten Monats; das Laubhüttenfest, der 15. des siebten Monats; oder Pfingsten, das von den Anhängern des Sonnenkalenders, obwohl es im Alten

Testament kein festgelegtes Datum dafür gab, auf den 15. des dritten Monats verlegt worden war. Die favorisierten Tage blieben jedoch die Einunddreißigsten.

Im folgenden sollen zunächst die verschiedenen Schemata der Verfechter des Sonnenkalenders für die »Großen Jahre« dargelegt werden. Dabei wird deutlich, daß diese Konstrukte in ihrer weiterentwickelten Form entscheidende Bedeutung für die Geschichte Jesu und seiner Anhänger gewannen. Sie werden jedoch nur verständlich, wenn man sie in ihren Vorstufen betrachtet, die weit vor Jesu Zeit lagen.

Sodann soll eine äußerst exakte Chronologie aufgestellt werden. Dabei wird sich zeigen, daß die chronologischen Details im Pescher, wenn man sie im Lichte der Erkenntnisse der Kalenderforschung betrachtet, alle erforderlichen Informationen liefern. Und es wird zu zeigen sein, daß die Ursachen für viele Ereignisse gerade in dieser besonderen Form der Zeitbestimmung liegen.

Um Verwirrung zu vermeiden, werden weiterhin die traditionellen Zeitbegriffe »vor Christus« und »nach Christus« gebraucht.

Die Systematik der Jahreszählung

Zuerst sollen die tatsächlichen Ereignisse, die in den verschiedenen Schemata eine Rolle spielten, aufgelistet werden. Ihre Datierung ist entweder aus außerbiblischen Geschichtswerken bekannt, oder sie wird aus dem Pescher abgeleitet; in diesem Fall ist die Angabe mit (p) gekennzeichnet.

Wichtige Ereignisse

v. Chr. 238	Bildung der »Pflanzung der Gerechtigkeit« (1 Henoch 93, 10)
167	Der »Greuel der Verwüstung«. Antiochus Epiphanes läßt eine Zeusstatue im Tempel aufstellen (1 Makk 1,57)
164	Der Tempel wird (im Dezember) nach den Makkabäeraufständen wieder eingeweiht (1 Makk 1,57)
140	Vertreibung der Essener nach Qumran (TLevi 17,10)
103	Judas der Essener als Prophet (Antiquitates XII, 311)
63	Pompeius erobert Jerusalem (Antiquitates XIV, 71)
45	Einführung des Julianischen Kalenders
44 (p)	Die Magier verbinden den Julianischen mit dem Sonnenkalender (Apg 19,19)
40	Herodes der Große kommt an die Macht (Antiquitates XIV, 389)

230

37	Herodes erobert Jerusalem (*Antiquitates* XIV, 487)
31	Das Erdbeben in Qumran (*Antiquitates* XV, 121)
20	Herodes beginnt mit dem Wiederaufbau des Tempels (*Antiquitates* XV, 380)
11 (p)	Wiederbesiedelung Qumrans
8 (p)	Geburt Johannes des Täufers (September)
7 (p)	Geburt Jesu (März)
4 (p)	Tod des Herodes (*Antiquitates* XVII, 190)

n. Chr.	6	Aufstand unter Judas dem Galiläer (*Antiquitates* XVIII, 3; Apg 5,37)
	29	Beginn des Wirkens Jesu (Lk 3,1)
	33 (p)	Kreuzigung (März)
	40 (p)	Bekehrung des Paulus
	44	Tod des Herodes Agrippa I. (*Antiquitates* XIX, 350)
	49	Thronbesteigung von Herodes Agrippa II. (*Antiquitates* XX, 104)
	50 (p)	Christliche Mission in Europa
	54	Thronbesteigung des Kaisers Nero
	58 (p)	Paulus' letzter Besuch in Jerusalem
	60 (p)	Die Reise nach Rom
	64	Christenverfolgung durch Nero (Tacitus, *Annalen* XV, 44)
	70	Zerstörung Jerusalems

Das ursprüngliche Schema der Weltgeschichte

Einen auf dem Sonnenkalender basierenden Abriß der Weltgeschichte, der ganz offensichtlich als erstes von verschiedenen anderen Konstrukten entstand, finden wir in der Apokalypse des Henoch (*1 Henoch* 93,3-10; 91,12-16).

Die Welt soll insgesamt 4900 Jahre existieren, 10 x 490 Jahre. Den Abschluß der Weltgeschichte wird das Jüngste Gericht bilden, dem ein neuer Himmel folgt. Am Ende jeder »Woche« (Weltwoche) geschah etwas Großes in der Geschichte; das bisher weitreichendste Ereignis war das siebte, die Bildung der »Pflanzung der Gerechtigkeit«, der auch die Verfasser der betreffenden Prophezeiung angehören. (Es handelte sich wahrscheinlich um vertriebene Abkömmlinge der Zadokiden und Davididen, die sich zu einer neuen Gemeinschaft, den »Proto-Essenern«, zusammengeschlossen hatten, um sich ganz dem Studium der griechischen Wissenschaft, wie es sich z. B. in den Henoch-Büchern niederschlägt, zu widmen.)

v.Chr./n.Chr.	Anno Mundi	Welt- woche	Ereignis
v. Chr. 3668	0	0	Schöpfung
3178	490	1	Geburt Henochs
2688	980	2	Sintflut
2198	1470	3	Abraham
1708	1960	4	Moses und der Exodus
1218	2450	5	Bau des ersten Tempels
728	2490	6	Fall Jerusalems (Datum nicht korrekt)
238	3430	7	Bildung der »Pflanzung der Gerechtigkeit«
n. Chr. 253	3920	8	Wiedereinsetzung der Davididen im Tempel
743	4410	9	Das gerechte Gericht wird allen offenbar
1233	4900	10	Das Jüngste Gericht

Bei den drei letzen Datierungen handelt es sich natürlich um Prognosen. Aus diesem Schema leitete sich die folgenreiche Überzeugung ab, daß es in der 8. Weltwoche, 3920 AM, zu einer Wiedereinsetzung der davidischen Könige und der zadokidischen Priester kommen würde. Sie würden die Herrschaft über den Tempel wiedergewinnen und ihn dem wahren Gottesdienst zuführen, wie er im ersten Tempel praktiziert worden war.

Die Revision der Prophezeiung während der Makkabäeraufstände

Die ersten Essener arbeiteten mit den Makkabäern zusammen auf die Vertreibung der Seleukiden hin (1 Makk 2,42). In den drei Jahren des Freiheitskrieges wurden sie offenbar von der Erwartung getragen, den Tempel für sich zurückzuerobern. In dieser Zeit entstand auch das Buch Daniel, in dem einige Revisionen ihrer Zeitrechnung, die sich aus dieser Erwartung ergaben, enthalten sind. Sie waren der Ansicht, daß das Jahr der Restauration, das Weltjahr 3920, angebrochen sei, und erklärten deshalb das laufende Jahr (168 v. Chr.), das nach der vorigen Zeitrechnung für sie 3500 AM war, zum Jahr 3920 AM. Damit war die Welt 420 Jahre früher, als sie geglaubt hatten, geschaffen worden, und alle Datierungen im Schema mußten dieser neuen Zählung angeglichen werden. Die Angleichungen lassen sich im neunten Kapitel des Buches Daniel und im Jubiläenbuch nachweisen. Die falsche Datierung für den Fall Jerusalems, 728 v. Chr., wurde zu diesem Zeitpunkt noch beibehalten.

v. Chr.	AM	Weltwoche	Ereignis
4088	0	0	Schöpfung
1638	2450	5	Einzug ins verheißene Land *(Jub* 50,4)
1148	2490	6	
658	3430	7	Rückkehr aus dem Exil, 70 Jahre nach dem Fall Jerusalems 728 v. Chr. (Dan 9,2.25)
168	3920	8	RESTAURATION (Dan 9,24)
88	4000		Entscheidendes Ereignis im Jahr 4000, da von nun an ein Datierungssystem in 40er-Einheiten verwendet wird

Die revidierte Zählung nach der Korrektur der Datierung des Falls von Jerusalem

Als im Jahre 88 v. Chr. (4000 AM) kein entsprechendes Ereignis eintrat und die Essener nicht wie erwartet wieder in den Tempel einziehen konnten, mußte ein Grund für das Ausbleiben der Erfüllung gefunden werden. Man entdeckte den Irrtum bei der Datierung des Falls von Jerusalem. Daraufhin wurde eine Berichtigung vorgenommen, die zu einer beinahe korrekten Datierung des Ereignisses führte: 581 v. Chr. (nach heutiger Berechnung 587 v. Chr.). Das gesamte Schema wurde nochmals überarbeitet; das Ergebnis dieser Revision findet sich im *Testament Levis* 17 (einem Teil der Testamente der zwölf Patriarchen). An den neu errechneten Anno Mundi-Daten wurde bis in neutestamentliche Zeit festgehalten.

v. Chr./n. Chr.		AM	Welt- woche	Jub	»Woche«	Ereignis
v. Chr.	3941	0	0	0	0	Schöpfung
	581					Fall Jerusalems
	511	3430	7	0		Rückkehr aus dem Exil *(TLevi* 17,10)
	462			1		1. Hoherpriester *(TLevi* 17,2)
	413			2		2. Hoherpriester *(TLevi* 17,3)
	168			7	0	»Verunreinigung« im 7. Jubeljahr der Weltwoche (Antiochus) *(TLevi* 17,8)
	161				1	
	140				4	Rückkehr der Essener »in das Land der Verwüstung« (Exil in Qumran) *(TLevi 17,10)*

233

133			5	
119		8	7	8. Jubeljahr der Weltwoche
70		9		9. Jubeljahr der Weltwoche
41	3900			Beginn des letzten Jahrtausends der Welt
21	3920	8		RESTAURATION in der 8. Weltwoche
1	3940			Ende der ersten Generation des letzten Jahrtausends

n. Chr.

1	3941		
29	3969	1	
30	3970		
40	3980		
50	3990		
60	4000		Entscheidendes Ereignis im Jahr 4000
960	4900	10	Jüngstes Gericht

Datierungsschemata nach Exodus und Heiligem Krieg

Im Exil in Qumran entwickelten die Essener eine neue Art der Geschichtsinterpretation. Sie glaubten, daß die gegenwärtigen Ereignisse eine Wiederholung der Ereignisfolge im Alten Testament vom Exodus an darstellten. Man ging davon aus, daß der Exodus und der Heilige Krieg, der auf ihn folgte, jeweils 40 Jahre gedauert hatten (Dtn 1,3; 1QM II,6-14). Auch die Herrschaftszeit König Davids und Salomos umfaßte nach essenischer Überzeugung jeweils 40 Jahre (2 Sam 5,4; 1 Kön 11,42). Mit dem neuerwachten Interesse an der Systematik der Viererzahl wurden nun Ereignisabfolgen in Generationszeiträumen von 40 Jahren mit den Jubeljahren verknüpft.

Das ursprüngliche Schema ist in typologischer Form in Apostelgeschichte 13,17-24 dargestellt, wo scheinbar von tatsächlichen geschichtlichen Zeiträumen die Rede ist, aus der Terminologie der Zeitbegriffe jedoch klar erkennbar wird, daß ihnen ein Pescher zugrundeliegt. Dieses Schema wurde als Raster für die fünf Generationen zwischen 3800 und 4000 (141 v. Chr. bis 60 n. Chr.) entwickelt. Man war dabei teilweise genötigt, aus der Retrospektive zu argumentieren, da erst nach der Korrektur deutlich wurde, daß das Jahr 141 v. Chr. das Jahr 3800 der Schöpfung war.

v. Chr./n. Chr.	AM (korrigiert)	Generation	Ereignis
v. Chr. 141	3800	0	Neuer Exodus der Exilanten nach Qumran
101	3840	1	Neuer Heiliger Krieg
61	3380	2	Landnahme. Richter, Samuel
41	3900		Saul, 1. König
21	3920	3	RESTAURATION. König David
n. Chr. 20	3960	4	Salomo
60	4000	5	Teilung des Reiches

Die Termini »vierzig Jahre lang« (Apg 13,18) und »für vierzig Jahre« (Apg 13,21) haben jeweils die Pescherbedeutung »im Jahr 40«. Die »450 Jahre« in Apostelgeschichte 13,20 bedeuten soviel wie »im Jahr 450«, womit das Jahr 61 v. Chr. gemeint ist – 40 Jahre vor dem Jahr 21 v. Chr., das wiederum das Jahr 490 der achten Weltwoche, 3920 AM, war.

Die alttestamentlichen Namen »Samuel«, »Saul« und »David« wurden als Pseudonyme für zeitgenössische Personen gebraucht.

Die Revision des an Exodus und Heiligem Krieg orientierten Schemas durch Herodes den Großen

Herodes der Große, der im Jahre 40 v. Chr. an die Macht kam und die asketische Gemeinschaft in ihrem Kampf um eine Erneuerung des Judentums bestärkte, sah sich selbst am Anbruch des letzten Jahrtausends der Weltgeschichte (41 v. Chr. war 3900 AM). Mit den Erwartungen, die mit dieser Tatsache assoziiert waren, verband er ein neues Schema von Exodus und Heiligem Krieg, denn er war der Überzeugung, daß mit ihm selbst eine neue Phase begonnen hatte, die durch die Einführung eines neuen Datierungsschemas zum Ausdruck gebracht werden sollte. Wenn man davon ausging, daß im Jahr 3900 AM ein neuer Exodus stattfand, so wurde damit die Wiedereinsetzung der Davididen, die für das Jahr 3920 AM erwartet wurde, hinfällig. Herodes und seine Ratgeber griffen hier kühn in die Prophezeiungen ein und änderten sie zu ihren Gunsten.

Noch einen weiteren Aspekt bezogen sie in ihre Überlegungen ein: den Grundgedanken, daß die Einfügung eines Null-Jahres nach der Schöpfung eine Verschiebung sämtlicher Jahresdaten um ein Jahr ermöglichte, so daß nun das Jahr 40 v. Chr. dem Jahr 3900 AM entsprach. Diese neue Zeitrechnung bestand neben den früheren. Sie wird hier im Gegensatz zu diesen »solaren«

Zeitrechnungen als »lunisolar« bezeichnet, weil diejenigen, die ein Null-Jahr mitrechneten, einige Eigentümlichkeiten des orthodoxen Mondkalenders bei-behielten. Das Schema nach Herodes sah wie folgt aus:

v. Chr./n. Chr.		AM-S(olar)	AM-LS(olar)	Ereignis
v. Chr.	41	3900		
	40	3901	3900	Neuer Exodus
	1	3940		
n. Chr.	1	3941	3940	Neuer Heiliger Krieg
	40	3980		
	41		3980	Ende des Heiligen Krieges

Die ersten 40 Jahre verkörperten nicht nur einen neuen Exodus, sondern als erste Generation eines neuen Jahrtausends auch den Zeitraum, in dem 600 000 Mitglieder für das Neue Israel in der Diaspora gewonnen werden sollten, wie es der in Kapitel 6 des vorliegenden Buches beschriebene Missionsplan vorsah. Dieser Zeitraum würde seinen Abschluß in einer »Ernte«, dem »Einbringen« der vollen Mitgliederzahl, und im Einzug in das verheißene Land (*hē epangelia*, »die Verheißung«, p: »das verheißene Land«) finden.

Das Schema des Herodes wurde von einer Partei in die Praxis umgesetzt: von den Zeloten, denen es die chronologische Grundlage für ihren »Heiligen Krieg« lieferte. In der Kriegsrolle (1 QM) wird die Systematik der 40 Jahre noch genauer ausgeführt (Kolumne 2). Ein wesentlicher Aspekt ist dabei, daß die ersten 20 Jahre im Osten gekämpft werden sollte, die zweiten 20 Jahre, die der Gewinnung der »Söhne von Ham und Jafet« vorbehalten waren, im Westen (Ham − die Ägypter; Jafet − die Griechen und Römer).

Die anti-herodianischen Revisionen

Die Verfechter des Sonnenkalenders, die mit Herodes verbündet waren, warteten noch immer auf eine wenigstens teilweise Restauration im Jahr 21 v. Chr. Wenn sie schon nicht mit der Rückkehr der Davididen rechnen durften, so erhofften sie doch zumindest die Rückkehr der Sonnenpriester, der Abkömmlinge von Zadok und Abjatar, und damit auch der levitischen Priester in den Tempel. In dieser Erwartung entstand die Tempelrolle. Man ging davon aus, daß Herodes, wenn er sich den darin entworfenen essenischen Plan für den Wiederaufbau des Tempels zu eigen machte, den fertigen Tempel wieder den »wahren Priestern« überlassen würde. Doch Herodes lehnte den Plan ab.

Daraufhin entstanden eine ganze Reihe anti-herodianischer Parteien, die jeweils eine eigene Datierung für einen neuen Exodus vorschlugen. Aus einer dieser Splittergruppen formierten sich später die Christen, über deren Schemata wir aus dem Pescher ebenfalls Informationen erhalten.

a) Die erste anti-herodianische Revision, die sich in Johannes 2,20 niederschlug, nahm ihren Ausgang nach eigenen Angaben im Jahr 21 v. Chr., dem Jahr der enttäuschten Hoffnung auf eine Restauration. Das neue Schema sah folgendermaßen aus:

v. Chr./n. Chr.		AM-S	Ereignis
v. Chr.	21	3920	Exodus – Berg Sinai – Tabernakel *(Jub 1,1)*
n. Chr.	20	3960	Heiliger Krieg
	60	4000	Ende des Heiligen Krieges

Einige Mitglieder der Gruppe nahmen noch eine weitere Anpassung vor. Das Jahr 21 v. Chr. war das Jahr 3920 AM gewesen, das Ende einer Weltwoche und das Ende einer Jubiläe. Wie es bei allen Zeitrechnungen möglich war, konte man auch hier eine Null-Einheit nach der Schöpfung einschalten und die Datierung damit um eine Einheit nach hinten verschieben. So wurde eine Null-Jubiläe postuliert, die als das Letzte Jubeljahr bezeichnet wurde. (Die Wendung taucht in einem Fragment der Schriftrollen [11QMelch 7] auf, in einem Kontext, in dem es um den Lehrer der Gerechtigkeit geht.) Daraus ergab sich eine Verschiebung der erwarteten Ereignisse auf das Jahr 29 n. Chr., also 49 Jahre später. Das ist der Hintergrund für die Aussage Jesu im September des Jahres 29 n. Chr., als er in der Synagoge die Worte aus Jesaja 61,1-2 über »das Gnadenjahr des Herrn« (*eniauton kyriou dekton*, das heißt, das Jubeljahr für die Befreiung der Gefangenen) zitierte und verkündete: »Heute ist dieses Wort der Schrift erfüllt vor euren Ohren« (Lk 4,16-21). Die neutestamentliche Zeit war die Zeit, in der die verzögerte Restauration am Ende des Letzten Jubeljahres doch noch Realität werden sollte. (Vgl. auch S. 241 zu Johannes 2,20.)

b) Der Orden Efraim, die ägyptischen Therapeutae, hatten den Herodiern als Herrschern ihre Unterstützung versagt, wünschten jedoch die Rückkehr der davidischen Könige. Obwohl sie in der Diaspora lebten, stimmten sie in vielen Punkten mit den palästinischen Essenern überein.

Sie hatten im Jahr 31 v. Chr., kurz vor dem Erdbeben, eine Revision ihrer Lehre vorgenommen; nicht zuletzt auch deshalb wurde ihr Führer als das »Erdbeben« bezeichnet. Indem sie ein Null-Jahrzehnt einschalteten, konnten sie das Jahr 31 v. Chr. als den Ausgangspunkt des letzten Jahrtausends betrachten (nach solarer Zeitrechnung). Infolgedessen begannen sie ihren neuen Exodus, als sie sich den anti-herodianischen Gruppen anschlossen, zehn Jahre nach dem Jahr 21 v. Chr., also im Jahr 11 v. Chr. Ihr System sah wie folgt aus:

v. Chr./n. Chr.		AM-S	Ereignis
v. Chr.	31	3910	Beginn des Jahrtausends
	11	3930	Exodus
n. Chr.	30	3970	Heiliger Krieg
	70	4010	Ende des Heiligen Krieges

Eine der Varianten des Jahres 3970 AM (vgl. »Varianten in der Jahreszählung«) fiel in den September des Jahres 33 n. Chr. – das »Jahr 40« ihres Exodus. Folglich fiel ihr »Jahr 38« (ein in der Exodus-Theorie ebenfalls bedeutsames Jahr; vgl. Dtn 2,14) auf den September des Jahres 31 n. Chr. – den Zeitpunkt, an dem laut Johannes 5,5 der Mann, der »achtunddreißig Jahre« (»im Jahr 38«) »krank« war, an den Teich Bethesda kam.

Da das Letzte Jubeljahr, nun auf das Jahr 3969 AM gelegt, nach der in (a) erläuterten Angleichung auf das Jahr 29 n. Chr. fallen mußte, war es möglich, dieses Datum mit dem revidierten Exodus-Schema in (b) zu verknüpfen. Damit wurde die neutestamentliche Zeit zu einer Zeit intensivster Erwartung, weil in ihr verschiedene Prophezeiungsstränge zusammenliefen.

Für die Befürworter eines Heiligen Krieges wurde nach diesem Schema ausgerechnet das Jahr zum entscheidenden und letzten, das schließlich zum Jahr des Falles von Jerusalem werden sollte. Sie hatten sich mit dem Zelotentum eingelassen – eine Verbindung, in die sie verstrickt bleiben sollten –, und das Datum mag bei ihrem Angriff auf die Römer durchaus eine Rolle gespielt haben.

Diese Gruppe war es auch, die Qumran etwa zwanzig Jahre nach dem Erdbeben wieder besiedelte. Die Neubesiedelung lieferte ihren Mitgliedern einen definitiven Ausgangspunkt für eine neue Ordnung, und noch vierzig Jahre später glaubten manche von ihnen daran, daß das Schema der Geschichte von dieser Ordnung geprägt sei.

c) Aus der letzten anti-herodianischen Revision erwuchs das christliche Zeitalter.

Das Jahr 3940 AM (bzw. 1 v. Chr., solar) war das Jahr des Endes des von Herodes dem Großen postulierten Exodus und der Beginn des Heiligen Krieges nach seiner Zeitrechnung gewesen. Sein Sohn Archelaus, der um diese Zeit Kontakte mit den Nationalisten pflegte, konnte die Einhaltung des Schemas – den Beginn des Heiligen Krieges in Gestalt des Zelotenaufstands – mitverfolgen. Zur gleichen Zeit formierte sich jedoch noch eine andere Partei, deren Ansichten in dieser Datierungsform keinen Platz hatten. Ihre Anhänger waren sämtlich Gegner der herodischen Herrschaft und spalteten sich in zwei Lager, von denen das eine pazifistisch ausgerichtet war und sich gegen das Erheben der Waffen überhaupt sträubte. Sie verliehen ihrer Gegnerschaft gegen das herodianische Schema Ausdruck, indem sie eine Null-Generation von 40 Jahren nach der Schöpfung postulierten. Einige zogen dabei eine Zählung nach 40 Jahre währenden Generationen der Rechnung mit Jubeljahren vor. Durch die Einschaltung einer Null-Generation konnten sie erklären, daß das Jahr 1 v. Chr. dem Jahr 3900 AM und nicht dem Jahr 3940 AM (solar) entspräche. Ihr System sah in seiner (nord)-solaren Version so aus:

v. Chr./n. Chr.		unkorrigiert	korrigiert	Ereignis
v. Chr.	1	3940	3900	Jahrtausend und Exodus
n. Chr.	40	3980	3940	Heiliger Krieg
	80	4020	3980	Ende des Heiligen Krieges
	100	4040	4000	Entscheidendes Ereignis des Jahres 4000

Da die Herrschaft der Davididen und nicht die der Herodier eines der politischen Ziele dieser Partei war, erfuhr ihre Zeitrechnung eine triumphale Bestätigung, als tatsächlich ein Davidide – Jesus – zum geistlichen Oberhaupt des Reiches wurde.

Die Datierungsform, nach der sie vorgingen, wird in Lukas 3,23 deutlich. Die Wendung »etwa (hōsei) dreißig Jahre« hat die Pescherbedeutung »das Jahr vor dem Jahr 30«. Der Vers bezieht sich also auf das Jahr 29 n. Chr. Damit wurde das Jahr 30 n. Chr. zum Jahr 30 des letzten Jahrtausends. Manchmal wurde auch von anderen Varianten des Jahrtausend-Jahres her gerechnet (s. unten S. 243).

Varianten in der Jahreszählung

Wir haben gesehen, daß die Herodianer, indem sie ein Null-Jahr nach der Schöpfung einschalteten, eine Verschiebung sämtlicher Datierungen um ein Jahr erzielten; diese Datierungen wurden als lunisolare Daten bezeichnet. Es gab noch andere Variationen ähnlicher Art, die damit zusammenhingen, daß der Kalender nach verschiedenen Theorien gestaltet und darüber hinaus immer wieder den historischen und kulturellen Entwicklungen angepaßt wurde. Das führte zu weiteren Problemen, über die uns die entsprechenden Quellen Aufschluß geben.

Die Hauptschwierigkeit – sowohl nach der solaren wie nach der lunisolaren Version – bestand in einer Differenz von 3½ Jahren. Die betreffende Variante wurde in den Jahren 165-164 v. Chr. eingeführt und ist eines der Themen des Buches Daniel (9,27; 12,11-12).

Man führte also eine Interkalation von 3½ Jahren durch. Während das bedeutsame Jahr 3920 AM ursprünglich nach dem Sonnenkalender mit der Tagundnachtgleiche im März des Jahres 168 v. Chr. angebrochen war, wurde nun eine »Halbwoche« von 3½ Jahren eingeschaltet, so daß der Beginn dieses

Weltjahres jetzt auf den September 165 v. Chr. fiel. Mit diesem Datum begann nun erneut das Jahr 3920 AM – eine Datierung, an der sich alle folgenden Daten orientierten.

Die oben dargestellte Version ging auf eine Gruppe zurück, die sich stärker dem Priestertum verpflichtet fühlte. Eine andere, eher auf die Laienschaft ausgerichtete Gruppe nahm nochmals eine leichte Verschiebung vor: Sie verlegte die 3½ Jahre auf den Zeitraum von September 168 v. Chr. bis März 164 v. Chr.

Auf diese Veränderung bezieht sich der rätselhafte Hinweis auf die 1290 Tage in Daniel 12,12. (Zu einer detaillierteren Einteilung der Tage vgl. die Anmerkungen zur Methode der Interkalation, S. 257 ff.).

Die Interkalation geht auf die dreijährige Zeitspanne zurück, während der der Tempel verunreinigt gewesen war. In dieser Zeit hatten keine religiösen Feste stattgefunden – d. h., es hatte überhaupt keine »Zeit« gegeben, da die Zeitrechnung einzig und allein von den religiösen Festen her lebte. Eine Interkalation aber stellte so etwas wie eine Art »Nicht-Zeit« dar, an deren Ende dann die Datierung wieder nahtlos an das Datum vor der »Nicht-Zeit« anschloß. In einer anderen Metapher wurden die 3½ Jahre als »Hungersnot« bezeichnet, denn wenn es keine Feste gab, gab es auch »keine Speise«.

Außerdem hatte die Interkalation wohl noch technische Gründe, wie daran deutlich wird, daß eine Verschiebung um 3½ statt um drei Jahre – die genaue Zeit der Tempelschändung – vorgenommen wurde. Als popularisierte Erklärung setzte sich jedoch die obige Begründung durch.

Diejenigen, die die neue Datierung entweder von September 165 oder März 164 v. Chr. benutzten, gehörten zu den Anhängern des Tempels. Eine dritte Gruppe, die in Galiläa oder in der Diaspora lebte und nicht dem Jerusalemer Tempel huldigte, hielt sich dagegen weiterhin an die alte Zeitrechnung, die das Jahr 3920 AM mit dem Jahr 168 v. Chr. gleichsetzte. Die unterschiedlichen Auffassungen dieser beiden großen Parteien – gegen und für den Tempel, hier »Nord« und »Süd« genannt – blieben auch nach einer nochmaligen Korrektur der AM-Zählung bestehen. Ihre Datierungen werden deshalb als »nordsolar« (NS) bzw. »südsolar« (SS) bezeichnet.

Die nordsolare Datierung wurde zur Grundlage für die christliche Epoche, da die Christen aus der Gruppierung hervorgingen, für die der Jerusalemer Tempel keine Bedeutung hatte. Diese Datierung war im Jahr 41 v. Chr. beim Jahr 3900 AM angelangt und im Jahr 1 v. Chr. im Jahr 3940 AM, das in der Folge, wie oben gezeigt wurde, in das Jahr 3900 AM umdatiert wurde.

Die lunisolare Variation nach Herodes dem Großen wurde auch auf die südliche Datierung angewandt, so daß sie in ihrer Datierungsweise ein Jahr hinter der südsolaren zurücklag.

Damit entsprachen in neutestamentlicher Zeit nach nordsolarer (NS) Rechnung das Jahr 29 n. Chr. (September), nach nordlunisolarer (NLS) das Jahr 30

n. Chr. (September), nach südsolarer (SS) das Jahr 33 n. Chr. (März) und nach südlunisolarer (SLS) das Jahr 34 n. Chr. (März) jeweils dem Jahr 3969 AM.

Die letztere Datierung, SLS 3969 im Jahr 34 n. Chr., spiegelt sich in einer Aussage im Pescher zu Johannes 2,20: »Dieser Tempel ist [im Jahr] 46 erbaut worden« (in der Oberflächenbedeutung: »in 46 Jahren«). Die Aussage stammt aus dem März des Jahres 31 n. Chr. (vgl. die ausführliche Chronologie). Es hatte sich soeben eine neue Gruppe gebildet – ihren »Tempel erbaut«. Das Jahr war das Jahr 46 der SLS Jubiläe. Das Jahr 49 dieser Jubiläe, 3969 AM, würde auf das Jahr 34 n. Chr. fallen. Das betreffende Jubeljahr war das Letzte Jubeljahr, das letztmögliche Datum für die Erfüllung der Prophezeiung, von der oben die Rede war. In dem Satz im Johannesevangelium kommt also die Lehre vom Letzten Jubeljahr nach der SLS-Version zum Ausdruck.

Das Zwischenjahr

In diese Situation mischten sich die samaritischen Magier mit eigenen Berechnungen, da sie sich weder der Nord- noch der Südpartei zugehörig fühlten. *Ihr* Heiligtum war der Tempel auf dem Berg Garizim in Samaria (Joh 4,20; *Antiquitates* XII,10), und sie sahen sich in einer Zwischenposition. Deshalb führten sie ein Zwischenjahr zwischen den beiden von der Laienrichtung postulierten Solarjahren ein: 166 v. Chr. zwischen 168 und 164 v. Chr. Zur Zeit der Wiederbesiedelung von Qumran fiel das Jahr 3930 AM nach nordsolarer Rechnung auf das Jahr 11 v. Chr., nach südsolarer auf den März des Jahres 7 v. Chr. Das samaritische solare Zwischenjahr (InterS) fiel damit auf das Jahr 9 v. Chr.

Daneben gab es auch ein lunisolares Zwischenjahr (InterLS), das sich an der herodianischen Berechnung orientierte.

All diese Abweichungen standen für politische, soziale und religiöse Unterschiede zwischen den einzelnen Gruppierungen und dienten zugleich dem Zweck, die Parteien voneinander abzugrenzen. Für die Geschichte waren in erster Linie die politischen Fragen relevant. Als die nordsolare Jahreszählung, die von den Christen verfochten wurde, triumphierte, war das ein Zeichen des Sieges für einen Standpunkt, der zwar einige Aspekte des Judentums respektierte, den Tempel und die Priesterschaft jedoch ablehnte.

Die für die neutestamentliche Periode entscheidenden Daten lassen sich wie folgt darstellen:

v. Chr.	NS	NLS	InterS	InterLS	SS	SLS
29	3969					
30	3970	3969				
31	3971	3970	3969			
32		3971	3970	3969		
33			3971	3970	3969	
34				3971	3970	3969
35					3971	3970
36						3971

Wie bereits gezeigt wurde, konnten die Jahre entweder im März oder im September beginnen. Für den Süden lag der Jahresanfang im September des Vorjahres, also im vorangehenden Julianischen Jahr. Das Jahr 3969 AM begann damit nach südsolarer Berechnung entweder im September 32 oder im März 33 n. Chr., je nachdem, wann die 3½jährige Zeitspanne eingesetzt hatte − im März oder im September 29 n. Chr.

Das Generationsjahr

Für diejenigen, die nach Generationen zu 40 Jahren rechneten, ergab sich noch ein weiterer Streitpunkt: Begann die Zeitspanne einer Generation im Null-Jahr oder in dem mit 1 bezeichneten Jahr, also z. B. im Jahr 3940 AM oder im Jahr 3941 AM? Für die Verfechter des Sonnenkalenders, die im allgemeinen keine Einschaltung eines Null-Zeitraumes nach der Schöpfung zuließen, begann die Generationenspanne im Null-Jahr, für die herodianischen Lunisolaristen dagegen im Jahr 1. Wenn man diese Tatsache mit der anderen verbindet, daß das lunisolare Jahr 3940 AM ein Jahr nach dem solaren 3940 AM begann, so begann das herodianische Generationsjahr 3941 zwei Jahre später als das solare Generationsjahr 3940.

Um diesen Aspekt geht es in der im Matthäusevangelium berichteten Geschichte vom Besuch der drei Weisen aus dem Morgenland nach der Geburt Jesu (Mt 2,7-16). Die Magier täuschten Herodes nicht nur über den Ort, an dem Jesus geboren war, sondern auch über sein Geburtsdatum, was dazu führte, daß Herodes erst zwei Jahre später mit der Geburt des Kindes rechnete. Er fragte sie:»Wann (chronos, p: Generation) soll der Erbe Davids geboren werden?« und erhielt die Auskunft »im Generationsjahr der Südpartei«. Für die Magier, die dem Sonnenkalender anhingen, war das das Jahr SS 3930, der März 7 v. Chr., die Zeit, in der Jesus tatsächlich geboren worden war. Für Herodes dagegen bedeutete es das Jahr 5 v. Chr., da das Jahr SLS 3930 auf das Jahr 6 v. Chr. fiel, und das Jahr SLS 3931, sein Generationsjahr, auf das Jahr 5 v. Chr. Deshalb wartete er zwei Jahre, und als er seinen Fehler entdeckte, forschte er nach Kindern, die zwei Jahre alt waren.

Diese Abweichungen in der Zeitrechnung stehen auch hinter dem Ausspruch in Johannes 4,9: »Die Juden haben nicht dieselbe Zeitrechnung (*synchrōntai*, »haben keine Gemeinschaft«) wie die Samariter«. Die »Juden« waren die Herodianer (vgl. das Kapitel »Hierarchie«, S. 465), die einen *chronos*, ein Generationsjahr, hatten, das zwei Jahre später begann als das der solar orientierten Samariter. So kam es zu einer weiteren Abweichung bei den Tagesdatierungen.

Für diejenigen, die vom anti-herodianischen Jahrtausend ausgingen, entsprach das Jahr SLS 3900 dem Jahr 5 n. Chr. und das Jahr SLS 3901 dem Jahr 6 n. Chr. Die Wirren in den Jahren 5 und 6 n. Chr. führten dazu, daß diese Jahre als der Anfang des Jahrtausends betrachtet wurden, wobei das Jahr 5 als das Jahr 0 bezeichnet wurde und das Jahr 6 als das Jahr 1. Entsprechend war das Jahr 17 n. Chr. das Jahr 12 (Lk 2,42; Mk 5,25.42), und das Jahr 23 n. Chr. war das Jahr 18 (Lk 13,11) – jeweils nach der Pescherbedeutung.

Fast alle asketischen Gruppierungen betrachteten das Jahr 6 n. Chr. übereinstimmend als wichtiges Generationsjahr und bezeichneten es als den Anfang der »Zeit des Zornes« (CD I,5) – der Zeit, in der die römische Unterdrückung begann. Manche studierten das Buch Ezechiel daraufhin, wie lange diese »Zeit des Zornes« dauern sollte, und stellten dabei fest, daß Israel eine 390 Jahre während Zeit der Bestrafung bevorstand (Ez 4,5). So wurde das Jahr 6 n. Chr. zu »der Zeit des Zornes, 390 Jahre, nachdem er sie in die Hand des Herrschers von Rom gegeben hatte« (vgl. S. 28 f.).

Die Integration des Julianischen Kalenders

Im Jahr 44 v. Chr. übernahm die samaritische Hälfte des Ordens Manasse den Julianischen Kalender, der soeben in der römischen Welt eingeführt worden war. Diese Samariter lebten in der Diaspora und hatten, obwohl sie Rom nicht freundlich gesinnt waren, viele hellenistische Bräuche angenommen. Der Julianische Kalender mit seinem am 1. Januar beginnenden Jahr ließ sich mit ihrem traditionellen Sonnenkalender verbinden, indem man dem Dezember, einem Monat, in dem keines der alten jüdischen Feste lag, ein neues religiöses Profil verlieh. So konnte man dem Julianischen Jahr einen religiösen Anfangspunkt in der Dezember-Sonnwende setzen, und den weltlichen Jahresanfang auf den 1. Januar verlegen. (Hier liegt auch der Ursprung für das christliche Weihnachtsfest.)

Die zweite Sonnwende lag im Juni. Die Sonnwenden standen als weniger wichtige Festzeiten neben den Tagundnachtgleichen, und man ging davon aus, daß sie jeweils auf die Tagundnachtgleichen folgten. Damit bildeten die Tagundnachtgleiche im März und die Sonnwende im Juni ein Paar, und die Tagundnachtgleiche im September und die Sonnwende im Dezember ein zweites. Diese Praxis blieb bei den Juden, die den Julianischen Kalender übernommen hatten, in Kraft. Als dann später das Bedürfnis bestand, zwei aufeinanderfolgende Jahre miteinander zu verbinden, wurden Dezember und Januar behandelt, als ob sie zu beiden gehörten, und der Dezember wurde damit zu einem frühen Beginn des folgenden Jahres. Diese Praxis wurde für die Christen verbindlich; lange Zeit begann für sie das Jahr sowohl im Januar als auch im darauffolgenden März.

Das Datum der Gründung der Sekte der Magier offenbart der Pescher von Apostelgeschichte 19,19. Bei einer Episode im Jahr 57 n. Chr. wurden ihre magischen Bücher, deren Wert mit 50000 Silberstücken angegeben wird, verbrannt. Die Magier waren nur ein »Halbstamm«, entsprechend dem alttestamentlichen Stamm Manasse, deshalb hatte ihr westlicher Zweig 500 Mitglieder. Jedes Mitglied hatte jedes Jahr ein Silberstück als Gebühr bezahlt, so daß der Orden innerhalb von hundert Jahren ein Vermögen von 50000 Silberstücken angesammelt hatte. Daraus läßt sich ableiten, daß der Orden hundert Jahre zuvor, im Juni 44 v. Chr. (bzw. im März, da die beiden Monate nach der Zeitrechnung der Magier zusammengehörten), gegründet worden war.

Die Messung historischer Zeiträume in Einheiten von 480 Jahren

Die Verfechter des Sonnenkalenders, die ihren Berechnungen stets die Zahl 7 zugrundelegten, unterteilten die Geschichte in Zeiträume von 490 Jahren, wobei das Gesamt der Geschichte einen Zeitraum von 4900 Jahren umfaßte. Andere wiederum glaubten, daß das Jüngste Gericht schon nach 4000 Jahren eintreffen würde. Die neutestamentliche Zeit war für sie folglich eine Zeit großer Spannung.

Ihre Methode der Einteilung eines Jahrtausends beruhte auf Generationen zu je 40 Jahren. Einer ersten Einheit von 40 Jahren folgten zwei Einheiten zu je 480 Jahren. Das Jahr 4000, das in das Jahr 60 n. Chr. fiel, war ein solches 480er Jahr, so daß 21 v. Chr. ein 400er Jahr war (Apg 7,6p).

Wie in der Terminologie des Henoch 490 Jahre eine »Woche« verkörperten, so galt auch der Zeitraum von 480 Jahren als eine Woche, allerdings eine Woche mit acht Tagen, bei der jeder »Tag« aus 60 Jahren bestand. Der achte Tag war eine Art Extratag, der sich mit dem ersten Tag der kommenden Woche überschnitt. Die Jahre 1 v. Chr. bis 60 n. Chr. waren der »achte Tag« der 480 Jahre, die im Jahr 60 n. Chr. ihren Abschluß fanden.

Da 60 Jahre einem »Tag« entsprachen und ein Tag wiederum zwölf Stunden Tageslicht hatte (Joh 11,9), ergaben fünf Jahre eine »Stunde«. Für den »achten Tag«, um den es hier geht, entsprach 6 Uhr morgens dem Jahr 1 v. Chr., 7 Uhr morgens war das Jahr 5 n. Chr, 9 Uhr das Jahr 15 n. Chr., 12 Uhr mittags das Jahr 30 n. Chr., 15 Uhr das Jahr 45 n. Chr. und 17 Uhr (die 11. Stunde) das Jahr 55 n. Chr. Das Gleichnis im Matthäusevangelium von den Arbeitern im Weinberg, die in Abständen von drei Stunden an die Arbeit geschickt wurden und unter denen nachher Klagen laut wurden, weil diejenigen, die erst um die 11. Stunde gekommen waren, denselben Lohn erhielten wie die übrigen (Mt 20,1-16), betrifft historische Ereignisse, die gleichzeitig präzise datiert werden: Der »Weinberg« war die im Jahr 1 v. Chr. in Rom gegründete Organisation, die eine revidierte Form der herodianischen Mission vertrat. Sie war der Vorläufer der christlichen Kirche in Rom. Die Zeitangaben bei Matthäus decken sich mit denen des Markusevangeliums (Mk 12,1-11).

Ehe- und Initiationsvorschriften als Datierungshilfe

Wie bereits in Kapitel 8 erläutert wurde, hatte die essenische Überzeugung, daß die Sexualität einzig und allein dem Zweck der Fortpflanzung diene, strenge Regeln zur Folge, die darauf berechnet waren, den sexuellen Kontakt zwischen den Eheleuten so lang wie möglich hinauszuschieben. Aus Details im Pescher läßt sich ableiten, daß ein König oder auch das Oberhaupt einer Dynastie entsprechend der Theorie von den Generationen zu 40 Jahren im Idealfall im Alter von 40 Jahren einen Sohn bekommen sollte. Da es jedoch passieren konnte, daß das erste Kind ein Mädchen war, war das Heiratsalter für den König auf 36 Jahre festgesetzt. Als Zeit für die Hochzeitszeremonie war der September vorgeschrieben. Der Geschlechtsverkehr mußte jedoch auf die weniger heilige Zeit im Dezember verschoben werden. Wenn sich alles planmäßig entwickelte, kam das Kind dann im kommenden September zur Welt, in dem Monat, in dem der Mann, der möglichst ebenfalls im September geboren sein sollte, 37 Jahre alt wurde. Da die Regel besagte, daß der Ehemann nach der Geburt eines Sohnes das eheliche Leben erst nach sechs Jahren wieder aufnehmen durfte, nach der Geburt einer Tochter aber bereits nach drei Jahren, hatte die Erstgeburt einer Tochter zur Folge, daß er im Alter von 40 Jahren zurückkehren und damit den ersehnten Sohn immer noch im folgenden Jahr bekommen konnte. Für die späteren Kinder gab es keine festgelegte Wartezeit. Im Idealfall wurde die Frau sofort schwanger, so daß der Ehemann neun Monate später wieder ins zölibatäre Leben zurückkehren konnte.

Wenn man also das Geburtsdatum eines Mannes kannte, so ließ sich daraus das Datum seiner Eheschließung errechnen. Und wenn das Geschlecht des Kindes, das im folgenden Jahr zur Welt kam, bekannt war, wußte man auch, wann der Vater wieder zu seiner Familie zurückkehren würde. All dies geschah stets im Zusammenhang mit den Tagundnachtgleichen oder den Sonnwenden. So wurde dem ersten Sohn ein offizielles Geburtsdatum am Tag der Tagundnachtgleiche oder der Sonnwende und bei den Mitgliedern, die sich am Julianischen Kalender orientierten, zusätzlich am Ersten des Julianischen Monats zugeteilt. Die später geborenen Kinder benutzten dann ihr tatsächliches Geburtsdatum.

245

Auch aus den Initiationsvorschriften lassen sich Datierungen ableiten. Die wichtigsten Schritte zur Aufnahme in die Gemeinschaft wurden jeweils in ganz bestimmten Altersstufen vollzogen. So durchlief ein Junge mit zwölf Jahren eine Zeremonie wie die der Bar Mitzvah. Sie galt als eine Art zweite »Geburt«, weil das Kind danach von seiner Mutter getrennt wurde. Jesus, der im März des Jahres 7 v. Chr. zur Welt kam, war im März des Jahres 6 n. Chr., zur Zeit der Volkszählung von Quirinius, zwölf Jahre alt. Lukas 2,1-2 bezieht sich auf diese Tatsache, wenn es heißt, daß Jesus zur Zeit der Volkszählung »geboren« wurde – einer der scheinbaren Schnitzer des Lukas, da Jesus in diesem Fall zu Beginn seines Wirkens erst dreiundzwanzig Jahre alt gewesen wäre. Gemeint ist hier jedoch seine symbolische Geburt, deren Datierung im März 6 n. Chr. uns sein wirkliches Geburtsdatum liefert: März 7 v. Chr.

Mit zwanzig Jahren begann die Initiation in die Gemeinschaft der Erwachsenen. In diesem Alter galt ein Mann für heiratsfähig, wie aus 1QSa I,10 zu entnehmen ist. Wenn er jedoch einem der höheren Orden angehörte, mußte er vor seiner Eheschließung eine Reihe von Initiationsstufen durchlaufen, die zugleich auch Stufen in seiner Ausbildung waren. Mit 23, drei Jahre nach dem Beginn der Initiationsphase, wurde er Vollmitglied der Sekte. Es folgten vier weitere Jahre der Ausbildung in einer zölibatären Gemeinschaft, die in eine Graduierung im Alter von 27 mündeten. Mit 30, nach drei Jahren praktischer Ausübung irgendeines Amtes, hatte der Initiand schließlich die höchste Stufe erreicht.

Dieses feste Initiationsschema benutzt der Pescher der Evangelien und der Apostelgeschichte, um Angaben über bestimmte geschichtliche Daten im Leben der Hauptpersonen zu machen.

Detaillierte Chronologie

Die Evangelien und die Apostelgeschichte enthalten eine ganz genaue, detaillierte Chronologie für jedes bedeutsame Ereignis zwischen 9 v. und 63 n. Chr. Sie bleibt dem Leser, der sich nur auf die Oberflächenerzählung konzentriert, verborgen, eröffnet sich aber dem, der die Sonderbedeutungen der Begriffe kennt und mit dem Sonnenkalender gründlich vertraut ist.

Hinter Termini mit einer scheinbar vagen Bedeutung stecken in Wirklichkeit ganz präzise Zeitangaben. Zu den brauchbarsten gehören hier die einfachen Wendungen »zu jener Zeit« oder »zu dieser Zeit«. Sie beziehen sich auf die Tagundnachtgleichen bzw. auf die Sonnwenden. Mit »zu jener Zeit« sind die Tagundnachtgleichen gemeint, die stärker dem priesterlichen Bereich zugeordnet waren und sich dem Einblick der Laienschaft entzogen. »Zu dieser Zeit« meint die Sonnwenden. Aber auch an der Wortstellung im Griechischen wird deutlich, welches Phänomen jeweils gemeint ist. *En tais hēmerais ekeinais* bedeutet März und *en ekeinais tais hēmerais* September. *En*

246

tais hēmerais tautais bedeutet Juni und *en tautais tais hēmerais* Dezember. Die Regel für die Wortstellung in diesen wie auch in anderen derartigen Wendungen lautet: Wenn das Substantiv vorgestellt ist (Wortstellung 1), so ist der frühere Monat gemeint.

Weitere Beispiele für Begriffe, die eine exakte Zeitbestimmung enthalten, sind Formulierungen wie »drei Tage« (*treis hēmerai*). Die Pescherbedeutung dieser Zeitangabe ist »am Tag drei«, d. h. Dienstag, da Sonntag Tag 1 war, Montag Tag 2 usw.

Sehr aufschlußreich ist auch die Wendung »am nächsten Tag« (*tē epaurion*). Sie bezieht sich auf das Datum des Einunddreißigsten in einem Interkalationsjahr – dem Jahr, das alle 14 Jahre eingeschaltet wurde.

Anhand dieser Beispiele wird ausreichend deutlich, warum es in der Tat möglich ist, aus den Schriften des Neuen Testaments eine exakte Chronologie abzuleiten.

Weitere Einzelheiten zur Terminologie finden sich in den Anmerkungen zur Chronologie, S. 257-280.

Zu den völlig unerwarteten Resultaten dieser Betrachtungsweise gehört auch, daß die Evangelien sich mit Hilfe der Peschermethode vollständig harmonisieren lassen. Lange Zeit gingen die Gelehrten, die sich nur mit der Oberflächenbedeutung der Texte befaßten, davon aus, daß die Evangelien verschiedene, ohne Rücksicht auf eine chronologische Ordnung komponierte Berichte darstellen. Die einzige Ausnahme ist die Passionsgeschichte; doch selbst hier lassen sich Abweichungen zwischen den Synoptikern auf der einen und dem Johannesevangelium auf der anderen Seite beobachten. Wenn man jedoch den Pescher der Geschichten kennt, stellt man fest, daß alle vier Evangelien denselben geschichtlichen Ablauf schildern, und zwar in streng chronologischer Reihenfolge, und daß es keine Unterschiede zwischen ihnen gibt. So gesehen wird die Lehre von der Unfehlbarkeit der Schrift tatsächlich zu einer brauchbaren Arbeitshypothese!

Darüber hinaus lassen sich anhand der Zeitangaben der neutestamentlichen Schriften die jeweiligen Daten nach dem Julianischen Kalender für die einzelnen Ereignisse bestimmen. Die Datierungen des Sonnenkalenders bezogen sich stets auf feste Tage, deren Julianische Datierung sich aus den Sonntagsbuchstaben errechnen läßt (vgl. Finegan, *Handbook of Biblical Chronology*). Im Jahr 29 n. Chr. z. B. fiel der erste Januar auf einen Samstag, im Jahr 30 auf einen Sonntag, im Jahr 31 auf einen Montag, im Jahr 32 (einem Schaltjahr) auf einen Dienstag und im Jahr 33 auf einen Donnerstag. In Tabelle C (S. 255-257) sind die Julianischen Daten für die vier Festzeiten dargestellt.

Die Probleme, die durch die Interkalation des Kalenders entstehen, werden auf S. 257 ff ausführlich diskutiert. Durch die Interkalation von 17½ Tagen bzw. 2½ Wochen alle 14 Jahre kam es zu einer Verschiebung der Tage,

247

auf die die festgesetzten Daten fielen. In der normativen Position war der Einunddreißigste immer ein Dienstag. Wenn es sich jedoch um ein Interkalationsjahr handelte, so begann der Interkalationszeitraum an diesem Tag, dann wurden zwei Wochen eingeschoben bis zum Dienstag 14 Tage später, und schließlich wurden noch einmal 3½ Tage von Dienstag 6 Uhr früh bis Freitag 18 Uhr eingefügt. Von da an fiel der Einunddreißigste für die nächsten 14 Jahre auf Freitag 18 Uhr, und alle anderen Datierungen verschoben sich entsprechend. Die normative Position wird hier als Tagposition, die alternative als Nachtposition bezeichnet. Da der Kalender während der Zeit des Wirkens Jesu in der Nachtposition stand, fiel der Einunddreißigste der März-Tagundnachtgleiche auf einen Freitag. Der Karfreitag aber war einer der Großen Tage des Sonnenkalenders.

Die Interkalationen nach dem 14-Jahresrhythmus erfolgten für die nordsolaren Jahre im Jahr 14 v. Chr. (Umstellung auf die Tagposition), 1 n. Chr. (Umstellung auf die Nachtposition), 15 n. Chr. (Tag), 29 n. Chr. (Nacht), 43 n. Chr. (Tag) und 57 n. Chr. (Nacht). Da die verschiedenen Kalender, die oben vorgestellt wurden, jeweils ihre eigene Version für die Jahreseinteilung hatten, zog sich der Prozeß der Neudatierung über mehrere Jahre hin, was dazu führte, daß die verschiedenen Gruppierungen unterschiedliche Festzeiten hatten. Diese Unterschiede werden auf S. 259 genauer erläutert.

Stunden und Minuten

Die eingehende Untersuchung der Chronologie zeigt, daß es nicht nur Termini für die Jahre, Jahreszeiten, Monate und Tage gibt, sondern sogar für die Stunden und Minuten.

Wie stark die asketische Gemeinschaft in Qumran sich der Zeit bewußt war, wird in den Schriftrollen deutlich. Bei seinem Eintritt in die zölibatäre Gemeinschaft gelobte der Initiand, »nicht ihre Zeiten vorzurücken und nicht zurückzubleiben« (1QS I,14). Ein langer Abschnitt in der Gemeinderegel (1QS X) handelt davon, daß die Sektenmitglieder Gott in jedem Zeitabschnitt Gebete darbringen sollen, nicht nur im Laufe des Jahres, sondern auch im Laufe des Tages. Offenbar war es ein zentrales Anliegen der Qumraner, die den Sonnenkalender so hochschätzten, zu jedem Zeitabschnitt ein bestimmtes Gebet zu sprechen, so daß der Tag gleichsam mit einer menschlichen Gebetsuhr gemessen wurde. Es galt als ein Zeichen besonderer Tugend, die Gebetszeiten exakt einzuhalten; sich in ihnen zu irren hieß in den Augen des Himmels zu fehlen. Der Himmel selbst mit der Sonne, dem Mond und den Sternen war nichts anderes als eine große Uhr, und für diejenigen, die ihm gehorchten, war die Zeit ein Lebensinhalt.

Im Grunde waren die Mitglieder der Gemeinschaft Astronomen, die einen Großteil ihrer Zeit im Exil dem gründlichen Studium der Möglichkeiten einer genauen Zeitmessung widmeten. Qumran war der ideale Ort für solche Studien, da das Licht dort fast immer sehr hell ist und die Schatten klar und scharf hervortreten.

Dem Oberflächenbericht nach arbeiteten die Qumraner mit einem Tag von 24 Stunden, der in zwölf Tag- und zwölf Nachtstunden unterteilt war (Joh 11,9). Die Zählung begann nach jüdischem Brauch am Tag: um 7 Uhr morgens war die erste Stunde, 8 Uhr die zweite usf. In den Evangelienberichten tauchen als Zeitangaben die sechste Stunde (mittags), die neunte Stunde (15 Uhr), die zehnte Stunde (16 Uhr) und die elfte Stunde (17 Uhr) auf (Joh 4,6; Apg 3,1; Joh 1,39; Mt 20,6). Die großen Stunden, an denen die Spitzen der Hierarchie wichtige Gebete zu verrichten hatten, waren 6 Uhr früh, 12 Uhr mittags und 18 Uhr abends, jeweils am Ausgangspunkt, in der Mitte und am Endpunkt des Laufes der Sonne. Der Begriff »angelus« für die kirchlichen Gebete geht auf diese Praxis zurück: Ein »Engel« war ein Levit, der zu den Hauptzeiten betete.

Auch die Stunden selbst wurden nochmals unterteilt. Das Buch der Offenbarung spricht von einer »Stille im Himmel etwa eine halbe Stunde lang« (8,1). Zu den Untereinheiten gehörten die Minuten kurz vor der vollen Stunde, die es erlaubten, sich auf das Geschehen beim Stundenschlag vorzubereiten, und die fünf Minuten nach der vollen Stunde, die den Beginn von etwas Neuem markierten (etwa durch das Schließen der Türen zu Beginn des Heiligen Mahls).

Am Tag konnten die Minuten mit Hilfe einer Sonnenuhr gemessen werden. Solche Uhren existierten damals bereits; der Sonnenuhrzeiger, der im 6. Jahrhundert v. Chr. erfunden wurde, war ein Stab mit Maßeinkerbungen, von dem man die Zeit genau ablesen konnte.

Das wichtigste »Zeitmeßgerät« in Qumran aber stellten die Priester und Zölibatäre dar, deren hauptsächliche Beschäftigung in der kontinuierlichen Darbringung von Gebeten bestand. Weil die Qumraner Zeit und Raum gleichsetzten (vgl. das Kapitel »Ortsangaben«, S. 384), unterteilten sie den Boden in Ellen, wobei jede Elle eine Stunde darstellte. Die Stunden wurden gemessen, indem auf jedem Ellenabschnitt ein Mann stand, der den Lauf des Schattens beobachtete und dabei ein Gebet sprach, das genau so lange dauerte, bis der Schatten zum nächsten Ellenstrich gewandert war. In einer der Schriftrollen heißt es: »Du (Gott) ... bestimmtest Worte mit einer Meßschnur (qaw)« (1QH I,28).

Ein solches Verfahren hatte tatsächlich die Genauigkeit einer Uhr. Die Priester wußten immer mit Sicherheit, wie spät es war, und konnten präzise Anweisungen für die Bedienung der Vorrichtung erteilen, die den Laien die Mittagszeit anzeigte. Genau um die Mittagsstunde wurde ein Dachsegment des Heiligtums entfernt, so daß die unten im Gebäude befindliche Gemeinde den Priester bei seinen Gebeten auf dem Dach sehen konnte. Wenn das

Halbdach entfernt war, fiel das helle Licht der Sonne bis ins Untergeschoß. Jemand, der unten stand und direkt nach oben schaute, mußte für einen Augenblick geblendet sein, konnte aber die Stimme des Priesters hören, die von oben erklang. Das ist das Szenarium, das Lukas heraufbeschwört, wenn er von den »Erscheinungen« Jesu vor Paulus und Petrus berichtet (vgl. Kapitel 30 und 31).

Dieser menschliche Chronometer mit seiner kontinuierlichen Abfolge von Ellen-Stunden ließ sich allerdings nicht auf die Tatsache einstellen, daß das exakte Sonnenjahr eine Länge von 365 Tagen, fünf Stunden, 48 Minuten und 46 Sekunden hat. Durch die Interkalation wurden stets volle Stunden eingefügt, was dazu führte, daß im Laufe von 17 Jahren drei Stunden zuviel eingeschaltet wurden. Die »Uhr« ging also gleichsam drei Stunden vor: Aus dem Lauf der Sonne konnte man ersehen, daß es in Wirklichkeit erst 9 Uhr früh war, wenn die »Uhr« der Qumransekte bereits die Mittagszeit anzeigte. Um mit dieser Schwierigkeit fertigzuwerden, wurde das Dachsegment alle 17 Jahre nicht zu dem Zeitpunkt, an dem die »Uhr« Mittag anzeigte, entfernt, sondern erst drei Stunden später, zur tatsächlichen Mittagsstunde, nach Qumranzeit um 15 Uhr. In den dazwischenliegenden drei Stunden herrschte im Innern des Gebäudes Dunkelheit. Das ist die Ursache für die dreistündige »Finsternis« am Karfreitag, einem wichtigen Tag im Kalender, an dem die eben beschriebene Zeitkorrektur vorgenommen wurde.

Das Ritual als ein Mittel der Datierung geschichtlicher Ereignisse

Die Regelmäßigkeit, mit der im jüdischen Kalender besondere Tage eingehalten und Stunden gemessen wurden, hatte noch einen anderen Effekt: Man konnte jederzeit zurückblicken und große Ereignisse in einen festen Zeitrahmen einordnen. Was in religiösen Zentren wie Qumran geschah, war in das Gefüge des Rituals eingebettet und z. T. auch eine Folge des Rituals. Da die Ereignisse mit dem festgelegten Tages- und Stundenablauf verbunden waren, konnte man Jahre später noch präzise sagen, wann sie stattgefunden hatten.

Aus diesem Grund war es überhaupt nur möglich, den Pescher einzuführen. Er war für all diejenigen, die mit dem Ritual vertraut waren – d. h. auch für die Zölibatäre der christlichen Gemeinschaften –, eine Art heiliges Spiel, ein Rätsel, das sie lösen mußten. Wieweit sie etwas mit den Hinweisen, die in diesem Rätsel versteckt waren, anfangen konnten, hing von ihrem Wissen über die Zeitrechnung ab. Diejenigen, die das Rätsel entwarfen, gestalteten es so, daß es eine exakte Lösung hatte. Jede Antwort mußte richtig sein, dann ergab sich ein kompletter Abriß der Geschichte. Die Geschichte selbst wurde aus dem, was sie erlebt hatten, rekonstruiert und wo nötig ergänzt. Auf diese Weise vereinfachte man die Komplexität des aktuellen Geschehens und gelangte zu definitiven Tatsachen, die von den Eingeweihten erschlossen werden konnten.

Aus diesem Grund läßt sich die Lösung auch immer nachprüfen; sie ist entweder richtig oder falsch und kann also falsifiziert werden. Am besten lassen sich die zeitlichen Details überprüfen, da hier immer auch mathematisches Mitdenken gefordert ist. Der heutige Leser muß jeweils beurteilen, ob die betreffende Stelle tatsächlich einen Pescher hat. Um das zu prüfen gilt es, die gewonnen Ergebnisse auf ihre Folgerichtigkeit hin zu untersuchen. So läßt sich mit ganz normalen wissenschaftlichen Methoden feststellen, ob das »Rätsel« tatsächlich in die Texte hineinverwoben ist oder ob es ihm künstlich unterlegt wurde.

Die chronologischen Details, die in der Terminologie der neutestamentlichen Texte stecken, werden auf den Seiten 281-381 entfaltet, wobei die einzelnen Ereignisse meist von ihrer Pescherbedeutung her erläutert werden. Die Erklärungen werden in den Kapiteln »Ortsangaben« und »Hierarchie« weiter ausgeführt.

Tabelle B
NORD- UND SÜDJAHRE, SOLAR UND LUNISOLAR
VON 41 v. Chr. bis 66 n. Chr.

	NS	NLS	SS	SLS
v. Chr. 41	AM3900 Mill.			
40	3901	3900		
39		3901		
38				
37			3900	
36			3901	3900
35				3901
34				
33				
32				
31	3910			
30	3911	3910		
29		3911		
28	3913*N			
27		3913*N	3910	
26			3911	3910
25				3911
24			3913*N	
23				3913*N
22				
21	3920 Rest.			
20	3921	3920		
19		3921		

251

18				
17			3920	
16			3921	3920
15				3921
14	3927*T			
13		3927*T		
12				
11	3930			
10	3931	3930	3927*T	
9		3931		3927*T
8				
7			3930	
6			3931	3930
5				3931
4				
3				
2				
1	3940			
n. Chr. 1	3941*N	3940		
2		3941*N		
3				
4			3940	
5			3941*N	3940
6				3941*N
7				
8				
9				
10	3950			
11	3951	3950		
12		3951		
13				
14			3950	
15	3955*T		3951	3950
16		3955*T		3951
17				
18				
19			3955*T	
20	3960			3955*T
21	3961	3960		
22		3961		
23				
24			3960	

252

25			3961	3960
26				3961
27				
28				
29	3969*N			
30	3970	3969*N		
31	3971	3970		
32		3971		
33			3969*N	
34			3970	3969*N
35			3971	3970
36				3971
37				
38				
39				
40	3980			
41	3981	3980		
42		3981		
43	3983*T			
44		3983*T	3980	
45			3981	3980
46				3981
47			3983*T	
48				3983*T
49				
50	3990			
51	3991	3990		
52		3991		
53				
54			3990	
55			3991	3990
56				3991
57	3997*N			
58		3997*N		
59				
60	4000			
61	4001	4000	3997*N	
62		4001		3997*N
63				
64			4000	
65			4001	4000
66				4001

ANMERKUNG: Solare und lunisolare Zwischenjahre sind nicht aufgelistet. InterS zwischen NS und SS, z. B. im Jahr 31 n. Chr. zwischen 29 und 33. InterLS ein Jahr später.

Die 3½ Jahre wurden entweder von März bis September (z. B. von März 29 bis September 32 n. Chr) oder von September bis März (z. B. von September 29 bis März 33 n. Chr) gerechnet; vgl. S. NNN. Das Jahr konnte also entweder im September 32 n. Chr. oder im März 33 n. Chr. beginnen.

Das Anfangsjahr einer vierzigjährigen Generation war für die Solaristen ein Null-Jahr (z. B. das Jahr 3940), für die herodianischen Lunisolaristen dagegen das Jahr 1 (z. B. das Jahr 3941); vgl. S. 242.

Abkürzungen

AM	Anno Mundi (Weltjahr seit der Schöpfung)
NS	nordsolar
NLS	nordlunisolar
InterS	solares Zwischenjahr
InterLS	lunisolares Zwischenjahr
SS	südsolar
SLS	südlunisolar
Mill.	Millennium (3900-4900, letztes Jahrtausend der Welt)
Rest.	Restauration (3920, 8. Weltwoche, prophezeite Wiedereinsetzung der Davididen und Zadokiden)
*T	Tag-Position nach der Interkalation
*N	Nacht-Position nach der Interkalation

Tabelle C

Die folgende Tabelle zeigt die Daten nach dem Julianischen Kalender, auf die in den Jahren 14 v. Chr. bis 70 n. Chr. der Einunddreißigste vor dem I., IV., VII. und X. Monat fiel.

Monat I begann in dem Jahr, indem die Interkalation vorgenommen worden war, um die März-Tagundnachtgleiche und verschob sich dann in den nächsten 14 Jahren immer mehr zum Monatsanfang hin. In gleicher Weise begann Monat IV um die Junisonnwende, VII um die September-Tagundnachtgleiche und X um die Dezembersonnwende.

Es wird die nordsolare Jahreszählung dargestellt — die anderen Kalender verfuhren nach ihrer eigenen Jahreseinteilung in ähnlicher Weise. Ein Beispiel für die SLS-Datierung findet sich im Anschluß an die Tabelle.

»Us« bedeutet »Umstellungen in den Interkalationsjahren nach dem 14-Jahresrhythmus«
(SJ) – Schaltjahr (nach dem Julianischen Kalender).
Zu den anderen Abkürzungen vgl. S. 254.

TABELLE C
Julianische Datierung des 31. von 14 v. Chr. bis 70 n. Chr.

		I	IV	VII	X
v. Chr. 14	(NS3927) Us	Di März 26	Di Juni 25	Di Sept 24	Di Dez 24
13	(SJ)	Di März 24	Di Juni 23	Di Sept 22	Di Dez 22
12		Di März 23	Di Juni 22	Di Sept 21	Di Dez 21
11		Di März 22	Di Juni 21	Di Sept 20	Di Dez 20
10		Di März 21	Di Juni 20	Di Sept 19	Di Dez 19
9	(SJ)	Di März 19	Di Juni 18	Di Sept 17	Di Dez 17
8		Di März 18	Di Juni 17	Di Sept 16	Di Dez 16
7		Di März 17	Di Juni 16	Di Sept 15	Di Dez 15
6		Di März 16	Di Juni 15	Di Sept 14	Di Dez 14
5	(SJ)	Di März 14	Di Juni 13	Di Sept 12	Di Dez 12
4		Di März 13	Di Juni 12	Di Sept 11	Di Dez 11
3		Di März 12	Di Juni 11	Di Sept 10	Di Dez 10
2		Di März 11	Di Juni 10	Di Sept 9	Di Dez 9
1	(SJ)	Di März 9	Di Juni 8	Di Sept 7	Di Dez 7
n. Chr. 1	(NS3941) Us	Fr März 25	Fr Juni 24	Fr Sept 23	Fr Dez 23
2		Fr März 24	Fr Juni 23	Fr Sept 22	Fr Dez 22
3		Fr März 23	Fr Juni 22	Fr Sept 21	Fr Dez 21
4	(SJ)	Fr März 21	Fr Juni 20	Fr Sept 19	Fr Dez 19
5		Fr März 20	Fr Juni 19	Fr Sept 18	Fr Dez 18
6		Fr März 19	Fr Juni 18	Fr Sept 17	Fr Dez 17
7		Fr März 18	Fr Juni 17	Fr Sept 16	Fr Dez 16
8	(SJ)	Fr März 16	Fr Juni 15	Fr Sept 14	Fr Dez 14
9		Fr März 15	Fr Juni 14	Fr Sept 13	Fr Dez 13
10		Fr März 14	Fr Juni 13	Fr Sept 12	Fr Dez 12
11		Fr März 13	Fr Juni 12	Fr Sept 11	Fr Dez 11
12	(SJ)	Fr März 11	Fr Juni 10	Fr Sept 9	Fr Dez 9
13		Fr März 10	Fr Juni 9	Fr Sept 8	Fr Dez 8
14		Fr März 9	Fr Juni 8	Fr Sept 7	Fr Dez 7
15	(NS3955) Us	Di März 26	Di Juni 25	Di Sept 24	Di Dez 24
16	(SJ)	Di März 24	Di Juni 23	Di Sept 22	Di Dez 22
17		Di März 23	Di Juni 22	Di Sept 21	Di Dez 21
18		Di März 22	Di Juni 21	Di Sept 20	Di Dez 20

19		Di März 21	Di Juni 20	Di Sept 19	Di Dez 19
20	(SJ)	Di März 19	Di Juni 18	Di Sept 17	Di Dez 17
21		Di März 18	Di Juni 17	Di Sept 16	Di Dez 16
22		Di März 17	Di Juni 16	Di Sept 15	Di Dez 15
23		Di März 16	Di Juni 15	Di Sept 14	Di Dez 14
24	(SJ)	Di März 14	Di Juni 13	Di Sept 12	Di Dez 12
25		Di März 13	Di Juni 12	Di Sept 11	Di Dez 11
26		Di März 12	Di Juni 11	Di Sept 10	Di Dez 10
27		Di März 11	Di Juni 10	Di Sept 9	Di Dez 9
28	(SJ)	Di März 9	Di Juni 8	Di Sept 7	Di Dez 7
29	(NS3969) Us	Fr März 25	Fr Juni 24	Fr Sept 23	Fr Dez 23
30		Fr März 24	Fr Juni 23	Fr Sept 22	Fr Dez 22
31		Fr März 23	Fr Juni 22	Fr Sept 21	Fr Dez 21
32	(SJ)	Fr März 21	Fr Juni 20	Fr Sept 19	Fr Dez 19
33		Fr März 20	Fr Juni 19	Fr Sept 18	Fr Dez 18
34		Fr März 19	Fr Juni 18	Fr Sept 17	Fr Dez 17
35		Fr März 18	Fr Juni 17	Fr Sept 16	Fr Dez 16
36	(SJ)	Fr März 16	Fr Juni 15	Fr Sept 14	Fr Dez 14
37		Fr März 15	Fr Juni 14	Fr Sept 13	Fr Dez 13
38		Fr März 14	Fr Juni 13	Fr Sept 12	Fr Dez 12
39		Fr März 13	Fr Juni 12	Fr Sept 11	Fr Dez 11
40	(SJ)	Fr März 11	Fr Juni 10	Fr Sept 9	Fr Dez 9
41		Fr März 10	Fr Juni 9	Fr Sept 8	Fr Dez 8
42		Fr März 9	Fr Juni 8	Fr Sept 7	Fr Dez 7
43	(NS3983) Us	Di März 26	Di Juni 25	Di Sept 24	Di Dez 24
44	(SJ)	Di März 24	Di Juni 23	Di Sept 22	Di Dez 22
45		Di März 23	Di Juni 22	Di Sept 21	Di Dez 21
46		Di März 22	Di Juni 21	Di Sept 20	Di Dez 20
47		Di März 21	Di Juni 20	Di Sept 19	Di Dez 19
48	(SJ)	Di März 19	Di Juni 18	Di Sept 17	Di Dez 17
49		Di März 18	Di Juni 17	Di Sept 16	Di Dez 16
50		Di März 17	Di Juni 16	Di Sept 15	Di Dez 15
51		Di März 16	Di Juni 15	Di Sept 14	Di Dez 14
52	(SJ)	Di März 14	Di Juni 13	Di Sept 12	Di Dez 12
53		Di März 13	Di Juni 12	Di Sept 11	Di Dez 11
54		Di März 12	Di Juni 11	Di Sept 10	Di Dez 10
55		Di März 11	Di Juni 10	Di Sept 9	Di Dez 9
56	(SJ)	Di März 9	Di Juni 8	Di Sept 7	Di Dez 7
57	(NS3997) Us	Fr März 25	Fr Juni 24	Fr Sept 23	Fr Dez 23
58		Fr März 24	Fr Juni 23	Fr Sept 22	Fr Dez 22
59		Fr März 23	Fr Juni 22	Fr Sept 21	Fr Dez 21

60 (SJ)	Fr März 21	Fr Juni 20	Fr Sept 19	Fr Dez 19
61	Fr März 20	Fr Juni 19	Fr Sept 18	Fr Dez 18
62	Fr März 19	Fr Juni 18	Fr Sept 17	Fr Dez 17
63	Fr März 18	Fr Juni 17	Fr Sept 16	Fr Dez 16
64 (SJ)	Fr März 16	Fr Juni 15	Fr Sept 14	Fr Dez 14
65	Fr März 15	Fr Juni 14	Fr Sept 13	Fr Dez 13
66	Fr März 14	Fr Juni 13	Fr Sept 12	Fr Dez 12
67	Fr März 13	Fr Juni 12	Fr Sept 11	Fr Dez 11
68 (SJ)	Fr März 11	Fr Juni 10	Fr Sept 9	Fr Dez 9
69	Fr März 10	Fr Juni 9	Fr Sept 8	Fr Dez 8
70	Fr März 9	Fr Juni 8	Fr Sept 7	Fr Dez 7

Andere Kalender

Die Julianischen Daten für die NLS, InterS, InterLS, SS und SLS lassen sich aus dem Obigen ableiten. Z. B. die südlunisolaren Daten aus den Jahren 9 v. Chr. bis 6 n. Chr.:

v. Chr. 9 (SLS3927) (SJ)	Di März 19	Di Juni 18	Di Sept 17	Di Dez 17
8	Di März 18	Di Juni 17	Di Sept 16	Di Dez 16
7	Di März 17	Di Juni 16	Di Sept 15	Di Dez 15
6	Di März 16	Di Juni 15	Di Sept 14	Di Dez 14
5 (SJ)	Di März 14	Di Juni 13	Di Sept 12	Di Dez 12
4	Di März 13	Di Juni 12	Di Sept 11	Di Dez 11
3	Di März 12	Di Juni 11	Di Sept 10	Di Dez 10
2	Di März 11	Di Juni 10	Di Sept 9	Di Dez 9
1 (SJ)	Di März 9	Di Juni 8	Di Sept 7	Di Dez 7
n. Chr. 1	Di März 8	Di Juni 7	Di Sept 6	Di Dez 6
2	Di März 7	Di Juni 6	Di Sept 5	Di Dez 5
3	Di März 6	Di Juni 5	Di Sept 4	Di Dez 4
4 (SJ)	Di März 4	Di Juni 3	Di Sept 2	Di Dez 2
5	Di März 3	Di Juni 2	Di Sept 1	Di Dez 1
6 (SLS3941) Us	Fr März 19	Fr Juni 18	Fr Sept 17	Fr Dez 17

Anmerkungen zur Chronologie

Einzelheiten zur Methode der Interkalation

Wie bereits in der Einführung zur Chronologie vermerkt wurde, bestand die Interkalationsmethode des Sonnenkalenders darin, alle 14 Jahre einen Zeitraum von 17½ Tagen einzufügen. Im Interkalationsjahr fiel der Einunddreißigste auf einen Dienstag. Es folgte eine »Nicht-Zeit« von 2½ Wochen, die im Kalender nicht gerechnet wurde, so daß die Datierung danach wieder mit dem Einunddreißigsten einsetzte.

Der neue Einunddreißigste war der Freitag 2½ Wochen später; er begann um 18 Uhr abends. In der normativen Position, wenn der Einunddreißigste auf einen Dienstag fiel, begann der Tag dagegen um 6 Uhr früh. Diese normative Position wird deshalb hier als »Tag« bezeichnet, die alternative Position als »Nacht«.

Die Umstellung von der Tag- auf die Nachtposition erfolgte in den ersten 36 Stunden der Interkalation. Von Dienstag 6 Uhr früh bis Mittwoch 18 Uhr abends wurde ein extralanger Tag von 36 Stunden eingeschaltet. Auf diesen 36-Stunden-Tag bezieht sich der Ausdruck *tē epaurion* (»am nächsten Tag«), der somit als Hinweis auf ein Interkalationsjahr gewertet werden kann. Auf den extralangen Tag folgte ein Zeitraum von 16 normal langen Tagen, von Mittwoch 18 Uhr bis Freitag 18 Uhr zwei Wochen später. Dieser Freitag wurde zum neuen Einunddreißigsten erklärt; an ihm orientierte sich nun die Datierung für die nächsten 14 Jahre.

Hier liegt auch die Erklärung für die rätselhaften 1290 Tage in Daniel 12,11. (»Und von der Zeit an, da das tägliche Opfer abgeschafft und das Greuelbild der Verwüstung aufgestellt wird, sind tausendzweihundertneunzig Tage.«) Hinter dieser Wendung verbirgt sich ein besonderer Interkalationzeitraum von 3½ Jahren, wie schon in der Einführung gezeigt wurde (S. 239). Nach dem Sonnenkalender mit seinen 364 Tagen umfaßten 3½ Jahre 1274 Tage. Die fehlenden 16 Tage liefert die Interkalation, die im Jahre 168 v. Chr. fällig war. Im September des Jahres 168 v. Chr. waren 17½ Tage eingefügt worden, doch nur 16 wurden gezählt, die übrigen 1½ wurden als Null gerechnet. Nach dieser Einschaltung rückte der Zeitraum von 1274 Tagen ab dem neuen Einunddreißigsten das Ende der 3½ Jahre auf den Einunddreißigsten des Jahres 164 v. Chr., in die Nähe der März-Tagundnachtgleiche.

Nach einer anderen Praxis der Interkalation wurden die 16 Tage mit verschiedenen anderen Tagen zu einer Summe von 40 Tagen aufgerechnet, die dem Fasten dienten. Wie Daniel 10,2-4 zeigt, waren die 21 Tage zwischen den Pentekontaden (Zeiträume von 50 Tagen) jedes Jahr eine Fastenzeit (zu den Pentekontaden s. u. S. 266). Sie begannen am 3. des ersten Monats (der März-Tagundnachtgleiche) und dauerten bis zum 24. In einem Interkalationsjahr waren vor dem Einunddreißigsten 16 Tage zusätzlich eingeschaltet worden, und mit den drei Tagen (31., 1., 2.) zwischen diesem Einschub und den 21 Tagen der Fastenzeit kam man auf eine Gesamtsumme von 40 Tagen. Das ist der kalendarische Hintergrund für das 40tägige Fasten Jesu in Markus 1,13 und für die 40 Tage in Apostelgeschichte 1,3 (im zweiten Fall handelt es sich um den 20. der 40 Tage, da *dia* mit Genitiv die Pescherbedeutung »in der Mitte« hat).

Daniel 12,12 enthält noch eine andere Zahl: »Wohl dem, der da wartet und erreicht tausenddreihundertfünfundreißig Tage!« Dieser Vers geht auf eine Partei zurück, die eine etwas abgewandelte Version des 3½jährigen Einschubs vertrat. Ihrer Version zufolge wurden die Jahre von den großen Festen und nicht von den Einunddreißigsten ausgehend eingeteilt. Sie sah keine Interkalation vor, daher die 1335 Tage. Vom Laubhüttenfest, dem 15.VII 168 v. Chr., bis zum Ende des Passafestes, dem 14.I.164 v. Chr., waren es 1274 Tage. Danach folgten weitere sechzig Tage vom 15.I. bis Pfingsten am 15.III. – das ergibt eine Gesamtzahl von 1334 Tagen. Wie *Jub* I,1 zeigt, wurde der Neubeginn auf den 16. des dritten Monats verlegt, so daß die Summe nun 1335 betrug.

Beide Schulen – die eine, für die das Jahr an einem Ersten begann, und die andere, für die es mit einem Fest begann –, stehen auch hinter den 1260 Tagen in Offenbarung 11,3 und 12,6: Vom 15.VII. bis zum 1.I. 3½ Jahre später waren es 1260 Tage. Aus den Aussagen der Offenbarung läßt sich also die Aufforderung herauslesen, die Datierung des Neujahrs neu zu regeln.

Zwar wurde, wie wir gesehen haben, die Zählung der Jahre seit der Schöpfung immer wieder geändert, doch an der Abfolge der Interkalationsjahre im 14-Jahres-Rhythmus mußte festgehalten werden, da sie die Übereinstimmung des Kalenders mit dem Lauf der Sonne gewährleisteten. Im Jahr 168 v. Chr., das als das Jahr 3920 AM – ein Vielfaches von 14 – betrachet wurde, war wieder eine Interkalation fällig. Als die Schöpfungsjahre neu numeriert wurden, wobei die Interkalationsreihen beibehalten wurden, ließ sich das Ergebnis nicht mehr durch 14, sondern nur durch sieben teilen. Nach der Revision waren 3941 AM (1 n. Chr), 3955 AM (15 n. Chr.) und 3969 AM (29 n. Chr.) Interkalationsjahre (NS).

Die scheinbar vage Bezeichnung *ho kairos*, »Zeit, Jahreszeit«, bezieht sich ebenfalls auf diese Interkalationsjahre (Apg 7,20; Lk 13,1; Apg 19,23 usw.).

Wegen der politischen Differenzen über die Frage der Interkalationsjahre nach dem 14-Jahres-Rhythmus, die in der Einführung dargestellt sind, kam es dazu, daß zwei verschiedene Gruppierungen denselben Tag unterschiedlich datierten. Die Partei etwa, die in einem bestimmten Jahr interkalierte, unterbrach ihre Datierung am Einunddreißigsten, während die Partei, die die Interkalation erst später setzte, in ihrer Datierung fortfuhr. Von dieser letzteren Gruppe hieß es deshalb, ihre Mitglieder seien »probebēkotes en tais hēmerais« (wörtlich: »in ihren Tagen weit vorgerückt«; Lk 1,7; 2,36). Tabelle D zeigt die Überschneidungen, die sich in einer solchen Situation in der Datierung ergaben, und veranschaulicht darüber hinaus die Datierungen in der Nachtposition. Sie bezieht sich auf alle vier Monate, denen ein Einunddreißigster voranging (I., IV., VII., X.).

259

Tabelle D
Konjunktionen von Tag- und Nachtposition

		Nachtposition	Tagposition
Di	6.00		31a
Mi	6.00		1a (I, IV, VII, X)
Do	6.00		2a
Fr	6.00		3a
Sa	6.00		4a
So	6.00		5a
Mo	6.00		6a
Di	6.00		7a
Mi	6.00		8a
Do	6.00		9a
Fr	6.00		10a
Sa	6.00		11a
So	6.00		12a
Mo	6.00		13a
Di	6.00		14a
Mi	6.00		15a
Mi	18.00	29a (XII, III, VI, IX)	15b
Do	6.00	29b	16a
Do	18.00	30a	16b
Fr	6.00	30b	17a
Fr	18.00	31a	17b
Sa	6.00	31b	18a
Sa	18.00	1a (I, IV, XII, X)	18b
So	6.00	1b	19a
So	18.00	2a	19b
Mo	6.00	2b	20a

Nach 14 Jahren hatten sich die Einunddreißigsten auf Daten zurückverschoben, die nach Julianischer Zeitrechnung dem Anfang der Monate März, Juni, September oder Dezember entsprachen. Im Jahr 29 n. Chr. z. B., in dem eine Umstellung von der Tag- auf die Nachtposition erfolgte, war der Dienstag, der 31., auf Dienstag, den 8. März, um 6 Uhr früh zurückgefallen. Nach der Einschaltung der 17½ Tage begann der neue Einunddreißigste am Freitag, dem 25. März, um 18 Uhr. Dienstag, der 8. März des Jahres 29 n. Chr., wird in Johannes 1,35 als *tē epaurion*, »am nächsten Tag«, bezeichnet. Für die vollständige Liste der nordsolaren Daten vgl. Tabelle C.

260

Noch eine andere Methode der Interkalation, die in der Diaspora im Gebrauch war, läßt sich aufzeigen. Statt den Kalender der Tagundnachtgleiche 17½ Tage vorausgehen zu lassen und ihn erst dann mit dem Lauf der Sonne in Übereinstimmung zu bringen, wurde bei dieser alternativen Form der Einschub zum Zeitpunkt der Tagundnachtgleiche selbst vorgenommen, so daß der neue Einunddreißigste dem Lauf der Sonne voraus war und sich dann allmählich wieder auf die Tagundnachtgleiche zurückverschob. Nach einer Interkalation, die z. B. am Freitag, den 25. März, vorgenommen wurde, begann der neue Einunddreißigste am Dienstag, den 12. April, um 6 Uhr früh. Das Wort *tē epaurion* im Zusammenhang mit der Zeit der Tagundnachtgleiche oder der Sonnwende erscheint in Matthäus 27,62 und Apostelgeschichte 22,30. Diese Einunddreißigsten werden von mir als nachgestellte Position bezeichnet.

Das Wort *eukairos*, »rechte (angemessene) Zeit« meint in der Pescherbedeutung den Beginn einer solchen Interkalation genau zur Zeit der Tagundnachtgleiche, da *kairos* eine Interkalation bezeichnet, und *eu-* für die Diaspora-Lehre steht, die dieser Interkalationsmethode folgte.

Der Ausdruck »Tag und Nacht« oder »Nacht und Tag« bezieht sich auf beide Kalenderpositionen, wobei die nachgestellte Position der gerade geltenden Position stets entgegengesetzt ist. Diese Zeitangabe ist ein brauchbarer Hinweis auf eine Interkalation, da der erste Begriff immer die Position wiedergibt, die jetzt in Kraft trat. »Tag und Nacht« (*hēmeras ... kai nyktos*) in Apostelgeschichte 9,24 weist also darauf hin, daß es sich hier um das Jahr 43 n. Chr. handelt, in dem eine Umstellung auf die Tagposition erfolgte.

Verschiedene Gruppierungen kamen damit im Verlauf eines Interkalationsjahres nach der 14-Jahres-Zählung eventuell zu drei verschiedenen Kalenderpositionen: Für diejenigen, die bisher noch keine Interkalation vorgenommen hatten, war Dienstag, der 8. März, der 31. März. Für diejenigen, die bereits interkaliert hatten, war Freitag, der 25. März, der Einunddreißigste. Und für diejenigen, die erst am 25. März interkalierten, war Dienstag, der 12. April, der Einunddreißigste.

Die Einunddreißigsten

Die vier Einunddreißigsten im Lauf des Jahres waren bedeutsame Tage. Mit ihnen verband sich nicht nur die Erwartung großer Ereignisse, sie markierten zugleich auch die Wende der Jahreszeiten, da sie in der Nähe der Tagundnachtgleichen und der Sonnwenden lagen. In diesen Zeiten hielten die geistlichen Oberhäupter Rat, und die externen Gemeindevorsteher kamen zu politischen Gesprächen nach Qumran. Laut 1QSa I,26-27 mußten die Mitglie-

der, die an solchen Ratsversammlungen teilnahmen, drei Tage lang »geheiligt« werden. Die drei Rüst- oder Reinigungstage spielen denn auch eine
wichtige Rolle in der Chronologie (vgl. Joh 11,55; Apg 21,24). Diese drei
Tage waren jeweils der 29., 30. und 31. des Monats.

Eine der Bezeichnungen für den Einunddreißigsten war *to sabbaton* (nur im
Singular). Das scheint auf den Sabbat, den siebten Tag der Woche, hinzudeu-
ten. Die Pescherbedeutung des Begriffes aber besagt etwas anderes. Es geht
hier um einen wichtigeren heiligen Tag: den Einunddreißigsten. Wenn der
Kalender auf der Nachtposition stand, begann der Einunddreißigste am
Freitag um 18 Uhr und fiel damit in der Tat mit dem Sabbat zusammen, der
für die Juden ebenfalls um diese Zeit begann. In der Tagposition ist mit *to
sabbaton* jedoch der Dienstag, der 31., gemeint.

Die Pluralform des Begriffes, *ta sabbata*, was gewöhnlich soviel wie
»Woche« bedeutet, hat die Pescherbedeutung »Jahrwoche«, d. h., sie umfaßt
einen Zeitraum von sieben Jahren. Das Wort markiert immer den Beginn
eines Sabbatjahres. In neutestamentlicher Zeit weist es auf das Jahr 3969 AM
nach den verschiedenen Zählweisen hin.

Ein weiterer Ausdruck für den Einunddreißigsten war »heute« (*sēmeron*).
Da an diesem Tag Großes erwartet wurde, verkörperte er das langersehnte
»Heute« der Erfüllung. Der Dreißigste, der Tag davor, war logischerweise
»Gestern« (*echthes*), und der Erste, der darauffolgende Tag, »Morgen«
(*aurion*). Diese Begriffe wurden immer absolut, nicht relativ gebraucht. So
steht »Gestern« in Johannes 4,52 für das Datum des Dreißigsten.

Die Varianten des Einunddreißigsten – »Morgen/Heute«

Während die regulären Einunddreißigsten entweder auf einen Dienstag, 6 Uhr
früh, oder einen Freitag, 18 Uhr abends, fielen, hatte sich unter den Samaritern
eine Variante entwickelt. Wegen ihrer besonderen Jahreszählung – sie
schalteten ein Zwischenjahr zwischen die nordsolare und südsolare Zählung ein
– ergab sich eine entsprechende Abwandlung in ihrer Tagesdatierung. Man ging
davon aus, daß Jahre und Tage einander entsprächen, da das Jahr zwölf Monate
hatte und der Tag (die Tagzeit) zwölf Stunden, wie in Johannes 11,11 konstatiert
wird. Ein Tag von 24 Stunden entsprach damit zwei Jahren.

Im Blick auf ihre Verbindung zu den Südsolaristen und die Tatsache, daß
beispielsweise ihr Jahr 3969 AM zwei Jahre vor dem der südlichen Zeitrechnung lag (nach samaritischer Rechnung das Jahr 31 n. Chr., nach südlicher das
Jahr 33 n. Chr.), verlegten sie auch ihren Einunddreißigsten um 24 Stunden
vor den der südlichen Zeitrechnung. An diese Datierung schlossen sich dann
die anderen Daten an. Damit fiel für sie der Einunddreißigste entweder auf
Montag, 6 Uhr früh (Tagposition), oder auf Donnerstag, 18 Uhr abends
(Nachtposition).

Dadurch war für sie der Dienstag oder Freitag, der für die anderen ein regulärer Einunddreißigster war, der Monatserste, der Tag nach dem Einunddreißigsten.

Für diese Variante wurde der Ausdruck »Morgen/Heute« verwendet. Der Einunddreißigste war »Heute« und der Erste »Morgen«, wie oben gezeigt. Ein Dienstag, der für die anderen Gruppierungen auf einen Einunddreißigsten fiel, war für die Samariter der Erste, so fiel also ihr »Morgen«, der Erste, mit dem »Heute«, dem Einunddreißigsten, zusammen.

Darauf bezieht sich denn auch Matthäus' Version des Vaterunsers. Der Evangelist macht auf diese Weise deutlich, daß die Christen zu manchen Fragen ähnlich wie die Samariter stehen (z. B. in ihrer Opposition gegen den Jerusalemer Tempel und die mit dem Tempelkult verbundenen Rituale, vgl. Joh 8,48). Die gewöhnlich mit »unser tägliches Brot gib uns heute« (Mt 6,11) übersetzte Wendung lautet wörtlich: »Gib uns heute das morgige Brot« (*ton arton ... ton epiousion ... sēmeron*). Das Kommunionsmahl (»das Brot«), das am Ersten eingenommen werden sollte, feierten sie am regulären Einunddreißigsten.

Ihr Großer Tag, der Einunddreißigste, war der vorhergehende Tag. Der Montag, für die anderen »Gestern«, für sie »Heute«, wird in Lukas 5,26 als *sēmeron* bezeichnet. Der Tag des Letzten Abendmahls am Donnerstag abend fiel für die Samariter auf einen Einunddreißigsten, für die anderen auf einen Dreißigsten. Aus diesem Grund erwartete man von Jesus wie auch von Simon Magus die Erfüllung der Prophezeiungen in dieser Nacht.

Die Einunddreißigsten am Montag und am Donnerstag sind in der ausführlichen Chronologie mit »Sam(aritisch)« gekennzeichnet.

Ein Einunddreißigster wurde als »dieser Tag« und ein Erster als »der nächste Tag« bezeichnet. Für die Samariter waren Montag oder Donnerstag »dieser Tag« und Dienstag oder Freitag »der nächste Tag«. Für Nicht-Samariter dagegen waren Dienstag oder Freitag »dieser Tag«. Das wird in Apostelgeschichte 23,1-2 anschaulich: Als Paulus an einem Freitag, den 31. (*tē epaurion*, Apg 22,30) sprach, bezeichnete er den Tag als »diesen Tag«. Daraufhin ordnete der samaritische Hohepriester Hananias an, daß er auf den Mund geschlagen wurde, weil er nach samaritischer Sicht einen falschen Kalender benutzte.

Auch eine andere Methode der Tagesbezeichnung erfuhr durch diese Variante eine Abwandlung. Da der Einunddreißigste immer zum Folgemonat gerechnet wurde, konnte er auch als der erste Tag bezeichnet werden, der erste dann als der zweite Tag, der zweite als der dritte usw. Lukas 24,21 spricht vom Zweiten des Monats als dem »dritten Tag, daß all dies geschehen ist«. Für die Samariter bezogen sich diese Worte durchgängig auf den vorhergehenden Tag. In der Nachtposition war der Donnerstag abend (reg der Dreißigste, Sam der Einunddreißigste) der erste Tag (Mk 14,12), der Freitag der zweite (taucht nirgends auf), und der Samstag der dritte (Mt 27,64). Aus diesem Grund konnte der Tag nach der Kreuzigung Jesu als »dritter Tag« bezeichnet werden.

Die +2½ Einunddreißigsten

Für einige Glieder der Bewegung gab es noch eine andere Berechnung der Einunddreißigsten. Sie waren Lunisolaristen − Pharisäer, die sich dem asketischen Orden angschlossen hatten und den Sonnenkalender übernahmen, jedoch einige von ihren alten kalendarischen Praktiken beibehielten. Während die Zölibatäre solarer Ausrichtung mit ihrer strengen Disziplin auf lange Fastenperioden eingestellt waren und auf diese Weise ganze Wochen auf einmal interkalieren konnten, zogen es die Pharisäer, die dem normalen Judentum sehr viel näher standen, vor, nur kurze Zeiträume einzuschalten und damit kürzer, aber häufiger zu fasten. Auf diese Praxis nimmt die Aussage »die Pharisäer (fasten) so viel« (Lk 5,33; Mt 9,14) Bezug.

Doch auch sie mußten dieselben kalendarischen Angleichungen wie die anderen vornehmen. Eine Möglichkeit für sie, zu demselben Ergebnis wie der Rest der Gruppe zu kommen, bestand darin, alle zwei Jahre einen Zeitraum von 2½ Tagen einzuschalten. Sieben solcher Einschaltungen ergaben dann in 14 Jahren 17½ Tage.

Wie Markus 2,18 zeigt, begannen die Pharisäer mit dem Fasten in einem Interkalationsjahr nach dem 14-Jahres-Rhythmus an einem Dienstag, den Einunddreißigsten − also zur gleichen Zeit wie die Solaristen. Doch kurz darauf ist die Rede von einem weiteren − »einem anderen« (heteron; Lk 6,6-7) − sabbaton. Sie begannen also am Donnerstag der gleichen Woche um 18 Uhr nochmals einen Einunddreißigsten. Da die Gruppe in Anlehnung an die Gepflogenheiten der Lunaristen jedoch einen vorgezogenen Tagesanfang favorisierte − der Dienstag fing z. B. am vorangehenden Montag abend, 18 Uhr, an −, konnte der zweite Einunddreißigste auch am Donnerstag um 6 Uhr früh beginnen. Übertragen auf die Nachtposition wurden aus diesen Zeiten Sonntag, 18 Uhr, Freitag, 6 Uhr und Montag, 6 Uhr.

Ereignisse unter den externen Gruppen, wie z. B. die Freistellung des Mannes mit der »verdorrten Hand« zur Ehe (Mk 3,1-6) wurden auf diese Einunddreißigsten verlegt, die für die externen Sektenmitglieder die Großen Tage waren.

Wenn sie mit 100%igen Anhängern des Sonnenkalenders zusammenlebten, legten die Pharisäer ihren zweiten Einunddreißigsten (gewonnen durch einen Einschub von 2½ Tagen) fest, so daß er sich nicht mehr alle zwei Jahre verschob. Er blieb damit einer der drei Einunddreißigsten, die an verschiedenen Tagen begangen wurden und jeweils den Großen Tag einer anderen Partei verkörperten. Die Geistlichen, die an diesen Tagen amtierten, mußten die Anerkennung aller Parteien genießen.

Das oben Erörterte spielt eine wichtige Rolle bei der Erklärung der umstrittenen Frage nach dem Passafest in den Evangelien. Schon seit langem war bekannt, daß die Synoptiker den Gründonnerstag abend mit dem Letzten Abendmahl als Passamahl darstellen (Lk 22,15), während das Johannesevangelium das Passafest auf den Freitag verlegt und damit die Kreuzigung Jesu als Opferung des Passalammes deutet (Joh 19,14).

Nach der verschlüsselten Chronologie fand das Letzte Abendmahl nach Julianischer Zeitrechnung am Donnerstag, den 19. März des Jahres 33 n. Chr., statt. Die Kreuzigung wurde demnach am Freitag, den 20. März, vorgenommen.

Der vorangehende Dienstag, der 17. März, 6 Uhr früh, war der 14a. I. gewesen, das reguläre Datum für das Passafest nach dem Sonnenkalender in noch nicht interkalierter Form (s. Tabelle D, S. 260). Wenn man davon ausgeht, daß von den externen Sektenmitgliedern unter pharisäischem Einfluß ein 2½tägiger Einschub zu diesem Datum vorgenommen wurde, so ist man wieder bei Donnerstag, 18 Uhr. Das ist die Passafeier, die beim Letzten Abendmahl begangen wurde.

Die Datierung des Passafestes nach dieser Version (+2½) kam all denen, die die verschiedenen Parteien vereinen wollten, entgegen, denn sie fiel mit dem Tag 30a der Solaristen zusammen, die bereits interkaliert hatten. Dieses Datum 30a war für die Samariter wiederum ihr Einunddreißigster. Damit hatten sie doppelt Grund, diesen Tag als Großen Tag zu betrachten – einen Tag, an dem der Himmel die Prophezeiung wahrmachen mußte. Eine großartige Eskalation der Ereignisse in dieser Nacht wäre also ein Beweis dafür gewesen, daß sowohl die Samariter als auch die asketischen Pharisäer im Einklang mit dem Willen des Himmels standen.

Doch das Passafest konnte auch noch unter einem anderen Aspekt betrachtet werden, der sich an der Bedeutung dieses Festes im Alten Testament orientierte. Genauer gesagt ging es dabei um die Frage, an welchem Tag die ungesäuerten Brote gegessen werden sollten. Laut Exodus 12,18 wurde dieses Brot zur gleichen Zeit verzehrt wie das Passamahl: am 14. des ersten Monats (vgl. Ex 12,6). Nach Levitikus 23,6 dagegen – ein Text, hinter dem eine andere Tradition steht – war das ungesäuerte Brot am 15. des ersten Monats zu essen, dem Tag nach dem Passafest. Es gab also zwei verschiedene Feste. In der fraglichen Woche fiel 15a für diejenigen, die noch keine Interkalation vorgenommen hatten, auf Mittwoch, den 18. März. Nach der Version einer Einschaltung von 2½ Tagen fiel der Zeitpunkt der Kreuzigung auf Freitag abend, den 20. März.

Die Essener, die keine Tieropfer mehr darbrachten, sondern die Opferpraxis durch Gebet und Ritus neu definiert hatten, hatten hier eine wichtige

Veränderung eingeführt (*Antiquitates* XVIII,18-19). Für sie stand beim Passafest der Verzehr des ungesäuerten Brotes im Mittelpunkt, nicht mehr das Essen des Passalammes. Das Essen des Brotes war für sie zu einem geistlichen Opfer geworden. Das Wort *to pascha*, in der Oberflächenbedeutung »Passa«, hat damit die Pescherbedeutung »das Mahl der Ungesäuerten Brote«. Das Fest am Freitag, auf das sich das Johannesevangelium bezieht, war eine Version des 15., an dem nur das ungesäuerte Brot gegessen wurde – eine Handlung, die als Opfer interpretiert wurde. Jesus selbst verkörperte in seinem Leiden am Kreuz ein geistliches Opfer.

Ein weiterer wichtiger Punkt ist, daß das Mahl der Ungesäuerten Brote aus Levitikus 23,6 nicht am Abend gehalten werden mußte, während in Exodus 12,18 ausdrücklich von der Abendstunde die Rede ist. Aus diesem Grund konnten die Zölibatäre, die ihre Hauptmahlzeit um die Mittagsstunde einnahmen, dieses Festmahl schon mittags veranstalten und es trotzdem als *to pascha* bezeichnen. Das Johannesevangelium verlegt *to pascha* denn auch auf Freitag mittag (Joh 6,4; 19,14). Genausogut konnte es um die Zeit der ersten Mahlzeit des Tages, um 6 Uhr früh, angesetzt werden (Joh 18,28).

Neben dem Begriff *to pascha* taucht auch der Begriff *ta azyma* auf, der normalerweise »ungesäuertes Brot« bedeutet. Er findet sich allerdings nur im Zusammenhang mit 14a (Mk 14,1.12; Apg 12,3; 20,6). So gebraucht Markus 14,1 *to pascha* und *ta azyma* nebeneinander für denselben Zeitpunkt, der regulär am Tag 14a anzusetzen wäre. Es hat den Anschein, daß *to pascha* für das Mahl der Ungesäuerten Brote verwendet wurde, das als ein Opfer galt, während *ta azyma* das normale jüdische Mahl der Ungesäuerten Brote bezeichnete, das von Mitgliedern, die noch an jüdischen Traditionen festhielten, gefeiert wurde.

Pentekontaden

Wenn man die neuen Belege aus der Tempelrolle auf dem Hintergrund von Philos *De Vita Contemplativa* 65 betrachtet, so zeigt sich, daß das Jahr von manchen Solaristen noch weiter in sieben Abschnitte zu je sieben Wochen, also 49 Tagen, unterteilt wurde, die in Analogie zu den Jubiläen als Pentekontaden betrachtet wurden. Die Abfolge sah folgendermaßen aus: 26/I, 15/III (Pfingsten), 3/V, 22/VI, 10/VIII, 29/IX, 17/XI und 5/I mit drei Wochen Abstand bis zum Beginn der nächsten Abfolge (11QT XVIII-XXII).

Da die Zahl 50 mit dem hebräischen Buchstaben *Nun* bezeichnet wurde, konnte man aus dem griechischen *nyn*, »jetzt«, wenn es mit Artikel gebraucht wurde (*to nyn, ta nyn*), ein Wortspiel machen, das eine Pentekontade anzeigte. *To nyn* bedeutet »Pfingsten«, 15/III, und *ta nyn* bezeichnet eine niedrigere Pentekontade, 26/I (Apg 20,32) oder 29/IX (Apg 4,29; 5,38; 17,30; 27,22).

266

Die Zeitbegriffe in Apostelgeschichte 27,19-25 weisen darauf hin, daß der 29/IX in den heidnischen Bezirken als Festtag beibehalten wurde, während die jüdischen Einunddreißigsten nicht gefeiert wurden. Dieses Winterfest (17. Dezember 60 n. Chr., Apg 27,20-26) war mit »Unverzagtsein« verbunden. Der Tag, der erste Rüsttag für die Versammlungen zur Dezember-Sonnwende, wurde mit der Zeit zu einem Bestandteil des christlichen Weihnachtsfestes.

Generation

Der Terminus *ho chronos*, »Zeit«, hat die Pescherbedeutung »eine Generation von 40 Jahren«. Der Zeitraum begann am Einunddreißigsten.

Die Monate

Die Monate des Sonnenkalenders wurden nur mit Zahlen, nicht mit Namen bezeichnet, wobei die März-Tagundnachtgleiche den Anfang mit I markierte. Der Begriff *tetramēnos* in Johannes 4,35 weist auf die Juni-Sonnwende und hat die Pescherbedeutung »vierter Monat«.

Daneben war auch der Julianische Kalender in Gebrauch. Lukas orientiert sich an seiner Monatseinteilung und bezeichnet dabei die einzelnen Monate ebenfalls mit Zahlen. Der Monat 3 (*mēnas treis*) ist nach Julianischer Zeitrechnung März, der Monat 5 (*mēnas pente*) Mai, der Monat 6 (*mēnas hex*) Juni. Die Wendungen beziehen sich jeweils auf den Monatsersten der Julianischen Monate.

Wörter für »Jahr«

Der Begriff *etos* für »Jahr« bezeichnet das Jahr, das am Ersten des Julianischen Monats beginnt, das Wort *eniautos* das Jahr, das am Einunddreißigsten nach dem Sonnenkalender beginnt.

Numerierung der Tage

Die normalen Wochentage, Sonntag, Montag usw. wurden mit Zahlen gekennzeichnet: »Tag 1, 2, 3 ...« bis 7 (Samstag).

Die Regel für die Wortstellung, die für alle Umstandsbestimmungen der Zeit gilt, lautet: *Das vorgestellte Substantiv bezeichnet den früheren Tagesbeginn.* Nach orthodoxer jüdischer Zeitrechnung begannen die Tage am vorhergehenden Abend um 18 Uhr. Diese Gepflogenheit läßt sich auch bei den Asketen, die unter pharisäischem Einfluß standen, feststellen. *Hēmerai treis* (»Tag drei«) bedeutet demzufolge Montag, 18 Uhr, und *treis hēmerai* bedeutet Dienstag, 6 Uhr früh – der Tagesanfang nach der Zeitrechnung der Solaristen.

Da die einzelnen Tage verschiedenen Mitgliedern der Hierarchie zugeordnet wurden (vgl. das Kapitel »Hierarchie«, S. 442), konnte die Tageszählung bis zur Zahl zwölf weiterlaufen, also in die folgende Woche hinein. So erscheint z. B. in Johannes 20,26 und Apg 25,6 Tag 8 (Sonntag); in Apg 24,11 Tag 12 (Donnerstag).

Die Zeitangaben zu den Tagen können durch die Präpositionen *meta*, »nach« (mit Akkusativ), und *pro*, »vor« (mit Genitiv), qualifiziert werden, z. B. »nach drei Tagen« (*meta treis hēmeras*). Die Pescherbedeutung dieser letzteren Wendung ist »einen ganzen Tag nach Tag 3« (Dienstag), d. h. Tag 4 (Mittwoch). Ähnlich bedeutet *pro* »einen ganzen Tag davor«. Beispiele: *meta dyo hēmeras* (Mk 14,1), »nach zwei Tagen«, p: »Dienstag, weil Dienstag einen ganzen Tag, 24 Stunden, nach Montag, Tag 2, kommt. *Pro hex hēmerōn* (Joh 12,1), »sechs Tage vor«, p: Donnerstag, einen ganzen Tag vor Freitag, Tag 6.

Hōsei, »etwa«, kann ebenfalls »einen ganzen Tag davor« bedeuten. Lukas 9,28, *hōsei hēmerai oktō*: Freitag abend, 24 Stunden vor Samstag abend, dem frühen (jüdischen) Anbruch des Sonntags.

Am Freitag, dem Sabbat, begann der Abend nach einer strengeren Regelung bereits um 15 Uhr. Zu diesem Zeitpunkt traten bereits bestimmte Sabbatvorschriften in Kraft. Entsprechend endete der Sabbat am Samstag um 15 Uhr. *Hōsei hēmerai oktō* in dem oben angeführten Beispiel bedeutet demnach Freitag, 15 Uhr.

Die Regel für die Wortstellung gilt auch für Tage mit Ordinalzahlen. *Hē tritē hēmera* meint den normalen Tagesbeginn, *hē hēmera hē tritē* den früheren Beginn zwölf Stunden davor. Da nach samaritischer Gepflogenheit der »3. Tag« der Monatserste war (s. oben, S. 263) und dieses Datum in der Nachtposition auf Samstag 15 Uhr, fiel, bedeutet *hē tritē hēmera* Samstag, den 1., 15 Uhr (Mt 27,64), und *hē hēmera hē tritē* bezeichnet den gleichen Samstag, 3 Uhr früh (1 Kor 15,4).

Die Wendung *mia tōn hēmerōn*, »an einem der Tage«, bedeutet »der erste Tag des Monats«. Diese Zeitbestimmung galt sowohl für den Eindunddreißigsten als auch für den Ersten, da der Einunddreißigste des Vormonats jeweils zum folgenden Monat gerechnet wurde. In Lukas 8,22 ist der Einunddreißigste gemeint, in Lukas 20,1 der Erste und in Lukas 5,17 der Einunddreißigste nach samaritischer Zeitrechnung (der dem Dreißigsten nach regulärer Zeitrechnung entsprach).

Tē mia (mit Artikel) findet sich nur im Zusammenhang mit *ta sabbata*, p: »das Sabbatjahr«, und weist auf den Ersten des ersten Kalendermonats im Jahr (nach regulärer oder samaritischer Zeitrechnung).

Der Beginn des Sabbatjahres

Wegen der Ambiguität des Monatsanfangs gab es auch zwei Jahresanfänge. Das Sabbatjahr begann sowohl am Einunddreißigsten (Mk 2,23) als auch am Ersten (Apg 20,7). In der Nachtposition fiel der Erste auf Samstag abend, also auf das Ende des Sabbats. Die Ruhe vor dem Sabbatjahr begann somit um dieselbe Zeit wie die Sabbatruhe, d. h. am Samstag morgen. Damit konnte der Samstag morgen zum Kalenderbeginn gemacht werden und wurde als *tē mia tōn sabbatōn* (p: »der Erste des ersten Monats im Sabbatjahr«) bezeichnet. Dieses Terminus' bedienten sich die Evangelisten, um die Tatsache deutlich zu machen, daß Jesus am Samstag morgen aus der Grabhöhle weggebracht wurde, während es von der Textoberfläche her den Anschein hat, daß die Auferstehung am Sonntag morgen erfolgte, »dem ersten Tag der Woche«.

Tagesbeginn nach Julianischer Zeitrechnung

Es wurde bereits erwähnt, daß bestimmte, von westlichen Einflüssen geprägte Mitglieder der Bewegung den Julianischen Kalender übernommen hatten. Der Tag konnte also auch nach der Julianischen Zeitrechnung, d. h. um Mitternacht, beginnen. In der Tagposition lag der mitternächtliche Tagesanbruch vor dem Tagesanbruch des Sonnenkalenders um 6 Uhr früh, in der Nachtposition lag er nach dem Tagesanbruch um 18 Uhr. Damit begann der Sabbat einerseits nach jüdischer Tradition am Freitag um 18 Uhr – oder nach strengerer Rechnung um 15 Uhr –, und andererseits mit dem Julianischen Beginn des Samstag am Freitag um 24 Uhr, nach strengerer Regelung um 21 Uhr. In der Diaspora war es außerdem möglich, *tē epaurion* auf diese Stunden zu verlegen und nicht, wie sonst üblich, auf 18 Uhr (Mt 27,62; Apg 23,32).

Weitere Tagesbezeichnungen

Die scheinbar ungenauen Bezeichnungen »nach einigen Tagen«, »viele Tage lang« und »nicht mehr als ... Tage« haben im Pescher ebenfalls eine ganz präzise Bedeutung.

Tines hēmerai, »einige Tage«, bezieht sich auf den Montag als Festtag, entweder den samaritischen Einunddreißigsten (regulär der Dreißigste) (Apg 15,36) oder 16/III, den Tag nach Pfingsten, mit dem nach *Jub* I,1 das Jahr begann (Apg 10,48). Und *hēmerai tines* bezieht sich auf den frühen Beginn dieses Tages am Sonntag, 18 Uhr (Apg 9,19; 10,48; 16,12; 24,24; 15,13).

269

Pollai hēmerai, »viele Tage lang«, bezieht sich auf den Dienstag als Festtag, den Einunddreißigsten nach regulärer Zeitrechnung (Apg 16,18). Ein Mann mit dem Titel »die Vielen« (*hoi polloi*) gehörte zu den »Söhnen Levi«, denen der Dienstag zugeordnet war (vgl. das Kapitel »Hierarchie«, S. 448). *Ou pollai hēmerai*, »nicht lange«, bedeutet soviel wie: »nicht Dienstag, den 31.« (also Freitag, den 31.), da der Einunddreißigste in der Nachtposition auf einen anderen Tag fiel als in der Tagposition (Joh 2,12; Lk 15,13; Apg 1,5).

Pleious hēmerai, »mehr als ... Tage«, bezeichnet den Mittwoch als Festtag, gewöhnlich der Erste nach regulärer Zeitrechnung. *Ou pleious hēmerai* bedeutet aus demselben Grund wie oben: »nicht Mittwoch, der 1.« (sondern Samstag, der 1., 18 Uhr) (Apg 24,11; 25,6).

Pleiones hēmerai (Apg 27,20) bezeichnet den Donnerstag als Festtag (den Einunddreißigsten nach der Zeitrechnung mit einer Einschiebung von 2½ Tagen).

Die Wendung *hikanai hēmerai*, »viele Tage«, ist eine alternative Bezeichnung der Tagundnachtgleichen am regulären Einunddreißigsten. Während die Wendung »zu jener Zeit« dieses Datum mit den Priestern in Verbindung bringt, enthält *hikanos*, was soviel heißt wie »tüchtig«, einen Hinweis auf Laien in der Funktion von Laienpriestern, die den Anspruch erheben, für die priesterliche Aufgabe »tüchtig« zu sein.

Der Begriff *hē paraskeuē*, »der Rüsttag«, steht scheinbar für Freitag, hat jedoch in Wirklichkeit noch eine präzise Nebenbedeutung. Er bezieht sich auf den Tag der Angleichung der Chronometer (die Gründe dafür sind oben dargelegt; vgl. S. 250). Die Wahl war dabei auf den Tag des Festes der Ungesäuerten Brote nach der Version mit einem Einschub von 2½ Tagen gefallen. Damit ergaben sich zwei mögliche Daten: 14a +2½ von Donnerstag abend, oder 15a +2½ von Freitag abend ab. Das Johannesevangelium, in dem 15a als Datum für das Fest der Ungesäuerten Brote gilt, berichtet nichts von einer dreistündigen Finsternis am Freitag und gibt die Zeit der Kreuzigung mit 12 Uhr mittags an, während die Synoptiker sie auf 9 Uhr vormittags verlegen. Beide Male ist jedoch die gleiche Zeit gemeint, nur geben die Synoptiker die tatsächliche Zeit an, während Johannes nach der vorgehenden Zeit rechnet. Johannes Markus selbst ging bei dem Bericht über die Geschehnisse in der Freitagnacht ebenfalls von dieser vorgehenden Zeitrechnung aus – eine Tatsache, die für den Bericht über die Ereignisse in der Grabhöhle einige Bedeutung hat.

Der Begriff *hē heortē*, »das Fest«, heißt eigentlich »das Fasten« und bezieht sich auf den Einunddreißigsten (sam oder reg), an dem gefastet wurde, oder auf den Versöhnungstag.

270

Nachtwachen

Der Tag und die Nacht wurden in Zeitabschnitte von drei Stunden unterteilt. In der Nacht wurden sie als »Nachtwachen« bezeichnet. 18 Uhr war *opsia*, »Abend«, 21 Uhr *opse*, Mitternacht hieß *mesonyktion* und 3 Uhr früh *alektorophōnia*, »Hahnenschrei« (Mk 13,35). Die Nachtwachen konnten auch durchgezählt werden: 3 Uhr früh war »die vierte Nachtwache« (Mk 6,48). Wenn der Julianische Kalender zugrundegelegt wurde, bei dem der Tag um Mitternacht begann, lag die erste Nachtwache in der Zeit um Mitternacht.

Die Wendung *autē tē hōra*, »zu der Stunde«, markiert die Unterteilungen des Tages um 9 Uhr vormittags oder 15 Uhr nachmittags und um 21 Uhr abends und 3 Uhr morgens. Es handelt sich dabei um Einteilungen, die sich auf die Laien bezogen – *autos* weist auf Laien-Ränge hin.

Stunden

Nach jüdischer Zeitrechnung werden die Stunden von 6 Uhr morgens an mit Ordinalzahlen durchnumeriert. 9 Uhr vormittags ist demzufolge die dritte Stunde (*hōra tritē*), 12 Uhr die sechste Stunde (*hōra hektē*), 15 Uhr die neunte Stunde (*hōra enatē*) und 16 Uhr die zehnte Stunde (*hōra dekatē*).

Nach Julianischer Zeitrechnung werden sie mit Kardinalzahlen bezeichnet. *Mia hōra* bedeutet 1 Uhr nachts, *hōras dyo* 14 Uhr, usw.

Das Wort *euthys*, »sogleich«, zeigt ebenfalls eine Stunde an. Wörtlich heißt es soviel wie »gerade, eben«. Darin steckt ein Hinweis auf die Ordensregel der externen Essener, die die »Steige eben« machen sollten (Mk 1,3). Das Wort bezeichnet ihre Gebetszeiten, gewöhnlich um 15 und 16 Uhr (an den Freitagen um 12 und 13 Uhr), und ihre Essenszeiten 6 Uhr früh und 18 Uhr. Es kommt vor allem im Markusevangelium, das auf extern-essenischem Hintergrund entstand, sehr häufig vor.

Das Wort *palin*, »wieder«, enthält ebenfalls eine exakte Zeitangabe. Es bezieht sich allerdings auf die Stundeneinteilung der Zölibatäre – auf ihr mittägliches Mahl oder ihre Gebetsstunden. Die Bezeichnung geht vielleicht darauf zurück, daß ihre Stunden »zweimal« begannen: direkt mit dem Stundenschlag und fünf Minuten danach.

Parachrēma, »sofort«, bezeichnet das Ende des Gottesdienstes der Externen um 15 oder 16 Uhr. Vielleicht enthält der Begriff ein Wortspiel über das Spenden von Geld (*chrēma*, vgl. Apg 4,37: »brachte das Geld und legte es den Aposteln zu Füßen«), denn um diese Zeit wurde am Ende des Gottesdienstes die Kollekte eingesammelt.

Da die zwölf Stunden der Nacht den zwölf Stunden des Tages entsprachen und da die arbeitenden Essener in den externen Siedlungen um 3 Uhr früh aufstanden, stehen die Stundenbezeichnungen des Tages auch für die Nachtstunden.

271

Die fünf Minuten vor und nach einer vollen Stunde wurden entsprechend der jeweiligen Tätigkeiten in diesen Minuten nochmals unterteilt. Das Wort »um«, *hōs*, zusammen mit einer Stundenangabe bedeutet »fünf Minuten vor«. Und *eutheōs* (»sogleich«, ein Wortspiel aus *euthys* in Verbindung mit *hōs*) bedeutet »fünf Minuten nach der vollen Stunde«. In diesen letzteren fünf Minuten wurden die Türen des geheiligten Speisesaales geschlossen, um Außenstehende fernzuhalten (Apg 21,30). Die Stunde begann also gleichsam zweimal.

Für die Zeit um den Glockenschlag gab es eine noch feinere Einteilung: *peri*, »um«, bezeichnet die drei Minuten nach der vollen Stunde. Wahrscheinlich sind damit die fünf Minuten um den Glockenschlag gemeint, zwei Minuten vor und drei Minuten nach, die als ganz besonders heilig galten.

»Schon«

Es kam oft vor, daß der Zeitpunkt für bestimmte religiöse Handlungen oder Feste vorverlegt wurde; so konnte z. B. der Sabbat bereits um 15 Uhr am Freitag beginnen. Das Wort *ēdē* im Sinne von »hat es schon angefangen?« wurde gebraucht, wenn etwas früher eintrat als erwartet. Das Adverb wurde mit den Stundenangaben gekoppelt, und zwar mit den Drei-Stunden-Einheiten des Tages und der Nacht.

Das Verb *mellō*, »im Begriff sein«, bezieht sich auf ein in drei Stunden, drei Monaten oder drei Jahren erwartetes Ereignis.

Weitere Einzelheiten werden in der ausführlichen Chronologie erläutert.

Liste der chronologischen Begriffe

Im folgenden werden die Termini für die Zeitangaben, die für die Chronologie entscheidend sind, in ihrer normalen und in der Pescherbedeutung aufgelistet. Der bequemeren Handhabung wegen wird zuerst die deutsche Übersetzung angegeben; die griechischen Begriffe stehen darunter. (p: heißt »Pescherbedeutung«). Zu weiteren Erklärungen vgl. S. 257 ff.

Um

hōs
p: die fünf Minuten vor der vollen Stunde, die als Vorbereitungszeit genutzt wurden.
Joh 19,14, *hōra ēn hōs hektē*, »um die sechste Stunde«; p: »fünf Minuten vor zwölf«. (Pilatus' Entscheidung vor den Kreuzigungen, die in der vollen Stunde vorgenommen wurden.)

272

hōsei
p: eine volle Einheit früher.
Lk 3,23, *hōsei etōn triakonta*, »etwa dreißig Jahre alt; p: »es war das Jahr 29 n. Chr.« (ein Jahr vor dem Jahr 30, bei einer Datierung des Jahres 1 n. Chr. als Jahr 1).
Lk 9,28, *hōsei hēmerai oktō*, »etwa acht Tage«; p: »Freitag, 15 Uhr« (einen Tag von 24 Stunden vor Samstag 15 Uhr, dem frühestmöglichen Beginn des Sonntags, des Tages 8. Normalerweise lag dieser frühe Beginn um 18 Uhr, am Anfang und Ende des Sabbat jedoch um 15 Uhr).
Lk 23,44, *hōsei hōra hektē*, »um die sechste Stunde«; p: »9 Uhr vormittags« (die drei Stunden vor der Mittagswache liegende Wache).

peri (mit Akkusativ)
p: die drei Minuten nach der vollen Stunde.
Mk 6,48, *peri tetartēn phylakēn tēs nyktos*, »um die vierte Nachtwache«; p: »3.03« (vgl. die Bootgeschwindigkeit auf S. 433).
Apg 10,9, *peri hōran hektēn*, »um die sechste Stunde«; p: »12.03«.

Im Begriff sein zu

mellō, »Im Begriff sein zu«
p: drei Stunden, drei Monate (oder drei Jahre) zuvor.
Apg 12,6, *ēmellen prosagagein auton ho Hērōdēs*, »als ihn Herodes vorführen lassen wollte«; p: »Agrippa wollte ihn in drei Stunden vorführen lassen«.
Lk 9,31, *ēmellen plēroun*, »das er ... erfüllen sollte«; p: »das er in drei Monaten (Dezember) erfüllen sollte«.
Apg 24,25, *tou krimatos tou mellontos*, »das zukünftige Gericht«; p: »das Jüngste Gericht in drei Jahren« (61 n. Chr., NLS 4000).

Nach

meta (mit Akkusativ)
p: eine volle Einheit später.
Mk 14,1, *meta dyo hēmeras*, »nach zwei Tagen«; p: »am Dienstag«, 24 Stunden nach dem Montag, Tag 2, 6 Uhr früh.
Mk 10,34, *meta treis hēmeras*, »nach drei Tagen«; p: »am Mittwoch«, 24 Stunden nach dem Dienstag, Tag 3, 6 Uhr früh.
Mk 9,2, *meta hēmeras hex*, »nach sechs Tagen«; p: »am Freitag«, 24 Stunden nach dem Donnerstag. Der frühestmögliche Beginn des Freitag, Tag 6. Freitag nachmittag um 15 Uhr Beginn des Sabbat.
Lk 1,24, *meta ... tautas tas hēmeras*, »nach diesen Tagen«; p: »1a der Dezember-Rüsttage«, 24 Stunden nach 31a.

273

Schon

ēdē
p: ein Zeitpunkt, der früher kam als erwartet.
Joh 11,17, *tessaras ēdē hēmeras*, »schon vier Tage«; p: »Mittwoch, 3 Uhr morgens« (der Mittwoch, Tag 4, beginnt normalerweise um 6 Uhr, für die Arbeiter jedoch um 3 Uhr).

Vor

pro mit Genitiv
p: eine volle Einheit vorher.
Joh 12,1, *pro hex hēmeron*, »sechs Tage vor«; p: »am Donnerstag«, 24 Stunden vor dem Freitag, Tag 6. (Nach Julianischer Zeitrechnung Mittwoch, um Mitternacht beginnend.)
Joh 13,1, *pro ... tēs heortēs tou pascha*, »vor dem Passafest«; p: »Donnerstag«, 24 Stunden vor dem Fest der Ungesäuerten Brote, 15a +2½, mit einem regulären 31a am Freitag.
Apg 5,36; 21,38, *pro ... toutōn tōn hēmerōn*, »vor einiger Zeit« bzw. »vor diesen Tagen; p: »30a der Dezember-Rüsttage«, 24 Stunden vor 31a.

Hahnenschrei

alektorophōnia
p: das Signal für 3 Uhr morgens.
(Näheres dazu S. 137)

Tag

hēmera
p: Festtag; wichtiger Tag im Kalender.

hai hēmerai (Plural)
p: der Einunddreißigste, reg oder sam, als wichtigster der drei Rüsttage (1QSa I,26); oder die Pentekontade 26/I. Um welche Jahreszeit es sich handelt, wird an der Wortstellung deutlich:

en tais hēmerais ekeinais, Wortstellung 1	zu jener Zeit, in jenen Tagen	März-Tagundnachtgleiche.
en tais hēmerais tautais, Wortstellung 1	zu dieser Zeit, in diesen Tagen	Junisonnwende.
en ekeinais tais hēmerais, Wortstellung 2	zu jener Zeit in jenen Tagen	September-Tagundnachtgleiche.
en tautais tais hēmerais, Wortstellung 2	zu dieser Zeit in diesen Tagen	Dezembersonnwende.

274

hē hēmera (Singular)
p: der Einunddreißigste oder der Erste oder ein großer Festtag.
en tautē tē hēmera »dieser Tag« sam 31 für die Samariter
reg 31. für die Hebräer
en ekeinē tē hēmera, »jener Tag« sam 1. (= reg 31.) für die Samariter
reg 1. für die Hebräer

Tagesangaben mit Zahlwörtern
z. B. *treis hēmerai*, »drei Tage«
p: Tag 3 in der Woche, Dienstag.
(Regel für die Wortstellung: Wenn das Substantiv vorgestellt ist, ist der frühere Tagesbeginn gemeint, gewöhnlich 18 Uhr des vorhergehenden Abends.)

Mit anderen Adjektiven
tines hēmerai, »einige Tage«
p: Montag als Festtag.

pollai hēmerai, »viele Tage lang«
p: Dienstag als Festtag, der reguläre Einunddreißigste.

ou pollai hēmerai, »nicht lange«
p: Freitag, der 31., in der Nachtposition (»nicht Dienstag der 31., sondern Freitag der 31.«).

pleious hēmerai, »mehr als ... Tage«
p: Mittwoch als Festtag, der reguläre Erste.

ou pleious hēmerai, »nicht mehr als ... Tage«
p: Samstag, der 1., in der Nachtposition (»nicht Mittwoch der 1., sondern Samstag der 1.«).

hikanai hēmerai, »viele Tage«
p: der reguläre Einunddreißigste um die März- oder September- Tagundnachtgleiche.

kath' hēmeran, »täglich«
p: der reguläre Einunddreißigste nach herodianischer Rechnung im Gegensatz zum samaritischen Einunddreißigsten.

Abend

opsia
p: das Mahl um 18 Uhr.

opse
p: 21 Uhr.
hespera
p: 21 Uhr.

Notzeit

limos
p: die 3½ Jahre zwischen einem nordsolaren Jahr und einem südsolaren Jahr. Vgl. S. 239.

Fasten

asitia
p: 29/IX (»nicht Weizen (*sitos*)«, nicht die Pentekontade im Sommer, sondern die entgegengesetzte Pentekontade im Winter«. An Pfingsten, 15/III, war das Fest der Weizenernte). (Apg 27,21)

nēsteia
p: der Versöhnungstag.

Fest

heortē
p: Fasten, zum Einunddreißigsten oder zum Versöhnungstag.

Stunde

hōra
p: um die ... Stunde (Mittag, 13 Uhr usw.).

Sogleich

euthys
p: zur Gebetsstunde der externen Essener.

eutheōs
p: fünf Minuten nach der vollen Stunde.

parachrēma
p: Ende des Gottesdienstes der Externen, 15 oder 16 Uhr, 3 oder 4 Uhr morgens.

Monat

mēn
p: Julianischer Monat, Monatserster.
mēnas treis, 1. März
mēnas pente, 1. Mai
mēnas hex, 1. Juni

Morgen

prōi
p: 6 Uhr morgens.
lian prōi, »früh am Morgen«, 3 Uhr.

Kurz vor

engys
p: wenn zwei Datierungen aus unterschiedlichen Kalendern zusammenfallen (z. B. 31a reg des nördlichen Kalenders und +2½ 15a des südlichen Kalenders, Joh 6,4). (Vgl. Tabelle D, S. 260.)

Der nächste Tag

tē epaurion
p: der 36-Stunden-Tag zu Beginn der Interkalation der 17½ Tage im Sonnenkalender alle 14 Jahre. Normalerweise der Einunddreißigste und 1a (also »*aurion*», der Erste).

hexēs
p: der Einunddreißigste als nicht-heiliger Tag, der nicht zu den Großen Tagen gehörte (in der Form *tē hexēs*).

epiousē
p: Mitternacht, als Beginn des neuen Tages nach Julianischer Zeitrechnung.

277

Jetzt

to nyn
p: Pfingsten, 15/III (»Das *Nun*», ein Wortspiel um den hebräischen Buchstaben *nun*, der »50« bedeutet, die Zahl für Pfingsten).

ta nyn
p: eine niedrigere Pentekontade, 26/I oder 29/IX.

Passa

pascha
p: das Mahl der Ungesäuerten Brote.
a) 14a/I oder +2½ 14a/I (nach der Regel von Ex 12,6)
b) 15a/I oder +2½ 15a/I (nach der Regel von Lev 23,6)
Näheres dazu S. NNN.

Rüsttag

paraskeuē
p: der Tag, an dem die Zeitrechnung, die im Lauf des Jahres um drei Stunden vorging, dem Stand der Sonne angeglichen wurde. Das Fest der Ungesäuerten Brote, nach der +2½-Version gekoppelt mit dem Einunddreißigsten. Für diejenigen, die sich an die Regelung von Exodus 12 hielten, ein Freitag; für die, die sich an Levitikus 23 orientierten, ein Samstag.

Sabbat

sabbaton
p: der Einunddreißigste, Dienstag 6 Uhr früh (Tagposition) oder Freitag 18 Uhr (Nachtposition), oder der Einunddreißigste nach der +2½-Version.

sabbata (Plural)
p: das Sabbatjahr.

Zeit

kairos
p: die 14-Jahresspanne.

278

eukairos
p: die 14-Jahresspanne für die Partei, die die Interkalation auf die Tagundnachtgleiche oder in deren Nähe verlegte (nachgestellte Position).

chronos
p: eine Generation von 40 Jahren, die mit dem Einunddreißigsten begann
oder endete.

Heute

sēmeron
p: der Einunddreißigste als der Tag der Erfüllung (»Gestern, Heute, Morgen«, 30., 31., 1.). Sam oder reg.

Morgen

aurion
p: der Erste; s. »Heute«.

epiousios
p: der Erste.

Ungesäuerte Brote

ta azyma
p: das jüdische Fest der Ungesäuerten Brote nach der Regel von Exodus 12.

Nachtwache

phylakē
p: Unterteilung der Nacht im drei-Stunden-Rhythmus. Begriff der externen
Essener (Wortspiel mit *phylakē*, »Gefängnis/Ehe«).

Jahr

eniautos
p: das Jahr, das am Einunddreißigsten beginnt (nach jüdischer Zeitrechnung).

etos
p: das Jahr, das am Ersten beginnt (nach Julianischer Zeitrechnung).

echthes
p: der Dreißigste (»Gestern, Heute, Morgen«, 30., 31., 1.).

Abkürzungen (Chronologische Termini)

IK	Interkalation
Reg	regulär (31.)
Sam	Samaritisch (31.)
NS	nordsolar
NLS	nordlunisolar
Inter S	Zwischenjahr solar
Inter LS	Zwischenjahr lunisolar
SS	südsolar
SLS	südlunisolar
TNG-Pos.	kalendarische Tagundnachtgleiche
SW-Pos.	kalendarische Sonnwende
post Pos.	nachgestellte Position im Kalender

Detaillierte Chronologie von 9 v. bis 64 n. Chr.

JULIA-NISCHES DATUM	SOLAR-DATUM	TAGES-ZEIT	ORT	EREIGNIS UND ZEITANGABE

9 v. Chr.
InterS 3930
Interkalation aller Kalender abgeschlossen. Tagposition.

September-Quartal

Di 17. Sept. — 31a(VII) — — — Zacharias, ein Nachkomme Zadoks, bereitet sich auf die Versöhnungszeremonie vor, die er noch einmal vollziehen wird, bevor er sein Amt niederlegt, um die eheliche Gemeinschaft mit Elisabet aufzunehmen (Lk 1,5-7)
en tais hēmerais Hērōdou basileōs tēs Joudaias (Lk 1,5: »Zu der Zeit des Herodes, des Königs von Judäa«). Der 31. in der September-Festzeit, der eigentlichen Zeit des Königs.
probebēkotes en tais hēmerais autōn (Lk 1,7: »in ihren Tagen weit vorgerückt«). Die Zölibatäre orientieren sich an der 1. Pos. des Kalenders.

Fr 27. Sept. — 10/VII Versöhnungsfest — 15 Uhr — Mird Major — Zacharias beendet im Ersatzheiligtum in Mird den Gottesdienst am Versöhnungsfest und überträgt sein Amt dann seinem Stellvertreter Simeon (»Gabriel«, dem Priester aus dem Geschlecht Abjatars) (Lk 1,8-20).
tē hōra tou thymiamatos (Lk 1,10: »zur Stunde des Räucheropfers«). 15 Uhr, Höhepunkt des Versöhnungsfestes (vgl. Mk 9,2 p).
hē gynē mou probebēkuia en tais hēmerais autēs (Lk 1,18: »meine Frau ist weit vorgerückt in ihren Tagen«). Elisabet befindet sich noch im zölibatären Status.
Zacharias verläßt das Heiligtum und nimmt die eheliche Gemeinschaft auf. Von nun an ist er »stumm«, d. h. er darf nicht predigen (Lk 1,21-22).

Fr 4. Okt. — 31a(VII), post Pos. — 18 Uhr — — Post Pos 31.

281

Sa 5. Okt.   1a/VII   18 Uhr   Ain Fesch-   Zacharias in Ain Feschcha, dem Aufent-
                               cha   haltsort für verheiratete Priester (Lk
                                          1,23).
                                          hai hēmerai tēs leitourgias (Lk 1,23:
                                          »die Zeit seines Dienstes«). Der Got-
                                          tesdienst für die Externen.

Dezember-Quartal
Di 17. Dez.   31a(X), 1.   6 Uhr   31.
              Pos.
Mi 18. Dez.   1a/X   6 Uhr   Zeugung Johannes des Täufers.
                                               meta … tautas tas hēmeras (Lk 1,24:
                                               »nach diesen Tagen«, Wortstellung 2).
                                               Dezember-SW; 1a, 24 Stunden nach
                                               31a.

8 v. Chr.
Do 1. Mai   Elisabet, schwanger, verbirgt sich (Lk
                                               1,24).
                                               mēnas pente (Lk 1,24: »fünf Monate«,
                                               = Monat 5). Nach Julianischer Zeit-
                                               rechnung der 5. Monat, Monatserster.
So 1. Juni   15/III   Marsaba   Beginn der Verlobungszeit von Josef und
              Pfingsten,   Maria an Pfingsten. Simeon/Gabriel tritt
              Us auf   als Brautwerber für Josef auf (Lk 1,26-38)
              SW-Pos.   *en … tō mēni tō hektō* (Lk 1,26: »im
                                               sechsten Monat«). Der 1. Juni nach
                                               jüdisch-Julianischer Zeitrechnung.
Di 17. Juni   31a(IV),   Ain Fesch-   Maria trifft zur Verlobungszeremonie in
              SW-Pos.   cha   Ain F. ein (Lk 1,39).
                                               en tais hēmerais tautais (Lk 1,39: »in
                                               diesen Tagen«, Wortstellung 1). Der
                                               31. bei der Juni-SW.
Mi 18. Juni   1b & 15a/   18 Uhr   Elisabet, im 6. Monat schwanger, steigt in
              III Pfing-   den Rang einer »Mutter« auf. Während
              sten, Us   ihrer Schwangerschaft nimmt Maria ihre
              auf post   Stelle als Oberin ein und spricht das Ma-
              Pos.   gnifikat (Lk 1,46-55) als Ersatz-»Hanna«
                                               für Zacharias/Samuel (vgl. 1 Sam 1-2).
                                               apo tou nyn (Lk 1,48: »von nun an«).
                                               Von Pfingsten, dem Nun (50), an.
                                               Irgendwann nach der Verlobung von Ma-
                                               ria und Josef, aber noch vor ihrer endgül-
                                               tigen Eheschließung im September, wird
                                               Jesus gezeugt.

September-Quartal
Di 16. Sept.   31a(VII)   Offizielles Geburtsdatum Johannes des Täufers (Geburt in der Bibel nicht erwähnt).

7 v. Chr.
SS 3930

März-Quartal
So 1. März   Offizielles Geburtsdatum Jesu (Lk 1,56). *hōs mēnas treis* (Lk 1,56: »etwa drei Monate«). Der 1. März, der Monatserste des Julianischen 3. Monats. Das offizielle Geburtsdatum der Könige wurde stets auf den Monatsersten des Julianischen Monats und auf den 31. nach solarer Zeitrechnung verlegt.

»Haus der Königin«   Maria begibt sich ins »Haus der Königin«, den Aufenthaltsort der in Trennung lebenden Frauen, an dem auch die Waisen zur Welt gebracht werden; dort wird Jesus geboren (Lk 1,56b).

September-Quartal
Di 15. Sept.   31a(VII)   Die Jahreszeit, in der Jesus der Vorschrift entsprechend hätte geboren werden sollen. Die Magier von Westmanasse akzeptieren ihn und suchen ihn auf, um ihm als Thronfolger und Rivalen der herodischen Dynastie zu huldigen. Herodes wird über das Geburtsdatum Jesu getäuscht (vgl. S. 242).

en hēmerais Hērōdou tou basileōs (Mt 2,1: »zur Zeit des Königs Herodes«). 31. September, die Zeit der Könige. *ton chronon* (Mt 2,7: »wann«). Generation von 40 Jahren.

5 v. Chr.
SLS3931

September-Quartal
Fr 1. Sept.   Josef, der sich nach seiner Teilnahme am nationalistischen Aufbegehren der Pharisäer in Qumran (»Ägpyten«) vor Herodes verborgen gehalten hat (*Ant.* XVII,41-42), verläßt sein Versteck an Herodes' 70. Geburtstag (Mt 2,15).

283

heōs tēs teleutēs Hērōdou (Mt 2,15: »bis nach dem Tod des Herodes«). Bis zu seinem 70. Geburtstag, wenn nach dem biblischen Gesetz für die Männer die Zeit ihrer aktiven Tätigkeit vorüber war. (Daß Herodes nicht tot war, wird daran deutlich, daß er in der nächsten Episode wieder agiert; vgl. die Regel, daß alle Ereignisse in der Erzählung konsekutiv ablaufen). Vgl. *Ant.* XVII,148; Herodes ist zu dieser Zeit etwa 70 Jahre alt.

Di 12. Sept. 31a(VII) Ain Fesch- Nach solarer Zeitrechnung ist am 31. der
TNG-Pos. cha 70. Geburtstag von Herodes. Matthias, ein Hellenist, ist Hoherpriester geworden (*Ant.* XVII,78.165-166), daher wird Jesus jetzt für legitim erklärt (Mt 2,20). *teleutēsantos ... tou Hērōdou* (Mt 2,19). Herodes ist am 31. 70 geworden.

4 v. Chr.
März-Quartal
Tod des Herodes. Archelaus erbt den Thron, Antipas geht leer aus.

1 v. Chr.
NS 3940
(für die pro-davidische Partei 3900)

März-Quartal
Mo 9. März 31a(I) Formale Gründung des »Weinbergs« in
TNG-Pos. Rom, einer Partei, die die Davididen als oberste Herrscher unterstützt. Gestiftet vom Ex-Hohenpriester Matthias als 60-Jahres-Projekt für den »8. Tag« der 480 Jahre bis zum Jahr 60 n. Chr., NS 4000. Als ein »Tag« von 12 Stunden unterteilt in 5-Jahres-»Stunden« (5 n. Chr. = Stunde 1, 10 n. Chr. = Stunde 2 usw.) (Mt 20,1-16; Mk 12,1-9; Apg 7,8). Das Oberhaupt von Westmanasse, »Isaak«, wird Mitglied (»beschnitten«; Apg 7,8). Er führt die Partei des Tetrarchen Antipas, den »Feigenbaum«, dem die Diaspora-Essener des Ordens Manasse angehören. So wurde »der Feigenbaum ... gepflanzt in seinem Weinberg« (Lk 13,6). Die anti-herodianischen Parteien erklären eine Null-Gene-

ration, um Herodes auszuschalten, und beginnen das letzte Millennium der Weltgeschichte im Jahr 1 v. Chr.
tē hēmera tē ogdoē (Apg 7,8: »am 8. Tag«). 1 v. Chr., das Jahr 420 der 480 Jahre von 421 v. Chr. bis 60 n. Chr., 8. »Tag«.

Di 7. Sept. 31a(VII) Ain Feschcha Josef soll die eheliche Beziehung sechs Jahre nach der Geburt eines Sohnes wieder aufnehmen. Er befolgt diese Vorschrift, da gerade ein Boethusier als Hoherpriester amtiert (*Ant.* XVII,164) (Mt 2,21). (Jakobus wird im Dezember gezeugt.)

1 n. Chr.
NS 3941. Eine Reihe von Interkalationen beginnt, in deren Verlauf von der Tag- (Dienstag 6 Uhr) auf die Nachtposition (Freitag 18 Uhr) umgeschaltet wird.

Sa 1. Jan. Die Anhänger der Davididen, die sich sowohl am Julianischen als auch am jüdischen Kalender orientieren, feiern Neujahr.

Di 1. März Qumran Der drohende Untergang des angestammten jüdischen Königtums und die Angst vor dem Verlust der nationalen Identität führt zum Ausbruch des Zelotenaufstandes. Theudas von Efraim steht gemeinsam mit Josef an der Spitze einer gemäßigten nationalistischen Gruppe in Qumran.

Di 8. März 31a(I) 1. Pos. 6 Uhr »Hungersnot« bei der Märzinterkalation (3½ Jahre) (Apg 7,11a).

Fr 25. März 31a(I) TNG-Pos. 18 Uhr Ende des Interkalationszeitraumes.

Sa 26. März 1a/I 18 Uhr Theudas geht nach Qumran (»in ein fernes Land«), wo das »Prassen« der Diaspora-Essener (»die nach glatten Dingen suchen«) an der Tagesordnung ist (Lk 15,13).
met' ou pollas hēmeras (Lk 15,13: »nicht lange danach«). Samstag 18 Uhr 1a, 24 Stunden nach Freitag 18 Uhr; 31a: »nicht Dienstag 31.« (*pollas hēmeras*), also Freitag 31.

September-Quartal
Di 6. Sept. 31a(I) 1. Pos. 6 Uhr Die September-Interkalation für die Externen beginnt. Theudas hält diese Fastenzeit ebenfalls ein und verbündet sich

285

mit Judas dem Galiläer (Lk 15,15; Apg 7,11).

limos ischyra (Lk 15,14: »große Hungersnot«). 3½ Jahre für »fleischliche« Stände, Externe.

thlipsis megale (Apg 7,11: »große Bedrängnis«). 3½ Jahre von September 1 bis März 5 n. Chr.

Fr 23. Sept.	31a(VII) TNG-Pos. Ende der Interkalation	18 Uhr	Offizielles Geburtsdatum von Jakobus. *ho chronos tēs epangelias* (Apg 7,17: »die Zeit der Verheißung«). NLS 3940, Ende der 40 Jahre des »Exodus« nach dem Herodianischen Kalender am 31.

4. n. Chr.
SS 3940

Di 2. Dez.	31a(X)	6 Uhr	Neuerstarken des Nationalismus. Die östlichen Parteien, die Schriftgelehrten (Ostmanasse) und Pharisäer, übernehmen in Qumran die Führung. Theudas und Josef, das gemäßigte »Zepter« und der »Stern«, schließen sich wieder Simeon und der Friedenspartei an: der »Verlorene Sohn« kehrt zurück (Lk 15,20).

Simeon seinerseits geht einen Kompromiß im Hinblick auf die Diaspora-Bräuche ein, wo z. T. der Julianische Kalender gilt. Die Interkalation für SS 3941, die im März des Jahres 5 n. Chr. fällig wird, wird auf den Dezember des Jahres 4 n. Chr. vorverlegt, und Simeon wird als der »Papst« der Friedenspartei »geboren«; an diesem Tag ist er »Mose« (Apg 7,20a; Lk 15,20-24).

en hō kairō (Apg 7,20: »zu der Zeit«). In der Zeit der Interkalation, also im Dezember vor dem 1. März (Apg 7,20b). Vgl. Lk 13,1.

5 n. Chr.
SS 3941, Interkalationsjahr
SLS 3940, Generationsjahr

März-Quartal

So 1. März		Mird Major	Simeon wird erneut zum »Papst« proklamiert (Apg 7,20-21). Jakob-Eli, der »ältere Sohn«, schließt sich ihm zu jüdischen Bedingungen an (Lk 15,25-32).

mēnas treis (Apg 7,20). 1. März, der 3. Monat nach dem Julianischen Kalender.
tosauta etē (Lk 15,29: »so viele Jahre«). Monatserster nach dem jüdisch-Julianischen Kalender.

September-Quartal

Di 1. Sept.	31a(VII) 1. Pos.	6 Uhr	Ain Feschcha	Simeon kommt nach Ain Feschcha (Apg 7,23). *tesserakontaetēs chronos* (Apg 7,23: »vierzig Jahre«). 40 Jahre SLS 3900-3940, 1. September, sowohl der 1. des Julianischen Monats (*etē*) als auch der 31. nach dem Sonnenkalender (*chronos*).
Do 17. Sept.	30a/VI & Sam 31., TNG-Pos.	18 Uhr		Die Samariter begehen Donnerstag 18 Uhr als ihren 31., nach dem »Morgen/Heute«-Prinzip. Simeon greift sie wegen ihrer Zeitrechnung und der damit verbundenen Auffassung vom Priesteramt an (Apg 7,28). *echthes* (Apg 7,28: »gestern«).
Fr 18. Sept.	31a(VII)	18 Uhr		Der 12. Geburtstag Johannes des Täufers. Elisabet feiert symbolisch seine Geburt (Lk 1,57-58). *ho chronos* (Lk 1,57). SLS 3940, 31.
		24 Uhr		Sabbat nach dem Julianischen Kalender. Simeon wird behandelt, als habe er keine priesterliche Autorität (Apg 7,26-28). *tē ... epiousē hēmera* (Apg 7,26: »am nächsten Tag«). Mitternacht, nach dem Julianischen Kalender der Anbruch des nächsten Tages.
Sa 19. Sept.	1a/VII	18 Uhr		Wiederbegehung der Beschneidung und Namensgebung Johannes des Täufers, einen Tag nach seiner »Geburt« (Lk 1,59). *en tē hēmera tē ogdoē* (Lk 1,59: »am achten Tag«). September des Jahres 5 n. Chr., die »Stunde 1« des 60-Jahre-»Tages« des »Weinbergs«: Sowohl die Stunde 0 als auch die Stunde 1 galten als Tagesbeginn.

287

Dezember-Quartal

Di 1. Dez.	31a(X) 1. Pos.	12 Uhr	Mird	Simeon und Ananus, der Sohn des Seth (*Ant.* XVIII,26), verbünden sich und gründen eine Friedenspartei (Apg 7,30-35).

etōn tesserrakonta (Apg 7,30: »vierzig Jahren«). SLS 3940, Dezember, Monatserster nach Julianischem Kalender (*etē*).

6 n. Chr.
SLS 3941

März-Quartal

Mo 1. März	30/XII 1. Pos.	24 Uhr (So)	Mird	Jahr 1 nach der Datierung von SLS 3941; offizieller 12. Geburtstag Jesu nach der 1. März-Version.

Zeremonie in Mird. Maria feiert die Geburt (Offb 12,1-2). Zacharias als zadokischer Priester spricht einen Segen über Jesus (Lk 1,67-79; vgl. V. 69).

Bei einer Versammlung beschließen Zacharias (»Michael«), Simeon (»Gabriel«) und Ananus den Sturz Joazars (*Ant.* XVIII,26; Joazar, »der mit dem Volk in Streit geraten war«). Ananus wird an seiner Stelle Hoherpriester. Das bedeutet, daß Jesus wieder legitimiert ist; der »Drache« ist überwunden (Offb 12,7-12; Apg 7,36-38).

etē tesserakonta (Apg 7,36). 1. März, Beginn des Jahres 40, SLS 3941, nach dem Herodianischen Kalender.

	18 Uhr	

Joazars Versuch, Maria vom Gemeinschaftsmahl auszuschließen, wird durch die Machtübernahme des Ananus, der die Stellung des »Adlers« innehat, vereitelt (Offb 12,13-16).

	21 Uhr	

Die Versammlung endet mit einem Streit, bei dem Zacharias getötet wird (Offb 12,17; Lk 11,51; Mt 23,35). Johannes der Täufer nimmt den Platz seines Vaters ein (Lk 1,80).

Di 2. März	31a(I) 1. Pos.	6 Uhr	Qumran	Archelaus ist von Rom abgesetzt worden. Das Land untersteht jetzt Quirinius (Lk 2,2b): Die Friedenspartei unter Simeon hat »das gemästete Kalb geschlachtet«.

288

Qumran, Blick vom Turm nach Süden. (Bildrechte: Palphot, Israel)

Qumran, Blick vom Turm nach Westen. Oben links im Bild ist der runde Brunnen zu erkennen.

Qumran. Der westliche Hof, vermutlich das »Ersatzheiligtum«. (Das Bild wurde uns zur Verfügung gestellt von T. Hobbs)

Qumran. Detail des Steinkreises (Vordergrund) bei der Feuerstelle, in der sogenannten nördlichen »Sakristei«, der Stelle, an der Jesus vermutlich während seiner Gerichtsverhandlung stand.

Qumran. Die Säulenstümpfe und die Bank vor dem östlichen Tor der sogenannten südlichen »Sakristei«. Blick nach Westen.

Qumran. Die südliche Esplanade, nach Norden gesehen. An diesem Ort fand vermutlich die Kreuzigung statt. Die Zisterne für die Unreinen (F) befindet sich in der hinteren Mitte rechts, und am linken oben Ende des Platzes ist der Eingang zu den »Ställen«, die nach unserer Deutung wohl eigentlich als Priesterlatrinen dienten.

Qumran. Die scharfe Spitze gehört zu den Überresten von Höhle 7 und 8, wahrscheinlich der doppelkammerigen Grabhöhle, in die Jesus gebracht wurde. Blick von unterhalb aus der Schlucht.

Qumran. Links unten die Überreste von Höhle 7 und 8, aufgenommen von dem zu den Höhlen hinabführenden Pfad. Zur Rechten sieht man Höhle 4.

Höhle 4, Blick hinab von der südlichen Esplanade. Die Höhle liegt auf einem eigenen Felsvorsprung auf der anderen Seite der Schlucht im Westen.

Ain Feschcha. Das herodianische Tor.

Chirbet Mazin. Reste der Einfriedung und der Schleuse. Blick nach Westen.

Chirbet Mazin. Der Kanal, der nun aufgeschüttet ist. Blick nach Osten auf das Tote Meer.

Chirbet Mird. Die Plattform auf dem Haupthügel. (Das Foto wurde uns von D. Gawith zur Verfügung gestellt)

Chirbet Mird. Blick nach Südwesten. Oben auf dem kleineren Hügel in der Mitte befindet sich das sogenannte »Monument«. (Das Foto wurde uns von D. Gawith zur Verfügung gestellt)

Marsaba. Ein im 5. Jahrhundert gegründetes und im 19. Jahrhundert rekonstruiertes christliches Kloster. Nach unserer Hypothese war hier »Jericho« und »Nazara«.

Das Wadi Kidron, von Jerusalem herkommend, bei Marsaba.

Fr 19. März	31a(I)		*en tais hēmerais ekeinais* (Lk 2,1: »zu der Zeit«, Wortstellung 1). 31. März. Feier von Jesu 12. Geburtstag nach der TNG-Version. Die Geburt wird nochmals begangen (Lk 2,6).
		»Haus der Königin«	Jesus wird zum »Haus der Königin« gebracht, wo er wirklich geboren wurde (Lk 2,7).
		Ain Fesch-cha	Die externen Priester treffen sich mit Simeon und Ananus und schließen sich ihrer Friedenspolitik an (Lk 2,8-14). Sie akzeptieren die Legitimität Jesu und begeben sich zum »Haus der Königin«, um ihm zu huldigen (Lk 2,15-20). *sēmeron* (Lk 2,11: »heute«). Der 31., das Datum für große Ereignisse.
Sa 20. März	1a/I	18 Uhr	Erneute Feier der Beschneidung und Namensgebung Jesu, einen Tag nach seiner »Geburt«. *hēmerai oktō* (Lk 2,21: »acht Tage«, = Tag 8). Tag 8, Sonntag, vorgezogener Beginn Samstag 18 Uhr.
So 21. März	+2½ 31.	Qumran	Jesus wird »Akolyt« (Lk 2,22-24). *hai hēmerai tou katharismou* (Lk 2,22: »die Tage ihrer Reinigung«). 31. nach der +2½-Version für die Taufe niederrangigerer Ordensmitglieder.
Di 23. März		Jerusalem	Letzter Tag des Festes. Josef und Maria kommen in Jerusalem an. Jesus wird von Simeon gesegnet (Lk 2,25-35).
Di 6. April	31a(I), post Pos.	6 Uhr Qumran	Theudas schlägt sich auf die Seite von Archelaus (Apg 7,39-41). Judas der Galiläer (»Heer des Himmels«) bereitet den Aufstand gegen die Volkszählung vor. Ananus wendet sich gegen Archelaus und trennt sich von der Friedensfraktion (Apg 7,42). *en tais hēmerais ekeinais* (Apg 7,41, »zu der Zeit«, Wortstellung 1). Der 31., März-Quartal (post Pos.).

Juni-Quartal

Di 1. Juni	31a (IV) 1. Pos.	6 Uhr	Beginn des Aufstands, der von Judas dem Galiläer angeführt wird. Theudas (»Moloch«, der König, das »Zepter«) und Josef (der »Stern«) nehmen daran teil (Apg 7,42-43).

etē tesserakonta (Apg 7,42: »vierzig Jahre«). SLS 3901-3941, der Monatserste nach dem Julianischen Kalender.

Jerusalem Hanna, 98 Jahre alt, ist die »Sara«, die »Mutter« der Waisen und Heiden (Lk 2,36).

probebēkuia en hēmerais pollais (Lk 2,36: »in ihren Tagen weit vorgerückt«). Orientiert sich als Zölibatärin an der 1. Pos., Dienstag 31. (*pollai hēmerai*, Dienstag).

etē hepta (Lk 2,36: »sieben Jahre«, = Jahr 7). Das Jahr 6 n. Chr. ist das Jahr 7 von 2 v. Chr. an gerechnet, als Hanna 91 wurde, also das Alter von Sara erreichte, in dem diese nicht mehr gebären konnte (Gen 17,17.21) und damit wieder zur »Jungfrau« wurde (vgl. Philo, *De Vita Contemplativa* 68, »betagte Jungfrauen« schließen sich den Therapeutae an).

eōs etōn ogdoēkonta tessarōn (Lk 2,37: »an die vierundachtzig Jahre« = bis zum Jahr 84). Das Jahr 6 n. Chr. ist das Jahr 84 von 79 v. Chr. an gerechnet, als Hanna 14 wurde (geb. 93 v. Chr.) und damit das Alter für die vorgezogene Initiation der Mädchen erreichte. 79 v. Chr. war das Jahr der Gründung des Ordens Ascher, eines Frauenordens unter der Leitung der Königin Salome (die 79 v. Chr. an die Macht kam, vgl. *Ant.* XIII,398). Zur Langlebigkeit der Essener vgl. *Bellum* II,251. Hanna war von 2 v. Chr. an bis zur Abspaltung von Simeon die »Jungfrau«, seit seinem Weggehen ist sie eine »Witwe«.

Fr 18. Juni 31a(IV) 15Uhr SW-Pos.

Hanna übt das Amt einer »Witwe« aus (Lk 2,37-38).

nykta kai hēmeran (Lk 2,37: »Tag und Nacht«). SLS 3941, Quartodezimaljahr in der Nachtposition.

autē tē hōra (Lk 2,38: »zu derselben Stunde«). 15 Uhr, die Stunde der Laien.

290

14 n. Chr.
SS 3950
Do 1. März   Jesus wird 20 (Lk 2,40).
Fr 9. März   31a(I)   Mit dem Jahr der Thronbesteigung des
                TNG-Pos.   Tiberius (19. August 14 n. Chr.) beginnt
                                         eine neue, Rom-freundliche Ära (vgl.
                                         Ant. XVIII,36).

15. n. Chr.
NS 3955. Eine Reihe von Interkalationen beginnt, die den Wechsel von der Nacht- (Freitag
18 Uhr) auf die Tagposition (Dienstag 6 Uhr) zur Folge haben.
Fr 1. März   Jesus wird 21 und erreicht das Taufalter.
Fr 8. März   31a(I)   Die Interkalation beginnt.
Mo 25. März   30a/XII &   Jerusalem Josef trifft zur Taufzeremonie mit Jesus in
                Sam 31. &   Jerusalem zusammen (Lk 2,41).
                +2½ 14a,   *tē heortē tou pascha* (Lk 2,41: »zum
                TNG-Pos.   Passafest«). Sam 31. und +2½ 14a,
                                         Fest der Ungesäuerten Brote (vom vor-
                                         hergehenden Fr 14a).

17. n. Chr.
InterS 3955

März-Quartal
Mo 1. März   Jesus wird 23 und erreicht damit das Alter
                                        für die Vollmitgliedschaft. Maria Magda-
                                        lene ist 14, »geboren« bei der Zeremonie
                                        für Mädchen (Mk 5,42).
                                        hote egeneto etōn dōdeka (Lk 2,42: »als
                                        er 12 Jahre alt war« = im Jahr 12). 1.
                                        März des Jahres 17 n. Chr., gerechnet
                                        vom Jahr 6 n. Chr. als Jahr 1. (Vgl.
                                        S. 243).
Mo 22. März   30a/XII   24 Uhr Jerusalem Josef kommt zur Wiederholung der Taufe
                & Sam 31. (So)   Jesu vor der Initiation in die Vollmitglied-
                & +2½   schaft (Lk 2,42).
                14a   *tēs heortēs* (Lk 2,42: »des Festes«). Sam
                                            31., Beginn um Mitternacht.
                                            Ende der 12stündigen Zeremonie. Josef
                                            macht sich auf den Weg nach Marsaba,
                                            wo er Jesus zur Initiation erwartet (Lk
                                            2,43-44).
                                            teleiōsantōn tas hēmeras (Lk 2,43: »als
                                            die Tage vorüber waren«). Mittag, die
                                            Stunde der Zölibatäre.
Di 23. März   31a(I)   24 Uhr Marsaba Josef kommt nach Marsaba.
                TNG-Pos.   (Mo)   *hēmeras hodon* (Lk 2,44: »eine Tage-
                                           reise«). 12 Stunden dauert die Reise
                                           vom Essenertor nach Marsaba.

291

3 Uhr		Josef macht sich auf den Weg zum Essenertor.
15 Uhr	Jerusalem	Josef trifft pünktlich zur Unterweisung Jesu ein. Dieser unterzieht sich den Prüfungen für die Vollmitgliedschaft in Jerusalem und zeigt damit eine Vorliebe für die Externen und Heiden. »Mein Vater« (Lk 2,49), Eleasar Hannas, Hoherpriester von 16-17 n. Chr. (*Ant.* XVIII,34). *meta hēmeras treis* (Lk 2,46: »nach drei Tagen« = nach Tag 3). Dienstag 15 Uhr, 24 Stunden nach Montag 15 Uhr, dem vorgezogenen Beginn von Dienstag, Tag 3. 15 Uhr ist die Zeit der Unterweisung.

18 n. Chr.
Kajaphas wird Hoherpriester (*Ant.* XVIII,35), und Jesus verliert seine Stellung als Kronprinz. Jakobus/»Salomo« nimmt seinen Platz ein (Apg 7,47).

23 n. Chr.

Mi 1. März	Maria wird durch den Tod Josefs eine »Witwe« (Lk 13,11). *etē dekaoktō* (Lk 13,11: »seit achtzehn Jahren« = Jahr 18). Das Jahr 23 n. Chr., Jahr 18 des Jahrtausends von 6 n. Chr. als Jahr 1 an gerechnet.

26 n. Chr.
Johannes der Täufer wird »Papst«, 20 Jahre von der »Zeit der Zorns«, dem Jahr 6 n. Chr., an gerechnet (CD I,9-11).

29 n. Chr.
NS 3969, Jubeljahr
Eine Reihe von Interkalationen beginnt, in deren Folge von der Tag- (Dienstag 6 Uhr) auf die Nachtposition (Freitag 18 Uhr) gewechselt wird.

März-Quartal

Di 1. März	Mird	Johannes der Täufer bereitet die Wiedertaufen im Zusammenhang mit der reformierten Lehre vor (Lk 3,1-14). *en etei ... pentekaidekatō ... Tiberiou* (Lk 3,1 »im fünfzehnten Jahr der Herrschaft des Kaisers Tiberius«). 29 n. Chr., der 1. des Julianischen Monats. Die Herrschaft wird nach jüdischer Zeitrechnung vom März des Jahres 14 n. Chr. an gerechnet.

292

Johannes wird von Boten des Antipas verhört; er erhebt Einspruch gegen die Ehe mit Herodias (Lk 3,15-17; Joh 1,19-27). Antipas schließt ihn vom Gemeinschaftsmahl aus (Lk 3,18-20).

Jesus beginnt an seinem 35. Geburtstag die 18monatige Prüfungszeit außerhalb der Gemeinschaft, die vor einer Eheschließung vorgeschrieben ist. Er wird von dem externen Priester Jonatan Hannas, der als Hellenist die Ehe gestattet, getauft (Lk 3,21-22).

Jesus ist jetzt in der Welt, als König, von königlicher Abstammung (Lk 3,23-37).

hōsei etōn triakonta (Lk 3,23: »etwa 30 Jahre alt« = um das Jahr 30). Das Jahr vor dem März des Jahres 30 n. Chr. als Jahr 30 von 1 v. Chr. als davidischem Jahrtausend an gerechnet.

Mo 7. März	30a/XII & Sam 31.	6 Uhr	Mird	

Johannes tauft die Menschen im fließenden Wasser in Mird und spricht von Jesus als dem »Lamm Gottes«, d. h. als illegitimem Sohn. Vgl. S. 457. (Joh 1,29-31; Mk 1,4-8; Mt 3,1-12).

tē epaurion (Joh 1,29: »am nächsten Tag«). Sam 31., die Interkalation für NS 3969 beginnt.

en tais hēmerais ekeinais (Mt 3,1: »zu der Zeit«, Wortstellung 1). März-Tagundnachtgleiche, Sam 31.

Di 8. März	31a(I) 1. Pos.	6 Uhr bis 12 Uhr	Qumran	

Johannes tauft Jesus im fließenden Wasser in Qumran. Ein Schisma bricht auf. Der Täufer spricht Jesus das Recht ab, die Absolution zu erteilen. Johannes Markus, der oberste Proselyt, bringt die Heiden auf die Seite Jesu (Joh 1,35-37; Mk 1,9; Mt 3,13-15).

tē epaurion (Joh 1,35). Reg. 31., die Interkalation beginnt.

en ekeinais tais hēmerais (Mk 1,9: »zu der Zeit«, Wortstellung 2). März-Tagundnachtgleiche, Jahresbeginn nach der Auffassung, daß das Jahr eigentlich im März beginnt.

15 Uhr

Jesus wird von Jonatan Hannas, dem »Geist«, der sich bei dem Schisma auf seine Seite stellt, in stehendem Wasser wiedergetauft (Mk 1,10-11; Mt 3,16-17).

euthys (Mk 1,10: »alsbald«). 15 Uhr, die Stunde der externen Essener.

		16 Uhr		Stunde für die Unterweisung der Heiden (unrein). Johannes Markus und Andreas, ein verheirateter Externer, schließen sich Jesus an (Joh 1,38-40).

tēn hēmeran ekeinēn (Joh 1,39: »diesen Tag«, Wortstellung 1). Reg. 31., »dieser Tag« für die Samariter, »jener Tag« für die Hebräer.

hōra ... hōs dekatē (Joh 1,39: »um die zehnte Stunde«). 16 Uhr, die Stunde der Heiden (*hōs*, 15.55 nachmittags).

Mi 9. März	1b/I	18 Uhr		Ende der 36 Stunden *epaurion* (reg.). Ein vierzigtägiges Fasten beginnt.
Do 10. März	+2½ 31.		Ain Feschcha	Jesus geht nach Ain Feschcha, d. h. er tut den ersten Schritt in die Welt. Er begegnet Philippus, dem Oberhaupt von Schem, und schließt sich Jonatan/Natanael an (Joh 1,43-51).

tē epaurion (Joh 1,43). +2½ 31., die Interkalation beginnt.

Fr 25. März	31a(I) TNG-Pos.	18 Uhr		Ende der Interkalation vom reg. 31. aus gerechnet.
Mo 18. April	24/I	6 Uhr	Mird	Jesus meldet sich nach 40 Tagen in Mird zurück (vgl. S. 258). Er mußte in seiner Verlobungszeit von »Satan« (Judas Iskariot) versucht werden (Mk 1,13; Lk 4,2; Mt 4,1-2).

hēmeras tesserakonta (Lk 4,2: »40 Tage« = Tag 40). Tag 40, 24/I.

Mi 20. April	26/I			Beginn der Pentekontaden für dieses Jahr (vgl. S. 266 f.). Judas schlägt ein Bündnis vor, bei dem er selbst das Amt des Hohenpriesters und Jesus das des weltlichen Herrschers übernehmen soll. Jesus lehnt ab (Lk 4,2-13).

en tais hēmerais ekeinais (Lk 4,2: »in diesen Tagen«, Wortstellung 1). 26/I, Äquivalent des TNG-Festes im März für die Parteien, die nach Pentekontaden rechnen.

achri kairou (Lk 4,13: »eine Zeitlang«). Bis 30. März, NLS 3969, Interkalationsjahr.

Juni-Quartal

Fr 24. Juni	31a(IV) SW-Pos.		Ain Feschcha	Jesus geht nach Ain Feschcha. Er proklamiert ein Jubeljahr (Mk 1,14-15; Mt 4,17; Lk 4,14).

meta ... to paradothēnai ton Iōannēn (Mk 1,14). Position nach der Verlobungszeremonie des Täufers (die Zeit zwischen Verlobung und Eheschließung im 36. Lebensjahr). *peplērotai ho kairos* (Mk 1,15: »Die Zeit ist erfüllt«). Die Interkalation für Juni NS 3969 ist abgeschlossen.

	15 Uhr	Mazin	Jesus in Mazin; er hat jetzt Externenstatus. Mazin wird ebenfalls als Ausgangspunkt für die Heidenmission benutzt. Petrus und Andreas, jüdische Missionare, akzeptieren die »Heidenpolitik« Jesu: Vollmitgliedschaft auch für die Heiden (Mk 1,16-18). *euthys* (Mk 1,18) 15 Uhr.
	16 Uhr		Jakobus und Johannes, heidnische Externe, lösen sich von den Auffassungen des Simon Magus/Zebedäus (*Clem. Hom.* II,19-22) und kehren zu den Lehren Jesu zurück (Mk 1,19). *euthys* (Mk 1,20). 16 Uhr, die Zeit der Heiden.

September-Quartal

Fr 23. Sept. 31a(VII) TNG-Pos. 12 Uhr Marsaba Jesus in Marsaba. Er erklärt, daß das letzte Jubiläum, NS 3969, abgeschlossen ist, und bekundet eine pro-samaritische Haltung (Lk 4,17-20).
en tē hēmera tōn sabbatōn (Lk 4,16). Der 31. des Sabbatjahres NS 3969, Beginn 31a, am Mittag davor.
sēmeron (Lk 4,21: »Heute«). Der 31. als Tag der Erfüllung der Prophezeiung.
eniauton ... dekton (Lk 4,19; Jes 61,1-2). »Gnädiges Jahr«, Jubeljahr.
eniauton, jüdisches Solarjahr, Beginn am 31.

30 n. Chr.
NS 3970, NLS 3969

März-Quartal

Fr 24. März 31a(I) TNG-Pos. Die Partei des Tetrarchen Antipas bereitet sich auf die Machtübernahme vor, falls die Prophezeiung des Täufers für NS 3970 nicht eintrifft. »Papst« soll Jonatan Han-

295

nas werden, der »Zweite« Judas, und Jesus, der für die Hellenisten von legitimer Herkunft ist, wird König sein.

12 Uhr	Mazin	Jesus lehrt als Davidide in der Synagoge von Mazin (Mk 1,21).

euthys (Mk 1,21). Die um drei Stunden vorgezogenen 15 Uhr-Gebete am Freitag.

tois sabbasin (Mk 1,21). Sabbatjahr NLS 3969.

13 Uhr — Judas beansprucht, indem er den Tetrarchen (»unreiner Geist«) unterstützt, die Stellung des »Zweiten«. Jesus widersetzt sich ihm, weil Judas an der Spitze der Partei steht, die die Beschneidung für die Heiden fordert. (*Ant.* XX,34-47) (Mk 1,23-27).

euthys (Mk 1,23). 13 Uhr.

14 Uhr — Der Tetrarch kehrt nach Ain Feschcha zurück (Mk 1,28).

euthys (Mk 1,28). 14 Uhr.

15 Uhr — Ende des Gottesdienstes in der Synagoge. Jesus begibt sich zum Zentrum der Missionare, der »Brüder« (Mk 1,29).

16 Uhr — Im Zentrum der »Schwestern« und »Witwen«. Maria, die Mutter Jesu, ändert ihre Ansichten und schlägt sich auf die Seite der westlich orientierten Fraktion (Mk 1,30-31).

euthys (Mk 1,30). 16 Uhr.

parachrēma (Lk 4,39). 16 Uhr.

18 Uhr — Der Täufer ist diskreditiert: »Die Sonne geht unter« beim jüdischen Beginn von 31a. Die Partei des Tetrarchen, die Samariter, übernehmen die Macht. Der Sabbat beginnt nun um Mitternacht; bis dahin ist das Heilen von Kranken und das Tragen von Lasten gestattet (Mk 1,32-34).

opsias genomenēs (Mk 1,32). Das Mahl um 18 Uhr.

Sa 25. März — 24 Uhr (Fr) — Die Prophezeiung ist gescheitert. Jesus legt mit dem Boot ab nach Ain Feschcha, eine Stunde von Mazin entfernt. Er macht dabei von der Verlängerung des Julianischen Sabbats bis 1 Uhr Gebrauch.

296

			prōi ennycha lian (Mk 1,35: »am Morgen, noch vor Tage«). Der Julianische Tagesbeginn um Mitternacht.
			genomenēs ... hēmeras (Lk 4,42). Mitternacht, Julianischer Tagesbeginn.
	1 Uhr	Ain Feschcha	Jesus kommt in Ain Feschcha an. Er leitet die Gebete (Mk 1,35-39).

Juni-Quartal

Do 1. Juni	3 Uhr	Mazin	Die Zeit der Erfüllung nach dem Julianischen Kalender, am Monatsersten. Jesus hilft Petrus in Mazin, Titus, den Diener Agrippas, zu »fangen« (vgl. S. 432).
			Agrippa nimmt die Lehre Jesu an und begibt sich unter den dreijährigen Prozeß der Unterweisung (Lk 5,1-5).
			di' holēs nyktos (Lk 5,5). Mitternacht, der Julianische Tagesbeginn.
			apo tou nyn (Lk 5,10: »Von nun an«). Am folgenden Pfingstfest zur Zeit der Sonnwende soll eine neue hellenistische Regierung gebildet werden.
So 4. Juni	29a/III	15 Uhr, 16 Uhr	Ain Feschcha	Jesus, der sich am ersten Rüsttag des Festes in Ain Feschcha aufhält, verbündet sich mit Simon Magus (Mk 1,40-45).
			euthys (Mk 1,42). 15 Uhr.
			euthys (Mk 1,43). 16 Uhr.
Mo 5. Juni	30a/III & Sam 31.	12 Uhr	Mazin	Die Tage vor der Verlobung in Mazin. Jonatan Hannas trifft ein, um mittags auf dem Dach des Versammlungshauses für die Externen die Gebete zu sprechen. Das Dach wird mittags geöffnet, damit die Externen ihn sehen können (Mk 2,1-4a).
			palin ... di' hēmeron (Mk 2,1). 12 Uhr, die Mitte des Tages.
			en mia tōn hēmerōn (Lk 5,17: »eines Tages«). Sowohl der 31. als auch der 1. können Monatserster (*mia*) sein, ebenso der Sam 31.
		15 Uhr		Jonatan Hannas wird vom Dach ins Erdgeschoß hinabgelassen, um die Petitionen der Externen entgegenzunehmen und ihnen die Absolution zu erteilen. Jesus, der links neben ihm steht, tritt als Priester auf und erteilt *ihm* die Absolution (Mk 2,4b-11; Lk 5,19-24).
			euthys (Mk 2,8). 15 Uhr.

				Jonatan Hannas verzichtet auf die priesterliche Sänfte (Mk 2,12; Lk 5,25-26). *parachrēma* (Lk 5,25). Ende des 15 Uhr-Gottesdienstes. *sēmeron* (Lk 5,26). »Heute«, Sam 31.

Jonatan Hannas verzichtet auf die priesterliche Sänfte (Mk 2,12; Lk 5,25-26). *parachrēma* (Lk 5,25). Ende des 15 Uhr-Gottesdienstes. *sēmeron* (Lk 5,26). »Heute«, Sam 31.

30b/III   18 Uhr — Externen-Abendmahl in Mazin. Jonatan Hannas hat den Vorsitz. Die Aufnahme der Heiden als Vollmitglieder beginnt (Mk 2,13-17).

Di 6. Juni   31a(IV) 1. 6 Uhr   Mazin — Das Fasten für die Interkalation beginnt, Jahr NLS 3969 nach dem Herodianischen Kalender. Jesus macht deutlich, daß er sich im kommenden Jahr an der samaritischen Zeitrechnung orientieren wird, nach der dieses Jahr InterS 3969 ist (Mk 2,18-22).
Pos. IK (Juni)

hoson chronon (Mk 2,19). 30 n. Chr. als NLS 3970.
en ekeineē tē hēmera (Mk 2,20). Reg. 31., Sam. 1.

12 Uhr — Die Heiden werden zu »Ähren« »befördert« (Mk 4,28).
en tois sabbasin (Mk 2,23). Sabbatjahr NLS 3969 (*en* nach dem Beginn).
en sabbatō ... tois sabbasin (Lk 6,1.2). 31. (reg.), Sabbatjahr.
Die Textvariante *en sabbatō deuteroprōtō* zeugt für Pescherkenntnis. Der reg. 31. ist der erste Tag für die Hebräer, der zweite für die Samariter.

31b(IV)   18 Uhr   Ain Feschcha — Verlobung von Jesus und Maria Magdalene in Ain Feschcha, »Kana«. Ihre »Hochzeit« wird nach hellenistischen Regeln gefeiert. Ein heiliges Mahl zwischen 18 und 22 Uhr geht der Zeremonie voran. Dabei werden unbeschnittene heidnische Zölibatäre (Philippus) ohne Einschränkung zugelassen (Joh 2,1-11).
tē hēmera tē tritē (Joh 2,1: »am dritten Tag«). Dienstag 18 Uhr, vorgezogener Beginn von Mittwoch 6 Uhr, 1a, der dritte Tag für die Samariter.

Mi 7. Juni   1b/IV & 15a/III, Pfingsten — Pfingsten vor der SW-Pos.

Do 8. Juni   +2½ 31.   12 Uhr bis 15 Uhr — Den Nasiräern wird die Ehe gestattet (Mk 3,1-6; der Euphemismus der »Hand«, vgl. 1QM 7,7).
palin (Mk 3,1). Mittag.
euthys (Mk 3,6). 15 Uhr.

298

				tois sabbasin (Mk 3,2). Sabbatjahr NLS 3969, +2½ 31.
				en heterō sabbatō (Lk 6,6). +2½ 31.
Fr 23. Juni	31a(IV) SW-Pos.	24 Uhr (Do)		Formale Ernennung der zwölf Apostel (Mk 3,13-19; Lk 6,12-16).
				en tais hēmerais tautais (Lk 6,12: »zu der Zeit«, Wortstellung 1). Der 31., Juni.
				dianyktereuōn (Lk 6,12). Mitternacht, Julianischer Tagesbeginn für die Hellenisten.
				hote egeneto hēmera (Lk 6,13). Mitternacht, Beginn des Tages.
		12 Uhr	Mazin	Jesus in Mazin für die drei Monate vor der Hochzeit (Joh 2,12).
				ou pollas hēmeras (Joh 2,12: »nicht lange«). Nicht Dienstag, Tag-Pos. des 31. (sondern Freitag, Nacht-Pos. des 31.).
So 25. Juni	1b/IV & 15a/III, Us auf post Pos.			Die Hellenisten feiern Pfingsten nach der post Pos., um die Übereinstimmung mit dem 1. herbeizuführen.

September-Quartal

Do 21. Sept.	30/VI Sam 31.	18 Uhr	Qumran	Jesus begibt sich in den Novizenhof von Qumran (»Naïn«) und setzt Jakobus wieder ein, der nach dem Fall des Täufers exkommuniziert werden sollte (Lk 7,11-17).
				en tō hexēs (Lk 7,11: »danach«, im Griech. mask. Form). Um 18 Uhr beginnt nach der jüdischen Praxis des Jakobus der nächste Tag.
Fr 22. Sept.	31(VII)	12 Uhr		Boten vom Täufer, der in Mird abgesetzt wurde, kommen an und fordern Jesus auf, die davidische Königswürde für sich zu beanspruchen (Lk 7,18-20; Mt 11,2-3).
				en ekeinē tē hōra (Lk 7,21). Mittag.
				mechri tēs sēmeron (Mt 11,23). Bis »Heute«, 31.
Sa 23. Sept.	1a/VII	18 Uhr	Ain Feschcha	Eheschließung. Simon Magus amtiert im Rang eines »Diakons« (Lk 7,36; vgl. V.44).
				Maria Magdalene stellt die Braut Salomos dar (Lk 7,37-38; vgl. Hld 1,12).

31 n. Chr.
NLS 3970, InterS 3969

März-Quartal

Do 1. März — In der Ehe Jesu kommt es noch nicht zu einer Empfängnis. Er hält sich bei Maria Magdalene, Helena (»Johanna«) und herodianischen Frauen auf (Lk 8,1-3).

en tō kathexēs (Lk 8,1: »danach«). Julianischer Kalender, in dem der Monatserste kein heiliger Tag ist.

Mo 5. März — 30a/XII & Sam 31., 1. Pos. — Ain Feschcha — Jesus schlägt sich unmittelbar vor seiner Absetzung auf die Seite von Jonatan Hannas und dessen pro-heidnischer Politik (Mt 11,25-30).

en ekeinō tō kairō (Mt 11,25). Die Interkalation für InterS 3969, Sam 31., TNG, beginnt.

Mi 21. März — 15a/I & 28b/XII, TNG-Pos. — 12 Uhr — Ain Feschcha — Jesus verläßt Ain Feschcha und geht nach Qumran (Joh 2,13).

engys ... to pascha tōn Joudaiōn (Joh 2,13: »das Passafest der Juden war nahe«). Das Mahl der Ungesäuerten Brote nach der Regel von Lev 23 (15a), an der sich »die Juden« (der Tetrarch) orientieren. Der Termin fällt mit 28b/XII zusammen (»nahe«).

29a/XII — 15 Uhr — Qumran — Ankunft in Qumran, im »Tempel«, im unteren Drittel des Hofes, um 15 Uhr, zur Zeit der »Kollekte«. Jesus gibt den finanziellen Praktiken der Bewegung die Schuld am Ausbleiben der Erfüllung der Prophezeiung (Joh 2,14-20).

tesserakonta kai hex etesin oikodomēthē ho naos houtos (Joh 2,20: »in 46 Jahren erbaut«). (Vgl. S. 241.) Neue Partei ab 31 n. Chr., SLS 46.

en trisin hēmerais egero auton (Joh 2,19: »in drei Tagen will ich ihn aufrichten«). Die Christen werden ihr neues Heiligtum im Jahr 43 n. Chr. in Antiochia errichten, wenn der Kalender von der Nacht- auf die Tagposition umschaltet und der Dienstag (Tag 3) zum 31. wird.

Do 22. März — 30/XII & Sam 31. — 12 Uhr — Simon Magus (»Beelzebul«) wird »Papst« anstelle von Jonatan Hannas. Jesus bleibt der Davidide, denn Simon ist Hellenist (Mk 3,20-22). Ein neues Jahrtausend wird proklamiert, mit 31 n. Chr. als Jahr 1 (wahrscheinlich bedingt durch die Inter-

300

kalation der 70 Jahre des Exils). Die Jahre werden jetzt von diesem Datum an gezählt, vgl. »Jahr 14« (Gal 2,1).

me dynasthai autous mēde arton phagein (Mk 3,20: »so daß sie nicht einmal essen konnten«, doppelte Verneinung *ou mē*). Sie durften nicht fasten, weil ihre Interkalation in den September fiel.

palin (Mk 3,20). 12 Uhr.

| | | 18 Uhr | Qumran | Jesus in Qumran. Agrippa erkennt ihn als Davididen an. Jesus unterstützt Agrippa allerdings nicht bedingungslos (Joh 2,23-25). |

en tō pascha en tē heortē (Joh 2,23). +2½ 14a, nach der Regel von Ex 12; ebenso Sam 31. (»Fasten«).

| Fr 23. März | 31a(I) TNG-Pos. | 15 Uhr | Mazin | Jesus erzählt in Mazin Gleichnisse (Mk 4,1-9). |

palin (Mk 4,1). Vorgezogener Sabbatanbruch: Beginn statt um 18 Uhr um 15 Uhr.

en tē hēmera ekeineē (Mt 13,1). 31., Sam 1. Beginn um 15 Uhr am Freitag.

| | | 18 Uhr | | Beginn des Sabbat. Jesus und seine Anhänger halten den Julianischen Sabbat und machen sich per Boot auf den Weg nach Ain Feschcha (Mk 4,35-36). |

en ekeinē tē hēmera opsias genomenēs (Mk 4,35). Reg. 31. (Sam 1.), 18 Uhr. *en mia tōn hēmerōn* (Lk 8,22: »an einem der Tage«). Reg. 31. gerechnet als Neumond, 1. des Folgemonats (der 1. fällt auf zwei Tage).

| | | 19 Uhr | Ain Feschcha | Ankunft in Ain Feschcha, *to peran* (an dem Punkt 1000 Ellen außerhalb des Komplexes, der nach 21 Uhr am Freitag, drei Stunden vor dem Julianischen Sabbat, benutzt werden kann). Jesus und die Jünger bleiben an Bord des Schiffes. |

| | | 21 Uhr | | Jesus schläft, da er jetzt den Rang eines Externen hat und 21 Uhr die Schlafenszeit der Externen ist (Mk 4,38). 21 Uhr vor Mitternacht, dem Julianischen Sabbatbeginn, jedoch auch gleichzusetzen mit 15 Uhr vor 18 Uhr, dem strengen Beginn des jüdischen Sabbat. Die auf diese Stunde gerichteten Erwartungen wer- |

den enttäuscht. Es kommt zu einer politischen Krise, im Bericht symbolisiert durch den »Sturm« (Mk 4,37-41).

ēdē (Mk 4,37: »schon«). 21 Uhr, drei Stunden vor Mitternacht.

Sa 24. März 24 Uhr
(Fr)

Ende der Krise. Kalenderangleichung, um das Jubeljahr bis zu den Sabbatjahren nach südlicher Zeitrechnung aufzuschieben.

1 Uhr

Verlängerung des Julianischen Sabbat. Am Ufer Zusammentreffen mit Theudas (»Legion«, »Nikodemus«), der jetzt die Hoffnung auf das Ende des Exodus im Jahr NLS 3970 aufgibt (Mk 5,1-17; Lk 8,26-39; Joh 3,1-21).

euthys (Mk 5,2). 1 Uhr (Sabbat 4 Uhr, drei Stunden früher).

nyktos kai hēmeras (Mk 5,5: »Tag und Nacht«). Der 31. jetzt in der Nachtposition, gefolgt von der post Pos. bei der Tagpositon.

chronō hikanō (Lk 8,27: »seit langer Zeit«). Neue Generation nach dem Herodianischen Kalender von 31 n. Chr. an für Agrippa, den »Würdigen« (Laienlevit).

So 25. März +2½ 31. 15 Uhr Mazin

Zusammenkunft mit Maria Magdalene und ihrer »Anstandsdame« Helena vor der Wiederaufnahme der Ehe (Mk 5,21-43).

euthys (Mk 5,29) *parachrēma* (Lk 8,47). 15 Uhr.

euthys (Mk 5,42) *parachrēma* (Lk 8,55). 16 Uhr.

en … etōn dōdeka (Mk 5,42: »war … 12 Jahre alt« = war … im Jahr 12). Initiiert im März des Jahres 17 n. Chr.

Juni-Quartal

Fr 22. Juni 31a(IV) Qumran
SW-Pos.

Jesus tauft im südöstlichen Bezirk von Qumran (Joh 3,22).

Jerusalem

Gleichzeitig tauft auch der Täufer, der in Jerusalem einen niedrigeren Rang einnimmt (Joh 3,23). Er erhält die Nachricht, daß Agrippa der Position Jesu zuneigt (Joh 3,25-26).

11.55 Ain Fesch-
Uhr cha

Jesus kommt nach Ain Feschcha. Er bereitet sich vor, an der hellenistischen Form des heiligen Mahles, bei der ein

302

				weiblicher Diakon amtiert, teilzunehmen (Joh 4,1-6).
				hōra ... hōs hektē (Joh 4,6: »um die sechste Stunde«). 5 Minuten vor 12.
		12 Uhr		Helena fungiert als Diakonin. Diskussion über die Lehre (Joh 4,7-38).
				eti tetramēnos (Joh 4,35: »noch vier Monate«). Juni-SW, IV.
So 24. Juni	1b/IV			Pfingstfest, post Pos.
	& 15a/III			
Mo 25. Juni	2b/IV	6 Uhr		Tag nach Pfingsten (bedeutsamer Tag,
	& 16a/IV			vgl. *Jub.* I,1). Jesus bleibt noch einen weiteren Tag (Joh 4,40).
				dyo hēmeras (Joh 4,40: »zwei Tage«). Montag, Tag 2.

September-Quartal

Di 4. Sept.	31a(VII)	6 Uhr	Ain Fesch-	Jesus verbringt 70 Tage (Dienstag, den
	1. Pos.		cha	26. Juni bis Montag, den 3. September inkl., vom Ende der vorhergehenden Festzeit bis zum Beginn der neuen Festzeit nach 1. Pos.) in Askese vor der Wiederaufnahme seiner Ehe. Am 71. Tag begibt er sich nach Ain Feschcha = »Galiläa«, als erster Schritt in die Welt (Joh 4,43).
				meta ... tas dyo hēmeras (Joh 4,43). Dienstag 6 Uhr, 24 Stunden nach Montag 6 Uhr (Tag 2).
Do 6. Sept.	+2½ 31.		Jerusalem	Jesus begibt sich nach Jerusalem (*hē patris*, Mk 6,1; Joh 4,44, nicht »Nazaret«; das Essenertor ist der Ursprungsort des Papsttums; Taufplatz des Hillel).
				sabbatō (Mk 6,2). +2½ 31.
Fr 14. Sept.	10/VII		Ain Fesch-	Jesus kommt nach Ain Feschcha, bevor er
	Versöh-		cha	sich zur Feier des Versöhnungsfestes nach
	nungsfest			Qumran begibt (Joh 4,45).
				en tē heortē ... eis tēn heortēn (Joh 4,45). Versöhnungsfest.
Do 20. Sept.	30a/VI	12 Uhr	Mird	Johannes Markus für sechs Monate als
	& Sam 31.		Minor	Missionar ausgesandt, während Jesus die eheliche Gemeinschaft wiederaufgenommen hat. Revision der missionarischen Richtlinien (Mk 6,6-13).
		18 Uhr	Mird	Die Herodianer versammeln sich zu
			Major	einem Gemeinschaftsmahl in Mird, einem herodischen Besitztum. Johannes der Täufer, der erst kurz zuvor in den zölibatären Stand zurückgekehrt ist (»von den

303

		Toten auferstanden«), wird vorgeführt (Mk 6,14-20; Mt 14,1-5). *en ekeinō tō kairō* (Mt 14,1). InterS 3969 IK, September-Version (vgl. auch Lk 5,35, *en ekeinais tais hēmerais*, Wortstellung 2, IK VII 31). (Sam 31., TNG-IK).
Fr 21. Sept.	24 Uhr (Do)	Am Julianischen Beginn der Tagund- nachtgleiche kommen die Herodianer überein, daß die Prophezeiungen des Täufers nicht eingetroffen sind. Helena, die den liturgischen Tanz anführt (Philo, *De Vita Contemplativa* 83-87), wird von Herodias gebeten, ihren Einfluß dahinge- hend geltend zu machen, daß Johannes abgesetzt und Simon Magus die Leitung übertragen wird (Mk 6,21-24; Mt 14,6-7). *genomenēs hēmeras eukairou* (Mk 6,21: »es kam ein gelegener Tag«). InterS 3969 IK bei der TNG. Julianischer Beginn des Freitag am Donnerstag um Mitternacht. *tois genesiois* (Mk 6,21: »Geburtstag« des Tetrarchen). September-TNG, Zeit der Geburt der Könige.
	3 Uhr	Helena trägt ihre Forderung vor (Mk 6,25). *euthys* (Mk 6,25). 3 Uhr.
	4 Uhr	Der Kopfschmuck, den Johannes als za- dokidischer Hoherpriester trug (Ez 44,18), wird hereingebracht. Der Täufer wird in Machärus gefangengesetzt und umgebracht (*Ant.* XVIII,119). *euthys* (Mk 6,27). 4 Uhr.
	9 Uhr	Ain Fesch- cha	Jesus beginnt in Ain Feschcha mit der »Beförderung« von Philippus, dem unbe- schnittenen Oberhaupt von Schem. Des- sen neuer Status wird bei einer Laienzere- monie um 9 Uhr, einer Zölibatärenzere- monie um 12 Uhr und mit der Zeremonie für die Heiden des Stammes Schem um 13 Uhr bekräftigt. Da er als Unbeschnittener nicht berührt werden darf, bittet Jonatan Hannas (*ho basilikos*) Jesus, als Laienbi- schof die Mittagszeremonie aus der Ent- fernung an einem Ersatzmann zu vollzie- hen, während Philippus in Mazin bleibt. Philippus hatte am vorhergehenden Tag in Mazin eine entsprechende Zeremonie

304

durchlaufen, die um 13 Uhr beendet war
(Joh 4,46-48).
ēmellen (Joh 4,47). 9 Uhr, drei Stunden
bevor er »stirbt« (d. h. bevor er in der
Zeremonie die Stufen 10 bis 7 durchläuft).
echthes hōran hebdomēn (Joh 4,52:
»Gestern um die siebente Stunde«).
Donnerstag, der 30., 13 Uhr.

12 Uhr Jonatan Hannas bittet Jesus, die Mittags-
zeremonie zu vollziehen. Jesus erklärt
Philippus zum Mitglied und empfängt den
Ersatzmann. Er beendet die Feier um 12
statt um 13 Uhr und erhebt Philippus
damit in den Rang eines jüdischen Zölibatärs (Joh 4,49-53).
prin (Joh 4,49: »ehe«). Eine frühere
Stufe.
ēdē (Joh 4,51). Drei Stunden vor 15
Uhr.
en ekeine tē hōra (Joh 4,53). Mittag.
Jesus verläßt Ain Feschcha und geht nach
Qumran.
heortē tōn Ioudaiōn (Joh 5,1: »Fest der
Juden«). Der reg. 31a. nach Herodianischer Zeitrechnung, im Gegensatz zu
Sam solar 31.

15 Uhr Jesus kommt in Qumran bei der Zisterne,
an der sich die Externen waschen, an.
Jakobus, ihr »Bischof«, rechnet mit
einem »Exodus«-Ereignis im Jahr 38 der
SS-Generation. Jesus überredet ihn, die
essenischen rituellen Bäder aufzugeben
(vgl. Eusebius, *Kirchengeschichte* II,23;
wo die Bäder für Jakobus keine Rolle
spielen) und (manchmal) den Julianischen Sabbat zu halten.
triakonta kai oktō etē (Joh 5,5: »achtun-
dreißig Jahre«). Jahr 38 des Zeitraumes
von SS 3930-3970.
(September-Beginn, September 8 v. bis
September 33 n. Chr.).

18 Uhr Jüdischer Beginn des Sabbat. Jakobus
hebt nach 18 Uhr die königliche Sänfte
hoch (Joh 5,9-13).
sabbaton en ekeinē tē hēmera (Joh 5,9).
Reg. 31a; Sam 1.

305

32 n. Chr.
InterLS 3969, InterS 3970, SS 3969 (September)

März-Quartal

Do 20. März	30a/XII & Sam 31.	12 Uhr	Mird Minor	Johannes Markus kehrt nach Mird zurück und schließt sich sechs Monate nach seiner Aussendung wieder Jesus an (Mk 6,30).
Fr 21. März	31a(I)	3 Uhr		Einige Mitglieder reisen über Land von Mird Minor nach Ain Feschcha, acht Stunden Wegs (Mk 6,33). Jesus und Johannes Markus gehen über Land nach Mazin (acht Stunden). *oude phagein eukairoun* (Mk 6,31: »sie hatten nicht Zeit genug zum Essen«). Sie hatten den *eukairos* (InterLS 3969 IK bei der Tagundnachtgleiche), nicht zu essen, d. h. sie fasteten.
		11 Uhr		Die andere Gruppe trifft pünktlich zur rituellen Waschung um 11 Uhr in Ain Feschcha ein. Jesus und Johannes Markus kommen nach Mazin und nehmen das Boot nach Ain Feschcha (eine Stunde).
		12 Uhr	Ain Feschcha	Jesus kommt in Ain Feschcha an und nimmt ohne vorbereitende Waschungen am Gemeinschaftsmahl teil (Mk 6,32-33). Johannes, der Sohn des Zebedäus, »die Fünftausend«, wird zum Presbyter gemacht. Titus, »Fisch 2«, nimmt an der Zeremonie teil (Joh 6,1-15; Mk 6,34-44; Lk 9,10-17; Mt 14,13-21). *engys to pascha, hē heortē tōn Ioudaiōn* (Joh 6,4). Freitag (mittag) +2½ 15a, Fest der Ungesäuerten Brote (nach der Regel von Lev 23) (*to pascha*), übereinstimmend mit dem 31. (*engys*). *Hē heortē* 31a reg., Freitag mittag, vor 18 Uhr. *ēmellen* (Joh 6,6). Drei Stunden vor 15 Uhr, vor dem Ende des Freitag um 15 Uhr. *ēdē hōras pollēs* (Mk 6,35). 12 Uhr, drei Stunden vor 15 Uhr. *hē ... hēmera ērxato klinein* (Lk 9,12). 12 Uhr, drei Stunden vor 15 Uhr, dem vorgezogenen Ende des Freitag. *opsias ... genomenēs* (Mt 14,15). Freitag mittag, weil das 18-Uhr-Mahl von den Zölibatären mittags eingenommen wird.

| | 18 Uhr | Johannes Markus und andere machen sich auf den Weg nach Mazin (Joh 6,16; Mk 6,45). |

18 Uhr Johannes Markus und andere machen sich auf den Weg nach Mazin (Joh 6,16; Mk 6,45).
opsia (Joh 6,16). Die 18-Uhr-Mahlzeit. *euthys* (Mk 6,45). 18 Uhr (vorgezogene Externen-Zeit, normalerweise 21 Uhr).

21 Uhr Jesus ist noch immer in Ain Feschcha, obwohl er inzwischen in dem Gebäude in Mazin hätte sein sollen, das drei Stunden von Ain Feschcha entfernt liegt. Am (Julianischen) Sabbat ist nach 21 Uhr eine Wegstrecke, die länger als 1000 Ellen ist, verboten (Jüdischer Sabbat, nach 15 Uhr) (Joh 6,17; Mt 14,23b).
skotia ēdē (Joh 6,17). Drei Stunden vor Mitternacht.
opsias genomenēs (Mk 6,47; Mt 14,23). 21 Uhr, Julianisches Äquivalent von 15 Uhr, dem vorgezogenen Sabbatbeginn um 18 Uhr.

Sa 22. März 2.55 Uhr Johannes Markus rudert die 1000 Ellen nach Mazin (vgl. S. 433).

3 Uhr Er ist 500 Ellen gerudert (5 Min), befindet sich also 200 Ellen vom Beginn des Kanals entfernt (Mt 14,24).
ēdē stadious pollous (Mt 14,24: »schon weit«). 3 Uhr.
(ēdē). Eine Stadie, 400 Ellen, vom Ufer entfernt (vgl. S. 434).
Im gleichen Augenblick hat Jesus, von Westen kommend, das Ufer erreicht. Er ist nach 21 Uhr in Ain Feschcha aufgebrochen und hat damit den Julianischen Sabbat nicht eingehalten. Er beginnt, über den 100 Ellen langen Steg auf das Boot zuzugehen (scheinbar »auf dem See« gehend) (Mt 14,25).
tetartē ... phylakē tēs nyktos (Mt 14,25: »in der vierten Nachtwache«). 3 Uhr.

3.02 Uhr Das Boot fährt in den Kanal ein, nachdem es die restlichen 200 Ellen in zwei Minuten zurückgelegt hat.
hōs stadious eikosi pente ē triakonta (Joh 6,19: »etwa eine Stunde«). Das Land bei Mazin, 30 Stadien von Qumran (Ausgangspunkt 1) und 25 Stadien vom »Haus der Königin« (Ausgangspunkt 0) entfernt.

		3.03 Uhr		Der Bug des Bootes taucht an Punkt 100 (100 Ellen) des Kanals auf und legt am ebenfalls 100 Ellen langen Landungssteg an. Im gleichen Augenblick erreicht Jesus das Ende des Landungsstegs, nachdem er die 100 Ellen in drei Minuten zurückgelegt hat. *peri tetartēn phylakēn tēs nyktos* (Mk 6,48: »Um die vierte Nachtwache«). 3.03 Uhr. Johannes Markus soll das Boot vertäuen, da er nicht durch das Sabbatgesetz gebunden ist. Petrus verläßt das Boot und bittet darum, zusammen mit Jesus über den schmalen Steg gehen zu dürfen. Seine Unsicherheit auf dem Steg symbolisiert seine Zweifel, ob er die Lehre Jesu akzeptieren soll (Mt 14,27-30). (Vgl. S. 433.)
		3.05 Uhr		Johannes Markus bringt das Boot längsseits und vertäut es (Joh 6,21). *eutheōs* (Joh 6,21; Mt 14,31). 3.05 Uhr.
So 23. März		12 Uhr	Ain Feschcha	Der Tetrarch ist zum Mittagsmahl in Ain Feschcha (Joh 6,22). *tē epaurion* (Joh 6,22). InterLS 3969 IK, TNG-Pos., +2½ 31., Beginn um 12 Uhr.
		14 Uhr		Der Tetrarch macht sich per Boot auf nach Mazin.
		15 Uhr	Mazin	Der Tetrarch kommt in Mazin an und nimmt an der Unterweisung teil (Joh 6,25-58).

Juni-Quartal

Fr 20. Juni	31a(IV) SW-Pos.	12 Uhr	Mazin	Johannes Markus nimmt an der gewöhnlichen Form des Mittagsmahles, nicht an der Kommunion, teil (Mk 7,14-23).
So 22. Juni	+2½ 31. & 1b & 15a/III	3 Uhr	Mird Minor	Jesus begibt sich nach Mird Minor, um Maria zu besuchen und sich auf die Wiederaufnahme seiner Ehe im Dezember vorzubereiten.
	Pfingsten, Us auf post Pos.	11 Uhr bis 12 Uhr		Ankunft in Mird Minor (Mk 7,24). Jesus schließt sich Helena, der »Anstandsdame« der Maria Magdalene, zum Mittagsmahl an. Er soll Maria von »bösen Geistern«, d. h. aus der Aufsicht des Judas (»Dämon 7«, Lk 8,2), des »Bischofs« der zölibatären Frauen, befreien. Nach eigener Aussage will er sie um 13 Uhr treffen, entsprechend der Vorschrift für ihren

Rang (sie hat denselben Rang wie Philippus), doch Helena wendet ein, daß jetzt auch die Frauen auf dieselbe Rangstufe wie jener (Joh 4,49), also auf »Mittag«, erhoben werden sollen (Mk 7,25-30). *euthys* (Mk 7,25). Mittag, die Stunde der Laien und Frauen. *prōton* (Mk 7,27) 13 Uhr.

September-Quartal

Mo 1. Sept.	30b/VI & Sam 31., 1. Pos.	12 Uhr	Ain Feschcha

Jakobus, dem Sohn des Zebedäus (die »Viertausend«), wird ein höheres Amt verliehen: »7 Brote« (Mk 8,1-9; Mt 15,32-38).
en ekeinais tais hēmerais (Mk 8,1). September, Beginn der Festzeit, Sam 31.
palin (Mk 8,1). 12 Uhr (Zölibatären-Mahl).
ēdē hēmerai treis (Mk 8,2: »nun drei Tage« = schon Tag 3). Montag mittag, drei Stunden vor Montag 15 Uhr, dem vorgezogenen Beginn von Dienstag 3 Uhr, Tag 3 (Tagesbeginn für die Externen, 3 Uhr).
euthys (Mk 8,10). 15 Uhr.

16 Uhr Mazin Jesus kommt in Mazin an (Mk 8,10).

18 Uhr Die Prophezeiung für September erfüllt sich nicht (SS 3969, Beginn im September, Julian. Monat und Sam 31.). Nach Aussage von Jesus wird es für diese Partei und nach diesem Kalender keine Erfüllung geben (Mk 8,11-13; Mt 16,2-4).
(Textvarianten von Mt 16,2-3 deuten auf Pescherkenntnis)
opsias ... eudia ... purrazei (Mt 16,2: »Abends ... schöner Tag ... rot). Die Tage beginnen am vorhergehenden Abend um 18 Uhr; VII (Farbe Rot für Herbst), wichtiger Monat.
prōi, sēmeron cheimōn (Mt 16,3: »Morgens ... heute ... Unwetter«). 6 Uhr, Beginn des 31a der Solaristen, und X.
ta ... sēmeia tōn kairōn ou dynasthe (Mt 16,3: »könnt ihr dann nicht auch über die Zeichen der Zeit urteilen«). Jesus soll sich gegen die jüdische Praxis, nach der im September die heiligste Jahreszeit beginnt, und damit auch gegen den jüdischen Tagesbeginn um 18 Uhr ge-

309

				wandt haben. Das hat auch Auswirkungen auf die jüdische Jahreseinteilung, nach der der Dezember weniger heilig ist als der September und der Jahresanfang im März liegt.) *palin* (Mk 8,13). 18 Uhr.
		19 Uhr	Ain Feschcha	Vor der Küste von Ain Feschcha warnt Jesus vor einer herodischen Königsherrschaft (Mk 8,14-21).
Di 2. Sept.	31a(VII)	6 Uhr		Jesus beschließt, in Ain Feschcha zu bleiben und vor dem Versöhnungsfest nicht mehr nach Qumran zurückzukehren; d. h., er bekennt sich nicht mehr zum strengen Zölibat (Joh 7,1-9). *engys hē heortē tōn Ioudaiōn hē skēnopēgia* (Joh 7,2: »nahe des Laubhüttenfestes der Juden«). Das Fasten an reg. 31a am Anfang des Monats, in dem das Laubhüttenfest gefeiert wird (15/VII). *ho kairos ho emos oupō parestin* (Joh 7,6: »Meine Zeit ist noch nicht da«). Laien-SS 3969, Beginn im März 33; priesterlicher Beginn im September 32 n. Chr. (vgl. S. 240).
Fr 12. Sept	10/VII	6 Uhr	Qumran	Das Versöhnungsfest beginnt. *eis tēn heortēn … en tē heortē* (Joh 7,10-11). Fasten für den Versöhnungstag.
		12 Uhr		Jesus lehrt. Es kommt zu einem Streit über seine Legitimität. Er kündigt an, daß er weggehen wird, um seine Ehe wiederaufzunehmen, wie es am Versöhnungstag dann auch geschieht (Joh 7,14-36; Mk 8,31-9,1). *ēdē … tēs heortēs mesousēs* (Joh 7,14: »mitten im Fest«). 12 Uhr, drei Stunden vor 15 Uhr, dem Höhepunkt und der wichtigsten Stunde des 18-Stunden-Tages. *meta treis hēmeras anastēnai* (Mk 8,31: »nach drei Tagen auferstehen«). Der Tag für Jesu Rückkehr in den Zölibat wird 1a sein, das Datum für die Priester (Mittwoch 6 Uhr, 24 Stunden nach Dienstag 6 Uhr, Tag 3. Mittwoch 1a normativ).
		15 Uhr		Um 15 Uhr, der Stunde, in der Jonatan Hannas als Diasporapriester amtiert, nimmt Jesus Jonatans Platz ein und legt

310

auch die Gewänder des obersten Hohenpriesters an (Joh 7,37-39; Mk 9,2-3; Lk 9,28-29; Mt 17,1-2).

en tē eschatē hēmera tē megalē tēs heortēs (Joh 7,37: »am letzten Tag des Festes, der der höchste war«). Freitag (10/VII), zur Zeit der Priester am Versöhnungsfest.

meta hēmeras hex (Mk 9,2: »nach sechs Tagen« = nach Tag 6). Freitag 15 Uhr, 24 Stunden nach Dienstag 15 Uhr, vorgezogener Beginn des Freitag, Tag 6, Externen-Zeit 3 Uhr.

hōsei hēmerai oktō (Lk 9,28: »etwa acht Tage« = Tag 8). Freitag 15 Uhr, 24 Stunden vor Samstag 15 Uhr, vorgezogener Beginn von Sonntag 3 Uhr, Tag 8, Externen-Zeit.

21 Uhr Es treten erneut Zeugen auf, drei Stunden vor dem Julianischen Ende des Tages. Jesus ist jetzt auf den Rang eines Bischofs (»Herrlichkeit«) zurückgestuft, und Jonatan Hannas amtiert als Externen-Priester (Lk 9,32).

bebaremoi hypno (Lk 9,32: »voller Schlaf«). 21 Uhr, Schlafenszeit der Externen.

24 Uhr (Fr) Der »Papst« Simon Magus (»die Stimme«) erscheint, am Julianischen Ende des Tages. Er ist über die nördliche Route mit dem Esel in drei Stunden, von 18 Uhr bis 21 Uhr, von Mird Major nach Qumran gereist. Jesus wird wieder als Laie (»lieber«) behandelt, und Jakobus, »die Wolke«, nimmt seine Stelle ein (Mk 9,7).

Mi 17. Sept. 15/VII Laubhüttenfest Am Laubhüttenfest erklärt Jesus sich zum Hohenpriester (»Licht der Welt«; Joh 8,12-58).

pentekonta etē oupō echeis (Joh 8,57: »Du bist noch nicht 50 Jahre alt«). Jesus müßte 50 sein, damit er »Abraham« (Hillel), der 19 v. Chr. starb, noch hätte gesehen haben können (und auch dann wäre er damals noch ein Säugling gewesen, vgl. die Variante »hat Abraham dich gesehen?« Joh 8,57).

Fr 19. Sept. 31a(VII) 12 Uhr TNG-Pos. Gamaliel aus dem Orden Benjamin erhält einen höheren Status: Er wird nicht auf Novizen-Ebene (»blind«) gehalten, son-

			dern als Vollmitglied aufgenommen und unterwiesen (»wird sehend«; Joh 9,1-12). *sabbaton ... hēmera* (Joh 9,14). 31. *ēdē* (Joh 9,22). 12 Uhr (Freitag). *ek deuterous* (Joh 2,24: »noch einmal«). 12.05 Uhr (vgl. Mk 14,72) (zweifaches Gebet zu den wichtigen Stunden).
	13 Uhr		Jonatan Hannas amtiert, mit Jakobus als Ersatzkönig. Jesus widersetzt sich Jakobus' Forderung nach der Beschneidung (Mk 9,14-29). *en ekeinais tais hēmerais* (Lk 9,36). September-TNG, 31. *tē hexēs hēmera* (Lk 9,37: »am nächsten Tag«). Der 31. als nicht-heiliger Tag; die großen Feste von VII sind vorüber. *euthys* (Mk 9,15). 13 Uhr (Freitag).
	14 Uhr		Jakobus schließt sich den ekstatischen Therapeutae an (Mk 9,20). *euthys* (Mk 9,20). 14 Uhr.
	15 Uhr		Jakobus schwört dem Zelotentum ab. *euthys* (Mk 9,24). 15 Uhr.
	18 Uhr	Ain Feschcha	Jesus kommt nach Ain Feschcha (Mk 9,30-32).
	19 Uhr	Mazin	Jesus trifft in Mazin ein (Mk 9,33).
So 21. Sept. +2½ 31.	3 Uhr		Jesus verläßt Mazin und macht sich über Mird auf den Weg nach Jerusalem, wo er im Dezember nach den dynastischen Vorschriften für die Davididen die Ehe wiederaufnehmen will (Lk 9,51). *tas hēmeras tēs analempseōs autou* (Lk 9,51: »als die Zeit erfüllt war, daß er hinweggenommen werden sollte«). Er ist jetzt ein Laienbischof.
	11 Uhr		Ankunft in Mird Minor.
	12 Uhr	Mird Major	Man verweigert ihm die Teilnahme an der Kommunion im Gebäude von Mird, dem Hauptheiligtum, weil er nur Laienstatus hat (Lk 9,52-55).
	14 Uhr		Jesus kommt zum Nebengebäude von Marsaba, zwei Stunden von Mird Major entfernt (Lk 9,56). Er schickt Johannes Markus für 70 Tage als Abgesandten aus (Johannes Markus ist sein Diakon, *Ayin*, Nr. 70) (Lk 10,1-12).

312

Dezember-Quartal

Mi 26. Nov.	25/IX 1. Pos.		Qumran	Jesus amtiert bei dem Laienfest, dem Fest der Erneuerung, in Qumran (Joh 10,22-30). *ta enkainia* (Joh 10,22). Fest der Erneuerung, 25/IX (1 Makk 4,52). *cheimōn* (Joh 10,22: »Winter«). Winterfest.
So 30. Nov.	29/IX, Pentekontade, 1. Pos.	3 Uhr	Mird Minor	Johannes Markus kehrt mit Maria Magdalene (»Freude«) zurück. Jesus berichtet ihm, daß Judas und Simon Magus exkommuniziert wurden (Lk 20,17-20).
		9 Uhr		Jonatan Hannas ist jetzt »Papst«. Jesus stellt sich auf seine Seite und erzählt im Gleichnis vom »Guten Samariter« von seiner Beziehung zum Täufer (Lk 10,21-37). Es ist die Pentekontade, ein Tag der Freude. *en autē tē hōra* (Lk 10,21). 9 Uhr.
		15 Uhr		Jesus besucht Maria Magdalene und ihre »Anstandsdame« Helena, die eine sehr hohe Meinung von ihrem Amt hat. Maria erfüllt die Pflichten einer Ehefrau und erneuert damit symbolisch den Ehebund (Lk 10,38-42; Joh 11,1-2). Helena bittet Jesus, Simon Magus zu helfen (Joh 11,3-5).
Mo 1. Dez.	30a/IX & Sam 31.	6 Uhr		Jesus verbringt den Montag in Mird. *dyo hēmeras* (Joh 11,6: »zwei Tage« = Tag 2). Montag, Tag 2. Er stiftet das Vaterunser als Gebet für die Externen (Lk 11,1-4).
		12 Uhr		Jesus nimmt am Mittagsmahl in Mird Major teil, das jetzt unter weniger strengen Regeln abgehalten wird (Lk 11,37-52). *aristēsē* (Lk 11,37). Mittagsmahl für nicht asketisch lebende Externe.
		13 Uhr		Lehre (Lk 11,53-12,59). *prōtōn* (Lk 12,1). 13 Uhr.
Di 2. Dez.	31a(X) 1. Pos.			Jesus erfährt von den Folgen des Aufstands (Lk 13,1-9). *en autō tō kairō* (Lk 13,1: »zu der Zeit«). Bei der Laien(*autos*)-Interkalation, Julianischer Beginn von SS 3969. Di 31a.
		15 Uhr		In der Synagoge von Mird Major beginnt Jesus mit der Erhebung von Maria, seiner

313

Mutter, in den Rang einer »Witwe« (vgl. S. 479) (Lk 13,10-17).
en tois sabbasin (Lk 13,10). SS 3969, Beginn in X.
etē dekaoktō (Lk 13,11: »18 Jahren« = Jahr 18). Maria war im März des Jahres 23 n. Chr., dem Jahr 18 nach der Zählung von 6 n. Chr. als Jahr 1, zur Witwe geworden.
parachrēma (LK 13,13). 15 Uhr.
tō sabbatō (Lk 13,14). 31a.
hex hēmerai (Lk 13,14: »sechs Tage«). Tag 6, Freitag 6 Uhr, SW-Pos. 31. Wenn Maria an diesem Datum »befördert« wurde, erlangte sie einen priesterlicheren Status.
tē hēmera tou sabbatou (Lk 13,14.16). Tagposition 31.
tō sabbatō (Lk 13,15). 31.

		16 Uhr	Mird Minor	Jesus macht sich auf den Weg nach Qumran (Lk 13,1-21; Joh 11,7).
Mi 3. Dez.	1a/X	24 Uhr (Di)	Ain Feschcha	Ankunft in Ain Feschcha (Lk 13,22-30).
		3 Uhr	Qumran	Ankunft in Qumran.

Jesus erfährt, daß Simon Magus/Lazarus in Höhle 4 ist (Joh 11,17-18). Nach den in Qumran herrschenden Reinheitsgeboten darf er in seinem Verheirateten-Status nicht am Gottesdienst in der »Sakristei« teilnehmen, sondern muß draußen beim Säulenstumpf bleiben (*enteuthen*, Lk 13,31; vgl. Offb 22,2). Seiner Entgegnung zufolge hält er sich an eine Regel, die besagt, daß er erst nach seiner Ankunft in Jerusalem nach der Sonnwende abgesetzt werden kann (Lk 13,31-35).
tessaras ēdē hēmeras (Joh 11,17: »schon vier Tage«). 3 Uhr vor 6 Uhr am Mittwoch, Tag 4.
en autē tē hōra (Lk 13,31). 3 Uhr.
sēmeron kai aurion kai tē tritē teleioumai (Lk 13,32: »heute und morgen, und am dritten Tag werde ich vollendet sein«). Der 31., 1. und 2. in dieser Position (Anfang Dezember) am 2. noch zölibatär (»vollkommen«). Donnerstag 4. Dezember (2a/X) ist der dritte Tag, gerechnet vom 31. als 1. (hebräische Zählung).

314

				sēmeron kai aurion kai tē echomenē (Lk 13,33). 31., 1. und 2. in der SW-Pos., Sonntag 21. Dez., 2a/X, vor der Wiederaufnahme der Ehe.
		12 Uhr		Jesus ordnet die Befreiung von Simon Magus aus Höhle 4 an. Jonatan Hannas gestattet die Aufhebung der Exkommunikation des Magus (Joh 11,38-44). *palin* (Joh 11,38). 12 Uhr. *ēdē* (Joh 11,39). 12 Uhr vor 15 Uhr. *tetartaios* (Joh 11,39). Von priesterlichem Rang, gebraucht Mittwoch 1a als Tag der Rangerhebung.
Do 4. Dez.	2a/X & +2½ 31.	18 Uhr	Ain Feschcha	Jesus und Simon Magus feiern das Abendmahl zur gewöhnlichen Stunde in Ain Feschcha. Simon nimmt wieder seine ursprüngliche Position ein (Lk 14,1-6). *sabbatō* (Lk 14,1.3). +2½ 31. *en hēmera tou sabbatou* (Lk 14,5). 31.
		19 Uhr		Lehre (Lk 14,7-17,10).
Do 18. Dez.	30a/IX & Sam 31.	3 Uhr		Jesus geht von Ain Feschcha nach Mird Minor (Lk 17,11).
		11 Uhr	Mird Minor	Ankunft in Mird Minor. Simon Magus hält sich als »Aussätziger 10« dort auf (Lk 17,12-19).
		12 Uhr	Mird Major	Lehre (Lk 17,20-18,14; Mk 10,1b-12).
		15 Uhr		Treffen mit Jakobus, dem »reichen Mann« (Lk 18,18-30). *en tō kairō toutō* (Lk 18,30). SS 3969, X vor I, 31a.
Fr 19. Dez.	31a(X)	3 Uhr		Jesus macht sich auf den Weg nach Qumran, um von den Führern die endgültige Erlaubnis zur Wiederaufnahme seiner Ehe zu erwirken. Ihn erwartet ein Ritus der Ablehnung, in dem zum Ausdruck kommt, daß Geschlechtsverkehr etwas Unreines ist. Jesus plant, in den Zölibat zurückkehren, sobald an einem 1a (normativ Mittwoch), dem Tag für Priester, eine Empfängnis stattgefunden hat (Mk 10,32-34; Mt 20,17-19). *meta treis hēmeras* (Mk 10,34: »nach drei Tagen«). Mittwoch 6 Uhr, 24 Stunden nach Dienstag 6 Uhr, Tag 3. 1a in normativer Position. Jakobus und Johannes bitten um die Rangerhebung (Mk 10,35-45).
		15 Uhr		Ankunft in Qumran.

315

Sa 20. Dez.	1a/X	15 Uhr		Aufbruch nach Ain Feschcha.
So 21. Dez.	+2½ 31.	3 Uhr		Verläßt Ain Feschcha und macht sich auf den Weg nach Jerusalem, wo ein weiterer Ablehnungsritus auf ihn wartet (Lk 18,31). *tē hēmera tē tritē* (Lk 18,33). 1a, vorgezogener Beginn.
		15 Uhr	Marsaba	Ankunft in Marsaba/»Jericho«, zwölf Stunden von Ain Feschcha, dem Ort, wo verheiratete Externe auf der Pilgerschaft nach Qumran übernachteten, entfernt. Gamaliel vom Orden Benjamin akzeptiert Jesus als Nasiräer (Mk 10,46-52; Lk 18,35-43). *euthys* (Mk 10,52). 15 Uhr. *parachrēma* (Lk 18,43). 15 Uhr. Zachäus/Ananus, der jüngste der Hannas-Brüder, steht auf dem Säulenstumpf östlich der »Sakreistei«. Er will als Gastgeber auftreten, falls Jesus über Nacht bleibt (Lk 19,1-10). *ēmellen* (Lk 19,4). Drei Stunden vor 18 Uhr. *sēmeron* (Lk 19,5.9). +2½ 31.
Mo 22. Dez.			Ölberg	Jesus geht nach Jerusalem in das Gebäude auf dem Ölberg, um das eheliche Leben wiederaufzunehmen (Joh 11,54).

33 n. Chr.
SS 3969

März-Quartal

So 1. März	29a/XII			Jesus reist anläßlich der vierteljährlichen Ordensversammlung nach Qumran, zur Feier seiner zweiten Eheschließung und zur Rückkehr ins zölibatäre Leben.
Mo 2. März	30a/XII & Sam 31.	11 Uhr	Ain Feschcha	Ankunft in Ain Feschcha. Er schickt Boten voraus, die das zeremonielle Reittier im »Haus der Königin«, der »Krippe«, bereithalten sollen (Mk 11,1-2; Lk 19,29-30; Mt 21,1-2).
		12 Uhr		Er verläßt Ain Feschcha.
		13 Uhr	»Haus der Königin«	Der Bote kommt beim »Haus der Königin« an (Mk 11,4). *euthys* (Mk 11,2). 13 Uhr (Tag der Erwartung, wie der Sabbat).

316

		14 Uhr		Ankunft Jesu im »Haus der Königin«. Er besteigt das für die Zeremonie vorgeschriebene Reittier (Mk 11,6-8). *euthys ... palin* (Mk 11,3). 14 Uhr.
		15 Uhr	Qumran	Die Prozession mit Jesus trifft in Qumran ein (eine Stunde zu Fuß) (Mk 11,9-10). *ēdē* (Lk 19,37). 15 Uhr. Jesus begibt sich zur Zeit der »Kollekte« zum Tempel/»Gotteskasten«. Diejenigen, die für das Jahr SS 3969, 1. Pos., Sam 31., eine Restauration erwarteten, wurden enttäuscht. Jesus macht die finanzielle Korruption für die Nicht-Erfüllung der Prophezeiung verantwortlich und wirft die Tische der Geldwechsler um (Lk 19,45-46; Mt 21,12-13). *opsias ēdē ... tēs hōras* (Mk 11,11). 15 Uhr, drei Stunden vor 18 Uhr (wie am Sabbat).
Di 3. März	31a(I) 1. Pos.	6 Uhr	Qumran	Als die Erfüllung der Prophezeiung für den reg. 31. ausbleibt, greift Jesus die herodianische Form der Mission an, auch die des Tetrarchen, den »Feigenbaum« (Mk 11,12-14; Mt 21,18-22). *tē epaurion* (Mk 11,12). SS 3969 IK, reg. 31. *ho ... kairos ... ouk sykōn* (Mk 11,13 »nicht die Zeit für Feigen«). Ein solares IK-Jahr, kein lunisolares, nach dem die Herodianer rechneten. *prōi* (Mt 21,18). 6 Uhr.
		21 Uhr		Jesus verläßt Qumran und geht nach Ain Feschcha, wo er die letzte Nacht außerhalb des Klosters verbringt (Mk 11,19). *opse* (Mk 11,19). 21 Uhr.
Mi 4. März	1a/I	6 Uhr	Qumran	An 1a der 1. Pos. nimmt Jesus in Qumran das zölibatäre Leben wieder auf. Die Vertreibung des »Feigenbaums« ist abgeschlossen (Mk 11,20-25). *prōi* (Mk 11,20). 6 Uhr.
		12 Uhr		Jesus wird wegen seiner Lehre angegriffen (Mk 11,27-33; Lk 20,1-8; Mt 21,23-27). *palin* (Mk 11,27). Mittag. *en mia tōn hēmerōn* (Lk 20,1: »eines Tages«). 1a-Beginn des Monats (sowohl 31a als auch 1a sind Monatserster). Weitere Lehre (Mk 12,1-40; Lk 20,9-47).

317

en ekeinē tē hēmera (Mt 22,23), *ap'
ekeinēs tēs hēmeras* (Mt 22,46). 1a »jener Tag« für die Hebräer (31. »dieser
Tag«).

16 Uhr — Zeit für die »Kollekte« der niedrigeren
Grade (Mk 12,41-44).
Jesus lehrt über die Erfüllung der Prophe-
zeiung (Mk 13,3-37, später angefügt).

Di 17. März 14a/I, Us 6 UHr — Die Festtage zur Tagundnachtgleiche be-
auf 1. Pos. ginnen. Die Spannung ist groß, weil zur
& 27b/XII TNG die Erfüllung der Prophezeiung für
das Jahr SS 3969 erwartet wird (Mk 14,1-
2; Mt 26,1-5).
*to pascha kai ta azyma meta dyo hēme-
ras* (Mk 14,1: »noch zwei Tage bis zum
Passafest und den Tagen der ungesäuerten Brote«). 14a, Fest der Ungesäuerten Brote nach der Regel von Ex 12
(vgl. S. 265).
Dienstag 6 Uhr, 24 Stunden nach Montag 6 Uhr, Tag 2.

Mi 18. März 15/I & 29a/ 12 Uhr — Nach Herodianischem Kalender der Zeit-
XII punkt für das Fest der Ungesäuerten Bro-
te. 1. Rüsttag (Joh 11,55).
engys to pascha tōn Ioudaiōn (Joh
11,55: »nahe das Passafest der Juden«).
15a-b, Fest der Ungesäuerten Brote für
die Herodianer nach der Regel von Lev
23, in Konjunktion mit 29a/XII, 1.
Rüsttag. Das Mittagsmahl am Tag der
Ungesäuerten Brote als erstes Mahl des
Tages für die Zölibatäre.
pro tou pascha (Joh 11,55). Mittwoch
mittag, 24 Stunden vor Donnerstag
mittag, +2½ 14a (Mittagsbeginn).

Do 19. März 30/XII 24 Uhr Ain Fesch- Zweite Ehezeremonie für Jesus und Ma-
& Sam 31. (Mi) cha ria Magdalene (Joh 12,1-8; Mk 14,3-9).
pro hex hēmerōn tou pascha (Joh 12,1:
»sechs Tage vor dem Passafest«). Mittwoch mitternacht, 24 Stunden vor Donnerstag mitternacht, Julianischer Beginn von Freitag, Tag 6.

12 Uhr — Die zeremonielle Prozession wird an der
Tagundnachtgleiche wiederholt (Joh
12,12-13).
tē epaurion (Joh 12,12). SS 3969 IK,
TNG-Pos., Sam 31. Mittagsbeginn.
eis tēn heortēn (Joh 12,12). Sam 31.

15 Uhr — Jesus beginnt mit den Vorbereitungen für
die Rückkehr in das zölibatäre Leben. Er

318

schickt »Diakone« voraus, die das Mahl
vorbereiten sollen (Mk 14,12-16; Lk 22,7-
13; Mt 26,17-19).
tē prōtē hēmera tōn azymōn (Mk 14,12:
»am ersten Tag der Ungesäuerten Brote«). Sam 31. als erster Tag; 14a +2½,
Tag des Festes der Ungesäuerten Brote
nach der Regel von Ex 12.
*hē heortē tōn azymōn hē legomenē pa-
scha* (Lk 22,1: »das Fest der Ungesäuerten Brote, das Passa heißt«). Sam 31.
und 14a +2½.
hē hēmera ton azymōn (Lk 22,7). 14a
+2½.
tē ... prōte tōn azymōn (Mt 26,17). Sam
31. als erster Tag und 14a +2½.

30a/XII & Sam 31.	18 Uhr	Das abendliche Gemeinschaftsmahl in der »Sakristei« beginnt. (Mk 14,17; Mt 26,20; Joh 13,2-11).

pro ... tēs heortēs tou pascha (Joh 13,1).
Donnerstag 18 Uhr, 24 Stunden vor
Freitag 18 Uhr, reg. 31., 15a +2½ Fest
der Ungesäuerten Brote.
deipnou ginomenou (Joh 13,2: »beim
Abendessen«). Das übliche Mahl um
18 Uhr.
opsias genomenēs (Mk 14,17). 18 Uhr.

19 Uhr Jesus segnet den Most, den üblichen
Trank beim heiligen Mahl (Lk 22,17).

20 Uhr Um 20 Uhr wird Jesus gestattet, beim
Gemeinschaftsmahl zu amtieren, weil er
jetzt in den zölibatären Stand zurückgekehrt ist (vgl. S. 129). Indem er das Brot
segnet und bricht, verleiht er ihm eine
symbolische Bedeutung (Mk 14,22; Lk
22,19; Mt 26,26).

21 Uhr Der Becher mit dem heiligen Wein wird
gesegnet (Lk 22,20). Judas verläßt die
Gemeinschaft, um Pilatus in Jerusalem
Nachricht zu geben, daß sich die Gesuchten in Qumran aufhalten (Joh 13,30).
euthys (Joh 13,30). 21 Uhr, Stunde der
Laien.
nyx (Joh 13,30). 21 Uhr.

21.05 Petrus rückt vom Platz des Prinzen auf
Uhr den Platz des östlichen Diakons, kann
also jetzt mit Jesus sprechen (Joh 13,36;
Lk 22,24-29). Für den Rest der Stunde
beantwortet Jesus Fragen (Joh 13,36-
14,31; Lk 22,31-38).

22 Uhr

Am Ende der Feier singen die Teilnehmer eine Hymne und verlassen das Klostergebäude durch den Osteingang (Joh 14,31; Mk 14,26; Mt 26,30).

Von nun an haben wir es mit einer doppelten Stundenzählung zu tun, die die Tatsache zum Ausdruck bringt, daß die »Uhr« der priesterlichen Stundengebete drei Stunden vorging (vgl. die Einleitung zur Chronologie, S. 250 und 270). Von jetzt an bis zu der Angleichung an die Sonnenzeit am Freitag mittag wird die vorgehende Zeit angegeben.

	Tatsächliche Uhrzeit	*Vorgehende Uhrzeit*	
	22 Uhr	1 Uhr	Die beiden nächsten Stunden verbringt Jesus mit Johannes Markus auf dem Klostergrund und mit Petrus in der äußeren Halle für die Pilger. Zur vollen Stunde bringt er Jonatan Hannas Gebete dar. Er akzeptiert Jonatan Hannas' Weisung in bezug auf den Giftbecher (Mk 14,32-38; Mt 26,36-41; Lk 22,41-42). *mian horan* (Mk 14,37: »eine Stunde«). Die 1. Stunde nach Julianischer Zeitrechnung, vorgehend. Jesus geht zurück zu Johannes Markus und fährt fort zu lehren (Joh 15,1-27).
	23 Uhr	2 Uhr	Jesus spricht ein weiteres Gebet (Mk 14,39; Mt 26,42). *palin* (Mk 14,39). 2 Uhr. Wieder geht er zu Johannes Markus zurück und setzt das Lehrgespräch fort (Joh 16,1-33).
Fr 20. März	24 Uhr (Do)	3 Uhr	Jesus spricht das Gebet für Mitternacht/3 Uhr und sagt: »Die Stunde ist gekommen.« Es ist der Julianische Anbruch (tatsächliche Uhrzeit) von Sam 31. TNG-Pos., SS 3969 (vgl. S. 263). Wenn die Restauration für Jesus und Simon Magus noch zur rechten Zeit kommen soll, so muß sie jetzt kommen. Nichts geschieht, und sowohl Simon, der »Papst«, als auch Jesus, der »König«, stehen damit ohne politische Unterstützung da (Joh 17,1-26; Mt 26,44). *to triton* (Mk 14,41). 3 Uhr. In der äußeren Halle langt ein anderes Dreiergespann an, das bereit ist, die Macht zu übernehmen (Joh 18,1-11; Mk

320

14,43-50; Lk 22,47-53; Mt 26,47-56).
Simon Magus wird als falscher Prophet
verhaftct, verurteilt, entkleidet und im
Klostergebäude, dem »Töpferacker«, ein-
gesperrt (Mk 14,1-52; 15,21).

1 Uhr 4 Uhr Die Sache Jesu, der zweiten Führungspersönlichkeit hellenistischer Prägung, wird
als nächste verhandelt. Er wird in die
»Sakristei« gebracht, und zwar in den
nördlichen Abschnitt in der Nähe des
Feuers, der Gerichtsverhandlungen vorbehalten ist (s. das Kapitel »Ortsangaben«, S. 424). Er wendet das Gesicht
nach Westen, um Hannas auf der erhöhten westlichen Plattform anzusehen. Kajaphas befindet sich südlich von Hannas,
auf der Linie von Elle 2 (Joh 18,12-14;
Mk 14,53; Lk 22,54; Mt 26,57).
prōtōn (Joh 18,13). 1 Uhr/4 Uhr.
tou eniautou ekeinou (Joh 18,13: »in
jenem Jahr«). Jahresbeginn um die
Tagundnachtgleiche, nach jüdischer
Zeitrechnung.
Petrus wird der Zutritt zur »Sakristei«
gestattet (Joh 18,1-16; Mk 14,54; Lk
22,54; Mt 26,58).
Jesus wird verhört und beharrt darauf,
daß der davidische König als Priester amtieren kann, was für Kajaphas ein Grund
ist, ihn zu verurteilen (Mk 14,55-65; Mt
26,59-68).
Petrus steht auf derselben Ost-West-Li-
nie, doch weiter unterhalb des Feuers in
der östlichen Ecke des Raumes. Er ver-
richtet die vorgeschriebenen Gebete nach
der vorgehenden Zeitrechnung und steht
zu diesem Zeitpunkt auf der Position für
das 4-Uhr-Gebet. Die Türsteherin im
Durchgang zwischen dem nördlichen und
dem südlichen Eingang befindet sich östlich von ihm. Petrus hat die Wahl, sich
beim Beten nach Osten oder nach Westen
zu wenden. Er wendet sich nach Osten
(*emprosthen*, Mt 26,70). Auf diese Weise
kann er sich mit der Frau unterhalten,
kehrt damit aber gleichzeitig Jesus den
Rücken zu, was einer Absage an Jesu
westlich geprägte Lehre gleichkommt

321

(Joh 18,17-18; Mk 14,66-68a; Lk 22,56-57; Mt 26,69-70).
Weitere Verhöre vor Hannas (Joh 18,19-23).

2 Uhr   5 Uhr   Jesus, Petrus und die Türsteherin rücken um eine Elle weiter. Jesus befindet sich nun auf einer Linie mit Kajaphas, der ihn als dritter verhört (Joh 18,24).
Petrus verleugnet Jesus abermals, indem er sich beim Beten erneut nach Osten wendet (Joh 18,25; Mk 14,68; Mt 26,71-72).
palin (Mk 14,70). 2 Uhr.

3 Uhr   6 Uhr   Ende der Anhörung Jesu vor Kajaphas. Er rückt wieder gemeinsam mit Petrus und der Türsteherin abermals eine Elle weiter. Am Ende des Gebets dreht Jesus sich um und schaut zu Petrus hinüber (Lk 22,61). Petrus hat wahrgemacht, was Jesus ihm den Abend zuvor prophezeit hatte: »Ehe der Hahn zweimal kräht, wirst du mich dreimal verleugnen« (Mk 14,30). Der erste »Hahnenschrei« (das Gebet um drei Uhr; Mk 13,35) war um 3 Uhr nach vorgehender Zeit erfolgt, als es in Wirklichkeit Mitternacht war; der zweite erfolgte nun, 3 Uhr nach tatsächlicher Uhrzeit. Petrus hat sich beim Beten dreimal, jeweils zur vollen Stunde, explizit nach Osten gewandt.
hōsei hōras mias (Lk 22,59: »etwa nach einer Stunde«). 6 Uhr, die Stunde vor 7 Uhr, der ersten Stunde nach jüdisch-Julianischer Zeitrechnung.
parachrēma (Lk 22,60). 3 Uhr.

3.05 Uhr   6.05 Uhr   Der »Hahnenschrei« wird fünf Minuten nach dem Stundenschlag noch einmal wiederholt. Daraus ergibt sich eine weitere Möglichkeit der Erfüllung der Prophezeiung für diejenigen, die sich wie Johannes Markus an diesem Tag nicht an die vorgehende Zeitrechnung halten.
eutheōs (Joh 18,27; Mt 26,74). 3.05 Uhr.
ek deuterou (Mk 14,72: »zum zweiten Mal«). Wiederholung um 3.05 Uhr.

4 Uhr   7 Uhr   Die Verspottung und Mißhandlung Jesu geht weiter (Lk 22,63-64).

5 Uhr	8 Uhr	Pilatus trifft aus Jerusalem ein (40 Kilometer, 200 Stadien, 2½ Stunden zu Pferd; die Geschwindigkeit eines Pferdes beträgt 80 Stadien in der Stunde). Er verhört und verurteilt Simon Magus.
6 Uhr	9 Uhr	Der Tetrarch Antipas bietet ein Lösegeld für Theudas. Judas (»dieser Mensch«) wird an seiner Stelle verhört. Auch Jesus wird erneut verhört; als der dritte Mann, der König, wird er als letzter vorgeführt (Joh 18,31-38; Mk 15,1-5; Lk 23,1-10; Mt 27,1-2.11-14).

prōi (Joh 18,28). 6 Uhr.

phagōsin to pascha (Joh 18,28). 6 Uhr. Fest der Ungesäuerten Brote für die Herodianer, die dieses Fest an 15a +2½ begehen. Morgenmahl.

euthys prōi (Mk 15,1). 6 Uhr.

en tautais tais hēmerais (Lk 23,7: »in diesen Tagen«, Wortstellung 2). Im Monat X hält sich der Tetrarch in Qumran (= Teil der Diaspora) auf (eine Umstandsbestimmung der Zeit in der Erzählung kann sich auf die Vergangenheit beziehen, wenn sie eine Rangangabe enthält; vgl. *onta*, »nach der Initiation«).

ex hikanōn chronōn (Lk 23,8: »längst«). Generation des Agrippa (*ho Hērōdēs*), »des Würdigen«, Laienlevit. Seit zwei Jahren, seit März 31 n. Chr.

7 Uhr	10 Uhr	Pilatus wird Mitglied durch das zeichenhafte Waschen der Hände, damit er das Lösegeld annehmen kann. Er verkündet, daß Theudas/Barabbas freigelassen und Judas hingerichtet werden soll (Joh 18,38-40; Mk 15,6-15; Mt 27,15-25; Lk 23,13-19).

en tō pascha (Joh 18,39). 7 Uhr, Tagesbeginn (vgl. Lk 22,59).

kata heortēn (Mk 15,6). 31., Beginn um 7 Uhr.

en autē tē hēmera ((Lk 23,12: »an dem Tag«). 7 Uhr, Laienbeginn des Tages. Agrippa macht sich über Jesu Anspruch auf die Königswürde lustig; er läßt ihn in den Purpur eines Königs-Bischofs kleiden und setzt ihm die Dornenkrone der Asketen auf, die Jonatan Hannas trägt (Ste-

323

phanus, »die Krone«, und »der Stachel im Fleisch« (Joh 19,2-5; Mk 15,16-20; Mt 27,27-30).

8 Uhr   11 Uhr   Es folgt der Prozeß Jesu. Da für ihn kein Lösegeld geboten wird, wird er verurteilt (Joh 19,8-12; Lk 23,20-21).

8.55 Uhr 11.55   Pilatus erteilt den offiziellen Befehl zur Hinrichtung (Joh 19,13-16).

paraskeuē tou pascha, hōra ... hōs hektē (Joh 19,14: »am Rüsttag für das Passafest um die sechste Stunde«). Das Fest der Ungesäuerten Brote an 15a +2½ vor der Zeitangleichung. Die sechste Stunde nach vorgehender Zeitrechnung. *Hōs*: 5 Minuten vor der vollen Stunde.

Die Männer werden in den Abschnitt für die Unreinen im Südwesten des Komplexes gebracht.

Jesus wird Gift angeboten, um ihm die kommenden Schmerzen weniger fühlbar zu machen, doch er weigert sich, es zu nehmen (Joh 19,14-17; Mk 15,22-23; Mt 27,33-34).

9 Uhr   12 Uhr   Bei der Zisterne ohne Stufen, in dem Gebiet für die Unreinen, werden die Kreuze errichtet (vgl. das Kapitel »Ortsangaben«, S. 428). (Joh 19,23-24; Mk 15,25-27; Lk 23,33-38; Mt 27,36-38).

hōra tritē (Mk 15,25). 9 Uhr.

Jesus spricht mit Simon Magus, dessen Kreuz östlich von seinem eigenen steht (Lk 23,39-42).

sēmeron (Lk 23,43). 31.

Der Augenblick für die Angleichung der Zeit ist gekommen. Um 9 Uhr nach tatsächlicher Uhrzeit, nach vorgehender Zeitrechnung um die Mittagsstunde, wird das Halbdach in der »Sakristei« geschlossen gehalten statt wie üblich geöffnet, so daß es zu einer dreistündigen »Finsternis« kommt (Mk 15,33; Lk 23,44; Mt 27,45; s. S. 250). Die Partei des Johannes Markus vollzieht die Zeitangleichung nicht mit, da sie das Fest der Ungesäuerten Brote am Tag 15a begeht.

genomenē hōras hektēs skotos ... heōs hōras enatēs (Mk 15,33). Die vorgezogene Mittagsstunde (ohne Artikel), die

324

um 9 Uhr tatsächlicher Zeit eintritt; Finsternis bis 15 Uhr (vorgezogen). *ēdē hōsei hōra hektē ... skotos ... heōs hōras enatēs* (Lk 23,44). 9 Uhr, die drei Stunden vor Mittag beginnende Wache. Finsternis bis 15 Uhr (vorgezogen).

12 Uhr Ende der Zeitangleichung.

15 Uhr Nach 6 Stunden am Kreuz hat Jesus unerträgliche Schmerzen. Er schreit laut, bittet um das Gift und klagt Jonatan wegen seines Verrats an.
tē enatē hōra (Mk 15,34). 15 Uhr. *peri ... tēn enatēn hōran* (Mt 27,46). 15.03.

Das Schlangengift wird gebracht, Jesus trinkt und verliert das Bewußtsein (Joh 19,28-30; Mk 15,34-37; Lk 23,46-47; Mt 27,46-51).

Der Tetrarch, der Simon retten will, geht zu Pilatus und versucht ihn unter Berufung auf das jüdische Gesetz zu einer Abänderung der Exekutionsart in ein Lebendig-Begraben-Werden zu bewegen. Simon und Judas werden die Beine gebrochen. Jesu Seite wird durchbohrt, um zu überprüfen, ob er tot ist. Johannes Markus bestätigt, daß Blut aus der Wunde strömt, ein Hinweis darauf, daß Jesus möglicherweise noch am Leben ist (Joh 19,31-37).

paraskeuē (Joh 19,31: »Rüsttag«). 15 Uhr vor 18 Uhr, 15a +2½, Zeitangleichung im Johannesevangelium. *en tō sabbatō* (Joh 19,31). Reg. 31a. *megalē hē hēmera ekeinou tou sabbatou* (Joh 19,31: »dieser Sabbat war ein hoher Festtag«). 31a in SS 3969, Jubeljahr, Restauration am jüdischen Beginn des 31., Sabbatbeginn. *ēdē* (Joh 19,33). Um drei Stunden vorgezogener Sabbatbeginn.

Simon Magus und Judas werden in Höhle 7 gebracht. Sie grenzt an Höhle 8, die den Laienzölibatären als Sabbatlatrine dient (s. »Ortsangaben«, S. 390). Der Eingang, zu dem Stufen hinterführen, befindet sich an der nordwestlichen Ecke der Höhle. Man gelangt durch ein großes Loch in

325

der Höhlendecke, das durch einen schweren Steinblock verschlossen werden kann, in die Kammer.

16 Uhr Jakobus, der als der »Prinz« und der »reiche Mann« die Aufsicht über Höhle 8 hat, langt an und öffnet die Höhle, indem er einen zweiten Stein (*lithos*, ohne Artikel) wegrollt, der den Verbindungsweg zwischen Höhle 7 und 8 versperrt. Die Höhle wird ab 16 Uhr benutzt (Mt 27,52). Jakobus kehrt zum Kloster zurück (Mt 27,53). Er bittet Pilatus um die Erlaubnis, Jesus vom Kreuz abzunehmen (Joh 19,38). Johannes Markus berichtet Theudas (»Nikodemus«, »Erdbeben«), daß Jesus lebt (Mt 27,54).

17 Uhr Frauen, die das Gebiet für die Unreinen um 15 Uhr betreten, sehen, wie Theudas/Nikodemus Jesus in Leinengewänder hüllt (*othonia*, wie sie die Therapeutae tragen; vgl. Philo, *De Vita Contemplativa* 38) und wie er zwischen den Leintüchern eine große Menge Aloe und Myrrhe verbirgt (Mk 15,40-41; Lk 23,49; Mt 27,55-56; Joh 19,40). Jakobus bittet Pilatus um die Erlaubnis, Jesus in die Höhle hinabbringen zu dürfen. Es ist noch vor 18 Uhr, Jakobus darf also noch eine Last tragen. Jesus wird zur Höhle gebracht. Jakobus entfernt die *othonia* und hüllt Jesus in ein *sindōn*, ein Kleidungsstück, das die palästinischen Essenernovizen trugen (Lk 23,50-53).

31a(I) 18 Uhr Pilatus steht am Rand der Esplanade und überwacht das Begräbnis. Jakobus bittet ihn um die Erlaubnis, Jesus zu bestatten. Pilatus erfährt von Johannes Markus, daß Jesus tot sei. Er ist zwar überrascht, gibt jedoch die Zustimmung zum Begräbnis. Jakobus wickelt Jesus in ein äußeres *sindōn* und bringt ihn in Höhle 8. Nach 18 Uhr darf er einen Stein zwar nicht mehr hochheben, aber rollen. So rollt er den zweiten Stein (*lithos*) an seine Stelle und verschließt damit Höhle 8. Dann verläßt er den Ort durch die angrenzende Höhle 7 (Joh 19,42; Mk 15,42; Lk 23,54; Mt 27,57-60).

326

dia tēn paraskeuēn tōn Ioudaiōn (Joh 19,42). Freitag 18 Uhr als 15a +2½-Termin für die Zeitangleichung.

ēdē opsias genomenēs ... paraskeuē ... prosabbaton (Mk 15,42). 18 Uhr, drei Stunden vor 21 Uhr (vorgehende Zeit).

hēmera paraskeuēs ... sabbaton epephōsken (Lk 23,54). 18 Uhr, jüdischer Beginn des Sabbat.

opsias genomenēs (Mt 27,57). 18 Uhr.

19 Uhr Die Frauen (die nicht durch die Sabbatvorschrift gebunden sind) haben das »Haus der Königin« in der Ebene nach einer Stunde erreicht. Von dort aus können sie nach oben, zu Höhle 8 hinaufsehen (Mk 15,47; Lk 23,55-56; Mt 27,61).

21 Uhr Es ist Zeit, die äußere Höhlenöffnung mit dem Hauptstein zu verschließen. Dabei geht es hauptsächlich darum, Simon Magus, der für Kajaphas »der Verführer« ist, zu bewachen (Mt 27,62-63). Das Problem wird dadurch gelöst, daß man am Eingang den Gefängnisaufseher, Ananus, als Wache aufstellt; als Bediensteter von Agrippa ist er ein politischer Gegner von Simon Magus (Mt 27,62-66).

tē ... epaurion (Mt 27,62). SS 3969 IK, reg. 31., TNG-Pos., 21 Uhr nach tatsächlicher Zeitrechnung, nach vorgehender Zeit Mitternacht.

meta tēn paraskeuēn (Mt 27,62: »am nächsten Tag, der auf den Rüsttag folgt«). Freitag, 24 Stunden nach Donnerstag, 14a +2½-Fest der Ungesäuerten Brote, Tag der Zeitangleichung. Der nächste Termin zur Zeitangleichung. 21 Uhr, nach vorgehender Zeitrechnung Mitternacht, Julianischer Tagesbeginn.

meta treis hēmeras (Mt 27,63: »nach drei Tagen«). Mittwoch 6 Uhr, 24 Stunden nach Dienstag 6 Uhr, Tag 3. Mittwoch 1a, normativer 1. Die Regel gilt auch für die Nachtposition, Samstag 18 Uhr. Simon erhob wie Jesus den Anspruch auf die Priesterwürde, deren Verleihung dem Monatsersten zugeordnet war.

heōs tēs tritēs hēmeras (Mt 27,64: »bis zum dritten Tag«). Bis zum 1., für die Samariter der 3. Tag des Aufstiegs zur Priesterwürde.

Theudas übernimmt die Nachtwache. Er hat Befehl vom Tetrarchen, sein Augenmerk vor allem auf Simon Magus zu richten. Außerdem ist ihm bekannt, daß Jesus nicht tot ist. In Einklang mit dem Julianischen Sabbatgebot befiehlt er Ananus, ihm dabei zu helfen, den Stein fortzuwälzen. Die beiden steigen in die Höhle hinab, schieben den inneren Stein ebenfalls weg und tragen Simon Magus hinüber in die westliche Höhlenkammer, wo er Jesus mit Hilfe der Aloe wiederbelebt. Maria Magdalene, die sich unten im »Haus der Königin« befindet, gewahrt Licht in der Kammer.

Sa 21. März   **24 Uhr**
                  (Fr)

Maria kommt zur Höhle, sieht, daß der Stein fortgeschafft worden ist, und erblickt Simon Magus (»den Herrn«) in der westlichen Kammer. Sie macht sich auf die Suche nach Petrus und Johannes Markus.

tē ... mia tōn sabbatōn (Joh 20,1: »am ersten Tag der Woche«). Freitag mitternacht als Julianischer Tagesbeginn des 31., als Monatserster und Jahresanfang gerechnet (s. S. 269). Sabbatjahr SS 3969.
prōi skotias eti ousēs (Joh 20,1: »früh, als es noch finster war«). Mitternacht, Julianischer Tagesbeginn.

                1 Uhr

Sie langen bei der Höhlenöffnung an. Johannes Markus schaut hinunter in Höhle 7 und sieht die Leinengewänder (*ta othonia*). Petrus steigt in Höhle 7 hinab und stellt fest, daß Höhle 8 offensteht und daß Simon Magus' *soudarion* (Kopfbedekkung) dort liegengeblieben ist. Der Magus selbst war in der Zwischenzeit in die östliche Höhle zurückgebracht worden. Petrus betritt Höhle 8 und sieht Jesus als erster. Hinter ihm kommt Johannes Markus und erblickt ihn als nächster (1 Kor 15,5). Johannes Markus macht sich auf die Suche nach einer Trage, um Jesus fortzubringen (Joh 20,3-10).

2 Uhr	Maria kehrt zur Höhle zurück. Sie schaut in Höhle 7 hinab und erblickt dort Simon Magus und Judas in ihren Funktionen als »Erster« und »Zweiter«. Simon gestattet ihr, in die westliche Kammer hinüberzugehen (*hopou, ta opisō*; Joh 20,12.14). Dort sieht sie Jesus, der nun aufrecht steht (Joh 20,11-17). Petrus und Johannes Markus betreten Höhle 8 und wollen Jesus fortschaffen. Sie stellen fest, daß er bereits wieder in der Lage ist, selbst zu gehen (vgl. das Petrusevangelium 10,39: Zwei Männer betreten das Grab und »sehen … drei Männer aus dem Grabe herauskommen und die zwei den einen stützen und ein Kreuz (die Trage) ihnen folgen«.) Sie bringen ihn mit Erlaubnis von Ananus und Theudas, die sie gehen lassen, weil sie lediglich Anweisung haben, Simon Magus zu bewachen, den Pfad hinauf. Schließlich wird Jesus zum »Haus der Königin« hinuntergebracht.
3 Uhr	Die drei Frauen langen oben vor der westlichen Höhlenkammer an. Sie wissen, daß der Hauptverschlußstein von Petrus wieder an seine Stelle gerückt wurde, um Simon Magus die Flucht zu verwehren. Doch Theudas (»Erdbeben«) möchte Simon helfen. Er darf den Stein nicht hochheben, doch er kann ihn den abfallenden Schacht hinab in die östliche Höhle rollen. Der Stein rollt hinab, und Simon kann ihn noch ein Stück weiterwälzen und ihn dann als eine Art »Papst«-Thron benutzen. Er erhebt den Anspruch, wieder der »Papst« (»Blitz«) zu sein, weil er an Jesus ein »Wunder« vollbracht hat. Ananus wird in seinem Rang herabgestuft. Die Frauen betreten die Höhle und Simon erzählt ihnen, daß er Jesus auferweckt habe (Mk 16,1-7; Lk 24,1-8; Mt 28,1-7). *diagenomenou tou sabbatou* (Mk 16,1: »und als der Sabbat vergangen war«). Freitag 3 Uhr. Mitte (*dia*) des 31. zwischen Freitag 15 Uhr und Samstag 15 Uhr.

329

		lian prōi (Mk 16,2: »sehr früh«). 3 Uhr, drei Stunden vor 6 Uhr, dem frühen Morgen für die Externen.
		tē mia tōn sabbatōn (Mk 16,2). 31b als erster Tag des Monats und des Jahres (vgl. S. 269).
		Sabbatjahr SS 3969. 3 Uhr, Tagesbeginn für die Externen.
		anateilantos tou hēliou (Mk 16,2: »als die Sonne aufging«). Jesus, das »Licht«, die »Sonne«, ist aus der Höhle fortgebracht worden.
		opse … sabbatōn (Mt 28,1: »als aber der Sabbat vorüber war«). 3 Uhr als »Abend« (normalerweise 21 Uhr) des Tages im Sabbatjahr, der um 6 Uhr beginnt.
		eis mian sabbatōn (Mt 28,1). 31b als erster Tag des Monats und das Sabbatjahres.
		orthrou batheōs (Lk 24,1: »sehr früh«). 3 Uhr.
6 Uhr		Die Frauen sehen Jesus beim »Haus der Königin« (Mk 16,8; Lk 24,9-11; Mt 28,8-10).
		tachy (Mt 28,7). 6 Uhr als »Sonnwende« des Tages (nach Julianischer Zeitrechnung).
15 Uhr	Qumran	Ananus wird von seinem Wächteramt entbunden, da das jüdische Sabbatgebot ab jetzt außer Kraft ist.
16 Uhr		Die Zölibatäre, die die jüdischen Vorschriften befolgen, gehen zu Höhle 4. Für die, die nach dem Julianischen Kalender leben, ist jedoch noch Sabbat. Sie konnten bereits den erlaubten Zeitpunkt zur Defäkation am Freitag um 4 Uhr nicht wahrnehmen und benutzen jetzt die Sabbatlatrine bis um 16 Uhr. Simon Magus wird befreit und Judas aus dem Fenster gestoßen.
		Agrippa (die »Soldaten«) wird über die Befreiung von Simon unterrichtet; er erhält Geld, damit er keine weiteren Schritte unternimmt. Auch Pilatus soll bestochen werden, wenn es nötig sein sollte (Mt 28,11-15).

330

1a/I TNG-Pos.	18 Uhr	Ain Feschcha	In Ain Feschcha findet das abendliche Gemeinschaftsmahl mit Kommunion statt (Joh 20,19). *opsias tē hēmera ekeinē tē mia sabbatōn* (Joh 20,19). 18 Uhr, 1. (»jener Tag« für die Hebräer), Monatserster des Sabbatjahres SS 3969, jüdischer Beginn.
	21 Uhr		Zur Stunde des heiligen Weines bzw. des Lehrgesprächs erscheint Jesus. Johannes Markus wird »Bischof« (vgl. das Kapitel »Hierarchie«, S. 479). (Joh 20,19-23). *tōn thyrōn kekleismenōn* (Joh 20,19: »die Türen verschlossen waren«). 21.05, die Stunde des Mahles, zu der die Gäste ausgeschlossen wurden.
So 22. März	3 Uhr		Jesus unterliegt jetzt den Vorschriften für die Kranken, die Qumran drei Tage nicht betreten dürfen (11QT VL,7-12). Er verhält sich während dieser Zeit wie ein in der Welt lebender Nasiräer, indem er weite Entfernungen zurücklegt und die verschiedenen Außenposten Qumrans besucht. (Seine Füße waren keineswegs mit Nägeln durchbohrt worden; vgl. Joh 20,25) (Vgl. auch Josephus, *Ant.* XVIII,64, zu Christus, wahrscheinlich eine Passage mit authentischem Inhalt. Josephus wußte, daß Jesus, obwohl Pilatus ihn zum Kreuzestod verurteilt hatte, seinen Anhängern »am dritten Tage wieder lebend (erschien)«. Am Montag, dem eigentlichen dritten Tag nach der Kreuzigung, war er in Jerusalem.)
	12 Uhr	Mird Major	Jesus langt in Mird an (9 Stunden), wo er das Gemeinschaftsmahl mit Tomas feiert. Er nimmt am Mahl teil und bekräftigt erneut, daß er wirklich noch am Leben ist (Joh 20,26-29). (Die christliche Tradition des Ostens lehrte nicht die Auferstehung.) *meth' hēmeras oktō* (Joh 20,26: »nach acht Tagen« = nach Tag 8). Sonntag mittag, 24 Stunden nach Samstag mittag, dem zölibatären Zeitpunkt von Samstag 18 Uhr, vorgezogener Beginn des Sonntag, Tag 8. *palin* (Joh 20,26). 12 Uhr.

331

			tōn thyrōn kekleismenōn (Joh 20,26). 12 Uhr (12.05) werden die Türen beim Zölibatärenmahl geschlossen, da nur Mitglieder anwesend sein dürfen (vgl. Josephus, *Bellum* II,129-132.)
	16 Uhr	»Emmaus«	Jesus geht zwei Stunden von Mird zum Ort für die Unreinen nach Marsaba, »Emmaus« (vgl. das Kapitel »Ortsangaben«, S. 389). Er trifft Jakobus (Kleopas; vgl. S. 156) und Theudas (seinen ungenannten Begleiter). Auf dem Weg erörtern sie die jüngsten Geschehnisse (Lk 24,13-26).

en autē tē hēmera (Lk 24,13: »an demselben Tage«). 16 Uhr + eine Stunde (vgl. Lk 23,12, 7 Uhr).

en tais hēmerais tautais (Lk 24,18). Jakobus bezieht sich zurück auf die Rangerhebung Agrippas durch Johannes den Täufer in Jerusalem im Juni 30 und 31 n. Chr.

tritēn tautēn hēmeran (Lk 24,21). 2a ist der dritte Tag für die Hebräer.

2a/I & +2½ 31.	18 Uhr	Sie feiern das abendliche Gemeinschaftsmahl nach den herodianischen Regeln für die Externen (Lk 24,28-29).

pros hesperan (Lk 24,29: »es will Abend werden«). 18 Uhr, vor 21 Uhr, Abend, aber nicht das zölibatäre *opse*.

keklinen ēdē hē hēmera (Lk 24,29: »und der Tag hat sich geneigt«). 18 Uhr, drei Stunden vor 21 Uhr, Schlafenszeit.

	20 Uhr	Als das Brot beim Gemeinschaftsmahl gereicht wird, spricht Jesus den Segen, und Jakobus und Theudas erkennen ihn als rechtmäßigen Davididen an (Lk 24,30-31).
	21 Uhr	Jesus ruht sich drei Stunden aus, während derer sie »ihn ... nicht (sahen)« (Lk 24,31).

Jakobus und Theudas machen sich auf den zwölfstündigen Weg nach Jerusalem (Lk 24,32-33).

autē tē hōra (Lk 24,33). 21 Uhr.

Mo 23. März	9 Uhr	Essenertor	Sie langen am Essenertor an (Lk 24,33-35).
	12 Uhr		Sie beginnen mit dem Mittagsmahl, bei dem nach herodianischer Vorschrift eine ganz normale Mahlzeit verzehrt wird. Je-

332

			sus trifft ein, übernimmt die Position des »Bischofs« und macht durch das Essen der Speisen deutlich, daß er wirklich lebendig ist (Lk 24,36-43).
	15 Uhr		Ende des Gottesdienstes. Jesus macht sich auf den Weg nach Ain Feschcha (24 Stunden).
Di 24. März	15 Uhr	Ain Feschcha	Er langt in der Begleitung von Petrus in Ain Feschcha an. Petrus begleitet Maria Magdalene (»mit großer Freude«) zurück nach Jerusalem (Lk 24,50-53; Mt 28,16-20).
			dia pantos (Lk 24,53: »allezeit«). Herodianischer Kalender und herodianische Lehre.
			pasas tas hēmeras (Mt 28,20: »alle Tage«). Herodianischer Kalender.
	18 Uhr	Qumran	Jesus wieder in Qumran. Vgl. 11QT VL,9: Rückkehr nach Sonnenuntergang für die, die krank waren. Er feiert das Abendmahl zusammen mit Johannes Markus und rät ihm, die Gemeinschaft mit Qumran nicht aufzukündigen (Apg 1,1-5).
			di' hēmeron tesserakonta (Apg 1,3: »40 Tage lang« = Tag 40). Dienstag 24. März als Tag 21, die Mitte (*dia*) der 40tägigen Fastenzeit der Interkalation nach dem Sonnenkalender im März; das Fasten dauerte von Mittwoch 4. März bis Sonntag 12. April.
			ou meta pollas tautas hēmeras (Apg 1,5: »nicht lange nach diesen Tagen«). Samstag 20. Juni 33 n. Chr. *Pollai hēmerai*, nicht Dienstag, sondern Freitag 31., Nachtposition, *meta*, 24 Stunden nach Samstag 1a.
	24 Uhr		Jesus trennt sich von Johannes Markus und sucht die Zölibatären-Quartiere auf. Jakobus, die »Wolke«, sein »Zweiter« als König, geleitet ihn dorthin. Jonatan Hannas, der Priester sowohl für die Externen als auch für die Diaspora-Zölibatäre (der »Abt«) empfängt ihn (Apg 1,9-11).

333

Juni-Quartal

Mo 1. Juni   30/III   24 Uhr   Mazin
      & Sam 31.   (So)

Gelegenheit zur Versöhnung mit Agrippa am 1. Juni (bedeutsames Datum), drei Jahre nach der ersten Taufe Agrippas (Lk 5,1-11). Petrus beginnt mit der Zeremonie in Mazin. Jesus kommt von Qumran herab. Es ist der 70. Tag seit seiner Ankunft dort. Vom nächsten Tag an wird er sich in noch strengere Klausur begeben (Joh 21,1-2).
palin (Joh 21,2). 24 Uhr.
en ekeinē tē nykti (Joh 21,3). 24 Uhr.

              3.03

Jesus, der als Priester amtiert, besteigt das Boot am Ende des Landungsstegs. Er erkennt Agrippa als Mitglied an und mit ihm eine große Zahl von westlichen, unbeschnittenen Heiden, die durch die herodianische Mission gewonnen wurden und jetzt Christen werden wollen (Joh 21,4-8).
prōias ... ēdē genomenēs (Joh 21,4). 3.03, drei Stunden vor 6.03.

              6 Uhr

Sie feiern das Externen-Mahl im Gebäude in Mazin, einem Nachbau des oberen Teils der »Sakristei« mit der Feuerstelle (Joh 21,9-14).
ēdē triton (Joh 21,14). 6 Uhr, drei Stunden vor 9 Uhr.

              7 Uhr

Jesus bittet Petrus, das zölibatäre Leben aufzunehmen, mit der Agape-Form der Kommunion. Dieser antwortet, daß er nur die Externen-Form akzeptieren kann: »Du weißt, daß ich dich liebhabe« (Joh 21,15).

              8 Uhr

Die Frage und die Antwort werden wiederholt. Petrus soll im Namen von Agrippa oberster Nasiräer werden, Führer der »Lämmer« (Joh 21,16).
palin deuteron (Joh 21,16). 8 Uhr.

              9 Uhr

Petrus verbleibt vorläufig noch im Externen-Status, wird jedoch später, als »Witwer«, in das zölibatäre Leben eintreten (Joh 21,17-19).
to triton (Joh 21,17). 9 Uhr.
(Kapitel 21 wurde nach der Versöhnung zwischen Johannes Markus/Eutychus und den Geistlichen Agrippas II. im Jahr 58 n. Chr. an das Johannesevangelium angefügt.)

334

Di 2. Juni	31a(IV)	3 Uhr	Ain Fesch-cha	Johannes Markus verläßt Qumran nach 70 Tagen und geht nach Jerusalem (24 Stunden; Apg 1,12). *sabbatou ... hodon* (Apg 1,12: »einen Sabbatweg«). 24 Stunden, da *sabbaton* der 31. ist. An einem normalen Tag eine Zwölf-Stunden-Reise von 3 Uhr bis 15 Uhr, da jedoch der *sabbaton* bei der Interkalation 36 Stunden währt, ein vierundzwanzigstündiger Weg.
Mi 3. Juni	1b/IV & 15a/III	15 Uhr	Jerusalem	Er schließt sich den Zwölf Aposteln beim Essenertor an (Agp 1,13-14) (Pfingsten, Us auf die SW-Pos.).
Fr 19. Juni	31a(IV)	12 Uhr		Ernennung eines Ersatzmannes für Judas, drei Jahre nach der Ernennung der Zwölf Apostel (Apg 2,5-26). *en tais hēmerais tautais* (Apg 1,15: »in den Tagen«, Wortstellung 1) Juni-SW, 31. *en panti chrono* (Apg 1,21: »die ganze Zeit über«). Die 40-Jahre-Generation des Agrippa von 11 v. Chr., NS 3930, bis 30 n. Chr.
So 21. Juni	1b/IV & 15a/III, Pfingsten, Us auf post Pos.	24 Uhr (Sa)		Der Pfingsttag beginnt. Agrippa rückt in das Amt des »Erzbischofs« auf (vgl. »Hierarchie«, S. 479). Er gestattet, daß die Gottesdienste in den westlichen Gemeinden in der Landessprache gehalten werden (Apg 2,1-4). *tēn hēmeran tēs pentekostēs* (Apg 2,1). 15a/III und SW-Pos., also wirkliche SW.
		9 Uhr		Die Stunde der Laienschaft. Ein Heidenkonzil für alle Provinzen wird abgehalten. Petrus predigt in Anwesenheit Agrippas. *hōra tritē tēs hēmeras* (Apg 2,15). 9 Uhr. *en tais eschatais hēmerais* (Apg 2,17: »in den letzten Tagen«). Der nächste Freitag 31., im September 33 n. Chr., SS 3970, September-Beginn.

335

				en tais hēmerais ekeinais (Apg 2,18: »in jenen Tagen«, Wortstellung 1). März des Jahres 34 n. Chr., SS 3970 (in der Rede ein Vorgriff).
				achri tēs hēmeras tautēs (Agp 2,29). Bis Pfingsten (ein Laienfest).
Mo 22. Juni				Agrippa rückt weiter auf (Apg 2,41)
				en tē hēmera ekeinē (Apg 2,41). Der Tag nach Pfingsten als bedeutsamer Tag (Jub 1,1).

September-Quartal

Di 1. Sept.	31a(VII) 1. Pos.	24 Uhr	Jerusa-lem	Agrippas für den September angesetzte, weitere Rangerhöhung beginnt (Apg 2,43-45).
				kath' hēmeran (Apg 2,46). Herodiani-scher reg. 31. (Lk 11,3).
		6 Uhr		Jüdischer Tagesbeginn (Apg 2,47).
				kath' hēmeran (Apg 2,47). 6 Uhr, jüdi-scher Beginn des reg. 31.
		15 Uhr		Die jüdischen Externen versammeln sich nach Ezechiel 46,1-3 beim Ersatzheilig-tum am Essenertor. Jakobus ist der »Fürst« in der Ecke vor der östlichen Tür. Da er 32 Jahre alt ist, beginnt jetzt seine vierjährige Verlobungszeit, er ist also »gelähmt« (kein Zölibatär nach es-senischer Regel mehr), und außerdem ab-hängig von Agrippa, der die in der Welt lebenden Zölibatäre unterhält, daher ein »Bettler«. Petrus macht ihn mit einer frei-zügigeren Lehre bekannt, die es ihm ge-stattet, auch während der Verlobungszeit an den Gottesdiensten im weniger bedeu-tenden Heiligtum teilzunehmen (Apg 3,1-26).

epi tēn hōran tēs proseuchesēs tēn enatēn (Apg 3,1: »um die neunte Stunde, zur Gebetszeit«). 15 Uhr, die Zeit für die Petitionen der Externen.

kath' hēmeran (Apg 3,2). Herodiani-scher 31., 15 Uhr.

mellontas (Apg 3,3). 15 Uhr als vorge-zogener Gottesdienst vor 18 Uhr.

Jakobus betritt das Heiligtum zum Got-tesdienst (Apg 3,7-10).

parachrēma (Agp 3,7). 15 Uhr.

Petrus predigt und verkündet, daß Jesus im September des Jahres 36 n. Chr. in die

Welt zurückkehren wird, da ihm soeben eine Tochter geboren wurde und er deshalb in drei Jahren wiederkommen darf. 36 n. Chr. wird das Jahr SLS 3971 sein, die letztmögliche Chance für eine Erfüllung der Prophezeiung (Apg 3,11-26; insb. V. 21).

achri chronōn apokatastaseōs pantōn (Agp 3,21: »bis zu der Zeit, in der alles wiedergebracht wird«). Bis September 36 n. Chr., SLS 3971, Herodianische Generation.

tas hēmeras tautas (Apg 3,24: »diese Tage«, Wortstellung 1). (Wörtliche Rede) Juni, die vorrangige Zeit für die Erfüllung.

18 Uhr Der Exodus hat sich nicht erfüllt (SS 3970 nach vorgezogener Rechnung), und die Hebräer wenden sich gegen Petrus' Lehre. Er wird bis zum nächsten Morgen gefangengesetzt. Agrippas »Beförderung« im Sept. wird vollendet (Apg 4,1-4).

eis tēn aurion (Apg 4,3). Jüdischer Beginn des Mittwoch 1a.

hespera ēdē (Apg 4,3). 18 Uhr, drei Stunden vor der nicht-zölibatären Abendzeit, 21 Uhr.

Mi 2. Sept.   1a/VII   6 Uhr Keine Erfüllung an 1a, dem Tag, an dem die Nicht-Essener damit gerechnet haben. Jonatan Hannas verliert die Papstwürde; Simon Magus wird der »Papst« Johannes (Apg 4,5-21).

epi tēn aurion (Apg 4,5). 1a als »Morgen«.

sēmeron (Apg 4,9). 1a, von den Nicht-Essenern als »Heute«, Tag der Erfüllung, gesehen (IK wird auf 1a übertragen).

Dezember-Quartal
Di 1. Dez.   31a(X) Jakobus rückt im Dezember weiter auf (Apg 4,22). Er ist jetzt der Davidide und gehört der Generation Jesu, SS 3930-3970, an.

etōn pleionōn tesserakonta (Apg 4,22: »über vierzig Jahre«). SS 3970, Dezember-SW, Julianischer Monatserster, Verlängerung von September, jüdisch-Julianisch.

337

Mi 16. Dez.   29/IX,   Ölberg   Verheiratete Mitglieder, die sich am Ort
              Pentekon-   für die Unreinen auf dem Ölberg aufhal-
              tade   ten, erfahren, daß Jesus auf die Fürspra-
                                           che der Herodianer hin von Pilatus be-
                                           gnadigt wurde (Apg 4,27).
                                           ta nyn (Apg 4,29: »nun«, fem.). Pente-
                                           kontade (*Nun*, hebräisch 50).
                                           Agrippas Partei sieht die Pentekonta-
                                           den, insb. 26/I, 15/III und 29/IX, als
                                           bedeutsame Tage.

34 n. Chr.
SS 3970, SLS 3969

März-Quartal
Fr 19. März   31a(I),   Jerusalem   Ausbleiben der Erfüllung im März SS
              TNG-Pos.   3970. Agrippas Partei beschuldigt die Sa-
                                           mariter (Apg 4,32).
                                           en tais eschatais hēmerais (Apg 2,17: »in
                                           den letzten Tagen«). Freitag, der letzte
                                           Tag der Woche, Plural, weil er als be-
                                           deutsamer Tag gilt (im Blick auf die
                                           Prophezeiung von Petrus im Juni 33 auf
                                           März 34 bezogen).
                                           en tais hēmerais ekeinais (Apg 2,18: »in
                                           jenen Tagen«, Wortstellung 1). März-
                                           TNG (im Blick auf die Prophezeiung s.
                                           o.).

Sa 20. März   1a/I   18 Uhr   Cäsarea   Johannes Markus wird ein Jahr, nachdem
                                           er die Bischofswürde empfing, weiter im
                                           Rang erhoben. Er ist damit »Kardinal«,
                                           »große Gnade« (Apg 4,33). Er verbündet
                                           sich mit Simon Magus, der »großen
                                           Kraft«, in einer anti-agrippinischen Par-
                                           tei. Sie planen, ihr Geld von Qumran
                                           abzuziehen, um es vor dem Zugriff Agrip-
                                           pas zu sichern. Philippus/Protos schließt
                                           sich ihnen an, da Agrippa ihn um Geld
                                           betrogen hat (*Ant.* XVIII,157). Das Fehl-
                                           schlagen der an die vierzigjährige Gene-
                                           ration seit der Wiederbesiedelung von
                                           Qumran geknüpften Erwartung liefert ih-
                                           nen einen Grund für die Lösung von
                                           Qumran und den Aufbau eines neuen
                                           Magier-Zentrums in Cäsarea. Barnabas,
                                           der stellvertretend für Judas einen Teil
                                           des qumranischen Vermögens verwaltet,
                                           transferiert diesen nach Cäsarea. Die dor-
                                           tigen Mitglieder führen unter Johannes

Markus eine Reform des Finanzwesens durch und schaffen die Mitgliedsbeiträge ab (Apg 4,32-37).

35 n. Chr.
SLS 3970

Fr 16. Sept. 31a(VII), TNG-Pos. 12 Uhr Cäsarea Letzte Chance für 3970. Simon Magus wird, insbesondere wegen seines unmoralischen Verhältnisses mit Helena, für das Ausbleiben der Erfüllung verantwortlich gemacht. Außerdem wird er angeklagt, weil er die Finanzreform akzeptiert hat, aber trotzdem weiterhin Gebühren aus dem Osten annimmt. Darüber hinaus beginnt Agrippas Stern in Rom wieder zu steigen, und wenn er erst einmal König wird, muß Simon fallen. Er wird von Petrus exkommunziert, als dieser mit Agrippa zusammen an die Macht kommt.

15 Uhr Auch Helena wird exkommunziert, weil sie die Priesterwürde für sich beansprucht und damit unter derselben Regel steht wie Simon (Apg 5,1-11).
hōs hōrōn triōn diastēma (Apg 5,7: »etwa nach drei Stunden«). 15 Uhr, die Stunde für Helena, als Tagesbeginn. 2.55 (*hōs*).
Helenas Exkommunikation wird zu der für Frauen vorgesehenen Zeit abgeschlossen (Apg 5,10).
parachrēma (Apg 5,10). 15 Uhr.

36 n. Chr.
SLS 3971
Alle Interkalationen abgeschlossen. Nachtposition.

September-Quartal
Sa 15. Sept. 1a/VII, TNG-Pos. 18 Uhr Jerusalem Jesus kommt in die Welt zurück, um ein Kind zu zeugen. Simon Magus verbündet sich mit den Jerusalemer Mitgliedern der Bewegung. Petrus fungiert als »Zweiter« Jesu. Herodes von Chalkis, ein Bruder Agrippas, der diesem jedoch feindlich gesonnen ist, arbeitet darauf hin, den Platz des Tetrarchen zu übernehmen (Apg 5,12-16).

339

Dezember-Quartal

Sa 8. Dez.	25/IX, Fest der Erneuerung	18 Uhr	Jerusalem	Die letzte Chance für die Erfüllung der Prophezeiung im Jahr 3971 war im September, doch manche Mitglieder hoffen auf die Erfüllung beim Fest der Erneuerung. Johannes Markus ist nach seinem Verrat an Agrippa aus Rom zurückgekehrt (*Ant.* XVIII,179). Kajaphas und Ananus, beide Anhänger des Agrippa, geben ihm die Schuld am Ausbleiben der Erfüllung und verbannen ihn als Disziplinarmaßnahme in den Nordteil der Sakristei (Apg 5,17-18).
So 9. Dez.		24 Uhr (Sa)		Simon Magus' Position ist durch die Nachricht über die Gefangennahme Agrippas wieder stärker geworden, und er wendet sich jetzt offen gegen Kajaphas. Seiner Lehrauffassung zufolge dürfen Proselyten wie Johannes Markus im weniger bedeutenden Heiligtum Dienst tun (Apg 5,19-20). *dia nyktos* (Apg 5,19). Mitternacht.
		3 Uhr.		Johannes Markus amtiert als Geistlicher für die externen arbeitenden Mitglieder bei ihrem Gottesdienst um 3 Uhr (Apg 5,21). *hypo ton orthron* (Agp 5,21: »frühmorgens«). 3 Uhr.
Mi 3. Dez.	29/IX, Pentekontade	15 Uhr		Die Hebräer berufen an der Pentekontade ein Konzil ein und versuchen, wieder an die Macht zu kommen. Sie erbringen den Beweis, daß Johannes Markus nicht im Norden der Sakristei ist, sondern im weniger bedeutenden Heiligtum (Apg 5,21-26). Johannes Markus hält eine Rede: Er widersetzt sich Kajaphas und befürwortet die Wahl von Jonatan Hannas zum Hohenpriester (V. 29). Jesus ist soeben ins zölibatäre Leben zurückgekehrt, da Maria jetzt im 3. Monat schwanger ist (V. 30). Gamaliel von der Partei der Hebräer erzählt die Geschichte des Aufstandes und warnt vor der Anti-Agrippa-Partei. Johannes Markus wird bestraft (Apg 5,27-40). *ta nyn* (Apg 5,38). 29/IX Pentekontade.

340

37 n. Chr.

März-Quartal

Fr 15. März 31a(I) Jerusalem Jonatan Hannas ist anstelle von Kajaphas
TNG-Pos. zum Hohenpriester ernannt worden (*Ant.*
XVIII,95). Jetzt sind die Hellenisten und
Samariter an der Macht. Johannes Markus wird freigelassen. Gaius ernennt
Agrippa nach dem Tod von Tiberius zum
König, Agrippa bleibt jedoch vorläufig in
Rom (Agp 5,41-42).
pasan ... hēmeran (Apg 5,42). Der Kalender, nach dem Agrippa rechnet.

Juni-Quartal

Fr 14. Juni 31a(IV) 24 Uhr Jerusalem Schon vor der Rückkehr Agrippas machen die militanten Hellenisten (Samariter) gegen ihn Front und stärken ihre
(Do) eigene Position, indem sie Philippus/Protos und andere unbeschnittene Heiden im
Rang erheben. Johannes Markus wird
zum Abgesandten Jesu zurückgestuft.
Die Hellenisten und Hebräer entzweien
sich über ihrer unterschiedlichen Haltung
zu Agrippa. Der offizielle Anlaß für ihre
Meinungsverschiedenheit ist die Beschneidung des Izates (die Hebräer befürworten sie, die Hellenisten unter der Führung von Simon Magus/Hananias sind dagegen) und die Verleihung eines geistlichen Amtes an seine Mutter, Königin Helena (*Ant.* 20,17-48) (Apg 6,1-6; Lk 18,1-8).
en tais hēmerais tautais (Apg 6,1: »in
diesen Tagen«, Wortstellung 1). Juni,
am 31.

12 Uhr Geburt von Jesus Justus. Sein offizielles
Geburtsdatum ist der 1. Juni bzw. der 31.
nach dem Sonnenkalender. Agrippa wird
zum Oberhaupt der Asketen ernannt
(Agp 6,7).

September-Quartal

Mo 23. Sept. 10/VII, 18 Uhr Mird In der Nacht vor dem Versöhnungsfest
Tag der muß der Hohepriester wach bleiben, damit er sich nicht unwillentlich verunreinigt (vgl. *Ant.* XVIII,166). Er wird über
Versöhnung die wahre Lehre befragt.

341

				Es kommt zu einer Allianz zwischen Hebräern und militanten Hellenisten gegen Jonatan Hannas (Apg 6,8-10).
Di 24. Sept.		24 Uhr		Jonatan hält eine dreistündige Rede und gibt in typologischer Form einen Abriß über die Geschichte der asketischen Bewegung seit dem 1. Jahrhundert v. Chr. (Apg 7,1-53). Er wird nicht als Hoherpriester akzeptiert. An seiner Stelle wird sein Bruder Theophilus ernannt (*Ant.* XVIII,123-124).
Mo 25. Sept.		15 Uhr		Theophilus vollzieht die stellvertretende Versöhnung; Jesus fungiert dabei als sein »Zweiter«. Jonatan Hannas, der jetzt auf die Position eines »Zeugen« zurückgefallen ist, blickt durchs Seitenfenster ins Allerheiligste hinein (Apg 7,55-58).
		16 Uhr		Jonatan Hannas wird exkommuniziert und in eine Höhle 4 gleichwertige Höhle gebracht, die ab 16 Uhr von Laienzölibatären benutzt wird (vgl. Mt 27,52; 28,13) (Apg 7,60).
Sa 28. Sept.	15/VII, Laubhüttenfest	18 Uhr		Gemäß ihrem Treueeid für Gaius (*Ant.* XVIII,124) transferieren die Hebräer ihren Besitz von Qumran nach Damaskus, damit er nicht Agrippa in die Hände fällt. Petrus und der Zebedaïde Johannes (»die Kirche«, vgl. S. 402) kommen nach Qumran. Es gibt jetzt also drei Versammlungsorte der Bewegung: (a) Cäsarea für die Hellenisten, die gegen Agrippa sind; (b) Damaskus für die Hebräer, die ebenfalls gegen Agrippa sind; (c) Jerusalem, Mird und Qumran für die Partei, aus der schon bald die Christen und Judenchristen hervorgehen sollen und die Agrippa unterstützt. Saulus, der aus dem Orden Benjamin stammt, ist für Agrippa, nimmt aber an Zusammenkünften sowohl in Qumran als auch in Damaskus teil (Apg 8,1-3). *en ekeinē tē hēmera* (Apg 8,1). Laubhüttenfest, levitisches Fest.
Mo 30. Sept.	30a/VI & Sam 31., post Pos.		Cäsarea	Die anti-agrippinische Partei in Cäsarea nimmt auf eigene Faust Taufen vor. Philippus/Protos schließt sich ihr an und spaltet so auch die Heiden in Anhänger und

342

Gegner Agrippas. Simon Magus wird »Papst« in einem Schisma und führt den Titel »Kraft Gottes, die die Große genannt wird«. Philippus übernimmt ein geistliches Amt in der Partei des Simon. Einige Mitglieder werden auf der Mem-Ebene wiedergetauft (vgl. S. 483) (Apg 8,4-13). *hikano chronō* (Apg 8,11: »lange Zeit«). Die 40-Jahre-Generation Agrippas I, des »Würdigen« (*hikanos*), beginnt. Er wird im September des Jahres 37 n. Chr. zum König ernannt und erhält im März 41 n. Chr. ein größeres Territorium. Dazwischen liegen 3½ Jahre.

38 n. Chr.
Sa 1. März   Damaskus   Formale Einweihung des Zentrums in Damaskus im Jahr 8 nach der neuen Datierung von 31 n. Chr. als Jahr 1 (Apg 9,33).
ex etōn okto (Apg 9,33: »seit acht Jahren« = seit Jahr 8), 38 n. Chr. von 31 n. Chr. als Jahr 1 an gerechnet. Julianischer Beginn am 1. Januar, *ex*, eine Einheit später, also 1. März.

39 n. Chr.
Di 29. Sept.   31a(VII),   Cäsarea   Diejenigen, die im Jahr 37 n. Chr. die *Mem*-Taufe erhalten haben, werden jetzt, zwei Jahre später, als Vollmitglieder, *Samech*, aufgenommen. Petrus und Johannes aus Qumran schließen sich wieder Cäsarea an. Sie nehmen an der Initiationszeremonie teil (Apg 8,14-17). Simon Magus möchte die Praxis der Simonie beibehalten und als »Bischof« weiterhin für sein Amt bezahlt werden, doch Petrus weist ihn schroff zurecht und entzweit sich mit ihm über diesen Punkt. Er gibt bei dem Streit zu erkennen, daß er von einem Giftanschlag auf Agrippa weiß (Apg 8,18-24).
               post Pos.

Dezember-Quartal
Di 29. Dez.   31a(X),   12 Uhr Cäsarea   Simon Magus, der sich in Cäsarea aufhält, schickt Philippus/Protos nach Gaza, dem Zentrum der unbeschnittenen Heiden von Ham, um Titus für die Anschläge
               post Pos.

343

gegen Gaius und Agrippa zu gewinnen. (Die Reise von Cäsarea nach Gaza, die er auf einem Esel macht, dauert zwei Tage, das ist dreimal so schnell wie zu Fuß) (Apg 8,26).

kata mesēmbrian (Apg 8,26). Mittag/ Süden.

Do 31. Dez. +2½ 12 Uhr Gaza Philippus trifft in Gaza ein, wo Titus, das Oberhaupt von Ham, einen Gottesdienst nach den in Jerusalem üblichen herodianischen Regeln hält und dabei die Synagogenstunden befolgt (Apg 8,27-29).

14 Uhr Er kommt zur Lesung aus den Propheten (13 Uhr Gesetz, 14 Uhr Propheten, 15 Uhr Schriften). Philippus wird zur Auslegung aufgefordert und sagt, daß sich die Passage über das »Schaf, das zur Schlachtung geführt wird«, auf Agrippa, das Oberhaupt der nasiräischen Schafe und das »Verlorene Schaf«, beziehe (Apg 8,29-34).

16 Uhr Titus erhält die volle Taufe wie ein jüdischer Novize (Apg 8,36-40).

40 n. Chr.
NS 3980
(Ende des Heiligen Krieges nach dem ursprünglichen herodianischen Schema, NS-Version).

Mo 29. Febr. 12 Uhr Damaskus Saulus, ein Diener Agrippas, ist gegen jede Form der essenischen Zölibatsvorschriften. Er gibt den Essenern die Schuld für das Scheitern des herodianischen Schemas. In Damaskus trifft er jedoch mit Jesus zusammen, der an einem Konzil aller drei asketischen Gruppen, bei dem es um die Haltung gegenüber Gaius geht, teilnimmt. Saulus ändert seine Einstellung und läßt sich wiedertaufen, sowohl am Julianischen Monatsersten als auch am 31. nach dem Sonnenkalender (Apg 8,1-8).

periēstrapsen phōs (Apg 9,3: »umleuchtete ihn plötzlich ein Licht«). Das Halbdach wurde am Mittag zurückgeschoben, und die Sonne konnte bis ins untere Geschoß des Gebäudes hinunterscheinen.

18 Uhr Saulus steht jetzt auf der Stufe *Nun* ist also »blind«, und kann nicht an der Kommunion teilnehmen (Apg 9,9).

344

			hēmeras treis (Apg 9,9: »drei Tage« = Tag 3). Montag 18 Uhr, vorgezogener Beginn von Dienstag 6 Uhr, Tag 3.
Di 1. März		12 Uhr	Hananias/Simon, der ebenfalls bei dem Konzil anwesend ist, traut Saulus wegen seiner pro-agrippinischen Haltung nicht. Jesus bittet ihn aber, Saulus dennoch als Vollmitglied, als *Samech*, aufzunehmen (im September 40 n. Chr., wenn Saulus 23 wird, vollendet). Saulus wählt eine zölibatäre Form der Ordensregel: den »Weg« der Diaspora-Essener (Apg 9,10-16).
		12.05	Saulus wird als Initiand zum zölibatären Mahl zugelassen, was bedeutet, daß er »wieder sehend« wird (Apg 9,17-18). *eutheōs* (Apg 9,18). 12.05, der Zeitpunkt, an dem die Mitglieder zur Kommunion im Raum zurückbleiben, die anderen aber hinausgehen müssen.
		18 Uhr	Saulus nimmt auch am abendlichen Mahl teil (Apg 9,19).
Fr 11. März	31a(I)	12 Uhr	Der ganze Vorgang wird am 31. nochmals wiederholt.

43 n. Chr.
NS 3983
Eine Reihe von Interkalationen für das Jahr 3983 beginnt, in deren Verlauf von der Nacht-(Freitag 18 Uhr) auf die Tagposition (Dienstag 6 Uhr) gewechselt wird.

März-Quartal

Fr 1. März	Qumran	Saulus in Qumran, wo er zusammen mit Petrus zum »Diakon« im herodianischen Dienst ernannt wird (Gal 1,18; 2 Kor 12,2). *meta etē tria* (Gal 1,18: »nach drei Jahren« = nach Jahr 3). 1. März des Jahres 43 n. Chr., ein Jahr nach dem 1. März des Jahres 42 n. Chr., »Jahr 3«, Paulus' obligatorisches Jahr vor seiner Aufnahme als *Samech* in die Vollmitgliedschaft. Paulus wird jetzt ein *Ayin*-«Diakon«. Julianischer Monatserster. *pro etōn dekatessarōn* (2 Kor 12.2: »vor vierzehn Jahren« = Jahr 14) 1. März des Jahres 43 n. Chr., ein Jahr vor dem 1. März des Jahres 44 n. Chr., »Jahr 14« nach der neuen Datierung von 31 n. Chr. als Jahr 1 an gerechnet.

345

So 24. März	29b/XII	18 Uhr	Damaskus	Saulus trifft zur Rangerhöhung an der Tagundnachtgleiche in Damaskus ein (Apg 9,19). *hēmeras tinas* (Apg 9,19: »einige Tage«). Sonntag 18 Uhr als vorgezogener Beginn von Montag 6 Uhr, Sam 31.
Mo 25. März	30a/XII & Sam 31., TNG-Pos.	12 Uhr		Saulus predigt (Apg 9,20). *eutheōs* (Apg 9,20). 12.05, Mittagsgottesdienst. Herodes von Chalkis (Bruder Agrippas I., der Antipas in seiner Funktion als »die Juden« abgelöst hat), greift Saulus an (Apg 9,23). *hēmerai hikanai* (Apg 9,23: »mehreren Tagen«). 30b, vorgezogener Beginn von 31a, reg 31. bei TNG; Zeit der Laienleviten, der »Würdigen«.
Di 26. März	31a(I)	6 Uhr		Die Tore werden bewacht. Saulus entkommt aus Damaskus (Apg 9,24). *hēmeras ... kai nyktos* (Apg 9,24: »Tag und Nacht«). Reg. 31. bei TNG-Pos. Der Kalender hat jetzt nach der Interkalation auf die Tagposition gewechselt; es folgt die Nachtposition in der nachgestellten Position.
Mo 1. April	24/I, Us auf 1. Pos.		Jerusalem	Saulus fungiert in Jerusalem als »Diakon« im herodianischen Dienst. Beginn der Pentekontaden. 24/I: Ende der Wochen zwischen den Pentekontaden (vgl. S. 258) (Apg 9,26-29).
Mi 3. April	26/I, Pentekontade		Qumran	Pentekontade in Qumran unter herodianischer Regel (Apg 9,31).
Do 11. April	30a/XII & Sam 31., post Pos.	12 Uhr	Lydda	Jakobus ist aus Damaskus in ein Essenerzentrum in Lydda zurückgekehrt (vgl. *Bellum* II,567). Petrus nimmt ihn wieder als Mitglied der Judenchristen auf (Apg 9,32-35). *eutheōs* (Apg 9,34). 12.05, Mittagsgottesdienst. Maria, die Mutter von Jesus und Jakobus, ist mit Jakobus zusammen zurückgekehrt und wird ebenfalls wieder aufgenommen. Die Aufnahmezeremonie beginnt mit der »Wiederaufführung« ihrer Exkommunikation. Man schickt nach Petrus, der die Zeremonie vollenden soll. Joppe ist 24 Kilometer, also 1½ Stunden zu Pferd, dem Verkehrsmittel, das man auf den Hauptstraßen westlich von Jerusalem

				benutzte, von Lydda entfernt (zu Pferd betrug die Reisegeschwindigkeit 80 Stadien, 16 Kilometer/h).

en tais hēmerais ekeinais (Apg 9,37). März-TNG, Sam 31., post Pos.

15 Uhr   Joppe   Petrus langt in Joppe an (1½ Stunden braucht der Bote von Joppe nach Lydda, und 1½ Stunden braucht Petrus von Lydda nach Joppe). Er setzt Maria wieder ein (Apg 9,39-42).

Fr 12. April   31a(I), post Pos.   6 Uhr   Petrus bleibt noch bei der anti-herodianischen Partei in Joppe (Apg 9,43).

hēmeras hikanas (Apg 9,43: »lange Zeit«). 30b, vorgezogener Beginn von 31a, reg 31., Tag der Laienleviten, der »Würdigen«.

Juni-Quartal

Mi 5. Juni   29/III, 1. Pos.   12.03   Cäsarea   Kornelius/Lukas, das Oberhaupt der unbeschnittenen Heiden von Jafet, hat den Vorsitz bei einem Mittagsmahl. Ein »Engel« fordert ihn auf, nach Petrus in Joppe zu schicken (Apg 10,1-6).

hōsei peri hōran enatēn tēs hēmeras (Apg 10,3: »um die neunte Stunde am Tage«). Mittag als die Einheit (Drei-Stunden-Wache) vor 15 Uhr, der neunten Stunde nach jüdischer Zeitrechnung. *Peri* = .03.

15 Uhr   Am Ende des Gottesdienstes werden Boten von Cäsarea nach Joppe gesandt (Apg 10,7-8).

Do 6. Juni   30/III & Sam 31.   12 Uhr   Joppe   Petrus zelebriert einen Mittagsgottesdienst auf der Plattform der »Sakristei« in Joppe, an der Stelle, an der die jüdischen Laienmissionare stehen. Über ihm befindet sich ein zweites Dach, der Platz für die jüdischen Priester.

tē epaurion (Apg 10,9: »am nächsten Tag«). Beginn der Interkalation für NS 3983, Juni, Donnerstag 30 als Sam 31., vorgezogener Beginn am Mittag.

12.03   Petrus betritt die Plattform (Apg 10,9).

peri hōran hekten (Apg 10,9: »um die sechste Stunde«). 12.03.

Zu Beginn des Mahls wird das Halbdach für Petrus geöffnet und ein Tafeltuch mit den herodianischen Emblemen wird herabgelassen. Es zeigt das Kalb (Vierfü-

347

<table>
<tr><td></td><td></td><td>15 Uhr</td></tr>
</table>

ßer), den Adler (Vogel) und die Schlange (anstelle des Menschen), nicht aber den Löwen (Apg 10,12).
Petrus weigert sich, an der herodianischen Kommunion teilzunehmen (Apg 10,11-14). Jesus, der im dritten Stock steht, sagt ihm, daß Matthäus, der Hohepriester, Agrippa in die Gemeinschaft aufgenommen habe (Apg 10,15). Das Tuch wird am Ende des Gottesdienstes wieder entfernt (Apg 10,16).
euthys (Apg 10,16). 15 Uhr.
epi tris (Apg 10,16). 15 Uhr.
Der Bote aus Cäsarea langt an (er hat 24 Stunden gebraucht, ist also auf einem Esel geritten) (Apg 10,17-23). (Von Cäsarea nach Joppe rechnete man 72 Kilometer, 360 Stadien. Zu Pferd (80 Stadien/h) 4½ Stunden, mit dem Esel (15 Stadien/h) 24 Stunden; da der Bote von den Zölibatären kam, ritt er auf einem Esel).

Fr 7. Juni	31a(IV) 1. Pos.	12 Uhr

Petrus macht sich auf den Weg nach Cäsarea, eine neunstündige Reise bis um 21 Uhr; er hält sich an den Sabbat nach dem Julianischen Kalender (Apg 10,23).
tē epaurion (Apg 10,23: »am nächsten Tag«). NS 3983 IK, reg. 31, Beginn am Mittag.

So 9. Juni	1b-2a/IV & 15a/III, Us auf SW-Pos., Pfingsten & +2½ 31.	12 Uhr
		15 Uhr

Petrus langt in Cäsarea an, eine 24-Stunden-Reise: neun Stunden am Freitag + 15 Stunden von Samstag 21 Uhr bis Sonntag mittag (Apg 10,24).
tē epaurion (Apg 10,24). NS 3983 IK, +2½ 31.
Er nimmt am Gottesdienst teil (Apg 10,25).
apo tetartēs hēmeras mechri tautēs tēs hōras ēmēn tēn enatēn (Apg 10,30: »Vor vier Tagen um diese Zeit betete ich um die neunte Stunde« = von Tag 4 an bis jetzt war ich der Neunte). Von Mittwoch, dem vierten Tag der Woche, bis Sonntag, dem vierten Tag (2a) nach samaritischer Rechnung. »Diese Zeit« = 15 Uhr, Lukas = »der Neunte«: Dienst im Heiligtum um 15 Uhr, in der neunten Stunde.
Petrus predigt (Apg 10,34-43). Agrippa wird getauft (Agp 10,44-48).

		18 Uhr		Petrus bleibt noch einen Tag länger in Cäsarea (Apg 10,48). *hēmeras tinas* (Apg 10,48: »einige Tage«). Montag als Festtag nach Pfingsten (*Jub.* I,1). Sonntag 18 Uhr, vorgezogener Beginn.

September-Quartal

So 1. Sept.

Agrippa II., geb. am 1. September 27 n. Chr., wird 16 und damit herodischer Kronprinz (der im herodianischen System dem davidischen Prinzen, dem Löwen der »vier Gestalten« entspricht und daher das »wilde Tier« ist).

So 8. Sept. +2½ 31. 15 Uhr Cäsarea
Agrippa wird im Rang erhöht, nach der September-Version. Die vor drei Monaten zum ersten Mal durchgeführte Zeremonie wird wiederholt; diesmal trägt das Tuch zusätzlich das Emblem des Kronprinzen (»wilde Tiere«). Petrus erzählt die Geschichte (Apg 11,5-16).

Mo 9. Sept. Jerusalem
Petrus in Jerusalem. Herodes von Chalkis widersetzt sich der Rangerhöhung Agrippas. Petrus verteidigt sie (Apg 11,2-4).

Di 17. Sept. 10/VII, Versöhnung
Matthäus Hannas als Hoherpriester abgesetzt (Ant. XIX,342).

Dezember-Quartal

Di 24. Dez. 31a(X), SW-Pos. 24 Uhr
In Antiochia wird ein Heidenzentrum – auf Externen-Ebene »Kirche« – eingerichtet. Die Partei des Petrus (westliche externe Essener, für die Jesus der rechtmäßige Davidide ist) nimmt den Namen »Christen« an Apg 11,26). *eniauton holon* (Apg 11,26: »ein ganzes Jahr«). Das Jahr beginnt bei der SW-Pos., am 31.

6 Uhr
Matthäus/Agabus, der seines Amtes als Hoherpriester enthoben ist, langt in Antiochia an (Agp 11,28). Der Kalender wird festgelegt: Dezember-Januar = Julianischer Beginn als Interimsphase zwischen dem NS- und dem NLS-Jahr. NS 3983-IK von Dezember 43 bis Juni 47, »Hungersnot«. *en tautais tais hēmerais* (Agp 11,27: »in diesen Tagen«, Wortstellung 2). Dezember-SW, 31.

349

44 n. Chr.
NLS 3983, SS 3980

März-Quartal

So 1. März		Qumran	Saulus, Barnabas und Titus sind von Matthäus zu einem Konzil nach Qumran gesandt worden, auf dem das bevorstehende Exil und die Wahl eines neuen Zentrums für die Christen besprochen wird (Apg 11,30; Gal 2,1-2). *dia dekatessarōn etōn* (Gal 2,1: »14 Jahre später«). 1. März 44 n. Chr., Jahr 14 nach der Datierung von März 31 n. Chr. als Jahr 1 gerechnet, Julianischer Monatsbeginn.
Fr 6. März	31a(I), 1. Pos.	Qumran	Agrippa greift die Christen an, weil sie sich an einem Komplott gegen ihn beteiligt haben (Apg 12,1). Der Zebedaïde Jakobus aus dem Orden Ascher (»Tyrus und Sidon«) wird ausgestoßen und umgebracht. Petrus wird auf den Rat von Herodes von Chalkis hin gefangengesetzt (Apg 12,2-3). *kat' ekeinon ... ton kairon* (Apg 12,1: »um diese Zeit«). NLS 3983-IK, März, 1. Pos. 31.
Fr 20. März	14a/I, Us auf 1. Pos., Fest der Ungesäuerten Brote	18 Uhr	Petrus unter Bewachung in der nördlichen »Sakristei« (Apg 12,3b-4). *hai hēmerai tōn azymōn* (Apg 12,3: »die Tage der Ungesäuerten Brote«). 14a nach der Vorschrift von Ex 12.
Sa 21. März	15a/I	18 Uhr	Petrus verbringt den Rest seines dreieinhalbtägigen Arrests in der äußeren Halle (Apg 12,5). *meta to pascha* (Apg 12,4: »nach dem Fest«). Samstag 18 Uhr, 24 Stunden nach Freitag 18 Uhr, den beiden Zeiten für das Fest der Ungesäuerten Brote nach den Regeln von Ex 12 und Lev 23.
Mo 23. März	30b/XII, TNG-Pos., Sam 31.	21 Uhr	Petrus wird um Mitternacht, für die Zölibatäre der Beginn von Dienstag, dem 31., befreit. Er wird als »Witwer« ins zölibatäre Leben zurückkehren. Die anti-agrippinische Partei übernimmt die Macht in Qumran, als die Erfüllung des herodianischen Planes für das Jahr SS 3980 ausbleibt. Simon Magus und Jesus (»das Licht«) befreien Petrus und geben ihm die Kleidung eines Zölibatärs (Apg 12,6-8).

				ēmellen (Apg 12,6). 21 Uhr, drei Stunden vor Mitternacht.
				tē nykti ekeinē (Apg 12,6). 21 Uhr, 31.
Di 24. März	31a(I), TNG-Pos.	24 Uhr (Mo)		Petrus wird von Jesus und Simon Magus durch die eiserne Tür (die von innen geöffnet wird) aus der Halle der Externen heraus in den Wohnbereich der zölibatären Gemeinschaft geleitet.
				protēn phylakēn kai deuteran (Apg 12,10: »die erste und zweite Wache«). Die erste Wache des Tages nach Julianischer Zeitrechnung, die um Mitternacht beginnt. Der Wachhabende der zweiten Wache bereitet sich vor.
		12.05		Simon Magus verläßt ihn, Jesus bleibt. Petrus bekennt sich zu Jesus (Agp 12,10-11)
				eutheōs (Agp 12,10). 12.05.
		3 Uhr		Petrus klopft zur Zeit des Frühgottesdienstes der Arbeiter an die Tür der »Sakristei«. Maria Magdalene, die im neunten Monat schwanger ist, fungiert als Türsteherin (»ausgesandt«) nach herodianischer Regel. Sie läßt Petrus nicht ein, weil er nun ein zölibatärer »Engel« ist und auch, weil sie eine andere politische Haltung als er vertritt, sie ist für Agrippa (Apg 12,12-15). Schließlich wird er doch eingelassen, nachdem er nachgewiesen hat, daß er noch einige der Externen-Regeln befolgt (Apg 12,16-17).
		6 Uhr		Tagesbeginn des 31. Theudas versucht, den Jordan zu teilen, im Jahr 38 des neuen Exodus von 6 bis 46 n. Chr. (Ant. XX,97-99).
				genomenēs … hēmeras … tarachos (Apg 12,18: »als es aber Tag wurde … eine … Verwirrung«). Der 31., Tag der versuchten Teilung des Jordan.
Do 9. April	30a/XII & Sam 31., post Pos.	18 Uhr	Cäsarea	Marsus, der römische Gouverneur von Syrien, der Agrippa feindlich gesonnen ist, möchte den pro-römischen Matthäus wieder als Hohenpriester einsetzen (Apg 12,20.23, vgl. *Ant.* XIX,341-342). Der Eunuch Blastus erklärt sich bereit, Agrippa, der nach Cäsarea zurückgekehrt ist, zu vergiften (Apg 12,19).
Fr 10. April	31a(I), post Pos.	18 Uhr	Antiochia	Agrippa tritt bei Anbruch des letzten 31., SS 3980, am Ende des ursprünglichen

herodianischen Heiligen Krieges, als
Gott-König auf (Apg 12,21; *Ant.*
XIX,343-346).
taktē ... hēmera (Apg 12,21: »an einem
festgesetzten Tag«). Dem 31. im herodianischen Schema.

15 Uhr Das Schlangengift, das ihm auf das Betreiben von Simon Magus verabreicht
wurde, tut seine Wirkung (Apg 12,23).
parachrēma (Apg 12,23), 15 Uhr.

Qumran Geburt des zweiten Sohnes Jesu (Apg
12,24).

Juni-Quartal

Fr 5. Juni 31a(IV), 18 Uhr Antiochia Die antiochenische Heidengemeinde be-
1. Pos. ginnt mit einem neuen Missionsfeldzug.
Petrus (Simeon Niger), Barnabas und
Saulus sind jüdische Geistliche, Lukas
»Diakon« (Apg 13,1-2).
nēsteuontōn (Apg 13,2: »fasteten«).
Für NLS 3983, Juni, 31., 1. Pos.

Di 23. Juni 31. (IV), 6 Uhr Barnabas und Saulus werden in die Mis-
SW-Pos. sion entsandt (Apg 13,3).
nēsteusantes (Apg 13,3: »fasteten«). IK
für post Pos.

Mi 24. Juni 1b/IV 18 Uhr Pfingsten.
& 15a/III,
Us auf
post Pos.

September-Quartal

Fr 4. Sept. 31a(VII), 18 Uhr Seleuzia Saulus und Barnabas in Seleuzia (Apg
1. Pos. 13,4).

Mo 21. Sept. 30b/VI, 12 Uhr Salamis auf In Salamis auf Zypern treffen sie auf Je-
TNG-Pos. Zypern sus und Johannes Markus. Saulus fungiert
als »Herold« Jesu (Apg 13,5).

Di 22. Sept. 31a/(VII) 12 Uhr Paphos auf Auf Paphos treffen sie Agrippa II. (Ser-
Zypern gius Paulus; vgl. S. 221; er ist 17 Jahre alt,
geb. 27 n. Chr.; vgl. *Ant.* XIX,354). Simon Magus/Elymas hält sich im Zentrum
der Zölibatäre auf Zypern auf und versucht, ihn bei der Ernennung der Hohenpriester zu beeinflussen. Paulus denun-
ziert Simon als Mörder Agrippas I. und
schließt ihn für ein Jahr aus der Gemeinschaft aus (Apg 13,6-12).
achri kairou (Apg 13,11: »eine Zeitlang«). Bis September 45 n. Chr., InterS 3983-IK (Lk 13,7), Jahr 3 des
Claudius, 1. September 44 n. Chr.).

352

| | | 15 Uhr | | Die Zurückstufung von Simon Magus auf Externen-Rang beginnt (Apg 13,11). *parachrēma* (Apg 13,11). 15 Uhr. |

45 n. Chr.
InterS 3983

März-Quartal

Fr 5. März	31a(I), 1. Pos.	15 Uhr	Perge	Die Reisegruppe von Paulus langt in Perge in Pamphylien an (Apg 13,13).
Sa 6. März	1a/I	21 Uhr		Die Prozedur der Ausschließung von Maria Magdalene beginnt. Johannes Markus, ihr Stellvertreter, kehrt nach Qumran zurück. Auch er schließt sich den Judenchristen an, die sich gemeinsam mit den Samaritern gegen Agrippa II. wenden (Apg 13,13).
Di 23. März	31a(I)	12 Uhr bis 15 Uhr	Antiochia in Pisidien	Paulus predigt auf einer Versammlung (Apg 13,14). Er hält eine Ansprache, bei der er einen Abriß der Geschichte der Bewegung gibt (Apg 13,16-41). *tē hēmera tōn sabbatōn* (Apg 13,14). Sabbatjahr InterS 3983. Nach der Lesung aus dem Gesetz (13 Uhr) folgt um 14 Uhr die Lesung aus den Propheten, die bis 15 Uhr dauert (Apg 13,15). 31b, Beginn des Sabbatjahrs.
Fr 9. April	31a(I), post Pos.			Fortsetzung der Predigt nach der Us auf post Pos. (Apg 13,42). *to metaxy sabbaton* (Apg 13,42). 31.

September-Quartal

Fr 3. Sept.	31a(VII)			Jesus predigt in Antiochia in Pisidien (dem levitischen Zentrum in Kleinasien) am Tag der Erwartung des davidischen Messias, 40 Jahre nach September 5 n. Chr., dem Beginn des letzten Milleniums für die Friedenspartei, SLS 3941, Beginn im September. *tō ... erchomenō sabbatō* (Apg 13,44: »am folgenden Sabbat«). 31. für den Messias, den »Kommenden«.
Di 21. Sept.	31a(VII), TNG-Pos.		Ikonion	Ratsversammlung in Ikonion (Apg 14,1-4). *hikanon chronon* (Apg 14,3: »eine lange Zeit«). September 45 n. Chr., 3½ Jahre vor der Aufnahme Agrippas II, des »Würdigen«, im März 49 n. Chr.

353

Mi 22. Sept.	1a/VII		Lystra	Simon (Silas, der »gelähmte« Mann), der jüngste Bruder Jesu, wird im Alter von 23 Jahren initiiert (er ist 22 n. Chr. geb.) (Apg 14,8-10) (vgl. das Kap. «Hierarchie«, S. 483). Die herodianische Form der Lehre, nach der die Missionare heidnische Götter sind, wird von Paulus reformiert (Apg 14,11-17).
Do 23. Sept.	+2½ 31.	12 Uhr		Paulus langt in Derbe an (Apg 14,20b). *tē epaurion* (Apg 14,20: »am nächsten Tag«). IK für InterS 3983, September, TNG-Pos, +2½ 31.

46 n. Chr.
SLS 3981

Fr 4. März	31a(I), 1. Pos., Nachtposition		Antiochia	Paulus kehrt nach Antiochia in Syrien zurück, das jetzt unter der Herrschaft von Johannes Markus (»Gnade Gottes«) und der Judenchristen steht (Apg 14,26-27). Er feiert den 40. Jahrestag der Friedenspartei (Apg 14,28). *chronon ouk oligon* (Apg 14,28: »eine nicht geringe Zeit«). Wörtl.: »Zeit nicht wenig«. 40 Jahre seit der Absetzung des Archelaus (*oligon*-Herodianisch). Die Judenchristen haben die Oberhand in Antiochia und lehren die östlichen Ansichten (Apg 15,1). Paulus und Barnabas werden nach Jerusalem geschickt, um sich dort für ihre Lehre zu verantworten (Apg 15,2).

Juni-Quartal

Mi 1. Juni			Cäsarea	Jesus Justus (»große Freude«) wird an seinem neunten Geburtstag in die Schule nach Cäsarea gebracht (Apg 15,3).
Fr 3. Juni	31a(VI), 1. Pos., Nachtposition.	12 Uhr	Jerusalem	Konzil in Jerusalem. Petrus spricht für die Herodianer (Apg 15,6-11). *aph' hēmerōn archaiōn* (Apg 15,7: »vor langer Zeit«). Seit 29 n. Chr., der *archē*, dem Beginn der neuen Weltwoche (Mk 1,1).
		15 Uhr		»Schweigen« – in Jerusalem muß um 15 Uhr hebräisch gesprochen oder aber geschwiegen werden. Barnabas verteidigt seine Lehrauffassung (Apg 15,12).

	15.30		Jakobus spricht. Er tritt für die anti-agrippinische Partei ein, die allein einen Davididen auf dem Thron sehen will. Er legt die judenchristliche Lehre dar (Apg 15,13-21). *meta ... to sigēsai* (Apg 15,13: »als sie schwiegen«). 15.30, nach einem halbstündigen Schweigen (Offb 8,1).
So 5. Juni	1b/IV & 15a/III, Us auf SW-Pos. (Pfingsten)		Man kommt überein, Judas (den dritten Bruder Jesu, der auf der Seite der Judenchristen steht) und Simon/Silas (den vierten Bruder Jesu) nach Antiochia zu entsenden (Apg 15,22).
Di 21. Juni	31a(IV), SW-Pos., Tagposition	Antiochia	Sie langen in Antiochia an (Apg 15,30). Dort wird gerade der 40. Jahrestag des Aufstandes, nach der Juni-Version, gefeiert (Apg 15,33). *chronon* (Apg 15,33). 40 Jahre.
	6 Uhr		Paulus gibt seine Absicht bekannt, in Galatien für die agrippinische Partei zu arbeiten (Apg 15,36). *meta .. tinas hēmeras* (Apg 15,36: »nach einigen Tagen«). 24 Stunden nach Montag 6 Uhr, Sam 31. Barnabas schwenkt um zur östlichen Lehre und schließt sich Johannes Markus an (Apg 15,37).

48 n. Chr.

SLS 3983 (Die Interkalationen sind abgeschlossen. Alle Kalender stehen nun auf der Tagposition.)

So 1. Sept.		Derbe-Lystra	12. Geburtstag von Timotheus (einem Herodier, der im September 36 n. Chr. geboren ist; vgl. S. 212) (Apg 16,1).
Di 17. Sept.	31a(VII)		SW-Geburtstag von Timotheus.
Mi 18. Sept.	1a/VII		Paulus, der Tutor von Timotheus, nimmt an ihm die symbolische »Beschneidung« vor (Apg 16,3). Beschneidung des Prinzen an 1a (vgl. Lk 2,21; 1,59).

49 n. Chr.

SLS 3984

Herodes von Chalkis ernennt Hananias, einen Samariter, zum Hohenpriester (*Ant.* XX,103). Simon Magus wird Diener des Hananias und gebraucht dessen Namen. Herodes von Chalkis stirbt (*Ant.* XX,104), und Agrippa II. wird König.

355

| Mo 1. Sept. | | | Agripppa II, 22 Jahre alt, wird auf die Stufe des *Nun* (die »Zahl«) befördert, ein Ordensgrad, der der hebräischen Zahl 50 entspricht (Apg 16,5). |
| Di 16. Sept. | 31a(VII) | Phrygien | Für Paulus, der jetzt 32 Jahre alt ist, beginnt die vierjährige Verlobungszeit. Matthäus untersagt ihm, in Ephesus zu predigen (Apg 16,6). |

Im Jahr 49 wird die Partei Jesu, der Petrus, der Zebedaïde Johannes/Aquila und Lukas (»die Christen«) angehören, auf Betreiben der Samariter gezwungen, Rom zu verlassen (vgl. Sueton, *Vita Claudii* XXV,4). Der »geliebte Sohn« wird von den Weingärtnern »getötet« (Mk 12,7-8). Sie kommen nach Griechenland, Patmos und Troas.

50 n. Chr.
NS 3990

So 1. März		24 Uhr (Sa)	Troas	Paulus langt in Troas an, wo jetzt das Oberhaupt der Proselyten, Lukas, an der Macht ist. Jesus und Lukas sind anwesend. Paulus trifft Jesus um Mitternacht. Lukas spricht an Jesu Statt mit Paulus und fordert ihn auf, zu Jesu zweiter Eheschließung nach Philippi zu kommen (Apg 16,9). *dia nyktos* (Apg 16,9). Mitternacht.
		12 Uhr, 12.05		Jesus und Lukas verlassen das Mittagsmahl, weil Jesus die eheliche Gemeinschaft wieder aufnimmt (Apg 16,10). *eutheōs* (Apg 16,10). 12.05, die Außenstehenden verlassen den Raum, die Türen werden geschlossen.
So 15. März		24 Uhr (Sa)	Neapolis	Sie langen in Neapolis an (Apg 16,11). 15. März, die Iden des März. Bei der Ankunft in Europa wird auch der Julianische Kalender benutzt. *tē ... epiousē* (Apg 16,11: »am nächsten Tag«). Mitternacht, Julianischer Tagesbeginn.
So 15. März	29b/XII	18 Uhr	Philippi	Sie langen in Philippi an (Apg 16,12). *hēmeras tinas* (Apg 16,12: »einige Tage«). Vorgezogener Beginn von Montag 6 Uhr, Sam 31.
Di 17. März	31a/(I)	24 Uhr (Mo)		Zweite Ehe Jesu mit Lydia, einem weiblichen »Bischof« der »Jungfrauen« aus Thyatira (Apg 16,13-14). Sechs Jahre nach der Geburt seines letzten Sohnes im März 44 n. Chr. *tē ... hēmera tōn sabbatōn* (Apg 16,13). Montag mitternacht, Julianischer Beginn des Sabbatjahres NS 3990.

356

	3 Uhr	Lydia wird auf die christliche Lehre getauft (Apg 16,15). Jesus und Lukas haben jetzt Externen-Status und suchen die »Sakristei« um 3 Uhr auf (Apg 16,16).
	6 Uhr	Agrippa, Berenike, Apollos und Ananus der Jüngere haben sich zum Konzil im Jahr NS 3900 in Philippi eingefunden. Berenike predigt, da sie als Schwester Agrippas II. das Oberhaupt der herodianischen Frauen ist (Apg 16,16b-17, *Ant.* XVIII,132). *epi pollas hēmeras* (Apg 16,18: »viele Tage lang«). Dienstag, 31a reg.
	9 Uhr	Paulus untersagt Berenike zu predigen (Apg 16,18). *autē tē hōra* (Apg 16,18). 9 Uhr. Agrippa greift Paulus an (Apg 16,19-21). Paulus und Silas werden in Gewahrsam genommen und der Gemeindeversammlung unter dem »Diakon« Ananus dem Jüngeren vorgeführt (Apg 16,22-24).
Mi 18. März 1a/I	24 Uhr (Di)	Das Ausbleiben der Erfüllung für NS 3990 führt zu einer Krise (80 Jahre nach dem Erdbeben in Qumran, 31 v. Chr., NS 3910). Apollos (das neue »Erdbeben«, Oberhaupt Efraims) führt der Westpartei die Mitglieder aus Alexandria zu; er verläßt Damaskus und schließt sich Ananus dem Jüngeren und Paulus an (Apg 16,25-34). *kata … to mesonyktion* (Apg 16,25). Mitternacht. *parachrēma* (Apg 16,26). Der Gottesdienst endet um Mitternacht.
	3 Uhr	Ananus der Jüngere (der »Gefängnisaufseher«) übernimmt die Lehre Jesu und wird getauft (Apg 16,33). *en ekeinē tē hōra tēs nyktos* (Apg 16,33). 3 Uhr. *parachrēma* (Apg 16,33). 3 Uhr.
	6 Uhr	Paulus besteht darauf, wieder zum Dienst zugelassen zu werden (Apg 16,35-37). *hēmeras … genomenēs* (Apg 16,35). 1a.

September-Quartal
Di 1. Sept.

Agrippa erhält im Alter von 23 Jahren die Vollmitgliedschaft.

357

Di 15. Sept.   31a(VII)   12 Uhr

Paulus bringt Jesus in die zölibatäre Gemeinschaft in Thessalonich, da Lydia inzwischen im dritten Monat schwanger ist (Apg 17,2-3). Es kommt zu Meinungsverschiedenheiten über die Frage nach der Gültigkeit seiner Ehe. Den Kritikern selbst wird Sodomie vorgeworfen (Apg 17,2-9).
epi sabbata tria (Apg 17,2: »an drei Sabbaten«). 21 Jahre (3 x 7). September 50 n. Chr., dritte »Woche« des Jubiläums, Beginn im September 29 n. Chr., NS 3969.

             24 Uhr
             (24.05)

Paulus und Silas verlassen das Haus der Zölibatäre und machen sich auf den Weg nach Beröa, einem herodianischen Zentrum (Apg 17,10).
eutheōs dia nyktos (Apg 17,10). 24.05 Uhr, die Außenstehenden werden ausgeschlossen.

51 n. Chr.

März-Quartal
Di 16. März   31a(I)   Beröa

Paulus kündigt die Ankunft Jesu zur Geburt seines nächsten Kindes an (Apg 17,13). Geburt einer Tochter (da kein Hinweis vorliegt, daß es ein Sohn war).
kath' hēmeran (Apg 17,11: »täglich«). Herodianischer reg. 31.

Dezember-Quartal
Mi 1. Dez.

Paulus will sich verloben. Timotheus und Silas werden nach Thessalonich geschickt, um die Erlaubnis Jesu einzuholen. Sie sollen im Juni des folgenden Jahres zurückkehren (Apg 17,14-15).
hōs tachista (Apg 17,15: »so schnell wie möglich«). Bei der nächsten SW, der kürzesten Nacht.

                         Athen

Paulus in Athen. Agrippa ist anwesend, »ergrimmt« über den samaritischen Einfluß (Agp 17,16). Paulus stellt ihm den neuen Kalender und die neue Lehre vor (Apg 17,17-21).
kata pasan hēmeran (Apg 17,17: »täglich«). Herodianischer Kalender, Monatserster nach dem Julianischen Kalender. *Eukairoun* (Apg 17,21: »hatten nichts anderes im Sinn«). Post Pos.

358

Mi 29. Dez.	29/IX, post Pos.	18 Uhr		Paulus unterstützt in seiner Rede Ananus, den anti-samaritischen Kandidaten für das Hohepriesteramt (Apg 17,22-31). *ta nyn* (Apg 17,30). 29/IX Pentekontade. *chronous tēs agnoias ... hēmeran en hē mellei krinein* (Apg 17,30-31: »Zeit der Unwissenheit ... einen Tag festgesetzt, an dem er (Gott) den Erdkreis richten will«). Der Kalender des Ananus stimmt nicht mit dem Sonnenkalender der Gnostiker überein. Er rechnet das neue Millennium ab 4000, NLS, Dezember 61 n. Chr., drei Monate bevor er zum Hohenpriester ernannt wird (März 62 n. Chr., *Ant.* XX,197).
Fr 31. Dez.	31a(X), post Pos.			Paulus wird, weil er vor der Hochzeit steht, in das Amt eines arbeitenden »Diakons« zurückgestuft (Apg 17,33). 18 Monate vor der Verlobung. Er schließt sich Ananus (Dionysius) und Tamar (Damaris/Phoebe) an (Apg 17,34).

52 n. Chr.

März-Quartal

Di 14. März	31a(I)		Korinth	Paulus arbeitet die 18 Monate vor seiner Hochzeit in Korinth mit dem Ehepaar Aquila und Priszilla zusammen (Apg 18,5). *kata pan sabbaton* (Apg 18,4: »an allen Sabbaten«). Herodianischer Kalender, reg. 31.

(Agrippa hält sich in Rom auf, wo er seinen Einfluß geltend macht, den samaritischen Hohenpriester Hananias zu bestrafen. Felix wird zum Statthalter von Judaä ernannt. Er ist ein Freund Agrippas und wird später seine Schwester Drusilla heiraten (*Ant.* XX,134-142).

Juni-Quartal

Do 1. Juni			Korinth	Timotheus und Silas langen an. Sie sind in Begleitung von Jesus, der aus Thessalonich kommt und in das Zentrum der Zölibatäre in Korinth gebracht wird (Apg 18,5). Paulus schreibt den 1. Thessalonicherbrief (Apg 18,5b; 1 Thess 3,6).
Mi 14. Juni	1b/IV & 15a/III, Us auf post Pos., Pfingsten	18 Uhr	Korinth	Paulus bekommt die Erlaubnis zur Verlobung und kehrt in die Gemeinde zurück. Titus, der heidnische Zölibatär (Ham), wird Tutor des fünfzehnjährigen Sohnes Jesu, der jetzt den Titel »Justus« erhält

359

und nach seinem Lehrer Titius genannt
wird (Apg 18,6-7).
apo tou nyn (Apg 18,6: »von nun an«).
Pfingsten, Us auf post Pos.

53 n. Chr.

Juni-Quartal

Fr 1. Juni   24 Uhr   Korinth   Jesus Justus wird 16. Die letzten drei Mo-
              (Do)   nate vor Paulus' Hochzeit stehen bevor.
Jesus wendet sich beim Mitternachtsgot-
tesdienst an ihn; er gibt ihm die Erlaubnis
zu heiraten und ernennt Jesus Justus zum
Kronprinzen (*laos*) (Apg 18,9-10).
en nykti (Apg 18,9). Mitternacht.
eniauton kai mēnas hex (Apg 18,11:
»ein Jahr und sechs Monate«). 1. Juni,
nach Julianischem Kalender der sechste
Monat, 18 Monate seit dem 1. Januar
52 n. Chr., als Paulus mit der Vorbereitung auf seine Ehe begann.

September-Quartal

Sa 1. Sept.   24 Uhr   Korinth   Timotheus wird 17 und tritt sein Amt als
              (Fr)   Untergebener des Prokonsuls Gallio an
(vgl. S. 221). Hochzeit von Paulus, der
jetzt 36 ist, mit Tamar/Phoebe, sie ist 20.
Die Samariter erheben Einwände, die jedoch von dem anti-samaritisch eingestellten Timotheus niedergeschlagen werden
(Apg 18,12-16).

Di 11. Sept.   31a(VII)   Wiederholung der Zeremonie am 31., danach trennt Paulus sich für drei Monate
von seinem Orden (Apg 18,18a).
hēmeras hikanas (Apg 18,18: »eine
Zeitlang«). 21. bei der TNG.

Dezember-Quartal

Sa 1. Dez.   Für Paulus beginnt die einmonatige Vorbereitungszeit auf die Hochzeit (nach
denselben Vorschriften, wie Jesus sie im
Dezember 32 n. Chr. befolgte). Er geht
nach »Syrien«, an den Ort für die Unreinen in der Nähe Athens (Apg 18,18) (vgl.
S. 411).

Di 11. Dez.   31a(X)
Fr 28. Dez.   31a(X),
               post Pos.

360

Mo 31. Dez.   +2½(b)   Kenchreä   Die Hochzeitsfeier findet statt, zwei Jah-
                                              re, nachdem Paulus aus dem höheren
                                              geistlichen Dienst ausgeschieden ist. Als
                                              nasiräisches »Schaf« läßt Paulus sich
                                              »scheren«, als er die eheliche Beziehung
                                              aufnimmt (Apg 18,18b).

54 n. Chr.

März-Quartal
Mi 27. März   29/XII,   18 Uhr   Ephesus   Zweite Hochzeitszeremonie von Paulus,
              post Pos.   denn Tamar/Phoebe ist inzwischen im
                                              dritten Monat schwanger (Apg 18,19a).
Fr 29. März   31a(I)   12 Uhr   Paulus nimmt sein Amt wieder auf. Streit-
                                              gespräche in der Synagoge (Apg 18,19-
                                              21).

September-Quartal
So 1. Sept.   Phrygien Paulus geht nach Phrygien, wo Tamar auf
                                              die Geburt ihres Kindes wartet (Apg
                                              18,23; vgl. Apg 16,6). Eine Tochter wird
                                              geboren. Timotheus, der inzwischen 18
                                              Jahre alt ist, durchläuft die erste Stufe der
                                              Initiation (Apg 18,23b).

Am 13. Oktober 54 n. Chr. besteigt Kaiser Nero den Thron. Er unterstellt Agrippa mehrere
Städte und einen Teil Galiläas (*Ant.* XX,159).
Di 10. Dez.   31a(X), 1.   Ephesus   Apollos, der bereits vom Täufer getauft
              Pos.   wurde, wird Mitglied der christlichen Be-
                                              wegung. Er wird von Aquila und Priszilla
                                              unterwiesen (Apg 18,24-28).
Mi 25. Dez.   29(X),   Ephesus   Agrippa II., der im September 54 n. Chr.
              Pentekon-   zum *Qof* befördert wurde, wird 27 und
              tade, post   rückt bei der Dezember-Pentekontade
              Pos.   weiter auf. Er akzeptiert die christliche
                                              Taufe neben der Johannes des Täufers
                                              (Apg 19,1-7).

55 n. Chr.

März-Quartal
Sa 1. März   Ephesus   Paulus in Ephesus, wo er beim normalen
                                              Sabbatgottesdienst (es ist kein bedeutsa-
                                              mes Datum im Sonnenkalender) in der
                                              Synagoge spricht. Der 1. März ist im Jahr
                                              55 n. Chr. ein Samstag (Apg 19,8). Es ist
                                              die elfte Stunde des »Weinbergs« (Mt
                                              20,9). Der »Arbeiter«, der um diese Stun-
                                              de aufgenommen wird, ist Agrippa II.

| | | | *epi menas treis* (Apg19,8: »drei Monate lang«). 1. März, der dritte Monat nach dem Julianischen Kalender. |
| Di 11. März | 31a(I) | | Paulus lehrt in der Schule des Tyrannus (Apg 19,9): |

epi menas treis (Apg19,8: »drei Monate lang«). 1. März, der dritte Monat nach dem Julianischen Kalender.

Di 11. März 31a(I)

Paulus lehrt in der Schule des Tyrannus (Apg 19,9):
kath' hēmeran (Apg 19,9: »täglich«). Herodianischer reg. 31.
Die Textvariante »von der fünften bis zur zehnten Stunde« (D) deutet auf eine Kenntnis des essenischen Tagesablaufs. In einem essenischen Kloster wurde die Arbeit in der fünften Stunde (11 Uhr) niedergelegt, um sich auf das heilige Mahl um 12 Uhr vorzubereiten (*Bellum* II,129), und dem Pescher ist zu entnehmen, daß die nachmittägliche Unterweisung der Proselyten um 16 Uhr, in der zehnten Stunde, endete.

57 n. Chr.
NS 3997. Die Interkalationen beginnen. Us von der Tag- auf die Nachtposition.

März-Quartal
Di 1. März   Ephesus

Paulus hat in den beiden ersten Jahren der Regierungszeit Neros als Geistlicher in Ephesus gewirkt, da Nero Agrippa unterstützt und Paulus in Agrippas Diensten steht (Apg 19,10).
epi etē dyo (Apg 19,10: »zwei Jahre lang« = Jahr 2). Das zweite Jahr der Herrschaft Neros, gerechnet vom 1. März 55 n. Chr. an. Von jetzt an werden die Herrschaftsjahre der römischen Kaiser für die Zählung benutzt.

Fr 25. März   31a(I)   18 Uhr

Die Interkalation im März 57 n. Chr. ist abgeschlossen. Von jetzt an wird in Drei-Jahres-Zeiträumen gerechnet, 57-60 n. Chr., 60-63 n. Chr.
trietian nykta kai hēmeran (Apg 20,31 bezieht sich auf die Zeit, die Paulus sich in Ephesus aufhielt). 57 n. Chr., Drei-Jahres-Zeitraum, NS-Jahr für die Us von der Nacht- auf die Tagposition bei post Pos.

Juni-Quartal
Mi 1. Juni

Paulus in Ephesus zum »Erzbischof« ernannt (Apg 19,11). Er verfaßt zusammen mit Ananus/Sosthenes den 1. Korinther-

362

brief (1 Kor 1,1). Darin schickt er Jesus, der sich in Korinth aufhält, die Nachricht »Maranata (Unser Herr, komm!)«. Er möchte, daß Jesus ihn im Juni 58 n. Chr. in den Osten begleitet (1 Kor 16,22). In Ephesus durchläuft Felix, der römische Statthalter von Judäa, die herodianische Form der Initiation als Jude, drei Jahre nach seiner Hochzeit mit Drusilla, der Schwester Agrippas. Der samaritische Magier Atomus will ihn unterweisen, doch Felix lehnt ab. Er plant, den Hohenpriester Hananias abzusetzen und Jonatan Hannas zu ermorden. Die Sekte der Magier, die 44 v. Chr. gegründet wurde, wird verfolgt und ihre Bibliothek zerstört (Apg 19,13-19; vgl. *Ant.* XX,142.162-167).

Fr 24. Juni 31a(IV), Nachtposition 18 Uhr — SW-Geburtstag von Jesus Justus, der 20 wird. Beginn der drei Jahre vor seiner Aufnahme als Vollmitglied (»wurde mächtig«; Apg 19,20).

September-Quartal
Do 1. Sept. Paulus will die eheliche Gemeinschaft drei Jahre nach der Geburt seiner Tochter wieder aufnehmen. Phoebe/Tamar ist aus Rom zurückgekehrt, wohin sie mit dem Römerbrief gesandt worden war (Röm 16,1-2).
Paulus wird 40. Sein Geburtstag wird in Ephesus gefeiert (Apg 19,21-22).
chronon (Apg 19,22: »eine Weile«). 40 Jahre = eine Generation.

Di 6. Sept. 31a(VII), 1. Pos. 12 Uhr bis 14 Uhr — Simon Magus, der sich ebenfalls in Ephesus aufhält, greift Agrippa und Paulus an. Wettstreit zwischen Helena (Artemis/Diana von Ephesus) und Berenike, der Schwester des Agrippa, der obersten Frau der Heiden in Ephesus (Apg 19,23-40).
kata ton kairon ekeinon (Apg 19,23: »um diese Zeit«). NS 3997-IK, 31.
epi hōras dyo (Apg 19,34: »fast zwei Stunden lang« = Stunde 2). 14 Uhr, Ende des Zölibatärenmahls.
peri tēs sēmeron (Apg 19,40: »heutigen«). 31. als »Heute«.

Fr 23. Sept. 31a(VII) Troas Paulus geht nach Troas, um dort seine Ehe wiederaufzunehmen. Er erwartet

363

Titus aus Korinth mit der Antwort Jesu auf die Frage, die er ihm im Korintherbrief stellte, doch dieser trifft nicht ein. Paulus fürchtet, die Gunst Jesu verloren zu haben (2 Kor 2,12-13).

Dezember-Quartal

Do 1. Dez.

Paulus verläßt Troas und macht sich auf den Weg nach Thessalonich (Mazedonien), da seine Frau im dritten Monat schwanger ist. Vorher ernennt er noch Timotheus in Ephesus zum Gemeindeleiter (Apg 20,1; 1 Tim 1,3).

Do 6. Dez. 31a(X), 1. Pos. — Thessalonich — Titus langt mit der guten Nachricht an, daß Jesus Paulus in den Osten begleiten wird (2 Kor 7,5-6).

58 n. Chr.
NLS 3997, NS 3998.

März-Quartal

Mi 1. März — Athen — Paulus langt in Athen an, wo er seine Frau, die im sechsten Monat schwanger ist, in »Syrien« (dem Ort für die Unreinen) besucht (Apg 20,3).
mēnas treis (Apg 20,3: »drei Monate«). 1. März, der dritte Monat nach dem Julianischen Kalender.

Di 7. März 31a(I), 1. Pos., Tagposition — Thessalonich — Paulus kehrt in das Haus der Zölibatäre nach Thessalonich zurück. Paulus, Jesus und Lukas bleiben in Thessalonich; Petrus und andere gehen nach Troas (Apg 20,5).

Mo 20. März 13b/I 18 Uhr — Die Partei des Paulus verläßt Philippi.
Di 21. März 14a/I 6 Uhr & 27b/XII — »Tage der Ungesäuerten Brote«, 14a, Fest der Ungesäuerten Brote nach der Vorschrift von Ex 12 (Apg 20,6).

Mi 22. März 15a/I & 28b/XII — Sie langen in Samothrake an (nachdem sie mit dem Schiff »von«, *apo*, Philippi abgefahren sind) (Apg 20,6).
meta tas hēmeras tōn azymōn (Apg 20,6: »nach den Tagen der Ungesäuerten Brote«). Mittwoch 6 Uhr, 24 Stunden nach Dienstag 6 Uhr, dem Tag der ungesäuerten Brote.

29a/XII 18 Uhr — Troas — Sie langen in Troas an (Apg 20,6).
achri hēmeron pente (Apg 20,6: »am fünften Tag«). Mittwoch 18 Uhr, vorgezogener Beginn von Dienstag, Tag 5.

364

Do 23. März	Sam 31a(I) & 14a/ I+2½	18 Uhr	Fünfundzwanzigster Jahrestag des Letzten Abendmahls.
Fr 24. März	31a(I) & 15a/ I+2½	18 Uhr	In Troas wird der fünfundzwanzigste Jahrestag der Kreuzigung begangen (Apg 20,6). *hēmeras hepta* (Apg 20,6: »sieben Tage« = Tag 7). Freitag 18 Uhr, jüdischer Beginn des Samstag, Tag 7.
Sa 25. März	1a/I	18 Uhr	Fünfundzwanzigster Jahrestag der Weihe von Johannes Markus/Eutychus zum »Erzbischof« (Joh 20,19-23). Er versöhnt sich jetzt mit den Christen (»von den Toten auferweckt«) in Troas, in dem dreistöckigen Gebäude für die Heiden. Paulus nimmt an der Feier seiner Wiederaufnahme teil (Apg 20,7-12). *en ... tē mia tōn sabbatōn* (Apg 20,7: »am ersten Tag der Woche«). Monatserster des Sabbatjahrs NLS 3997 (vgl. Joh 20,19).
		21 Uhr	Die Predigt tritt in den Proselyten-Gemeinschaften an die Stelle des Weins (vgl. Joh 13,31-14,31). Paulus steht den Gemeindegliedern bis zum Ende des Gottesdienstes um 22 Uhr Rede und Antwort (vgl. Joh 14,31). *mellōn exienai tē epaurion* (Apg 20,7: »da er am nächsten Tag weiterreisen wollte«). Drei Stunden vor Mitternacht, Julianischer Beginn von 1a, der für die Proselyten jetzt den Beginn der Interkalation markiert, damit 1a der bedeutsame Tag wird (in der Nacht vom Samstag auf den Sonntag wird daher die Umstellung von der Tag- auf die Nachtposition vorgenommen).
So 26. März		24 Uhr (Sa)	Paulus dehnt seine Predigt bis Mitternacht aus (Apg 20,7). *mechri mesonyktiou* (Apg 20,7: »bis Mitternacht«).
		3 Uhr	Die Predigt geht weiter bis 3 Uhr (Apg 20,9). *epi pleion* (Apg 20,9: »so lange«). Abermalige Verlängerung bis 3 Uhr.
		6 Uhr	Brot und Wasser werden gereicht (Apg 20,11a). *eph' hikanon* (Apg 20,11: »viel«). 6 Uhr.

365

	1b/I	6 Uhr		*achri augēs* (Apg 20,11: »bis der Tag anbrach«). Bis 6 Uhr. Die Partei des Paulus bricht auf nach Osten (Apg 20,13).
Fr 31. März	24/I		Milet	Sie langen in Milet an (Apg 20,15). *tē echomenē* (Apg 20,15: »am nächsten«). Zwei Tage vor der Pentekontade, wie in Apg 21,26.
			Patmos	Sie segeln nach Patmos (»an Ephesus vorüber...«, Apg 20,16), einem Außenposten von Milet (Apg 20,17). Dort treffen sie auf Agrippa (Apg 20,25), und Paulus erbittet von ihm die Erlaubnis, daß Jesus den Pfingstsonntag (25. Juni) in Qumran verbringen darf (Apg 20,16). *tēn hēmeran tēs pentekostēs* (Apg 20,16). 15a/III & 1b/I-SW, 25. Juni (die Frage in der direkten Rede beginnt mit *ei*).
So 2. April	26/I, Us auf 1. Pos.	24 Uhr (Sa)		Pentekontaden-Gottesdienst für 26/I nach dem Herodianischen Kalender. Paulus beendet sein Wirken in Ephesus. Er spricht zur Gemeinde, repräsentiert in dem Zebedaïden Johannes (»die Ältesten der Gemeinde«, Apg 20,18-24), und zu Agrippa (Apg 20,25-35). *ta nyn* (Apg 20,32). Pentekontade, 26/I, Us auf 1. Pos. bei den Herodianern. *en tē sēmeron hēmera* (Apg 20,26). Pentekontade als »Heute« nach herodianischer Sicht.
		3 Uhr		Ende des Gottesdienstes. Agrippa umarmt Paulus, als er von Ephesus Abschied nimmt (Apg 20,36-38). *mellousin* (Apg 20,38). Endgültiger Abschied in drei Stunden.
		6 Uhr		Sie segeln nach Osten.
Di 11. April	31a(I), post Pos.		Rhodos	Sie langen in Rhodos an, zur Us auf post Pos. *tē hexēs* (Agp 21,1: »am folgenden«). 3. Position 31. Weiterreise nach Patara (Apg 21,1), dann nach Myra, wo sie das Schiff wechseln (vgl. Apg 27,5). Die Reise geht weiter über Tyrus nach Sidon (Phönizien) (vgl. Apg 27,3-5).

366

Juni-Quartal

Do 1. Juni		Tyrus	Sie langen rechtzeitig zur Geburt von Paulus' Kind in Tyrus an, da dem ersten Sohn das offizielle Geburtsdatum am Monatsersten zugeschrieben wird (Apg 21,3).
Fr 2. Juni	18 Uhr		Das Kind kommt zur Welt. Paulus darf nicht nach Qumran, da er bis zur Sonnwende nicht dem zölibatären Stand angehört (Apg 21,4). Er hat eine Tochter bekommen. *hēmeras hepta* (Apg 21,4: »sieben Tage« = Tag 7). Freitag 18 Uhr, jüdischer Beginn von Samstag, Tag 7.
Sa 3. Juni	6 Uhr		Sie nehmen Abschied von Paulus' Familie und verlassen Tyrus mit dem Schiff (Apg 21,5-6). *exartisai tas hēmeras* (Apg 21,5: »die Tage zugebracht hatten«). Letzter Tag der Woche, nicht als Sabbat gezählt.
Sa 3. Juni	18 Uhr	Ptolemais	Sie langen in Ptolemais an (Apg 21,7). *hēmeran mian* (Apg 21,7: »einen Tag«). Samstag 18 Uhr, jüdischer Beginn des Sonntag, Tag 1.
Mo 5. Juni	30a/III & Sam 31., 1. Pos.	6 Uhr	Cäsarea	Sie treffen in Cäsarea ein und werden von der heidnischen Zölibatären-Gemeinschaft des Philippus aufgenommen, der mit Johannes Markus zusammengeht (Apg 21,8-9). *tē epaurion* (Apg 21,8). Sam 31., Beginn der IK für NLS 3997, IV.
Di 6. Juni	31b(V)	18 Uhr		Agabus/Matthäus bereitet Paulus für die Rückkehr in den zölibatären Stand in Jerusalem nach herodianischer Regel vor (Apg 21,10-14). *hēmeras pleious* (Apg 21,10: »mehrere Tage«). Mittwoch 1a, jüdischer Beginn des Dienstag, 18 Uhr.
Mi 7. Juni	1a/IV	6 Uhr		Jesus und Lukas gehen nach Qumran (Apg 21,15-16). *meta ... tas hēmeras tautas* (Apg 21,15: »nach diesen Tagen«, Wortstellung 1). Mittwoch 1a Juni, 24 Stunden nach Dienstag 31a, Juni.
	1b/IV & 15a/III		Pfingsten, Us auf die SW-Pos.	
	15a/III			Paulus begibt sich unabhängig von den anderen nach Jerusalem (Apg 24,11, Rückbezug).

367

				ou pleious ... moi hēmerai dōdeka (Apg 24,11: »nicht mehr als zwölf Tage ... seit ich«). Mittwoch 18 Uhr, jüdischer Beginn des Donnerstag. Tag 12 ist kein Festtag für Paulus, also nicht Pfingsten (Paulus feiert Pfingsten an der SW).
Do 22. Juni	30/III Julianisch	24 Uhr (Mi)	Jerusalem	Jesus und Lukas treffen Paulus in Jerusalem bei der Verlobungsfeier von Simon/ Silas (»vier Männer« = Mann 4, geb. 22 n. Chr.). Paulus, der ins zölibatäre Leben zurückkehren soll, wird von Jakobus aufgefordert, Silas sein Geld zu übergeben und damit seine Loyalität gegenüber der zölibatären Lehre zu beweisen (Apg 21,18-25).
				tē de epiousē (Apg 21,18: »am nächsten Tag«). Mitternacht, Julianischer Tagesbeginn.
Fr 23. Juni	31a(IV)	6 Uhr		Paulus und Silas gehen zum »Gotteskasten« (»Tempel«) am Essenertor, wo einige Geldreserven aufbewahrt werden (Apg 21,26).
				tē echemenē hēmera (Apg 21,26: »am nächsten Tag«). Der Tag, an dem Silas mit der Reinigung für die Hochzeit beginnen muß.
				tōn hēmerōn tou hagismou (Apg 21,26: »die Tage der Reinigung«). Letzter der drei Rüsttage (29., 30. und 31).
		12 Uhr, 12.05		Wieder bleibt der Beginn der großen Trübsal aus, die nach dem Herodianischen Kalender jetzt eintreten müßte. (3½ Jahre, von Juni 58 bis Dezember 61, NLS 4000. Die großen Ereignisse wurden für den 31. erwartet.) Paulus wird beschuldigt, weil er Trophimus unterstützte. Die Wiederaufnahme in den zölibatären Orden wird ihm verweigert. Er bereitet sich auf eine Verteidigungsrede vor, die er von den Stufen des Gewölbes (= Kanzel) herab halten wird (Apg 21,27-36).
				ēmellon hai hepta hēmerai (Apg 21,27: »die sieben Tage ... «). Der große Tag, der Samstag, der in drei Stunden beginnen soll (nach der strengen Regel). *eutheōs* (Apg 21,30). 12.05, die Türen zum Raum, in dem das heilige Mahl stattfindet, werden geschlossen.

368

15 Uhr	Paulus hält seine Rede (Apg 21,37-22,21). *pollēs ... sigēs* (Apg 21,40: »große Stille«). Freitag 15 Uhr, wenn Hebräisch (Aramäisch) gesprochen oder geschwiegen werden muß. *sēmeron* (Apg 22,3: »heute«). 31.
16 Uhr	Ende des Gottesdienstes (Apg 22,22-23). Agrippa (*Chiliarch*) ordnet an, Paulus als externen Zölibatär zuzulassen und ihn, da er ohne Eigentum ist, als »Sklaven« zu »geißeln«. Paulus verweist auf die Regeln, die in der römischen Provinz gelten: Die Mitgliedschaft wird »gekauft«, es gibt also gar keine »Sklaven« in der Bewegung, und nach Paulus' Version der Lehre ist die Aufnahme ohnehin für jeden frei (Apg 22,22-29).
16.05	Paulus wird als Häretiker behandelt (Apg 22,29). *eutheōs* (Apg 22,29). 16.05.
18 Uhr	Eine Vollversammlung wird einberufen, um seinen Fall zu untersuchen. Hananias, der samaritische Hohepriester, hat den Vorsitz über die Priester. Paulus droht ihm mit Absetzung (die 59 n. Chr. denn auch vorgenommen wurde) (Apg 22,30-23,5). Es gelingt Paulus, beide Laienparteien gegen die Priester zu vereinigen (Apg 23,6-9). *tē epaurion* (Apg 22,30). Freitag 18 Uhr, IK für NLS 3997 bei der SW am 31. *achri tautēs tēs hēmeras* (Apg 23,1: »bis auf diesen Tag«). Der 31. ist »dieser Tag« für die Hebräer (Paulus), »jener Tag« für die Samariter (Hananias). Hananias straft Paulus für den Gebrauch dieser Wendung (Apg 23,2).
	22 Uhr	Ende der Versammlung.
Sa 24. Juni	24 Uhr (Fr)	Jesus spricht mit Paulus und beruft ihn als »Bischof«/Zeugen nach Rom (Apg 23,11). *tē epiousē nykti* (Apg 23,11: »in der folgenden Nacht«). Mitternacht nach Julianischem Tagesbeginn, Beginn des nächsten Tages. Die Judenchristen unter der Führung von Judas (*Mem*, 40) beginnen mit ihrem

369

			Sabbat-Fasten, das am Samstag um Mitternacht endet. Sie planen, Agrippa zu bitten, die Verhandlung gegen Paulus am Samstag abend erneut zu eröffnen. Timotheus rät Agrippa, ihre Forderung abzulehnen (Apg 23,12-22).
			genomenēs ... hēmeras (Apg 23,12: »als es aber Tag wurde«). Mitternacht.
1a/IV	18 Uhr		Agrippas Entscheidung zugunsten von Paulus ermöglicht es diesem, nach Cäsarea zu gehen und dort Felix weiter zu unterweisen (Apg 23,24). Gleichzeitig wird der Ägypter Apollos (»zweihundert Soldaten« = Soldat 200, ein *Resch*, vgl. S. 483) mit anderen Zeloten unter Arrest nach Cäsarea gesandt. Er hat im vorigen Dezember einen »Aufruhr« angezettelt (*Ant.* XX,169-172; Apg 21,38: *pro toutōn tōn hēmerōn*) (Apg 23,23).
			aurion (Apg 23,20). 1a.
	21 Uhr		Die Reisegesellschaft bricht auf, die Gefangenen und ihre Eskorte zu Pferd, Paulus auf einem Esel, da er sich im zölibatären Status befindet (Apg 23,24). Die Strecke von Jerusalem nach Antipatris wird auf 240 Stadien veranschlagt (48 Kilometer), das sind drei Stunden zu Pferd (80st/h) und 16 Stunden mit dem Esel (15st/h).
			apo tritēs hōras nyktos (Apg 23,23: »für die dritte Stunde der Nacht«). 21 Uhr, die Zeit, zu der für die, die den Sabbat nach Julianischer Zeitrechnung feiern, eine Reise wieder erlaubt ist.
So 25. Juni	24 Uhr (Sa)	Antipatris	Die Eskorte und die mitgeführten (*ēgagon*) Gefangenen treffen in Antipatris ein. Die Haupteskorte kehrt nach Jerusalem zurück (Apg 23,31-32).
			dia nyktos (Apg 23,31). Mitternacht.
			tē epaurion (Apg 23,32). IK für NLS 2997, SW-Pos. Der Tag wird als 1a nach Julianischer Zeitrechnung bezeichnet, um 1a zum bedeutsamen Tag zu machen (vgl. die Praxis in Troas, S. 365) (der 31. wird zum Vormonat gerechnet).
	3 Uhr		Die Eskorte trifft wieder in Jerusalem ein, und die Reiter langen in Cäsarea an, weitere 240 Stadien, drei Stunden, von Antipatris entfernt (Apg 23,33a).

	1b/IV & 15a/III, Pfingsten	6 Uhr	Pfingsten, Us auf post Pos.
		13 Uhr	Paulus langt in Antipatris an (16 Stunden mit dem Esel).
Mo 26. Juni		5 Uhr	Paulus langt in Cäsarea an (16 Stunden). Er wird Felix vorgeführt (Apg 23,33b-35).
Fri 30. Juni			Die Samariter kommen in Cäsarea an und machen Zweifel an Paulus' Berechtigung zum Lehramt geltend. Es ist ein Tag, der für die Solaristen keine besondere Bedeutung hat, wohl aber im Julianischen Kalender, als Ende des ersten Halbjahres (Apg 24,1-9). *meta ... pente hēmeras* (Apg 24,1: »nach fünf Tagen«). Freitag 6 Uhr, 24 Stunden nach Donnerstag 6 Uhr, Tag 5.
		15 Uhr	Paulus verteidigt sich (Apg 24,10-21). *sēmeron* (Apg 24,21) – Rückbezug in direkter Rede.
Mo 10. Juli	30a/III, post Pos.	6 Uhr	Felix wird zum *Pe*, zum Ältesten, erhoben (Apg 24,22a). Er ernennt Paulus für zwei Jahre, bis er selbst in der Gegenwart von Agrippa nochmals im Rang erhoben wird (Apg 24,22b).
		18 Uhr	Die Unterweisung von Felix und seiner Frau Drusilla (der Schwester Agrippas) beginnt. Paulus lehrt und kündigt die Erfüllung für das Jahr 61 n. Chr. (NLS 4000) an (Apg 24,24-26). *meta ... hēmeras tinas* (Apg 24,24: »nach einigen Tagen«). Montag 18 Uhr, 24 Stunden nach Sonntag 18 Uhr, vorgezogener Beginn von Montag 6 Uhr, Sam 31. *tou krimatos tou melontos* (Apg 24,25: »von dem zukünftigen Gericht«). Das Jüngste Gericht, das in drei Jahren stattfinden soll. *to nyn* (Apg 24,25). Pfinsten 59 n. Chr.. *kairon ... metalabōn* (Apg 24,25: »zu gelegener Zeit«). 59 n. Chr., InterS 3997. (Felix übernimmt 59 n. Chr., als er die Seiten wechselt, den Samaritischen Kalender.)

59 n. Chr.
InterS 3997
Fr 22. Juni   31a(IV)   Felix wird zum »Bischof« ernannt. Er hofft, von Paulus ein als Wohlfahrtsabgabe getarntes Bestechungsgeld zu erhalten, damit er Ananus zum Hohenpriester ernennt (Apg 24,26).

(58 oder 59 n. Chr., während eines Streits zwischen der pro- und der anti-herodianischen Partei in Cäsarea, greift Felix die Pro-Herodianer an (*Ant.* XX,173-178). Die Pro-Herodianer (bei Josephus »Juden« genannt) sind die Partei von Agrippa und Paulus; die Anti-Herodianer (»Syrer«) sind die Samariter. Von diesem Zeitpunkt an stehen Paulus und Felix auf entgegengesetzten Seiten.)

60 n. Chr.
NS 4000

März-Quartal
Sa 1. März   Festus, der Nachfolger von Felix, trifft ein. (*Ant.* XX,182; Apg 24,27). Felix, der sich jetzt auf die Seite der Samariter geschlagen hat, wendet sich gegen Paulus (Apg 24,27). Er soll im Juni nach Rom gebracht werden, um sich dort vor Nero gegen den Vorwurf der Mißwirtschaft, den die Pro-Herodianer gegen ihn erhoben haben, zu verantworten (*Ant.* XX,182).
dietias (Apg 24,27: »zwei Jahre«). Am Ende des Trienniums von 57-60 n. Chr., unterteilt in ein Jahr plus zwei Jahre, also am Ende der Zweijahresfrist. Beginn am 1. März.

Mi 5. März   1a/I, 1.   6 Uhr   Qumran   Festus besucht Qumran, weil er an 1a
              Pos.   eine Demonstration erwartet. Paulus soll exkommunziert werden, weil bekannt ist, daß er nach Rom gehen und dort als Ankläger gegen Felix auftreten will (Apg 25,1-5).
meta treis hēmeras (Apg 25,1: »nach drei Tagen«). Mittwoch 6 Uhr, 24 Stunden nach Dienstag 6 Uhr, Tag 3.

Sa 22. März   1a/I,   15 Uhr   Qumran   Festus besucht Qumran erneut am näch-
               TNG-   sten 1a (Apg 25,6).
               Pos.,   *Hēmeras ou pleious oktō ē deka* (Apg
               Nachtposi-   25,6: »nicht mehr als acht oder zehn
               tion   Tage«). Samstag 18 Uhr, jüdischer Beginn von Sonntag 6 Uhr, Tag 8. Festus wird nominelles Mitglied wie alle römi-

372

				schen Statthalter, sowohl als Nummer 8 (*Nun*) als auch als Nummer 10 (*Lamed*), in beiden Parteien, der hebräischen und der hellenistischen (bei den Hellenisten stehen die Heiden zwei Stufen höher).
So 23. März		24 Uhr (Sa)	Cäsarea	Festus langt in Cäsarea an (2½ Stunden von Qumran nach Jerusalem, sechs Stunden von Jerusalem nach Cäsarea, mit den schnellen römischen Reise- und Transportmöglichkeiten (Apg 25,6). *tē epaurion* (Apg 25,6). Samstag mitternacht, Julianischer 1a, InterLS 3997, TNG-Pos. Paulus trägt sein Anliegen, als Ankläger von Felix auftreten zu wollen, vor. Er stützt sich dabei auf seine pro-agrippinische Haltung (Apg 25,7-12).
Di 8. April	31a(I), post Pos.			Festus ordnet eine weitere Anhörung an. Paulus verlangt, vor Nero (*Sebastos*, der römische Kaiser) sprechen zu dürfen (Apg 25,17-21, Rückbezug in direkter Rede). *tē hexēs* (Apg 25,17). 31., nicht-heiliger Tag.

Juni-Quartal

So 1. Juni	29b/III, 1. Pos.	18 Uhr	Cäsarea	Agrippa und Berenike treffen ein (Apg 25,13). *hēmerōn … tinōn* (Apg 25,13: »nach einigen Tagen«). Vorgezogener Beginn von Montag 6 Uhr, Sam 31.
Mi 4. Juni	1a/IV			Festus schildert das zweite Verhör von Paulus (8. April) und gibt seine Entscheidung bekannt, ihn in der Gegenwart Agrippas, des Stellvertreters des Kaisers, erneut zu vernehmen (Apg 25,14-22). *pleious hēmeras* (Apg 25,14: »mehrere Tage«). Mittwoch 1a.
Sa 21. Juni	1a/IV, SW-Pos.	18 Uhr		Agrippa führt das nächste Verhör durch. *aurion* (Apg 25,22: »morgen«). Nächster 1a.
So 22. Juni		24 Uhr (Sa)		Beginn des Pfingsttages, NS 4000. Die Erfüllung der Prophezeiung zugunsten der Laien, die die Pentekontaden einhal-

ten, wird erwartet. Agrippa und Berenike besuchen das Festmahl. Gleichzeitig wird Felix zum *Qof* befördert (vgl. Apg 24,22). Felix wird zum Prozeß nach Rom beordert. Paulus' Lehrberechtigung wird erneut angegriffen und er verteidigt sich abermals (Apg 25,23-26,23).

tē epaurion (Apg 25,23). Samstag mitternacht, Julianische 1a-IK für InterLS 3997,IV.

mellōn sēmeron (Apg 26,2). Drei Stunden vor 3 Uhr, dem »Heute« der erwarteten Erfüllung der Prophezeiung.

epangelias (Apg 26,6: »Verheißung«). Das Land der Verheißung für den Ägypter Apollos, NS 4000 (das Jahr 38 war der Juni 58 n. Chr.).

nykta kai hēmeran (Apg 26,7: » bei Tag und Nacht«). IK-Jahr, Us auf die Nachtposition, gefolgt von der Tagposition, post Pos.

3 Uhr   Paulus beendet seine Rede. Er leugnet, daß er zu den samaritischen Ekstatikern gehört, und Agrippa bestätigt, daß Paulus ihn in der christlichen Lehre unterwiesen hat und damit wirklich ein Gegner der Samariter ist (Apg 26,24-29).

achri tēs hēmeras tautēs (Apg 26,22: »bis zum heutigen Tag«). Pfingsten als Laientag.

sēmeron (Apg 26,29). 3 Uhr, das »Heute« der Erwartung.

1b/IV   6 Uhr   Paulus' anerkannt gutes Verhältnis zu & 15a/III,   Agrippa führt dazu, daß er als dessen Pfingsten   Sprecher nach Rom reisen darf. Agrippa und Festus ziehen sich zurück (Apg 26,30-32). (Ein Streit um den Tempel ist ausgebrochen, bei dem sich Agrippa und Festus den traditionellen Juden widersetzen, die daraufhin ihre eigene Delegation zu Nero entsenden; *Ant.* XX,189-195.) Paulus nützt die Gelegenheit, die ganze Partei im Jahr 61 n. Chr., NLS 4000, nach Rom zu bringen. Jesus, Lukas und Paulus reisen mit demselben Schiff wie der gefangene Felix. Auch Ananus/Demas kommt mit, um für Agrippa einzutreten. Agrippas Stellvertreter ist Gaius, jetzt der oberste Proselyt (»Hauptmann«), ein Diener

374

			Neros und daher nach dem Orden Neros »Julius« genannt (Apg 27,1). Das Schiff legt ab (Apg 27,2).
Di 24. Juni		Sidon	Ankunft in Sidon. Paulus, jetzt Zölibatär, wird ein Besuch bei seiner Frau und seinem Kind gestattet, das inzwischen zwei Jahre alt ist. Sidon ist ein »Syrien«, ein Ort für die Unreinen (Apg 27,3).
Di 8. Juli	31a(IV), post Pos.	Myra	Ankunft in Myra in Lyzien (Apg 27,5). (Das Mittelmeer ist durch eine gedachte Linie von Myra nach Alexandria und eine weitere von Illyrien aus gerade nach unten unterteilt (vgl. Röm 15,20). Die Seereise dauert einen Monat vom jüdischen Hafen nach Kreta, wobei die Linie von Myra herab genau die Hälfte markiert, und einen Monat von Kreta nach Malta, wobei die Linie von Illyrien herab auf halber Strecke liegt.)

September-Quartal

Mo 1. Sept.	30a/VI	Myra	Sie gehen an Bord eines Schiffes der alexandrinischen Mission, das nur westlich der Linie zwischen Myra und Alexandria verkehren darf (Apg 27,6).
Di 2. Sept.	31a(VII), 1. Pos.		Das Schiff setzt Segel von Myra aus. *en hikanais ... hēmerais* (Apg 27,7: »viele Tage«). 31a.
Fr 12. Sept.	10/VII	Knidus	Keine Erfüllung der Prophezeiung am Tag der Versöhnung in Knidus (Apg 27,7).
Fr 19. Sept.	31a(VII), TNG-Pos.	15 Uhr Guthafen	Sie treffen in Guthafen auf Kreta ein, dem Mittelpunkt des Mittelmeers. Keine Erfüllung bei der TNG (Apg 27,8-9). *hikanou ... chronou* (Apg 27,9: »viel Zeit«). Neue herodianische Generation innerhalb des letzten Millenniums. *ēdē* (Apg 27,9). 15 Uhr für 18 Uhr am Freitag.
Di 30. Sept.	10/VII	15 Uhr	Keine Erfüllung am Tag der Versöhnung nach der TNG (Apg 27,9-10). *tēn nēsteian ēdē parelēlythenai* (Apg 27,9: »die Fastenzeit schon vorüber«). Ende des Versöhnungsfestes um 15 Uhr. Da im Dezember-Quartal das solare und das lunisolare Jahr 4000 zusammenfallen,

rechnet man jetzt ganz sicher mit einer Erfüllung der Prophezeiung. Die Reisegesellschaft segelt sogar nach Phönix auf der Westseite Kretas hinüber, um dort von SW nach NW nach der Erfüllung Ausschau zu halten (Apg 27,12; vgl. S. 193).

Dezember-Quartal

Mi 26. Nov. 25/IX   Phönix

Keine Erfüllung beim Fest der Erneuerung zugunsten Alexandrias (»Südwind«) (Apg 27,13). Die Reisegesellschaft beschließt, für die Zeit der Pentekontade auf einer kleinen Insel namens Kauda an Land zu gehen (Apg 27,13-17).

So 30. Nov. 29/IX   Kauda

Die Pentekontade, das Winterfest. Nichts geschieht (Apg 27,18a).
cheimazomenōn (Apg 27,18: »Ungewitter erlitten«). Winterfest 29/IX.

Di 2. Dez. 31a(X), 1. Pos.

Disziplinarmaßnahmen (»warfen wir ... Ladung ins Meer«) beim Ausbleiben der Erfüllung (Apg 27,18).
tē hexēs (Apg 27,18: »am nächsten Tag«). Der 31. als nicht-heiliger Tag.

Mi 3. Dez. 1a/X

Weitere Disziplinarmaßnahmen. Es erfolgt am 1. weder die Einsetzung des Priesters (»Sonne«) noch des davidischen Prinzen (»Sterne«). Der Symbolismus dieser Stelle ist apokalyptisch, vgl. Mk 13,24-25 (Apg 27,19-20a).
tē tritē (Apg 27,19). 1a als dritter Tag, Sam.
epi pleionas hēmeras (Apg 27,20: »viele Tage«). 1a/X, Dezember-Quartal als Verlängerung von VII; 1a ist jetzt der große Tag.

Mi 17. Dez. 29/IX,   18 Uhr SW-Pos.

Die nächste Pentekontade, das Winterfest. Die Reisenden befinden sich auf der Linie von Illyrien herab, auf halbem Weg nach Malta. Als die Erfüllung auch beim wichtigsten Winterfest ausbleibt, kommt es zu einem Vertrauensverlust in die Zeitrechnung, die das Jahr 60 als das Jahr 4000 errechnet hat. Jetzt glauben die Leute an die Chronologie der Davididen, nach der das Jahr 100 das Jahr 4000 ist (Apg 27,20b).
cheimōnos ... ouk oligou (Apg 27,20:

376

			»ein gewaltiges Ungewitter uns bedrängte«). 29/IX Winterfest, jetzt nicht-herodianisch (*oligon*, herodianisch).
Do 18. Dez.	24 Uhr (Mi)		Am Julianischen Beginn der Pentekontade kündigt Paulus an, daß die Herodianer sich dem davidischen König unterstellen und Mitglieder der Bewegung bleiben werden. In einer Woche, mit dem Beginn der Rüsttage nach dem Solarkalender, sollen sie »unverzagt« sein (Apg 27,22.25). (Das Weihnachtsfest hat sich noch nicht ganz durchgesetzt.) *pollēs ... asitias* (Apg 27,21: »lange nicht gegessen«). Winter-Pentekontade, das Gegenstück zu Pfingsten (15/III), dem Weizenfest. *ta nyn* (Apg 27,22). 29/IX. *tautē tē nykti* (Apg 27,23: »diese Nacht«). Laienfest, Mitternacht.

61 n. Chr.
NLS 4000, NS 40001

Do 1. Januar	24 Uhr (Mi)	Malta	Sie langen in der Nähe von Malta an. Von Mitternacht bis drei Uhr nähert sich das Boot dem Land, mit einer Geschwindigkeit von 15 Stadien in der Stunde (das ist die übliche Geschwindigkeit für Boote, die auch in den Evangelien zugrundegelegt ist). Um Mitternacht ist das Wasser noch 20 Faden tief (80 Ellen), um 1 Uhr 15, um 2 Uhr 10, um 3 Uhr 5 (Apg 27,29). *tessareskaidekate nyx* (Apg 27,27: »vierzehnte Nacht«). Die vierzehnte Nacht gerechnet von Donnerstag dem 18. (30.) als erstem Tag (Sam.) bis Mittwoch den 31. Dezember, 18 Uhr. *nyx* 21 Uhr. *kata meson tēs nyktos* (Apg 27,27). Mitternacht. *brachy* (Apg 27,28: »wenig«). 1 Uhr (vgl. Lk 22,58).
	3 Uhr	Malta	Sie haben den Hafen erreicht und sprechen ein Gebet (Apg 27,29). *hēmeran* (Apg 27,29). 3 Uhr. *mellontōn* (Apg 27,30). 3 Uhr vor 6 Uhr.
	6 Uhr		Paulus hält um 6 Uhr einen Gottesdienst mit Abendmahl für die Externen (Apg

377

27,33-38). Damit widersetzt er sich der monastischen Ordnung auf Malta, nach der bis 12 Uhr kein Mahl gestattet ist (Essener, vgl. Josephus, *Bellum* II,130) (Apg 27,33).

achri ... ou hēmera ēmellen ginesthai (Apg 27,33: »als es anfing, hell zu werden«). 6 Uhr, jüdischer Tagesbeginn, drei Stunden vor dem monastischen Zeitpunkt 9 Uhr, Wache. *tessareskaidekatēn sēmeron hēmeran* (Apg 27,33: »heute der vierzehnte Tag«). Der vierzehnte Tag nach Paulus' hebräischer Zeitrechnung, von Freitag, dem 19. Dezember als erstem Tag an gerechnet, Beginn um 6 Uhr. Das »Heute« der großen Ereignisse, für die Westlichen der 1. Januar.

9 Uhr — An Land nehmen sie nicht an den monastischen Ritualen teil, sondern bleiben bei den Heiden (Apg 27,39-40). *hote ... hēmera egeneto* (Apg 27,39: »als es aber Tag wurde«). 9 Uhr, drei Stunden vor Mittag, dem monastischen Tagesbeginn.

12 Uhr — Die Zölibatäre in der Reisegesellschaft nehmen am monastischen Mahl teil, die Externen werden ausgeschlossen (Apg 27,41).

15 Uhr — Es geht um Felix: Manche möchten ihn aus der Gemeinschaft ausschließen. Gaius bestimmt jedoch, daß Bekehrte auch dann Mitglied bleiben dürfen, wenn sie unaufrichtig waren (Apg 27,42-43).

16 Uhr — Nach der monastischen Stundeneinteilung werden zu dem Zeitpunkt, an dem das Feuer angezündet wird, die Heiden unterwiesen. Apollos (»Schlange«) greift Paulus erneut an; er beschuldigt ihn, Felix zum Mord an Jonatan Hannas angestiftet zu haben und versucht, ihn zu vergiften. Doch Paulus geht unversehrt aus dem Anschlag hervor (Apg 28,3-5).

18 Uhr — Paulus nimmt beim Externen-Mahl den Platz des Priesters ein (Apg 28,6). *epi poly* (Apg 28,6). 18 Uhr.

378

Di 6. Januar 31a(X), 6 Uhr — Paulus' Partei nimmt an der Kommunion
post Pos. — am post Pos. 31. teil (Apg 28,7-8).
treis hēmeras (Apg 28,7: »drei Tage«).
Tag 3. Der folgende Dienstag, post
Pos. 31.

März-Quartal
(Im Jahr 61 n. Chr. waren die Wochentage dieselben wie im Jahr 33, dem Jahr der
Kreuzigung. Lukas verlegt das Geschehen daher jeweils auf die Jahrestage der Ereignisse in
der Passionszeit.)

Mo 2. März 30/XII, 1. — (Einzug in Jerusalem) Sie segeln mit
Pos. — einem anderen Schiff der Mission von
Malta nach Alexandria, unter »Jakob und
Esau« (Apg 28,11).
meta ... treis mēnas (Apg 28,11: »nach
drei Monaten«). 2. März, 24 Stunden
nach dem 1. März.

Di 3. März 31(I) Syrakus — (Tempelreinigung) Sie langen in Syrakus
an (Apg 28,12a).

Mo 9. März 18 Uhr — Gottesdienst in Syrakus (Apg 28,12).
hēmeras treis (Apg 28,12: »drei Tage«
= Tag 3). Montag 18 Uhr.
Sie verlassen Syrakus wieder.

Rhegion — Sie treffen in Rhegion ein, an der Süd-
grenze Italiens (Apg 28,13).

Mo 16. März — Abreise von Rhegion (Apg 28,13).
meta mian hēmeran (Agp 28,13: »am
nächsten Tag« = nach einem Tag
= Tag 1). Montag 6 Uhr, 24 Stunden
nach Sonntag 6 Uhr, Tag 1.

Fr 20. März 31a(I) 12 Uhr Puteoli — Sie kommen in Puteoli an und nehmen als
Presbyter am Mittagsmahl teil (Apg
28,13).
deuteraioi (Apg 28,13: »in zwei Tagen«
= Männer des zweiten Tages). Presbyter, im Rang erhoben am Freitag den
31. als samaritischem zweitem Tag.

15 Uhr — 15 Uhr-Gottesdienst. Karfreitag (Apg
28,14).
hēmeras hepta (Apg 28,14: »sieben Tage« = Tag 7). Freitag 15 Uhr, vorgezogener Beginn des Samstag.

Sa 21. März 31b 6 Uhr — Sie verlassen Puteoli in Richtung Rom (15
Stunden mit schnellen Transportmitteln,
80 Stadien/h, 1200 Stadien oder 240 Kilometer).

21 Uhr Rom — Sie langen »vor Rom« (mit Artikel) an
(Apg 28,14). (Wahrscheinlich an der Stelle, wo heute die Kirche »Domine, Quo

379

			Vadis« steht, am Ende der Via Appia, im Süden der alten Stadtmauer, die ihnen als Nachbildung des Essenertors an der Südgrenze Jerusalems galt. Das »Forum Appii« für die Geistlichen, »Tres-Tabernae« (= Taverne 3) (Apg 28,15) für die Gemeinde, den ursprünglichen »Weinberg«, die sadduzäisch-essenische Mission in Rom.)
So 22. März	So 22. März	6 Uhr	Ostersonntag. Von nun an wird der Sonntag als Jahrestag der Auferstehung gefeiert, nicht der Samstag, der jüdische heilige Tag. Paulus hält eine Eucharistiefeier (Apg 28,15).
		18 Uhr	Die Reisegesellschaft begibt sich weiter in die Stadt hinein, die hier das Äquivalent von »Betanien« (»Rom«, ohne Artikel, Apg 28,16) darstellt. Das Entfernungsschema verweist auf einen Ort 15 Stadien von »nach Rom« (mit Artikel) entfernt, möglicherweise bei der späteren Kirche San Clemente beim Kolosseum (damals ein Privathaus) (Apg 28,16).
Di 24. März		18 Uhr	Ende der Festtage; die Externen kehren in ihr normales Leben zurück. Jahrestag der »Himmelfahrt«. Paulus erklärt, daß er in die Provinz Rom geschickt wurde (Apg 28,17).
			meta hēmeras treis (Apg 28,17: »nach drei Tagen« = nach Tag 3). Dienstag 18 Uhr, 24 Stunden nach Montag 18 Uhr, vorgezogener Beginn von Dienstag, Tag 3.
Di 7. April	31a(I), post Pos.	6 Uhr	Paulus fungiert als Externen-Geistlicher und schließt seine Unterweisung um 21 Uhr (Apg 28,23-28).
			taxamenoi ... autō hēmeran (Apg 28,23: »als sie ihm einen Tag bestimmt hatten«). Post Pos.
			apo prōi heōs hesperas (Apg 28,23: »vom frühen Morgen bis zum Abend«). Von 6 Uhr bis 21 Uhr, dem Ende des Tages für die Externen.

(Kurz darauf wurde Paulus verhaftet und unter Hausarrest gestellt. Apollos hatte ihn beschuldigt, an dem Mord an Jonatan Hannas beteiligt gewesen zu sein. Felix wurde freigesprochen (*Ant.* XX,182), und Nero wandte sich erneut gegen Agrippa und seine Anhänger, indem er im Tempelstreit gegen ihn entschied (*Ant.* XX,194). Paulus schrieb in seiner Gefangenschaft mehrere Briefe: zunächst gemeinsam mit Timotheus den Philemon-

und den Kolosserbrief. Im Philemonbrief richtet er Grüße von Johannes Markus, Aristarchus/Petrus, Ananus/Demas und Lukas aus. Im Kolosserbrief ist noch dieselbe Gruppe bei ihm, doch Aristarchus/Petrus ist inzwischen ebenfalls gefangengesetzt (Kol 4,10); auch das geht wahrscheinlich auf die Unterstützung der anti-herodianischen Partei durch Nero zurück (vgl. *Ant.* XX,183-184). Aristarchus, Markus und Jesus Justus erscheinen zusammengefaßt unter der Bezeichnung »Juden« (Kol 4,11). Timotheus und Johannes Markus wurden später nach Asien zurückgesandt (Phil 2,19).

62 n. Chr.

(Um den März des Jahres 62 n. Chr. wurde Ananus/Demas in Jerusalem zum Hohenpriester ernannt. In seiner dreimonatigen Amtszeit ließ er Jakobus, den Bruder Jesu, steinigen (*Ant.* XX,197-203). Etwa im September desselben Jahres schrieb Paulus den 2. Timotheusbrief an Timotheus in Asien, in dem er diesen bittet, noch vor dem Winter nach Rom zurückzukehren (2 Tim 4,21). Ananus/Demas »hat diese Welt liebgewonnen«, d. h., er hat Paulus verlassen und ist nach Thessalonich gegangen (2 Tim 4,10). Timotheus soll Markus mitbringen, »denn er ist mir nützlich zum Dienst« (2 Tim 4,11). »Lukas allein ist bei mir«. Doch »der Herr ... stand mir (im ersten Prozeß) bei und stärkte mich, damit durch mich die Botschaft ausgebreitet würde« (2 Tim 4,17). Jesus war also tatsächlich, physisch, anwesend und sprach Paulus Mut zu. Paulus wurde »erlöst aus dem Rachen des Löwen«, d. h., er wurde nicht von Nero verurteilt. Er rechnete nun damit, bei der nächsten Anhörung freigelassen zu werden (2 Tim 4,18). Der Brief enthält auch die verschlüsselte Botschaft, daß Jesus selbst nicht gefangen ist: »Aber Gottes Wort ist nicht gebunden« (2 Tim 2,9).

63 n. Chr.

Di 1. März	Rom	Paulus ist frei und bekommt jetzt ein Gehalt für seinen Dienst in der Gemeinde, vergleichbar den Abgaben des Zehnten (Apg 28,30).
		dietian holēn (Agp 28,30: »zwei volle Jahre«). Das Triennium 60-63 n. Chr., unterteilt in ein Jahr plus zwei Jahre, am Ende der Zweijahresfrist, 63 n. Chr. Beginn 1. März.

64 n. Chr.

Im Sommer des Jahres 64 n. Chr., nach dem Brand Roms, beschuldigte Nero die Christen der Brandstiftung und ließ viele von ihnen kreuzigen (Tacitus, *Ann.* (XV,44). Auch Petrus und Paulus wurden unter ihm umgebracht (Eusebius, *Kirchengeschichte* II,25,5-8).

Anhang II

Ortsangaben

Die Schauplätze, an denen sich die in den Evangelien berichteten Ereignisse abspielten, waren für das eigentliche Geschehen nicht weniger bedeutsam als ihre zeitliche Einordnung. Auch hier liefert der Pescher wieder gerade in solchen Fällen, wo die Ortsangaben vom Oberflächentext her besonders vage und teilweise auch wenig verläßlich erscheinen, ganz konkrete und bis ins einzelne gehende Informationen.

Das grundlegende Raster für die räumlichen Zuordnungen liefert das Johannesevangelium mit seinen präzisen Entfernungsangaben in Stadien, deren Präzision sich allerdings verwirrenderweise nicht mit den geographischen Gegebenheiten der Orte, von denen in den Evangelien die Rede ist, in Übereinstimmung bringen läßt (vgl. die Vorbemerkungen zu diesem Thema in Kapitel 7).

Man gewinnt den Eindruck, daß die Evangelisten bei der Abfassung ihrer Texte ein ihnen geläufiges, ganz bestimmtes Schema von Orten vor Augen hatten, das leicht zu merken war. Als die Mission der Asketen dann weitere Dimensionen annahm, übertrugen sie dieses Schema auf die Welt.

Die Lage der verschiedenen asketischen Zentren in der Wüste von Judäa ließ sich in einem Diagramm (Abb. 1) darstellen, das höchstwahrscheinlich als das Schreibgerät eines Schriftgelehrten gedacht wurde, dessen Spitze nach Jerusalem zeigte. Eine Karte des Gebietes zeigt die tatsächliche Lage der Orte, die in diesem Schema erfaßt wurden (Abb. 2).

Das Schema ließ sich deshalb so präzise darstellen, weil ihm bestimmte genau abgemessene Entfernungen in Wegstunden zugrundegelegt waren. Die tatsächliche Zeit, die man benötigte, um von einem Ort zum anderen zu gelangen, wurde in ein mathematisches System integriert, dessen Grundeinheit, in unseren heutigen Maßen, etwa einem Gehtempo von einem Kilometer pro Stunde entsprach. Dieses Standardmaß trug dem heißen, trockenen Klima und der Länge der meist zu Fuß zurückgelegten Reisen Rechnung. Immerhin verbrachten diejenigen Asketen, die außerhalb der Klöster leben durften, einen Großteil ihrer Zeit mit Fußmärschen durch die Wüste.

Wie bei der Zeitrechnung lösten auch hier symmetrisch-mathematische Überlegungen die realen Gegebenheiten ab. Außerdem vertraten die Asketen die ihr ganzes Denken wesentlich mitprägende Auffassung, daß Zeit und Raum einander entsprechen. Entfernungen waren für sie Äquivalente von Stunden − eine Theorie, die sich aus ihrer Gebetsordnung entwickelt hatte, in der zu bestimmten, genau festgesetzten Zeiten, *aber auch* an genau festgeleg-

382

Abb. 1 Die Judäische Wüste

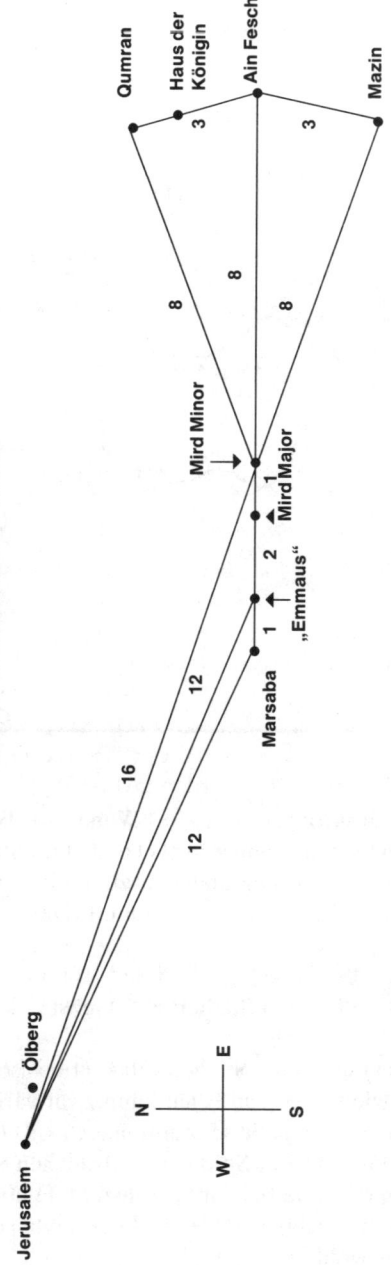

Entfernungen in Stunden zwischen den Siedlungen in der Judäischen Wüste
2000 Ellen = 5 Stadien = 1 Kilometer = 1 Wegstunde

383

Abb. 2 Die Judäische Wüste

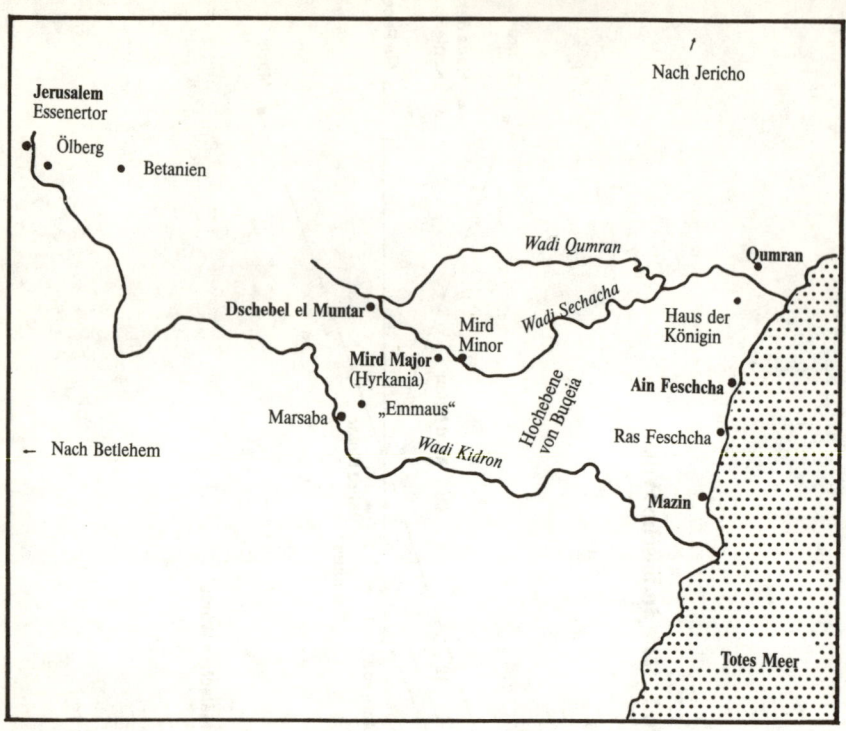

ten Punkten Gebete gesprochen wurden. Wenn die Distanz einmal der vorgegebenen Zeit nicht genau entsprach, so dominierte das Zeitschema. Natürlich stimmten die Entfernungsangaben zumindest grob mit dem Zeitschema überein, kleinere Entfernungen konnten damit sogar relativ genau angegeben werden.

Die Formel lautete:

2000 Ellen = 5 Stadien = 1 Gehstunde

2000 Ellen (1000 Meter) wurden 5 Stadien (3000 griechischen Fuß oder 9250 Meter) gleichgesetzt. Die Länge von Ellen kann zwar variieren, doch es läßt sich feststellen, daß die Qumranelle 45 Zentimeter maß. Das aber entspricht ganz genau dem Durchmesser der Spitze des nördlichen Säulenstumpfes vor der »Sakristei« in Qumran. Die beiden Säulenstümpfe aus behauenem Stein spielten also offenbar eine wichtige Rolle für den Bauplan des Komplexes und dienten darüber hinaus wohl als Eichmaß.

384

5 Stadien entsprechen ungefähr einem Kilometer – die Entfernungen lassen sich daher gut in zeitgenösischen Meßeinheiten wiedergeben. Um die zugrundeliegende Zahlensymmetrie zu erfassen, sollte jedoch auch der moderne Leser lieber in Stadien, Ellen und Fuß denken. Die Maße »Elle« und »Fuß« sind von menschlichen Körperteilen hergeleitet: Eine Elle entsprach der Entfernung vom Ellbogen eines Mannnes bis zu den Fingerspitzen. Ein Meter entsprach der Länge von zwei Ellen mit vor dem Körper gehaltenen Armen und sich berührenden Fingerspitzen. (Eine Königselle war länger, weil man dachte, daß ein König größer als andere Männer sein müßte.)

Wichtige Orte in der Judäischen Wüste

Das oben beschriebene räumliche Schema spiegelte die Tatsache, daß der Fußmarsch von Jerusalem durch die Wadis und über die Buqeia an die Küste des Toten Meeres genau 24 Stunden dauerte. Es gab zwei Hauptrouten: a) Die Route der Priester und Zölibatäre: 16 Stunden von Jerusalem nach Mird (über den Ölberg, Betanien, den Dschebel el Muntar und das Wadi Sechacha). Auf diesem Weg gelangte man an den Ort, den wir hier als »Mird Minor« bezeichnen wollen (s. u.). Von hier aus waren es noch acht Stunden über die nördliche Route bis nach Qumran, weiter dem Lauf des Wadi Sechacha folgend, bis es sich mit dem Wadi Qumran, wie es von da an heißt, vereinigt, und schließlich am Aquädukt entlang, der zum Gebäudekomplex von Qumran führte, die Schlucht hinab, die das Wadi Qumran an dieser Stelle bildet.
b) Die Route der Externen, die als Pilger nach Qumran kamen: zwölf Stunden von Jerusalem über das Wadi Kidron, das eine Art natürliche Straße bildete, nach Marsaba. (Fußmarsch von 3 Uhr nachts bis 3 Uhr nachmittags, dann Übernachtung in Marsaba, der »Herberge«). Danach ein Vier-Stunden-Marsch von Marsaba nach Mird Minor und nochmals acht Stunden über die mittlere Route bis nach Ain Feschcha.
Manche Externe allerdings durften Ain Feschcha nicht betreten, weil sie als unrein galten; sie mußten die Südroute nach Mazin, die ebenfalls als Acht-Stunden-Weg gerechnet wurde, nehmen.
Qumran, Ain Feschcha und das an der Küste gelegene Mazin waren jeweils 15 Stadien, drei Stunden Fußweges, voneinander entfernt (das sind die Entfernungen, die im Johannesevangelium angegeben werden; vgl. Kapitel 7). Von Mird Minor aus bildeten diese Routen also eine Art Fächer, so daß das Ganze mit dem verlängerten Dreieck im Westen entfernt an ein Schreibwerkzeug erinnerte.
Wie schon in Kapitel 7 und in der Chronologie, Seite 306, deutlich gemacht wurde, lassen sich mit diesem Schema die verschiedenen Wegstrek-

ken, die Jesus und seine Jünger in Markus 6,30-32 zurücklegten, erklären. Die Männer wanderten nicht um den See Gennesaret herum, wie es so auch gar nicht möglich gewesen wäre, sondern wählten jeweils eine der Acht-Stunden-Routen von Mird Minor aus. Die eine Gruppe ging zu Fuß über Land; Abmarsch war um 3 Uhr nachts, die vorgeschriebene Aufbruchszeit für Externe. Um 11 Uhr vormittags langte sie dann in Ain Feschcha an. Die andere Gruppe, darunter auch Jesus, ging nach Mazin hinunter, das sie um 11 Uhr vormittags erreichte, und fuhr dann mit dem Boot weiter nach Ain Feschcha (1 Stunde, vgl. die Bootsentfernungen, Seite 429), so daß sie gerade rechtzeitig zum Mittagsmahl kam. Die Gruppe, die zu Fuß ging, langte also als erste an, wohingegen sie, wenn sie wirklich zu Fuß den See Gennesaret umrundet hätte, sehr viel später angekommen wäre als Jesus mit dem Boot.

Die 15 Stadien, drei Wegstunden, die die drei wichtigsten Siedlungen an der Küste, Qumran, Ain Feschcha und Mazin, voneinander entfernt lagen, brachten bereits symbolisch die unterschiedliche Heiligkeit dieser Orte zum Ausdruck. Ain Feschcha diente als Aufenthaltsort für die unreinen Mönche. Sie wuschen dort offenbar ihre Kleider nach der Vorschrift der Tempelrolle, wie die Weihrauchreste in den flachen Becken und die zylindrischen Steine zum Trocknen der Gewänder, die an diesem Ort gefunden wurden, zeigen (vgl. Kapitel 7). Ain Feschcha war also gleichsam eine »Filiale« des Klosters und lag wie dieses auf dem Küstenstreifen, dessen äußerste Grenze die Landspitze von Ras Feschcha bildet. Südlich von dieser »zölibatären« Region lag Mazin, in gleicher Entfernung von Qumran, aber von der Landspitze abgeschnitten. Mazin war den Verheirateten zugeordnet und damit nach essenischen Maßstäben weniger rein.

Orte für »Unrat«

Nach den Worten der Tempelrolle mußte es außerhalb jeder Stadt einen Ort geben, an den die Unreinen geschickt wurden: »Die geschlagen sind mit Aussatz und mit Ausschlag und mit Krätze, damit sie nicht in eure Städte kommen und sie verunreinigen. Und auch für die Ausflußbehafteten und für die Frauen, wenn sie in ihrer Menstruationsunreinheit und in ihrer Gebärunreinheit sind, damit sie nicht Unreinheit verursachen in ihrer Mitte« (11QT XLVIII,14-17). Eine Vorschrift in der Kriegsrolle besagt, daß die Latrinen in einem Militärlager 2000 Ellen vom Lager entfernt liegen sollten, damit »keinerlei schändlich-böse Sache ... rings um all ihre Lager gesehen« werde (1QM VII,6-7).

Ein anderes Fragment, 4Q491, gibt eine Distanz von 1000 Ellen an. Die Verhüllung des Körpers und die sexuelle Reinheit werden darin mit dem Gerüstetsein zum Kampf assoziiert.

386

Diese wenigen Beispiele genügen bereits, um deutlich zu machen, daß Orte, die mit Unreinheit verbunden waren, historisch gesehen eine äußerst wichtige Rolle spielten. Denn es waren ja gerade die Stände, die den körperlich Unreinen gleichgesetzt wurden – insbesondere die Heiden –, die Gegenstand der Reformbestrebungen Jesu wurden.

Jedes Zentrum besaß mehrere solcher »Außenposten« in Form von Gebäuden oder Höhlen, die in erster Linie als Latrinen dienten. Manche lagen 1000 Ellen, eine halbe Stunde Weges, entfernt, andere sogar 2000 Ellen, was einen Ein-Stunden-Marsch bedeutete.

Die Essener waren bekannt für ihre strengen Hygienevorschriften. Josephus berichtet, daß ein Anwärter auf die Mitgliedschaft, sobald sein einjähriges Bewährungsjahr außerhalb der Gemeinschaft begann, ein weißes Gewand, ein Lendentuch und eine kleine Axt erhielt, letztere, um damit eine Grube für seine Körperexkremente zu graben (*Bellum* II,137.148). Er schreibt weiter, daß sie, während sie die Grube benutzten, ihren Mantel um sich breiteten, »um den Lichtglanz Gottes nicht zu beleidigen«. Das entspricht den Aussagen von 1QM VII,6-7 und 4Q*491*, daß die »heiligen Engel« von derartigen Unreinheiten beleidigt werden (vgl. auch 1. Korinther 11,10).

Bei genauerer Untersuchung kann man feststellen, daß es zwei Kategorien von solchen Orten für »Unrat« gab:

1. Diejenigen für die männlichen Zölibatäre, die theoretisch 1000 Ellen, eine halbe Wegstunde, entfernt waren. In Qumran handelte es sich dabei um Höhle 4, westlich des Gebäudekomplexes, unterhalb des parallel zur Hochebene verlaufenden Felsvorsprungs. Die Höhle wurde für verschiedene Formen der vom Gesetz definierten »Unreinheit« benutzt; unter anderem wurden in einer ihrer Kammern gemäß der Vorschrift von 11QT XLVIII,13 Tote bestattet. (Zu einer genaueren Beschreibung der Höhle, die in zwei unterschiedliche Ebenen gegliedert war, vgl. *DJD*, VI, 9-13). So diente sie u. a. als Gruft der »Päpste« und ihrer Stellvertreter. In dieser Funktion wurde sie als »Abrahams Schoß« bezeichnet und auch für das symbolische Begräbnis dieser Amtsträger – die Exkommunikation – benutzt. Den Beleg dafür liefert das Gleichnis vom Reichen Mann und vom Armen Lazarus bei Lukas (vgl. Kap. 26). Darüber hinaus war die Höhle Lagerplatz für eine ganz andere Form von »Unrat«, nämlich für häretische Schriften. Das ist möglicherweise die Erklärung für die Hunderte von Schriftrollen ohne schützende Behältnisse, die in Höhle 4 gefunden wurden. Sie wurden vielleicht dort deponiert, als Qumran im Jahr 37 n. Chr. von der Partei des Petrus übernommen wurde (Apg 8,1), und zurückgelassen, als einige Jahre später die Judenchristen unter Jakobus an die Macht kamen.

In Mird Major (der Name steht für den Gebäudekomplex auf den beiden Hügeln bei Mird bzw. Hyrkania), das nach dem Erdbeben zum Ersatzheilig-

387

tum für das zerstörte Qumran wurde, gab es einen ähnlichen Ort: Am Nordhang des Wadi lag das Tunnelpaar, das in Kapitel 7 beschrieben ist. Es wurde vermutlich für den Einweihungsritus benutzt, wie ihn Johannes der Täufer praktizierte. Da die Initiation jedoch als eine Art Läuterung von moralischer Unreinheit betrachtet wurde, muß es in der Nähe auch einen Ort für »Unrat« gegeben haben. Er liegt etwa 1000 Ellen von einer Erhebung mit Namen »das Monument« entfernt, die, wie wir noch sehen werden, als »Lager« bezeichnet wurde.

2. Der andere Ort für die Unreinen war entsprechend der Vorschrift der Kriegsrolle für Feldlager 2000 Ellen oder 5 Stadien, eine Wegstunde, vom »Lager« entfernt und für die niederrangigen Mitglieder bestimmt, die in der Kategorie »Vieh« (1QpHab XII,4) zusammengefaßt waren. (An diesem Ort wurde tatsächlich Vieh gehalten, deshalb hieß er auch »Krippe«.) Zum Stand des »Viehs« gehörten (a) verheiratete Männer – auch die, die in Zeiten des Gebets sexuell enthaltsam lebten; (b) Frauen – auch die zölibatär lebenden Frauen, die an den Gebeten in den Ordenszentren teilnehmen konnten; und (c) unbeschnittene Heiden, die denselben Status hatten wie die Frauen.

In der zweiten Besiedlungsphase von Qumran befand sich die »Krippe« des Klosters im sogenannten »Haus der Königin«, das etwa einen Kilometer vom Hauptgebäude entfernt in der Ebene lag (vgl. Kap. 7 und 9). Die »Krippe« von Mird dagegen war der hier als »Mird Minor« bezeichnete Ort, eine Wegstunde vom Hauptgebäude entfernt in Richtung auf Qumran zu gelegen. Ihre genaue Lage läßt sich nicht mehr mit Sicherheit bestimmen, doch vermutlich befand sie sich an den Hängen des Wadi. Als Zentrum für Frauen und Heiden spielte auch sie historisch gesehen eine wichtige Rolle. Im Neuen Testament erscheint sie als »Gebiet von Tyrus« und »Sidon« (Mk 7,24.31), als eines der »Dörfer«, in denen Maria und Marta angesiedelt werden (Lk 10,38; 11,1; hier wurde das Vaterunser gestiftet), und als der Ort, an den der oberste Proselyt Johannes Markus nach seinen Reisen zurückkehrt (Mk 6,30; Lk 10,17). Der Komplex bestand möglicherweise aus Holzhütten, wie sie die Therapeutae kannten (Philo, De Vita Contemplativa 24-25). Die »Krippe« von Mird war das ursprüngliche »Haus der Königin« – der Ort, an den junge Mädchen kamen, um illegitime Kinder zur Welt zu bringen. Als Mird nach dem Erdbeben zum Heiligtum avancierte, ging diese Funktion auf die »Krippe« von Qumran über.

Auch in Marsaba gab es, wenn dort die »Lager« abgehalten wurden, einen ähnlichen Ort. (Der Terminus »Lager« wurde von den östlichen Asketen für die Versammlungen der Externen benutzt; CD XIV,3.) Wo dieser Platz lag, ist ebenfalls unklar, doch höchstwahrscheinlich handelte es sich dabei um eine der zahlreichen Höhlen der Umgegend, die zum Teil noch heute von den Mönchen von Marsaba genutzt werden. In der Geschichte von Lukas 24,13-32 taucht der Ort unter dem Namen »Emmaus« auf. Daneben figurierte er auch als »Nazaret« (vgl. S. 394; nicht zu verwechseln mit *Nazara*). Er lag auf der anderen Seite des Wadi, gegenüber von Marsaba, ebenfalls nach Qumran zu.

Jerusalem selbst hatte, nachdem das Essenertor seine ursprüngliche Bedeutung verloren hatte und nur noch als »Lager« der Externen galt, ebenfalls eine »Krippe« (vgl. Kap. 9), 5 Stadien von der Stadt entfernt auf dem Ölberg (Josephus, *Antiquitates* XX,170). Von hier aus sollte der Zug des »Ägyptiers« in die Stadt im Stil der davidischen Könige, die auf »König Salomos Maultier« zur Krönung zu reiten pflegten, seinen Anfang nehmen (vgl. Kapitel 34). In Johannes 11,54 fungiert dasselbe Terrain als »Efraim«, wohin Jesus sich begab, um das eheliche Leben wiederaufzunehmen. Interessanterweise bezeichnet auch einer der Pescharim aus Qumran Jerusalem als »Efraim« (4QpNah II,2).

Die 2000 Ellen vom Hauptgebäude entfernten, für den »Unrat« vorgesehenen Orte dienten, einer Vorschrift zufolge, als alternativer Meßpunkt für Entfernungen. Zwei unterschiedlichen Auffassungen über die Tageseinteilung nach konnte der Tag in der Stunde 0, um 6 Uhr früh, oder in der ersten Stunde, um 7 Uhr, beginnen. Die Hauptgebäude standen für die Null-Stunde und die eine Wegstunde entfernten Orte für die erste Stunde. Aus Johannes 6,19 geht hervor, daß Mazin 30 Stadien (sechs Stunden) vom Hauptmeßpunkt (Qumran) und 25 Stadien (fünf Stunden) vom alternativen Meßpunkt (dem »Haus der Königin«) entfernt lag. Da die beiden Meßpunkte gleichwertig behandelt wurden, konnte unter bestimmten Bedingungen für beide derselbe Name benutzt werden. Der Ausruf »Jerusalem, Jerusalem« (Lk 13,34) ist deshalb vom Pescher her gesehen nicht etwa eine rhetorische Floskel, sondern als Hinweis darauf zu werten, daß hier zwei Orte gemeint sind, die den gleichen Namen führen, weil sie für dieselbe Stadt stehen: das Essenertor und den Ölberg, beide einem niedrigen Externengrad zugeordnet.

Nach Lukas 24,13 ist das »Dorf« (der Ort für »Unrat«) »Emmaus« 60 Stadien von Jerusalem (Singularform) entfernt. Das bedeutet, daß es zwölf Stunden von dem Ort entfernt ist, der dem Ölberg in Jerusalem entspricht. Zwölf Stunden aber betrug die Entfernung vom Essenertor in Jerusalem nach Marsaba (zwei Orten, die denselben Ordensgraden zugeordnet waren; Lk 19,11 p: *engys* bedeutet so viel wie »von gleichem Zeitwert«), und zwölf Stunden waren es auch vom Ölberg in Jerusalem nach »Emmaus«. Diese beiden Routen bilden die scharfe Spitze am äußersten westlichen Punkt des Diagramms.

Die Südroute – vom Essenertor nach Marsaba – war den verheirateten Externen vorbehalten und damit permanent unrein. An beiden Orten wurde die herodianische Form des Gemeinschaftsmahls praktiziert.

Ein weiterer Meßpunkt war Mird Minor. Da es auf beiden Hauptrouten lag, wurde es zum Schnittpunkt des Diagramms. Von Mird Minor nach

Qumran oder Ain Feschcha waren es jeweils acht Stunden. Mird Major dagegen lag nach der Wegeeinteilung der Qumraner neun Stunden von den beiden Orten entfernt.

(Eine Textvariante von Lukas 24,30 besagt, daß »Emmaus« 160 Stadien von Jerusalem entfernt lag. Diese Angabe ist nicht, wie oft vermutet wurde, ein Versuch, die Entfernung zum tatsächlichen Emmaus westlich von Jerusalem genauer anzugeben; es handelt sich hier vielmehr um eine andere Redeweise von »Emmaus«, der eine exakte Kenntnis des Peschers zugrundeliegt. Die Rundreise über die Schenkel des westlichen Dreieckes dauerte 32 Stunden, 160 Stadien. Eine solche Reise vom Zentrum des asketischen Ordens führte den Reisenden nach Jerusalem und dann auf der nördlichen Route wieder zurück nach Qumran.)

Es gibt noch zwei weitere Orte für »Unrat«, die große historische Bedeutung gewannen. Beide befanden sich in Qumran selbst. Es handelte sich dabei um zusätzliche Latrinen. Der eine dieser Orte war die Höhle am Ende der Hochfläche, die, wie in Kapitel 26 gezeigt wurde, als »Grabhöhle« Jesu nach der Kreuzigung fungierte. Ihre Entfernung vom Hauptgebäudekomplex war auf 250 Ellen festgelegt (weitere Angaben zu den Maßen in Qumran auf S. 420). Damit ist die »Grabhöhle« wahrscheinlich mit der Sabbatlatrine für zölibatäre Laien identisch, die am Freitagnachmittag benutzt wurde, weil es verboten war, am Sabbat mehr als 1000 Ellen zu gehen (CD X,21); zu Höhle 4 hin und zurück aber wäre der Weg länger gewesen. Nach 18 Uhr am Freitag abend wurde die Sabbatlatrine nicht mehr benutzt, da eine weitere Vorschrift die Defäkation am Sabbat überhaupt verbot (Josephus, *Antiquitates* II,147). Die Höhle blieb also bis Samstag, 15 Uhr geschlossen, und danach gingen die jüdischen Zölibatäre wieder zu Höhle 4. Diejenigen hingegen, die sich an die Julianische Zeitrechnung hielten und deren Sabbat am Freitag um Mitternacht begann, hatten die Benutzung der Latrine um 4 Uhr früh versäumt und mußten sie deshalb am Samstag um 16 Uhr aufsuchen, wobei sie nochmals die Sabbatlatrine benutzen mußten. Das war denn auch der Grund dafür, daß die Höhle nochmals geöffnet werden konnte, nachdem die Wache bereits abgezogen war, so daß die Anhänger von Simon Magus ihren Obersten wegbringen konnten.

Daneben diente die Höhle noch der Aufnahme einer anderen Form von »Unrat«, nämlich zur Deponierung von Geld, »schnödem Mammon«. Sie wurde eines der »Konten« der Gemeinde, als bei dem Schisma des »verlorenen Sohnes« die Fonds der Hälfte der Provinzen nach Qumran transferiert wurden. Der zweite Eintrag der Kupferrolle, des Inventars der verschiedenen Vermögenseinlagen, spricht vom »Grab des Sohnes des dritten Großen« (korrigierte Übersetzung). Nach essenischen Maßstäben war der davidische Kronprinz der Sohn des »Dritten« in der obersten Hierarchiestufe, des Königs (vgl. S. 446). In neutestamentlicher Zeit hatte Jakobus, der Bruder Jesu, diese Position inne. Er war der »reiche Mann«, der sich im Zusammenhang

390

mit einer Exkommunikation in Höhle 8 aufhielt und von dem in Lukas' Gleichnis vom Reichen Mann und vom Armen Lazarus die Rede ist (Lk 16,26). Und er war auch Josef von Arimathäa, der reiche Mann, in dessen Grab Jesus beerdigt wurde (Mt 27,57).

Innerhalb des Klosterkomplexes von Qumran selbst fand man eine Reihe von Kabinen, die vermutlich als Latrinen für die Priester dienten. Ihre Benutzung sollte wahrscheinlich die kontinuierliche Anwesenheit der Priester im Heiligtum garantieren (vgl. Kapitel 24). Das Latrinengebäude befand sich auf dem »verunreinigten« Gebiet außerhalb des südlichen Tores.

Auf der Ostseite des östlichen Gebäudekomplexes fanden die Archäologen ein kleines Pissoir (*RB* 61, 1954, 209). Für die Existenz eines solchen Ortes für die »kleineren Geschäfte« sprechen auch die Zeitangaben in Markus 14,26-31 und Johannes 14,31.

Nach dem Plan der Tempelrolle für den Wiederaufbau des Tempels sollten die Jerusalemer Latrinen in 3000 Ellen Entfernung im Nordwesten der Stadt liegen. Damit wurde der besonderen Heiligkeit der heiligen Stadt Rechnung getragen. Der Text zeigt, daß dabei an ganz ähnliche Kabinen gedacht war, wie man sie in Qumran gefunden hat (11QT XLVI,13-15).

Ain Feschcha, Mazin, Mird und Marsaba

Die meisten der Ereignisse, von denen die Evangelien berichten, spielten sich in Ain Feschcha, Mazin und Mird ab, nicht in Qumran. Das hing mit dem besonderen Verhältnis Jesu zu den vom Klosterkomplex selbst ausgeschlossenen Ordensrängen zusammen.

Das drei Stunden südlich von Qumran gelegene Ain Feschcha erfüllte die Funktion des Ortes für »Unrat«, wie er in 11QT XLV,7-9; XLVI,17-18 für Mönche, die sich verunreinigt hatten, definiert war.

So lebte z. B. der Hohepriester in Zeiten der Unreinheit, d. h. in Zeiten, in denen er gegen gegen den Zölibat verstieß, also während der ehelichen Gemeinschaft, in Ain Feschcha. Nach den Geboten der Essener verbrachte er den größten Teil seines Lebens im Zustand des Zölibats in einer monastischen Gemeinschaft, verließ diese jedoch von Zeit zu Zeit, um gemäß der für die bedeutenden Dynastien vorgeschriebenen Ordensregel die Geschlechterfolge zu sichern (vgl. Kapitel 8).

Für ihn und seine Familie war eine Reihe von Räumen auf der Westseite des Hofes vorgesehen. Der Grundriß des Gebäudekomplexes von Ain Feschcha orientierte sich an dem eines graeco-romanischen Hauses mit zentral gelegenem Innenhof und nach Osten gehendem Eingang (de Vaux, *ADSS*, 60-87). In diesem Gebäude, dem »Haus des Zacharias«, weilte Elisabet in der Erzählung von Lukas 1 (39-40).

Als Simon Magus in der zweiten Besiedlungsphase von Qumran die Position des zadokidischen Hohenpriesters für sich beanspruchte, lebte er hier mit Helena als seiner Ehefrau (vgl. Kapitel 15). Da Simon ein Samariter war, wurde das Haus während seines Aufenthaltes zu »Samaria« – nach dem Prinzip der Übertragung von Ortsnamen, wie wir es in Kapitel 7 kennengelernt haben. Helena war demzufolge die »samaritische Frau« von Johannes 4.

Jedes Mitglied der Hierarchie hatte zwei Grade, einen höheren, wenn es nicht »in leiblicher Gestalt« war, und einen niedrigeren, wenn es »in leiblicher Gestalt« lebte. (Dieser Punkt ist ausführlicher im Kapitel »Hierarchie«, S. 447, behandelt.) Wenn der Betreffende sich »in leiblicher Gestalt« befand, was meist bedeutete, daß er gerade in ehelicher Gemeinschaft lebte, so fiel er in seinem Status auf die Position seines Dieners zurück, der drei Grade unter ihm stand. Jedem hierachischen Grad aber war eine bestimmte Stunde des Tages zugeordnet, da sie alle an verschiedenen, aufeinanderfolgenden Stunden beteten. So stand der Diener nicht nur im Heiligtum drei Ellen von seinem Meister entfernt, sondern hielt sich in der Regel auch drei Stunden südlich von seinem Meister auf, also in Ain Feschcha, das drei Stunden südlich von Qumran lag. Wenn der Hohepriester »in leiblicher Gestalt« war, hatte er sich also nach Ain Feschcha zu begeben.

Die gleiche Vorschrift galt auch für den König, den davidischen Erben. Nach der alten Ordnung, bevor auch er zeitweilig im Zölibat lebte, gehörte der König ausschließlich der Welt an und konnte daher seinem Status nach nur bis Ain Feschcha gelangen. Seine Anwesenheit dort bekundete der Ausdruck »Jakobs Brunnen«, wie er in Johannes 4,6 auftaucht. Die Bezeichnung für den Thronerben unter den Herodiern war »Jakob« (Kapitel 5), und da er als Laienbischof und Lehrer des Gesetzes fungierte, wurde er mit dem Bild des Brunnens verglichen (CD VI,4).

Wenn der Davidide in die »leibliche Gestalt« hinabstieg, mußte er sich noch drei Stunden weiter in Richtung Süden nach Mazin zurückziehen. Dort hatte er den Status eines ganz normalen verheirateten Mannes. Ein solcher Mann gehörte bei den Essenern dem Orden Naftali an, der sich in Tiberias oder Kafarnaum am Ufer des Sees Gennesaret zu versammeln pflegte. Deshalb war Mazin, wenn sich die Männer von Naftali dort aufhielten, »Kafarnaum«.

Jesus verbrachte sehr viel Zeit in Mazin, weil er sich in dem Zeitraum, von dem die Evangelien berichten, gerade in der 18monatigen Vorbereitungszeit auf die Ehe befand. Diese 18 Monate wurden zu der Zeit gerechnet, in der der König »in leiblicher Gestalt« war. Da Jesus andererseits aber noch nicht verheiratet war, pendelte er per Boot und zu Fuß zwischen Ain Feschcha und Mazin hin und her.

Ain Feschcha war damit der Ort, an den der Hohepriester in unreinem Zustand kam, und den er in reinem wieder verließ, um nach Qumran zurückzukehren, während der König (nach der alten Ordnung) von vornher-

392

ein unrein war und deshalb in Ain Feschcha lebte, um sich, wenn es die Situation gebot, an einen Ort zurückzuziehen, wo er als noch unreiner galt. Ein Mann, der sexuell unrein war, war wie ein »Vieh«. Auch die Tiere waren Symbole für unterschiedliche Grade: Die höheren Rangstufen bildeten die domestizierten Tiere wie z. B. Ochsen, die niedrigeren die wilden Tiere wie z. B. Löwen. Ain Feschcha war gleichsam der »Bauernhof« (chōra) von Qumran, deshalb gehörten dorthin die »Ochsen«. Die verschiedenen Grade wurden auch baulich durch die engen und die breiten Tore Ain Feschchas unterschieden. Am Osteingang des Gebäudekomplexes befanden sich zwei Tore dicht nebeneinander, die noch heute zu sehen sind. Das eine war sehr eng (1½ Ellen, knapp 70 Zentimeter), das andere besonders breit (drei Ellen, 1,38 m). Beide führten in den Hof hinein. De Vaux, der die Ausgrabungen in Ain Feschcha leitete, konnte keinen plausiblen Grund dafür finden, warum diese beiden Tore so nahe beieinander lagen, nur 2½ Ellen (1,15 m) voneinander entfernt. Er vermutete, daß das eine für Menschen, das andere für Tiere gedacht war (ADSS, 61). Mit dieser Annahme kommt er dem tatsächlichen Sachverhalt recht nahe: Unreine Zölibatäre, die dem höheren Grad des »Viehs«, den »Ochsen«, angehörten, betraten den Komplex durch das breite Tor, bis sie »schlank« (= rein) genug waren, ins Kloster zurückzukehren (zur asketischen Lebensform gehörten unter anderem auch strenge Fastenzeiten). (Die rätselhafte Wendung von dem »Ochsen«, der »in den Brunnen fällt« (Lk 14,5), gewinnt vor dem Hintergrund, daß Ain Feschcha Aufenthaltsort für das »Vieh«, zugleich aber auch »Jakobs Brunnen« war, eine völlig neue Bedeutung.) Der König und die Laienbischöfe dagegen verließen Ain Feschcha durch das breite Tor und begaben sich von dort nach Süden in die »Verdammnis« (apōleia), in die unbeschränkte Ehe, wie sie vom niedrigsten Ordensgrad der Externen in Mazin praktiziert wurde. Der Verweis auf die beiden Tore in Matthäus 7,13 ist also eine Verteidigung der asketischen Lebensform: »Geht hinein durch die enge Pforte. Denn die Pforte ist weit, und der Weg ist breit, der zur Verdammnis führt«.

Die nasiräische Route von Marsaba nach Mird

Während Ain Feschcha und Mazin als »Außenposten« des Klosters dienten, waren Mird und Marsaba ursprünglich Aufnahmeorte für die Pilger, die das Kloster besuchten. Das waren Männer des Essenerordens Sebulon, deren Versammlungsort Nazaret in Galiläa war. Sie standen einen Grad über dem Orden von Naftali und stiegen während bestimmter Zeiten des abgeschiedenen Gebetes vom Status der Verheirateten in einen höheren Rang auf. Zunächst kamen sie einfach von Norden her nach Qumran, auf der Route von Jerusalem über Marsaba und Mird Minor. Sie brachten den Exilanten in Qumran lebenswichtige »Zehntengaben« und durften dafür eine Zeit des Gebets und der Unterweisung im Kloster verleben.

Wenn ein Pilger aber bei der Ankunft in Mird Minor als »Sünder« befunden wurde, der nicht heilig genug war, um zum Kloster weiterzureisen, schickte man ihn stattdessen den achtstündigen Weg hinab nach Mazin, wo die normalen, verheirateten Männer lebten. (Alle Bewohner Mazins waren »Sünder«; vgl. Lk 5,8; die Zölibatäre dagegen waren »Heilige«.)

Im Laufe des ersten vorchristlichen Jahrhunderts hatte sich eine nasiräische Institution entwickelt, vergleichbar der der Juden, die ein dreißigtägiges nasiräisches Gelübde ablegten (*Mischnah, Nazir*). Die Essener erweiterten dieses Gelübde noch um die Forderung nach Enthaltsamkeit vom Geschlechtsverkehr, und verlängerten darüber hinaus die Zeiträume von 70 auf 100 Tage. So lange blieben sie in der Wüste zwischen Marsaba und Mird, trugenschwarze Kleidung und ließen Haupt- und Barthaar lang wachsen, letzteres in Einklang mit Numeri 6,3-4. Außerdem tranken sie in dieser Zeit keinen Wein (Num 6,3-4).

Den Buchstaben des hebräischen Alphabets, die zur Bezeichnung der verschiedenen essenischen Grade verwendet wurden, waren auch Zahlen zugeordnet (vgl. dazu das Kapitel »Hierarchie«, 440). Die Buchstaben für Siebzig, Achtzig, Neunzig und Hundert (*Ayin, Pe, Sade und Qof*), die im Alphabet aufeinanderfolgen, standen auch für aufeinanderfolgende Ordensgrade (»Diakon«, »Presbyter«, »Bischof« und »Erzbischof«). Nasiräer konnten diese Grade erlangen, indem sie die jeweils geforderte Anzahl von Tagen unter der Ordensdisziplin lebten. Da es sich bereits eingebürgert hatte, daß die Rangunterschiede zwischen den einzelnen Graden jeweils einer Wegstunde entsprachen, wurden auch die Stationen zum Gebet in Stundenabschnitten entlang der Route verteilt.

Den Ausgangspunkt der nasiräischen Pilgerfahrt bildete Marsaba mit seiner Synagoge. Eine Stunde oder 5 Stadien nach Nordosten, auf der nach Qumran zu gelegenen Seite des Wadi Kidron, lag die nächste Station, an der als »Emmaus« bezeichneten Stelle; möglicherweise war es eine Höhle. Hier verbrachten die »Presbyter« ihre vorgeschriebenen achtzig Tage. Noch eine Stunde weiter befand sich die Höhle für die »Bischöfe«, die dort neunzig Tage lebten, und der »Erzbischof« schließlich verbrachte das Maximum von hundert Tagen in Mird selbst, auf der niedrigeren Hügelkuppe, dem sogenannten »Monument« (G.R.H. Wright, *Biblica* 42, 1961).

Das Wort »Nazaret« war mit den »Presbytern« und »Diakonen« assoziiert. Es gibt im Griechischen verschiedene Varianten dieses Namens: *Nazara*, *Nazaret* oder *Nazaret*. *Nazara*, dessen besondere Merkmale die »Synagoge« und seine Lage an einem steilen »Abhang« waren (Lk 4,16.29), war Marsaba selbst. Oben auf dem Abhang lag eine natürliche, einem Gebäude Platz bietende Plattform, von der aus man durch eine Schlucht leicht ins Kidrontal hinabklettern konnte. Das eine Stunde entfernte »Emmaus« war *Nazaret* oder *Nazaret*. Diese geographische Zuordnung läßt sich anhand des Matthäusevangeliums belegen, wenn man die Pescherregel für den Gebrauch des bestimmten Artikels anwendet. Wo die Wendung *ta horia* (»das Gebiet«) auftaucht, ist eine achtstündige Wegstrecke gemeint (Mk 7,24); so war z. B. Mird Minor »das Gebiet von Tyrus« (Mazin) (Mk 7,24) oder auch »das Gebiet von Judäa« (Qumran) (Mk 10,1), je nachdem, ob man die achtstündige Süd- oder Nordroute meinte. Wie jedoch ein Begriff ohne Artikel jeweils den »Diener« eines »Meisters« bezeichnet (drei Hierarchiegrade unter ihm stehend), so bedeutet auch *horia* allein eine elfstündige Wegstrecke, da die kürzeren Entfernungen mit höheren Graden gekoppelt waren und die längeren mit niedrigeren. Bei Matthäus heißt es, daß »Kafarnaum« (Mazin) »im Gebiet (*horiois*) von Sebulon« liegt (Mt 4,13). Auf unserem Diagramm vom »Schreibgerät« beträgt die Entfernung zwischen »Emmaus« und Mazin die vorgeschriebenen elf Stunden (nicht eingezeichnet, da es sich hier um eine weniger bedeutende Route handelte).

»Nazaret« diente dem »Vieh«, zu dem auch die Frauen gerechnet wurden, selbst wenn sie zölibatär lebten, als der 2000 Ellen entfernte Ort für »Unrat«. Von diesem Punkt aus begann eine »Jungfrau« ihren Weg in die Ehe und traf auf der Qumranseite des Wadi den »Engel Gabriel«, den Priester aus dem Geschlecht Abjathars, den Obersten aller Zölibatäre (Lk 1,26).

Die Nasiräer wurden mit »Schafen« assoziiert, da ihnen bei ihrer Verheiratung oder bei der Wiederaufnahme der Ehe die Haare und der Bart geschoren wurden. Wenn einer von ihnen auf dem Pilgerweg versagte und von Mird Minor nach Mazin zurückgeschickt werden mußte, war er ein »verlorenes Schaf«. Der Oberste des Nasiräerordens, der eine hunderttägige Zeitspanne der Enthaltsamkeit auf sich nahm, war »Schaf 100«. Bei ihm war sein »Bischof«, »Schaf 90«.

Für bestimmte Vergehen und in bestimmten Stadien der Unreinheit konnte ein »Erzbischof« auf den Stand eines unteren Novizen zurückgestuft werden. Der dieser Stufe zugeordnete hebräische Buchstabe war *Mem*, was 40 bedeutete. Der Betreffende hatte sich in solchen Zeiten an den unreinen Ort 1000 Ellen von seinem Zentrum entfernt zum Wadi, wo die Tunnels lagen, in die »Wüste« zu begeben (wo Johannes der Täufer neue Mitglieder als Novizen aufnahm). Er verbrachte also »vierzig Tage in der Wüste«. In diesem Stand befand sich Jesus im März des Jahres 29 n. Chr., 18 Monate vor seiner Heirat. Seine vierzigtägige Fastenzeit in der »Wüste« fiel in die Kalenderzeit der Interkalation (vgl. das Kapitel »Chronologie«, S. 257–258) (Mk 1,13).

Ein Mann auf der Stufe *Mem* konnte auch als »9« bezeichnet werden, da die Grade für die griechisch-sprachigen Leser der Schriften aufeinanderfolgend numeriert wurden (vgl. das Kapitel »Hierarchie«, S. 440). Eine »9« war also in der »Wüste« und eine »90« ein kurzes Stück entfernt, als »Schaf 100« verlorenging. Das Gleichnis in Lukas 15,1-7 von dem Mann, der 99 Schafe in der »Wüste« zurückließ, um nach dem Hundertsten zu suchen, verweist demnach auf das nasiräische System.

Der essenische Nasiräerorden stand unter dem Befehl des davidischen Kronprinzen, da er einer niedrigeren Stufe angehörte als der vom König angeführte zölibatäre Orden, dessen Mitglieder die meiste Zeit im Kloster lebten. Die verschiedenen Varianten von »Nazaret« stehen alle in Zusammenhang mit »Josef«, dem Namen des Kronprinzen unter »Jakob« (Lk 4,22; 2,39. Mt 2,23 bezieht sich auf Josef als die zuletztgenannte Person).

In seinem höchsten Grad, als »Erzbischof«, fungierte der Kronprinz als Führer der Pilger von Mird nach Ain Feschcha und Qumran. In dieser Rolle wurde er auch »Wolke« genannt, weil die Israeliten in der Wüste »am Tag« von einer »Wolke« geführt worden waren (Ex 13,21-22). Der Name kam in Gebrauch, als die Nasiräer sich mit einer anderen Gruppe verbanden, für die die Exodusbildsprache eine wichtige Rolle spielte (s. u. S. 397). Die »Wolke« taucht sowohl im Westen, in Mird, auf, wo sie »schwarz« ist und für Regen steht (Lk 12,54), also einen »Schatten« wirft (ein nasiräischer »Erzbischof«, Lk 1,35; Apg 5,15), als auch im Osten, in Qumran (Apg 1,9).

Efraim-Manasse: Die »Lager«

Zwischen den in der Welt lebenden externen und den monastisch lebenden Essenern standen die ägyptischen Therapeutae und andere Diaspora-Essener. Sie verkörperten die Stämme »Josef« – Efraim und Manasse – und ähnelten in ihrer Lebensweise in vieler Hinsicht den monastisch lebenden Ordensmitgliedern; u. a. teilten sie weitgehend deren Reinheitsvorstellungen. Allerdings lebten sie nicht in Klausur, sondern engagierten sich stark in der Welt und in der Politik. Ihre Askese diente militärischen Zwecken, da man davon ausging, daß sexuelle Enthaltsamkeit die Kampfeskraft stärkte (1QM VII,6).

Aus diesen Orden entstand die Zelotenbewegung. Ihr Weltbild ist in 1QM, der Kriegsrolle, eingefangen. Es zeigt sich, daß die Vorschriften über die Standorte für die 1000 bzw. 2000 Ellen vom »Lager« entfernten Plätze für den »Unrat« von den Zeloten formuliert wurden. Diese Orte waren Bestandteil ihrer »Lager«, und so finden sich denn auch die Regeln die Latrinen betreffend im gleichen Kontext wie die Vorschriften über die sexuelle Reinheit und körperliche Gesundheit der Krieger (1QM VII,3-7).

Vor 31 v. Chr. war Mird zentraler Versammlungsort der Zeloten, weil sie in vielen Dingen dieselben Vorschriften wie die Nasiräer befolgten. So tranken auch sie keinen Wein, allerdings nicht nur zeitweise, sondern grundsätzlich (Philo, *De Vita Contemplativa* 73-74). Ihr höherer Rang, der Orden Manasse, übernahm den Hügel bei Mird, der von den hundert Tage fastenden »Erzbischöfen« benutzt wurde, und baute die Plattform aus, die dann als »Lager« und Meßpunkt diente. Der Platz liegt etwa 1000 Ellen von dem Hügel nördlich des Wadi (der »Wüste«) entfernt.

Die Archäologen fanden auf dem Hügel ein klar abgegrenztes Quadrat,

»kaum größer als 10 Meter« (Wright, S. 14). Es gab keine Überreste, die auf eine Einteilung in einzelne Zimmer hindeuteten. Tonscherbenfunde weisen auf die herodianische Zeit.

Das »Lager« besaß ein »Lagerfeuer«. Zu diesem Zweck wurde auf dem Hügel ein Feuer entzündet, und das Oberhaupt von Ostmanasse, das für das Feuer veranwortlich war, wurde zum »Feuer in der Nacht« – in Anlehnung an die »Wolke bei Tag«, den davidischen Kronprinzen.

Eine Stufe unter Manasse standen die Mitglieder von Efraim, die ägyptischen Therapeutae. Ihre Bischöfe schlossen sich dem nasiräischen »Erzbischof« in seiner neunzig Tage währenden Klausur eine Stunde vor dem »Lager« an.

Das Heiligtum auf dem Haupthügel

Auf dem Haupthügel von Mird befand sich eine weiträumige Plattform, auf der sich eine Reihe von Gebäuden erhoben (vgl. Kap. 7). Die Räume im nördlichen Flügel wurden später in eine christliche Kirche umgewandelt. Zusätzliche Räume, die sich um einen weiten, gepflasterten Hof gruppierten, lagen auf der West- und der Ostseite. Sie wurden offenbar bei den Zusammenkünften der Orden wie etwa der Therapeutae an jedem siebten Tag benutzt. (Philo vermeidet das Wort »Synagoge« im Zusammenhang mit den Therapeutae und bezeichnet den Ort stattdessen als »Heiligtum«; Philo, *De Vita Contemplativa* 32. Bei den externen Essenern dagegen spricht er von einer »Synagoge«; *Omnis probus liber* 81.) Lukas 13,10 weist auf das Vorhandensein einer Synagoge in Mird Major.

Im Heiligtum in Mird, das verschiedene Orte in der Diaspora, an denen Diaspora-Essener zum Gottesdienst zusammenkamen, symbolisierte, taten nur Priester und Leviten im Rang der Externen Dienst. Der Hauptpriester, der in der Gesamthierarchie die Position eines »Dritten« einnahm, stand ihnen vor. Er hatte die verschiedenen levitischen Ränge unter sich. Ihre genaue Funktion ist im Kapitel »Hierarchie«, S. 446 ff., ausführlicher erläutert; hier mag der Hinweis genügen, daß sie Amtsbezeichnungen wie »Kardinal«, »Bischof«, »Presbyter« und »Diakon« trugen.

Die Bildwelt des Exodus

Die Grundlage für die Lebensweise und den Gottesdienst der Orden Manasse und Efraim war die Bildwelt des Exodus. Sie sahen sich selbst in ihrem Leben in der Diaspora als Israeliten in der Wüste, die durch ihre persönliche Ordensdisziplin aus »Ägypten«, dem Sammelbegriff für »Sünde«, gerettet wurden. Wie bei Philo deutlich wird, lebten sie die meiste Zeit als Eremiten, kamen jedoch alle sieben Wochen zum Gottesdienst zusammen, einer liturgischen Feier ihres Exodus. Männer- und Frauenchöre vollführten einen heili-

397

gen Tanz, die Männer unter der Führung eines »Mose«, die Frauen unter der einer »Mirjam« (*De Vita Contemplativa* 85-87).

Bei genauerem Hinsehen wird deutlich, daß die verschiedenen Örtlichkeiten, die die Nasiräer in Mird eingerichtet hatten, dazu dienten, das Geschehen des Exodus nachzuspielen (s. Abb. 3). Die Ordensmitglieder zogen von »Ägypten« (dem Ort, an dem der »Bischof« neunzig Tage in der Klausur verbrachte und mit dem die Mitglieder des Ordens Efraim besonders verbunden waren) durch das »Rote Meer« (den westlich des Gebäudekomplexes gelegenen Aquädukt) zu einem »Lager« (dem kleineren Hügel), dann zum »Berg Sinai« (dem Hauptgebäude) und in die »Wüste« (die Südseite des Wadi) (Apg 7,30-36). Das Wadi wurde zum »Jordan« (Mk 1,5), nach dessen Durchquerung sie vor dem »Land der Verheißung« standen. Vor dem Erdbeben war dieses »Land der Verheißung« Qumran.

Nach der Erzählung von Exodus 19,16 war der Berg Sinai umgeben von »Donnern und Blitzen und eine(r) dichte(n) Wolke«. Diese Phänomene wurden zu Beinamen der Priester des Heiligtums oder der Synagoge in Mird. Der Hauptpriester war der »Donner«, der »Kardinal« der »Blitz«, und der »Erzbischof« die »Wolke«. In neutestamentlicher Zeit war Jonatan Hannas Hauptpriester (vgl. das Kapitel »Hierarchie«, S. 444) und führte damit den Beinamen »Donner« (im Johannesevangelium [12,29] heißt es, daß es, als Jesus zum »Vater« [Jonatan] betete, nach Ansicht der Zuhörer »gedonnert« habe). Als Jakobus und Johannes sich mit den Hannas-Priestern verbündeten, wurden sie die »Donnersöhne« (Mk 3,17). Simon Magus, der »Kardinal«, war der »Blitz« und wurde unter diesem Namen »Papst« (Lk 10,18; Mt 28,3). Der Ordensobere der Nasiräer, in seiner höchsten Rangstufe der Kronprinz, war in seiner Rolle als Anführer bereits als die »Wolke« bekannt, wie oben gezeigt. (Der »Blitz« konnte auch als Führer von Osten nach Westen fungieren, daher die Formulierung »wie der Blitz ausgeht vom Osten und leuchtet bis zum Westen«; Mt 24,27.) Mit dem Berg Sinai waren außerdem Erdbeben assoziert (Ri 5,5), und so trug das Oberhaupt von Efraim den Beinamen »Erdbeben« (Mt 27,54; 28,2; Apg 16,26).

Am Fuß des Berges Sinai war das Goldene Kalb aufgestellt worden (Ex 32,4). Dieser Name paßte gut zum Oberhaupt von Westmanasse, von Samaria, weil das »Kalb« mit den Samaritern assoziiert war. Den Titel führte später der Herodier Archelaus, der den Rang eines »Erzbischofs« bekleidete.

»Betanien«

Der Ort für »Unrat« im Wadi, in der »Wüste« (Joh 1,28), trug den Namen »Betanien« (hebr. »Haus der Armen«, 'ani). Von einem bestimmten Grad der Unreinheit an mußten sich die essenischen Zölibatäre entweder 1000 Ellen von einem Diaspora-«Lager« oder drei Stunden von einem heiligeren

Abb. 3 Der Weg des „Exodus"

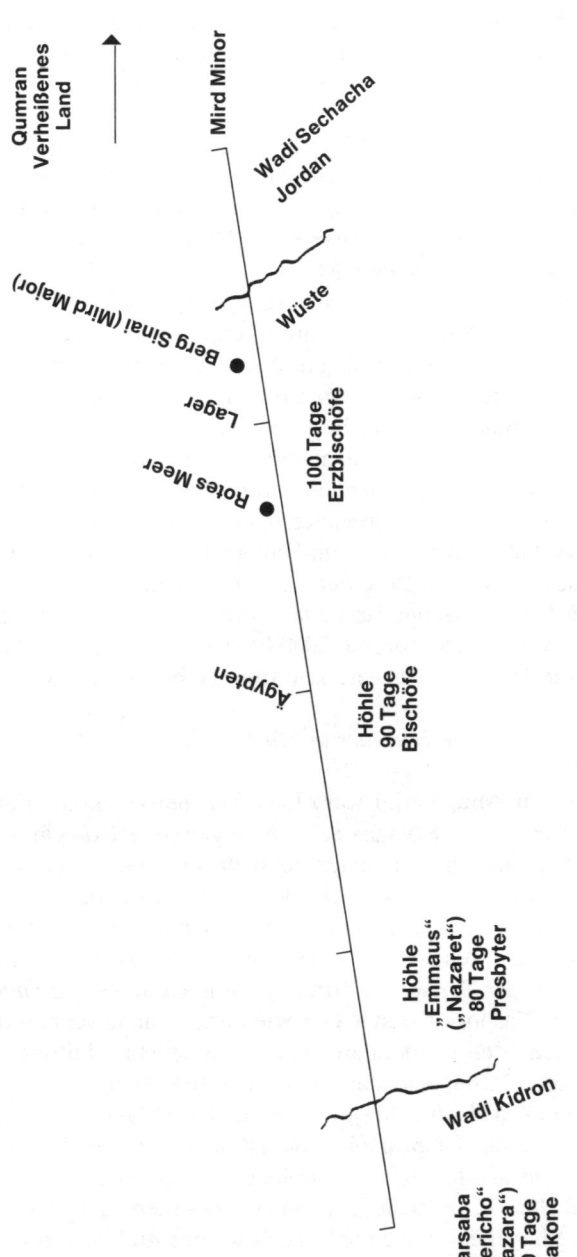

Qumran
Verheißenes
Land

Mird Minor

Wadi Sechacha
Jordan

Berg Sinai (Mird Major)

Wüste

Lager

100 Tage
Erzbischöfe

Rotes Meer

Ägypten

Höhle
90 Tage
Bischöfe

Höhle
„Emmaus"
(„Nazaret")
80 Tage
Presbyter

Wadi Kidron

Marsaba
(„Jericho"
„Nazara")
70 Tage
Diakone

1 Stunde
5 Stadien
2000 Ellen

399

Ort, einem palästinischen Heiligtum, entfernen. So lag das tatsächliche Betanien drei Stunden (15 Stadien) östlich des Essenertors in Jerusalem, und Ain Feschcha, ein anderes »Betanien« (Joh 11,1), drei Stunden (15 Stadien) südlich von Qumran (Joh 11,18).

Das südliche Ufer des Wadi bei Mird galt als der Ort, an dem sich die Israeliten in der »Wüste« befanden, zwischen dem »Berg Sinai« und dem »Jordan«. Dort verbrachten die Therapeutae die Zeiten zwischen ihren Sabbat- und Pentekontadenversammlungen in der Einsamkeit mit Gebet und Studien (Philo, *De Vita Contemplativa* 34-36). Sie lebten als Einzelgänger, waren also Eremiten, ein Wort, das von *erēmos*, »Wüste, Einöde«, abgeleitet ist. Sie hatten kein gemeinschaftliches Eigentum, sondern lebten sehr ärmlich (*De Vita Contemplativa* 24.38) und wurden deshalb die »Armen« genannt (gr. *ptōchos*). Ihre Wintergewänder waren aus Tierhäuten verfertigt. »Ihre Kleidung ... ist äußerst bescheiden und reicht gerade aus, sie vor stärkster Kälte und Hitze zu schützen; ein dicker Mantel aus zottigem Fell im Winter, und im Sommer ein Unterhemd oder ein Leinenhemd (*othonē*)« (*De Vita Contemplativa* 38). Johannes der Täufer ging denn auch in einem »Gewand aus Kamelhaaren« (Mk 1,6). Anläßlich ihrer Feste im Hauptgebäude trugen die Therapeutae jedoch weiße Gewänder (*De Vita Contemplativa* 66).

Heiden aus den Orden Ascher und Dan, die den Diaspora-Essenern zugehörten, kamen nach Mird Minor, das 2000 Ellen entfernt lag – also in der für Frauen, denen die Heiden gleichgesetzt waren, geforderten Distanz.

Die Herodier in Mird

Der Gebäudekomplex in Mird Major war offiziell als herodianische Festung geplant. Mird hatte einst der Königin Salome (regierende Königin seit 76 v. Chr.) gehört, die es als Schatzkammer benutzte (Josephus, *Antiquitates* XIII,418). Danach hatte Herodes der Große sich die Festung angeeignet (*Bellum* I,364); sie diente ihm als Residenz für ausländische Würdenträger (*Antiquitates* XVI,13). Die religiösen Aktivitäten vor Ort lagen in den Händen der Priesterschaft der Synagoge. Ermutigt von Herodes (*Antiquitates* XV,378) bestimmten Diaspora-Essener hier wie auch in anderen herodianischen Niederlassungen, deren liberalere und pro-westliche Haltung ihren eigenen Auffassungen sehr entgegenkam, das religiöse Leben.

Es hat den Anschein, daß Mird Major auch als Ausbildungsstätte für die herodischen Prinzen diente. Ursprünglich unterstanden die für die Nasiräer geplanten Örtlichkeiten in Mird der Oberhoheit des davidischen Kronprinzen. Dann gründete Herodes verschiedene, an den Nasiräerorden angelehnte Orden, die nun jeweils seinen Söhnen unterstellt waren. Zu Lehrern wurden Männer aus Efraim-Manasse berufen, die dem griechischen Denken nahestanden. Daß die Essener an der Erziehung der herodischen Prinzen mitwirkten, zeigt sich auch in der Episode, in der Herodes der Große als Junge zu seinem Lehrer geht und dabei Menahem dem Essener begegnet (*Antiquitates* XV,373).

Die herodianischen Orden orientierten sich in gewisser Hinsicht an den nasiräischen, unterschieden sich aber auch von ihnen. Sie waren wie die Essener in Hundertschaften organisiert (*Bellum* II,145). Wo die Diaspora-Essener ihre Vollversammlungen »die Vielen« (*hārabbim*) nannten, da gebrauchten die Herodier das griechische Äquivalent des Wortes, *hoi polloi*. Dieser Begriff bezieht sich, mit und ohne Artikel, auf den Ordensobersten Herodes in seiner Rolle als »Erzbischof« (in neutestamentlicher Zeit hatte Agrippa diese Position inne).

Mit dem »Lager« war der Name des »Kalbes« assoziiert, und so verbrachten denn auch die herodianischen »Erzbischöfe« hier in Mird ihre hunderttägige Klausur. Als später, nach einer weiteren Ausgestaltung der Bewegung, die Namen der vier »Gestalten« des Ezechiel, zu denen auch das »Kalb« (der »Stier«) gehörte, zu Titeln wurden, wurde dieser Beiname für den jeweils herrschenden Herodier üblich. Ganz besonders war Archelaus (4 v. Chr. bis 6 n. Chr.), der lediglich die Stellung eines Ethnarchen bekleidete, mit diesem Titel verknüpft (Josephus, *Antiquitates* XVII,317-321). Archelaus war das »(Goldene) Kalb« von Apostelgeschichte 7,41 (in einer militanten Triarchie mit dem »Drachen« Joazar und dem »Tier« Judas der Galiläer). Als das »gemästete Kalb geschlachtet« wurde, hieß das, daß sich eine Verschwörung gegen Archelaus anbahnte (Lk 15,23).

In einem verwandten Bild war der herodianische »Erzbischof« auch das »verlorene Schaf«, ein Titel, der vor allem für Agrippa I. verwendet wurde, als er diese Position innehatte. Während die wahren essenischen Nasiräer »Schafe« waren, waren die Herodier »verlorene Schafe«, d. h. »Sünder«. Sie übten keine sexuelle Enthaltsamkeit in den für den Aufenthalt in asketischen Ordenszentren vorgeschriebenen Zeiten.

Außerdem hielten sie sich nicht an die verschiedenen Vorschriften über die Unreinheit. Sie gingen normalerweise nicht die vorgeschriebenen Entfernungen zu den Latrinen und befolgten auch nicht das Gebot, sie am Sabbat überhaupt nicht zu benutzen. Das Verbot, in die Nähe von Gräbern zu gehen, war ihnen ebenfalls unbekannt. Deshalb beherbergte das Gebäude in Mird auch Grabhöhlen, und am Fuße des Hügels befanden sich einige ganz normale Gräber (Wright, 12.16). Nach dem Bericht des Josephus wurde der herodische Prinz Antipater in Mird (Hyrkania) beigesetzt (*Antiquitates* XVII,187).

Drei Stunden südwestlich von Mird Major lag der Gebäudekomplex von Marsaba, für die Essener *Nazara*. Die Herodier benutzten nur Gebäude, keine Höhlen. Marsaba erhielt nun noch den Beinamen »Jericho«, da es Aufenthaltsort der herodischen Diener aus dem Orden Benjamin war. Die

Angehörigen dieses Ordens versammelten sich im wirklichen Jericho, in einem der weniger bedeutenden Paläste des Herodes (*Antiquitates* XVII,161). Jesus besuchte Marsaba – »Jericho« – im Dezember des Jahres 32 n. Chr., auf dem Weg nach Jerusalem (Mk 10,46).

Die »Kirche«

Das Wort *ekklēsia*, »Kirche«, taucht in den Evangelien kaum auf. Es findet sich lediglich in Matthäus 16,18 und 18,17, außerdem in Apostelgeschichte 5,11, in dem Bericht über den Sturz des Simon Magus und der Helena (Hananias und Saphira). In dieselbe Zeit fiel, wie die Chronologie zeigt, der Aufstieg Agrippas zur Königswürde. Später bleibt der Begriff in erster Linie mit Paulus und dem Zebedaïden Johannes (Offb 1-3), assoziiert, die beide Agrippa dienten. Es handelt sich also ganz offensichtlich um einen herodianischen Terminus. Andererseits besteht aber auch eine starke Assoziation zu Petrus, dem »Fels«, auf dem die Kirche errichtet werden sollte (Mt 16,18). Petrus war ein externer Essener vom Rang eines »Sünders« (Lk 5,8), d. h. er kam aus dem Orden Naftali. Er scheint mit jenem »Simon von Jerusalem« identisch gewesen zu sein, der zunächst gegen Agrippa opponierte, dann jedoch wider Willen von dessen Wesen eingenommen wurde (Kap. 31). Die Einbürgerung des Begriffs *ekklēsia*, wörtlich »die Herausgerufenen«, geht möglicherweise auf eine Spaltung unter den externen Essenern in eine Partei für und eine gegen die Herodier zurück. Diejenigen, die für die Herodier waren, repräsentierten eine pro-westliche Auffassung und wollten die strengen essenischen Vorschriften über die Unreinheit gelockert sehen. Sie vertraten eine tolerante Haltung den Heiden gegenüber und waren daher prädestiniert, sie als »Fische« zu »fangen«, d. h. als Konvertiten für die jüdisch-asketische Bewegung zu gewinnen. Heiden wie Jakobus und Johannes, die Söhne des Zebedäus, die in der Welt lebten, arbeiteten mit ihnen zusammen. Während die Zölibatäre, wenn sie draußen in der Welt waren, »Apostel«, d. h. »Ausgesandte«, hießen, fühlten diese Männer sich als »Herausgerufene« und stärker der Welt als einer asketischen Gemeinschaft zugehörig. Sie orientierten sich an den Hannas-Brüdern – Sadduzäern – als Priestern und nicht an den Pharisäern.

Die erste »Kirche« befand sich, den Hinweisen von Apostelgeschichte 7,38 nach zu schließen, in Mird Major, und zwar bereits zur Zeit der Bildung der Friedenspartei unter Ananus und Simeon. In diesem Zusammenhang fällt die Wendung »in der Gemeinde in der Wüste ... zwischen dem Engel«. Die »Wüste« lag im Norden des Komplexes von Mird, doch an einem Ort für Unreine konnte es keinen »Engel« geben (1QM 7,6). Deshalb ist hier der alternative Ort außerhalb des eigentlichen Gebäudes gemeint, der zwar weniger rein war, in dem aber nicht die Regeln für die »Lager« galten. Wie später zu zeigen sein wird, handelte es sich dabei einfach um den Hof eines herodianischen Gebäudes (Mk 6,39). Hier war die Gemeinde, die *ekklēsia*, draußen im Freien versammelt, während die Priester vom »Berg Sinai« herab, dem Heiligtum bzw. der Synagoge, die in einem Flügel des Gebäudes untergebracht war, zu ihnen sprachen.

Die *ekklēsia* folgte Petrus nach Jerusalem (Apg 11,22) und nach Antiochia (Apg 11,26). Auch Paulus gebraucht den Begriff; bei ihm repräsentiert er den herodianischen Flügel der Verbindung. Ihre Ursprünge lassen sich ganz genau an dem Prozeß ablesen, in dessen Folge einige der externen Essener ihre traditionelle Lebensweise aufgaben und unter herodianischem Einfluß eine stärker hellenisierte Lebens- und Denkungsart annahmen.

Das jüdische Weltreich

Zur Zeit Herodes des Großen eröffnete sich für die Juden eine großartige Perspektive: In der Diaspora lebten nach den Worten des Josephus »Myriaden« von Juden (*Contra Apionem* I,194). Wenn man diese Leute in einem Neuen Bund zusammenführte zu einem Neuen Israel und sie für dieses große Ziel ihren Mitgliedsbeitrag von einem Halbschekel entrichten ließ, so ließen sich daraus reiche Einkünfte für das verarmte Mutterland ziehen. Aber es gab noch eine weitere Herausforderung: Die jüdische Religion in ihrer hellenisierten Form fand bei den Heiden wachsenden Anklang, und die Mitglieder des Neuen Bundes, sowohl Juden als auch konvertierte Heiden, besaßen alle Voraussetzungen, eine tiefgreifende Umwälzung der graeco-romanischen Kultur herbeizuführen. Der nächste Schritt lag klar auf der Hand: Das römische Kaiserreich, das sich gerade erst konstituierte, würde dem Judentum herodianischer Prägung möglicherweise mit der Zeit so positiv gegenüberstehen, daß ein jüdischer Cäsar nicht mehr undenkbar war. Der Ehrgeiz des Herodes kannte hier keine Grenzen: Er erhoffte für sich oder einen seiner Nachkommen die Weltherrschaft.

Ein Plan zur Eroberung der Welt wurde entworfen, der die Strategie für die Missionierung festlegte und zugleich die Grundlagen für die Ordnung des künftigen Reiches schaffen sollte. (Vgl. Kap. 5).

Es sollte vier Metropolen geben, die jede einer der Himmelsrichtungen zugeordnet und mit einer der vier Gestalten aus Ezechiel 1,9-10 assoziiert waren. Die Schilderung Ezechiels von einem Wagen, der nach Osten fuhr, bediente sich der alten Embleme für die Priester, Leviten und Könige. Diese wiederum waren mit den großen Festen und damit auch mit bestimmten Jahreszeiten verbunden. Die Jahreszeiten ihrerseits waren jeweils bestimmten Farben zugeordnet. Das genaue System sah folgendermaßen aus:

Osten	Babylon	Mensch	Frühling	Grün
Westen	Rom	Adler	Herbst	Rot
Norden	Kleinasien	Kalb	Winter	Schwarz
Süden	Ägypten	Löwe	Sommer	Weiß

Die Gruppen, die aus der Diaspora kamen und sich in Mird trafen, bestanden aus Missionaren. Die »Eremiten« von Manasse und Efraim wurden nach Babylon und Ägypten entsandt, also an die Orte, an denen ihre Orden im 1. Jahrhundert v. Chr. ursprünglich entstanden waren.

König Herodes wollte, daß seine Herrschaft die ganze Welt von Ost bis West umspannen sollte. Er selbst würde sich hauptsächlich im Zentrum des Reiches in Jerusalem aufhalten, während sein Thronfolger sein Repräsentant in Babylon und sein zweiter Sohn sein Stellvertreter in Rom sein würde. Die Weltaufteilung, in der sich die Sitzordnung der ranghöchsten Männer an der heiligen Tafel spiegelte (vgl. das Kapitel »Hierarchie«, S. 453), war durch unterschiedliche Wertigkeiten gekennzeichnet, wobei der Osten eine Stufe über dem Westen stand.

Das Emblem des Herodes in Babylon war ein Mensch, in Rom ein Adler. Wie 1QpHab III, 10-12 zeigt, wurden die Römer mit dem Adler assoziiert. Unter diesem Zeichen würde Herodes eines Tages Cäsar sein. Deshalb trugen er und seine Nachfolger den Beinamen »Cäsar«. In den Evangelien hat es zwar den Anschein, daß damit jeweils der römische Kaiser gemeint ist, doch im Pescher meint »Cäsar«, wenn es ohne Zusatz gebraucht ist, den herodischen König (z. B. Mk 12,14; Joh 19,12; Apg 17,7). Ist dagegen der römische Kaiser gemeint, so wird jeweils noch der betreffende Name angeführt: »Cäsar Augustus«, »Tiberius Cäsar«, oder es wird ganz einfach der Titel *Sebastos*, »der Erhabene« verwendet (z. B. Nero) (Lk 2,1; 3,1; Apg 25,21).

Auch in Kleinasien, einer Region mit hoher Bevölkerungsdichte, wollte Herodes herrschen. In einer seiner verschiedenen Herrscherrollen würde er »das schwarze Kalb« verkörpern, das für den Norden stand. Die Metropole Kleinasiens sollte Antiochia, die Hauptstadt Syriens, die nördlich von Jerusalem lag, werden. Die Farbe Schwarz blieb mit Antiochia assoziiert, so daß später ein Gemeindeleiter aus dieser Gegend den Beinamen »Niger« trug (Apg 13,1).

Daß Herodes alle höheren Führungspositionen auf sich vereinigte, war einer der Gründe, weshalb er den Beinamen »Alle« trug. Wo das Wort *pantes* (Plural) auftaucht, ist deshalb immer der herodische König gemeint.

Für den Davididen, der in der Tradition mit dem Löwen verknüpft war, blieb nur der Süden übrig, Alexandria und Ägypten. Die alexandrinischen Juden waren dem herodischen Herrscherhaus nicht besonders gewogen (s. 11QT LVI,16).

Die vier Pferde von Offenbarung 6,1-8 (weiß, rot, schwarz und grün) tragen die Farben der Jahreszeiten und repräsentieren die Hauptstädte des herodischen Weltreiches, wobei das weiße Pferd allerdings in Abweichung von der Regel, die noch zu erläutern sein wird, für Ephesus steht. Man dachte sich die Welt in diesem Plan als eine Art Zifferblatt (vgl. Abb. 4): Die Punkte für 6 Uhr, 18 Uhr, 24 Uhr und 12 Uhr mittags verkörperten die vier Himmelsrichtungen, Ost, West, Nord und Süd. Auch die dazwischenliegenden Stunden (9 Uhr, 15 Uhr, 21 Uhr und 3 Uhr) waren eingezeichnet. Bestimmte Orte im Südosten (Arabia, Apg 2,11; Gal 1,17), im Südwesten (Kyrene, Apg 2,10; 13,1), im Nordwesten (Illyrien, Röm 15,19) und im Nordosten (vermutlich Armenien) wurden zu untergeordneten Zentren. Das neue Schema wurde dann über die Landkarte der damaligen Welt gelegt.

Kleinasien

Kleinasien nahm in diesem Schema den Raum zwischen Norden und Nordwesten ein. Tatsächlich stellte die Region allerdings den wichtigsten Bereich des Missionsgebietes dar, da es dort eine hohe jüdische Population in der Diaspora gab. Von den erwarteten sechzig Mitgliedern in jedem Zeitraum (die in vierzig Jahren auf 600 000 anwachsen sollten) sollte die Hälfte aus Kleinasien kommen.

Die fünf Provinzen Kleinasiens sollten dem Hauptpriester und den Leviten des Heiligtums von Mird unterstellt sein. Der Hauptpriester, der den Beinamen »Donner« trug, sollte die Leitung der Provinzen haben, und die »Bischöfe«, »Presbyter« und »Diakone« sollten jeweils eine Provinz zugeteilt bekommen. (Eine solche Provinz verkörperte einen bestimmten Steuereinzugsbereich von 6000 Mitgliedern. Mit ihrer Mitgliedsgebühr von einem Halbschekel brachten sie zusammen eine Summe von einem Talent auf, da ein Talent 6000 Halbschekel hatte; 4Q159.)

Der Hauptbischof war der Levit mit dem Titel »Kehat« (vgl. S. 343). Er war dem Berg Sinai und dem Gesetz zugeordnet. Zwei Männer waren ihm im Status gleichgestellt; einer von ihnen war der davidische Erbe, der in der Tradition mit dem »Löwen« des Südens assoziiert war. Aus dem »Löwen« war jedoch ein »Lamm« geworden, als die Davididen die nasiräische Ordensdisziplin übernahmen. In Offenbarung 5,5-7 wird deutlich, daß der gleiche Mann, der »der Löwe aus dem Stamm Juda, die Wurzel Davids«, war, auch das »Lamm« verkörperte. (Das Buch der Offenbarung ist eine der wichtigsten Quellen für den herodischen Welteroberungsplan, insbesondere für die Ordnung von Kleinasien.) Die dem Davididen und dem südlichen Teil des Weltreiches zugeordnete Farbe Weiß wurde in der Folge auch für Ephesus gebraucht, so daß ein alexandrinischer »Bischof« auch »Bischof« in Ephesus werden konnte (Apg 18,24). Der andere »Bischof« war der herodische Kronprinz, der denselben Status hatte wie der Davidide; beide unterstanden

Abb. 4 Die herodianische Welteinteilung

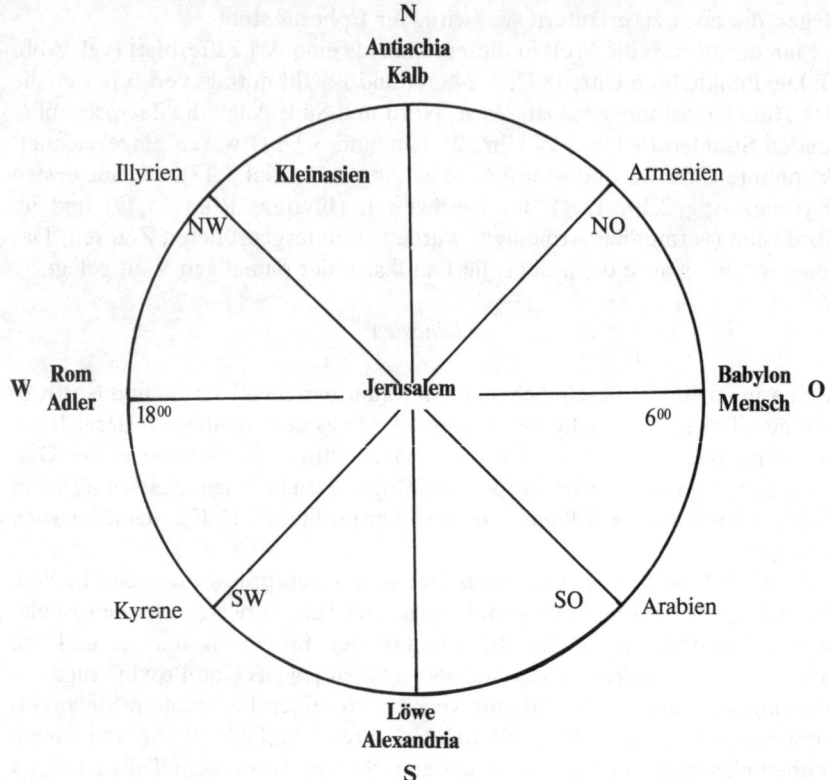

Herodes. Der Davidide in Gestalt des »Lammes« wurde »Jakob« genannt (Jakob-Eli, der Großvater Jesu; vgl. Kapitel 5), während der herodische Kronprinz, um seine Gleichstellung mit dem Davididen zum Ausdruck zu bringen, »Esau« war, der Zwillingsbruder Jakobs (Gen 25,24-26).

Diesen drei »Bischöfen« wurden drei der kleinasiatischen Provinzen zugeteilt: Die Provinz Asien im Westen mit ihrer Hauptstadt Ephesus ging an Jakob-Eli, Galatien in der Mitte fiel an den Leviten Kehat und wurde zum »Sinai« der Diaspora, Kappadozien im Osten schließlich fiel an »Esau«. Der herodische Kronprinz rückte damit am nächsten an Antiochia heran, wo König Herodes als das »Kalb« in einer seiner weniger bedeutenden Funktionen herrschte. (Noch heute findet man in Kappadozien Klöster und Zellen von Eremiten, die von den ersten Christen aus dem Fels herausgehauen wurden; R.A. Butler, *Turkey*, 64.)

406

Jede dieser »Diözesen« konnte 6000 Mitglieder aufweisen und brachte damit die Summe von einem Talent ein. Bithynien und Pontus im Norden, nahe am Schwarzen Meer, und Pamphylien und Zilizien im Süden, an der Mittelmeerküste, wiesen wegen ihrer Entlegenheit oder geringen Ausdehnung nicht die erforderliche Bevölkerungsdichte auf. Aus diesem Grund wurden Bithynien und Pontus »Presbytern« unterstellt, die jeweils nur 4000 Mitglieder zu rekrutieren brauchten. Pamphylien und Zilizien dagegen unterstanden »Diakonen« und hatten jeweils 2000 Mitglieder. So erbrachten Bithynien und Pamphylien zusammen die erforderliche Mitgliederzahl für eine Provinz, und Pontus und Zilizien ebenfalls. Diese Doppel-Provinzen wurden einfach nach der größeren Provinz benannt. Daraus ergibt sich die Aufzählung der fünf Provinzen in Petrus 1,1: »Pontus, Galatien, Kappadozien ... Asien und Bithynien«.

Galatien, das ja besonders eng mit dem »Gesetz« verbunden war, und Bithynien lehnten die christliche Version der Lehre ab (vgl. Paulus' Brief an die Galater; Apg 13,14-23; 16,7). Die Namen beider Provinzen fehlen deshalb bei der Aufzählung der Gemeindeleiter, die an Pfingsten in Jerusalem anwesend waren (Apg 2,9-10). Anstelle Bithyniens wird Pamphylien, der durch einen Diakon verwaltete Teil der Doppelprovinz, genannt, und anstelle Galatiens wird Phrygien, ein Teil Asiens, als eigenständige Provinz aufgeführt, um die erforderliche Anzahl zu erreichen. Tatsächlich verloren die Christen jedoch in Kleinasien 10000 Mitglieder: die 6000 von Galatien und die 4000 von Bithynien. Diese Situation steht hinter der Aussage von Lukas 14,31 über den König, der nur 10 000 Mann hatte und gegen einen anderen ins Feld ziehen mußte, der über ein Heer von 20000 Mann gebot. Die Christen hatten im geteilten Kleinasien allerdings immer noch die Mehrheit – ein Tatbestand, den sie den Befürwortern der Beschneidung denn auch nachdrücklich klarmachten.

Etwa um das Jahr 1 n. Chr., als der »verlorene Sohn«, Theudas, zum »Vater«, Simeon, kam und sein Erbteil forderte, wurden alle zehn Provinzen zwischen der Friedens- und der Kriegspartei aufgeteilt. Das gesamte Kleinasien votierte für den Frieden, und der Rest – die beiden Heimatprovinzen sowie Babylon, Rom und Alexandria – für den Krieg. Diese militante Hälfte fiel Theudas zu, während der »ältere Sohn«, Jakob-Eli, sich in Kleinasien behauptete.

Ephesus unterstand aber gleichzeitig auch einer »Sara«. Die Herodianer waren Hellenisten, die Frauen die Ausübung geistlicher Ämter gestatteten (Apg 6,1). Ephesus war ein Zentrum der Heidenmission, und »Sara« war die »Mutter« der Heiden. Außerdem war das heidnische Ephesus die Hochburg des Kultes einer weiblichen Gottheit: Immerhin stand dort der große Tempel der Diana, eines der sieben Weltwunder der Antike. Die herodianischen Missionierungsmethoden begünstigten einen Prozeß der Verschmelzung zwi-

407

Abb. 5 Der Mittelmeerraum in den Jahrhunderten vor und nach Christi Geburt

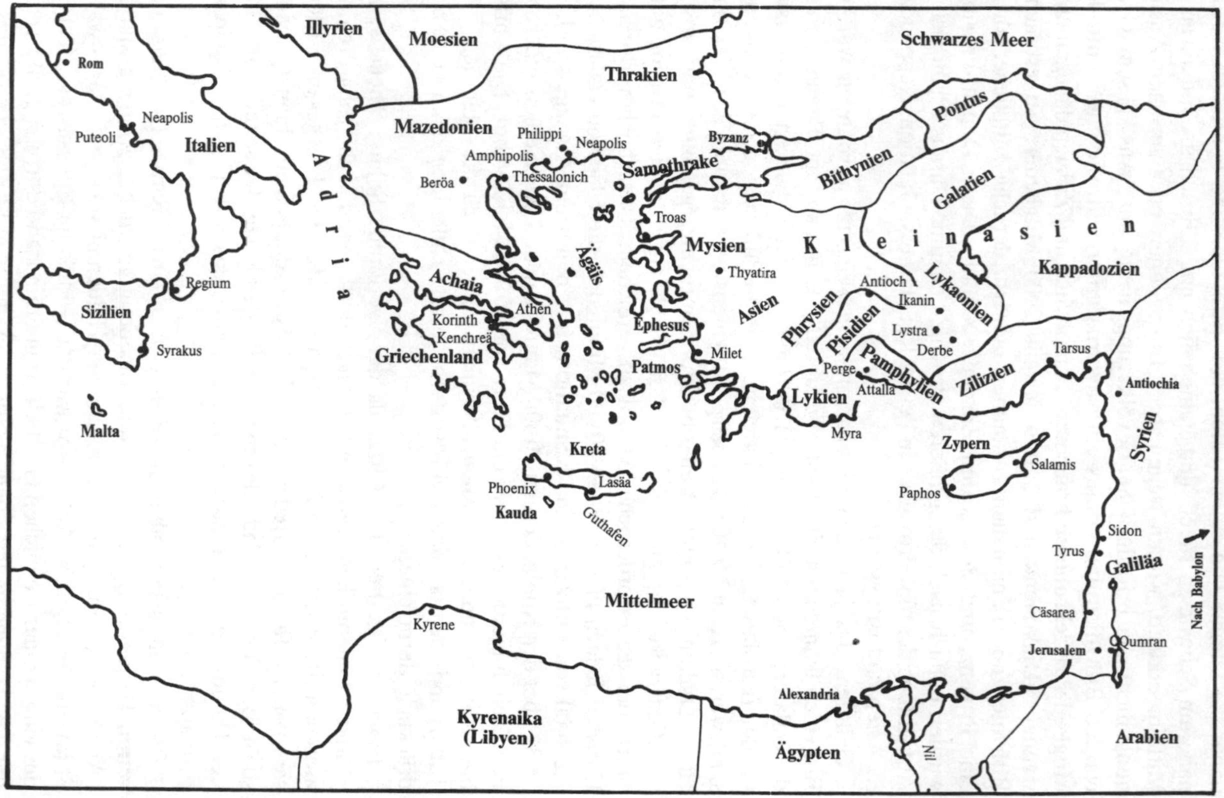

408

schen heidnischen Göttern und Göttinnen und jüdischen Priestern und Leviten, wie in Kapitel 33 deutlich wurde (Apg 19,23-41). Die oberste herodianische Frau – in neutestamentlicher Zeit Helena – war die »Sara«. Da sie »Isaak« gleichgestellt war (Sohn und Ehefrau hatten denselben Rang), war sie wie dieser ein »Kardinal« (vgl. »die Frau ... bekleidet mit Purpur und Scharlach«; Offb 17,4). Als es jedoch zwischen Simon Magus und den herrschenden Herodiern zum Bruch kam, gerieten Simon und Helena unter den Beschuß der Polemik, die im Buch der Offenbarung aufgezeichnet ist und in deren Verlauf Simon als das »Tier« mit der »Zahl sechshundertsechsundsechzig« (vgl. das Kapitel »Hierarchie«, S. 483) und Helena als »Isebel« beschimpft wurden (Offb 2,20-29).

Örtlichkeiten für die Heiden

Es gab zwei Heidenorden, Ascher und Dan. Die Mitglieder des Ordens Ascher lebten einzeln als Asketen in der Welt wie Efraim-Manasse und zogen sich nur für bestimmte Zeiten der Meditation und des Gebets zurück. Die Mitglieder von Dan dagegen lebten in zölibatären Gemeinschaften, die an Mönchsorden erinnerten. Ihr Oberhaupt wurde als »Hauptmann« bezeichnet (Lk 7,2; Apg 10,1).

In Mazin in der Judäischen Wüste unterhielten die Heiden von Dan ein Zentrum, das dem Rang des »Viehs« offenstand. Hier war auch der »Hauptmann« (Johannes Markus, der oberste Proselyt), von dem in Lukas 7,1-10 die Rede ist, zu finden. Zwischen ihm und Andreas von Kafarnaum-Naftali, dem Orden der niederrangigeren verheirateten Männer der Essener, bestanden gewisse Verbindungen (Joh 1,35-40).

Im jüdischen Mutterland kamen die Männer von Dan in »Größer-Dan« (Cäsarea, Proselyten), »Groß-Dan« (Cäsarea Philippi, Sem) und »Klein-Dan« (Joppe, Ham) zusammen. Die beiden letzteren Orte gehörten zum traditionellen Stammesterritorium von Dan, das in zwei Segmente zerfiel. Doch als sich diese Zentren vom Jahr 37 n. Chr. an gegen Agrippa I. wandten, bauten die Anhänger Agrippas alternative Versammlungsorte auf. Das neue Zentrum für Ham war Gaza (Apg 8,26).

In neutestamentlicher Zeit und danach erlebten die Heiden eine Statusaufwertung. Der erste Schritt in diese Richtung bestand darin, daß sie den nur vorübergehend Unreinen gleichgestellt wurden. In den Augen der Qumraner stiegen sie damit von Mazin nach Ain Feschcha auf. Dort wurden sie wie nasiräische »Presbyter« behandelt. Johannes Markus spricht denn auch in seinen Briefen von sich selbst als einem »Presbyter« (2.Joh 1,1; 3.Joh 1,1). Er und Philippus (Sem) waren nach den Berichten der Evangelien sowohl in Ain Feschcha als auch in Mazin anzutreffen.

Es gab bei den Heiden zwei Haltungen gegenüber den jüdischen Priestern, je nachdem, ob sie Proselyten waren oder Unbeschnittene. Johannes Markus, ein Proselyt, ehrte und achtete die jüdischen Priester. Er veranlaßte deshalb, daß an allen Häusern, in denen sein Orden zusammenkam, architektonische Veränderungen vorgenommen wurden. So hatten die Gebäude in Joppe (das unter der Leitung von »Simon dem Gerber«, Simon Magus, stand und damit Ain Feschcha gleichgestellt war; Apg 9,43) und auch in Troas (Apg 20,7-12) jeweils drei Geschosse, oder sie waren zweigeschossig mit einem Flachdach. In anderen heidnischen Gebäuden saß die Gemeinde im Erdgeschoß, und der jüdische Priester betete auf dem Dach des eingeschossigen Hauses. In den Gebäuden der Gemeinden von Johannes Markus dagegen betete er auf dem Dach des zweiten Stocks (das als »dritter Stock« bezeichnet wurde; Apg 20,9), während ein jüdischer Geistlicher auf dem Dach des ersten Stocks (dem sogenannten $d\bar{o}ma$; Apg 10,9) betete und die Gemeinde im Erdgeschoß verblieb (vgl. Abb. 6). Diese Ordnung steht hinter der Episode von der »Vision« des Petrus in Apostelgeschichte 10, wo Jesus ganz oben steht und zu Petrus spricht, der sich auf dem »Dach« (to $d\bar{o}ma$) befindet (vgl. Kapitel 31). Johannes Markus stand als Eutychus selbst auf der obersten Stufe: Er »fiel ... hinunter vom dritten Stock und wurde tot aufgehoben«, um danach von Paulus zu einem niedrigeren Gemeindeamt wiederauferweckt zu werden (Apg 20,9).

Diejenigen Heiden, die keinen jüdischen Priester brauchten, stiegen auf in den Rang von »Betsaida«, d. h. ihr Versammlungsort war die Stadt Betsaida am See Gennesaret. Dort kam Philippus von Sem zusammen (der Stamm der unbeschnittenen Heiden; Joh 1,44; 12,21).

Ging man vom herodianischen Weltschema aus, so befanden sich die zölibatären Zentren der Heiden von Dan an weniger bedeutenden Punkten des »Zifferblatts«. Die Proselyten trafen sich auf der nordwestlichen Linie, die durch Troas und Mazedonien nach Illyrien verlief. Johannes Markus, das Oberhaupt der östlichen Proselyten, kam nach Troas, und Lukas, der seine Stelle einnehmen sollte, begab sich ebenfalls dorthin (Apg 16,8-9). In Mazedonien war Lukas der pro-westliche gesinnte, oberste Proselyt, der unter der »Wir«-Formel als Repräsentant Jesu auftritt (Apg 16,11). Die Unbeschnittenen von Sem trafen sich am südöstlichen Punkt von Arabien, da die Sem-Gruppe aus nichtjüdischen Semiten bestand. Jafet begab sich an den entlegensten südwestlichen Punkt, nach Kyrene. Lukas, der ursprünglich das Oberhaupt von Jafet war, erscheint deshalb als »Luzius von Kyrene« (Apg 13,1). Ham versammelte sich an einem Punkt zwischen Sem und Jafet, südlich von Alexandria in Äthiopien. Titus, das Oberhaupt des heidnischen Ordens Ham, war der »äthiopische Kämmerer« (Apg 8,27).

Die Männer und Frauen von Ascher kamen an denselben Orten zusammen. Ascher war, wie die ägyptischen Therapeutae, ein Männer- und Frauenorden. In Mird waren seine Mitglieder in dem eine Stunde entfernten Nebenort Mird

Minor zu finden, das, solange sie sich dort aufhielten, zum »Gebiet von Tyrus (*ta horia Tyrou*) und Sidon« wurde (Mk 7,31). Die Versammlungsorte für die verschiedenen Grade in Syrien selbst befanden sich in Tyrus (für die höchsten Ränge, da die Stadt innerhalb des ursprünglichen Stammesgebietes von Ascher lag), in Sarepta (Lk 4,26) und in Sidon, das auch als »Syrien« bezeichnet wurde. Auf dem Gebiet von Qumran machte das weibliche Oberhaupt des Ordens, »Sara«, weil sie zugleich auch die »Mutter« der Heiden von Dan war, Mazin zu »Tyrus«. Damit stellte das acht Stunden von Mazin entfernte Mird Minor das »Gebiet von Tyrus« dar, da *ta horia* die Bedeutung »acht Stunden« hatte. Der Zebedaïde Jakobus, der im Rang auf die »Sara« folgte, stand auf der Stufe von Sarepta, und der Zebedaïde Johannes auf der von Sidon. Beide, Jakobus und Johannes, tauchen gemeinsam mit ihrer »Mutter«, Helena, in Markus 10,35 und Matthäus 20,20 in Mird Minor auf. Sie kamen auch nach Mazin, um mit Petrus »Fische«, d. h. die Heiden von Dan, zu »fangen« (Mk 1,19).

Die Orte für die »Exerzitien« der Frauen und Männer von Ascher und Dan befanden sich auf Inseln im Mittelmeer. Tyrus selbst lag auf einer Insel etwa einen halben Kilometer vor der phönizischen Küste. Daneben dienten ihnen die Inseln Zypern (Apg 13,4) und Kreta (Apg 2,10; Tit 1,5) als Versammlungsorte. Tyrus entsprach in seinem Status dem Rang der »Sara«, Zypern dem der »Rebekka« und Kreta dem der »Rahel« (die drei Frauen der Patriarchen). Damit war Zypern mit Sem und Kreta mit Ham gleichzusetzen. Das erklärt, weshalb Titus aus dem Orden Ham nach Kreta geschickt wurde (Tit 1,5).

Die Heiden von Ascher waren wie die von Dan in der Frage der Loyalität gegenüber Agrippa I. gespalten. Der Zebedaïde Jakobus übernahm die antiagrippinische Haltung von Helena (Apg 12,2.20), Johannes dagegen unterstützte Agrippa gemeinsam mit Titus weiter. Die pro-herodianisch Eingestellten verlegten ihre Versammlungsorte daraufhin auf andere Inseln. So finden wir Johannes auf Patmos wieder (Offb 1,9), und Maria Magdalene aus dem Orden Dan begab sich nach Rhodos und erhielt deshalb den Beinamen »Rhode« (Apg 12,13).

Nch dem Erdbeben

Der Plan für die Mission wurde vor dem Erdbeben in Qumran im Jahr 31 n. Chr. entworfen. Damals betrachteten ganz verschiedene Teile der missionarischen Bewegung Qumran und die mit ihm verbundenen religiösen Zentren als ihren Heimatstützpunkt. Das Kloster diente als Basis für die Mission im Osten, in Babylon, und Jerusalem als Basis für den Westen, für Rom. Diejenigen, die dem »Kalb« und dem »Löwen« unterstanden, Antiochien/

Abb. 6 Der Aufbau des Gottesdienstgebäudes für Proselyten

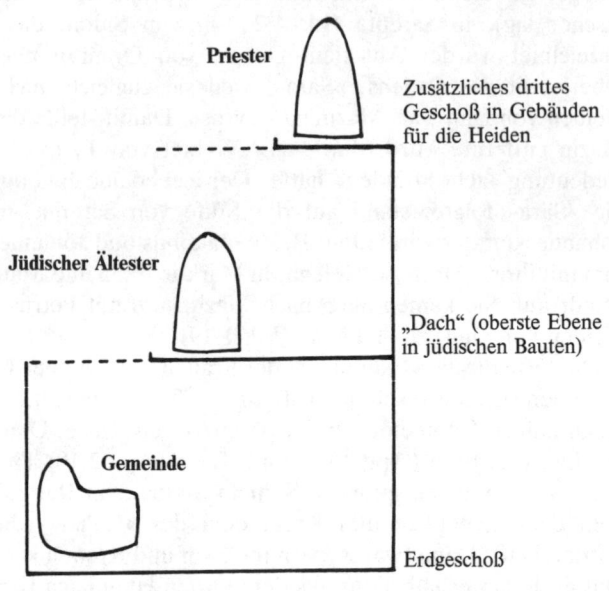

Priester

Zusätzliches drittes
Geschoß in Gebäuden
für die Heiden

Jüdischer Ältester

„Dach" (oberste Ebene
in jüdischen Bauten)

Gemeinde

Erdgeschoß

- - - - - - - - in der Mittagsstunde geöffnetes Segment

Kleinasien und Alexandria in Ägypten, hatten ihr Zentrum in Mird und seinen Außenposten.

Doch das Erdbeben, das Qumran heimsuchte, verunreinigte den Ort für immer. Die monastischen Essener kehrten nach Jerusalem zurück und lösten sich schließlich gänzlich von der missionarischen Bewegung. Nur Männer des weniger reinen Ranges der Diaspora konnten Qumran weiterhin aufsuchen. Nach zwanzig Jahren wurde der Ort von den Orden Efraim und Manasse wiederbesiedelt.

Damit war Qumran einem »Lager« gleichgestellt, wie wir es vom Hügel bei Mird kennen, und das »Lagerfeuer«, das »Feuer in der Nacht«, brannte nun hier (s. u., S. 424).

Da Qumran nun nicht mehr Kloster war, mußte 2000 Ellen vom »Lager« entfernt ein Ort für die Unreinen, die Frauen, die Verheirateten und die Heiden, errichtet werden. Aus einer bereits existierenden »Krippe« (wirklich für Tiere) entstand das »Haus der Königin«, 5 Stadien oder eine Wegstunde entfernt, in der Küstenebene südlich des Qumranplateaus gelegen. Es ent-

412

sprach Mird Minor, dem Ort, an dem die illegitimen Kinder zur Welt gebracht wurden. Dorthin ging Maria und gebar Jesus, der nach der Auffassung des boethusischen Hohenpriesters, der damals an der Macht war, außerehelich gezeugt war (vgl. Kapitel 9).

Der vorgeschriebene Ort für »Unrat« 1000 Ellen entfernt war Höhle 4 (s. o., S. 387).

In Mird hatte es ein »Ägypten« gegeben, in einer 2000 Ellen vom »Lager« entfernten Höhle. Der Aquädukt im Westen des Gebäudekomplexes war das »Rote Meer« gewesen. Einen ganz ähnlichen Aquädukt, der nach der Wiederbesiedelung wiederhergestellt worden war, gab es auch in Qumran. Sein Ausgangspunkt lag im Westen, und auf seiner Westseite befanden sich Höhlen in den Kalksteinklippen, von denen sich einige zur neunzigtägigen Klausur eigneten. Diese Höhlen wurden nun zu »Ägypten«. Als Josef den Auftrag erhielt, nach »Ägypten« zu fliehen (Mt 2,13), verbarg er sich in Wirklichkeit in den Höhlen bei Qumran vor Herodes. Die ganze Gegend ist von solchen Höhlen durchzogen, die bereits zur Zeit König Davids politisch Verfolgten als Versteck gedient hatten.

Daß Josef »nach Ägypen verkauft« wurde (Apg 7,9), hieß also nichts anderes, als daß er sich mit anderen Nationalisten aus Qumran verbündete.

Mit der Besiedelung durch den Orden von Ostmanasse, der die »Bischöfe« der »Lager« stellte, wurde Qumran zu »Sodom«, einmal, weil es tatsächlich in der Nähe des alten Sodom lag, und zum anderen, weil der Orden Ostmanasse mit Sodomie in Verbindung gebracht wurde (Apg 17,5, Anspielung auf Gen 19,5). Da außerdem auch »Ägypten« zum Komplex von Qumran gehörte, wurde das Gebiet zu »Sodom und Ägypten«. Offenbarung 11,8 spricht denn auch von »der großen Stadt, die heißt geistlich: Sodom und Ägypten, wo auch ihr Herr gekreuzigt wurde«.

Für die Diaspora-Essener, die sich nach wie vor am Heiligen Land orientierten, das tatsächliche Jerusalem aber ablehnten, konnte Qumran weiterhin »Jerusalem« verkörpern, auch wenn es kein Heiligtum mehr war. Deshalb wurden die Bezeichnungen »Jerusalem« (Pluralform) und »Judäa« auch nach der Wiederbesiedelung noch für Qumran gebraucht (Mt 2,1).

Der Lageplan von Qumran

Die Archäologen konnten verschiedene Besiedlungsphasen des Areals von Qumran ausmachen (de Vaux, *ADSS*). Seit dem 8. Jahrhundert v. Chr. hatte es dort eine tiefe, runde Zisterne gegeben, die bereits damals von den Anwohnern genutzt worden war. Die Zisterne wurde gesäubert, als der Ort im 2. Jahrhundert von den Essenern besiedelt wurde, und blieb als Trinkwasserreservoir in Gebrauch, das durch den Aquädukt vom Wadi Qumran her gespeist wurde.

413

In der ersten Besiedlungsphase (1a) wurden zwei mit Stufen versehene Zisternen (A und B, Abb. 7) in der Nähe der runden Zisterne gebaut, und um sie herum mehrere Räumlichkeiten. Eine einfache Mauer, ein Überbleibsel aus frühisraelitischer Zeit, verlief nach Osten. Schon an der Lage der Zisternen wird erkennbar, daß die Leiter der Gemeinschaft in der Nähe des alten Brunnens wohnten, während die Arbeiter aus der Töpferei, die in dieser Zeit relativ weit entfernt auf der Ostseite eingerichtet wurde, auf den Ostteil der Siedlung beschränkt blieben. Aus dieser Phase stammt offenbar der Name »Töpferacker« (Mt 27,7). Die Rekonstruktion des chronologischen Ablaufs ergibt, daß die Essener im Jahr 140 v. Chr. hierher, »in das Land der Verwüstung«, vertrieben worden waren (*TLevi* 17,10). Eine Gruppe von Priestern ließ sich in den Räumlichkeiten um den Brunnen herum nieder, und ihre Akolyten − Zölibatäre, wie sie lange Zeit in den Sonnenheiligtümern Dienst getan hatten − übernahmen die anfallenden Arbeiten. Eine ihrer Tätigkeiten bestand darin, Gefäße und Teller von einer ganz bestimmten Form herzustellen, die für die heiligen Mähler und die Trankopfer vorgesehen waren.

In Phase 1b, wahrscheinlich nur kurze Zeit später, kam es zu einer großangelegten Erweiterung des Komplexes. Der Grundriß der Anlage wurde festgelegt und in der Folgezeit kaum noch verändert.

Stellt man die vielfach belegte Annahme in Rechnung, daß die Essener in allen ihren Aktivitäten ein starkes Gefühl für Symmetrie an den Tag legten, so lassen sich aus diesem Grundriß verschiedene interessante Beobachtungen ableiten.

Wenn man auch auf den ersten Blick nur den Eindruck einer ganz allgemeinen Harmonie bekommt, so zeigt die nähere Beschäftigung mit dem Grundriß doch, daß die Bautätigkeit einem ganz genauen Plan folgte. Die Hauptgebäude und die wichtigsten Einrichtungen lagen innerhalb eines Quadrats von 150 Ellen Seitenlänge, unterteilt in vier kleinere Quadrate mit je 75 Ellen Seitenlänge.

Im nordöstlichen Quadrat lag das Gebäude, das als »Kloster« diente. Die meisten Mönche bewohnten allerdings wohl nur den Ostteil des Gebäudes, da sie einen niedrigeren Rang bekleideten als die Priester. Zum Klostergebäude gehörte ein Landstreifen, auf dem sich eine große Zisterne befand (C), die vor ihrer Zerstörung durch das Erdbeben ihrer Lage nach zu schließen wahrscheinlich hauptsächlich für die Initiation benutzt wurde. Nach einem zweijährigen Noviziat, das in dem dreieckigen Hof östlich vom Klosterkomplex (außerhalb der Quadrateinteilung) verbracht wurde, kam der Initiand zu dieser Zisterne und wurde im Rahmen der Feierlichkeiten bei der Ablegung seines endgültigen Gelübdes darin untergetaucht. Nachdem er so der Welt, der Ehe und allem Besitz entsagt hatte (1QS VI,13-22), schritt er durch das innere Tor ins Hauptgebäude, wo er die vier Jahre seiner Unterweisung

414

Abb. 7 Grundriß von Qumran

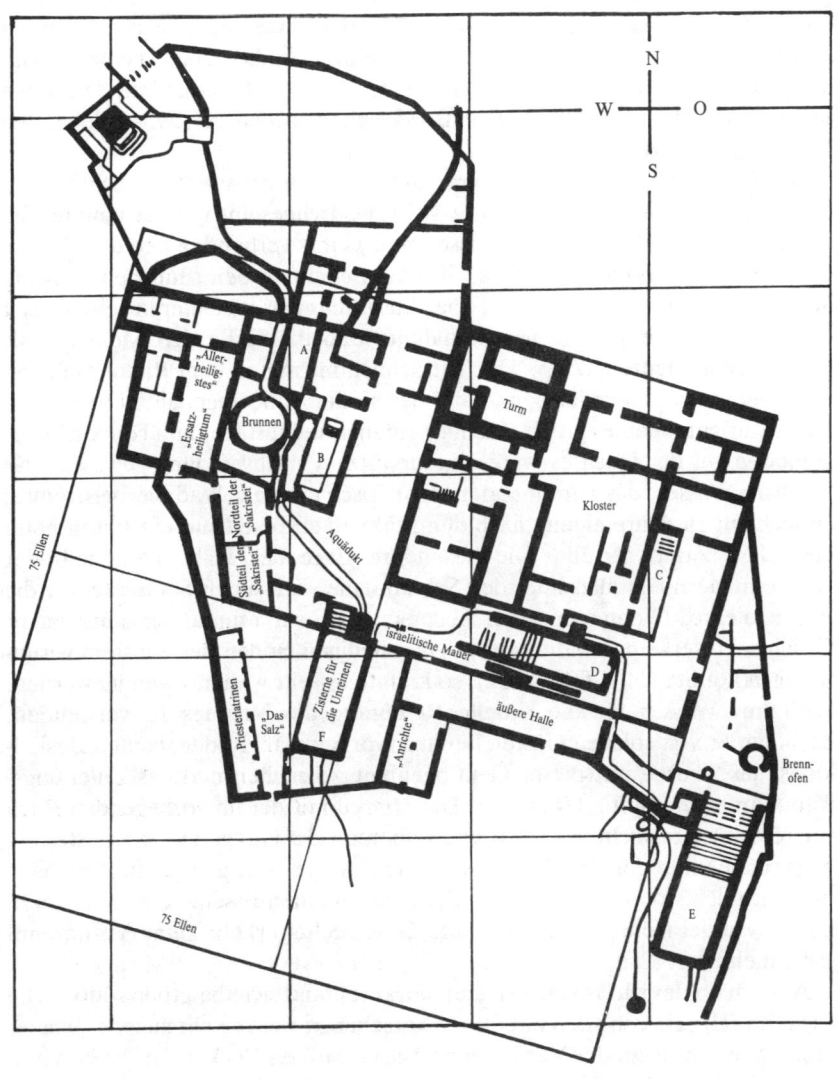

verlebte. Ebenfalls zum Klosterkomplex, in demselben Quadrat gelegen, gehörte die Zisterne D im Süden, noch innerhalb der israelitischen Mauer. Diese Zisterne wurde wahrscheinlich von den Externen, die als Pilger im Kloster zu Besuch weilten, benutzt. Sie grenzte an die äußere Halle auf der anderen Seite der israelitischen Mauer im nächsten Planquadrat. Die Lage dieser Halle deutet darauf hin, daß sie nicht von den in Klausur lebenden Mönchen benutzt wurde.

Die Halle, die sich zur südlichen Esplanade hin öffnete, war technisch so ausgerüstet, daß der Fußboden mit Wasser durchgespült werden konnte: Sie war über eine Röhre mit dem Wasserleitungsnetz verbunden und der Fußboden war leicht abschüssig, so daß das Wasser durch den südlichen Eingang ablaufen konnte. De Vaux, der die Ausgrabungen in Qumran leitete, sah darin eine Bestätigung seiner Annahme, daß die Halle den Mönchen als Refektorium diente (*ADSS*, 11). Tatsächlich müssen in dem Raum Mahlzeiten eingenommen worden sein, da in der an die Halle angebauten sogenannten »Anrichte« eine große Menge aufeinandergestapelten Tongeschirres gefunden wurde. Doch es wäre eine unnütze Verschwendung gewesen, das kostbare Wasser, das nur einmal im Jahr frisch aus dem Wadi herbeiströmte, einfach zur Bodenreinigung nach den Mählern zu benutzen, ein Besen hätte denselben Zweck erfüllt. Die besondere Lage der Halle außerhalb der Klostermauern legt allerdings den Schluß nahe, daß sie als Speisesaal für die Pilger diente. Wenn man nun bedenkt, daß ein Mann, der kurz zuvor Geschlechtsverkehr gehabt hatte, den geheiligen Boden des Klosters verunreinigen konnte (11 QT XLV,11), so konnte es sehr wohl notwendig werden, kostbares Wasser für die rituelle Reinigung des Raumes zu verwenden, nachdem er von solchen Gästen benutzt worden war. In der zweiten Besiedlungsphase wurde mit dieser Gepflogenheit gebrochen und das Zuleitungsrohr wurde verstopft (*ADSS*, 26). Das stimmt mit der im vorliegenden Buch vertretenen Geschichtsrekonstruktion überein, derzufolge die zweite Besiedlungsphase unter dem Einfluß jener Leute erfolgte, »die glatte Dinge suchen« und nach den strengen Maßstäben der palästinischen Essener einem lockeren Lebenswandel frönten. Für sie stellte Geschlechtsverkehr keine Verunreinigung mehr dar.

Außerhalb des südöstlichen Planquadrats befand sich die große südöstliche Zisterne (E), die von allen mit Stufen versehenen Becken am meisten Wasser faßte. Das würde zu der Vermutung passen, daß das Becken für die Novizen bestimmt war, die die erste Stufe der Mitgliedschaft, die im »Wasser« symbolisiert war, empfingen. Sie waren noch nicht Ordensmitglieder und konnten das Ordensleben jederzeit wieder aufgeben. Zwei Jahre lang zelebrierten sie hier, in Zisterne E, ihre rituellen Waschungen und hielten sich zur Unterweisung und zu den Mahlzeiten im dreieckigen Hof auf. Die Novizenzisterne war wohl deshalb die größte im ganzen Komplex, weil es zwar zahlreiche Anwärter auf die Mitgliedschaft gab, jedoch bei weitem nicht alle die gesamte Prozedur bis zur Aufnahme in den Orden durchhielten.

Nach Ansicht von de Vaux befanden sich im nordwestlichen Quadrat, wo der runde Brunnen und die beiden ältesten Zisternen (A und B) lagen, lediglich Werkstätten. Das verträgt sich allerdings schlecht mit der Tatsache, daß diese Gebäude aus der frühesten Besiedlungsphase stammen, und es erklärt auch nicht die Ausmaße des in Besiedlungphase 1b an den Komplex angegliederten langen, ummauerten Hofs. An seiner Nordseite ist ein 10 Ellen tiefer Abschnitt, ein Drittel der Gesamtlänge des ganzen Raumes (einschließlich der Südmauer) von 30 Ellen, durch eine Steinmarkierung abgetrennt. Der Hof ist 10 Ellen breit. Damit entspricht er in seinen Proportionen exakt dem Tempel Salomos, wobei die Raummaße halbiert sind: Der salomonische Tempel war 60 Ellen lang und 20 Ellen breit. In seinem vorderen Drittel befand sich das Allerheiligste, der heiligste Raum im Tempel, mit einer Seitenlänge von 20 Ellen. Die übrige Tempelhalle maß damit 20 auf 40 Ellen (2 Kön 6,2.16.17). Der Hof in Qumran wirkt also wie eine Art »Ersatzheiligtum«, dessen »Allerheiligstes« durch die steinerne Markierungslinie abgeteilt ist. Auf beiden Seiten dieses Gebäudeabschnittes befanden sich Fenster, wie um den Priestern die Möglichkeit zu einem Einblick in das Allerheiligste zu geben, ohne daß sie es betreten mußten, da dieser Bereich nur am Versöhnungsfest genutzt wurde (Heb 9,1-7). (Dem Pescher von Apg 7,55 nach ist zu vermuten, daß Stephanus/Hannas möglicherweise anläßlich eines Versöhnungsfestes durch ein solches Fenster in den »Himmel« blickte; vgl. Kap. 29.) Die Proportionen des Hofes in Qumran decken sich darüber hinaus auch mit denen der Stiftshütte aus der Zeit der Wüstenwanderung, die 30 Ellen lang und 12 Ellen breit war und deren Seiten aus über Leisten gelegten Vorhängen bestanden (Ex 36,20-30). Die Steinmauern des Qumranheiligtums maßen auf jeder Seite zusätzlich eine Elle. Damit erfüllte der, nicht wie der echte Tempel und die Stiftshütte in ost-westlicher, sondern in nord-südlicher Ausrichtung gebaute Hof in Qumran alle Voraussetzungen eines gottesdienstlichen Raumes, wie ihn die Bibel kennt, und konnte von den exilierten Priestern zu ihren religiösen Verrichtungen genutzt werden, ohne daß er dadurch zu heiligem Boden wurde. Ausgehend von dem vom Platonismus beeinflußten Gedanken, daß der wahre Gottesdienst im Himmel stattfinde und ihr eigenes Tun nur eine irdische Nachbildung dieses Geschehens sei (vgl. Mt 16,18-19), konnten sie dort »stellvertretend« Gottesdienste abhalten. Tieropfer lehnten sie ab (1QS IX,4-5; *Antiquitates* XVIII,19). Die wahren, Gott wohlgefälligen Opfer waren ihre Gebete, deren zu den vorgeschriebenen Zeiten gesprochene Worte zum Himmel aufstiegen wie der Rauch der früheren Brandopfer.

Hinten an der Ostseite des Hofes befand sich eine Tür und neben ihr, außerhalb des Hofs, ein Viertelkreis aus Steinen, der eine Stelle markierte, an der ein Mann stehen konnte. Dieser Standort spielte möglicherweise eine Rolle bei den Feierlichkeiten am Ost-Tor von Ezechiel 44,3 und 46,1-3 (hier stand der »Fürst«, wenn »das Volk des Landes« am Neumond und am Sabbat herbeiströmte, um von der Schwelle aus anzubeten). Dieser Brauch und die örtlichen Rahmenbedingungen spiegeln sich auch in der Erzählung aus Apostelgeschichte 3,1-11 (hier allerdings in das tatsächliche Jerusalem als Schauplatz verlegt; die essenischen Heiligtümer waren jedoch, da sie ja Nachbildungen darstellten, alle genau gleich aufgeteilt).

Das Südtor des Hofes war in Phase 1b mit dem westlichen Eingang der Räume südlich der runden Zisterne verbunden. Zu diesem Verbindungsgang gehörte eine »Sakristei«, in der die Priester nach dem Dienst im Heiligtum das Gewand wechselten, gemäß der Vorschrift von Ezechiel 44,19, daß die zadokidischen Priester, wenn sie das Heiligtum verlassen, ihre heiligen Gewänder ablegen und andere anziehen müssen, »damit sie das Volk nicht durch ihre Kleider mit dem Heiligen in Berührung bringen«. Im Heiligtum waren sie wie »Götter« und »Engel« gewesen, doch wenn sie ihre priesterlichen Gewänder auszogen, kehrten sie in die »leibliche Gestalt« zurück. Die »Sakristei« war mit dem »Leib« assoziiert, und aus dieser Vorstellung entwickelte sich eine ganz eigene Bildwelt.

In diesem leiblichen Zustand verzehrten die Priester die Schaubrote, die jeden Tag vor Gott ausgelegt wurden (1 Kön 7,48; Lev 24,5-9). Aus dem ursprünglich in diesem Raum aufgestellten Tisch, an dem die Priester saßen und sowohl ihre gewöhnlichen Mahlzeiten als auch die heiligen Speisen zu sich nahmen, wurde die »Abendmahlstafel« der christlichen Kirchen. Geheiligtes Brot und geheiligter Wein waren zum Privileg der essenischen Priester geworden, aus dem sich im Laufe des historischen Prozesses, den wir hier nachverfolgen, das christliche Mahl der Kommunion entwickelte.

Die »Sakristei« bestand aus zwei langen Räumen, von denen der südliche durch eine niedrige Balustrade vom nördlichen abgetrennt war. Da der Norden im Denken der Essener die höhergestellte Himmelsrichtung war – auch ihr Allerheiligstes lag ja auf der Nordseite –, diente die südliche Kammer Mitgliedern von niedererem Rang. In ihr fand sich die niederere Laienschaft, die den Raum durch seinen Osteingang betrat, zusammen. Der durch ein Podest gleichsam erhöhte nördliche Raum war das »Obergemach« (to katalyma). In diesem Raum wurde, nach den Hinweisen des Pescher zu urteilen, das Letzte Abendmahl gefeiert.

Im nordwestlichen Quadrat der Anlage befand sich auch der Aquädukt, der die Hauptzisternen mit Wasser speiste. Die beiden Zisternen in diesem Planquadrat (A und B) wurden also zuerst mit Wasser versorgt und standen den Priestern und Leviten zur Verfügung, die als erste in diesem Teil der Siedlung gelebt hatten.

Das letzte Quadrat im Südwesten enthielt die Einrichtungen für die Unrei-

418

nen. Die Linien des Quadrats isolieren das Gebiet, das es umschloß und in dem sich die große Zisterne ohne Stufen außerhalb des Tores (F) und die lange Reihe von Kabinen befanden, die die Archäologen für Ställe hielten, die für diesen Zweck jedoch zu eng sind und wohl eher die Latrinen für die Priester darstellten.

Drei der siebzehn Einträge am Anfang der Kupferrolle, die sich auf verschiedene Schatzkammern in und um Qumran beziehen (6, 15 und 16), betreffen möglicherweise Verstecke in diesem Planquadrat. Sie gebrauchen das Wort *melach*, »Salz« (die Lesart ist gegenüber der des ursprünglichen Herausgebers, *DJD* III, korrigiert). Das mit dem Meer assoziierte Salz aber war eine Anspielung auf die dritte Form von Wasser, das für die unreinen Ordensränge verwendet wurde. (Es gab drei hierarchisch unterschiedlich wertvolle Formen von Wasser: Erstens das stehende Wasser in Zisternen, zweitens das fließende Wasser von Flüssen und drittens das Salzwasser des Meers.) Die Anhänger Jesu waren das »Salz der Erde« (Mt 5,13), weil sie diesen letzteren Graden angehörten. Das Planquadrat für die Unreinen wurde als »Salz« bezeichnet und eignete sich wegen der Assoziation von »Salz« und »Geld« ganz besonders für Geldverstecke. So heißt es Eintrag 6: »In der Zisterne im »Salz«, unter den Stufen, 42 Talente«. Die Zisterne ohne Stufen lag außerhalb der israelitischen Mauer. Noch innerhalb der Mauer gab es allerdings zwei kleinere, mit Stufen versehene Zisternen, die mit dieser großen äußeren Zisterne eine Einheit bildeten.

In Eintrag 15 lesen wir: »In der Nische (*shith*, »Ort«; d. h. »Platz« oder auch »Fach«, etwa zum Aufstellen einer Urne), die im »Salz« ist, im Norden, ein Gefäß mit Harz ... unter der westlichen Ecke (*pinna*).« Das Wort *pinna* wird für den Eckstein des Tempels gebraucht (1QS VIII,7; aus Jes 28,16). Diese Beschreibung paßt auf die Südwestecke der unteren »Sakristei«, da, wo es zur Latrine ging und wo möglicherweise ein Gefäß mit duftendem Harz stand, mit dem man sich die Hände einrieb, bevor man ins Heiligtum zurückkehrte.

Eintrag 16 lautet: »Im Grab (*qeber*), das im Salz ist, im Nordosten, drei Ellen unter dem Stein, dreizehn Talente.« Die Nordostecke des Quadrats für die Unreinen, unmittelbar vor dem Tor, in der Ecke mit der außerhalb gelegenen Zisterne, bot sich für eine Grabstelle an (die heute nicht mehr auszumachen ist, weil das äußere Tor eingestürzt ist). Da es für die Nasiräer eine Verunreinigung bedeutete, wenn sie mit Toten in Berührung kamen (Num 6,6), konnte ein entsprechend markiertes Grab als Warnung dienen, daß hier ein verunreinigter Ort war.

Die bisherigen Ausführungen zeigen, daß es durchaus plausibel ist, sich den Grundriß des Gebäudekomplexes von Qumran als ein Viereck mit einer Seitenlänge von 150 Ellen, das seinerseits in vier Quadrate unterteilt war, vorzustellen. Dieser Plan läßt sich dahingehend erweitern, daß wir es letztlich

419

Abb. 8 Das Siedlungsgebiet von Qumran

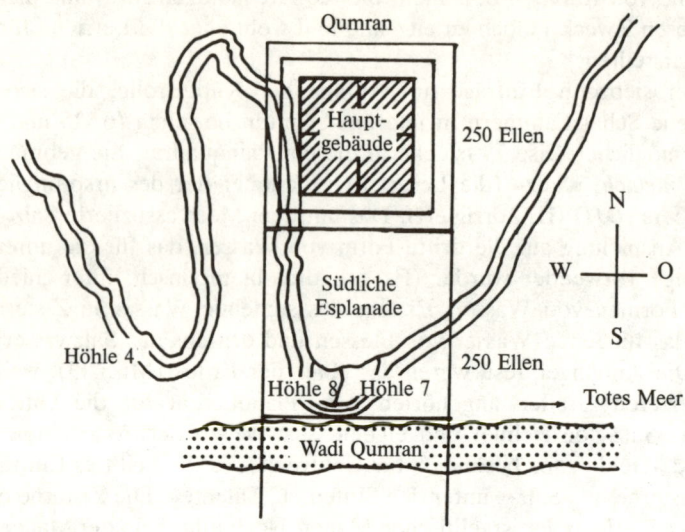

wohl, wie der Plan der Tempelrolle für das wirkliche Jerusalem vorsieht, mit einer in mehreren konzentrischen Quadraten konzipierten Anlage zu tun haben. Wenn man für das äußere Quadrat von Qumran eine Seitenlänge von 200 Ellen annimmt, so gehören noch der Novizenhof, die südöstlich gelegene Zisterne und ein Teil des Gebiets oberhalb des nördlichen Eingangstores zu seinem Areal. Ein weiteres, größeres Quadrat von 250 Ellen Seitenlänge umfaßt zusätzlich alle weiteren Anlagen, einschließlich der Zisterne in der nordwestlichen Ecke beim Eingang von der Landenge her. Im Süden markiert ein Steinhaufen auf der Esplanade die Grenze am entgegengesetzten Ende.

Die Entfernungseinheit von 2000 Ellen legt als weiteres Maß für größere Längen eine Einheit von 250 Ellen nahe. Der ganze »Hof« von Qumran hätte damit eine Ausdehnung von einem Achtel der Entfernung bis zum »Haus der Königin«. Außerdem kann man davon ausgehen, daß die südliche Esplanade und die unterhalb von ihr gelegenen Höhlen 7 und 8 von der Steinmarkierung aus genau 250 Ellen vom Zentrum entfernt sind. (Die äußere Linie der Eplanade verläuft zwar unregelmäßig, doch von der Steinmarkierung aus beträgt die Entfernung 170 Ellen (ca. 85 m). Dazu kommen 80 Ellen (ca.40 Meter) Weg bis zu den Höhlen (Abb. 8).

Höhle 7 und 8 lagen damit noch im Bereich der Entfernungen, die am Sabbat zurückgelegt werden durften, da der Hin- und Rückweg zum äußer-

420

Abb. 9 Das Neue Jerusalem in Qumran

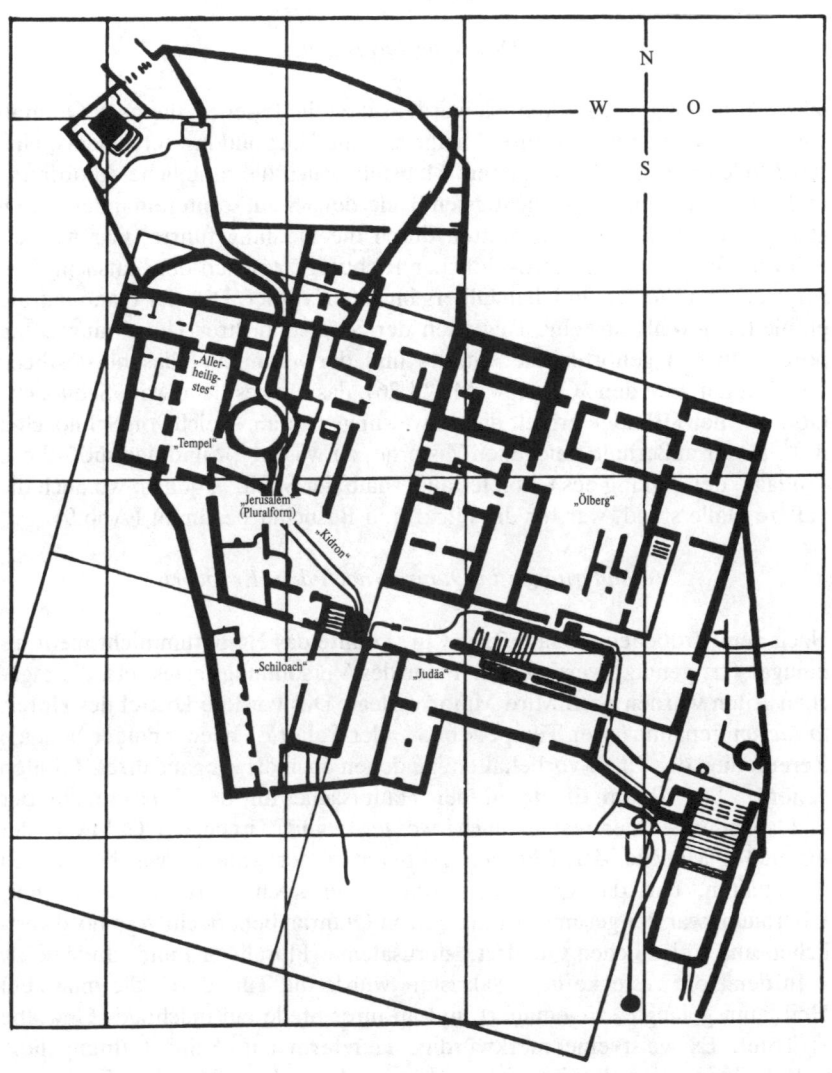

sten Planquadrat nur 500 Ellen betrug. Der Begriff »die heilige Stadt« (Mt 27,53) bezieht sich wahrscheinlich auf diese Grenze.

Das Neue Jerusalem

Wie schon in Kapitel 22 deutlich wurde, sahen die Essener, die nach Qumran vertrieben worden waren, ihre Anlage als eine Nachbildung Jerusalems, eine Art Modell der Stadt in kleinerem Maßstab. Auch die räumliche Anordnung und die Verbindung der wichtigsten Teile der »Stadt« untereinander waren gleich: Der Aquädukt, der mitten durch die Siedlung führte, war wie der Kidron, dessen Bett in nord-südlicher Richtung zwischen dem tatsächlichen Jerusalem im Westen und dem Ölberg im Osten verlief. Die vier Planquadrate enthielten jeweils einzelne Regionen der Stadt und ihrer Umgebung: Zum nordwestlichen gehörten die »Stadt« und der »Tempel«, das nordöstliche Quadrat umfaßte den »Ölberg« (Mk 14,26), das südwestliche war »Schiloach« (Joh 9,7; der »Blinde« erhielt die Anweisung, sich im »Teich von Schiloach«, d. h. in der außerhalb gelegenen Zisterne, zu waschen), und das südöstliche »Judäa«, der Anfang des Gebietes außerhalb der Stadt. »Judäa«, wo auch die äußere Halle stand, war für die Pilger und Besucher bestimmt (Abb.9).

Veränderungen in Qumran nach dem Erdbeben

Nach dem Erdbeben im Jahr 31 v. Chr. konnte das Heiligtum nicht mehr als heiliger Ort genutzt werden. Die Feier des Versöhnungsfestes und die täglichen Riten wurden nach Mird Major verlegt. Das vordere Drittel des Hofes, *to hieron* genannt (»der Tempel« bzw. »der Palast«), blieb weniger heiligen Zeremonien der Pilger vorbehalten, zu denen auch die Abgabe ihres Zehnten gehörte. Der Raum diente in der Hauptsache für das Einsammeln der Geldspenden – hier war es auch, wo Jesus »die Tische der Geldwechsler umstieß«. Manche der früheren Aktivitäten der »Stadt« wurden jedoch beibehalten, und das Quadrat wurde immer noch »Jerusalem« genannt. Überhaupt war der gesamte Komplex von Qumran beherrscht vom nordwestlichen und südöstlichen Quadrat, »Jerusalem« (Pluralform) und »Judäa«.

In der Nordwestecke der »Sakristei« wurde die Tür, durch die man zum Heiligtum gelangte, zugemauert und an ihrer Stelle ein mächtiges Gewölbe errichtet. Es weist eine merkwürdige Herzform auf. Seine Öffnung liegt unterhalb des Viertelkreises, in dem unserer Hypothese nach der »Fürst« von Ezechiel 46,2 stand. Aus Apostelgeschichte 3,2 läßt sich schließen, daß es üblich geworden war, die Abgaben der Externen an ihren »Fürsten«/ »Bischof« zu den »Almosen« zu rechnen, jenen für wohltätige Zwecke bestimmten Fonds, für die die externen Essener bekannt waren. Das Gewölbe neben dem Standort des »Fürsten«/»Bischofs« war für die Aufbewahrung dieser Gelder bestimmt. Das war der »Gotteskasten« im »Tempel«, von dem in Johannes 8,20 und Markus 12,41 die Rede ist. Das Wort »wo euer Schatz ist, da wird auch euer Herz sein« (Lk 12,34) ist eine Anspielung auf dieses Almosensystem und das Gewölbe.

An der Ostseite des Gewölbes wurde eine Treppe mit sieben Stufen angebaut, die zu der Plattform über dem Nordteil der »Sakristei« hinaufführten, auf der nun der Priester seine Gebete sprach, statt im Heiligtum. (Die Stufen sind auf den ersten Photographien von den Ausgrabungsarbeiten noch deutlich zu erkennen, *ADSS*, Tafel V, wurden aber mittlerweile entfernt, so daß man nur noch das Fundament der Treppe sieht.)

Der erste Abschnitt der Kupferrolle, mit deren Erstellung zur Zeit der Wiederbesiedelung begonnen wurde, handelt von diesem Gewölbe, das demnach als erstes errichtet wurde. »Bei der Ruine (*choribah*) im Tal von Achor (der alte Name für die Ebene südlich von Jericho, in der Qumran lag; Jos 15,7; Hos 2,15), unter den Stufen, die im Osten hinaufführen, bei 40 Ellen eine Silberschatulle mit einem Gesamtgewicht von 17 Talenten.« Die Angabe »Osten« an dieser und anderen Stellen bezieht sich auf den Osteingang oder die östliche Mauer des »Ersatzheiligtums«, da für den Ablauf der Zeremonie von Ezechiel 46,1-3 ein Osttor benutzt wurde. »Bei 40 Ellen« bedeutet nicht etwa »40 Ellen tief graben«. Ein entsprechendes Verb fehlt, und außerdem wäre das ein ungewöhnlich tiefes Loch (ca. 20 m). Es geht hier wohl eher um die räumliche Bestimmung der Südostecke des »Ersatzheiligtums«, das insgesamt 30 Ellen lang war (einschließlich der Südmauer) und das an seiner Nordseite in einer Tiefe von 10 Ellen (innerhalb der Nordmauer) mehrere »heilige Kammern« aufwies.

Der Ort des Letzten Abendmahls, der Gerichtsverhandlung und der Kreuzigung

Damit haben wir Anhaltspunkte, die es uns ermöglichen, die Stätten, an denen sich die für den Bericht der Evangelien zentralen Ereignisse abspielten, zu identifizieren.

Gebetet wurde in der »Sakristei« und nicht im ehemaligen Heiligtum. Außerdem war das gesamte Areal von Qumran in Segmente zu je 12 Ellen unterteilt, die, entsprechend der essenischen Prämisse der Gleichheit von Raum und Zeit, jeweils einen Zeitabschnitt von 12 Stunden verkörperten. Die Trennlinien, die jeweils für 6 Uhr und 18 Uhr standen, verliefen parallel zur Kante des Podestes der »Sakristei« von Ost nach West.

In jedem Ellen-Abschnitt wurde zu jeder Stunde von einem Ordensmitglied mit dem dieser Stunde zugeordneten Rang ein Gebet gesprochen. Die einzelnen Segmente wiederum waren ebenfalls untereinander abgestuft und jeweils einem bestimmten Geistlichen der Hierarchie zugeordnet. Die Rangstufen gingen dabei allerdings nicht über die »Presbyter«-Ebene (also Rang 5, vgl.

das Kapitel »Hierarchie«, S. 449) hinaus, eine Folge des Prestigeverlustes Qumrans nach dem Erdbeben.

Zum nördlichsten Segment gehörte der »Gotteskasten«, das Gewölbe, dessen Rückwand nun in die »Sakristei« hineinragte und ihre Nordwestecke abschnitt. Die Presbyter, die diesem Segment zugeteilt waren, amtierten zugleich als Schatzmeister. Im selben Segment befand sich auch eine kreisförmig angelegte Feuerstelle (*ADSS,* 28), deren Reste noch heute erhalten sind. Ihr Durchmesser betrug mindestens zwei Ellen, und das Feuer, das dort brannte, muß große Hitze abgegeben haben. Feuer war einerseits ein Kennzeichen des »Lagers«, wie oben gezeigt wurde, war jedoch darüber hinaus noch mit anderen Vorstellungen assoziiert, etwa mit dem Gedanken an die »Feuerflamme im Dornbusch« (Apg 7,30) bei Mose. Man ging davon aus, daß Gott in ihm anwesend war, und zwar als der Gott des Jüngsten Gerichts im nie verlöschenden Feuer (Mk 9,43). Auf diese Weise war das Segment also auch mit dem Gericht verknüpft, und die Stufen, die längs des Gewölbes angebracht worden waren, dienten unter anderem auch dazu, auf eine nord-südlich verlaufende Balustrade zu gelangen, auf der die höheren Richter Platz nahmen. Ein Gefangener hatte unterhalb von ihnen in einem eigens gekennzeichneten Kreis zu stehen und mußte nach Westen zu seinen Richtern aufblicken. An dieser Stelle stand Jesus während seiner Gerichtsverhandlung.

Der Standort für den Angeklagten ist noch heute zu sehen. Er hebt sich als ungepflasterter Fleck vom übrigen gepflasterten Fußboden ab. In der Mitte befand sich ein mit Steinen markierter Dreiviertelkreis von drei Ellen Durchmesser.

Die nord-südliche Diagonale dieses Kreises markierte zugleich die Mittellinie des Raumes, der 10 Ellen breit war. Der Kreis hatte also eine »Ost«- und eine »Westhälfte«. An seiner Ostseite, auf gleicher Höhe mit dem Feuer, stand Petrus während der Gerichtsverhandlung Jesu (Mt 26,70, *emprosthen,* Pescherbedeutung: Osten). Als externer Essener durfte er in dem für die Presbyter reservierten Segment, und zwar an dessen Ostseite, beten. Als Repräsentant der arbeitenden Mitglieder, die sich um 3 Uhr erhoben, waren seine Gebetszeiten auf 4, 5 und 6 Uhr festgelegt. Während der Gerichtsverhandlung Jesu betete er eigentlich um 1, 2 und 3 Uhr, da die Zeitrechnung jedoch zu diesem Zeitpunkt offiziell drei Stunden »vorging« (vgl. das Kapitel »Chronologie«, S. 250), stand er auf den Ellenabschnitten für 4, 5 und 6 Uhr.

Jesus stand auf gleicher Höhe mit ihm, blickte jedoch nach Westen auf seine Richter. Petrus dagegen, der in diesem Augenblick die Lehre Jesu »verleugnete«, schaute beim Beten nach Osten und konnte sich auf diese Weise mit den Frauen und anderen Leuten unterhalten, die als Türsteher an dem Durchgang im Osten des Raumes, durch den man zum nördlichen Tor gelangte, fungierten. Als der »Hahnenschrei« für 3 Uhr zum zweiten Mal erklang, befand sich Jesus, dessen Verhör sich nun dem Ende zuneigte, an demselben Punkt wie Petrus. Er drehte sich um und sah den neben ihm stehenden Petrus voll an (Lk 22,61).

Das nächste in 12 Abschnitte unterteilte Segment war für die Rangstufe 6, die »Diakone«, gedacht. Ursprünglich hatte in diesem Teil des Raumes die heilige Tafel gestanden, an der die Priester zu ihrer Hauptmahlzeit um die Mittagsstunde die Schaubrote verzehrt hatten. Die Mitte dieses Segments stand noch immer für die Mittagsstunde und war besonders heilig. Der Tisch aber wurde nun von arbeitenden »Diakonen« benutzt und war nach unten gerückt worden. Unter dem Wohlfahrtssystem der Externen hatte es sich eingebürgert, daß Bedürftige die »Krumen« von der Tafel erhielten. Sie stand an der Kante des Podests, und die Wohlfahrtsempfänger knieten davor, um ihre »Krumen« entgegenzunehmen. Im Rahmen der Leibmetaphorik, mit der die »Sakristei« verknüpft war, verkörperte die Kante die »Brust«, an der die Armen »Trost« empfingen.

Nach der Ordensregel von Efraim-Manasse, einem Orden von Diaspora-Essenern, wurde das gewöhnliche zweistündige Gemeinschaftsmahl um ein heiliges Mahl erweitert, so daß das abendliche Mahl nun vier Stunden dauerte (1QS VI,7). Nach dieser Vorschrift wurde auch das Letzte Abendmahl zelebriert. Es fand an der Tafel in diesem Raum statt. Johannes Markus saß auf dem Sitzplatz an der Kante des Podests, an der »Brust« (vgl. das Kapitel »Hierarchie«, S. 470). Jesus und Jonatan Hannas als Priester und König saßen in der heiligen Mitte an der Nordseite des Tisches.

Der Tisch wurde erst am späten Nachmittag aufgestellt, da der Raum zuvor zur Unterweisung benötigt wurde. Mittags wurde das Halbdach zwischen der Linie für 12 Uhr und der Linie für 15 Uhr geöffnet, so daß die Menschen den Priester auf dem nördlichen Halbdach sehen konnte, wie er direkt über dem heiligsten Punkt dem Himmel seine Gebete darbrachte. Er gelangte über die Stufen und die seitliche Balustrade für die Richter an seinen Standort. Um 15 Uhr stieg er herab ins Erdgeschoß, um die Zehntengaben und Petitionen der Gemeinde entgegenzunehmen (Mk 2,3-12).

Die Gemeinschaftstafel, die zu einer heiligen Tafel geworden war, bildete die Urform des christlichen Abendmahls, und die Kante, an der der Armen knieten, um Bruchstücke von den heiligen Brotlaiben entgegenzunehmen, wurde zum Altargitter der späteren christlichen Kirchen.

Vor dem Osteingang im unteren Teil der »Sakristei« befand sich ein Gebiet von sieben Ellen Durchmesser, das mehrere Besonderheiten aufweist, die noch heute zu erkennen sind. Zwei rundbehauene Steine, die sich stark von den grobbehauenen Blöcken, aus denen die Gebäude errichtet waren, unterscheiden, markieren eine Art Säulenhalle vor dem Eingang. Innerhalb dieser »Säulenhalle« befanden sich ein klar abgegrenzter Steinkreis nördlich vom Tor und eine schön gearbeitete Steinbank im Süden, deren Oberfläche mit Gips überzogen war.

Abb. 10 Grundriß von Qumran, zweite Besiedlungsphase
Aufteilung in Segmente. Ort der Kreuzigung

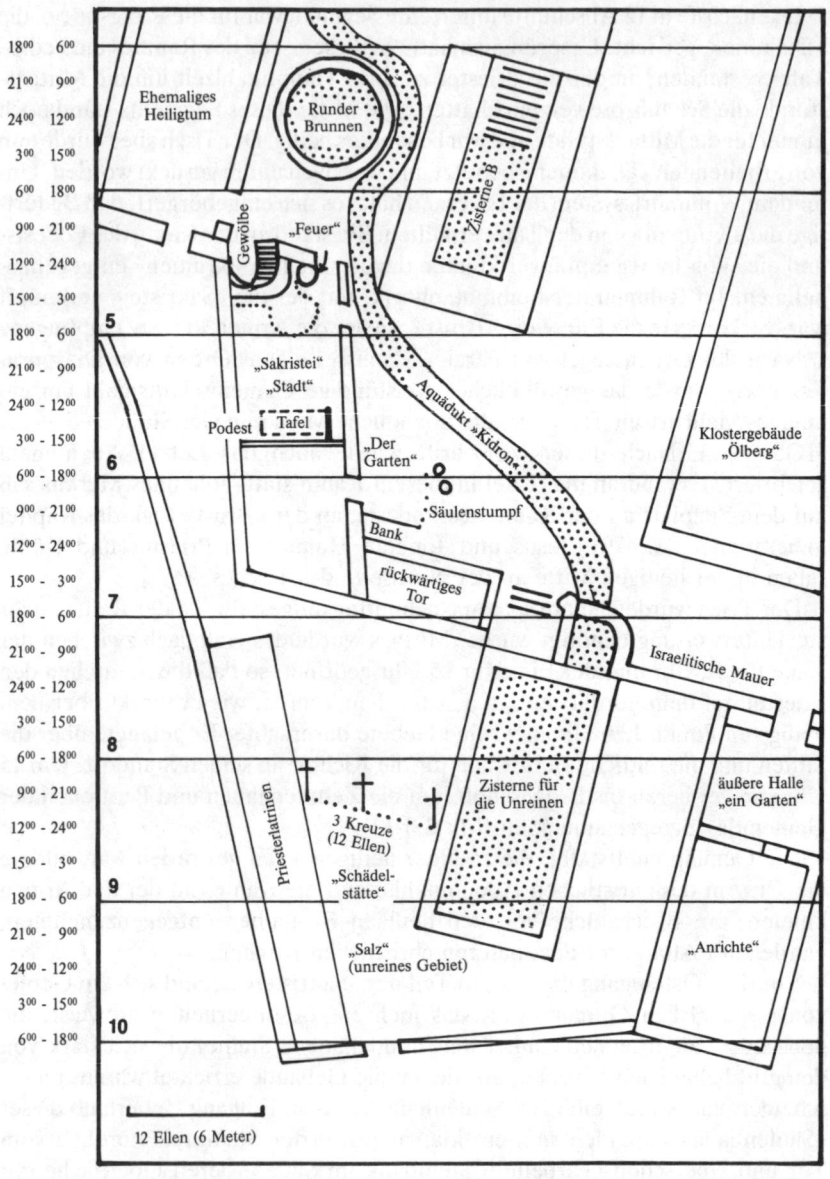

426

Die Linie, die das den »Diakonen« vorbehaltene Segment (6) abgrenzt, verläuft genau zwischen den beiden rundbehauenen Steinen und ordnet damit dem südlichen der beiden Segment 7 zu. Die zylindrisch zugeschliffenen Steine sehen, wenn sie aufeinandergelegt werden, wie zwei Mühlsteine aus. Der nördliche mißt oben genau eine Elle im Durchmesser und unten eineinhalb Ellen, während der südliche oben eineinhalb Ellen und unten eine Elle mißt. So wie sie dastehen, wirken sie wie Säulenstümpfe. Beide haben in der Mitte ein Loch.

Einzelheiten aus dem Pescher machen deutlich, daß dieses Areal von unbeschnittenen Heidenproselyten benutzt wurden, die ein asketisches zölibatäres Leben führten, zunächst jedoch keinen Zutritt zur Gemeinde in der »Sakristei« hatten. Sie waren mit einer an die Ereignisse im Garten Eden erinnernden Bildwelt verknüpft (vgl. 1QH VIII,20). So wurde ihr Geistlicher als »Adam« bezeichnet, und ein Teil des Gebiets, in dem die Säulenstümpfe stehen, war »der Garten«, d. h., er symbolisierte den Garten Eden.

»Adam« war einer der Titel des Davididen (Röm 5,14). Der »Adam« konnte aber auch als »Gärtner« bezeichnet werden. Als Maria Magdalene Jesus im Grab für den »Gärtner« hielt, verwechselte sie ihn mit seinem Bruder Jakobus, der zu diesem Zeitpunkt die Position des Davididen innehatte.

Der Ort der Kreuzigung

Nach Markus 15,25 wurde Jesus »um die dritte Stunde« gekreuzigt, und zwar, nach Johannes 19,41, in »*einem* Garten« (*kēpos*, ohne Artikel). Diese beiden Angaben ermöglichen es dem Pescharisten, die genaue Linie, auf der die Kreuze standen, auszumachen.

Die Regel für den Einsatz des bestimmten Artikels besagt, daß, wenn Segment 6 »*der* Garten« (»Eden«) war, Segment 9 »*ein* Garten« war (vgl. das Kapitel »Hierarchie«, S. 449). In Segment 9 befand sich auch die äußere Halle, die in Johannes 18,18 als »*ein* Garten« (*kēpos*) bezeichnet wird. Die Kreuze standen innerhalb des 12-Ellen-Segments auf der Höhe der äußeren Halle. (In Johannes 19,41 ist weiter zu lesen, daß die Begräbnisstätte Jesu »im Garten« (mit Artikel) lag. Wenn man auf diese Angaben das erweiterte Schema zur Einteilung des Areals von Qumran anwendet, so war der Abschnitt der 250 Ellen messenden Einheit, die am Grab am Ende der Hochfläche begann, gleichwertig mit Segment 6. Er wird in Lukas 23,43 deshalb auch als »Paradies« bezeichnet, um ihn von »*dem* Garten« innerhalb des Klosterkomplexes zu unterscheiden.)

Der Standort der Kreuze in Segment 9, zu dem auch der Bereich von »*ein* Garten« gehörte, war offenbar unrein, denn er war durch einen Schädel markiert (Lk 23,33). Aus der Kupferrolle erfahren wir, daß in der nordöstlichen Ecke des »Salzes« ein Grab lag. Da es Nasiräern nicht gestattet war, sich Gräbern zu nähern (Num 6,6), erinnerte der Schädel die Männer des »Lagers« daran, daß das südwestliche Planquadrat, in dem sich eine Latrine und die Zisterne zur Reinigung befand, ein unreiner Ort war. Dieser Ort war »draußen vor dem Tor« und außerhalb des »Lagers«, Wendungen, mit denen der Ort der Kreuzigung in Hebräer 13,12-13 beschrieben wird. (Die zweite dieser Formulierungen, »aus dem Lager«, bezeichnet in Deuteronomium 23,12 eine Latrine.)

Jesus wurde in der »dritten Stunde« (Mk 15,25) gekreuzigt. Zur gleichen Zeit war es jedoch auch 12 Uhr (Joh 19,14). Die Linie für die Mittagsstunde verlief in der Mitte des Segments; wenn die Kreuze jedoch parallel zum Verlauf der israelitischen Mauer aufgestellt waren, so befand sich das auf der Westseite aufgestellte Kreuz 3 Ellen weiter nördlich als das auf der Ostseite stehende, da die israelitische Mauer einen spitzen Winkel zur Horizontalen bildet, wobei sich die Neigung alle 12 Ellen um 3 Ellen nach Norden erweitert (vgl. Abb. 10). Im Zentrum des Segments betrug der Zwischenraum zwischen den einzelnen Kreuzen genau 12 Ellen, gemessen an der Neigungslinie, dem Verlauf der israelitischen Mauer. Damit hätte sich das westliche Kreuz auf der Linie von 9 Uhr befunden. Jesus wurde auf der Westseite gekreuzigt, da die Anordnung der Kreuze der Sitzordnung an der heiligen Tafel entsprach, mit dem Priester (Simon Magus) in der Mitte, dem Propheten (dem Leviten, Judas), auf der Ostseite, und dem König (Jesus) im Westen. Jesus befand sich also auf der 9-Uhr-Linie. Das war, neben den zwei unterschiedlichen Zeitrechnungen, mit ein Grund dafür, daß die Kreuzigung nach den biblischen Zeugnissen einmal auf 9 Uhr und ein anderes Mal auf die Mittagsstunde verlegt wird.

Beim gegenwärtigen Zustand Qumrans ist es sehr schwierig, die genaue Linie, auf der die Kreuze standen, auszumessen, weil das Gebiet um das Tor verschüttet ist. Ein Teil der Rückseite der »Sakristei« steht jedoch noch, und wenn die aufgeschüttete Erde neben der Zisterne für die Unreinen abgetragen würde, könnte man die Linie sicherlich ausmachen.

Es mag seltsam anmuten, daß die damaligen Vorgänge heute noch mit einer solchen Präzision nachvollzogen werden können, doch aufgrund der gewonnen Meßergebnisse, der Prämisse von der Symmetrie von Zeit und Raum und der Tatsache, daß die Evangelientexte einen Pescher enthalten, sind solche Schlußfolgerungen durchaus möglich.

Das Bootssystem

Während die Aufnahme der Proselyten in den Orden mit der Bildwelt des Garten Eden verknüpft war, waren die unbeschnittenen Heiden aus dem Orden Dan »Fische«. Ihre Reinigung wurde in der dritten und niedrigsten Art Wasser, dem Salzwasser, vollzogen. Aus dieser Klasse gingen die Christen hervor. Das Symbol der Christen in Rom war denn auch der Fisch, wie in den Katakomben sehr schön zu sehen ist. (Zu einem weiteren Grund für die Entstehung dieses Symbols − ein Wortspiel mit den hebräischen Buchstaben −, vgl. das Kapitel »Hierarchie«, S. 485.)

Der Ort, an dem die Heiden getauft wurden, war Mazin. Die dortigen Ausgrabungen haben eine große Schleuse am östlichen Ende des Gebäudekomplexes zutage gefördert, die über einen Kanal mit dem Toten Meer verbunden war. Er ist heute aufgeschüttet. Die Entfernung zwischen der Schleuse und dem Toten Meer beträgt 96 Meter (Stutchbury und Nicholl, 97). Näheres über die Initiation der Heiden erfahren wir in den Evangelien aus den Episoden in und um »Kafarnaum« und den Erzählungen über den »Fischfang«.

Für die Bootsfahrt über das Tote Meer benötigte man nur ein Drittel der Zeit, die man zu Fuß unterwegs war: Für die 15 Stadien von Ain Feschcha nach Mazin brauchte man zu Fuß drei Stunden, mit dem Boot nur eine.

Die Betreuung der Unbeschnittenen war externen Essenern wie z. B. Petrus anvertraut. Petrus selbst sagt von sich, daß er ein *anēr hamartōlos*, »ein sündiger Mensch« (Lk 5,8), ein Verheirateter sei. Das bedeutete, daß er höherrangige Ordensmitglieder nicht berühren durfte. Laut Josephus standen bei den Essenern »die jüngeren Mitglieder den älteren so sehr nach, daß die letzteren, wenn sie von jenen berührt worden sind, sich waschen, wie wenn ein Ausländer sie berührt hätte« (*Bellum* II,150). Niedrigergestellte Ordensmitglieder durften die Klasse der Unreinen jedoch im Rahmen der zeremoniellen Waschungen oder bei der Handauflegung anfassen.

Die Herodier hatten die Heidenmission sehr vorangetrieben. Wahrscheinlich fungierten die Vorsteher der verschiedenen Ordensklassen der Heiden als Diener am Hof des herrschenden Herodes, wo sie an einer liberalisierten Form des Gottesdienstes teilnahmen. Das wirkte sich natürlich auf die religiösen Anschauungen am Hof aus. Als im Rahmen der Diaspora-Mission der Einsatz von Booten für die Initiation der »Fische« erforderlich wurde, nahm ein Herodier den Titel »Noah« an. Er war Herr einer »Arche«, in der das »Vieh«, die verheirateten Externen, »gerettet« wurden, d. h. die Vollmitgliedschaft erhielten. Dieser Bildwelt entstammte auch die Metapher vom »Fischzug«, die Missionierung unter den Heiden, die Aufgabe der verheirateten Externen war. Ihr Ordensoberster wurde vom jeweiligen »Noah« ernannt; in neutestamentlicher Zeit war es Petrus, und Andreas war sein »Zweiter«.

Essener wie Petrus hatten in ihrem Leben in der Diaspora die Erfahrung gemacht, daß Heiden sich von der asketischen Lebensweise ihres Ordens angesprochen fühlten. Josephus kommentiert denn auch die Anziehungskraft essenischer Vorstellungen für die Heiden (*Bellum* II,155-158). Diese Leute wollten zwar nicht Juden werden, erstrebten aber die Aufnahme in das zölibatäre System. Sie behielten ihre eigene Nationalität bei und wurden in drei Kategorien eingeteilt, die nach den drei Söhnen Noahs benannt waren: Sem, Ham und Jafet (Gen 10). (Sem: nichtjüdische Semiten, in neutestament-licher Zeit unter der Führung von Philippus; Ham: Ägypter und Äthiopier, angeführt von Titus; und Jafet: Griechen und Römer unter der Leitung von Lukas.) Sie waren »die Fische«; das Oberhaupt von Sem war »Fisch 1«, das von Ham »Fisch 2« (»zwei Fische«, Pescherbedeutung »Fisch 2«) und das von Jafet »Fisch 3«.

Intern waren die Klassen der Heiden im Rang vom »Bischof« abwärts eingestuft:

a) »Bischof«, Grad 4 in der Hierarchie; beschnittene Zölibatäre;

b) »Presbyter«, Grad 5; beschnittene Verheiratete (das waren die sogenann-ten »Juden«, da sie in jeder Hinsicht wie normale Juden lebten);

c) »Diakon«, Grad 6; unbeschnittene Proselyten, die zölibatär lebten und einige der jüdischen Rituale zelebrierten;

d) Grad 7; gewöhnliche Mitglieder, die Zölibatäre von Sem;

e) Grad 8; gewöhnliche Mitglieder von niedrigerem Rang; die Zölibatäre von Ham;

f) Grad 9; gewöhnliche Mitglieder von niedrigstem Rang; die Zölibatäre von Jafet.

Die Reinigungszeremonie für all diese Gruppen wurde mit Hilfe von Fischerbooten im Kanal von Mazin vollzogen. Der Kanal, der zur Schleuse führte, war, wie Johannes 21,8 belegt, 200 Ellen lang; das sind etwa 100 Meter, eine Entfernung, die der heutigen Messung von ca. 96 Meter sehr nahe kommt.

Wenn man das Areal noch um 50 Ellen ins Tote Meer hinaus erweiterte, so konnte es als eine der 250-Ellen-Einheiten, in die längere Entfernungen eingeteilt waren, gelten. Diese 250 Ellen waren weiter aufgeteilt in fünf Unterabschnitte zu je 50 Ellen, von denen jeder einem bestimmten Ordens-grad entsprach, angefangen mit Grad 5, den »Presbytern«, am nächsten an der Schleuse, bis zu Grad 9, Jafet, der am weitesten von der Schleuse entfernte Abschnitt.

Im Abschnitt von Grad 5 war das Meerwasser wegen der Nähe zum Land noch ganz flach. Boote konnten deshalb nur 20 bis 30 Ellen in ihn einfahren.

Auf dem Festland von Mazin verlief ein rechteckiger Hof von der Westseite der Schleuse bis zu einem Gebäude (das bis jetzt noch nicht ausgegraben ist). Insgesamt bedeckte der Komplex an Land eine Fläche von 100 Ellen.

Abb. 11　Das Kanalsystem in Mazin

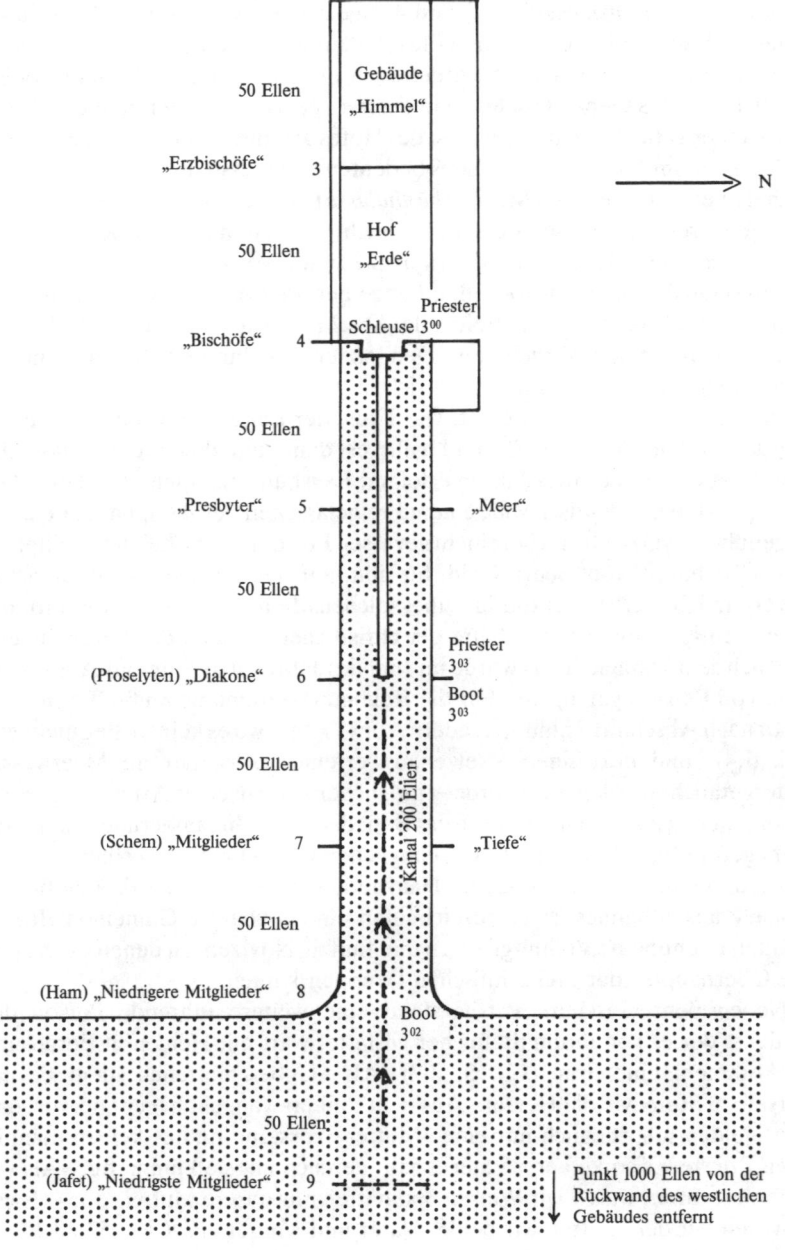

431

Dadurch entstanden zwei weitere 50-Ellen-Einheiten. Die westliche davon nahm größtenteils das Gebäude ein. Offenbar waren diese beiden zusätzlichen Abschnitte den Ordensgraden 3 und 4 zugeordnet, was besagte, daß »Kardinäle«, »Erzbischöfe« oder »Bischöfe« sie zur Visitation aufsuchen konnten. Die drei Rangstufen 3, 4 und 5 wurden auch als »Himmel«, »Erde« und »Meer« bezeichnet. Das Gebäude selbst (auf dessen Dach der Priester betete, Mk 2,1-12) war der »Himmel«, und der Rest des Hofes war die »Erde« oder das »Land« ($h\bar{e}$ $g\bar{e}$ kann im Griechischen beides bedeuten). Der erste flache Abschnitt des Kanals verkörperte das »Meer« ($h\bar{e}$ $thalassa$), in dem »Presbyter« (Grad 5) getauft wurden. An dieser Stelle war es auch, wo Jesus mit dem Boot vom Land abstieß und der Menge vom Meer aus predigte (Mk 4,1).

Ein schmaler Steg von 100 Ellen Länge lief über das Wasser bis zum Ende von Abschnitt 6. Der darauffolgende Abschnitt war »die Tiefe« (*to bathos*) und dem Orden Sem vorbehalten. Den letzten Abschnitt des Kanals benutzte Ham, und Jafets Abschnitt befand sich im offenen Meer.

In Lukas 5,1-11 wird berichtet, wie Titus, der Leiter von Ham, »gefangen« wurde, und in Johannes 21,1-14 geht es dann um die zweite Phase der Zeremonie, die nach drei Jahren erfolgte. Es ist anzunehmen, daß Titus (Gal 2,1) mit Marsias identisch war, einem Freigelassenen des Agrippa, der diesem gegenüber loyal blieb und bei einem gewissen Protos (wahrscheinlich Philippus, das Oberhaupt von Sem) Geld für ihn auftrieb (Josephus, *Antiquitates* XVIII,155.204.228). Der Einfluß eines solchen Mannes, der im Hause Agrippas eine wichtige Rolle spielte, hätte der christlichen Version der Lehre äußerst nützlich sein können. Titus wurde im Juni des Jahres 30 n. Chr. auf Anweisung Jesu von Petrus »gefangen«. Für die Reinigungszeremonie mußte Petrus sein Boot nach Abschnitt 7 hinunterrudern, zur »Tiefe«, wo es keinen Steg mehr gab (Lk 5,4), und dort seine »Netze auswerfen«. Titus, der im Meerwasser untergetaucht worden war, wurde – möglicherweise in einer Art Schlinge – ins Boot hineingezogen. Dann wurde das Boot den Kanal hinaufgerudert und Titus war »gerettet«. Es war ein reicher »Fang«, denn Titus brachte westliche Heiden mit in die Gemeinschaft, die Orden Ham und Jafet. Die »hundertdreiundfünfzig Fische« aus Johannes 21,11 bezeichneten eine zölibatäre Gemeinschaft von Heiden mit hundert Vollmitgliedern und fünfzig Novizen, zu denen dann noch die Oberhäupter der drei ethnischen Gruppen kamen.

Neben dem »Fischer« Petrus stand eine weitere führende Person des Ordens, der es von ihrem Status her gestattet war, mit Heiden in Berührung zu kommen: eine Frau (vgl. S. 407). Als »Unbeschnittene« stand sie auf derselben Stufe wie die Heiden. Aus dem Philippevangelium geht hervor, daß den Heiden ursprünglich nur eine »Mutter« vorstand und es keinen männlichen Priester, also keinen »Vater«, gab, der sich um sie kümmerte. »Als wir Hebräer waren, waren wir Waisen und hatten nur unsere Mutter, doch als wir Christen wurden, hatten wir beide, Vater und Mutter (*Phil.Ev.* 52,20-25).

432

In neutestamentlicher Zeit erhielten die Unbeschnittenen mehr Privilegien. Es wurde ihnen ein »Vater« in Gestalt des Jonatan Hannas zugeteilt, aus der Priesterfamilie, die einer Höhereinstufung der Heiden innerhalb des Ordens besonders positiv gegenüberstand.

Jonatan nahm an der Zeremonie in Mazin teil, bei der die Unbeschnittenen in den frühen Morgenstunden von den arbeitenden Mitgliedern getauft wurden. Er trat, im Gegensatz zu den Arbeitern, die wahrscheinlich entweder von der Taille aufwärts nackt waren oder nur ein einfaches Taufgewand trugen (Joh 21,7), in vollem priesterlichem Ornat an das Ende des Stegs. Seine privilegierte Stellung löste bei de Missionaren einige Kritik aus, und wenn er den Steg entlanggeschritten kam, spöttelten sie, er »wandle auf dem Wasser«.

Wie in Kapitel 18 deutlich wurde, übernahm Jesus, der ja dieselbe Position wie Hannas für sich beanspruchte, auch diesen Teil der priesterlichen Rolle. Als »Vater« schritt er über den Steg zum Boot und löste damit eine Kontroverse aus, die sich jedoch nicht etwa daran entzündete, daß an diesem Vorgang irgendetwas Wunderbares gewesen wäre, sondern daran, daß er in diesem Augenblick als Priester auftrat.

Aus dem Matthäusevangelium erfahren wir, daß auch Petrus auf dem Wasser zu gehen versuchte, dabei aber in Gefahr geriet »zu sinken(Mt 14,30). Da er Jesu »Kronprinz« war, konnte er als sein »Zweiter« fungieren und ihm bei der heiligen Handlung assistieren. In dieser Funktion war er jedoch durch seine Sympathie für die Beschneidung befangen – den »Mühlstein« (*mylos*, ein Wortspiel mit dem hebräischen *mūl*, »beschneiden«), der die Heiden, wenn er ihnen »um den Hals gehängt« wurde, »im Meer« ersäufen würde (Mt 18,6; vgl. dasselbe Verb in Mt 14,30).

Die Zeremonie um 3 Uhr, zu der Zeit, zu der die arbeitenden Externen aufzustehen pflegten, mußte im Licht von Öllampen vonstatten gehen. Im Gleichnis von den zehn Jungfrauen von Matthäus 25,1-13 wird erzählt, wie die Frauen, die den Heiden gleichgestellt waren, diese Lampen um Mitternacht anzünden. Die »Lampe« blieb stets eng mit dem christlichen »Fisch« verbunden und wurde tausendfach in den Katakomben in Rom benutzt, um die unterirdischen Gänge zu beleuchten.

Bereits im Kapitel »Chronologie« wurde aufgezeigt, daß der Gang über den Steg und das Zusammentreffen mit dem Fischerboot zeitlich genau festgelegt waren. Wenn das Boot von Ain Feschcha kam, so langte es fünf Minuten vor der festgesetzten Stunde (3 Uhr) an einem Punkt 1000 Ellen vor Mazin an. Die Reisegeschwindigkeit eines Bootes betrug 100 Ellen in der Minute, da es 6000 Ellen (15 Stadien) in 60 Minuten zurücklegen konnte. Es war also dreimal so schnell wie ein Mensch zu Fuß. Die 1000 Ellen waren von der äußersten Westspitze von Mazin aus gemessen, so daß sich die ersten 100 Ellen davon auf dem Land befanden, weitere 100 Ellen führten bis zum Ende des Steges an Abschnitt 6, und dann kamen noch 800 Ellen. Diese 800 Ellen bis zum Steg legte das Boot in acht Minuten zurück und erreichte den Steg damit um 3.03. Im gleichen Augenblick langte auch der Priester, der um 3 Uhr bei der Schleuse aufgebrochen war und die 100 Ellen des Stegs in der Schrittgeschwindigkeit von 100 Ellen in drei Minuten bewältigte, am Ende des Stegs an und führte unverzüglich an dem ankommenden Boot die Zeremonie durch. (In Markus 6,48 bedeutet die Wendung *peri tetartēn phylakēn*, »um die vierte Nachtwache«, 3.03, da *peri*, »um«, die Pescherbedeutung »drei Minuten nach der vollen Stunde« hat und da die vierte Nachtwache um 3 Uhr begann.)

Matthäus gibt uns noch detaillierte Informationen, indem er uns mitteilt, daß das Boot sich um 3 Uhr 400 Ellen, eine Stadie, von der Schleuse entfernt befand (Mt 14,24). Diese Stadie, die letzte, die zurückzulegen war, entsprach dem Wert 0, also *polloi*, dem Wort, das im System des Stundengebetes 0 bedeutete (vgl. S. 439, 458, 468). Zugleich stand es aber auch für Herodes, der wichtigsten Person bei der Reinigungszeremonie in Mazin.

Der Bericht über die Ankunft des Schiffes auf Malta in Apostelgeschichte 27,28 beschreibt dasselbe Schema in erweiterter Form. Das Landemanöver begann um Mitternacht.

Jede Stunde ging die Wassertiefe um 5 Faden (20 Ellen, ca. 10 Meter) zurück. Um Mitternacht betrug sie noch 20 Faden, um 1 Uhr 15 Faden (Apg 27,28), um 2 Uhr 10 Faden und um 3 Uhr 5 Faden. Bei den beiden letzten Angaben handelte es sich um Näherungswerte, die aus Gründen der Symmetrie postuliert wurden. Danach war das Wasser flach, und Apostelgeschichte 27,30-32 handelt denn auch von dem Streit, wie jetzt weiter vorzugehen war, wobei die verschiedenen Bootsarten eine zweifache Bedeutung haben.

In den zahllosen Episoden in den Evangelien und in der Apostelgeschichte, die von Bootsfahrten handeln, geht es also ganz eindeutig nicht nur um die Fährnisse des Reisens. In ihnen wird die Bildersprache lebendig, die in der Heidenmission, beim »Fang« der niedrigsten Kaste, der »Fische«, benutzt wurde. Als es den »Fischen« schließlich gelang, das »Land« zu erreichen, d. h. als sie sich von ihren jüdischen Missionaren lösten und selbst geistliche Ämter übernahmen, sollte sich aus ihrer Ordensklasse die christliche Kirche formieren.

Weitere Details

Begriffe für Norden, Süden, Osten und Westen

Vier griechische Präpositionen, die scheinbar nur eine sehr vage Bedeutung haben, gewinnen im Pescher einen ganz bestimmten Sinn: Sie beziehen sich auf die vier Himmelsrichtungen. Das sind:

enōpion	»Norden«
enantion	»Süden«
emprosthen	»Osten«
opisō	»Westen«

Emprosthen bedeutet in der Oberflächenerzählung »vor«, *opisō* heißt »nach«. Im Hebräischen stellte man sich die Richtungen mit dem Blick nach Osten vor, so daß das Wort »vor« (*qedem*) gleichbedeutend war mit Osten, und das Wort »nach« (*achrith*) mit Westen.

Enōpion und *enantion* haben die Oberflächenbedeutung »vor«, »davor«.

Diese Wörter sind wichtige Hinweise. Wenn Maria Magdalene sich *eis ta opisō* wandte (Joh 20,14; normalerweise »zurück«), so heißt das nach dem Pescher, daß sie sich »nach Westen« wandte. Sie befand sich in der östlichen Höhle, Höhle 7, und drehte sich nun um und ging in die westliche Höhle, Höhle 8. Bei der Gerichtsverhandlung Jesu stand Petrus *emprosthen*, anscheinend »vor« ihm, nach der Pescherbedeutung jedoch östlich der Raummitte (s. o. S. 424).

Reisegeschwindigkeiten

Die Reisegeschwindigkeiten lassen sich von den Örtlichkeiten und den Zeitangaben ableiten:

Zu Fuß	5 Stadien in der Stunde
Mit dem Boot auf dem Toten Meer	15 Stadien in der Stunde
Mit dem Esel	15 Stadien in der Stunde
Mit dem Pferd	80 Stadien in der Stunde

Anhang III

Hierarchie

Vom Oberflächentext her gewinnt man den Eindruck, daß in den Evangelien und in der Apostelgeschichte große Menschenmengen und zahllose ganz verschiedene Persönlichkeiten vorkommen. So lehrt Jesus »viele«, »das Volk« oder die »Menge«. Wir hören von Personen, die nicht näher beschrieben werden, und Menschen, die nur durch eine bestimmte Eigenschaft charakterisiert, aber nicht namentlich genannt werden: ein Aussätziger, ein Blinder, ein Gelähmter. Die Führungsschicht tritt meist in Gruppen auf: die »Hohenpriester« und die »Schriftgelehrten«. Allein Jesus gewinnnt als Person ein deutliches Profil. Der Leser bleibt mit dem Gefühl zurück, daß die Verfasser der Berichte der Identität aller anderen Beteiligten kaum Bedeutung beimaßen, und seine Neugier bleibt unbefriedigt.

Bei der Anwendung der bereits geschilderten Peschertechnik jedoch zeichnet sich bald eine ganz konkrete, zahlenmäßig begrenzte Konstellation von Einzelpersönlichkeiten ab. Jesus hatte es in den Gemeinschaftszentren in der Wüste mit konkreten Personen zu tun, die als Abgesandte einer bestimmten Gruppe zu den vierteljährlichen Beratungen kamen und in dieser Funktion manchmal mit dem Sammelbegriff für die ganze Gruppe, die sie vertraten, bezeichnet wurden. »Die Hohenpriester« (*hoi archiereis*) z. B. waren in einem einzigen Mann repräsentiert, dem Oberhaupt einer Gruppe von zwölf Männern, und nur er allein ist mit dem Plural »die Hohenpriester« gemeint. Dasselbe gilt für »die Schriftgelehrten« (*hoi grammateis*) und »die Pharisäer« (*hoi Pharisaioi*).

Auch »die vielen« und »das Volk« waren jeweils nur ein einziger Mann – eine bedeutende Gestalt, die eine besonders große Gruppe vertrat. Wenn Jesus also »das Volk« lehrte, so unterwies er in Wirklichkeit eine Einzelperson, die das Gehörte dann an die ganze Gruppe weitergab.

Auch all die »Aussätzigen« und »Blinden« sind ganz bestimmte Personen, die wir benennen können, wenn wir erst einmal das hierarchische System der Qumraner verstanden haben, demzufolge alle Aussätzigen, seien sie nun tatsächlich oder nur bildlich vom Aussatz befallen, einer feststehenden Kategorie zuzuordnen waren, der eine repräsentative Führungspersönlichkeit vorstand, die den Namen der Gruppe führte.

Die historisch wirklich bedeutenden Gestalten – die oft mehr Einfluß hatten als Jesus selbst – werden mit verschiedenen Pseudonymen bezeichnet. In vergleichbarer Weise wird auch Jesus in den Schriftrollen vom Toten Meer mit mindestens fünf verschiedenen Pseudonymen belegt.

Eine Methode, diese verschiedenen Einzelpersönlichkeiten aus dem Gesamt der Berichte herauszuschälen, besteht darin, auf Wiederholungen in den Handlungen oder Charakterisierungen der betreffenden Gruppe oder Person zu achten.

Simon Magus, eine der entscheidensten Figuren überhaupt, wird beispielsweise durch die verschiedenen Episoden im Zusammenhang mit der Frau, die Jesus gesalbt hat, kenntlich. Im Johannesevangelium erscheint sie im Hause des Lazarus in Betanien (Joh 11,2; 12,3-8), im Markusevangelium im Hause Simons des Aussätzigen aus Betanien (Mk 14,3-9), im Lukasevangelium im Haus Simons des Pharisäers (Lk 7,36-50). Wenn man diese Informationen unter den Prämissen des Pescharisten betrachtet, dann sind Simon, Lazarus und der Aussätzige ein und dieselbe Person. Derselbe Lazarus taucht noch einmal im Gleichnis des Lukasevangeliums auf (Lk 16,19-31) – wie überhaupt alle Gleichnisse von tatsächlichen Personen handeln – und er ist auch jener »Aussätzige«, dem Jesus bestimmte Reinigungsvorschriften auferlegte, die er nicht befolgte, denn dieses Merkmal taucht sowohl bei dem Aussätzigen in Markus 1,40-45 als auch bei Simon dem Pharisäer in Lukas 7,44-46 auf. Da Lazarus exkommuniziert wurde und wie Jesus von den »Hohenpriestern« weitere Exkommunikationsmaßnahmen zu gewärtigen hatte (Joh 11,1-53; 12,9-11), war er mit Sicherheit ebenso wichtig wie Jesus selbst. Unter den Zwölf Aposteln war ein Mann namens Simon, der Zelot (Lk 6,15), und Jesus wurde mit zwei »Räubern« zusammen gekreuzigt, bei denen es sich nicht um einfache Diebe gehandelt haben kann, da das römische Gesetz für das Vergehen des Diebstahls nicht die Todesstrafe vorsah – die beiden müssen also ebenfalls Zeloten gewesen sein. Zelotentum aber war ein Verbrechen, gegen das Pilatus höchstpersönlich vorgegangen wäre. Simon-Lazarus, dem genauso wie Jesus die Kreuzigung drohte, war aber auch der »Pharisäer«, der mit ihm gekreuzigt wurde und dem gegenüber Jesus sich in einer Weise äußerte, die an den pharisäischen Auferstehungsglauben erinnert (Lk 23,40-43). (Im Gegensatz zu den Sadduzäern glaubten die Pharisäer an die Auferstehung [Apg 23,6-8]. In dieser Hinsicht war Simon also offenbar »Pharisäer«.)

Bei den Kreuzen stand die Frau, die in Markus 15,40 Salome und in Lukas 24,10 Johanna genannt und in Matthäus 27,56 als die Mutter der Söhne des Zebedäus bezeichnet wird. Unter dem letzteren Naen taucht sie auch in Matthäus 20,20 auf. Zebedäus muß also wohl in irgendeiner Weise ihr »Ehemann« gewesen sein. In Markus 1,19-20 »ließen« Jakobus und Johannes »ihren Vater Zebedäus im Boot mit den Tagelöhnern und folgten« Jesus »nach«. Jakobus und Johannes zeigten sich gemeinsam mit Jesus als entschiedene Gegner der Samariter, die sie am liebsten in einer ähnlich vernichtenden Aktion zur Rechenschaft gezogen hätten wie einst Elija die Soldaten des Königs Ahasja (Lk 9,52-55). Jesus tadelte sie dafür und nahm sogar einen

437

samaritischen Aussätzigen auf, der als einziger zu ihm zurückgekehrt war, um ihm zu danken (Lk 17,11-17).

In Johannes 4,4-42 tritt eine samaritische Frau auf, der ihr unmoralischer Lebenswandel vorgehalten wird, unter anderem die Tatsache, daß ihr jetziger Mann kein *anēr* (nicht ihr Ehemann) sei (V. 18).

Wie bereits gesagt, wurde Jesus mit einem »Simon-Lazarus, dem Aussätzigen,« gekreuzigt. Maria Magdalene war zugegen, um Jesus beizustehen. Sie war auch die Frau mit dem Salböl im Haus eben jenes Simon-Lazarus des Aussätzigen. Im Zusammenhang mit Maria wird oft eine zweite Frauengestalt mit Namen Marta genannt (Joh 11,1; 12,2-3; Lk 10,38-42). Mta ergriff die Initiative, als es darum ging, Jesu Beistand für Lazarus zu erbitten, während Maria im Hintergrund blieb (Joh 11,20-27). Jesus und Maria sowie Marta und Simon Lazarus erscheinen damit als zwei Paare.

Es ist anzunehmen, daß Marta neben der dritten Frau, der Mutter Jesu, auch die »Salome« unter dem Kreuz war (Mk 15,40; Joh 19,25, wo »Maria, die Frau des Klopas«, eingeführt wird, die in Wirklichkeit jedoch die Verlobte von Jakobus-Klopas war, Lk 24,18). Marta war die Mutter der »Söhne des Zebedäus«, die ihren Vater verlassen und sich gegen die Samariter gewandt hatten. »Zebedäus« war folglich ein weiterer Name für Simon-Lazarus, den samaritischen »Aussätzigen«.

In Apostelgeschichte 8 taucht der Samariter Simon Magus auf, von dem es heißt, er sei ein »Zauberer« (*mageuōn*, Apg 8,9), und bietet Petrus Geld für das Recht, »daß der, dem ich die Hände auflege, den heiligen Geist empfange« (V. 19), d. h., für das Privileg, Priester zu ordinieren. Petrus, der zuvor schon Hananias und Saphira für die Veruntreuung von Geldern zur Rechenschaft gezogen hatte (Apg 5,1-11), weist ihn scharf zurecht (V. 21-22).

Eine ganz ähnliche Verurteilung, diesmal von seiten des Paulus, traf den Zauberer (*ho magos*) Elymas oder Barjesus auf Zypern (Apg 13,7-12). Sowohl Petrus als auch Paulus waren nach dem Bericht der Apostelgeschichte führende Männer der frühen christlichen Bewegung. Ein Mann, den sie auf diese Weise angriffen, mußte ihnen vom Status her auf jeden Fall ebenbürtig sein. Beide waren zudem anfangs mehr oder weniger gegen Jesus eingestellt gewesen (man denke an die Verleugnung Jesu durch Petrus bei der Kreuzigung), während Jesus mit dem »Samariter Simon-Lazarus-der Aussätzige« immer wieder Kontakt hatte.

Auf dem Hintergrund dieser Informationen entsteht das Bild eines mächtigen Mannes: Simon, ein »Zauberer«, dessen Gefährtin »Marta-Salome-die samaritische Frau-Saphira« war. Er war mit Jesus zusammengewesen, und dieser hatte ihm in bestimmten Fragen widersprochen (was sich daraus ableiten läßt, daß Jakobus und Johannes das Paar verließen und sich Jesus anschlossen). In anderen Punkten sympathisierten die beiden jedoch miteinander, so daß Petrus und Paulus sich gegen beide, Jesus und Simon, wandten.

438

Die Konturen dieses Bildes treten noch deutlicher hervor in den *Homilien* und *Rekognitionen* des Clemens von Rom, wo in Form eines Lehrdisputs zwischen Petrus und Simon Magus Fragen von größter Wichtigkeit abgehandelt werden. Simon trat gemeinsam mit seiner Gefährtin Helena auf; das Paar übte eine charismatische Anziehungskraft aus und scharte eine Anhängerschaft um sich, die ganz in den Bann ihrer gnostischen Lehre geraten war. Simon selbst übernahm die Rolle eines Thaumaturgen hellenistischer Prägung und behauptete, Wunder vollbringen zu können (*Clem. Hom* II,24.26).

Er war außerdem der Lehrer zweier junger Römer namens Niceta und Aquila gewesen, die der syrophönizischen Frau anvertraut waren. Diese hatte Simon gebeten, die zwei zu unterrichten, doch die beiden hatten sich dann von ihm ab- und Zachäus zugewandt (*Clem. Hom* II,19-21). In den Evangelien wurden die beiden zu Jakobus und Johannes, den Söhnen des Zebedäus. Aquila erscheint später in der Apostelgeschichte zudem unter seinem römischen Namen (Apg 18,2).

Diese einleitenden Erläuterungen geben ein erstes Beispiel für die Methode, mit deren Hilfe die verschiedenen Personen und das hierarchische System in den neutestamentlichen Schriften zu entschlüsseln sind. Sie steht im Widerspruch zur modernen historisch-kritischen Arbeitsweise, die von der Annahme ausgeht, daß es sich bei den Evangelien um frei auf dem Boden der Tradition gewachsene Legendensammlungen handelt. Die Peschertechnik mag zwar nicht immer streng logisch sein, doch sie beruht auf einem strikt durchgehaltenen Verknüpfungsmodus, einem ineinandergreifenden System sich ergänzender Indizien, deren Zusammensetzung am Ende ein vollständiges und schlüssiges Bild der Geschichte ergibt. Die Analogie zu einem Puzzle drängt sich auf. Der »Beweis« für die Richtigkeit der Methode ist gegeben, wenn am Schluß alles zusammenpaßt. Wir erhalten ein klares Bild, das in seiner Stimmigkeit überzeugend wirkt und keinen Zweifel aran läßt, daß das Ganze so gedacht war.

Im folgenden sollen die hierarchischen Grundmuster, die in die Evangelien eingingen, in ihren Hauptzügen und in manchen Einzelheiten genauer dargestellt werden.

Einzelheiten der Hierarchie (vgl. Tabelle 1)

Ursprünglich ging man von einem Gesamt von 16 Positionen aus, die von 0 bis 15 durchnumeriert waren. Die 0 war dem Hohenpriester zugeordnet. Er trat nur einmal im Jahr öffentlich auf, um die Zeremonie des Versöhnungsfestes durchzuführen (Hebr 9,7; *Mischna Joma*).

Die ersten zwölf Positionen waren Männern vorbehalten, die vier darauf folgenden, weniger bedeutenden Positionen bekleideten Frauen. Unbeschnittene Heiden hatten denselben Status wie Frauen.

Tabelle I Hierachie

Amt	Posi-tion	Hebrä-ische Buchsta-ben und Zahlen	Tag	Gebets-stunden	Emblem oder Katego-rie	Amtsbe-zeich-nung	Davidi-den als Laien-priester	Herodier	Stellver-treter des Hero-diers
MICHAEL	0	Taw 400	Sa	6−18 12−24				Herodes	
GABRIEL	1	Schin 300	So	7−19 1−13	MENSCH			Herodes	
SARIEL	2	Resch 200	Mo	8−20 2−14	ADLER		Menschen-sohn	Herodes	ABRA-HAM (Benjamin)
RAFAEL	3	Qof 100	Di Fr	9−21 3−15	KALB	Kardinal Erzbischof	König Kronprinz	Herodes	ISAAK (W. Manasse)
KEHAT	4	Sade 90	Mi	10−22 4−16	Taube	Bischof	Kronprinz	ESAU Kronprinz	Schriftge-lehrter (O. Manasse)
GER-SCHON	5	Pe 80	Do	11−23 5−17	Rabe	Presbyter	Prinz	Prinz	
MERARI	6	Ayin 70			Hahn	Diakon	Prinz	Prinz	
KÖNIG	7	Samech 60			LÖWE	Mitglied	Prinz	Prinz	
KRON-PRINZ	8	Nun 50				Novize			
PRINZ	9	Mem 40				niedrigerer Novize			
PRINZ Gast	10	Lamed 30			Arme				
GAST	11	Kaph 20			Ver-krüppelte				
MUTTER Proselyt	12	Jod 10			Blinde				
JUNG-FRAU Sem	13	Tet 9			Lahme				
WITWE Ham	14	Chet 8							
FRAU Jafet	15	Zayin 7							

Abkürzungen

besch. Zöl.: beschnittene Zölibatäre   besch. Verh.: beschnittene Verheiratete

440

Davididen bei Herodes	Heiden von Ascher bei Herodes	Heiden von Dan bei Herodes	Heiden von Ascher bei Jesus	Heiden von Dan bei Jesus	Zwölf Apostel (Laienmitglieder)	Zwölf Apostel (levitische Mitglieder	Zwölf Apostel (Gast)
					JESUS		
					JESUS		
					JESUS	JON. HANNAS	
						S. MAGUS	
JAKOB von Efraim			besch. Zöl. 1000		PETRUS	MATTHÄUS oder JUDAS	TOMAS
JOSEF 2 Kronprinz			besch. Verh. 2000			THEUDAS	
Prinz 3			»Heiden« 3000	Proselyten	J. MARKUS		
Prinz 4	besch. Zöl. 1000		Unbesch. Zöl. 4000	Sem	ANDREAS PHILIPPUS		
	besch. Verh. 2000		unbesch. Verh. 5000	Ham	JAKOBUS JOHANNES (Zebedaïden)		
	»Heiden« 3000	Proselyten		Jafet			
	unbesch. Zöl. 4000	Sem					
	unbesch. Verh. 5000	Ham					
		Jafet					

441

Jede Position war mit einem Buchstaben des hebräischen Alphabets gekennzeichnet, ausgehend vom letzten Buchstaben, dem *Taw*. Sie standen gleichzeitig für die verschiedenen geistlichen Grade (s. u. Seite 284 ff.). Der griechischen Mitglieder wegen wurden auch Zahlen benutzt. Der Mann, der die Position 7 innehatte, war also auch unter der Bezeichnung »die Sieben« (*hoi hepta*) bekannt, der Inhaber von Position 10 war »die Zehn« (*hoi deka*) usf. (Lk 17,7, *hoi ennea*; Apg 2,14, *hoi endeka*; Joh 6,70, *hoi dōdeka*).

Die priesterlichen Grade waren zudem mit einzelnen Wochentagen und mit bestimmten Stunden des Tages verknüpft, an denen ihre Träger Gebete darbringen mußten.

Zum System gehörten außerdem die Embleme der vier »Gestalten« aus Ezechiel 1,5-10 und Offenbarung 4,6-7. Sie waren mit den vier entscheidenden Personen der Hierarchie, den drei amtierenden Priestern und dem König, verbunden.

Die drei obersten Priester

Unter König David hatten drei bedeutende Priesterdynastien geherrscht, die Geschlechter des Zadok, des Abjatar und des Levi (2 Sam 20, 25-26). Eines der Hauptanliegen der Essener war es, diese drei Linien fortzuführen und ihnen wieder zu einer Machtposition im Tempel zu verhelfen. Ihre Loyalität diesen alten Familien gegenüber wird in 1QM XVII,2-3 ganz deutlich: »[Und Eleasar] und Ithamar (Bezeichnungen für die Geschlechter des Zadok und des Abjatar, 1 Chr 24,2-3) hat er sich genommen zum Bund [des Priestertums] der Ewigkeit.«

Der wachsende Einfluß iranischen Gedankengutes in der Zeit zwischen der Entstehung der beiden Testamente hatte dazu geführt, daß die Oberhäupter der Dynastien mit den Namen der Erzengel belegt wurden, in dem Glauben, daß sie Inkarnationen himmlischer Wesen seien. Im Henochbuch findet sich das ursprüngliche System der Erzengel (z. B. *1 Henoch* 4,9), und in 1QM IX,15-17 sind ihre Namen und ihre Ränge in der Form aufgelistet, wie sie in neutestamentlicher Zeit gebräuchlich waren. »Auf den ersten (Schild) Michael, [auf den zweiten Gabriel, auf den dritten] Sariel, auf den vierten Rafael; Michael und Gabriel zur [Rechten und Sariel und Rafael zur Linken].«

Josephus notiert, daß die Essener bei ihrem Initiationseid schwören, »die Namen der Engel geheimzuhalten« (*Bellum* II, 142).

Das Oberhaupt der zadokidischen Dynastie trug den Namen »Michael«. Er tritt z. B. in Offenbarung 12,7 auf, wo »Michael und seine Engel ... gegen den Drachen« kämpfen − eine Passage, in der es um den Konflikt zwischen Zacharias, dem Vater Johannes des Täufers und Oberhaupt der Zadokiden, und dem amtierenden Hohenpriester Joazar im Jahr 6 n. Chr. geht. Nach

Lukas war Zacharias ein Nachkomme Zadoks (Lk 1,5; vgl. 1 Chr. 24,10). Johannes der Täufer war sein Erbe und wurde deshalb als »Lehrer der Gerechtigkeit« auch »der Priester« genannt (1QpHab II,8; 4QpPss II,18). Sein Stellvertreter, der »zweite« (*mischne*) Priester, der aus der Familie Abjatars stammte, war »Gabriel«. Das Wort bedeutet »Held Gottes«; er war diejenige der vier »himmlischen Gestalten«, die »ein Antlitz wie ein Mensch« hatte. Das Oberhaupt dieser Dynastie zur Zeit des Archelaus war Simon der Essener (Josephus, *Antiquitates* XVII,346-347), in Lukas 2,25 »Simeon« genannt. Er tritt in Lukas 1,11-19 als der »Engel« Gabriel auf, der Zacharias bei der Zeremonie des Versöhnungsfestes als »zweiter Priester« assistierte und sich damit darauf vorbereitete, seine Stelle einzunehmen, als dieser die Gemeinschaft verließ, um seine Ehe wiederaufzunehmen. Simon war der bekannteste Essener seiner Zeit und stand anfangs in Verbindung mit der Gruppe, die Qumran neu besiedelt hatte. Er unterstützte gemeinsam mit Ananus die Bildung einer Friedenspartei im Jahr 5 n. Chr. Im Jahr 6 n. Chr. trennte er sich »in Frieden« (Lk 2,29) von der Ordensgemeinschaft. Mit ihm wanderten die eigentlichen Essener von Qumran ab und gingen von da an ihren eigenen geschichtlichen Weg. Die Positionen des Michael und des Gabriel wurden von anderen Männern übernommen. Simon wurde auch als »Mose« bezeichnet, da der höchste Priester ein »Aaron« war und sein Stellvertreter, aus der prophetisch-levitischen Linie, »Mose« (vgl. den typologisch-geschichtlichen Abriß in Apg 7,10-43).

»Sariel« war laut der Aufzählung in 1QM der dritte Priester, der Anführer einer niedrigeren Gruppe, der denn auch auf der unbedeutenderen linken Seite stand. Der Name bedeutet »Fürst Gottes«. Der Sariel war der Priester der Klasse der Könige und Herrscher, die in erster Linie eine Laienklasse war. Er war der levitische Priester, der Repräsentant des priesterlichen Stammes Levi, der in der nomadischen Vergangenheit Israels eine wichtige Rolle gespielt hatte, dann jedoch, als das Volk sich dem Ackerbau zuwandte und Sonnenpriester einsetzte, an Bedeutung verlor. Die Dynastie, der er entstammte, hatte ursprünglich nach einem Mondkalender gelebt und übernahm während ihrer Zugehörigkeit zum asketischen Bündnis die lunisolare Form des Sonnenkalenders. Die Leviten waren die dritte Priesterstufe, die »Priester (Davids)« (2 Sam 20,26), geworden. Ihr Repräsentant unter König David war Ira der Jaïriter, was auf eine Verbindung zu Elija hinweist (vgl. Ri 10,3; 1 Kön 17,1). Der Name »Jaïrus« wird in den Evangelien für das Oberhaupt der Dynastie gebraucht (Mk 5,22), das an anderer Stelle auch als »Levi, Sohn des Alphäus« bezeichnet wird (Mk 2,14).

Der Sariel hielt den Kontakt zwischen dem Kloster und den Externen und kam bei großen Anlässen wie den religiösen Festen als Priester zur Visitation in die Siedlungen. Das ihm zugeordnete Emblem, der Adler, entsprach seiner Funktion: In Offenbarung 4,7 wird er mit einem »fliegenden Adler« verglichen. Die asketische Tradition, aus der er kam, war individualistisch und nicht zönobitisch ausgerichtet; er stand der Klasse der Eremiten vor, die in der Isolation, bevorzugt in der Wüstenregion um Mird, verschiedene Formen der asketischen Disziplin praktizierten. Das Vorbild dieser Einsiedler war »Elija«, und sie trugen deshalb das härene Gewand und den Ledergürtel des Propheten (2 Kön 1,8). (Als Johannes der Täufer sich vom klassischen essenischen Orden mit seiner monastischen Tradition distanzierte, entwikkelte er einen individualistisch-eremitischen Lebensstil und wurde damit zu einer Art »Elija« [Mk 1,6], bestritt aber gleichzeitig, daß er »Elija« sei [Joh 1,21], denn der Titel kam nur dem externen Priester zu.)

In seiner Eigenschaft als Priester wurde der Sariel als »Hauptpriester« bezeichnet und nicht als Hoherpriester (*kohen harosch*, 1QM II,1, nicht *kohen gadol*). Die Pescherbedeutung des Terminus *hoi archiereis*, die »Hohenpriester« meint diesen Hauptpriester, da ein Plural einen einzelnen bezeichnet, der einer bestimmten Klasse vorstand.

Der Hauptpriester in neutestamentlicher Zeit war Jonatan Hannas, einer der Söhne des Ananus, der im Jahr 6 n. Chr. von den Römern zum Hohenpriester eingesetzt worden war. Die Angehörigen seiner Familie lebten nach einer individualistisch ausgerichteten Ordensregel und orientierten sich an einem Mondkalender; damit erfüllten sie alle Bedingungen zur Ausübung des jüdischen Hohenpriesteramtes. Einer der wichtigsten Streitpunkte des Judentums im 1. Jahrhundert war die Wahl des Hohenpriesters, die einer politischen Wahl gleichkam, weil die Kandidaten jeweils auch eine bestimmte Partei repräsentierten. So wurden die Hannas-Brüder von denjenigen Juden unterstützt, die für eine Kooperation mit Rom waren. Alle fünf Brüder hatten das Amt nacheinander für kurze Zeit inne (Josephus, *Antiquitates* XVIII,34.95.123; XIX,316; XX,197-198). Sie standen für eine eher westliche Ausrichtung und waren beispielsweise bereit, auch Heiden aufzunehmen, die sich vom Judentum angezogen fühlten, aber nicht den gesamten rituellen Kodex übernehmen wollten. Unter ihrer Herrschaft, besonders unter Matthäus Hannas (Hoherpriester 42-43 n. Chr.), blühte jene liberalisierte Form des Judentums auf, aus der die christliche Religion erwuchs.

Die drei obersten Priester waren »Vater, Sohn und Geist«, wobei der Priester aus der Familie des Hannas den Geist (*to pneuma*, oder in einem höheren Rang den Heiligen Geist, *to pneuma to hagion*) verkörperte. Das Dreiermuster wiederholte sich in der Zusammensetzung der externen Priesterschaft, so daß auch hier der Hauptpriester und die beiden unter ihm stehenden Leviten als »Vater, Sohn und Geist« (hier im Griechischen in einer anderen Wortstellung: *to hagion pneuma*) bezeichnet wurden. Damit übernahm Hannas beide Rollen; er war »Vater« und »Heiliger Geist« (in Lk 10,21 betet Jesus zum Vater und freut sich »im heiligen Geist«).

Für die Externen war der Hauptpriester »Gott«. Als überzeugte Hellenisten trugen die Hannas-Brüder noch dazu bei, die Vorstellung, daß der Priester eine Inkarnation Gottes sei, zu verbreiten. An ihn als Stellvertreter Gottes wurden die Gebete gerichtet. Er stand auf dem Dach des Gemeindehauses in den externen Essenersiedlungen und brachte dem Himmel in der Mittagsstunde bestimmte vorgeschriebene Gebete dar, während die unten stehende Gemeinde geblendet zu seiner vom Sonnenlicht umstrahlten Gestalt emporblickte. Wenn die drei Stunden des Gottesdienstes vorüber waren, wurde er in seiner Sänfte auf den Erdboden herabgelassen, um die Petitionen und Abgaben der Gemeindeglieder entgegenzunehmen. Daß er eine Sänfte (*krabbaton*, »Bett«) benutzte, trug ihm von seiten der Kritiker seines prunkvollen Stils den Spitznamen »Gelähmter« ein (Mk 2,3-12).

Daneben wurde er auch »der Herr« (*ho kyrios*) genannt, ursprünglich, weil er als Priester aus dem Stamm Levi der Repräsentant Jahwes war, wie die nomadisierenden Israeliten ihren Gott nannten – ein Begriff, der ins Griechische übertragen mit »Herr« wiedergegeben wurde. Wenn Jesus sagte »Ich bin« (Joh 18,5.8; vgl. die Aussage Jahwes, Ex 3,14), so entlehnte er also abermals einen der Titel des Hannas und beleidigte ihn damit einmal mehr.

Beide Titel, »Herr« und »Gott«, hatte Ananus sich zugelegt, als er Zacharias im Jahr 6 n. Chr. in das höchste Amt folgte (Apg 7,32-33). Daß er damit den Platz des Michael einnahm, bedeutete, daß in dem Ordensbündnis von Mird und Qumran nicht länger die monastische Form der asketischen Disziplin praktiziert wurde; statt dessen gab es nur noch verschiedene Grade einer individualistisch ausgerichteten Disziplin.

Weitere Namen für Jonatan Hannas waren: Natanael (Joh 1,45), eine hebräische Variante von Jonatan (»Jahwe/Gott gab«), und Dositheus, die griechische Form des Wortes. Als Dositheus wird Jonatan Hannas in den Clementinen erwähnt, als erster Nachfolger von Johannes dem Täufer, der dann seinerseits von Simon Magus abgelöst wurde (*Clem. Rec.* II,8). Dieser Quelle nach war er ein Sadduzäer (*Clem. Rec.* I,54). Die Familie des Hannas gehörte der Gruppe der Sadduzäer an, doch auf der Pescher-Ebene wird nur der letzte, Ananus der Jüngere, als Sadduzäer bezeichnet (Apg 5,17), weil er aufgrund seines Ordensgrades ganz der »Welt« angehörte, in der gemäß den Gepflogenheiten ein Individuum mit dem Sammelnamen der Gruppe bezeichnet wurde.

Priester, Prophet, König. Erster, zweiter und dritter Priester

Die Oberhäupter der Hierarchie wurden stets in Dreier-Gruppen gedacht, weil für den Ritus des Versöhnungsfestes, das in der vorchristlichen Form der Gemeinschaft einen zentralen Platz einnahm, drei Priester erforderlich waren.

Besonders gut dokumentiert ist die Position des zweiten Priesters. Die

Mischna (*Joma* 1,1) schildert die orthodoxe jüdische Praxis am Versöhnungs-fest:»Sieben Tage vor dem Versöhnungstage lasse man den Hochpriester sich aus seinem Hause nach der Beamtenkammer zurückziehen. Ferner halte man für ihn noch einen anderen Priester in Bereitschaft, weil er von einer Untauglichkeit betroffen werden kann.« 5 v. Chr. war der Hohepriester Matthias »von einer Untauglichkeit betroffen«, weil er in der Nacht vor dem Tag, an dem das Fasten angesetzt war, weil er angeblich im Traum Geschlechts-verkehr mit einer Frau hatte. Deshalb mußte ein anderer Hoherpriester ernannt werden, der seine Stelle einnahm (Josephus, *Antiquitates* XVII,166-167).

In Lukas 1,11-20 vollzog der Zadokide Zacharias die Zeremonie des Versöhnungsfestes, bevor er seine eheliche Beziehung wiederaufnahm. Der ihm untergeordnete Priester, der Gabriel (der »Zweite« neben Michael, 1QM 9,15-16) assistierte ihm und hielt sich bereit, seinen Platz einzunehmen. Der Gabriel stand *ek dexion* (Lk 1,11), d. h. äußerst rechts, auf dem Platz des »Leviten« (vgl. S. 216).

Der Mann in der Position des Gabriel wurde als »zweiter Priester« bezeich-net (hebr. *mischne*) − ein Terminus, der in 1QM II,1 und 11QT XXXI,4 auftaucht. Eine andere Bezeichnung war »der Levit«, der nächste Rang nach dem Michael, dem »Priester« (1QpHab 2,8).

Es scheint noch eine dritte Position gegeben zu haben, da der Platz des zweiten Priesters, wenn dieser die Stelle des Hohenpriesters einnahm, eben-falls neu besetzt werden mußte. In 1QS VIII,1 ist davon die Rede, daß »zwölf Männer ... und drei Priester« die Hierarchie der Gemeinschaft bilden. Die Dreizahl der Priester wurde zum Grundmuster, das sich in der obersten Stufe anderer hierarchischer Bereiche wiederholte.

Die ursprüngliche Dreiheit, von der sich das Dreier-Schema ableitete, bildeten »Michael, Gabriel und Sariel«. Der Sariel, der »Fürst Gottes«, konnte als Priester des Königs königliche Funktionen übernehmen. Der Gabriel trug, wie bereits erwähnt (S. 443), auch den Titel »Mose«, der »der Prophet« war (Dtn 18,15). Damit sah man in den drei Führern die Rolle des Priesters, des Propheten und des Königs verkörpert. Als der Davidide sich dann dem externen Priester gleichsetzte, spiegelte diese Formel noch konkre-ter die tatsächlichen Gegebenheiten (s. u., S. 454).

Die drei Priester konnten wie gesagt auch als »Vater, Sohn und Geist« bezeichnet werden.

Die vier Hauptleviten

Die Klasse der Leviten stand unter der Klasse der Priester. Ihre Position auf dem zweiten Rang wird in 1QS I,21-II,10 und CD XIV,3-4 hervorgehoben. Sie spielten die Rolle der untergeordneten Priester im Jerusalemer Tempel. In der in 1QS I-II geschilderten Liturgie sprachen sie die Flüche über die

Sünder, während die Priester die Segnungen über die Rechtschaffenen verkündeten.

In der Hierarchie waren vier levitische Positionen vorgesehen, die von drei bis sechs durchnumeriert waren, so daß es insgesamt, in Übereinstimmung mit der Zahl der Wochentage, sieben Priester und Leviten gab.

Der Anführer der Leviten war »Rafael«; er war der vierte und niedrigste der in 1QM aufgelisteten Priester. Von seinem Rang her stand er zwischen den Priestern und Leviten; in der Praxis war er der mächtigste Mann der externen Essener. Er trug den Titel »Sohn Levis«, da er Levi, dem Hauptpriester, untergeordnet war, und »Sohn« die Bezeichnung für den jeweils nächstfolgenden Rang ist. In 1QSa I,22-29 werden die Pflichten der »Söhne Levis« beschrieben. Sie »sollen jeder an seinem Platz stehen nach dem Geheiß der Söhne Aarons« und »die ganze Gemeinde eintreten und hinausgehen ... lassen« (eine Wendung, die abgewandelt in Apg 9,28 auftaucht). Die Leviten hatten also bei sämtlichen religiösen Zusammenkünften für Ordnung zu sorgen und die Reinigung während der drei Rüsttage vor den großen Versammlungen zu überwachen und durchzuführen.

Eine wichtige Vorschrift der hierarchischen Ordnung besagte, daß jeweils der drei Ränge tiefer Stehende der Diener des um drei Stufen Ranghöheren war. Nummer 3 war also der Diener von Nummer 0, Nummer 4 der Diener von Nummer 1 usw. Der Grund dafür war, daß ein Diener stets einen Meter (zwei Ellen oder eine Armlänge) von seinem Herrn entfernt stehen mußte. Der Mann, der auf Elle 4 stand, hatte zwei Ellen, nämlich Elle 3 und Elle 2, zwischen sich und Elle 1. Dem lag die hierarchische Regel, für die die Essener bekannt waren, zugrunde: »... und zwar stehen die jüngeren Mitglieder den älteren so sehr nach, daß die letzteren, wenn sie von jenen berührt worden sind, sich waschen, wie wenn ein Ausländer sie verunreinigt hätte« (Josephus, *Bellum* II,150).

Dieser Vorschrift zufolge war also der Rafael, die Nummer 3, der Diener des Michael, der Nummer 0.

Damit war eine zweite Vorschrift verbunden, die besagte, daß ein Oberer bei bestimmten Gelegenheiten auf die gleiche Stufe wie sein Diener herabsteigen konnte; er befand sich dann »in leiblicher Gestalt« (*sōmatikō*; Lk 3,22). Im Heiligtum war er gleichsam eine göttliche Person, doch sobald er die »Sakristei« betrat und nach der Anweisung von Ezechiel 44,19 seine Gewänder mit den normalen Kleidern vertauschte, war er »in leiblicher Gestalt«. Das bedeutete, daß er farbige Kleidung anstelle der weißen Leinengewänder anlegte, die dem Heiligtum vorbehalten waren (Ez 44,17). Wie 1QM VII,10-11 zeigt, war es Brauch, daß die Farben der Priester, scharlachrot, purpur und blau (Ex 28,5-6), außerhalb des Heiligtums getragen wurden: »Kriegskleidung ist das, aber zum Heiligtum soll man sie nicht bringen« (1QM VII,11-12).

447

Offenbar waren die Farben ebenfalls hierarchisch aufgeteilt, so daß der Michael »in leiblicher Gestalt« die Farbe Scharlachrot trug, der Gabriel Purpur und der Sariel Blau. Scharlachrot war also die Farbe des Michael, wenn er »in leiblicher Gestalt« und damit seinem Diener, dem Rafael, gleichgestellt war, der diese Farbe normalerweise trug. Zu den zahlreichen Aufgaben des Rafael gehörte es, die Zeit an den vier Punkten des Kompasses – Norden, Süden, Osten, Westen –, die noch heute als »Kardinalpunkte« bezeichnet werden –, anzuzeigen. Aus der Position des Rafael entwickelte sich später der Rang des christlichen Kardinals. Der Begriff »Kardinal« selbst entstand, als Männer, die nicht als Priester geboren waren, die Priesterrolle übernahmen (sie wurden von ihren Gegnern als »scharlachrote Tiere« bezeichnet); er kommt vom lateinischen cardo, »Angel«. Externe, deren Oberster der Rafael war, gebrauchten aus Gründen, die weiter unten (S. 485) erläutert werden, das Bild der Tür.

Als Diener und Exekutive des Michael übernahm der Rafael die eigentliche Aufgabe des Sprechens der Gebete zu den wichtigeren Stunden, um 6 Uhr früh, 18 Uhr abends, zwölf Uhr mittags und 24 Uhr, um Mitternacht.

Neben diesen Gebetszeiten, die er als Diener des Michael einzuhalten hatte, mußte er auch noch die Gebete seines eigenen Ranges, der Nummer 3, um 9 Uhr und 21 Uhr abends sowie um 15 Uhr und 3 Uhr sprechen. Damit war er verantwortlich für alle acht Wachen des 24-stündigen Tages.

Als Nummer 3 war ihm der Dienstag zugeordnet; da er jedoch auch zur sechsten Stunde betete, war er ebenso mit dem Freitag verbunden, dem Tag, an dem vor der Sabbatruhe alle Arbeiten abgeschlossen werden mußten. Da die Dienstage und Freitage für die Verfechter des Sonnenkalenders besonders wichtige Tage waren, auf die je nachdem, ob der Kalender auf der Tag- oder Nachtposition stand, die Einunddreißigsten fielen (vgl. das Kapitel »Chronologie«, S. 247), hatte der Rafael also mit den beiden wichtigsten Wochentagen nach dem Samstag, dem Sabbat, zu tun.

Der Rafael war damit praktisch der Mittelpunkt der »menschlichen Uhr« und als Exekutive eines weit über ihm stehenden Obereren »die Kraft« – eine Bezeichnung, die später auf den »Kardinal«, der seine Position innehatte, überging (Apg 8,10).

Weil er den Priester »Michael« vertrat, wurde auch der Rafael selbst als »Priester« bezeichnet. Der Begriff ho hiereus (»der Priester«) bezieht sich in der Pescherbedeutung auf den Inhaber dieses Amtes, während ho archiereus oder die entsprechende Pluralform den Hauptpriester, den Sariel, der einen Rang höher stand und nur zur Visitation in die externen Gemeinden kam, bezeichnete.

Da der Rafael um Mitternacht schlief, übernahm seine Aufgabe in dieser Stunde ein anderer, der das alte Emblem des »schwarzen Kalbes« führte. Er war in Schwarz, nicht in Scharlach, gekleidet. Aus seiner Position entwickelte sich später das Amt des Erzbischofs.

448

Die drei niedriger gestellten Mitglieder der levitischen Klasse hatten das Amt des »Kehat, Gerschon und Merari« inne. Sie waren den »Söhnen Levi« unterstellt und verrichteten die körperliche Arbeit im Heiligtum. Ihre Namen und ihre Rangfolge tauchen in Numeri 4 und in der Tempelrolle neben denen der Häupter der zwölf Stämme auf (11QT XLIV, 14).

»Kehat«, die Nummer 4, war der Diener des Gabriel, der Nummer 1, und trug daher ebenfalls Purpur. Aus seinem Amt entwickelte sich der Rang des »Bischofs«, der später von einem Laien übernommen wurde. Die Position des Kehat wird in Apostelgeschichte 4,36 mit »ein Levit« (*leuitēs*, ohne Artikel) umschrieben. Das hängt damit zusammen, daß er der Diener des Gabriel war, der an der Spitze der Hierarchie die Position des Leviten, der dem Priester, dem Michael, untergeordnet war, einnahm. (Eine weitere wichtige Regel für den Pescher besagt, daß ein Terminus ohne Artikel jeweils die Position des drei Ränge unter dem Betreffenden stehenden Dieners bezeichnet.)

»Gerschon«, die Nummer 5, der Diener des Sariel, der Nummer 2, war blau gekleidet. Er war der erste »Presbyter« (das griechische Wort *presbyteros* ist die Übersetzung des hebräischen *zaqen*, »Ältester«. Das Amt entwickelte sich jedoch allmählich zu einem christlichen Priesteramt, während mit »Ältester« ein Laie gemeint ist; deshalb wird hier der Terminus »Presbyter« beibehalten.)

»Merari«, die Nummer 6 in der Hierarchie, bekleidete einen zu niedrigen Rang, als daß ihm ein bestimmter Tag der Woche oder eine Stunde zugeordnet war. Seiner Position nach stand er zwischen den Leviten und der Laienschaft. Aus seinem Amt entwickelte sich später das des »Diakons«.

»Kehat, Gerschon und Merari« unterstanden nach biblischem Gesetz »Levi«, dem Hauptpriester. »Levi« oder »Sariel« trug auch den Titel »Adler«. Deshalb erhielten die ihm Unterstellten Embleme von Vögeln. Der Kehat als der Ranghöchste war die »weiße Taube«, der Gerschon der »schwarze Rabe« und der Merari der »Hahn«. Die Taube und der Rabe waren mit der Bildwelt der Sintflut assoziiert, die später bei der Aufnahme von Heiden in den Orden eine Rolle spielte (Gen 6,6-8). Der Gerschon, der »Rabe«, war als Nummer 5 der Diener der Nummer 2, des Sariel, der auch »Elija« genannt wurde. Auch Elija hatten Raben als Gehilfen gedient (1 Kön 17,4.6).

Für die Externen war der Sariel der »Vater«, der Rafael der »Sohn« und der Kehat der »Geist« (in der Wendung *to hagion pneuma*, Mt 28,19). Die Assoziation zwischem dem Heiligen Geist und einer Taube geht auf das Emblem des Kehat, die Taube, zurück.

In neutestamentlicher Zeit wurden die Positionen des Kehat und des Merari von zwei Hannas-Brüdern ausgefüllt, unter dem Obersten ihrer Familie, Jonatan. Matthäus Hannas war der Kehat, der levitische »Bischof«, und der jüngste der Brüder, Ananus der Jüngere (oder auch Zachäus), war der Merari. Die Position des Gerschon hatte ein Laie inne.

449

Zwei der »Vögel« waren verantwortlich für die weniger wichtigen Nachtwachen, 21 Uhr bis Mitternacht (»Rabe«) und 3 Uhr bis 6 Uhr (»Hahn«). 3 Uhr, die Wache des Merari, war also der »Hahnenschrei« (Mk 13,35).

Dem Merari waren die niedrigsten levitischen Aufgaben zugewiesen (Num 4,31-32), was in einer zölibatären Gemeinschaft, die den Körper als etwas Niedriges ansah, bedeutete, daß er alle Angelegenheiten, die mit dem Körper zusammenhingen, überwachen mußte. So gehörte es, wie bereits erwähnt, zu seinen Pflichten sicherzustellen, daß die Sabbatlatrine von Freitag abend bis Samstag nachmittag nicht benutzt wurde. Er fungierte also als »Wächter« oder Gefängnisaufseher und, in einer Erweiterung der Wortbedeutung, die den Zölibatären ganz natürlich erschien, auch als Oberaufseher über das »Gefängnis«, d. h. die Institution der Ehe. Im »Gefängnis« (*phylakē*) befanden sich alle die Männer, die durch die zweite Ehezeremonie gebunden waren. Die Eheschließungen wurden vom »Diakon« oder einem Ordensoberen, der auf seine Position herabgestuft worden war, vollzogen.

Die Laienschaft: Der König und die Prinzen

In der ursprünglichen Form der Hierarchie rangierte König David nach allen Priestern und Leviten als Repräsentant der Laienschaft. Daß die Laien (»die Söhne Israel«) an dritter Stelle standen, wird ganz deutlich in CD XIV,4, 1QS II,19-21 und 1QS VI,8-9. Der König, der lange mit dem Emblem des Löwen von Juda assoziiert war, war der Oberste des »Viehs«, der Erste unter den Verheirateten. Er hatte lediglich die Rangstufe 7 inne, in die er nach vorhergehender Ausbildung als Vollmitglied aufgenommen wurde. Die Zahl 7 zeigte außerdem an, daß er wie der Michael dem Sabbat zugeordnet war, den er jedoch, falls nötig, brechen durfte. In seiner Eigenschaft als Kriegsherr − eine der wichtigsten Funktionen des Königs − mußte er, wenn es die Lage gebot, am Sabbat kämpfen. Seine Position machte ihn also von vornherein zu einer dem Priester entgegengesetzten Gestalt. Später wurde diese Position von einem »Satan« (Judas Iskariot) übernommen, dessen Zahl ebenfalls die Sieben war (Lk 8,2; Offb 13,1). (Vgl. 1. Petrus 5,8: »Euer Widersacher, der Teufel, geht umher wie ein brüllender Löwe.«)

Nach den Forderungen des dynastischen Ordens der Essener mußte der König Söhne haben. Wenn er (gemäß den Zölibatsvorschriften) im Alter von 36 Jahren geheiratet hatte, konnte er theoretisch mindestens vier Söhne zeugen, selbst wenn er zwischen den einzelnen Geburten die eheliche Gemeinschaft jeweils auf sechs Jahre verließ; seine Frau war im allgemeinen zur Zeit der Eheschließung noch nicht zwanzig Jahre alt. Zwei Söhne, möglicherweise auch noch ein dritter, konnten in die Hierarchie integriert werden und hatten die Positionen 8, 9 und 10 inne. Der Kronprinz auf Position 8 hatte den gleichen Rang wie ein höherer Novize im Jahr vor der

Initiation zur Vollmitgliedschaft. Er war als »Zweiter/Stellvertreter« für seinen Vater tätig und konnte dessen Stelle einnehmen, wenn es nötig wurde. Der nächste Prinz war einem niedrigeren Novizen gleichgestellt, und der dritte — falls ein dritter Sohn existierte — hatte denselben Rang inne wie ein Mann, der vor dem Noviziat stand und ein Prüfungsjahr außerhalb der Gemeinschaft verbringen mußte.

Die niedrigste Klasse: »Reisende«

Laut CD XIV,4 gab es noch eine vierte Rangstufe von Mitgliedern der Gemeinschaft, die »Reisenden« (gēr). Dabei handelte es sich um Personen, die nicht zur Hierarchie gehörten, aber mit ihr in Verbindung standen. Position 10 (wenn es keinen dritten Prinzen gab) und Position 11 waren »Gästen« (gēr) vorbehalten, die manchmal zu den abendlichen essenischen Gemeinschaftsmählern für die Externen eingeladen wurden. Josephus berichtet: »Sind zufällig Fremde da, so nehmen diese am Mahle teil.« (Bellum II,132). Die »Gäste« durften jedoch nur beim allgemeinen Teil des Mahles anwesend sein; wenn die zwei Stunden des besonders heiligen Kommunionsmahles begannen, mußten sie den Raum verlassen.

Die nächsten vier Ränge (12-15) gehörten den Frauen. Die höchste Position gebührte der »Mutter«. Auf sie folgte die »Jungfrau«, dann die »Witwe«. Der unterste Rang schließlich wurde von einer verheirateten Frau bekleidet.

Wenn Heiden der Gemeinschaft beitraten, so wurden sie zunächst von der Rangordnung her wie »Gäste« behandelt, oder, falls sie unbeschnitten waren, wie Frauen. Die höchste Stufe, Position 10, gebührte einem beschnittenen, zölibatär lebenden Heiden. Ihm folgte auf Position 11 ein beschnittener verheirateter Heide, dann ein unbeschnittener Proselyt, der der Position 12, der »Mutter«, gleichgestellt war. Ganz am Schluß standen die Unbeschnittenen, nach ihrer Volkszugehörigkeit eingeteilt in Sem, Ham und Jafet (13, 14, 15). So wurde Johannes Markus, in neutestamentlicher Zeit der oberste Proselyt, »die Zwölf« (hoi dōdeka), aber auch, weil er dieselbe Rangstufe innehatte wie die »Mutter«, die ranghöchste Frau, »der Geliebte« genannt.

Die heilige Tafel

Den Priestern kam es zu, die zwölf Schaubrote, die jeden Tag vor Gott dargelegt wurden, zu essen (Lev 24,5-9). Die zwölf Positionen der Männer korrelierten mit der Zwölferzahl der Brote. Zur Zeit König Davids hatte der Priester aus der Familie des Abjatar (Ahimelech, vgl. 1 Chr 24,1-3) David und seinen Männern gestattet, fünf der Brote zu essen unter der Vorbedingung, daß sie »sich der Frauen enthalten« hatten (1 Sam 21,1-6; vgl. auch Mk 2,25-26). Damit war eine Unterteilung der Laibe in sieben heiligere, die allein den Priestern und Leviten vorbehalten waren, und fünf weniger heilige für die Laienschaft geschaffen worden, die auch in neutestamentlicher Zeit noch Geltung hatte. Bei den beiden Speisungswundern ist denn auch einmal von fünf und einmal von sieben »Broten« die Rede (Mk 6,38; 8,5).

Die Brote wurden in der »Sakristei« verzehrt, dem Ort, an dem die Priester in die »leibliche Gestalt« zurückkehrten. Ursprünglich gab es zwei Tische, einen für die wichtigeren Persönlichkeiten, »Michael, Gabriel und Sariel«, und einen für die weniger bedeutenden, der am Rand des Podests stand (s. S. 425 und Abbildung 12). Zwischen dem im Norden und dem im Süden stehenden Tisch war ein Abstand von zwei Ellen − die erforderliche Distanz zwischen Herr und Diener. Den Ranghöheren »Michael, Gabriel und Sariel« saßen jeweils ihre Diener gegenüber, der Rafael in der Mitte, gegenüber vom Michael, der Kehat auf der Ostseite der »Sakristei«, gegenüber vom Gabriel (dem »Menschen«, der mit dem favorisierten Osten in Verbindung gebracht wurde), und der Gerschon im Westen, gegenüber vom Sariel (dem »Adler« im Westen).

An der Tafel für die rangniedrigeren Mitglieder wurden dann jedoch aus den Dienern Herren: Der Rafael, der Kehat und der Gerschon nahmen die Nordseite der Tafel ein, und ihnen gegenüber saßen der Merari, der König und der Kronprinz.

Wenn der Sariel die Externen in seiner Sänfte besuchte, nahm er den Platz des Rafael ein, der normalerweise unter den Externen als Priester amtierte. Die Sitzhaltung des Sariel war eher halbliegend, so daß sein Platz nach hinten um eine weitere Elle vergrößert werden mußte (vgl. Abbildung 13). Der Rafael mußte in diesem Fall seinen höheren Status aufgeben und nahm »in leiblicher Gestalt« auf dem Platz gegenüber vom Sariel, der Position des »Diakon«, am Mahl teil. Der Merari, der normalerweise auf diesem Platz saß, mußte den Raum ganz verlassen und fungierte als Türsteher vor dem Speisezimmer. Sein Platz befand sich beim nördlichen Säulenstumpf (vgl. das Kapitel »Ortsangaben«, S. 425). An dieser Stelle stand Zachäus-Merari-Ananus in der Geschichte von Lukas 19,1-10. Weil er »hinausgeschickt« worden war, war er ein »Apostel« (apostolos, »ausgesandt«; von der Position des Merari leitet sich also das Apostelamt ab).

»Gäste« durften, wie bereits erwähnt, an der Tafel für die Externen sitzen. Zu diesem Zweck konnte die südliche Tafel in der »Sakristei«, die den rangniedreren Persönlichkeiten vorbehalten war und zugleich als Vorbild für alle Externen-Mähler diente, noch um zusätzliche Plätze für die »Gäste« erweitert werden. Dabei wurde an der Nordseite rechts und links jeweils ein Platz, und gegenüber an der Südseite zwei entsprechende Plätze für die Diener der »Gäste«, die keiner Zahl in der Hierarchie zugeordnet waren,

452

Abb. 12 Die Sitzordnung an der Heiligen Tafel

Sariel 2	Michael 0	Gabriel 1
Gerschon 5	Rafael 3	Kehat 4

„Höhere"
Tafel
Priester

(Presbyter)	(Kardinal)	(Bischof)
Gerschon 5	Rafael 3	Kehat 4
Kronprinz 8	Merari 6	König 7
(Novize)	(Diakon)	(Mitglied)

„Niedrigere"
Tafel
Externe

453

angefügt. Auf diese Weise konnten zehn Männer an der Tafel sitzen (Abbildung 13). Die »Sakristei« war zehn Ellen breit. Ursprünglich war der Tisch quer darin aufgestellt und bot so jedem Teilnehmer zwei Ellen Platz.

Die priesterliche Erhöhung des Königs

Diese älteste Form der Tischordnung wandelte sich im Laufe der Zeit, und die Tafel für die Externen gewann eine neue Bedeutung. Sie wurde zum Vorbild der Tischordnung, die wir uns auch für das Letzte Abendmahl vorzustellen haben.

Nach der Rückkehr aus dem Exil im 6. Jahrhundert v. Chr. hatten der zadokidische Priester und der davidische König in Gestalt von Josua und Serubbabel für kurze Zeit ihre ursprünglichen Ämter inne (Esra 3,2; Sach 3, 4). Ihre persischen Herren machten jedoch die Auflage, daß der König seine primär militärische Rolle aufgeben müsse. Könige stellten stets eine Gefahr dar, weil sie gewöhnlich das Zentrum potentieller Rebellionen bildeten. Deshalb griffen die Perser schon bald strenger durch und hoben das Königtum überhaupt auf. Solange Josua und Serubbabel im Amt waren, akzeptierte der Davidide jedoch, daß er »nicht durch Heer oder Kraft, sondern durch meinen Geist« regierte (Sach 4,6). Damit wurde er zu einer Priestergestalt im Status eines Sariel und übernahm eine Position im Heiligtum. Dieser Sachverhalt steht denn auch hinter der »apokalyptischen« Sprache von Sacharja 4,1-10, wo Serubbabel innerhalb des Heiligtums, der äußeren Kammer des Tempels, vor der Menorah gesehen wird. Das »Apokalyptische« dient hier wie auch im Buch der Offenbarung dazu, politische Realitäten in verschlüsselter Form zu beschreiben.

Der Davidide empfing »den Geist«, d. h. den Status des Sariel, im Rahmen einer Art Ordination, da er die Priesterwürde nicht von Geburt besaß. Von nun an handelte er als heilige Person und mied den Krieg, wie es von den Priestern verlangt war (vgl. auch 1QM IX,8; 4Q493). In dieser Form konnten auch die Perser das Königtum tolerieren, das dadurch noch für eine gewisse Zeit erhalten blieb.

In seiner einem Sariel gleichgestellten Position führte der König den Titel »Menschensohn«, da er von seinem Rang her unmittelbar unter dem Gabriel, dem Menschen, stand. Der »Menschensohn« in Daniel 7,13-14 und 1 Henoch 46 ist ein König, der mit einem Priester, dem Stellvertreter Gottes − des »Alten an Tagen« −, gemeinsam fungierte.

In den folgenden Jahrhunderten entwickelte sich eine Art Orden von zölibatär lebenden Laien, die sich am Modell des priesterlichen Königs orientierten. Die Essener, die »Schutzherren« der großen priesterlichen und königlichen Geschlechter, schätzten zwar das zölibatäre Leben sehr hoch ein, wahrten jedoch durch ihre zweite Ordensstufe zugleich den Fortbestand der

454

Abb. 13 Externentafel mit Gästen

		Sariel 2		
Gast 11	Gerschon 5	3	Kehat 4	Gast 10
Diener	Kronprinz 8	Rafael 6	König 7	Diener

Merari (Apostel)
9

Dynastien (vgl. Kapitel 8). Die »heiligen Laien« waren David und seinen Männern gleichgestellt, die im Zustand sexueller Enthaltsamkeit die Schaubrote hatten essen dürfen.

An der Tafel der Externen wurden zwei neue Sitzplätze geschaffen, die es dem König ermöglichten, sich auf einem Ruhesitz neben dem Sariel zurückzulehnen, während ihm der Kronprinz, der wie der Rafael zum »Diakon« gemacht wurde, gegenüber saß. Ihre ursprünglichen Plätze, 7 und 8, wurden von gewöhnlichen Mitgliedern oder niedriger gestellten Prinzen eingenommen (vgl. Abbildung 14). Damit saßen nun zwölf Männer an der Tafel, sechs auf jeder Seite. Jeder hatte am Tisch eine Elle Platz. In der »Sakristei« von Qumran markiert eine Abgrenzung diebeiden ersten Ellen des Podestes im Osten − ein Zeichen dafür, daß die Tafel sechs Ellen der Raumbreite einnahm.

Als der Laienorden größer und in seiner Organisation differenzierter wurde, kam es zur Bildung verschiedener Klassen, deren Mitglieder sich dem Orden für unterschiedlich lange Zeitspannen verpflichteten und damit in verschiedene Grade der Disziplin eintraten. Diejenigen, die die strengsten und höchsten Gelübde über einen periodischen Rückzug aus der Ehe ablegten, gehörten dem essenischen Ordenszweig Juda unter dem Davididen an, während die anderen, die die niedrigeren Grade wählten, dem Zweig Sebulon zugerechnet wurden, dessen Versammlungsort Nazaret in Galiläa war. Ihr Ordensoberer war der davidische Prinz. Wie wir bereits gesehen haben

455

Abb. 14
Gleichstellung von König und Priester an der Externentafel

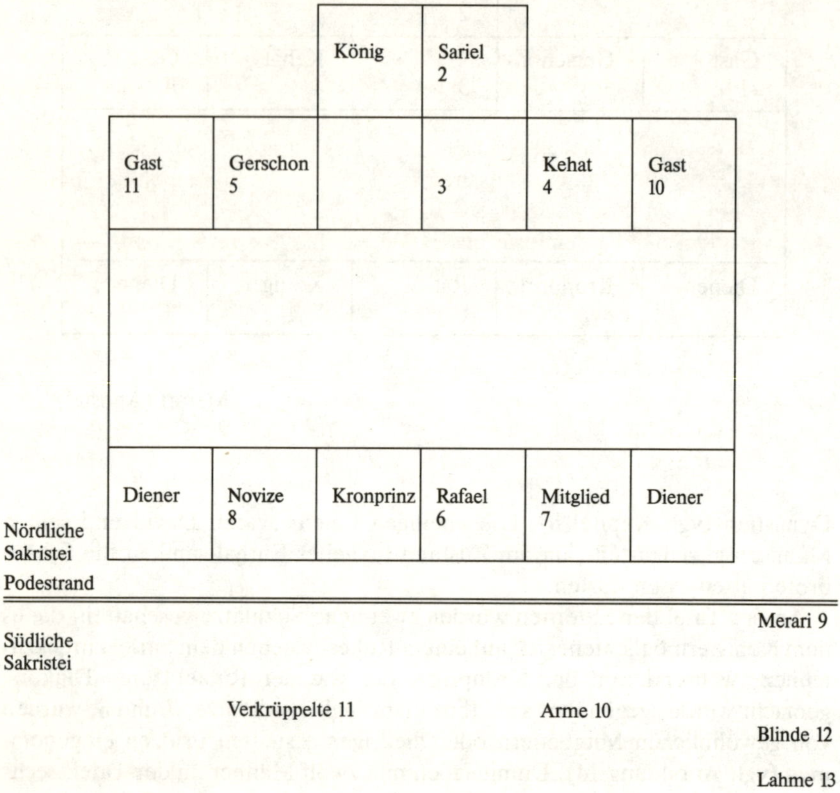

König | Sariel 2

Gast 11 | Gerschon 5 | | 3 | Kehat 4 | Gast 10

Diener | Novize 8 | Kronprinz | Rafael 6 | Mitglied 7 | Diener

Nördliche Sakristei
Podestrand

Merari 9

Südliche Sakristei

Verkrüppelte 11 · Arme 10

Blinde 12

Lahme 13

(S. 393 f.), benutzten sie die Route von Marsaba durch die Wüste. Sie wurden als »Schafe« bezeichnet, weil sie bei der Wiederaufnahme der Ehe »geschoren« wurden.

Obwohl eigentlich der Prinz der oberste Nasiräer war, konnte auch der König in seiner friedlichen, d. h. priesterlichen Funktion der nasiräischen Ordensregel folgen und trug dann den Beinamen »Lamm« (*armion*). Damit war der davidische König gleichzeitig »der Löwe« und »das Lamm« (Offb 5,5-7).

Ein anderer Externer konnte als Stellvertreter des Rafael in der Funktion eines levitischen »Kardinals« auftreten. Es handelte sich dabei um einen fortgeschritteneren Zögling einer zölibatären Gemeinschaft, eine »Waise« – oft illegitime Kinder, die bei ihrer Geburt in den Orden gebracht und als Mitglieder des Ordens Levi erzogen wurden, dem die Ehe vollständig versagt war. Auch dieser Mann wurde als »Lamm« bezeichnet, allerdings mit dem Wort *amnos*. Sein unmittelbarer Vorgesetzter war der Sariel, der Vorgesetzte des Rafael. Da der Sariel »Gott« genannt wurde, war er das »Lamm Gottes« (Joh 1,36). Das Vorbild dieses zölibatären Ordens war der leidende Gottesknecht, das »Lamm, das zur Schlachtbank geführt wird« und das durch sein schweres Leiden unter der asketischen Disziplin für die Sünden anderer Buße tut (Jes 53,4-9; *amnos*, V. 7; 1QS VIII,1-4).

Als Johannes der Täufer Jesus als »Gottes Lamm (*ho amnos tou theou*), das der Welt Sünde trägt«, bezeichnete (Joh 1,21), meinte er damit, daß Jesus von illegitimer Geburt war, also dem strengen Zölibat unterstand und in einer externen Gemeinde als levitischer »Kardinal« fungieren konnte, er für andere Buße tat und die Absolution erteilen durfte. Und wenn er am nächsten Tag von Jesus sagte: »Siehe, das ist Gottes Lamm«, ohne die ergänzende Wendung über die Sühne hinzuzufügen (Joh 1,36), so bedeutete das, daß er ihm das Recht zur Spende der Absolution aberkannt hatte, weil es zwischen ihnen zum Schisma gekommen war.

«Arme«, »Verkrüppelte«, »Lahme« und »Blinde«

Die externen Essener waren berühmt für ihre Mildtätigkeit. Von ihrem Verdienst als Handwerker unterstützten sie Bedürftige, die nicht für sich selbst sorgen konnten (Philo, *Omnis probus liber* 86; CD XIV,12-16). Die Bedürftigen wurden in vier Kategorien unterteilt: »Arme«, »Verkrüppelte«, »Lahme« und »Blinde« (Lk 14,13.21).

Sie wurden als Diener der rangniedrigeren Glieder der Tafel eingestuft und eine Armlänge von ihnen entfernt gesetzt, z. T. in der südlichen »Sakristei« unterhalb des Podestes (s. Abbildung 14). Wenn die Mitglieder der priesterlichen Tafel von den heiligen Schaubroten aßen, wurden ihnen die übriggebliebenen Brotstücke oder »Krumen« gereicht. Den »Armen« und den »Verkrüppelten« (den Alten) war der Zugang zur südlichen »Sakristei« gestattet, wo sie die »Gemeinde« bildeten, doch die »Blinden« und »Lahmen« mußten mit dem Merari draußen bleiben. (Vgl. den völligen Ausschluß der Blinden in 11QT XLV, 12-13). Zu einem späteren Zeitpunkt, als die »Gemeinde« einen höheren Rang einnahm, durften die Mitglieder an das Podest vortreten, um die Brotstücke entgegenzunehmen. Aus dieser Praxis erwuchs die christliche Kommunion, bei der die Gemeindeglieder am Kommunionsgitter des Heiligtums knien, um das Brot zu empfangen.

Bei den in den Evangelien berichteten Speisungswundern blieb jeweils eine

457

bestimmte Anzahl Körbe mit Brotresten übrig: zwölf *kophinoi* bei der Speisung der 5000 und sieben *spyrides* bei der Speisung der 4000 (es handelt sich dabei um zwei unterschiedliche Arten von Körben, Mk 6,43 und 8,9). Diese »Körbe« repräsentierten zwei verschiedene Formen des Gottesdienstes für die niedrigeren und die höheren Ränge der »Gemeinde«: Einen eher priesterlich geprägten Gottesdienst, der an der Zahl Sieben, der Zahl für die einzelnen Wochentage, orientiert war, für die »Armen« (Zölibatäre), und einen Laiengottesdienst, der an der Zahl Zwölf, der Zahl der Monate orientiert war, für die Verheirateten.

Die Hierarchie unter Herodes dem Großen

Das alteingeführte System der Davididen und Zadokiden wurde im 1. Jahrhundert v. Chr. von Herodes dem Großen übernommen, unter dem dann auch der Umwandlungsprozeß hin zum christlichen Gotesdienst seinen Anfang nahm.

Die wesentlichen Strukturen blieben dieselben, die entscheidenden Positionen wurden allerdings mit neuen Männern besetzt, oft völlig ohne Rücksicht auf die traditionellen Dynastien. Das entsprach Herodes' Politik, mit den altehrwürdigen priesterlichen Traditionen zu brechen und Männer, die ihm genehm waren, in das Amt des Hohenpriesters zu berufen.

Die Führungsämter nahm Herodes nominell sämtlich für sich selbst in Anspruch und besetzte sie mit seinen Leuten. Auf diese Weise machte er sich die Lehre von einem absoluten Königtum zu eigen, wie sie die Davididen selbst praktiziert hatten, als sie an der Macht waren. Auch König David hatte als Priester amtiert (2 Sam 6,12-15) und sich selbst zum Mittelpunkt des kultischen Geschehens gemacht, während die Tempelpriester nur seine Repräsentanten waren.

Herodes übernahm die Positionen des Michael und des Gabriel, was einen schweren Eingriff in das monastische System der palästinischen Essener bedeutete. Der hebräische Buchstabe, der dem Michael zugeordnet war, war das *Taw*, der letzte Buchstabe des Alphabets, der in archaischer Schreibweise die Form eines X hatte. Schon zur Zeit des Propheten Ezechiel war dieser Buchstabe für die Solaristen in Babylon gebraucht worden – Männer, die Leinengewänder trugen und in der Schrift bewandert waren (Ez 9,2-4; das Wort für »Zeichen« in Vers 4 ist »*Taw*«). In CD XIX,12 werden die Worte Ezechiels auf die Glieder der Gemeinde in Damaskus bezogen, die durch »das Zeichen« aus der kommenden Vernichtung errettet werden. So wurden die Initianden des herodianischen zölibatären Systems mit einem X auf der Stirn oder auf der rechten Hand gezeichnet (Offb 13,16). Das *Taw* (numerischer Wert 400) war ein Teil der »Zahl des Tieres«, 666 (s. u. S. 483).

Nach essenischen Maßstäben befand sich Herodes meistens »in leiblicher

Gestalt«, weil er ununterbrochen mit einer Frau zusammenlebte. Das stellte ihn auf eine Stufe mit dem Rafael, eine Position, die jedoch von seinem Diener übernommen wurde. Auch mit dem »schwarzen Kalb«, dem Stellvertreter des Rafael, wurde er gleichgesetzt. Sein Nachfolger Archelaus führte in der Position des Ethnarchen ebenfalls das Emblem des Kalbes. Archelaus wurde »das goldene Kalb« des »Exodus« (vgl. das Kapitel »Ortsangaben«, S. 398).

Der Diener des Michael war der Rafael, »die Kraft«. Die Exekutive des Herodes und damit wahrscheinlich der eigentliche Begründer der Mission war der Diaspora-Essener Menahem, das Oberhaupt der Magier von Westmanasse. Er war einer der Lehrer des Herodes gewesen und hatte ihm geweissagt, daß er König werden würde (Josephus, *Antiquitates* XV,373-374). Trotz ihrer Loyalität zur Dynastie der Davididen konnten die Diaspora-Essener einen zweiten, dem Davididen übergeordneten König akzeptieren. Menahems Prophezeiung bewirkte, daß Herodes »von der Zeit an alle Essener in Ehren (hielt)« (Josephus, *Antiquitates* XV,378).

Menahem war zwar kein echter »Sohn Levis«, nahm jedoch die Position des Rafael ein, weil »Waisen« als levitische »Kardinäle« fungieren konnte. Er trug Scharlachrot, und sein Nachfolger in neutestamentlicher Zeit, Simon Magus, wurde »das scharlachrote Tier« genannt (Offb 17,3).

Eine Rangstufe über Menahem stand Hillel, der in der jüdischen Überlieferung den Beinamen »der Große« trägt. Hillel war anfangs mit Menahem in Kontakt gewesen (*Mischna Hag.* 2,2). Er führte in Jerusalem Taufen durch, rituelle Waschungen zur Reinigung von der Sünde. Seine Lehre besagte unter anderem, daß die jüdische Geburt allein nicht ausreiche, um wirklich zum Gottesvolk zu gehören, sondern daß ein Akt der Reue und ein Gesinnungswandel hinzukommen müsse. Hillel war auch der erste, der die »goldene Regel« lehrte, die in Matthäus 7,12 wiedergegeben ist. Im Hebräischen bedeutet sein Name soviel wie »Lobpreis«; das griechische Äquivalent dazu ist *ainōn*. Im Johannesevangelium ist davon die Rede, daß der Täufer »in Änon (*ainō*), nahe (*engys*) bei Salim«, taufte (Joh 3,23). Damit ist wohl das Essenertor im Süden von Jerusalem (Salim) gemeint, wo in jüngster Zeit essenische Reinigungsbecken freigelegt wurden. Der Name des Ortes deutet darauf hin, daß Hillel dort gewirkt hatte, der in den Fragen der rituellen Reinigung den Praktiken der Essener nahestand. Möglicherweise begründete er damit eine Praxis, aus der sich später die Taufmission für die Juden in der Diaspora entwickelte.

Hillel, aus dem Orden Benjamin, war einem Sariel, dem visitierenden Priester, der von Zeit zu Zeit die externen Gemeinden aufsuchte, gleichgestellt, während der Rafael das Oberhaupt der Externen war. Auf Anordnung des Herodes wurde ihm gestattet, die Position des Sariel einzunehmen, obwohl er Laie war. Da sowohl Hillel als auch Menahem nicht die wirklichen

459

Amtsinhaber waren und sich in dieser Zeit das Ideal eines »Neuen Israel« abzeichnete, wurden die beiden auch als »Abraham« (Hillel) und »Isaak« (Menahem) bezeichnet und die von Hillel Getauften als »Söhne Abrahams« (Lk 3,8).

Abraham war der Vater aller Juden gewesen, und auch der neue Abraham wurde »Vater« und schließlich »Papst« genannt. Die Ämter des Papstes und der Patriarchen in der christlichen Kirche entstanden also unter der Herrschaft des Herodes im Rahmen seines Konzepts eines Neuen Israel.

In Johannes 8,57 wird deutlich, daß es nur fünfzig Jahre vor Jesu Zeit einen »Abraham« gegeben hatte. Die Anwürfe der Juden gegen Jesus bringen indirekt zum Ausdruck, daß er, wenn er schon fünfzig Jahre alt wäre, Abraham noch gesehen hätte (oder, wie eine Textvariante genauer besagt, daß Abraham ihn gesehen hätte, da Jesus in diesem Fall noch ein Kleinkind gewesen wäre). Dieser Textstelle ist außerdem zu entnehmen, daß Hillel im Jahr 19 v. Chr. gestorben war, fünfzig Jahre vor 32 n. Chr., als diese Worte gesprochen wurden.

Zu Menahem in seiner Rolle als levitischer »Kardinal« paßte der Beiname »Isaak« recht gut, weil diese Position vom »Lamm Gottes« übernommen werden konnte und weil Isaak anstelle eines Lammes hatte geopfert werden sollen (Gen 22,7-8).

Die Davididen unter Herodes

Als Herodes sich mit den Essenern einließ, verband er sich gleichzeitig mit den Nachkommen Davids, oder zumindest mit Eli, einem Abkömmling des jüngeren Zweiges der davidischen Dynastie. Seine Ahnentafel findet sich in Lukas 3,23-38. Eli, der Sohn des Mattat, stammte in der 40. Generation von Natan, einem jüngeren Sohn Davids, ab (2 Sam 5,14). Eli selbst wurde im Jahr 70 v. Chr. geboren (vgl. *eteleutēsen*, Apg 7,15), also war er im Jahr 1 n. Chr. siebzig Jahre alt und bei der Geburt Josefs 44 v. Chr. 26.

Im Matthäusevangelium ist Eli als Sproß der königlichen davidischen Linie eingeführt, indem er als »Jakob«, Sohn des »Mattat«, bezeichnet wird (Mt 1,15). Die Praxis, einem älteren Familienzweig einen jüngeren Zweig oder eine neue Linie aufzupfropfen, war in den priesterlichen und königlichen Dynastien durchaus üblich. Nach Matthäus liegen zwischen David und Jakob-Eli 25 Generationen zu je 40 Jahren. Das ist dieselbe Zeitspanne von 1000 Jahren, für die Lukas, dessen genealogische Angaben historisch korrekt sind, 40 Generationen zu je 25 Jahren angibt. Die königlichen Generationen wurden nach 40-Jahres-Abständen gerechnet, wohingegen die der jüngeren Linien jeweils 25-Jahres-Generationen zählten. Jakob-Eli, der Abkömmling der jüngeren Linie, war also bei seiner Eheschließung 25, doch Joseph, sein Sohn, der nach der Aufwertung der jüngeren Linie geboren wurde, mußte

460

warten, bis er das für Könige vorgeschriebene Alter von 36 Jahren erreicht hatte.

Der Davidide durfte sich zwar nach wie vor als Führer des Volkes nach jüdischer Tradition betrachten, jedoch nur im Status eines Prinzen, dem Status der Erben des Herodes. Damit war der Status des Davididen auf die Position eines Prinzen reduziert und entsprach dem eines »Bischofs« wie dem des Kehat.

Damit kam ihm der Titel »David« nicht mehr zu, und Eli wurde denn auch als ein Patriarch mit dem Titel »Jakob« angeredet. Die Dreierherrschaft von »Vater, Sohn und Geist«, in der die Führungsspitze der externen Essener organisiert war, hieß nun »Abraham, Isaak und Jakob«, wobei die beiden Patriarchen Isaak und Jakob jeweils der östlichen bzw. der westlichen Diaspora zugeordnet wurden.

Da der Davidide nun den Titel »Jakob« trug, wurde sein Sohn und Erbe als »Josef« bezeichnet, d. h. er trug den Namen des Lieblingssohnes des Patriarchen Jakob, der in der Folge zum Titel des davidischen Erben, des Kronprinzen, wurde. Josef, der Vater Jesu, war zur Zeit von Jesu Geburt Kronprinz unter Jakob-Eli. In neutestamentlicher Zeit war Jakobus, der Bruder Jesu, nach Jesus Thronerbe und wurde deshalb »Josef« genannt (»Josef von Arimatäa« und »Josef Barsabbas Justus«, Apg 1,23).

Da das Oberhaupt von Westmanasse die Exekutive des Herodes war, wurde ein anderer Diaspora-Essener, das Oberhaupt von Efraim, der ägyptischen Therapeutae, zur Exekutive des Davididen.

Obwohl der Davidide mittlerweile über die rein militärische Rolle des »Löwen« hinausgewachsen war, behielt er sein Emblem bei. Dieses ging nun auf das Oberhaupt von Efraim über, das als ein Stellvertreter des »Löwen« zum »wilden Tier« wurde (to thērion; Plural ta thēria, als Repräsentant für die ganze Klasse). Wenn Paulus also schreibt, daß er »in Ephesus mit wilden Tieren gekämpft« habe (1 Kor 15,32), so bezieht er sich dabei auf seinen Konflikt mit Apollos, dem damaligen Oberhaupt von Efraim. Zugleich war das Oberhaupt von Efraim auch die »Schlange«, denn das Wort thērion hat eine Doppelbedeutung (Apg 28,4). Die Schlange war das Emblem des Heilens (Num 21,9), das die Therapeutae führten. Sie beherrschten die Heilkunst – ein Wissensgebiet, das sie mit den monastischen Essenern gemeinsam hatten (Josephus, Bellum II,136). Die Wendung, daß »Mose in der Wüste die Schlange erhöht hat« (Joh 3,14), bedeutete also, daß Simeon (»Mose«), der »Vater« aus der Geschichte vom Verlorenen Sohn, Theudas, das Oberhaupt von Efraim, empfing, der sich im Jahre 4-5 n. Chr. mit seiner Rückkehr zum »Vater« Simeons Friedenspartei anschloß.

Die Rolle des »Mose« selbst wurde, als die palästinischen Essener sich von der Bewegung lossagten, vom Oberhaupt der Therapeutae übernommen. Wie der Abschnitt über die Bildwelt des Exodus (vgl. das Kapitel »Ortsangaben«,

461

S. 397) zeigt, praktizierten die Therapeutae einen liturgischen Tanz, der von einem »Mose« angeführt wurde.

Eine andere Gruppe von Diaspora-Essenern, die Männer von Ostmanasse, die, anders als die Leute von Westmanasse, eher am Osten orientiert waren, wurde Efraim – also dem Rang eines »Bischofs« – gleichgesetzt. Oberhaupt dieser Gruppe war später Judas Iskariot, dessen Stellung im Neuen Testament mit der Bezeichnung »Aufseheramt« umschrieben ist (episkopē, Apg 1,20). Die Mitglieder dieser Gruppen waren darüber hinaus »Tiere«, hatten also militärische Funktionen. Die Oberhäupter von Efraim und Ostmanasse, Theudas und Judas der Galiläer, hatten Qumran in der zweiten Besiedlungsphase für die Nationalisten okkupiert. Judas der Galiläer ist das erste »Tier« im Buch der Offenbarung (Offb 13,1-10).

Jedes der beiden Oberhäupter von Efraim/Manasse verkörperte eine königliche Gestalt; das Oberhaupt von Ostmanasse, einen Rang (4) unter dem von Westmanasse (3) stehend, wurde zum Repräsentanten des herodischen Erben. Diese Position blieb trotz des ständigen Wechsels der Erben bestehen. In neutestamentlicher Zeit hatte Tomas den Platz inne, während Judas das Haupt von Ostmanasse war. Es fällt auf, daß der Verfasser des Tomasevangeliums Didymus Judas Tomas heißt – ein Name, der im Neuen Testament nicht auftaucht (EvThom 1,1).

Herodes gelang es, auch noch einen echten »Sariel« im Amt zu belassen, der die priesterlichen Aufgaben übernahm, die Hillel als Laie nicht ausfüllen konnte. Daraus entwickelte sich das staatlich sanktionierte Hohepriestertum, dessen Amtsträger von Herodes und seinen Nachfolgern eingesetzt wurden. Der erste Inhaber dieses Amtes war wahrscheinlich Ananel, denn bei Josephus heißt es, daß Herodes zu Beginn seiner Regierungszeit »von Babylon einen gewissen Priester Ananel (berief)« (Antiquitates XV,22.39.56; vgl. auch Apg 7,2: »der Gott der Herrlichkeit«). In der Folge hatten Hohepriester diese Position inne, die aus der Bewegung kamen. Zu ihnen gehörte auch Kajaphas, der als archiereus bezeichnet werden konnte (Joh 18,13; nicht jedoch als hoi archiereis).

Auch die Positionen des Kehat, Gerschon und Merari blieben erhalten, so daß die ursprüngliche Hierarchie der niedrigeren Leviten gewahrt blieb.

In der Hierarchie der externen Essener nahm der König manchmal auch den Platz neben dem Rafael auf der Westseite der »Sakristei« (der Begriff »die Linke« wird immer absolut gebraucht und bedeutet Westen) ein, beanspruchte also nur einen Platz für sich. Die beiden, König und Rafael, verkörperten gemeinsam »das Reich« und »die Kraft«. In der von den externen Essenern benutzten Synagoge (Philo, Omnis probus liber 81) saßen oder standen sie zu den beiden Seiten der Menorah, des siebenarmigen Leuchters, des »Lichtes« (zu seiner Bedeutung für die Essener vgl. 1QH VII, 24). Sowohl der Rafael als auch der König hatten jeweils einen Stellvertreter im Grad eines »Bischofs«, wobei dem König ein Laienbischof zugeordnet war, dem Rafael ein Kehat. Beide durften bei den Gottesdiensten in der Synagoge, vor der Menorah stehend, aus dem mosaischen Gesetz vorlesen. Der Platz vor der Menorah hieß »Herrlichkeit«, wegen des Lichtes, das von der Menorah ausging, und wegen der Assoziation zwischen Mose und der Herrlichkeit Gottes (Ex 33,18; 34,29). Die Aufstellung für den Gottesdienst sah also folgendermaßen aus:

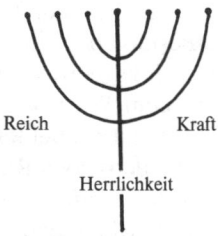

Die drei Begriffe »Reich, Kraft und Herrlichkeit« finden sich im Zusatz zum Vaterunser (Mt 6,13). In ihrer ursprünglichen Bedeutung erkannten sie dem »Papst« die Vollmacht zu, »Kardinäle«, »Erzbischöfe« und »Bischöfe« einzusetzen.

Herodianische Zahlen

Zur Zeit des Herodes wurde die Hierarchie unter dem Einfluß der pythagoreischen Schule in mathematischer Hinsicht stärker systematisiert. Es wurden weitere Zahlenfolgen hinzugefügt, um die Positionen noch exakter angeben zu können und neuen Mitgliedergruppen, die sich der Bewegung jetzt anschlossen, Rangstufen zuzuweisen.

Während der Kehat, der levitische »Bischof«, die Nummer 4 gewesen war, war der »Löwe« die Nummer 7. Da das Haupt von Westmanasse zum Rafael geworden war, wurde nun das ihm im Rang folgende Oberhaupt von Ostmanasse zum Kehat. Als Mann des Friedens war er ein Kehat, doch wenn er in seine »leibliche Gestalt« hinabstieg, so wurde er zur Sieben und war nun ein »wildes Tier«. In dieser Gestalt waren ihm kriegerische Aktivitäten erlaubt, da er kein Levit mehr war. Er wurde dann als »Dämon 7« bezeichnet – ein Titel, den auch Judas Iskariot führte (Lk 8,2) –, weil die militanten Mitglieder der Bewegung von ihren Gegnern »Dämonen« genannt wurden.

Der Davidide, der nun den Namen »Jakob« trug, gehörte, obwohl er die Position eines »Bischofs« innehatte, der Laienschaft und nicht den Leviten an. Bei Tisch saß er an der Westseite. Seine Zahl war nicht die dem Kehat zugeordnete Vier, sondern die Eins, und seine Söhne folgten in der Zählung auf ihn. Auch dem Davididen waren bestimmte Stunden des Tages zugeordnet, die allerdings nach Julianischer Zeitrechnung bezeichnet wurden, so daß die nach jüdischer Zählung siebte Stunde des Tages für ihn 13 Uhr war usw. Damit waren der Davidide und seine Söhne also für die Gebete um 1 Uhr, 2 Uhr, 3 Uhr und 4 Uhr und 13 Uhr, 14 Uhr, 15 Uhr und 16 Uhr zuständig. Die Söhne konnten auch als »Mann 2« (andres dyo), »Mann 3« (andres treis) und »Mann vier« (andres tessares) bezeichnet werden. Die »vier Männer« in Apostelgeschichte 21,23 sind daher nach der Pescher-Aufschlüsselung »Mann 4«, d. h. Simon-Silvanus, der jüngste Bruder Jesu.

Herodes selbst, der sich die Position des Michael angeeignet hatte, trug die Zahl 0. Diese Zahl blieb ihm auch zugeordnet, wenn er als »Erzbischof« »in leiblicher Gestalt« auftrat. Mit dem Wort ouden, »nichts«, ist deshalb der jeweils herrschende Herodier gemeint (in neutestamentlicher Zeit Agrippa).

Der herodische Kronprinz hatte denselben Rang wie der davidische König, beide waren also »Bischöfe«. Der herodische Prinz trug dabei den Namen »Esau«, Zwilling, um deutlich zu machen, daß er dieselbe Funktion übernehmen konnte wie »Jakob« (Gen 25,24-26). Dieser Beiname erwies sich historisch als recht treffend, hatte doch Esau in der Erzählung von Genesis 27,36 sein Erstgeburtsrecht verloren, ein Schicksal, das auch den herodischen Erben häufig beschieden war.

Da die Davididen nun mit eins, zwei, drei und vier gekennzeichnet waren, wurden die Herodier auf den entsprechenden Positionen vom Kronprinz an mit Ordinalzahlen belegt: prōtos, deuteros, tritos, tetartos. Als später Mitglieder aus der römischen Provinz ihre Positionen übernahmen, wurden die entsprechenden lateinischen Ordnungszahlen verwendet. Im Neuen Testament tauchen denn auch die Namen Sekundus, Tertius und Quartus auf (Apg 20,4; Röm 16,22-23).

Die Position des »Bischof« bei der »Herrlichkeit« wurde als »der erste Platz« (prōtoklisia) bezeichnet.

Das Oberhaupt von Ostmanasse, der oberste Schriftgelehrte, repräsentierte den herodischen Kronprinzen, ho prōtos, und saß deshalb auch auf dem »ersten Platz« (vgl. Mk 12,39: »Hütet euch vor den Schriftgelehrten, die ... die ersten Plätze (prōtoklisias) bei den Gastmählern lieben«). In Lukas 14,8-10 werden die Diener Jesu ermahnt, nicht wie Bischöfe in die prōtoklisia zu drängen, sondern wie Diakone »den letzten Platz« einzunehmen. Dann würden sie möglicherweise aufgefordert, höher- und damit näher an die »Herrlichkeit« zu rücken.

Die herodischen Prinzen betrachteten sich jedoch nicht nur als Laien. König Herodes selbst hatte den Platz des Michael eingenommen und setzte sich an der Tafel der Externen an die Stelle des Rafael. Auch seine Söhne bekleideten levitische Ränge, indem sie die Positionen des Kehat (4), Gerschon (5), Merari (6) und des gewöhnlichen Mitgliedes (7) einnahmen. Im

Text wurde diesen Zahlen manchmal noch das Wort »Bruder« angefügt. Der »(Bruder) 5« (*hoi pente adelphoi*) war also der zweite Sohn, ein Gerschon, »der (Bruder) 6« (Apg 11,12) war der Mann in der dritten Position, ein Merari, und »der (Bruder) 7« war der Vierte. Wenn der erste der vier »in leiblicher Gestalt« war, stieg er im Rang herab und wurde dem »Bruder 7« gleich (Mk 12,20.23, wo Tomas gemeint ist).

Heiden und Frauen im herodianischen System

Nach der Vorstellung der Essener hatten Frauen, die ja regelmäßig unrein waren, die niedrigsten Ränge in der Hierarchie inne, und zwar die Positionen 12 (»Mutter«), 13 (»Jungfrau«), 14 (»Witwe«) und 15 (»Ehefrau«). Beschnittene Heiden standen über ihnen und waren den »Gästen« auf Positon 10 (beschnittene Zölibatäre) und 11 (verheiratete Beschnittene) gleichgestellt. Unbeschnittene Heiden dagegen standen in der Hierarchie auf derselben Stufe wie die Frauen: die Proselyten (12), Sem (13), Ham (14) und Jafet (15).

Diese Entsprechungen blieben erhalten. In einer Gesellschaft, die in wachsendem Maße hellenisiert war und in der die Frauen daher eher akzeptiert wurden, stiegen Frauen und Heiden jedoch zwangsläufig immer höher im Rang auf. Es waren Frauen, denen die Pharisäer ihren Einfluß auf den herodischen Hof verdankten (Josephus, *Antiquitates* XVII,41), und Frauen aus der römischen Oberschicht waren es auch, die Agrippa, in dessen Haus sich die christliche Version der Lehre entwickelte, unterstützten.

Der erste Schritt, der bereits unter Herodes getan wurde, zielte darauf, diese ganze Klasse aus der »leiblichen Gestalt« zu erheben. Dazu wurden zunächst einmal sämtliche Positionen um drei Stufen angehoben, so daß die Frauen nun die Positionen 7 bis 12 innehatten. Sie waren jetzt Vollmitglieder und damit den normalen jüdischen Mitgliedern gleichgestellt. Als sie später unter den Christen im Rahmen der verschiedenen Formen des Dienstes in den Gemeinden noch einmal drei Stufen in der Hierarchie höherrückten, waren sie endgültig in das System integriert.

Die Heiden gehörten zwei »Orden« oder »Stämmen« an, dem Stamm Ascher und dem Stamm Dan. Hanna, die Urmutter »Sara«, war »aus dem Stamm Asser« (Lk 2,36). Die Mitglieder dieses Stammes lebten individualistisch als Asketen in der Welt, wohingegen die Angehörigen des Stammes Dan nach mönchischem Vorbild in Gemeinschaften organisiert waren. Sie gehörten aber dennoch zu den Externen, da sie zu den unreinen Rangstufen gezählt wurden.

Ascher umfaßte die Beschnittenen, jetzt Position 7 und 8, während Dan, das sich weniger stark am Judentum orientierte, mit den Proselyten, der Position 9, einsetzte.

Das Interesse der Herodianer an der pythagoreischen Mathematik führte zur Ausarbeitung eines genauen Entwurfs für die 12 000 unbeschnittenen Männer des Stammes Ascher. 3000 wurden der Stufe der Proselyten, 4000 der des Sem und 5000 der des Ham zugeordnet, wobei die Proportionen den Seiten eines rechtwinkligen Dreiecks entsprachen. Das Vorbild dabei waren die 12 000 »Männer der Wahrheit« – Asketen, die nach dem Plan der Tempelrolle als Leibgarde des Herodes fungierten (11QT 57,5-9). Über ihnen sollten 1000 beschnittene Zölibatäre und 2000 beschnittene Verheiratete stehen. Letztere wurden »Juden« genannt, weil sie in jeglicher Hinsicht wie normale Juden lebten.

Jeder Klasse stand ein Sohn des Herodes vor; der Thronerbe den 1000, der nächste Prinz den 2000 usw. Die Prinzen konnten, weil sie eine Stellvertreterrolle innehatten, auch mit den Namen ihrer Klasse bezeichnet werden, so daß der erste Prinz ein *chiliarch* (meist mit »Oberst« übersetzt, womit *chiliarchos*, Führer einer Tausendschaft, gemeint ist; Apg 21,31; Mk 6,21) war und der zweite mit den 2000 identifiziert wurde. In neutestamentlicher Zeit war Antipas der zweite Prinz, daher die »2000 Schweine« (Mk 5,13). Da seine Klasse die Position 8 innehatte, waren sie keine Vollmitglieder und gehörten also den Verheirateten, dem »Vieh«, an.

Die Männer des Stammes Dan orientierten sich stärker an den Essenern als an den Herodianern. Da ihre Zählung mit Position 9 begann, waren sie dem Rang nach lediglich »Gemeinde«. Sie waren gewöhnlich Freigelassene aus dem Haus des Herodes, die höhere Dienerstellen bekleideten. So werden Eutychus (Johannes Markus) und Protos (Philippus) bei Josephus als *apeleutheros*, »Freigelassene«, bezeichnet (*Antiquitates* XVIII,167.168). Bei ihren religiösen Versammlungen konnten sie jedoch je nach ihrem Lebenswandel und ihrem Wissen in der Rangordnung nach oben rücken.

Die Frauen hatten jetzt zwar ebenfalls einen höheren Status inne, geistliche Ämter waren ihnen aber nach wie vor verwehrt.

Die christliche Revision der Hierarchie

Unter den Anhängern Jesu vollzog sich dann die dritte Überarbeitung des hierarchischen Systems. Dabei wurde das herodianische System, das seinerseits bereits eine Revision des essenischen war, nochmals verändert.

Am Anfang hatte Jesus die Position des davidischen Königs inne. Das bedeutete, daß er bei den Versammlungen der Externen dem Sariel gleichgestellt war und auf der Westseite der »Sakristei« neben ihm am Tisch saß. Sein Titel in dieser Position war »Menschensohn« (vgl. oben, S. 454).

Unter den Zwölf Aposteln bekleidete der Mann, der die Position des »Papstes« innehatte, gleichzeitig auch die Position des Michael, da er als Rivale Johannes des Täufers und des herodischen Königs, des nominellen

Trägers der höchsten Position, auftrat. Er war ein *Taw*, sein »Zweiter« ein »Schin« und sein »Dritter« ein »Resch«. Sowohl Jonatan Hannas (»Papst« von 30-31 n. Chr.) als auch Simon Magus (»Papst« seit 31 n. Chr.) nahmen, wenn sie im Heiligtum waren, die Position des *Taw* ein. Als Hellenisten vertraten sie außerdem die Auffassung, daß auch Laien bestimmte levitische Funktionen ausüben konnten. Der davidische König als oberster Laie galt im Heiligtum als »Schin« und damit als Stellvertreter des Priesters. Das heißt, er war ein »Sohn«, da die ersten drei Personen der Hierarchie die Dreiheit von »Vater, Sohn und Geist« bildeten. Als »Zweiter« oder Stellvertreter des Jonatan Hannas, der »Gott« war, fungierte der Davidide folglich als »Sohn Gottes« – ein Titel, den er schon im Alten Testament trägt, etwa in Psalm 2,7, wo Gott dem Davididen bei seiner Krönung zuspricht: »Du bist mein Sohn, heute habe ich dich gezeugt.«

Wenn also die »unreinen Geister« (*ta pneumata ta akatharta*) sagten, daß Jesus der »Sohn Gottes« sei (Mk 3,11), so bedeutet das im Pescher, daß der Tetrarch Antipas (»unreine Geister«, Mk 5,13 p) die hellenistische Auffassung vertrat, daß Jesus, für ihn der legitime Davidide, der Stellvertreter des Jonatan Hannas war. Was hier wie ein übernatürliches Ereignis erscheint, entpuppt sich also als eine politische und historische Aussage.

Der Priester und der Davidide in ihrer Position als »Erster« und »Zweiter« weisen bereits voraus auf die beiden Gestalten des Messias Aarons und des Messias Israels. Unter diesen Namen tauchen sie in der Schilderung des künftigen heiligen Mahles in 1QSa II, 11-22 auf. In diesem Text wird deutlich, daß der Messias Israels der Stellvertreter des Messias Aarons ist, da der letztere Wein *und* Brot segnet, während der Messias Israels nach ihm nur das Brot segnet. Dem Brot wurde eine geringere Bedeutung als dem Wein zugemessen, wie bei der Initiation erkennbar wird (1QSa VI, 16-23): Die fortgeschritteneren Novizen durften zwar vom Brot essen, doch nur Vollmitglieder, die in der Hierarchie eine Stufe über ihnen standen, durften auch vom Wein trinken.

In den Schriftrollen vom Toten Meer ist von drei künftigen Führern die Rede, dem Messias Aarons, dem Messias Israels und dem Propheten (1QS IX, 11). In diesen Titeln spiegeln sich die Rangstufen der Externen, bei denen der Kehat (der Diener Moses) den dritten Rang innehatte.

Jesus begnügte sich jedoch nicht mit der Position eines »Zweiten«, sondern beanspruchte die Stellung des »Ersten« für sich. Dieser Anspruch steht denn auch, wie bereits deutlich gemacht wurde, im Mittelpunkt der Ereignisse, die das Neue Testament schildert.

Die tiefgreifendste Veränderung, die die Christen vollzogen, war die Aufwertung der Heiden, die von ihnen *über* die »Gemeinde« gestellt wurden und damit geistliche Ämter als »Diakone«, »Bischöfe«, »Kardinäle« und schließlich sogar als »Päpste« übernehmen konnten. Da sie ihre Ämter völlig

467

unabhängig ausübten, konnten sie sich allmählich gänzlich von ihren jüdischen Anfängen lösen, indem sie die beiden früheren Hierarchiestufen hinter sich ließen und z. B. in den Evangelienberichten nur noch in verschlüsselter Form auf das Alte hinwiesen.

Vom System her gesehen mußten die Positionen der Heiden nur noch um weitere drei Stufen angehoben werden. Aus den Positionen 7 bis 12 wurden so die Positionen 4 bis 9. Beschnittene Heiden wurden »Bischöfe« und »Presbyter«, die unbeschnittenen wurden »Diakone« (Proselyten), »Mitglieder« (Sem), »Novizen« (Ham) und »Gemeinde« (Jafet).

Johannes Markus, der oberste Proselyt, rückte von Positon 9 auf Position 6 vor und wurde damit zu einem $Ayin$–»Diakon«. Noch immer ein Externer, brachte ihn sein neuer Rang in Berührung mit dem herodianisch-nasiräischen System, so daß er nun eine »Siebzig« war (Lk 10,1.17). Die Synoptiker, deren Verfasser einer anderen Parteilinie angehörten, bezeichnen ihn allerdings nach wie vor als »die Zwölf« (*hoi dōdeka*) – ein Terminus, den er selbst in seinem Evangelium kaum verwendet.

Philippus, das Haupt von Sem, rückte von Position 10 auf Position 7 und damit auf »die siebente Stunde« vor (Joh 4,52). Diese nach judenchristlicher Praxis (vgl. S. 304) errechnete Zeitzuweisung wandelte Jesus nochmals ab und wies ihm dabei die Mittagsstunde zu, so daß er nun dieselbe Stufe wie die zölibatären Proselyten innehatte. Im Jahr 30 n. Chr. empfing Philippus den »Wein« (das Zeichen der Vollmitgliedschaft auf Position 7) im Rahmen des »Wunders« der Verwandlung von Wasser in Wein. Zuvor hatte er allenfalls aufgrund besonderer Tugendleistungen um einen Rang aufsteigen können, war jedoch nicht über *Mem*, Position 9, die höchste Position der »Gemeinde«, hinausgekommen, deren Zeichen das »Wasser«, das Bad in einem Taufbekken, war. Jetzt, auf Position 7, durfte er mit an der heiligen Tafel sitzen. Im Jahr darauf, 31 n. Chr., rückte er sogar noch weiter in das Amt des »Diakons« auf (Joh 4,46-54).

Die zölibatären »Fische« von Sem, Ham und Jafet wurden auch als »Fisch 1, Fisch 2« (Mk 6,41) und »Fisch 3« bezeichnet – eine Vorbereitung auf ihre weitere Erhöhung auf den Status von Prinzen.

Jafet, die niedrigste Position, blieb in neutestamentlicher Zeit der »Gemeinde« zugeordnet. Bis zum Jahr 43 n. Chr. hatte sich die »Gemeinde« dann jedoch um drei Positionen verbessert und war damit den Proselyten gleichgestellt (Apg 10,1-8). Lukas (Cornelius) nahm die Stelle von Johannes Markus ein, als dieser sich von der westlichen Partei distanzierte.

Wie Kapitel 13 gezeigt hat, hielt sich Agrippa in neutestamentlicher Zeit in Judäa auf. Er tritt unter einer Vielzahl verschiedener Pseudonyme in Erscheinung; meist handelt es sich dabei um vage Begriffe, die im Plural gebraucht sind – ein klarer Hinweis darauf, daß hier der Repräsentant einer bestimmten Klasse gemeint ist. Agrippa war »die Vielen« (*hoi polloi, polloi*), weil er das

Oberhaupt der Zölibatäre war, die in Ratsversammlungen mit dem Namen »die Vielen« (hebräisch *hārabbim*, ein Terminus, der in den Schriftrollen häufig auftaucht, z. B. in 1QS VI, 7) organisiert waren. Er war auch »alle« (*pantes*), weil er als Herodier alle Positionen innehatte. Möglicherweise versteckt sich hinter diesem Titel auch ein Wortspiel mit der hebräischen Wurzel *Kaph-Lamed*, »alle« – die beiden Buchstaben der Positionen für »Gäste«, der Kategorie, der die Herodier zunächst angehört hatten. Er war aber auch »die Soldaten« (*hoi stratiōtai*), als Oberhaupt des Heeres, und »das Volk« (*hoi ochloi*; nicht aber der Singular *ho ochlos*, mit dem Antipas gemeint war).

Agrippa war das Oberhaupt aller Rangstufen und saß an der Tafel der Externen auf dem Platz des Rafael. Das bedeutete, daß er im Rang auf die Position eines *Ayin*, eines »Diakons«, herabsteigen konnte (vgl. S. 452). In dieser Position war er »Bruder 6« (»die sechs Brüder«, Apg 11,12) und gehörte zu den Proselyten des Stammes Ascher. Diese wurden einfach »die Heiden« (*ta ethnē*) genannt, weil sie eine Stufe unter »den Juden« (*hoi Joudaioi*) standen – ein Terminus, der den beschnittenen Verheirateten vorbehalten war. Auch wenn der Begriff *ta ethnē* auftaucht, ist also Agrippa gemeint.

Die Gruppe der »Juden« dagegen wurde durch den Tetrarchen Antipas repräsentiert. Die beschnittenen Verheirateten waren zur Fünf aufgestiegen und standen damit auf der gleichen Stufe wie die jüdischen »Presbyter«. Der Terminus »die Juden« bezeichnet denn auch durchgehend Antipas und seine Amtsnachfolger – zur Zeit der Apostelgeschichte Herodes von Chalkis. Herodes von Chalkis war »Bruder 5« (»die fünf Brüder«, Lk 16,28).

Die Zwölf Apostel und das Letzte Abendmahl

Im Jahr 29 n. Chr. kamen 14 Männer überein, eine Oppositionsregierung gegen die Herrschaft Johannes des Täufers zu bilden. Sie waren fast alle Hellenisten und vertraten eine westliche Orientierung. Das Aufrücken von Heiden in höhere Ränge war für sie kein Problem, wenn das dem Frieden mit Rom auch nicht unbedingt dienlich war. Manche Heiden schlossen sich ihnen gerade deshalb an, weil sie gegen die römische Besatzungsregierung opponierten.

Bei dieser neuen Gruppe handelte es sich im wesentlichen um einen Zusammenschluß von Externen, bei dem die Männer von Manasse und Efraim die zölibatären Orden der Diaspora verkörperten. Die priesterlichen Glieder, die wirklich die Autorität hatten, waren Jonatan Hannas (Jakob, der Sohn des Alphäus, der Sariel), Simon Magus (Simon der Zelot, der Rafael, der sich jetzt gegen Agrippa wandte), Matthäus Hannas (der Kehat), Judas Iskariot (Schriftgelehrter, »Bischof« im Wechsel mit dem Kehat) und Theudas aus dem Stamm Efraim (der Gerschon, s. S. 476).

469

Auf der Seite der Laien nahm Jesus den lange vom davidischen König beanspruchten Platz des »Menschensohnes« ein, der neben dem Sariel saß. Er beanspruchte damit wie dieser zwei Plätze für sich. Wie wir gesehen haben, drängte er aus dieser Stellung jedoch in noch höhere Positionen, die ihm nicht einmal die Hellenisten zugestehen konnten. So griff er sogar nach dem Rang des Jonatan Hannas und setzte sich bei verschiedenen Gelegenheiten an seine Stelle; diese Handlungsweise war motiviert durch die priesterliche Autorität, die König David innegehabt hatte. Doch Jesus saß nicht auf dem Thron in Jerusalem, und seine Anrechte auf die Königswürde standen zudem auf wackligen Füßen. In dieser Situation tat er etwas, was nicht einmal David getan hatte: An jenem schicksalhaften Versöhnungsfest im September des Jahres 32 n. Chr. handelte er, als sei er tatsächlich ein Michael, der oberste Hohepriester.

Beim letzten Abendmahl saß Jesus die beiden ersten Stunden zunächst auf dem westlichen Platz, der für den König reserviert war. Vor ihm saß sein »Laienbischof«, Petrus, ein *prōtos* (Mt 10,12). Petrus konnte sich nicht umdrehen, als Jesus hinter ihm sprach, und mußte deshalb Johannes Markus, der ihm am Tisch gegenüber saß, fragen, welchen der beiden »Bischöfe«, ihn oder Judas, Jesus gemeint habe, als er von seinem Stellvertreter sprach.

Petrus hatte als »Diakon« (6) begonnen, eine Rangstufe über Andreas aus Naftali, und war als Laie bis zur Bischofswürde aufgestiegen. Er hatte alle Rangstufen durchlaufen, die den den Jüngern in Lukas 14,10 vorgeschrieben sind, angefangen mit dem *eschatos topos*, dem letzten Platz, dem des »Diakons«, bis er schließlich auf die *prōtoklisia*, den Platz bei der »Herrlichkeit«, gelangte. Andreas, der eher östlich ausgerichtet war, wie schon an seiner Verbindung mit Johannes Markus deutlich wird (Joh 1,40), blieb auf Position 7.

Johannes Markus (Bartholomäus, möglicherweise ein Wortspiel aus »Diener des Ptolemäus«, da sein Orden von den ägyptischen Therapeutae herkam) war Jesus in dessen Position als König untergeordnet und nahm dieselbe Rangstufe ein wie die »Königin« und der Kronprinz. Da der Kronprinz auf den Platz des »Diakons« rückte, wenn der König anwesend war (s. S. 454), saß er auf dem Platz des westlichen »Diakons«, Jesus gegenüber. Als Jesus sich um 20 Uhr auf die östliche Position des Sariel setzte, wechselte Johannes Markus mit ihm den Platz, von der einen Seite der »Brust« auf die andere (*ho kolpos*, Westen, *to stēthos*, Osten; Joh 13,23-25).

Eine Seite des Doppelsitzes für die »Diakone« war leer, weil Simon Magus ihn verlassen hatte. Als ein Rafael mußte er diesen Platz einnehmen, wenn der Sariel anwesend war. Doch er hatte zugleich noch eine andere Funktion, die des *epitropos* (Verwalter; Lk 8,3) des Tetrarchen, der offiziell auf dem Platz des »Gastes« auf der Westseite saß. Der Platz zur äußersten Rechten gebührte dem »Presbyter« aus Rom, wo sich die Partei des Tetrarchen

470

versammelte. Antipas war jedoch beim Letzten Abendmahl, an dem nur 13 Männer teilnahmen, nicht anwesend, weshalb Simon, dessen Stützpunkt ebenfalls Rom war, seinen Platz einnahm.

Als Jesus um 18 Uhr eintrat, war er zunächst »mit den Zwölfen« (*meta tōn dōdeka*; Mk 14,17) zusammen, d. h. er stand auf der gleichen Stufe wie Johannes Markus, die Nummer 12 (*meta* bezeichnet die Gleichstellung). Die ersten Minuten saß er auf dem freien Platz des östlichen »Diakons« und wusch Johannes Markus die Füße als symbolisches Zeichen seiner Fürsorge für die Bedürftigen (Joh 13,4-12). Dann setzte er sich weiter oben auf den Platz des Königs (Joh 13,12) und machte damit Platz für Johannes Markus, falls dieser anerkannte, daß er nun der »Diakon« eines Priesters und nicht mehr nur eines Königs war.

Jakobus, der Sohn des Zebedäus, vom Stamm Ascher, das Oberhaupt der 4000, hatte denselben Rang wie Philippus von Sem. Dieser Rang entsprach dem der »Jungfrauen«, die eine Stufe tiefer auf den Rang der »Schwestern« rücken konnten. Jakobus konnte sich aber auch auf Position 8 setzen und den Platz an der südöstlichen Ecke Philippus überlassen.

Tomas-Esau durfte, obwohl er nur ein »Gast« war (als Enkel des Boethus war er Hebräer, während die übrigen Anwesenden Hellenisten waren), auch am zweiten Teil des Mahles teilnehmen, bei dem die »Gäste« normalerweise den Raum verließen. Diese Geste brachte zum Ausdruck, daß die Heiden jetzt einen höheren Status einnahmen. Um 21 Uhr stellte er eine Frage (Joh 14,4). Bei dem heiligen Mahl zwei Tage später in Ain Feschcha war er jedoch nicht zugegen (Joh 20,24).

Die Sitzordnung des Letzten Abendmahls während der ersten zwei Stunden stellt sich also dar wie in Abbildung 15 aufgezeigt.

Kurz nach 21 Uhr verließ Judas die Zusammenkunft (Joh 13,30). Die Plätze von Jesus und Jonatan Hannas waren nun vertauscht, und beide nahmen auch noch die beiden Bischofssitze für sich in Anspruch. Das waren die Ehrenplätze, auf denen diejenigen saßen, die das Gesetz Moses lesen durften. Deshalb sagte Jesus: »Jetzt ist der Menschensohn verherrlicht, und Gott ist verherrlicht in ihm (an seinem Platz)« (Joh 13,31). Petrus war wieder auf den Platz des »Diakons« gerückt, neben Johannes Markus auf der westlichen Seite, und konnte nun über den Tisch hinweg problemlos mit Jesus sprechen (Joh 13,36-38).

In der Diskussion in der folgenden Stunde führte Jesus den Vorsitz und leitete das Wechselspiel aus Fragen und Antworten, wie es in 1QS VI, 8-13 beschrieben ist. Als erste meldeten sich ausgerechnet die Inhaber der Plätze ganz rechts zu Wort, Männer, die den Raum normalerweise zu Beginn des geheiligten Teiles des Mahles hätten verlassen müssen: Tomas, der »Gast« (Joh 14,4), und Philippus der Unbeschnittene (Joh 14,8). Als letzter sprach Theudas, unter dem Namen des »Judas, nicht der Iskariot«, weil er in der

471

Abb. 15 Das Letzte Abendmahl

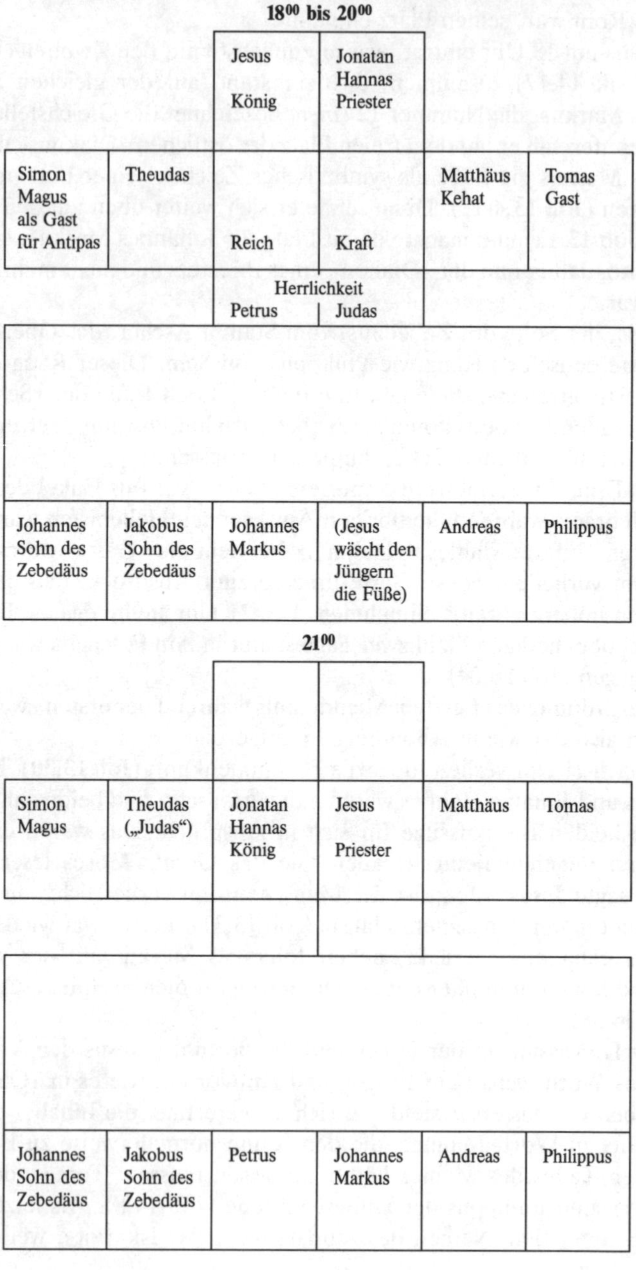

18^{00} bis 20^{00}

Jesus König | Jonatan Hannas Priester

Simon Magus als Gast für Antipas | Theudas | | | Matthäus Kehat | Tomas Gast

Reich | Kraft

Herrlichkeit
Petrus | Judas

Johannes Sohn des Zebedäus | Jakobus Sohn des Zebedäus | Johannes Markus | (Jesus wäscht den Jüngern die Füße) | Andreas | Philippus

21^{00}

Simon Magus | Theudas („Judas") | Jonatan Hannas König | Jesus Priester | Matthäus | Tomas

Johannes Sohn des Zebedäus | Jakobus Sohn des Zebedäus | Petrus | Johannes Markus | Andreas | Philippus

472

Abwesenheit des Judas einige seiner Aufgaben übernehmen mußte (Joh 14,22).

Die Brüder Jesu

Die Brüder Jesu waren Jakobus, Joses, Judas und Simon (Mk 6,3). Jakobus taucht namentlich in Apostelgeschichte 15,13 und Galater 1,19; 2,2 als Führer der Judenchristen auf, die den Heiden im Gegensatz zu Paulus bestimmte Vorschriften des jüdischen Rituals auferlegen wollten. Er war außerdem der der Verfasser des Jakobusbriefes.

Jakobus hatte eine zweifache Rolle: Für die östlich ausgerichteten Hebräer, die Jesus nicht als legitim akzeptierten, war er der Davidide (»Jakob« - Jakobus). Für die westlich orientierten Hellenisten, die Jesus anerkannten, war er dagegen der davidische Kronprinz (»Josef«). Jakobus selbst sah sich nach dem Sturz des Täufers in der letzteren Position und verdiente deshalb in den Augen der Hebräer den Namen des verräterischen Erben Davids, »Absalom« (1QpHab V, 9: das »Haus Absalom« hätte den »Lehrer« unterstützen müssen, als der »Mann der Lüge ... das Gesetz inmitten ihrer ganzen Gemeinde (verworfen)« hatte, tat das jedoch nicht; vgl. 2 Sam 15). Bei anderen Gelegenheiten wurde Jakobus dann allerdings auch zum Verräter an Jesus, wie Absalom an David.)

Die westlich orientierten Mitglieder akzeptierten Jakobus in allen prinzlichen Funktionen (und, nachdem Jesus ein Erbe geboren war, auch als Prinzregenten). Als Prinz war er der oberste Nasiräer.

Die nasiräischen »Schafe« trugen Weiß und Schwarz, doch der Prinz trug normalerweise nur Schwarz. Er verkörperte damit den Inbegriff des schwarzgewandeten Nasiräers mit langem Haar und Bart, wie er sich in den orthoxen Kirchen des Ostens erhalten hat.

Die Nasiräer waren Externe, Männer, die verheiratet waren, sich jedoch von Zeit zu Zeit unterschiedlich lange, hundert Tage oder auch weniger, des Geschlechtsverkehrs enthielten. Ihr höchster Rang entsprach dem eines »Erzbischofs«, des Mannes, der den Platz eines Rafael einnehmen konnte, doch im Gegensatz zu diesem Schwarz trug. Der davidische Prinz war also seinem Rang nach ein »Erzbischof« und »Richter«.

Im Rahmen der Exodus-Szenerie trug er den Titel »Wolke« (vgl. Lk 12,54: »Wenn ihr eine Wolke aufsteigen seht vom Westen her«). Der davidische Prinz Josef hatte Maria »überschattet« (Lk 1,35), und der Prinz Jakobus erschien als schattenwerfende »Wolke« am Versöhnungsfest (Mk 9,6) und »nahm« Jesus bei seiner Rückkehr nach Qumran wieder »auf« (Apg 1,9). Daß dem »Schatten« des Petrus heilende Kräfte zugeschrieben wurden bedeutet, daß er in die Position eines nasiräischen »Erzbischofs« berufen worden war (Apg 5,15).

Der Prinz hatte Funktionen auf allen Rangstufen der Nasiräer. Eine Stufe unter der »Wolke« war er ein Laienbischof und führte den Namen »Heiliger Geist« (*pneuma hagion*). In diesem Titel kam die Ähnlichkeit seiner Stellung zu der des Kehat, der *to hagion pneuma* war, zum Ausdruck; allerdings gehörte der Prinz nicht dem levitischen Orden an. Die Position des Laienbischofs hatte er während der Verlobungszeit vor der Ehe inne. So war der Prinz Josef das *pneuma hagion* gewesen, das »über« Maria »kam« (Lk 1,35; Mt 1,18). In dieser Rolle war der davidische Kronprinz *hē paraklēsis* (Apg 9,31), wie der Hauptpriester (*to pneuma to hagion*) der Paraklet (*ho paraklētos*) war (Joh 14,26).

In einer noch niedrigeren Rangstufe war der davidische Prinz ein Laienpresbyter wie der Gerschon, und darunter ein »Diakon« wie der Merari. Als »Diakon« wurde er als *odeis* (»niemand«, nemo) bezeichnet, weil er als solcher im Zentrum einer untergeordneteren Hierarchieebene stand, auf der ebenfalls um die Mittagsstunde, die Stunde 0, Gebete dargebracht wurden.

Eine seiner Aufgaben als oberster externer Laie war es, gemäß der Regel von 1QS V,3, die besagte, daß die Laienschaft die Kontrolle über den Besitz haben sollte, als Schatzmeister zu fungieren. In dieser Funktion wurde Jakobus der »reiche Mann« genannt. Er war ein »Bischof« (Hebräisch *mebaqqer*), die Entsprechung des Kehat im Laienstand, und trug wie dieser Purpur. Der Kehat gehörte zu den »Zöllnern«, die die Abgaben in Empfang nahmen (Mt 9,9), und eine entsprechende Position gab es auch bei den Laien, deren »Bischof« die Abgaben der Externen, die für wohltätige Zwecke bestimmt waren, einsammelte (CD XIV, 13). Darüber hinaus hatte er die Verwaltung der Vermögensreserven (1QS VI, 20) inne, die in einem Gewölbe außerhalb von Qumran aufbewahrt wurden. (Das Vermögen der Zölibatäre dagegen wurde von den Herodiern verwaltet.) Diese Gewölbe waren die »Scheunen« des »reichen Mannes«, und als es notwendig wurde, nach Damaskus zu ziehen, baute Jakobus dort »größere Scheunen« (Lk 13,13-20). Im Gleichnis vom reichen Mann in Lukas 16,19-31 ist Jakobus der »reiche Mann«, der sich »in Purpur und kostbares Leinen (kleidete)« und »herrlich« (*lamprōs*) »und in Freuden (lebte)«. Jakobus selbst beschreibt den Reichen in seinem Brief als einen Mann »mit einem goldenen Ring und in herrlicher Kleidung« (*en esthēti lampra*), der in die Synagoge kommt und aufgefordert wird, sich als »Gast« auf den Platz des »Bischofs« zu setzen (Jak 2,2-3).

Der nächste Bruder Jesu war Joses, oder Josef (Mt 13,55). Während der Kronprinz es noch bis zum »Erzbischof« bringen konnte, konnte er allenfalls »Bischof« werden und natürlich auch »Presbyter« oder »Diakon«. Als »Presbyter« war er nach der herodianischen Hierarchie der dem »Jakob« zugeordnete »Josef«, und als »Bischof« hatte er denselben Rang wie ein Kehat und konnte deshalb auch als »Levit« (*leuitēs*, ohne Artikel; Apg 4,36) bezeichnet werden. Der drei Stufen über ihm stehende Gabriel dagegen war »der Levit«,

474

der »dem Priester«, Michael, zugeordnet war. Josef Barnabas, der in Apostelgeschichte 4,36 als »Levit« bezeichnet wird, war ein »Sohn des Trostes« (*paraklēsis*). *Hē paraklēsis* (»Beistand«) aber ist in Apostelgeschichte 9,31 ein Titel des Jakobus; das bedeutet, daß Josef Barnabas als sein jüngerer Bruder im Rang unter ihm stand. Weil er ein Zölibatär war (Mk 8,26), gelangte er in die Position eines »Bischofs« in der Stellung eines Kehat. Jener Barnabas, der in der Apostelgeschichte eine so wichtige Rolle spielt, war also ein jüngerer Bruder Jesu. Er sympathisierte stärker mit den Ansichten Jesu als Jakobus, hielt daneben jedoch auch die zölibatären Traditionen hoch und schloß sich deshalb in der Folge stärker an Johannes Markus als an Paulus an (Apg 15,36-37). Im Barnabasbrief ist seine Auffassung dargelegt; der Brief wurde nicht in den neutestamentlichen Kanon aufgenommen, genoß jedoch in manchen Teilen der frühen Kirche hohes Ansehen.

Ein anderer Name für diesen Bruder Jesu war Matthias. Er war derjenige, der in der Liste der Apostel auf den Platz des Judas rückte (Apg 1,23.26). Das wissen wir aus den *Rekognitionen* des Clemens (I,60), wo es heißt, daß Barnabas, auch »Matthias« genannt, an die Stelle von Judas trat. Der Kehat der Zwölf war Matthäus Hannas, und Barnabas war als »Bischof« in der Rangstellung eines Kehat ein zweiter Matthäus. Seine Tätigkeit als Finanzverwalter des Ordens wird in Apostelgeschichte 4,37 deutlich.

Der dritte Herrenbruder war Judas. Wie der neutestamentliche Brief, der seinen Namen trägt, zeigt, stimmte er in seinen Ansichten mit Jakobus überein. Judas wird nur ganz selten in den Evangelien und in der Apostelgeschichte erwähnt. In Apostelgeschichte 15,22 erscheint er als »Judas mit dem Beinamen Barsabbas«, wobei der zweite Name einen Titel darstellte, der auch von Jakobus gebraucht wurde (Apg 1,23). In Apostelgeschichte 23,13 ist er »die 40«, die eine Verschwörung gegen Paulus anzetteln. Ein Nasiräer mit der Zahl »40« war zugleich eine Nummer 9, eine 6 (Judas), wenn der Positionsinhaber »in leiblicher Gestalt« war.

Der vierte Bruder Jesu war Simon. Er stand auf derselben Stufe wie die »Lahmen«, die in der Gemeinde nach den »Blinden« kamen. Simon war der »Gelähmte«, der »noch nie (hatte) gehen können«, von Apostelgeschichte 14,8. Im Jahr 22 n. Chr. geboren (wie Apg 21,23 belegt: er mußte im Juni des Jahres 58 n. Chr., im Alter von 36 Jahren, heiraten), wurde er zu der Zeit, in der die Apostelgeschichte spielt, Vollmitglied und löste Barnabas, der unter dem Namen Silvanus mit Paulus reiste (Apg 16,40), in seiner Funktion als davidischer Prinz ab.

Die Brüder Jesu werden in CD VIII,3 als »Fürsten Judas« bezeichnet. Sie werden in dieser Passage verurteilt, weil sie die Damaskuspartei verlassen hatten und als Judenchristen nach Qumran zurückgekehrt waren.

Das Oberhaupt der Efraimitischen Therapeutae stand in einer besonderen Beziehung zu den davidischen Prinzen. Er war von Herodes als Stellvertreter des Davididen eingesetzt worden und übernahm damit auch alle anderen Positionen, die der davidische König innehatte, auch den Rang des »Menschensohnes«, der dem Sariel (der Zwei) gleichgestellt war. In dieser Position wurde er zum »Fürsten [nāsī'] der ganzen Gemeinde«, so wie der »Sariel« den Titel »Fürst Gottes« trug. (Der davidische König war dagegen der »Fürst der Gemeinde«, nicht der »ganzen Gemeinde«; vgl. S. 206.) Das Oberhaupt des Stammes Efraim führte außerdem den Beinamen·»das Zepter«, da er ein gleichsam königliches Amt bekleidete (CD VII, 20). Der davidische Prinz, der eine Stufe unter seinem Vater stand, stand damit auch eine Stufe unter dem »Zepter«. Er wurde auch »der Stern« (Davids) genannt, und wenn die beiden zusammen auftraten, z. B. im Rahmen eines politischen Bündnisses, benutzten sie die Namen »das Zepter und der Stern« (Num 24,17; vgl. CD VII, 18-21). Theudas und Josef hatten im Jahr 1 n. Chr. eine solche Allianz gebildet (vgl. Kap. 10) Sie wurde von Theudas und Jakobus fortgesetzt, weil Theudas politisch stärker mit Jakobus sympathisierte als mit Jesus. Beide gingen gemeinsam nach Damaskus und waren auch zur Zeit der Entstehung von CD VII, einem der frühesten Teile der Damaskusschrift, noch verbündet.

In seiner Gleichstellung zum Sariel wurde das Oberhaupt von Efraim »unsere Väter« (*hoi pateres hēmōn,* Apg 7,39) genannt, in Anlehnung an den Titel »Vater«, den der Sariel trug.

Unter den Zwölf Aposteln gab es also drei Männer, die die Position 2 innehatten: Jonatan Hannas, Jesus und Theudas. Da nur zwei von ihnen den Vorsitz in der Mitte der Tafel führen konnten, begab sich Theudas »in leiblicher Gestalt« auf eine tiefere Stufe (5), in der er zum Gerschon wurde, dessen Platz er auch beim letzten Abendmahl einnahm. In dieser Position führte er den Namen »Barabbas«, was soviel heißt wie »Diener (*bar,* aramäisch für »Knecht«, nicht »Sohn«) von *Abba,* dem Vater (Mk 14,36).

Die Stellung der Frauen nach der christlichen Revision der Hierarchie

Nach dem Vorbild von »Abraham«, »Isaak« und »Jakob« wurden die Frauen des Ordens Ascher »Sara«, »Rebekka« und »Rahel« genannt. Eine Frau stand in ihrem Rang jeweils eine Stufe unter ihrem »Ehemann«.

»Sara«, die »Mutter«, die den Proselyten gleichgestellt war, wurde durch die christliche Revision zum »Diakon«. Deshalb heißt es, daß Helena, die diese Position in neutestamentlicher Zeit innehatte, »diente« (*diakonein,* Joh 12,2; Lk 10,40), ein Hinweis darauf, daß sie immer noch dem Laienstand angehörte. Sie feierte dementsprechend, wie alle Externen, die wichtigsten religiösen Feste am Neumond (Ez 46,3), d. h., sie »vergoß« einmal im Monat »Blut« (dahinter stand das Bild der Menstruation) in Form der gemeinschaftlich gesprochenen Gebete, die als »Opfer« angesehen wurden. Als nun die Proselyten im Rang höherstiegen, wollte Helena diese neue Entwicklung auch auf die Frauen ausgedehnt sehen. Johannes Markus, der oberste Proselyt, agierte sowohl als Nasiräer, in Funktionen, die an denen des davidischen Prinzen orientiert waren, als auch als Laienkardinal. Mit seinen vier Jahren monastischer Ausbildung war er in seiner Gemeinschaft ein *Qof*, in der Position 3.

Helena, eine Frau, die eine griechische Erziehung erhalten hatte (sie ist die syro-phönizische Frau aus *Clem. Hom.* II,19-20; Mk 7,26), erhob nun Anspruch auf Gleichstellung mit einem Ranghöheren mit der Position des »Kardinals«. Sie ist »die Frau ... bekleidet mit Purpur und Scharlach« (Offb 17,4). Das heißt, daß sie »den Vielen«, *hoi polloi*, gleichgestellt war, während ihr Dienst als *polē diakonia* geschildert wird (Lk 10,40). Sie war nun nicht mehr eine »Sara«, sondern eine »Marta«, d. h., sie mußte jeden Tag Gebetsopfer darbringen (daher das Bild der Frau mit der Menstruationsstörung; Mk 5,24-34). Aus einer positiveren Einschätzung ihrer Erziehung heraus war sie auch »die Weisheit«, *hē sophia* (vgl. Spr 1,20 und das häufig wiederkehrende Bild von der Weisheit als einer Frau in der zeitgenössischen Weisheitsliteratur), und als Levitin die »Weisheit Gottes« (Lk 11,49).

Helena lebte in der Welt und hatte eigenen Besitz (Saphira, ein anderer Name Helenas, besaß laut Apg 5,8 Eigentum). Im Gegensatz zu Helena lebten die essenischen Frauen des Stammes Dan in einer Gemeinschaft ohne Privateigentum, sie glichen Nonnen im traditionellen Wortsinn. Eine der Bestimmungen ihres Ordens war es, Bräute für die Männer der großen Dynastien zu stellen. Diese Frauen würden die meiste Zeit von ihren Ehemännern getrennt leben und mußten daher auf die Entsagung, die ein solches Leben von ihnen forderte, vorbereitet werden.

Auch sie kannten die Ränge der »Mutter«, »Jungfrau«, »Witwe« und »Ehefrau«, sahen ihre Funktionen allerdings etwas anders. Eine Frau war bei der Eheschließung eine »Jungfrau«, und hatte diesen Status auch bei ihrer zweiten Eheschließung, wo sie gleichsam wieder Braut war. Bei dieser zweiten Ehezeremonie war sie im dritten Monat schwanger. Wenn sie nach der ersten Hochzeit schwanger wurde, hatte sie den »Samen«, den Erben der Dynastie, »empfangen«. Diese Formel wurde dann bei der zweiten Zeremonie nochmals wiederholt. Der Erbe der Dynastie hatte denselben Rang wie seine Mutter, da der Sohn eine Stufe unter dem Vater stand und die Frau eine Stufe unter dem Ehemann.

Im sechsten Monat der Schwangerschaft gelangte die Frau in die erste Phase des Mutterseins. Sie nahm damit die gleiche Position ein wie ein Prinz in einem höheren Status. Als »Jungfrau«, zwischen den beiden Ehezeremonien, gehörte sie dem Zweig des Ordens an, der als »Groß-Dan« bezeichnet wurde und dessen Versammlungsort im nördlichen Gebiet von Dan lag. Durch ein Wortspiel mit dem griechischen *megas*, »groß«, mit »Dan« entstand der Begriff Magadan, und daraus wurde Magdala (vgl. Mt 15,39 und Textvarianten von Mk 8,10). Wenn sie zur »Mutter« aufstieg, gehörte sie »Größer-Dan« an (Versammlungsort Cäsarea).

In den Zeiten der Trennung von ihrem Ehemann stieg sie jeweils eine Stufe ab. Sie lebte dann wie eine Schwester ihres Mannes und wurde deshalb auch als »Schwester« bezeichnet. (Vgl. 1 Kor 9,5, wo Paulus davon spricht, »eine Schwester als Ehefrau« bei sich zu haben; Paulus' Ehefrau wird denn auch in Apg 23,16 als seine »Schwester« bezeichnet). Eine »Schwester« stand auf derselben Stufe wie eine »Witwe«, daher sagte man von ihr, daß sie in den Zeiten der Trennung »weinte« (Lk 7,38; Joh 20,11). Auf dieser Stufe war sie ein Teil von »Klein-Dan«. Die Witwen von »Klein-Dan« lebten im Süden von Dan und versammelten sich in Joppe (Apg 9,36-42).

Diese Frauen, die mit den essenischen »Propheten« und ihrem Sonnenkalender in Verbindung gebracht wurden, waren eine Art Prophetinnen und führten als solche den Titel »Mirjam«, den Namen der Schwester Moses, die eine Prophetin gewesen war (Ex 15,21). Im Griechischen wurde daraus »Maria«, ein Titel, den alle Frauen des Ordens führten, die Bräute der davidischen Könige waren (vgl. *EvPhil* 59,5, wo die drei Frauen um Jesus alle Maria heißen). Die Bräute der Hohenpriester trugen den Titel »Elisabet« (Lk 1,5). »Elisabet« aber konnte, als sie im sechsten Monat ihrer Schwangerschaft zur »Mutter« wurde, nicht mehr dem levitischen Stand angehören, wie ja überhaupt keine Frau aus dem Orden Dan Priesterin in jüdischem Sinne sein konnte. Ihr Rang entsprach deshalb dem eines Prinzen im höherem Status und man sagte von ihr, daß sie »*eplēsthē pneumatos hagiou*« sei (Lk 1,41; »erfüllt vom Heiligen Geist«, vom Prinzen in seiner Funktion als Laienbischof).

Die Frauen von Dan waren Laiennasiräern gleichgestellt und trugen nach der Hochzeit gewöhnlich Schwarz. Ihre Höhereinstufung nach der christlichen Revision verlief gleich wie bei Johannes Markus, der ebenfalls aus dem Orden Dan kam und in den Rang des Kronprinzen aufstieg. Die »Mütter« und »Jungfrauen«, die bereits in den Rang von »Diakonen« (6) und »Mitgliedern« (7) aufgerückt waren, erhielten weitere Unterweisung und stiegen nochmals 3 Rangstufen höher. Eine »Mutter« war nun ein (schwarzer) »Erzbischof« (3), eine »Jungfrau« ein »Bischof« (4). Ein nasiräischer »Bischof« konnte, wie bereits gesagt, entweder ein Laienbischof (*pneuma hagion*) sein, oder den Rang eines Kehat im weiß-purpurnen Gewand bekleiden. Lydia aus Apostelgeschichte 16,14 war eine »Jungfrau« im Rang eines levitischen »Bischofs«; als »Purpurhändlerin« verkaufte sie den Frauen Ämter – ein Hinweis darauf, daß das Gebührensystem noch in Kraft war.

478

Die »Jungfrau« oder Braut bzw. die Ehefrau zwischen den beiden Hochzeitszeremonien »empfing den Heiligen Geist«, den Prinzen in seiner Funktion als »Bischof« (*pneuma hagion*), als Gleichrangige, d. h., sie war ebenfalls Laienbischof. Im sechsten Monat ihrer Schwangerschaft wurde sie »vom Heiligen Geist (*pneuma hagion*)«, vom Prinzen, »erfüllt« (vgl. Lk 1,41: Elisabet). Die gleichen Formulierungen wurden auch für die Männer des Ordens Dan gebraucht, da sie ja den Frauen gleichgestellt waren. Als Johannes Markus ein den jüdischen »Bischöfen« gleichgestellter Laienbischof wurde, empfing er »den heiligen Geist« (*pneuma hagion*) – eine Formel, wie sie auch für den weiblichen »Bischof« bei der ersten und zweiten Eheschließung gebraucht wurde (Joh 20,22). Drei Monate später, am Pfingsttag, wurde Agrippa »erfüllt von dem heiligen Geist« (*pneuma hagion*, Apg 2,4). Dieser Ausdruck wurde für alle »Bischöfe« und »Erzbischöfe«, die mit den Heiden zu tun hatten, üblich. So war auch Paulus »voll heiligen Geistes«, als er im September des Jahres 44 n. Chr. seinen Namen änderte (Apg 13,9).

Die Frauen von Dan, die stärker östlich orientierte Ansichten beibehielten, wie sie die Judenchristen vertraten, blieben auf der Stufe von »Mitgliedern« und vollzogen den Aufstieg bis zum Bischofsamt nicht mit. Eine Vertreterin dieser Richtung in den Synoptikern ist Maria, die Mutter Jesu. Ihr Status ist Gegenstand von Lukas 13,10-17. Sie war beim Tode Josefs im Jahr 23 n. Chr. eine Witwe geworden – im »Jahr 18« nach der Datierung, die vom Jahr 5 oder 6 n. Chr. als Jahr 1 ausging (vgl. das Kapitel »Chronologie«, S. 243; Lk 13,11.16). Als Witwe gehörte sie zur Gruppe der »Alten« oder »Verkrüppelten« und wird daher als »gebeugt« (V. 11) dargestellt. Sie bereitete sich auf ein Amt vor, das in 1. Timotheus 5,9 beschrieben wird: »Es soll keine Witwe auserwählt werden unter sechzig Jahren – sie soll eines einzigen Mannes Frau gewesen sein.«

Maria durchlief nun die dreijährige Prüfungszeit, die zur Vollmitgliedschaft führte. Damit können wir auch ihr Alter errechnen: Sie war im Dezember 32 n. Chr. 57 Jahre alt. 26 v. Chr. geboren, war sie im Juni 8 v. Chr., zur Zeit der Empfängnis Jesu, 17½, und bekam ihr letztes Kind, Simon-Silvanus, im Juni 22 n. Chr., im Alter von 46½ (Apg 21,23; Simon-Silvanus war im Juni 58 n. Chr. 36 Jahre alt).

Eine Frau war mit sechzig Jahren »gestorben« (*teleutao*), d. h. nicht mehr sexuell aktiv, der Mann dagegen erst mit siebzig (Mt 2,15). Matthäus jongliert mit diesem Begriff, wenn er sagt, Maria Magdalene sei »gestorben«, während sie sich in Wirklichkeit in der Position einer »Schwester«, die der einer »Witwe« entsprach, befand (Mt 9,18).

Der Orden von Ascher dagegen zog aus der Geschichte von Sara den Schluß, daß die Gebärfähigkeit der Frau zumindest in metaphorischem Sinne erst im Alter von 91 Jahren endete (Gen 17,17.21). Hanna, die ürsprüngliche »Sara«, hatte dieses Alter im Jahr 2 v. Chr. erreicht (Lk 2,36; vgl. das Kapitel

»Chronologie«, S. 290). Danach war sie wieder zur »Jungfrau« geworden (vgl. die »bejahrten Jungfrauen« bei Philo, *De Vita Contemplativa* 68). Lukas' Bericht über Hanna deutet darauf hin, daß die oberste Frau in jedem Alter als »Jungfrau« bezeichnet werden konnte. Während Maria, die Mutter Jesu, für die Judenchristen immer eine »Witwe« war (vgl. Lk 7,12), konnte sie nach westlicher Auffassung also auch als »Jungfrau« gelten.

Im Zusammenhang mit den beiden Eheschließungen von Maria Magdalene werden bestimmte Beträge von »Silbergroschen« erwähnt. So wird bei ihrer ersten Eheschließung ein Vergleich zwischen Maria, die Jesus »fünfhundert Silbergroschen« schuldete, und einer anderen Frau, die ihm nur »fünfzig« (hier wird die Münzart nicht erwähnt; Lk 7,41-43) schuldig war, gezogen. Bei der zweiten Zeremonie wird der Wert des Glases mit Salböl, das Maria zerbrach, mit »dreihundert Silbergroschen« angegeben (Mk 14,5). Diese Zahlen liefern uns, wie es bei allen genauen Zahlen der Fall ist, wichtige Informationen.

Da »Jungfrauen« und »Witwen« mit den Bedürftigen gleichgesetzt wurden (CD XIV, 15), gehörten die Orden Dan und Ascher zu denjenigen, die von den »Krumen« vom Tisch des Königs aßen. Apostelgeschichte 12,20 zeigt, daß Ascher (»die Einwohner von Tyrus und Sidon«) von Herodes unterhalten wurde.

Die Frauen von Dan brachten jedoch ihr eigenes Geld in den Orden ein und übergaben es dem Gemeinschaftsfonds. Das Geld mußte allerdings als Eigentum eines Mannes geführt werden, da selbst die Ordensoberin kein eigenes Vermögen besaß. Die gesamten Mittel wurden dann dem davidischen Erben als dem König, auf den sie warteten, ausgehändigt, und er zahlte das Geld an die Ordensmitglieder zurück, indem die Sorge für ihren Lebensunterhalt übernahm. Die Initiationsfeiern der Externen wurden gewöhnlich als eine Art »Hochzeit« begangen, bei der der Priester oder König als »Bräutigam« fungierte. Wenn die oberste Frau ihr Geld der Gemeinschaft aushändigte, galt das als Übergabe der »Mitgift« der »Bräute Christi«. Maria Magdalene war die Ordensoberin der Laien aus dem Stamm Dan und hätte also ihr Vermögen bei der Hochzeit ausliefern müssen. Jesus änderte jedoch das Abgabesystem für die weiblichen Orden, das auf dem jüdischen Vorschrift zur Abgabe des Zehnten beruhte (CD XIV, 12-20), und erließ ihr die Summe.

Ihr Vermögen belief sich bei der ersten Eheschließung auf 500 Silbergroschen, eine Summe, aus der sich Informationen über den Aufbau des weiblichen Teiles des Ordens und über den Kalender ableiten lassen. Dan zählte je 500 Frauen und Männer, die nach dem Vorbild des Ordens von Manasse in zwei Halbstämmen organisiert waren. Die Frauen waren in Gruppen zu je zehn unterteilt, was der Grundzahl der Männer an der Tafel der Externen entsprach (1 QS VI, 6). Weil sie die »Mirjams« der Therapeutae waren, die sich an den Pentekontaden zu den liturgischen Tänzen zusammenfanden

(Philo, *De Vita Contemplativa* 65), orientierten sie sich in ihren zölibatären Gemeinschaften am System der Pentekontaden, bei denen das Jahr in Abschnitte von je 49 (50) Tagen unterteilt wurde, (Vgl. das Kapitel »Chronologie«, S. 266.) An allen 50 Tagen (die 49 Tage wurden als 50 Tage gerechnet, indem man den letzten Tag doppelt zählte) zahlte der König zehn Silbergroschen für den Unterhalt der Zehnertafel, in der die anderen Ordensmitglieder repräsentiert waren. Er schuldete und bezahlte dem Orden damit 500 Silbergroschen (ein Silbergroschen entsprach dem Tageslohn eines Arbeiters; Mt 20,2).

Wenn eine Frau den Orden verließ, um zu heiraten, hielt sie sich von nun an an einen monatlichen Kalender, bei dem das Jahr in Abschnitte von dreißig Tagen unterteilt war. Die zehn Frauen erhielten an jedem Tag des Monats zehn Silbergroschen, also 300 im Monat. Die oberste Frau des Ordens brachte dieses Geld in Gestalt eines Glases mit Salböl zu ihrer zweiten Eheschließung mit, nachdem sie im Verlobungsstand gelebt hatte (Mk 14,3-5). Judas' Einwand bei der zweiten Hochzeit, daß das Geld den »Armen« hätte gegeben werden sollen, war ein Hinweis darauf, daß es sich seiner Ansicht nach nicht um eine legale Eheschließung handelte und daß Maria sich lieber einem ganz zölibatär lebenden Orden anschließen sollte (Mk 14,4-5; Joh 12,4-5). Wie in Kapitel 17 deutlich wurde, hing dieser Einwand offenbar damit zusammen, daß Maria schon einmal verheiratet gewesen war. Ihr Alter läßt sich aus den Informationen, die im Bericht des Lukasevangeliums über Hanna gegeben werden (Lk 2,37; vgl. das Kapitel »Chronologie«, S. 290), ableiten. Hanna hatte ihr Leben als Nonne im Jahr 79 v. Chr. unter Königin Salome begonnen. Da sie eine »Sara« war und im Jahr 2 v. Chr. das Alter von 91 Jahren erreicht hatte, war sie 93 v. Chr. geboren und mit 14, im Jahr 79 v. Chr., dem Orden beigetreten. Ein Beitrittsalter von 14 Jahren für Mädchen würde bedeuten, daß Maria Magdalene, »geboren«, d. h. in den Orden aufgenommen, »im Jahr 17 n. Chr.« (im »Jahr 12«, Mk 5,42), im Jahr 3 n. Chr. geboren wurde und demzufolge bei ihrer Eheschließung, 30 n. Chr., 27 Jahre alt war.

Das Oberhaupt der Frauen von Dan, die »fünfhundert Silbergroschen« zu entrichten hatten, wird mit dem Oberhaupt von Ascher, deren Schulden »fünfzig« nicht näher bestimmte Währungseinheiten betrugen, verglichen. Helena war eine reiche »Witwe«, wie sie in 1. Timotheus 5,16 beschrieben wird: Eine »gläubige Frau«, der »Witwen anbefohlen« waren. Sie unterhielt einen Zehnertisch und unterstützte damit andere Frauen. Normalerweise arbeiteten diese Frauen für ihren Lebensunterhalt und übernahmen beispielsweise Putzarbeiten (Lk 15,8). Fünf Tage im Monat zogen sie sich jedoch an die Orte für menstruierende Frauen zurück (11QT XLVIII, 16). In dieser Zeit wurden sie vom Oberhaupt von Ascher unterhalten. Der Geldbetrag, fünfzig Münzen für zehn Frauen für fünf Tage, gehörte eigentlich dem König und wurde der Ordensoberen von Ascher übergeben, damit sie den zehn Frauen jeden Tag je eine Münze aushändigen konnte. Helenas Frauen gehörten einer höheren sozialen Schicht an und bekamen jeweils eine Drachme, eine Münze von sehr viel höherem Wert (Lk 15,8). Wenn die Frau, der die zehn Drachmen ausgehändigt wurden, eine »verlor«, so bedeutete das, daß eine ihrer Frauen nicht mehr selbst für ihren Lebensunterhalt arbeitete und geheiratet hatte. Wenn der »verlorene Groschen« dann wiedergefunden wurde, so besagte das, daß die Frau in den Orden zurückgekehrt war, entweder, weil sie verwitwet, oder weil sie geschieden war. Der herodianische Orden Ascher hielt sich an die pharisäische Auffassung und erlaubte die Scheidung (Mk 10,4). Geschiedene Frauen waren jedoch keine »rechten Witwen« (1 Tim 5,16), und Paulus schlägt deshalb vor, daß sie zwar von einer »gläubigen Frau« unterstützt werden durften, aber nicht der Gemeinde zur Last fallen sollten.

In Matthäus' Gleichnis von den zehn Jungfrauen (Mt 25,1-13) werden zwei Gruppen beschrieben, die beide von einer Nummer 5 (*pente*), einem weiblichen »Presbyter«, geleitet werden. Die eine Frau war töricht und hatte kein Öl für ihre Lampe dabei, die andere war klug und hatte für Öl gesorgt. Das heißt, daß die kluge Presbyterin sich als Laiin sah, eher als eine Älteste denn eine Presbyterin, wohingegen die Törichte sich für eine Priesterin hielt. Das »Öl« war ein Symbol für den Laienstatus, da es von den priesterlichen Essenern abgelehnt wurde, die laut Josephus (*Bellum* II,123) niemals Öl auf ihrer Haut duldeten.

Weitere Einzelheiten zu den verschiedenen Rangstufen

Alle Aspekte der Hierarchie waren nach dem Stufensystem geordnet. Mit der Einführung einer höheren Ausbildung in den Klöstern und späteren zölibatären Gemeinschaften wurden auch die einzelnen Stufen der Unterweisung am hierarchischen System ausgerichtet und mit dem entsprechenden Buchstaben gekennzeichnet. Der Schüler rückte dabei jedes Jahr eine Stufe höher, bis er bei Erlangung der Vollmitgliedschaft den Grad eines Rafael oder eines nasiräischen »Erzbischofs« (3) erhielt und als *Qof* bezeichnet wurde. Da *Qof* auch »Nadelöhr« bedeutete, ging er also bei seiner Graduierung »durch ein Nadelöhr«. Das Sprichwort in Markus 10,25 über ein »Kamel«, das »durch ein Nadelöhr« geht, bezieht sich also auf die Graduierung eines Zölibatärs. Es gab vier Hauptkategorien von Ordensmitgliedern, die mit den ersten vier Buchstaben des Alphabets gekennzeichnet waren: Die Priester waren *Aleph*, die Leviten *Beth*, die Zölibatäre *Gimel* und die Verheirateten *Daleth*. *Gimel* bedeutet auch »Kamel«.

Wer die Ausbildung ohne Verzögerung durchlief, erreichte die einzelnen Stufen jeweils in einem bestimmten Alter. Die eigentliche Unterweisung begann mit zwanzig, in dem Alter, in dem der Ordensanwärter nach 1QSa I,8 heiratsfähig war. In diesem Alter entschied er sich für oder gegen die

Berufung in den Zölibat. Wenn er das zölibatäre Leben wählte, begann die dreijährige Probezeit, die in 1QS VI,3-23 geschildert ist und von Josephus detailliert erläutert wird (*Bellum* II,137-142). Nach einem Jahr außerhalb der Gemeinschaft kam der Anwärter in das Haus der Zölibatäre (ursprünglich das Gemeinschaftsgebäude von Qumran) und durchlief seine erste Reinigung im Wasser einer mit Stufen versehenen Zisterne, bei Josephus die »reinigende Wasserweihe« (*Bellum* II,138). Die Lage und die Größe der im Südosten von Qumran gelegenen Zisterne läßt vermuten, daß sie der Schauplatz der »Wasserweihe« war – jenes besonderen Privilegs, das der Stufe *Mem* zustand.

Es folgten zwei Jahre der Unterweisung im Noviziat, die die Anwärter wahrscheinlich in dem dreieckigen Hof nördlich von der Zisterne verbrachten, der vom Hauptgebäude durch die israelitische Mauer abgetrennt war. Am Ende des ersten Jahres durfte der Anwärter vom Brot des heiligen Mahles, dem geringeren Element, essen, und hinterlegte sein Eigentum; falls er im Laufe der Ausbildung anderen Sinnes wurde, bekam er es zurückerstattet (1QS VI,16-21).

Mit 23 Jahren tat er dann den entscheidenden Schritt und trat in den Ordensgrad *Samech*, den Grad der Vollmitgliedschaft, ein. Jetzt übereignete er sein gesamtes Vermögen dem Orden und verlor alle Anrechte darauf: Er war nun einer der »Armen« ('*ebionim*). Das besondere Privileg dieses Standes war die Erlaubnis, beim heiligen Mahl auch Wein zu trinken, was nur Vollmitglieder durften (1QS VI, 20). Nur diejenigen, die einer in Klausur lebenden zölibatären Disziplin angehörten, nahmen am heiligen Mahl aus Brot und Wein teil, das ursprünglich das Mahl der Priester gewesen war, die die Opfergaben des Zehnten aßen, und das jetzt nur den »allerreinsten« Laien offenstand (vgl. Kapitel 7).

Es folgten nochmals vier Jahre der Unterweisung, nach denen der Novize im Alter von 27 Jahren mit der Graduierung auf die Stufe *Qof* vorrückte. Drei weitere Jahren brachten die Auserwählten dann schließlich auf die höchste Stufe. Das erste dieser drei Jahre wurde wiederum außerhalb von Qumran verbracht; erst mit der Erlangung der Stufe *Resch* durfte der graduierte Zölibatär das Heiligtum betreten. Innerhalb eines Zeitraums von zwei Jahren stieg er dann über die Stufe *Schin* zum *Taw* auf, das er mit dreißig Jahren erreichte und bei dessen Erlangung er das Zeichen X erhielt.

Die entscheidenden Punkte, die jeweils eine höhere Stufe der Laufbahn markierten, waren also *Samech* für die Vollmitgliedschaft, *Resch*, wenn der Anwärter das Heiligtum betreten durfte, und *Taw*, wenn er die höchste Stufe erreicht hatte. Die numerischen Werte dieser hebräischen Buchstaben waren 60 (*Samech*), 200 (*Resch*) und 400 (*Taw*), zusammen 660. Wenn man diese Buchstaben zusammenrechnet und noch ein *Waw* hinzufügt – den Buchstaben, der gewöhnlich aus einem hebräischen Buchstaben erst ein Wort macht –, kommt man, da *Waw* den numerischen Wert 6 hatte, auf die Summe 666.

Die Zahl des Tieres von Offenbarung 13,18 bezieht sich also auf das ursprüngliche jüdische monastische System, und zwar in einer Art und Weise, die nur für die verständlich war, die dieses System selbst durchlaufen hatten. Offenbarung 13, verfaßt von Johannes, dem Sohn des Zebedäus, richtet sich gegen dieses ganze System und sein damaliges Oberhaupt, Simon Magus, das zweite »Tier«.

Die Juden im Mutterland mußten eine dreijährige Prüfungszeit bis zur Vollmitgliedschaft (*Samech*) absolvieren. Mit dem Beginn der herodianischen Mission wurde es notwendig, ein weiteres Jahr einzuschieben, um den Missionarenberhaupt die Möglichkeit zu geben, geeignete Kandidaten für den Orden zu gewinnen. Wie in Kapitel 6 deutlich wurde, wurde jeder Gruppe ein Zeitraum von vier Jahren zugestanden. In vierzig Jahren liefen also zehn solcher Unterweisungszeiträume ab, in deren Verlauf die Mine, die jeder Missionar mitbekommen hatte, sich verzehnfachte (100 Mitglieder pro Zeitraum, von denen jeder einen Halbschekel Mitgliedsgebühr bezahlte; 100 Halbschekel wiederum ergeben eine Mine; vgl. 4Q*159*). Die Unterweisung für die normalen Mitglieder währte vier Jahre. Manche strebten allerdings auch die höheren Weihen bis zur *Qof*−Graduierung an. Die sieben Jahre, die dafür im Mutterland vorgesehen waren, wurden in der Diaspora zu acht Jahren, so daß es innerhalb der vierzig Jahre also fünf Achtjahreszeiträume für die höhere Ausbildung gab (Lk 19,18).

Das Gleichnis von Lukas 16,1-8 berichtet von einer Änderung des ursprünglichen Systems, um den Heiden längere Zeiträume der Unterweisung zu ermöglichen. Ein Verwalter (*oikonomos*) hatte einen »Schuldner«, der ihm hundert Maß Öl, und einen zweiten, der ihm hundert Maß Weizen schuldete. Er verringerte die Zahl der geschuldeten Ölkrüge auf fünfzig und die der Weizengefäße auf achtzig. Damit ist gemeint, daß die Mitglieder der durch »Öl« gekennzeichneten Stufe acht statt vier Ausbildungsjahre absolvierten, weil ihnen noch vier Jahre monastischer Unterweisung zuteil wurden. Das war die Gruppe der Proselyten, zu der Männer wie Johannes Markus gehörten, die zölibatäre Strukturen in ihren Gemeinschaften einführten. Die Assoziation mit dem »Öl« besagt, daß sie von den palästinischen Essenern, für die Öl etwas Verunreinigendes war, ausgeschlossen wurden. (Der Name »Betsaida« bedeutet »Ölhaus« [*zaith*] und war mit den Heiden des Stammes Dan verbunden [vgl. Joh 1,44; 12,21]). Die andere Klasse, die durch »Weizen« gekennzeichnet war, setzte sich aus Heiden wie Jakobus und Johannes, den Söhnen des Zebedäus, zusammen, die externe Vollmitglieder werden und nun nach einem weiteren Jahr der Unterweisung das Amt von »Diakonen« übernehmen konnten, also fünf Jahre Ausbildung absolvierten − ein Zeitraum, der mit acht malgenommen vierzig Jahre ergibt. (Die Dauer der Ausbildungszeiträume wurde im Blick auf die zehn Provinzen jeweils mit zehn multipliziert.)

Eine ganz ähnliche Häufung von Zahlen finden wir in Markus 4,8, im

Gleichnis vom Sämann. Die Erträge des »guten Landes« (der Orden nach der Revision von Jesus) sollten sich verdreißigfachen, versechzigfachen und verhundertfachen. Diese Zahlen lassen sich nur in den Zeitraum von dreißig Jahren zwischen dem Jahr 3970 in neutestamentlicher Zeit und 4000 (vgl. Tafel B, S. 251 ff.) einfügen. Unterschiedlichen Gruppen von Mitgliedern sollte jeweils eine Zeit der Unterweisung von zehn bzw. fünf bzw. drei Jahren gewährt werden, wobei das Jahr für die Mitgliederwerbung gestrichen wurde, da die Revision nur für die bereits vorhandenen Mitglieder galt.

Wie oben angemerkt wurden die vier Oberkategorien nach den vier ersten Buchstaben des hebräischen Alphabets benannt. Die Priester gehörten zu *Aleph* (1) (daher der Name »Alphäus«, Mk 3,18), die Leviten zu *Beth* (2), die Zölibatäre zu *Gimel* (3) und die Externen zu *Daleth* (4). *Daleth* bedeutet soviel wie »Tür« und enthält damit eine Anspielung auf die Externen, die mit dem Bild der Tür, mit dem »Kardinal« als »Angel« (vgl. S. 448), assoziiert wurden (Mk 1,33). (Vgl. 1QSa I, 23.) Die heidnischen Zölibatäre des Stammes Dan bildeten eine Sondergruppe, da sie zur Klasse der Externen, *Daleth*, gehörten, und dennoch Zölibatäre, *Gimel*, waren. Wenn man beide Buchstaben zusammenfügt, ergeben sie *Daleth-Gimel* (hebräisch *dag*, »Fisch«) – daher auch die Bezeichnung »Fische« für die Heiden.

Die einzelnen »Stämme«

Im folgenden wird eine Liste der »Stämme« oder Orden aufgestellt, in der kurz ihre Ursprünge und ihre jeweilige Disziplin erläutert werden. Es handelte sich dabei offensichtlich um natürlich gewachsene Gemeinschaften, die dann zur Zeit Herodes' des Großen in ein künstliches System gebracht wurden. Jeder Stamm hatte einen Versammlungsort in den von alters her überlieferten Stammesterritorien (vgl. Abbildung 16), und jeder zählte 1000 Mitglieder – die für einen israelitischen Stamm vorgeschriebene Zahl –, die wiederum in Hundertschaften (die Zölibatäre von *Samech* bis *Qof* waren in vier Gruppen zu je 25 aufgeteilt), Fünfzigerschaften (die Novizen von *Mem* bis *Samech* waren in zwei Gruppen zu je 25 unterteilt) und Zehnerschaften (Gruppen von individualistisch lebenden Asketen) unterteilt waren (1QS II,21-22; 11QT LVII,4; Mk 6,40).

Die palästinischen Essener

Levi	Mönche, die keine Ehe kannten. »Waisen«.
Juda	Der zweite essenische Orden (*Bellum* II,160-161), dem die Männer der großen Dynastien angehörten, die meistens im Zölibat lebten, zu bestimmten Zeiten jedoch die zölibatäre

485

Gemeinschaft verließen, um zu heiraten. Der Orden der Priester und der Davididen. Die davidischen Prinzen wurden als »Fürsten Judas« bezeichnet. Auch Jesus gehörte dem Orden Juda an.

Sebulon   Externe, deren Disziplin kurze Zeiten der Enthaltsamkeit, die dem Gebet gewidmet waren, vorsah. Ihr Versammlungsort war Nazaret in Galiläa. Die Mitglieder von Juda, die sich gerade zur Eheschließung außerhalb des Ordens befanden, gehörten den höheren Hierarchiestufen von Sebulon an.

Naftali   Externe Essener, die ein normales Leben führten und verheiratet waren. Ihr Versammlungsort war Tiberias oder Kafarnaum am Ufer des Sees Gennesaret. Petrus und und Andreas waren Mitglieder dieses Ordens.

Da es vier essenische Orden mit je 1000 Mitgliedern gab, zählten die Essener insgesamt ungefähr 4000 Köpfe (Philo, *Omnis probus liber* 75).

Der Heidenorden Dan, dem Frauen und heidnische Zölibatäre angehörten, wurde zu den externen Essenern gerechnet, lebte jedoch nach der Disziplin der höheren Orden. (Das in seiner Intention antimonastische Buch der Offenbarung übergeht diesen Stamm bei der Aufzählung der Stämme, Offb 7,5-8.)

Die Diaspora-Essener

Manasse   Zölibatäre, die sich an dieselbe Ordensregel hielten wie Juda. Unterteilt in zwei Halbstämme, West- (Magier, Samariter, die den Julianischen Kalender benutzten), und Ostmanasse (antiwestlich orientierte Nationalisten wie Judas der Galiläer, die die Beschneidung für die Heiden forderten). Aufgabe des Ordens war die Heidenmission, wobei der kulturelle Unterschied zwischen den beiden Halbstämmen sich als historisch bedeutsam erwies. Das wird am Bericht des Josephus über die Bekehrung des Heiden Izates ganz deutlich: Der Kaufmann Hananias verlangte nicht von ihm, daß er sich beschneiden ließ, während Eleasar von Galiläa die Beschneidung forderte (*Antiquitates* 34-43).

Die Juden kannten normalerweise nur zwei religiöse Schulen, die der Pharisäer und die der Sadduzäer. Sie vertraten unterschiedliche Auffassungen, etwa in der Frage der Auferstehung: Im Gegensatz zu den Pharisäern lehnten die Sadduzäer den Glauben an die Auferstehung ab. Zur Zeit der nationalistischen Erhebung hatte sich Judas der Galiläer mit einem Pharisäer

Abb. 16 Die Territorien der zwölf Stämme Israel und die Gemeinschaftszentren in neutestamentlicher Zeit

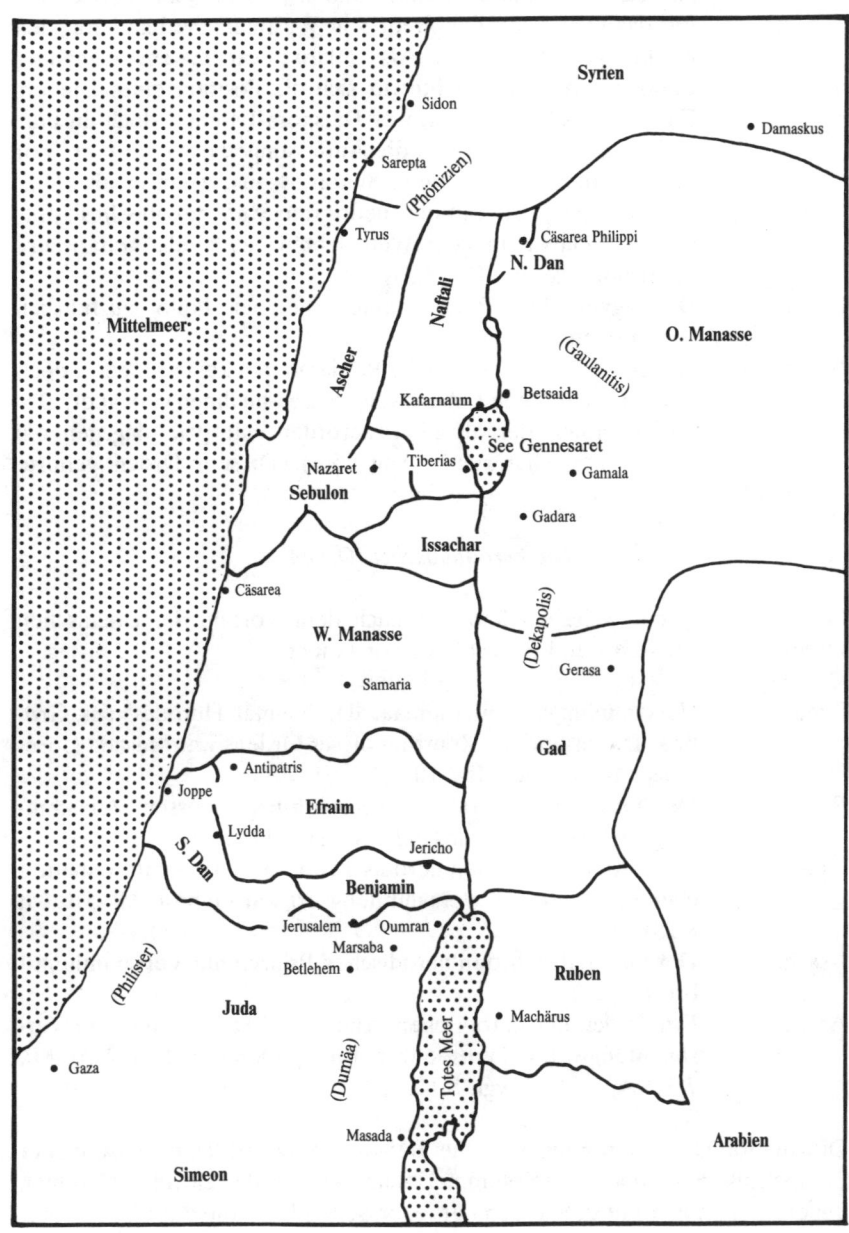

namens »Sadduk« verbündet (*Antiquitates* XVIII,3). Aus dem Namen »Sadduk« und der Struktur von West- und Ostmanasse läßt sich der Schluß ableiten, daß es sich bei jenem »Sadduk« um das damalige Oberhaupt von Westmanasse handelte, den Nachfolger Menahems. Als Solarist war er ein Anhänger Zadoks und beanspruchte für sich die Position eines Dieners Zadoks. Als Zölibatär war er Diaspora-Essener, doch im bürgerlichen Leben vertrat er die Auffassungen der Pharisäer. Vor diesem Hintergrund konnte Simon Magus, wenn er als »Diakon« fungierte, ein mit der niedrigsten Stufe gekoppeltes Amt, dessen Inhaber in der Welt lebten, auch als »Pharisäer« bezeichnet werden (Lk 7,39).

Efraim
Die ägyptischen Therapeutae, die bei Philo ausführlich beschrieben werden.

Benjamin
Als Lunisolaristen waren die Benjaminiten keine Essener, doch in ihrer asketischen Lebensweise waren sie ihnen verwandt. Der Orden Hillel, der als Pharisäerorden galt (vgl. dagegen die »Partei der Pharisäer«; Apg 15,5). Diesem Orden gehörte Paulus an.

Die herodianischen Orden

Herodes schuf fünf weitere »Stämme« nach dem Vorbild der essenischen Orden, denen er selbst und seine Söhne vorstanden.

Simeon
Versammlungsort in Idumäa, der Heimat Herodes' des Großen. Das asketische Zentrum dieses Ordens war Masada (Josephus, *Antiquitates* XIV,10).

Ruben
Der Orden des herodischen Kronprinzen, dessen Versammlungsort Machärus war (*Bellum* VII,171).

Gad
Der Orden des zweiten herodischen Prinzen (in neutestamentlicher Zeit Antipas). Versammlungsort war Gerasa (Mk 5,1; Mt 8,28).

Issachar
Der Orden des dritten herodischen Prinzen mit Versammlungsort in Galiläa.

Ascher
Der Orden der herodischen Frauen und Heiden, mit den Versammlungsorten Tyrus, Sarepta und Sidon (Lk 2,36; 4,26; Mk 7,31; Apg 12,20; vgl. S. 410 f.).

Die ursprüngliche Ordnung und die Bedeutung der »Stämme« ist in der Tempelrolle aufgezeichnet (Kolumme 39 und 40), in der ein Plan für einen quadratischen Hof mit drei Toren auf jeder Seite, durch die die Oberhäupter der Stämme einziehen, entworfen wird. Auf der Ostseite sind die Tore für die wichtigsten Stämme: Levi in der Mitte, der herodianische Orden Simeon nördlich davon, und das davidische Juda im Süden. Auf der Südseite sind die Tore für Ruben, die Diaspora-Orden Manasse/Efraim (die als ein Stamm, der Stamm Josef, gerechnet wurden) und Benjamin. Die weniger wichtigen Stämme haben ihre Tore im Westen (Issachar, Sebulon und Gad), und die Orden der Frauen, Heiden und verheirateten Externen im Norden (Dan, Naftali, Ascher).

Der gleiche Plan findet sich auch im Buch der Offenbarung 21,10-21, neben einer Liste der Stämme in 7,4-8. Es fällt auf, daß sechs der Stammesnamen (Gad, Naftali, Simeon, Levi, Josef und Benjamin) denselben Toren zugeordnet werden wie in der Tempelrolle, wenn man die Liste von Offenbarung 7 mit den zwölf Toren in Verbindung bringt und an der südwestlichen Ecke beginnt. Vier Namen sind einfach ausgetauscht (Juda und Issachar, Sebulon und Ruben). Das ist ein eindeutiger Beleg für die Abhängigkeit der Offenbarung von dem in der Tempelrolle skizzierten Plan.

Die Parteien

Von Anfang an hatten die verschiedenen asketischen Orden einen unterschiedlichen Hintergrund und verfolgten unterschiedliche Ziele. Ihre Geschichte ist seit Herodes spannungsvoll und von Schismen geprägt, bis sich schließlich die christliche Partei formierte und von der Bewegung abspaltete.

Es gab im wesentlichen zwei Grundrichtungen, die sich am besten als östliche und westliche Orientierung kennzeichnen lassen. Für die erstere wurde die Bezeichnung »Hebräer«, für die letztere die Bezeichnung »Hellenisten« gebraucht (Apg 6,1; Hebräerbrief). Die Hebräer feierten ihre Gottesdienste in hebräischer Sprache und hielten sich an die jüdischen Vorstellungen und Bräuche (die auch für Heiden bindend waren) wie die rituellen Vorschriften und die Weigerung, Frauen zu Ämtern zuzulassen. Die Hellenisten, deren Wurzeln in der Diaspora lagen, feierten ihre Gottesdienste in griechischer Sprache und lasen auch das Alte Testament auf griechisch (Septuaginta). Ihre Lebensweise orientierte sich an hellenistischem Gedankengut, so z. B. in der Frage der Stellung der Frau und der Heiden.

Zu den Hebräern gehörten jene palästinischen Essener, die an dem asketischen Bündnis der zweiten Besiedlungsphase von Qumran beteiligt waren: Johannes der Täufer und Jakobus, der Bruder Jesu; daneben der pharisäische Orden Benjamin und die pharisäischen Hohenpriester wie Kajaphas, dessen Familie mit der boethusischen Priesterdynastie verwandt war.

Die moralischen Ansichten der Hebräer führten unter dem Einfluß der Boethusier dazu, daß ihre Anhänger Jesus seinen legitimen Anspruch auf den

489

davidischen Thron absprachen. Wenn jemand aus ihren Reihen seine Überzeugung in dieser Frage änderte, so tat er damit einen gewaltigen Schritt.

Agrippa I. geriet während seines Aufenthalts in Judäa in neutestamentlicher Zeit unter den Einfluß Johannes des Täufers und stand somit auf der Seite der Hebräer. Dasselbe galt für Tomas, den der Täufer im Konflikt um Herodias unterstützte. Nach dem Sturz des Täufers änderte Agrippa seinen Standpunkt und erkannte Jesus als legitimen Davididen an (»viele (glaubten) an seinen Namen«, Joh 2,23). Jesus bewahrte sich jedoch seine Unabhängigkeit von Agrippa und allen Herodiern.

Unter den Hellenisten gab es, obwohl sie alle westliche Auffassungen vertraten, zwei verschiedene Einstellungen im Blick auf Rom: Die Zeloten von Manasse/Efraim unter ihrem Führer Simon der Zelot wollten das Reich mit Waffengewalt erobern; die Anhänger der Gegenrichtung unter dem hellenistischen »Papst« Jonatan Hannas erstrebten dagegen Frieden mit Rom. Die erste Gruppe, die von dem Tetrarchen Antipas unterstützt wurde, trug den Namen »Feigenbaum«, die zweite hieß »Weinberg«. Als der »Weinberg« seine priesterliche Führung verlor und alle Führungsämter auf Jesus übertrug, entstand aus ihm die christliche Bewegung. Auch sie spaltete sich in eine westliche und eine östliche Richtung, die sogenannten »Judenchristen«. Die Geschichte der verschiedenen Parteien ist im folgenden in Form eines Diagrammes dargestellt.

490

Abb. 17 Die Geschichte der Parteien

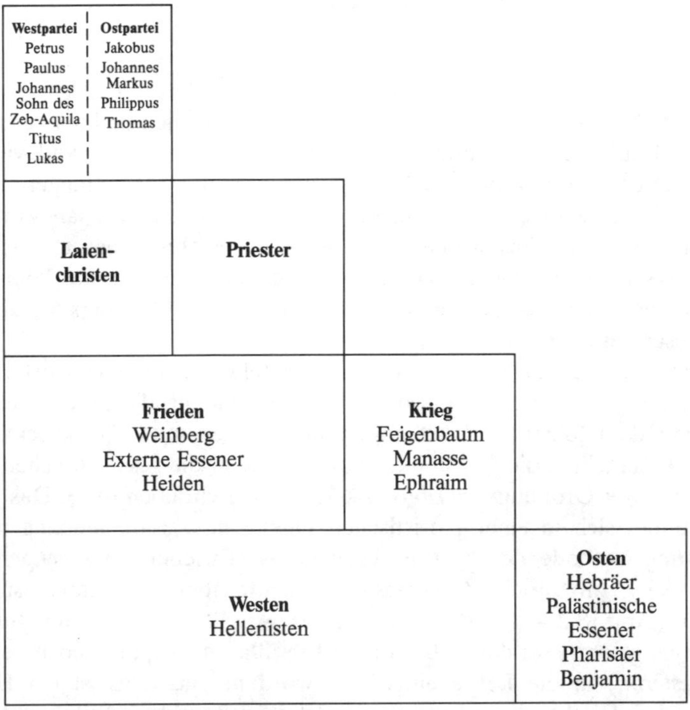

Westpartei	Ostpartei
Petrus	Jakobus
Paulus	Johannes
Johannes	Markus
Sohn des	Philippus
Zeb-Aquila	Thomas
Titus	
Lukas	

Laien-christen   **Priester**

Frieden   **Krieg**
Weinberg   Feigenbaum
Externe Essener   Manasse
Heiden   Ephraim

Westen   **Osten**
Hellenisten   Hebräer
   Palästinische
   Essener
   Pharisäer
   Benjamin

Der Entwicklungsweg der Parteien läßt sich als eine Abfolge von Stufen darstellen, die sich im Zuge fortgesetzter Spaltungen immer mehr verengten, bis schließlich nur noch die Christen mit ihrem westlichen und östlichen Flügel weiterexistierten.

491

Anhang IV

Regeln für den Pescharisten

Der moderne Leser, der sich den Pescher der Evangelien und der Apostelgeschichte erarbeiten will, muß bereit sein, sich einige neue und vielleicht anfangs auch eher befremdliche Verhaltensweisen und Einstellungen zu eigen zu machen. In gewisser Weise muß er legalistisch, ja geradezu naiv wörtlich in seinem Textverständnis werden, um etwas zu erfahren, das letztlich alles andere als naiv ist. Das Grundschema, nach dem diese Texte komponiert wurden, basiert auf strengster Genauigkeit — einer Genauigkeit, die auch vom Leser verlangt wird.

Wenn in den Evangelien und in der Apostelgeschichte das Wort *akribōs*, »genau«, auftaucht, ist damit also die Technik gemeint, die bei der Beschäftigung mit dem folgenden Text angewandt werden muß. So schickt Lukas seinem Evangelium die Feststellung voraus, daß er die geschichtlichen Ereignisse »in guter Ordnung«, *akribōs* (Lk 1,3) aufgeschrieben habe. Das gleiche Wort findet sich in einer patristischen Quelle im Zusammenhang mit der Abfassungsmethode des Markusevangeliums (Eusebius, *Kirchengeschichte* III,39; XV). Im Bericht der Apostelgeschichte über die Unterweisung des Apollos (Apg 18,24-28) schließlich heißt es, Apollos habe »richtig« (*akribōs*) von Jesus gelehrt, sei dann aber durch Priszilla und Aquila »noch genauer« (*akribesteron*) in die Lehre eingeführt worden. Das alles ist ein Hinweis darauf, daß der christliche Pescher eine Weiterentwicklung früherer Peschermethoden ist.

Das Prinzip der Genauigkeit hat zu bestimmten Regeln geführt, die dem heutigen Leser fremd sind.

Grundregeln

1. Eine der Grundvoraussetzungen lautet: *Es darf nichts hinzugefügt werden.*

Das heißt, der Leser darf einzig und allein von den Worten ausgehen, die im Text stehen. Daraus ergeben sich manchmal beträchtliche Abweichungen in der Bedeutung, wie sich an der Wendung *apokritheis de Petros kai hoi apostoloi eipan* in Apostelgeschichte 5,29 zeigen läßt. Sie wird gewöhnlich übersetzt: »Petrus aber und die Apostel antworteten ...«. Die wörtliche Übersetzung dagegen lautet: »Petrus antwortete und die Apostel sagten ...«. Für den Pescharisten heißt das, daß zunächst Petrus antwortete (mit Worten, die im Text nicht zitiert sind), und erst dann die Apostel sprachen, und daß nur *ihre* Aussage in den Text aufgenommen wurde. Da mit »die Apostel«

492

Johannes Markus gemeint ist (die Pluralform steht stets für einen einzelnen Mann, der eine bestimmte Gruppe repräsentiert), und da Petrus und Johannes Markus unterschiedliche politische Standpunkte vertraten, fällt durch diese neue Übersetzung auch ein völlig anderes Licht auf den Inhalt der zitierten Worte.

In Lukas 24,40 »zeigte« Jesus »ihnen« nach der Kreuzigung »die Hände und Füße« (vgl. auch V. 39). Es steht allerdings nirgends etwas davon, daß seine Hände und Füße verletzt waren. Johannes 2,25 sagt zwar, daß sich »Nägelmale« in den Handflächen befanden, doch die Füße werden nicht erwähnt. Wenn man sich an die Regel hält, kein Wort hinzuzufügen, so heißt das, daß Jesu Füße unverletzt waren und er also imstande war, nach der Kreuzigung zu gehen.

Die gleiche Regel gilt auch an den vielen Stellen, an denen die Oberflächenbedeutung auf eine Frage hinzuweisen scheint, die Äußerung im Griechischen aber nicht als Frage formuliert ist. Wir haben es hier mit Aussagen zu tun, denen man erst ein Fragezeichen hinzufügen müßte, um einen Fragesatz daraus zu machen. Nach unserer Grundregel muß der Text deshalb auch als Aussage gelesen werden. Lukas 24,18, *ouk egnōs ta genomena*, »bist du der einzige, der nicht weiß, was in diesen Tagen geschehen ist?«, hat also die Pescher-Bedeutung: »Du wußtest nicht, was geschehen ist« (d. h., du hast es nicht anerkannt).

Eine direkte Frage muß im Griechischen durch eine spezielle Partikel, gewöhnlich *ei*, gekennzeichnet sein. *Ei* kann »wenn« bedeuten, oder es ist, wie im Pescher grundsätzlich der Fall, als Fragewort gebraucht. So heißt *ho de Pilatos ethaumasen ei ēdē tethnēken* in Markus 15,44 – normale Übersetzung: »Pilatus wunderte sich, daß er schon tot sei« – im Pescher: »Pilatus fragte: Ist er schon tot?« Aus der Tatsache, daß damit der genaue Wortlaut der Äußerung des Pilatus wiedergegeben ist, erfahren wir, daß er das Verb »sterben« offensichtlich in seiner ganz normalen Bedeutung gebrauchte und nicht in seiner Pescherbedeutung, »exkommunizieren«. Pilatus kannte also den besonderen Jargon der Qumran-Gruppe nicht. (Die Worte haben zugleich allerdings auch eine Pescherbedeutung, die Pilatus verschlossen bleiben mußte: »Ist er um 15 Uhr verunreinigt worden?«).

2. Regel 1 gilt jedoch auch umgekehrt: Jedes Wort im Text muß berücksichtigt, *nichts darf ausgelassen werden.*

Daraus folgt u. a., daß eine doppelte Negation (z. B. *ou mē*) eine positive Aussage ergibt. Als Jesus beim Letzten Abendmahl sagte: »Ich werde nicht mehr essen« (*ou mē phagō*, Lk 22,16), meinte er damit: »Ich werde essen und nicht fasten.«

Wenn Tomas in Johannes 20,25 sagt: »Ich kann's nicht glauben« (*ou mē pisteusō*; wörtlich: »ich werde nicht nicht glauben«), so heißt das in der

Pescherbedeutung: »Ich werde glauben«. Tomas meinte also: »Wenn ich die physischen Zeichen des Leidens nicht sehe ... werde ich glauben« – ein Satz, der auf eine gnostische Haltung hindeutet.

3. Eine dritte Grundregel besagt, daß *alle Ereignisse in der Erzählung chronologisch angeordnet sind.* Es gibt keine Rückblicke auf frühere Geschehnisse.

In Johannes 4,3 »verließ« Jesus »Judäa und ging wieder nach Galiläa«. Der nächste Vers berichtet, daß er »durch Samarien reisen (mußte)«. Wenn man darauf Regel 3 anwendet, bedeutet das, daß er zunächst nach Galiläa kam und dann durch Samaria ziehen mußte. Diese Aussage aber ergibt keinen Sinn, wenn man die Ortsbezeichnungen wörtlich nimmt, da Galiläa nördlich von Samaria liegt. Sie wird jedoch durchaus logisch, wenn man davon ausgeht, daß »Galiläa« und »Samaria« beide zu dem Gebäudekomplex in Ain Feschcha gehörten.

Matthäus 2,15 berichtet, oberflächlich betrachtet, vom Tod des Herodes. Im darauffolgenden Vers, Matthäus 16, agiert Herodes jedoch wieder durchaus lebendig. Daraus folgt, daß das Wort für »Tod« in Vers 15 nicht den physischen Tod meint, sondern eine metaphorische Bedeutung hat.

Die Ereignisse in Markus 6,14-17 muß man sich in folgender Reihenfolge vorstellen: a) Herodes hörte von Jesus (V. 14a); b) einige Leute sagten: »Johannes der Täufer ist von den Toten auferstanden« (V. 14b); c) Herodes verkündete, daß er Johannes seiner Stellung als Oberhaupt enthoben habe (*apekephalisa*, V. 16), daß er jedoch »auferstanden« sei; d) Herodes ließ Johannes festnehmen und warf ihn ins Gefängnis (darauf folgt ein Bericht über das Festmahl, bei dem der Täufer verurteilt wurde). Diese chronologische Abfolge ergibt einen Sinn, wenn man davon ausgeht, daß »von den Toten auferstehen« soviel heißt wie »nach der Eheschließung in den zölibatären Zustand zurückkehren«. Die tatsächlichen Ereignisse spielten sich also folgendermaßen ab: a) Herodes hörte von Jesus; b) die Rückkehr des Täufers in das zölibatäre Leben wurde angekündigt (bei der Tagundnachtgleiche); c) Herodes sagte, daß der Täufer nicht mehr »Papst« sei, sondern in das zölibatäre Leben und damit in die Disziplin des Ordens zurückgekehrt; d) Herodes leitete die Bestrafung des Johannes ein (und stimmte bei dem Festmahl zu, die Papstwürde Simon Magus zu übertragen, wie Helena forderte. In der Folge wurde Johannes hingerichtet).

Die Regel von der chronologischen Abfolge der Ereignisse gilt nicht für die wörtliche Rede, in der sich durchaus Rückverweise auf vergangene oder Hinweise auf zukünftige Ereignisse finden können.

Auch die Erzählung kann, wenn es um den Rang oder den Status einer Person geht, Zeitbegriffe oder Wendungen enthalten, die auf die Vergangenheit zurückweisen. So war die »Tochter des Jaïrus« (Maria Magdalene) »zwölf

Jahre alt« (*ēn etōn dōdeka*, Mk 5,42), was bedeutet, daß sie »im Jahr 12«, also 17 n. Chr., initiiert worden war (vgl. das Kapitel »Chronologie«, S. 243). Das ist ein Hinweis darauf, daß Maria Magdalene dem Frauenorden angehörte, der unter Eleasar Hannas' hellenistischen Reformen im Jahr 17 n. Chr. enstanden war.

4. *Eine* Vorannahme, die für uns heute nicht selbstverständlich ist, ist allerdings unverzichtbar: Das Denken der Verfasser des Peschers war, wie es für die Essener der damaligen Zeit typisch war (vgl. Josephus, *Antiquitates* XV,371), beeinflußt von pythagoreischem Gedankengut. Das heißt, sie legten ihren Schriften immer ein *System* zugrunde. Wenn man im Text also auf zwei oder drei Elemente stößt, die Teil eines größeren Systems sind, so ist grundsätzlich davon auszugehen, daß dieses ganze System hier mitgedacht ist.

Ein Beispiel: Tauchen im Text die Zahlenangaben »die Sieben«, »die Zehn« und »die Zwölf« auf, sind sie Teil eines Zählsystems, das alle Zahlen umfaßt (vgl. das Kapitel »Hierarchie«, S. 439.442).

Ein weiteres Beispiel: Wenn die Zahlen 1000, 2000, 3000, 4000 und 5000 erscheinen und einige von ihnen sich auf Menschenmengen beziehen (4000 und 5000 in Mk 8,9; 6,44), dann liegt diesen Angaben ein numerisches System zugrunde, in dem alle diese Zahlen für Menschen stehen, und zwar aus einem ganz bestimmten Grund.

Wenn ein Begriff eindeutig als Symbol gebraucht ist, sind alle Termini derselben Kategorie ebenfalls Symbole. Wenn Menschen z. B. als »Schafe« bezeichnet werden (Joh 10,2; 21,16), dann sind alle Tiernamen Symbole für Menschen: Schweine, Ochsen, Esel, Füchse, Wölfe, Löwen, wilde Tiere. Alle diese Bezeichnungen stehen für bestimmte Gruppierungen, so z. B. die »zweitausend Schweine«, in die die unreinen Geister mit Namen »Legion« fuhren (Mk 5,12-13). In dieser Geschichte wird ganz einfach das Aufkündigen eines Bündnisses geschildert: »Legion« kündigte unter dem Einfluß Jesu einem bestimmten Bündnis die Treue, andere Mitglieder seiner Gruppierung blieben dagegen loyal und besiegelten damit ihren eigenen Untergang.

Im Gleichnis vom Sämann werden die Mitglieder der Gemeinde als »Saat« bezeichnet (Mk 4,1-20). Aus einem anderen Vers läßt sich eine hierarchische Ordnung der Saat erschließen: »Zuerst den Halm (*chortos*), danach die Ähre, danach den vollen Weizen in der Ähre« (Mk 4,28). In Lukas 12,28 wiederum heißt es, daß der Halm (*chortos*) »heute auf dem Feld steht und morgen in den Ofen geworfen wird«. Das bedeutet, daß am Ende (an der Spitze) dieser Abfolge der gebackene Brotlaib steht: »Laibe« sind also Männer von hohem Rang. Wenn man diese Information nun mit der jüdischen Gepflogenheit der Auslegung der zwölf Schaubrote (Lev 25,5-9), auf die in Markus 2,26 Bezug genommen wird, in Zusammenhang bringt, dann sind die zwölf Laibe aus dem Speisungswunder Männer, die die Schaubrote verkörpern, d. h. Leviten.

Auch andere Pflanzen dienen als Symbole. Der »Weinberg« in Markus 12,1-19 steht eindeutig für Israel. In einem »Weinberg« wurde ein »Feigenbaum« gepflanzt (Lk 13,6) – ein »Feigenbaum« ist also ebenfalls eine bestimmte Gruppe, und wenn Jesus einen solchen »Feigenbaum« verflucht (Mk 11,13-14), so bedeutet das, daß er diese Gruppe vertrieb, und nicht, daß er einen Baum zerstörte. Natanael, den Jesus »unter einem Feigenbaum« gesehen hatte (Joh 1,48), hatte dieser Gruppe (dem Gefolge des Tetrarchen Antipas) angehört. Wir erfahren aus dieser Aussage also mehr über das Schicksal des Natanael.

Daneben gibt es noch weitere Symbolsequenzen, die an Naturphänomene angelehnt sind. Weil der »Donner« ein Mann und Jakobus und Johannes die »Donnersöhne« (Mk 3,17) waren, müssen auch »Blitz«, »Erdbeben«, »Wolke«, »Feuer«, »Wind«, »Sonne«, »Mond« und »Stern« Bezeichnungen für ganz bestimmte Personen sein.

Auch aus der Vogelwelt wurden Namen entlehnt: »Adler«, »Taube«, »Rabe« (Lk 12,24), »Hahn«, »Henne« – das alles sind Titel der levitischen Priester.

Das Prinzip der Symbolsequenz ist uns aus anderen Stellen im Neuen Testament vertraut. In 1. Korinther 3,12 bezeichnet Paulus die Mitglieder der Gemeinde als »Gold, Silber, Edelsteine, Holz, Heu, Stroh«. »Silber« steht dabei an zweiter Position – ein Mann, der mit dem Silber in Verbindung gebracht wird, hat also den Rang eines »Zweiten« in der Hierarchie. Judas, der die »dreißig Silberlinge« bekam, bekleidete diese Position beim Letzten Abendmahl (vgl. das Kapitel »Hierarchie«, S. 472). »Alexander der (Kupfer-) Schmied« aus 2. Timotheus 4,14 muß ebenfalls einen Rang in einem solchen hierarchischen System innegehabt haben. Und »Saphira« oder »Saphir« (Apg 5,1) gehörte dem Rang nach zu den »Edelsteinen«.

5. Der Pescharist darf nicht selektiv vorgehen: *Nichts darf übersehen oder beiseite gelassen werden.*

Einer der wichtigsten Hinweise darauf, daß es sich bei den neutestamentlichen Texten um eine Art Puzzle handelt, das zusammengesetzt werden muß, findet sich in Markus 8,14-21. Die Zahlenangaben, die Jesus im Rahmen der beiden Speisungswunder macht, sind eindeutig in die Form eines Rätsels gekleidet: fünf Laibe für 5000; davon blieben zwölf Körbe (*kophinoi*) mit Brocken übrig; sieben Laibe für 4000, davon blieben sieben Körbe (*spyrides*) übrig. Nach Jesu Worten gilt es angesichts dieser Zahlen etwas zu begreifen – was das ist, bleibt jedoch offen. Austin Farrer hat schon vor einer Generation, noch bevor wir den Inhalt der Schriftrollen kannten, auf das »Rätsel der Brotlaibe« aufmerksam gemacht. Der Text hat ganz offensichtlich Verweischarakter, und wo das außer acht gelassen wird, geht wertvolle Information verloren.

6. Die Hauptaufgabe des Pescharisten ist es, die Sonderbedeutungen der Begriffe zu erkennen.

Die Sprache der Evangelien und der Apostelgeschichte scheint oft sehr allgemein und vage, und man gewinnt den Eindruck, daß sie nicht so viel Information liefert, wie es sich ein kritisch prüfender Verstand wünschen würde. Der Pescharist sollte jedoch davon ausgehen, daß all diese Wörter ganz präzise Bedeutungen haben und damit auch Träger wichtiger Informationen sind.

Die Sonderbedeutungen der Wörter kommen auf ganz unterschiedliche Weise zustande: Wortspiele; Pseudonyme; Beinamen; Klassifikationen; umgangssprachliche Wörter, die eine besondere Bedeutung im Rahmen der Institution haben; Assoziationen; Titel, die mit den Inkarnationsvorstellungen zusammenhängen; Universalia, die eine ganz spezielle Bedeutung erhalten; Slogans; Begriffe mit ungenauer Bedeutung, die hier einen ganz präzisen Sinn haben; Anspielungen auf das Alte Testament; Termini aus der Hierarchie; Einzelbegriffe aus Symbolsequenzen. Sie alle haben ihren Anhalt in einem ganz besonderen Wissen, das nur ein Mensch haben konnte, der lange genug Mitglied der asketischen Gemeinde war, um sich ihre spezielle Terminologie und ihre Praktiken anzueignen.

Soziale Institutionen und Gruppen tendieren dazu, eine Art »Privatsprache«, einen Jargon, zu entwickeln, um sich von ihrer Umwelt abzugrenzen. Je exklusiver die Institution, desto wahrscheinlicher wird sie einen Jargon prägen, der als Sammlung von »Codeworten« funktioniert und nur den Eingeweihten Zutritt gewährt. Dieser institutionalisierte Sprachcode kann so elaboriert sein, daß er für den Außenstehenden unsinnig wirkt. Das läßt sich an vielen Beispielen zeigen:

Wenn jemand sagt: »Die vierzehnte Kammer hat ihren Spruch verkündet«, dann ist das auf den ersten Blick sinnloses Zeug. Dem Eingeweihten ist jedoch klar, daß es hier um die Urteilsverkündung einer bestimmten Gerichtsinstanz geht.

So erscheint die Aussage »Das Weiße Haus sprach mit dem Kreml« jedem, der die politischen Ereignisse verfolgt, durchaus vernünftig. »Die Haie spielen gegen die Drachen« klingt für einen australischen Footballfan ganz normal. Ein »Lehrstuhl« an einer Universität bezeichnet ganz einfach eine bestimmte akademische Funktion. Ein Schauspieler »betritt die Bretter«. Und »das Kabinett trat zusammen« schließlich heißt nichts anderes, als daß sich die Kabinettsmitglieder versammelten.

Das Anliegen dieses Buches ist es zu zeigen, daß unter der Oberfläche der Evangelien und der Apostelgeschichte sowie der Briefe in Wirklichkeit eine solche zweite Bedeutungsebene liegt. In den Kapiteln »Chronologie«, »Orts-

497

angaben« und »Hierarchie« haben wir versucht, den tatsächlichen histori-schen Ablauf der Ereignisse zu umreißen und die Elemente der grundlegen-den Systeme, die hinter den Evangelienerzählungen stehen, herauszuarbei-ten. Zahlreiche kleinere Untersysteme mit ihrem ganzen Vokabular gilt es noch zu enträtseln und zu erläutern. Doch die vorliegende Untersuchung liefert in jedem Fall genügend Material, um deutlich zu machen, daß mit der Entdeckung der Schriftrollen vom Toten Meer in der Tat ein völlig neues Kapitel in unserem Verständnis von den Schriften des Neuen Testaments und von den Ursprüngen des Christentums aufgeschlagen wurde.

Die wichtigsten Personen und Ereignisse

Who's Who in neutestamentlicher Zeit

»Abraham«. Hillel der Große. Hillels Lehraussage, daß die geistliche Zugehörigkeit zum Judentum durch die Taufe erworben werden kann, wurde zum Ausgangspunkt für eine Missionsbewegung, die zur Zeit Herodes des Großen die Diasporajuden erfaßte. Die neuen Mitglieder wurden als »Söhne Abrahams« in ein »Neues Israel« getauft. Da »Abraham« der »Stammvater« der Juden war, stiftete er auch das Amt des »Papstes« (Vater).

»Älteste« (griechisch *hoi presbyteroi*). Das bezieht sich auf Jakobus in seiner Funktion als »Dritter«, die dem davidischen König von der östlichen Partei, den Hebräern, zugewiesen wurde. (Jakob-Eli war in der Geschichte vom »verlorenen Sohn« der »ältere Sohn«, unter einem boethusischen Hohenpriester.)

Agabus. Name für Matthäus Hannas während seines Exils in Antiochia, nachdem er im Jahre 43 n. Chr. als Hoherpriester abgesetzt worden war.

Agrippa I. Enkel Herodes' des Großen, geboren 11 v. Chr. Während der Zeit seiner Ausbildung und Erziehung in Rom erlangte Agrippa durch seine Freundschaft mit der kaiserlichen Mutter und Großmutter Antonia Einfluß am römischen Hof. Sein Ziel war es, der herodischen Dynastie ihre alte Machtposition in Judäa zurückzugewinnen. Als er sein Vermögen durchgebracht hatte, mußte er wegen Schulden aus Rom fliehen. In neutestamentlicher Zeit hielt Agrippa sich in Judäa auf und geriet nach einem Selbstmordversuch in den Bannkreis Johannes des Täufers. Nach dessen Tod wandte er sich Jesus als potentiellem Davididen zu, stieß in seiner politischen Haltung jedoch auf die Feindschaft von Simon Magus und Johannes Markus. Bei seiner Rückkehr nach Rom kurz vor dem Tod des Tiberius wurde er wegen der Anzettelung einer Verschwörung gegen den Kaiser in den Kerker geworfen. Gaius Caligula ließ ihn bei seiner Thronbesteigung wieder frei und verlieh ihm den Titel »König der Juden«. Agrippa kehrte nach Judäa zurück, wo er zunächst bei bestimmten Gruppierungen der asketischen Bewegung Unterstützung fand. Nachdem er jedoch Matthäus Hannas abgesetzt und sich selbst zum Gottkaiser proklamiert hatte, wurde er im Jahre 44 n. Chr. von Simon Magus mit Billigung des größten Teiles der Partei ermordet.

Agrippa II. Sohn Agrippas I. und der Cypros. Geboren im Jahr 27 n. Chr. Agrippa II. wurde beim Tod seines Vaters nicht als Nachfolger nominiert, weil er noch zu jung war. Er bestieg den Thron erst 49 n. Chr. Er blieb unverheiratet. Sein Lehrer war Paulus, dessen Orden die Erzieher der herodischen Dynastie stellte. Agrippa II. förderte die paulinische Form der asketischen Lehre und war ein Gegner der Samariter, die für den Tod seines Vaters verantwortlich waren. Seine Haltung trug mit zu der Spaltung zwischen Christen und Samaritern bei. Als er im Jahre 54 n. Chr. von Nero zum Herrscher von Galiläa gemacht wurde, nahm Paulus die christliche Taufe an ihm vor, die an die Stelle der johanneischen Taufe getreten war. Agrippa II. hielt mit den östlichen Asketen an der von Tomas vertretenen Überzeugung fest, nach der Jesus als »Herr«, »Priester« und »Papst«, nicht aber als Davidide akzeptiert wurde.

Alexander. Titel des Oberhauptes der ägyptischen Therapeutae, deren wichtigstes Zentrum Alexandria war. Träger des Titels in neutestamentlicher Zeit waren Theudas und sein Nachfolger Apollos/»Alexander der Schmied«, auf dessen Betreiben Paulus in Rom unter Arrest gestellt wurde.

Alle (griechisch: *panthes*). Pseudonym für den herodischen König, der alle hohen Ämter auf sich vereinigte. Im Neuen Testament bezieht sich der Titel auf Agrippa I.

Ananus, Sohn des Seth. Hoherpriester der Juden in den Jahren 6 bis 15 n. Chr. Ananus wurde von den Römern eingesetzt, weil er für den Frieden mit den römischen Machthabern plädierte. In den Jahren 5 bis 6 n. Chr. war er mit Simon dem Essener in der Friedenspartei verbündet. Ananus war Sadduzäer und ließ sich als »Gott« verehren. Seine fünf Söhne wurden nach ihm Hohepriester in einer Zeit, in der der Friede mit Rom vom politischen Standpunkt aus äußerst wünschenswert war.

Ananus der Jüngere. Jüngster Sohn des Ananus. Wie dieser ein Sadduzäer, amtierte er zunächst kurze Zeit, im Jahr 62 n. Chr., als jüdischer Hoherpriester, und dann nochmals einige Jahre später. In neutestamentlicher Zeit, als junger Mann, geriet er in den Bannkreis Jesu und war als Wächter vor der Grabhöhle an dessen Wiederbelebung und Flucht beteiligt. Ananus d. J. blieb Agrippa I. gegenüber loyal und tat sich unter der Herrschaft Agrippas II. mit Paulus zusammen. Weitere Namen für Ananus den Jüngeren: Zachäus, Sosthenes; er war auch der »Gefängnisaufseher« von Philippi.

Antipas, der Tetrarch. Sohn Herodes' des Großen und der Samariterin Malthake; Bruder des Archelaus. Herodes hatte Antipas ein Jahr vor seinem Tod versprochen, ihn zum Thronfolger zu machen. Es war deshalb eine große Enttäuschung für den Tetrarchen, als sein Bruder Archelaus den Titel erhielt. Antipas ging nach Rom und zettelte dort einen Feldzug gegen Archelaus an, indem er eine zweite herodianische Partei ins Leben rief, die den Namen »Feigenbaum« trug. In neutestamentlicher Zeit war Antipas mit der militanten hellenistischen Partei, der Simon Magus vor-

500

stand, verbündet und konspirierte mit den Parthern gegen Rom. Er war zunächst mit der Tochter des arabischen Königs Aretas verheiratet, ließ sich jedoch von ihr scheiden, um Herodias zu ehelichen, die ihrerseits ihren ersten Ehemann Herodes (Tomas), den Halbbruder des Antipas, seinetwegen verließ. Aretas rächte sich an Antipas, indem er ihm im Jahre 37. n. Chr. den Krieg erklärte. Herodias versuchte ihren Mann dazu zu überreden, gegen Agrippa I. Anspruch auf die herodische Königswürde zu erheben, da das Recht auf seiner Seite sei, und nach anfänglichem Zögern erklärte Antipas sich dazu bereit. In Rom wurde er jedoch von Agrippa ausgestochen und mit seiner Frau Herodias zusammen im Jahr 39 n. Chr. nach Gallien ins Exil geschickt.

Apollos. Seit dem Jahr 44 n. Chr. Nachfolger von Theudas als Oberhaupt der ägyptischen Therapeutae. Apollos brachte die Alexandriner in den letzten Jahren des Kaisers Claudius mit stärker westlich orientierten Ideen in Berührung. Unter Nero schloß er sich mit den westlich ausgerichteten Christen zusammen, da der Widerstand gegen den Kaiser in dieser Zeit alle Parteien einte. Obwohl Apollos zuvor in bezug auf Jesus den Standpunkt der Anhänger des Täufers und der Hebräer geteilt hatte, war er in dieser Situation bereit, Jesus als den legitimen Davididen anzuerkennen. Der Gesinnungswandel vollzog sich anläßlich eines Konzils in Philippi im Jahre 50 n. Chr. und wurde symbolisch als »Erdbeben« bezeichnet. Apollos arbeitete weiterhin in der westlichen Mission, doch es kam zu Spannungen zwischen ihm und Paulus, da Apollos die Aufnahme von Heiden nach östlicher Auffassung geregelt sehen wollte. In der Exodus-Vorstellung der Therapeutae fungierte er als ein neuer »Josua«, der die Mauern Jerusalems zum Einsturz bringen wollte. Später geriet er in Gefangenschaft und wurde zunächst nach Cäsarea gebracht, dann nach Rom überführt. In Rom beschuldigte er Paulus der Mittäterschaft an der Ermordung des Jonatan Hannas durch Felix. Daraufhin wurde Paulus verhaftet und vor Gericht gestellt.

»Apostel«. Name für Johannes Markus als oberster Proselyt in seiner Position als levitischer »Diakon«, »Merari«, der aus dem Speiseraum »hinausgeschickt« wurde, wenn der externe essenische Priester am Mahl teilnahm. Der Begriff »Apostel« ist im Plural gebraucht, weil Johannes Markus eine ganze Klasse repräsentierte. Er selbst gebraucht diesen Beinamen in seinem Evangelium nicht, dafür taucht er jedoch bei den Synoptikern auf.

Archelaus. Sohn Herodes' des Großen und der Samariterin Malthake. Als letzter Überlebender der Familie des Herodes, nachdem die meisten anderen Nachkommen entweder hingerichtet oder enterbt worden waren, herrschte Archelaus in den Jahren 4 v. bis 6 n. Chr. Sein Bruder Antipas machte ihm jedoch die Königswürde streitig, so daß er nur den Titel eines Ethnarchen erhielt. Auf Betreiben einer Gruppe einflußreicher Persönlichkeiten wurde er im Jahr 6 n. Chr. seines Amtes enthoben. Die herodische Ära schien damit beendet.

Aristarch, der Mazedonier. Beiname des Petrus, nachdem er als »Witwer« einem nasiräischen zölibatären Orden beigetreten war. Sein Ordenszentrum lag von da an in Mazedonien, wo die christlichen Nasiräer nach ihrer Vertreibung aus Rom im Jahre 49 n. Chr. Fuß gefaßt hatten. Im Jahre 60 n. Chr. kehrte Petrus mit der Partei des Paulus als »Aristarch« nach Rom zurück.

Barabbas. Name von Theudas als Diener (aramäisch: *bar*) des Jonatan Hannas, der »Abba«, »Vater«, genannt werden konnte.

»Aussätziger«. Beiname für Simon Magus, als er aus der zölibatären Gemeinschaft ausgestoßen war. Er stand damit auf derselben Stufe wie die Aussätzigen, die die geheiligten Räume nicht betreten durften.

Barnabas. Ein Name für Joses, einen jüngeren Bruder von Jesus, den dritten Sohn von Maria und Josef. Er wurde »Joses« oder »Josef« genannt, da er der Nachfolger von Jakobus war, als dieser zum »Jakob« (zum davidischen König neben den Herodiern) aufstieg. Barnabas war westlicher eingestellt als Jakobus und wurde als »Bischof« zu den Zwölf Aposteln berufen. Er war einem Kehat oder levitischen »Bischof« gleichgestellt und wurde deshalb als ein zweiter Matthäus »Matthias« genannt. In dieser Position war er ein »Diener des Propheten« – *Bar* (Diener) *nabas* (Prophet). Barnabas arbeitete eine Zeitlang mit Paulus zusammen, entzweite sich jedoch mit ihm über die Frage des Zölibats und der jüdischen Identität der Heiden, weil er dafür plädierte, daß die Proselyten bestimmte Forderungen des jüdischen Gesetzes erfüllen mußten. Er blieb in engem Kontakt mit dem obersten Proselyten Johannes Markus. Barnabas ist der Verfasser des nichtkanonischen Barnabasbriefes, in dem eine mystische Form des Judentums vertreten wird.

Bartholomäus. Name von Johannes Markus als Mitglied der Zwölf Apostel. Möglicherweise ein Wortspiel aus »Diener (*bar*) des Ptolemäus (Tholomäus)«, denn Bartholomäus war Mitglied der ägyptischen Therapeutae.

»Blitz«. Name für Simon Magus als »Papst« in der Nachfolge des »Donners« Jonatan Hannas. Der Name stammt aus der Vorstellungswelt des Exodus.

»Cäsar«. Wenn »Cäsar« ohne den Zusatz eines Vornamens wie etwa »Tiberius« gebraucht ist, fungiert es als Bezeichnung für den herrschenden Herodier. Der Titel spiegelt die Ambitionen der herodischen Dynastie, die ein jüdisches Weltreich unter der Herrschaft eines jüdischen Cäsaren anstrebte.

Claudius. Römischer Kaiser von 41 bis 54 n. Chr. Claudius erwarb sich das Wohlwollen der westlich orientierten Juden. Zwar blühte die christliche Form der Lehre unter seiner Herrschaft auf, doch alle Aktionen, die als Unterstützung des jüdischen Nationalismus aufgefaßt werden konnten, wurden bestraft.

502

Claudius Lysias. Name für Agrippa II. Er geht darauf zurück, daß Agrippa im Jahr 49 n. Chr. von Claudius zum König gemacht worden war. Er trug daraufhin den Namen des Kaisers, so wie ein Sklave den Namen seines Herrn übernahm.

Demetrius, der Silberschmied. Name des Simon Magus während seiner Amtszeit als »Bischof« in Ephesus, wo er den Kult der Helena als einer Inkarnation der Diana der Epheser förderte.

»Donner«. Pseudonym von Jonatan Hannas als »Papst«. Der Titel stammt aus der Bildwelt des Exodus.

Dositheus. Eine Version des Namens von Jonatan Hannas (»Gabe Gottes«). Der Name wird in den Clementinen für Jonatan als Nachfolger des Täufers, der in den Jahren 30 und 31 n. Chr. als »Papst« fungierte, gebraucht.

»Elija«. Titel des obersten Eremiten, der eine Ordensdisziplin praktizierte, deren Vorschriften am Leben des Propheten Elija orientiert waren. Der Titel wurde von Johannes dem Täufer, danach von Jonatan Hannas als seinem Nachfolger getragen.

»Erdbeben«. Titel des Oberhauptes der ägyptischen Therapeutae. Er stammte aus der Exodus-Symbolik dieser Gruppierung, hing aber auch damit zusammen, daß ihre Oberhäupter zur Zeit des Erdbebens, 31 v. Chr., an der Macht waren. Sowohl Theudas als auch Apollos trugen diesen Titel.

Eutychus. Name von Johannes Markus in seiner Position als Freigelassener von Agrippa I. und sein Wagenlenker. Johannes Markus erhielt diesen Namen bei seiner Aussöhnung mit den westlich orientierten Christen im Jahr 58 n. Chr., als er, allerdings ohne seine Titel, wieder in die Ordensgemeinschaft aufgenommen wurde.

Furcht (griechisch *ho phobos*). Titel der herodischen Könige als Regenten der Zölibatäre, die ihnen gehorchen (sie »fürchten«) mußten. In neutestamentlicher Zeit war Agrippa I. in der Position eines »Diakons« »die Furcht der Juden«.

Gabriel. Titel des Erben der Priesterwürde aus dem Geschlecht Abjatars, der zweite »Erzengel« nach dem »Michael«. In der Zeit Herodes des Großen trug Simon der Essener diesen Titel.

Gaius Caligula (»Kleine Schuhe«). Römischer Kaiser von 37 bis 41 n. Chr. Caligula war mit Agrippa I. befreundet und verlieh ihm den Titel »König der Juden«. Nach zwei Regierungsjahren zeigten sich bei ihm Zeichen des Wahnsinns, und schließlich wurde er im Rahmen einer großangelegten Verschwörung im Januar des Jahres 41 n. Chr. ermordet.

Hananias. Name für Simon Magus als Diener des samaritischen Hohenpriesters Hananias (der Diener pflegte den Namen seines Herrn anzunehmen). Wahrscheinlich ein Hinweis darauf, daß Simon mit dem Kaufmann Hananias identisch ist, der von den heidnischen Konvertiten im Osten nicht die Beschneidung verlangte.

»Hauptpriester« (griechisch *hoi archiereis*). In der Pluralform ein Titel des Jonatan Hannas als Repräsentant der externen Priesterschaft. In der Singularform (*ho archiereus*) bezieht sich der Terminus auf einen Hauptpriester, der nicht als Stellvertreter einer bestimmten priesterlichen Kaste verstanden wird, z. B. auf Kajaphas (der nicht den asketischen Orden angehörte) oder Hannas, wenn er nicht im Amt war.

Helena. Geliebte des Simon Magus. Helena war Heidin und konvertierte bei ihrer Scheidung zur jüdischen Religion in ihrer herodianischen Gestalt. Sie gehörte dem Frauenorden von Ascher an, dessen Mitglieder eine individualistisch geprägte Gebetsdisziplin praktizierten und gute Werke taten, dabei aber in der Welt lebten und Privateigentum besaßen. Ihr Orden, dessen Zentrum in Tyrus lag, übernahm teilweise die noch aus kanaanitischer Zeit herrührende Tradition der religiösen Prostitution, deren Vertreterinnen als »Huren« bezeichnet wurden. Helena war (als die »Hure aus Tyrus«) mit Simon Magus liiert. Als weiblicher »Kardinal« verkörperte sie in Ephesus die Gestalt der »Sara« für die Heiden. In einem anderen Zentrum des Ordens, in Thyatira, wurde sie als »Prophetin Isebel« verehrt. Sie und Simon Magus traten als »Mutter« und »Vater« ihrer Anhänger auf und galten bei diesen als Inkarnationen von Gottheiten. Den Namen Helena trug sie als Dienerin und geistliche Beraterin der Königin Helena von Adiabene, die in den vierziger Jahren des ersten Jahrhunderts von Simon/Hananias zum Judentum bekehrt wurde.

Herodes der Große. Sohn des Antipater, ein Idumäer, der die Gunst des römischen Generals Pompeius errang, der im Jahre 63 v. Chr. Jerusalem erobert hatte. Beim Niedergang des hasmonäischen Herrscherhauses gewann Herodes die Unterstützung der Öffentlichkeit und wurde im Jahre 40 v. Chr. mit Billigung der Römer König der Juden. Im Jahre 37 v. Chr. wurde er gekrönt. Herodes nahm großartige Bauprojekte in Angriff und wurde zum Mitinitiator einer Missionsbewegung in der Diaspora, die die Juden in einer weltweiten Gemeinschaft mit beträchtlicher politischer Macht einen sollte. Die Mitgliedsbeiträge wurden zur Finanzierung seiner Bauvorhaben verwendet. In den Jahren vor seinem Tod litt Herodes zunehmend unter Verfolgungswahn und enterbte oder liquidierte die meisten seiner aus neun Ehen stammenden Kinder. Er starb im Jahr 4 v. Chr.

Herodes von Chalkis. Enkel Herodes' des Großen, Bruder Agrippas I. Herodes von Chalkis unterstützte die Samariter und war wahrscheinlich mit Simon Magus an dem Anschlag auf seinen Bruder beteiligt. Nach dem Tod Agrippas I. wurde Herodes von Chalkis zum Regenten ernannt und hatte damit das Recht, die Position des Hohenpriesters zu besetzen. Er berief den Samariter Hananias in das Amt. Nach der Verbannung von Antipas übernahm Herodes von Chalkis dessen Pflichten als Oberhaupt der beschnittenen verheirateten Heiden, der »Juden«. Er starb 48 n. Chr.

Herodias. Enkelin Herodes' des Großen, Schwester Agrippas I. Herodias wurde als Kind mit Herodes (Tomas) verlobt und brachte in ihrer Ehe mit ihm eine Tochter zur Welt, Salome. Später verließ sie ihren Mann und heiratete den Tetrarchen Antipas. Sie stachelte Antipas dazu an, das Anrecht Agrippas I. auf den Thron anzufechten, und wurde im Jahr 39 n. Chr. mit ihrem Mann nach Gallien verbannt.

Isaak. Titel von Menahem, den er als Glied der Herodianischen Triarchie bestehend aus »Abraham, Isaak und Jakob« als »Kardinal« und Patriarch des Ostens trug.

Jakob, Sohn des Alphäus. Titel von Jonatan Hannas als Mitglied der Zwölf Apostel; ein Titel, der ihm eher königliche – »Jakob« – als prieserliche Funktionen zuwies.

Jakob-Eli. Großvater Jesu. Jakob-Eli stammte über Natan, einen jüngeren Sohn des Königs, von David ab. In dem Bündnis mit Herodes dem Großen übernahm er als Patriarch des Westens die dritte Position in der Triarchie von »Abraham, Isaak und Jakob«. Er wurde im Jahr 70 v. Chr. geboren und starb 17 n. Chr. Als »älterer Sohn« in der Geschichte vom »verlorenen Sohn« setzte er sich zur Zeit der Zelotenerhebung entschieden für eine friedliche Lösung in Kleinasien ein. Seine Haltung führte schließlich zu einem Schisma, in dessen Folge das Vermögen der Bewegung zwischen ihm und Theudas, dem »verlorenen Sohn«, aufgeteilt wurde.

Jakobus, der »Herrenbruder«. Der jüngere Bruder Jesu, geboren im Jahr 1 n. Chr. Jakobus war ehelich geboren und galt deshalb für den östlichen Flügel der Bewegung, die Hebräer, als der legitime Davidide. Waren die Hellenisten an der Macht, so galt Jakobus als Nachfolger Jesu und wurde in dieser Funktion »Josef« genannt. Wenn jedoch die Hebräer das Heft in der Hand hielten, war er der Davidide, der »Jakob« (»Jakobus«) – der Name für den davidischen König unter den Herodiern. Für die Judenchristen, die Jesus schließlich doch noch als Herrn (Priester und »Papst«) akzeptierten, war Jakobus der Davidide und hieß bei ihnen folglich »Jakob«. Von seinen Kritikern, die in ihm den verräterischen Erben Davids sahen, wurde Jakobus auch »Absalom« genannt. Jakobus vertrat die Auffassung, daß die Heiden Proselyten werden sollten; er verlangte zwar nicht die Beschneidung von ihnen, drang aber darauf, daß sie bestimmte Aspekte des rituellen Gesetzes befolgen und den jüdischen Priestern gehorchen mußten. In diesem Punkt widersprach ihm Paulus, der von den Heiden nicht den Übertritt zum Judentum forderte. Jakobus wurde im Jahre 62 n. Chr. auf Anordnung des Hohenpriesters Ananus des Jüngeren zu Tode gesteinigt.

505

Jesus. Sohn Josefs, der über Natan von König David abstammte. Jesu Mutter war Maria. Jesus wurde in der Verlobungszeit seiner Eltern gezeugt, bevor ihre Ehe durch die zweite Eheschließung legalisiert war, und galt deshalb bei der Partei der Hebräer als unehelicher Sohn Josefs. Er wurde im März 7 v. Chr. geboren. Für die Hellenisten in der asketischen Bewegung war er der legitime Davidide, der im kommenden Königreich herrschen würde, entweder als unabhängiger König oder in Abhängigkeit von den Herodiern. Im Jahr 29 n. Chr. schloß er sich mit den Zwölf Aposteln, Hellenisten, gegen Johannes den Täufer zusammen, der die Lehrauffassung der Hebräer vertrat. Jesus brachte völlig neue Ideen in die Bewegung ein. So erhob er den Anspruch, daß ihm neben der Position des Königs auch die des Hohenpriesters zustünde. Damit predigte er das allgemeine Priestertum und den freien Zugang aller Mitglieder, auch der Heiden, zu den Ämtern, ohne hierarchische Abstufung nach Geburt, Volkszugehörigkeit, Geschlecht oder körperliche Verfassung. Das beschwor den Widerstand aller Parteien, die auf ein jüdisches Übergewicht innerhalb der Bewegung hinarbeiteten, herauf, und brachte ihm den Titel »Frevel(Anti-)priester/ Lügenmann« ein. Jesus wurde infolge einer politischen Intrige seiner Gegner gekreuzigt. Als offizieller Grund für seine Verurteilung wurde angegeben, daß er dem Umkreis des Zelotentums zuzurechnen sei. Am Kreuz gab man ihm Gift, um sein Leiden zu beenden, doch er verlor lediglich das Bewußtsein und wurde später von seinen Freunden wiederbelebt. In der Folgezeit stand er der pro-heidnischen Partei in ihren verschiedenen Ausformungen bei und fungierte als Berater ihrer Führer, zunächst von Johannes Markus, dann von Petrus und schließlich von Paulus. Im Jahre 61 n. Chr. führte Jesus seine Partei nach Rom, wo sich eine eigenständige Heidenmission etablierte, die von ihren Mitgliedern nicht mehr den Übertritt zum Judentum verlangte. Im Jahr 64 n. Chr. war Jesus noch am Leben. Über seinen Tod ist nichts überliefert.

Johannes der Täufer. Sohn des Zacharias, des Erben der zadokidischen Dynastie. Bei der Spaltung zwischen den ihrem ursprünglichen System verhafteten Essenern und denjenigen Ordensmitgliedern, die sich mit den Zeloten verbündeten, wurde auch Johannes politisch aktiv. Es ging ihm dabei jedoch nur darum, die Intervention des Himmels zu dem von der Prophetie vorhergesagten Zeitpunkt zu erzwingen. Johannes lebte als Eremit und ertrug selbstauferlegte Kasteiungen, mit denen er sich besondere Verdienste erwerben wollte. Von den Asketen in Mird und Qumran wurde er als »Lehrer der Gerechtigkeit« bezeichnet, da er der Nachfolger des ersten Lehrers und »Papstes« Hillel war. Wegen seiner streng priesterlichen Auffassung und seiner östlichen Orientierung wurde er von den Zwölf Aposteln angegriffen. Er war der Verfasser oder zumindest der Mitinitiator einiger Schriften vom Toten Meer, in denen die Hellenisten als

506

Leute, die »glatte Dinge (suchen)«, verurteilt werden. Wegen seiner Kritik am Tetrarchen Antipas, der mit den Zwölf Aposteln in Verbindung stand und dessen Eheschließung mit Herodias sein Mißfallen erregt hatte, wurde Johannes hingerichtet. Manche seiner Anhänger behaupteten, daß Jesus, der »Frevelpriester/Lügenmann«, mit für seinen Tod verantwortlich gewesen sei, weil er der hellenistischen Partei angehörte. Nach dem Tod des Täufers wandten sich viele seiner Anhänger, darunter auch Agrippa I., Jesus zu. Andere beharrten auf dem östlichen Standpunkt; sie bewahrten ihre Traditionen im Schriftgut der Rollen vom Toten Meer.

Johannes Markus. Oberster Heidenproselyt in neutestamentlicher Zeit. Die Proselyten waren nicht beschnitten, erkannten jedoch einige der rituellen Vorschriften der Juden an. Johannes Markus ließ sich von den Vorstellungen der jüdischen Priester leiten und veranlaßte, daß die Räumlichkeiten für den Gottesdienst in seinem Orden drei Stockwerke erhielten, so daß der Priester auf der höchsten Ebene, über dem jüdischen Ältesten, stehen konnte. Johannes Markus' eigentlicher Name war Eutychus. Um das Jahr 36 war er mit Agrippa I. in Rom. Er hörte zufällig mit an, daß Agrippa gemeinsam mit Gaius Caligula einen Anschlag auf den Kaiser plante, und verriet seinen Herrn an Tiberius. Johannes Markus war mit Simon Magus gegen Agrippa verbündet. In neutestamentlicher Zeit stand er Jesus als Freund und als Repräsentant der Proselyten sehr nahe. Er unterstützte die Abfassung des Johannesevangeliums, das seine Auffassungen wiedergibt. Mit dem Aufstieg Agrippas I. im Jahr 37 n. Chr. verlor Johannes Markus seinen Einfluß, und unter Agrippa II. schloß er sich der Partei des Jakobus an. Als Eutychus söhnte er sich im Jahr 58 n. Chr. im Zusammenhang mit Paulus' Besuch in Jerusalem mit dem Apostel aus.

Johannes, Sohn des Zebedäus. Ein Heide. Johannes war ein vornehmer Römer mit Verbindungen zum Hof des Kaisers. Sein römischer Name lautete Aquila. Mit seinem Bruder Niceta (Jakobus, dem Sohn des Zebedäus) schloß er sich der neuen jüdischen Religion an und wurde zunächst von Simon Magus (»Zebedäus«) unterwiesen, in dessen Lehrauffassung die Opposition gegen Agrippa I. eine wichtige Rolle spielte. Später änderte Johannes/Aquila seine politischen Überzeugungen und unterstützte Agrippa I. Sein neuer Lehrer war Zachäus (Ananus der Jüngere), ein Diener Agrippas. Als Untergebene der Hannas-Priester verkörperten Johannes und Jakobus die »Donnersöhne«. Johannes arbeitete mit Petrus in der Heidenmission. Er war verheiratet und befolgte eine ähnliche Disziplin wie Petrus. Seine Frau Priszilla war seine Mitarbeiterin. Er war das Oberhaupt der »5000«, der verheirateten unbeschnittenen Heiden aus dem Orden Ascher. In der Zeit, als Paulus unter Agrippa II. erste Erfolge verbuchen konnte, schloß Johannes sich dem Apostel an und reiste mit ihm zwischen Ephesus und Rom hin und her. Er schrieb das Buch der

Offenbarung. Bei den Christen hatte er die Position des »Adlers« (des Sariel, des »Geistes«); sein Name »Aquila« bedeutet denn auch »Adler«.

Jonatan Hannas. Sohn des Ananus, der im Jahr 6 n. Chr. Hoherpriester war. Jonatan Hannas selbst war im Jahr 37 n. Chr. sechs Monate lang Hoherpriester. Er war ein Hellenist und stand zunächst als »Guter Samariter« auf der Seite Johannes des Täufers im Widerstand gegen das militante Zelotentum. Dann schloß er sich an die Zwölf Apostel an, die auf die Einsetzung hellenistischer Hoherpriester hinarbeiteten. Wie alle Hannas-Brüder förderte auch Jonatan Hannas die heidnischen Mitglieder und war für den Frieden mit Rom, bestand jedoch gleichzeitig auf den Privilegien der Priester und verlangte, daß die externen Priester in der Diaspora als »Götter« verehrt wurden. Jesus unterstützte ihn in der Heidenfrage, war jedoch in den Fragen des Priestertums entgegengesetzter Ansicht und erhob immer wieder Anspruch auf seine Position. Aus diesem Grund hegte Jonatan Hannas trotz ihrer politischen Übereinstimmung eine persönliche Animosität gegen Jesus. Als feststand, daß Jesus gekreuzigt werden würde, befahl er, ihm Gift zu geben, das er ihm selbst darbot. Später war Paulus Jonatans Gegner und erreichte mit anderen seine Absetzung im September 37 n. Chr. Zwanzig Jahre später, im Jahr 57 n. Chr., wurde Jonatan Hannas durch den römischen Statthalter Felix hingerichtet, weil er sich dauernd in Felix' Regierungsgeschäfte eingemischt hatte.

Josef. Sohn des Jakob-Eli, geboren 44 v. Chr. Als Kronprinz »Jakobs« führte er den Titel »Josef«. Im Jahr 8 v. Chr. war Josef 36 und sollte im September dieses Jahres heiraten. Sein Sohn, Jesus, wurde im Juni, nach der letzten Verlobungszeremonie, doch vor der eigentlichen Eheschließung, gezeugt. Da Josef eine liberale Haltung vertrat, blieb er bei seiner Frau, doch unter einem Hohenpriester, der sich der Doktrin der Hebräer verpflichtet wußte, mußte er es hinnehmen, daß Jakobus, sein zweiter Sohn, zum legitimen Erben erklärt wurde. In der politischen Krise, die durch die römische Oberherrschaft geschürt wurde, schloß Josef sich den gemäßigten Nationalisten an und verbündete sich mit Theudas. Er war »der Stern« (Davids) neben Theudas als »Zepter«. Beim Tode Jakob-Elis im Jahr 17 n. Chr. wurde Josef zum potentiellen Davididen. Er starb im Jahr 23 n. Chr.

Josef von Arimathäa. Name für Jakobus, den Bruder Jesu, nach hellenistischer Auffassung der Nachfolger Jesu auf dem Thron. »Arimathäa« ist vielleicht ein Hinweis auf Jakobus' Bündnis mit Agrippa I., der anläßlich des Todes des Tiberius gesagt haben soll: »Ari' meth« (»der Löwe ist tot«).

Joses, oder Josef. Name des zweiten Bruders Jesu nach Jakobus. Wenn Jakobus als davidischer König unter den Herodiern der »Jakob« war, trug sein jüngerer Bruder den Titel »Josef«. Vgl. auch »Barnabas«.

508

Judas. Name des dritten Bruders Jesu. Verfasser des Judasbriefes. Judas war pro-östlich eingestellt. Er hatte zwar Kontakte zu Jakobus und den Juden-christen, verurteilte jedoch aufs schärfste die extrem westliche Ausprägung der Lehre, wie sie u. a. auch Paulus vertrat. Im Jahr 58 n. Chr. unternahm er einen Vorstoß, um Paulus exkommunizieren zu lassen.

Judas Iskariot. Nachfolger von Judas dem Galiläer, dem nationalistischen Führer des Jahres 6 n. Chr. Judas Iskariot war das Oberhaupt von Ostma-nasse, einem Orden von fanatischen, militanten Nationalisten. Er ver-langte, daß die Heiden sich beschneiden ließen und den jüdischen Glauben annahmen. In den Jahren 29 und 30 n. Chr. führte Judas den Orden Manasse und schlug als »Satan« Jesus ein Bündnis vor. Er wollte der Priester und »Papst« sein, Jesus sollte der König werden. Doch Jesus lehnte seinen Vorschlag ab und schloß sich stattdessen der Friedensfrak-tion der Zwölf Apostel an, was zu einem Machtverlust von Judas führte. Bei der Kreuzigung versuchte Judas, sich an Jesus zu rächen, indem er Pilatus den Aufenthaltsort der drei von ihm gesuchten Zeloten verriet und ihm mit Agrippa I. zusammen ein Lösegeld für sich selbst anbot. Pilatus aber nahm das höhere Bestechungsgeld vom Tetrarchen Antipas für die Freilassung von Theudas entgegen und ließ Judas anstelle von Theudas kreuzigen. Als die Hinrichtungsmethode in ein Lebendig-Begraben-Wer-den umgewandelt wurde, wurden Judas die Beine gebrochen und er wurde in die Begräbnishöhle gebracht. So wurde er zu einem der beiden »Engel«, die dort gesehen wurden. Als Simon Magus sich erholt hatte, wurde Judas für den Verrat an seinen Gefährten bestraft, indem er aus dem Fenster der Höhle die Klippen hinabgestürzt wurde.

»Jünger«. Proselyten, die den Status niedrigerer Novizen hatten, wurden »Jünger« oder »Schüler« genannt. Ihr Oberhaupt wurde mit der Plural-form bezeichnet. »Die Jünger des Johannes« (des Täufers) steht für Agrippa I. »Die Jünger Jesu« für Johannes Markus.

»Juden«. Beiname für das Oberhaupt der beschnittenen Heiden, die als Verheiratete in der Welt lebten wie normale Juden. In neutestamentlicher Zeit trug der Tetrarch Antipas diesen Titel. Seine Nachfolger waren Herodes von Chalkis und dann dessen Sohn Aristobul. Das Johannesevan-gelium bezeichnet Antipas bevorzugt mit diesem Decknamen.

Kajaphas. Jüdischer Hoherpriester in den Jahren 18-36 n. Chr. Kajaphas, der mit der boethusischen Priesterfamilie verwandt war, war ein Pharisäer. Er unterstützte die östliche Doktrin der Hebräer mit ihren strengen Moralvor-stellungen und vertrat deshalb der Überzeugung, daß nicht Jesus, sondern sein Bruder Jakobus der legitime Davidide sei. In dieser Frage stimmte er mit Johannes dem Täufer überein. Gegen Ende seiner Amtszeit wirkten die Zwölf Apostel, Hellenisten, darauf hin, Kajaphas seines Amtes zu entheben, was im Jahr 36 n. Chr. auch geschah.

509

Kornelius. Beiname für Lukas als Oberhaupt der unbeschnittenen Heiden von Jafet, der »Brüder aus Italien«.

Lazarus. Name des Simon Magus zur Zeit seiner Vertreibung. Er taucht im Johannesevangelium und im Gleichnis von Lazarus und dem Reichen Mann im Lukasevangelium auf.

»Lieblingsjünger«. Johannes Markus in seiner Rolle als »Ehefrau« Jesu. Eine »Ehefrau« war ein Mann, der die Stelle der Frau des Mitglieds eines dynastischen Ordens einnahm, wenn dieser in das zölibatäre Leben zurückgekehrt war.

Lukas (Luzius). Anderer Name für Kornelius, das Oberhaupt von Jafet. Lukas nahm nach Johannes Markus dessen Stelle als Leibarzt und enger persönlicher Freund Jesu ein. Er gebraucht deshalb in der Apostelgeschichte das Pronomen »wir«, wenn er von sich und Jesus gemeinsam oder von seiner Funktion als Stellvertreter Jesu spricht. Lukas war der Verfasser der Apostelgeschichte des Lukas.

Malchus. Titel, der aus dem hebräischen Wort für »König« abgeleitet war. Jakob trug ihn, als er nach der Verhaftung Jesu der Davidide wurde.

Maria, die Mutter Jesu. Geboren 26 v. Chr. Maria war bei der Zeugung Jesu im Juni 8 v. Chr. 17½ Jahre alt. Sie war Mitglied des Ordens Dan, in dem die Frauen bis zu ihrer legalen Ehe den Titel »Jungfrau« trugen und im Status von Nonnen lebten. Im Jahr 23 n. Chr. wurde Maria Witwe. Im Dezember 32 n. Chr. begann ihre dreijährige Vorbereitung für das Amt der »Witwe«, ein Dienst innerhalb des Ordens, den Frauen mit sechzig Jahren übernehmen konnten. Die christliche Partei wählte Maria zur obersten Frau, zur »Mutter der Heiden«. Johannes Markus war als Oberhaupt der Heiden ihr »Sohn«, deshalb war sie auch »Maria, die Mutter von Johannes Markus«. »Maria« (Mirjam) war ein Titel, den die Ordensoberin in ihrer Stellung als »Mirjam« (Schwester des Mose) trug.

Maria, die Frau des Klopas. Diese Maria wird im Johannesevangelium als vierte Frau unter dem Kreuz erwähnt. Sie war die Verlobte von Jakobus (Klopas), den sie im Jahr 37 n. Chr., als er das Alter von 36 Jahren erreicht hatte, heiratete. Im Jahre 33 n. Chr. war sie vermutlich erst 14 Jahre alt und befand sich deshalb nicht bei den älteren Frauen, die die Grabhöhle aufsuchten.

Maria Magdalene. Mitglied des Ordens Dan. Maria Magdalene führte den Titel »Mirjam«. Sie gehörte einem Zweig des Ordens an, der unter herodianischem Einfluß stand und die Scheidung und Wiederverheiratung erlaubte. Bei ihrer Hochzeit mit Jesus im Jahr 30 n. Chr. ging sie wahrscheinlich ihre zweite Ehe ein. Maria Magdalene wurde im Jahr 3 n. Chr. geboren und war im Jahr 17 n. Chr., als sie »geboren« wurde (bei ihrer ersten Initiation, die Mädchen im Alter von vierzehn und Jungen im Alter von zwölf Jahren durchliefen), 14 Jahre alt. Zum Zeitpunkt ihrer Eheschließung mit Jesus war Maria älter, als es üblich war. Im Dezember 32 n. Chr. wurde sie, noch während der Verlobungszeit, schwanger. Im September 33 n. Chr. bekam sie dann eine Tochter (Tamar), im Juni 37 n. Chr. schenkte sie einem Sohn (Jesus Justus) das Leben, und im März des Jahres 44 n. Chr. bekam sie einen zweiten Sohn. Danach trennte sie sich von Jesus, was eine Krise in der Bewegung zur Folge hatte, die dadurch gelöst wurde, daß man Maria zur Nicht-Christin erklärte, weil die Christen inzwischen, im Jahr 44 n. Chr., eine eigene Identität und einen eigenen Namen für ihre Gruppierung entwickelt hatten.

Matthäus Hannas. Einer der Hannas-Brüder. Matthäus Hannas war Hellenist, ein Mitglied des Kreises der Zwölf Apostel. Er war derjenige aus seiner Familie, der am stärksten zur christlichen Lehre tendierte. Im Jahr 42-43 n. Chr. hatte er das Hohepriesteramt inne. Als er von Agrippa I. abgesetzt wurde, spalteten sich die Christen von der Bewegung ab und gingen nach Antiochia, wo Matthäus als »Agabus« und »der heilige Geist« (in der Form *to hagion pneuma*) nach wie vor aktiv war. Matthäus Hannas war levitischer »Bischof« (Kehat) der fünf kleinasiatischen Provinzen und Initiator des Matthäusevangeliums, das von allen Evangelien am stärksten jüdisch geprägt ist.

Matthias. Name für Barnabas, als er in den Kreis der Zwölf Apostel berufen wurde. Als Zölibatär wurde er nicht einfach zum »Bischof«, sondern zum levitischen »Bischof« gemacht; er war also ein »Levit« und damit ein zweiter »Kehat« wie Matthäus.

Menahem. Ein Diaspora-Essener, der im Jahr 44 v. Chr. den Orden der Magier von Westmanasse gründete. Menaham (»Isaak«) war mit Hillel (»Abraham«) liiert. In der Position eines »Kardinals« war er der eigentliche Stifter der Mission unter Juden und Heiden in der Diaspora.

»Mose«. Pseudonym des »Propheten«, des zweiten Priesters in der Priesterhierarchie. Der Terminus wurde im Jahr 5 n. Chr. für Simeon gebraucht, dessen neue Verfassung für die Asketen als »mosaisches Gesetz« bezeichnet wurde. Der Beiname »Mose« wurde auch von seinem »Diener«, dem Oberhaupt der efraimitischen Therapeutae, gebraucht, der in seiner Rolle dem Kehat gleichgestellt war und die dritte Position in der Hierarchie der Externen innehatte. Er fungierte als »Mose« bei den liturgischen Tänzen. In neutestamentlicher Zeit war Theudas der »Mose«. Er war auch bei der »Verklärung Jesu« anwesend.

Natanael. Name für Jonatan Hannas. Eine andere Form für »Jonatan«. Beides bedeutet »Gott/der Herr gab«.

Nero. Römischer Kaiser von 54 bis 68 n. Chr. Ein launischer Tyrann, dessen Regime die östlichen und westlichen Mitglieder der Mission bis zu einem gewissen Grad im Widerstand einte. Die christlichen und jüdischen Mitglieder der Bewegung in Rom fühlten sich durch Nero in ihrer Hoffnung auf eine eschatologische Krise, die in die Vernichtung aller Heiden münden sollte, bestärkt. Ihre öffentlichen Demonstrationen in den Jahren 60 bis 64 n. Chr., nach ihrer Zeitrechnung das Jahr 4000 AM, führten zu Massenverhaftungen. Anläßlich des großen Brandes von Rom benutzte Nero die Christen dann als Sündenbock.

Paulus. Mitglied des von Hillel gegründeten benjaminitischen Ordens, der aus Pharisäern bestand, die sich an eine asketische Disziplin hielten, zugleich jedoch weiterhin aktiv am öffentlichen Leben teilnahmen. Seine Mitglieder waren Philosophen und stellten die Lehrer der herodischen Prinzen. Paulus, damals noch Saulus, wurde von Gamaliel, einem Nachkommen Hillels, unterrichtet. Er wurde im Jahr 17 n. Chr. geboren. Als junger Mann ein fanatischer Nationalist, hielt er an den östlichen Auffassungen der Hebräer fest und war im erbitterten Widerstand gegen Jesus aktiv. Im Jahr 40 n. Chr. jedoch kam es zu einer persönlichen Begegnung zwischen ihm und Jesus, als dieser das Zentrum der Bewegung in Damaskus besuchte, in deren Folge sich Saulus zum westlichen Standpunkt bekehrte. Er verfiel in das entgegengesetzte Extrem und verfocht nun die Überzeugung, daß die Heiden die jüdische Identität nicht anzunehmen brauchten. Paulus blieb gegenüber Agrippa I. loyal und hatte nichts mit dessen Tod zu tun. Aus diesem Grund vertraute ihm auch Agrippa II., dessen Tutor er war, weiterhin. Von 44 bis 58 n. Chr. führte Paulus in Kleinasien einen Evangelisationsfeldzug für seine Lehrauffassung durch. Im Jahr 58 n. Chr. besuchte er mit seinen Anhängern zum letzten Mal Jerusalem und zog dann mit ihnen nach Rom, wo sie ein eigenes Zentrum und eine eigene Organisation aufbauen wollten. Die meisten im Neuen Testament enthaltenen Briefe stammen von Paulus.

Petrus. Vgl. Simon Petrus.

»Pharisäer«. Griechisch *hoi Pharisaioi*. Dieser Begriff wird in den Evangelien für Kajaphas als Oberhaupt der pharisäischen Partei gebraucht.

Philippus. Oberster unbeschnittener Heide in neutestamentlicher Zeit, Oberhaupt des Ordens Sem (die unbeschnittenen Heiden blieben ihren ethnischen Gruppen, die in die Stämme Sem, Ham und Jafet aufgeteilt waren, zugeordnet). Philippus stand in Verbindung mit den Samaritern, und zwar sowohl mit Jonatan Hannas/Natanael als auch mit Simon Magus. Er war auch Protos, ein Freigelassener der Mutter Agrippas, Berenike, die Agrippa Geld lieh und von ihm betrogen wurde. Philippus stand Agrippa I. feindlich gegenüber und war demzufolge politisch eng mit Johannes Markus und Simon liiert. Als »Knecht des Hauptmanns« wurde er von Jesus gefördert und erhielt bei der Verwandlung von Wasser in Wein die Vollmitgliedschaft, obwohl er unbeschnitten war.

Salome. Name der Helena als Dienerin und geistlicher Beistand von Salome, der Tochter der Herodias.

512

»Satan«. Pseudonym des Judas Iskariot als oberster Zelot in den Jahren 29 und 30 n. Chr. Gemäß dem Brauch, daß ein »Bischof« die Kandidaten für die Initiation prüfte, »versuchte« oder »prüfte« er Jesus. Jesus lehnte seine Lehrauffassung jedoch ab.

Simon Magus. Die Hauptfigur neben Jesus. Simon Magus war ein Gnostiker, der sich selbst zum Wundertäter hochstilisierte. In neutestamentlicher Zeit war er das Oberhaupt der Magier von Westmanasse und fand als Hellenist Eingang in die pro-militaristische Gruppe der Zwölf Apostel. Im Jahr 31 n. Chr. wurde er »Papst«. Da die Hellenisten Jesus als den Davididen akzeptierten, hatte Jesus viel mit Simon Magus zu tun. Simon war ein erbitterter Feind von Agrippa I., und als dieser im Jahr 37 n. Chr. den Thron bestieg, kam es zu einem Schisma. Diejenigen, die die Agrippinen unterstützten, bildeten eine eigene Fraktion, aus der später die Christen hervorgingen. Simon dagegen wurde trotz seiner westlichen Auffassung in eine Allianz mit den östlich orientierten Hebräern gedrängt, die eine Gegenmission gegen die der Christen aufzogen. Er wurde der »Antipapst« gegen die Partei von Petrus und Paulus. Wie Jesus in den Schriftrollen vom Toten Meer mit zahlreichen Pseudonymen belegt wird, tritt auch Simon Magus in den Evangelien unter vielen Pseudonymen auf. In der zeitgenössischen Literatur außerhalb des neutestamentlichen Kanons ist die Gestalt des Simon Magus gut dokumentiert.

Simon. Der jüngste Bruder Jesu, auch Silvanus genannt. Gemeinsam mit Joses/Barnabas vertrat Simon einen westlichen Standpunkt, und beide waren Mitarbeiter des Paulus. Simon/Silvanus blieb auch bei Paulus, nachdem Barnabas sich von ihm getrennt hatte.

Simon der Essener oder Simeon. Oberhaupt der Priesterdynastie des Abjatar. Zweiter Priester nach dem zadokidischen Oberhaupt. Er war der »Gabriel« des zadokidischen »Michael«. Simon war zur Zeit der Herrschaft des Archelaus eine wichtige Gestalt aus den höheren Rängen der Essener. Archelaus bat ihn, ihm die Dauer seiner Herrschaft vorherzusagen. Simon schloß sich der Friedenspartei unter Ananus an, um die Absetzung von Archelaus herbeizuführen. Im Jahr 6 n. Chr. trennte er sich von der Partei und führte die klassischen Essener in ein abgesondertes, apolitisches Leben. Diejenigen Essener, die ihre Koalition mit den politischen Aktivisten beibehielten, wurden zur »vierten Philosophie«, den Zeloten, gerechnet.

Simon Petrus. Ein externer Essener. Als Verheirateter führte Simon Petrus das schlichte Familienleben des Essenerordens Naftali. Trotz ihrer unterschiedlichen Ränge verband Jesus viel mit Simon Petrus' Schicht. Als Hellenist akzeptierte Petrus Jesus als den Davididen und stieg in die Position des »Zweiten« neben Jesus in seiner Funktion als König auf. Petrus war der Überzeugung, daß Jesus lediglich die Königswürde für sich beanspruchen konnte (»der Christus«), nicht aber die Priesterwürde. Er ist mit jenem gewissenhaften Bürger von Jerusalem namens Simon gleichzusetzen, den Agrippa I. für sich gewinnen konnte. Unter Agrippa II. trat er nicht hervor, da er sich schließlich den Gegnern Agrippas I. angeschlossen hatte. Als Simon Petrus Witwer wurde, wechselte er über in den höhergestellten Orden der Nasiräer und wurde bei der Verlagerung der christlichen Partei nach Rom zum Stellvertreter Jesu in seiner Funktion als König.

Thaddäus. Name für Theudas als Mitglied der Zwölf Apostel.

Theophilus. Einer der Hannas-Brüder; Theophilus war Hoherpriester von 37 bis 41 n. Chr. Er kooperierte mit Rom und verlangte vom Volk, daß es den Treueeid für den Cäsar leistete. Lukas widmete ihm die Apostelgeschichte.

Theudas. Oberhaupt der ägyptischen Therapeutae von 9 v. bis 44 n. Chr. Theudas war der Führer der gemäßigten Nationalisten, die Qumran in der zweiten Besiedlungsphase in Besitz nahmen und es zu »Ägypten« machten. Er wurde gemeinsam mit Josef, dem Vater Jesu, mit dem er sich verbündet hatte, abgesetzt, als Judas der Galiläer, der eine extremere Auffassung vertrat, in den Jahren 4 bis 6 n. Chr. die Leitung in Qumran übernahm. Theudas kehrte daraufhin als der »verlorene Sohn« in die Friedenspartei zurück. Als »Thaddäus« schloß er sich den Zwölf Aposteln an und nahm an dem Aufruhr gegen Pilatus im Dezember 32 n. Chr. teil. Das war auch der Grund, weshalb er gesucht wurde. In der hellenistischen zelotischen Triarchie von Priester, Prophet und König hatte er die Position des Königs inne. Im März des Jahres 33 n. Chr. wurde Theudas zusammen mit Simon Magus und Jesus verhaftet. Er wäre gekreuzigt worden, wenn der Tetrarch Antipas nicht – schon aufgrund seines hohen Alters – zu seinen Gunsten interveniert und Pilatus ein Lösegeld für ihn angeboten hätte. Der Tetrarch hatte Theudas angewiesen, in der Höhle nach Simon Magus zu sehen, und bei dieser Gelegenheit half er auch bei der Wiederbelebung Jesu mit, indem er die Medizin für ihn zur Verfügung stellte und sie ihm verabreichte. 44 n. Chr. war er der Anführer eines bildlichen »Einzugs ins verheißene Land«, bei dem er den Wassern des Jordan gebot, sich zu teilen. Seine Beteiligung an dieser Aktion führte schließlich zu seiner Hinrichtung.

Tomas (Didymus, der Zwilling). »Gast« der Zwölf Apostel. Tomas ist identisch mit dem Sohn Herodes' des Großen von Mariamne II., der Tochter des Hohenpriesters Simon Boethus (23 bis 5 v. Chr.). Er wurde im Jahr 5 v. Chr. enterbt, als ans Licht kam, daß sein Großvater und seine Mutter an einem Giftanschlag auf Herodes beteiligt waren. Tomas wurde auch »Esau«, der »Zwilling« (von »Jakob«, da der herodische Kronprinz in einer Externengemeinde dem »David« oder »Jakob« gleichgesetzt wurde), genannt, ein äußerst passender Name – auch Esau verlor ja sein Erstgeburtsrecht. Tomas repräsenti1000«, beschnittene Heiden, die als Zölibatäre lebten. Seine Frau Herodias verließ ihn, um seinen Halbbruder, den Tetrarchen Antipas, zu heiraten. Tomas vertrat die Auffassungen der Hebräer und fand bei Johannes dem Täufer Unterstützung im Streit um die Ehe des Antipas. Er wurde der Repräsentant Jesu im Osten. Jesus war für ihn »Papst« und Priester (»mein Herr und mein Gott«), nicht aber der Davidide (Christus).

Tiberius. Römischer Kaiser von 14 bis 37 n. Chr. Tiberius besaß das Wohlwollen der Juden, scherte sich jedoch wenig um die östlichen Provinzen. Er ernannte Pontius Pilatus zum Statthalter von Judäa, wohlwissend, daß dieser Bestechungsgelder annahm. Angefeindet von Agrippa I., den er einst unterstütt hatte, starb er im März des Jahres 37 n. Chr. auf der Insel Capri.

Timotheus. Wahrscheinlich der Sohn des Aristobulus, des Sohnes von Herodes von Chalkis, ein potentieller Erbe Agrippas II., da dieser keinen eigenen Sohn hatte. Timotheus' Lehrer war Paulus gewesen, der Tutor der herodischen Prinzen. Unter seinem Einfluß bekehrte sich Timotheus zur christlichen Version der Lehre.

Titus. Oberhaupt der unbeschnittenen Heiden von Ham. Titus war »der Kämmerer aus Äthiopien«, und wahrscheinlich war er auch mit Marsias, dem treuen Freigelassenen Agrippas I. identisch. Er lehnte die Aufforderung seines Vorgesetzten Philippus ab, sich an einer Verschwörung gegen Agrippa I. zu beteiligen. Titus arbeitete mit Paulus zusammen, der Agrippa I. gegenüber ebenfalls loyal blieb, und war in Korinth der Lehrer von Jesus Justus, der sich als sein Schüler nach ihm Titius Justus nannte, wie es der damaligen Gepflogenheit entsprach. Als Titus von Paulus nach Kreta in ein Zentrum für die Heiden seines Ordens entsandt war, entstand der gleichnamige Brief an ihn.

»Viele« (griechisch *hoi polloi*). Name für das Oberhaupt der Zölibatäre bei den Versammlungen von hundert Vollmitgliedern. Der Terminus taucht in den Schriftrollen vom Toten Meer recht häufig auf (hebräisch *harabbim*). In den Evangelien steht er für Agrippa I., der als der herrschende Herodier das nominelle Oberhaupt der Zölibatäre war.

»Volk« (griechisch *hoi ochloi*). Agrippa I. in seiner Rolle als Repräsentant der »Juden«, die sich um Johannes den Täufer scharten. Agrippa I. stand zunächst unter dem Einfluß der Lehre des Täufers, später wandte er sich Jesus zu. In der Singularform (*ho ochlos*, »die Menge«) bezieht sich der Begriff auf den Tetrarchen Antipas, der zwar wie die »Juden« lebte, aber, da er nicht ihr Oberhaupt war, keine Stellvertreterfunktion hatte.

»Wolke«. Beiname des davidischen Kronprinzen, der als Oberhaupt der Nasiräer die Gemeinde auf ihren Wallfahrten nach Qumran führte und

515

damit in Anlehnung an die Vorstellungswelt des Exodus als »Wolke am Tag« fungierte. Im Westen war er die »überschattende Wolke«. In neutestamentlicher Zeit hatte Jakobus diese Funktion inne.

Zachäus. Name für Ananus den Jüngeren als »Merari«, der in Marsaba (»Jericho«) aus dem Raum, der der »Sakristei« in Qumran entsprach, hinausgeschickt wurde und am nördlichen Säulenstumpf, dem »Maulbeerbaum« (die Herodier wurden mit dem Feigenbaum assoziiert) stand. Zachäus war ein loyaler Diener der Agrippinen.

Zebedäus. Beiname für Simon Magus. Im Unterschied zu dem Namen des anderen führenden Samariters in der Bewegung, Jonatan Hannas, dessen Name »Gabe Gottes« bedeutet, bedeutet der Name Zebedäus »meine Gabe«. Zebedäus war der »Vater« von Jakobus und Johannnes, denn er hatte Niceta und Aquila unterwiesen, bevor sie sich Zachäus zuwandten.

Die wichtigsten Ereignisse zwischen 168 v. und 74 n. Chr.

168 v. Chr.   »Greuel der Verwüstung«. Der Seleukidenkönig Antiochus Epiphanes läßt eine Zeusstatue im Allerheiligsten des Jerusalemer Tempels aufstellen und löst damit den Makkabäeraufstand aus, der zu einem Freiheitskrieg führt und mit der Niederlage der Seleukiden endet. In seiner Folge werden die makkabäischen Nationalhelden zu Hohenpriestern und Königen gemacht (die Dynastie der Hasmonäer), obwohl sie nicht aus den alten Priester- und Königsgeschlechtern stammen.

Die Essener arbeiten zunächst mit ihnen zusammen, versuchen dann aber, den Tempel für sich selbst zurückzuerobern. Zur Untermauerung ihres Anspruchs schreiben sie das Buch Daniel. Der Versuch schlägt jedoch fehl, und sie werden nach Qumran ins Exil geschickt.

88 v. Chr.   Die essenischen Berechnungen haben ergeben, daß dieses Jahr das Jahr 4000 der Schöpfung sein muß, in dem es zur finalen Katastrophe kommen soll. Doch nichts geschieht. Schließlich findet man den Fehler: Bei einer korrekteren Datierung der Zerstörung von Jerusalem fällt das Jahr 4000 auf das Jahr 60 n. Chr. Achtzig Jahre vor diesem Zeitpunkt, 3920 AM (21 v. Chr.), sollen die Essener nach einer Prophezeiung des Buches Henoch wieder in den Besitz des Tempels, der Hohepriesterwürde und der Königswürde gelangen.

45 v. Chr.   Einführung des Julianischen Kalenders (der noch heute in Gebrauch ist) durch Julius Cäsar.

44 c. Chr.   Gründung des Ordens der Magier, einer liberalen Gruppie-

516

rung der Essener aus der Diaspora, die den Julianischen Kalender neben dem Sonnenkalender benutzen.

41–37 v. Chr. Herodes der Große, ein starker, ehrgeiziger Charakter, wird König der Juden. Auf seine Initative hin wird das Konzept vom Königreich Gottes auf Erden entwickelt: Ein jüdisches Weltreich, das das römische ablösen soll.

Hillel der Große (ein berühmter jüdischer Weiser, der die »Goldene Regel« verkündete und Taufen durchführte) ist einer der geistlichen Väter dieser Bewegung. Ihre aktiven Anführer sind Menahem aus der Gruppierung der Magier und Eli, der Großvater Jesu. Diese drei bilden das Dreigespann »Abraham«, »Isaak« und »Jakob« im Neuen Israel und im Neuen Bund.

Die Jahre 41 und 37 v. Chr. verkörpern beide das Jahr 3900 (zu dieser Doppelung kommt es aufgrund einer Komplikation im Kalender). Da die Weltgeschichte nach der Henoch-Prophezeiung insgesamt 4900 Jahre umfassen soll, hat Herodes das letzte Millennium der Weltgeschichte eingeläutet – ein tausendjähriges jüdisches Reich. Die ersten vierzig Jahre dieses Reiches, 41-1 v. Chr. – eine Generation – sollen zur Evangelisation genutzt werden.

31 v. Chr. Erdbeben in Qumran. Der Ort wird verlassen. Die Essener sind Herodes nun wieder in Jerusalem willkommen, da sie eine wichtige Rolle im Rahmen seines gigantischen Finanzierungsplanes spielen.

21 v. Chr. Herodes gibt sein Vorhaben bekannt, den Tempel neu aufzubauen. Die Essener, die darin die Erfüllung ihrer Prophezeiung für das Jahr 3920 AM sehen, legen ihm die Tempelrolle vor, die ihren Plan für den Bau des Tempels enthält. Herodes übernimmt diesen Plan jedoch nicht.

Es kommt zur Bildung einer anti-herodianischen Partei, der Josef, der Vater Jesu, und Theudas, der »verlorene Sohn«, angehören.

11 v. Chr. Erneute Besiedlung Qumrans durch eine Koalition asketischer Pharisäer, Sadduzäer und Diaspora-Essener. Unter dieser Gruppe entsteht der größte Teil der Sektenschriften. Sie vertreten eine nationalistische Richtung, die zusammenfindet, als die Pharisäer am herodischen Hof dem römischen Kaiser den Treueeid verweigern.

Zu den Diaspora-Essenern gehören auch die Therapeutae aus Ägypten. Qumran, das durch das Erdbeben verunreinigt und damit kein heiliger Ort mehr ist, wird deshalb zu »Ägypten«, wenn die Führer der Therapeutae sich dort aufhalten,

517

und zu »Sodom«, wenn die Leiter eines zölibatären Ordens, in dem die Sodomie zugelassen ist, in Qumran weilen. Aus diesem Grund kann Qumran später als »Sodom und Ägypten, wo auch ihr Herr gekreuzigt wurde«, bezeichnet werden (Offb 11,8).

Sept 9 v. Chr. Zacharias, ein Nachkomme des Hohenpriesters Zadok, wird von Simon dem Essener, dem »Engel Gabriel«, aufgefordert, nach dem Versöhnungsfest sein Priesteramt niederzulegen und zu heiraten, um einen Erben zu zeugen. Damit wird er »stumm«, d. h., ihm ist nicht mehr erlaubt zu predigen.

Dez 9 v. Chr. Zacharias' Frau Elisabet ist mit Johannes dem Täufer schwanger. (Sie ist nicht etwa »hochbetagt«, sondern »weit vorgerückt in ihren Tagen« – ein Hinweis darauf, daß sie sich nach einem Sonnenkalender richtet, der die Interkalation zu einem späteren Zeitpunkt vorsieht.)

Jun 8 v. Chr. Im September 8 v. Chr. wird Josef 36 Jahre alt sein und damit das Heiratsalter erreichen. Das rituelle Gesetz sieht vor, daß er im September heiratet und daß das Paar dann im Dezember ein Kind zeugt, so daß im nächsten September mit einem Sohn und Erben zu rechnen ist. Maria und Josef übertreten dieses Gesetz jedoch und zeugen schon im Juni, in der letzten Phase ihrer Verlobungszeit, ein Kind. Damit ist Jesus nach strenger essenischer Regel illegitim und kann nicht als davidischer Thronerbe anerkannt werden. Nach den liberaleren Ordensregeln der Magier dagegen ist er der legitime Thronerbe.

Sept 8 v. Chr. Geburt Johannes des Täufers.

März 7 v. Chr. Geburt Jesu im »Haus der Königin« (von dem in der Kupferrolle die Rede ist), etwa einen Kilometer südlich von der Hochebene von Qumran.

März 4 v. Chr. Tod des Herodes. Fünf Tage vor seinem Tod läßt Herodes seinen Erben Antipater hinrichten und bestimmt Archelaus zu seinem Nachfolger.

1 v. Chr. Für die anti-herodianische Partei in Qumran beginnt mit diesem Jahr noch einmal das letzte Jahrtausend, indem die herodianische Generation von 41-1 v. Chr. zur Null-Generation erklärt wird. Das Jahr 1 v. Chr. (3940) wird zum Jahr 0, das Jahr 1 n. Chr. zum Jahr 1. An dieser Datierung wurde bis heute festgehalten.

Die anti-herodianische Partei will einen davidischen Erben als König des Weltreiches, keinen Herodier. Josef (der Vater Jesu) mit dem Beinamen »der Stern« ist dieser Davidide. An seiner Seite steht Theudas, der »verlorene Sohn«; Theudas trägt den Beinamen »das Zepter«.

Sept 1 n. Chr. Geburt des Jakobus, des Bruders Jesu, des legitimen Erben Josefs nach der strengeren hebräischen Auffassung.

Sept 5 n. Chr. Johannes der Täufer wird zwölf Jahre alt.

März 6 n. Chr. Der zwölfjährige Jesus durchläuft den ersten Einweihungsritus und ist damit »geboren«. Seine Mutter »gebiert« ihn und hüllt ihn in ein zeremonielles Gewand.

Die fanatischen Nationalisten unter Judas dem Galiläer gewinnen in Qumran die Oberhand. Ihre Anführer tragen die Beinamen »das Kalb« (Archelaus), »das Tier« (Judas) und »der Drache« (der Hohepriester Joazar). Als Archelaus seines Amtes enthoben wird und Quirinius eine Volkszählung plant, kommt es zur Revolte. Die Zeloten führen ausgehend von Qumran und anderen Festungen an der Küste des Toten Meeres einen Guerillakrieg gegen die Römer, der schließlich mit der Zerstörung Jerusalems im 70 n. Chr. endet.

März 17 n. Chr. Die Initiationszeremonie des 23jährigen Jesus. Jesus nimmt politisch für seinen »Vater«, den Hohenpriester Hannas, Partei, der für den Frieden mit Rom und die Förderung der Heiden eintritt.

18 n. Chr. Kajaphas wird Hoherpriester.

23 n. Chr. Josef stirbt. Da Kajaphas von den strengeren östlichen Moralvorschriften ausgeht, wird Jakobus zum legitimen Nachfolger Josefs erklärt.

26 n. Chr. Johannes der Täufer, der den essenischen Orden verlassen hat, um als Eremit zu leben, wird »Papst«. Es kommt zu einer Lehrreform, in deren Rahmen die Haltung gegenüber dem Militarismus und die finanziellen Praktiken des Ordens neu festgelegt werden.

März 29 n. Chr. Jesus wird von Johannes dem Täufer wiedergetauft. Später wird er gemeinsam mit der Gruppe der sogenannten Zwölf Apostel in ein Schisma verwickelt, in dem es zur Abspaltung vom Täufer kommt. Die neue Gruppe kämpft vereint gegen die essenische Auffassung von der Priesterwürde, doch in politischer Hinsicht vertreten die einzelnen Mitglieder unterschiedliche Standpunkte: Einige, darunter auch Jesus, plädieren für den Frieden mit Rom, andere, darunter Judas Iskariot und Simon Magus, sind Zeloten.

Juni 30 n. Chr. Das »Wunder« der Verwandlung von Wasser in Wein geschieht: Heiden, die zuvor lediglich getauft wurden, dürfen nun auch am heiligen Mahl von Brot und Wein teilnehmen.

Sept 30 n. Chr. Erste Eheschließung Jesu mit Maria Magdalene. Damit beginnt die Probezeit der Ehe. Maria wird jedoch erst im Dezember 32 n. Chr. schwanger.

31 n. Chr. Die Weissagungen des Täufers für dieses Jahr haben sich nicht erfüllt. Er wird deshalb verhaftet und als falscher Prophet hingerichtet.

März 32 n. Chr. Die »Speisung der Fünftausend«: Von nun an dürfen Laien die Funktion der Leviten übernehmen und das Brot beim gemeinsamen Mahl austeilen. Dies ist die erste Ordination von Laiengeistlichen, die bald zu einer christlichen Einrichtung werden soll.

Sept 32 n. Chr. Das Versöhnungsfest, an dem erneut die Erfüllung der Prophezeiungen erwartet wird. Als nichts geschieht, ergreift Jesus die Gelegenheit, die Lehre überhaupt in Frage zu stellen. Obwohl er an den Riten eigentlich nur in einer untergeordneteren Rolle teilnehmen dürfte, zieht er die Gewänder des Hohenpriesters an und beansprucht damit die zadokidische Hohepriesterwürde für sich. Dieser totale Bruch mit der Tradition führt zu einem Zerwürfnis aller Parteien.

Dez 32 n. Chr. Wegen einer taktisch ungeschickten Aktion des Pontius Pilatus kommt es zu einem Aufstand der Juden. Jesus und die Friedenspartei nehmen nicht daran teil, doch nach dem Ereignis gibt Jesus seine Neutralität auf, begibt sich nach Qumran und befreit Simon Magus (»Lazarus«), der exkommuniziert wurde, nachdem der Aufstand fehlgeschlug. Jesus ist oberflächlich betrachtet ein Mitglied derselben Partei wie Simon Magus und setzt durch seine Handlungsweise ein Zeichen der Solidarität mit den Zeloten. Damit macht er sich vor dem Gesetz zu ihrem Komplizen.

März 33 n. Chr. Alle Parteien kommen zum Frühjahrskonzil nach Qumran. Die Zeloten können sich dort ungefährdet bewegen. Sie gerieten allenfalls in Gefahr, wenn jemand zum Verräter würde und Pilatus über ihren Aufenthaltsort informierte.

Die Versammlung beginnt Anfang März, zu einer Zeit, in der einige Mitglieder mit einer Erfüllung der Prophezeiungen rechnen. Es kommt zu einer Scheinkrönungszeremonie, bei der Jesus auf einem Esel (anstelle des Maultiers von König Salomo) vom »Haus der Königin«, der »Krippe«, das steile Tal hinauf nach Qumran reitet. Als die Erfüllung abermals ausbleibt, greift er die finanziellen Praktiken der Bewegung an und stößt die Tische der Geldwechsler um.

Mit der erhofften Erfüllung der Prophezeiung ist eher zum Zeitpunkt der Tagundnachtgleiche zu rechnen, d. h. nach der

520

Lehre, die Simon Magus und Jesus vertreten, Donnerstag nacht, der Nacht des Letzten Abendmahls. Doch die Erfüllung bleibt erneut aus, und Judas Iskariot, der nach der Position von Simon Magus schielt und Jesus feindlich gesinnt ist, sendet Pilatus eine Botschaft und verrät ihm den Aufenthaltsort der Männer, die wegen des Aufruhrs im vorigen Dezember gesucht werden. Judas war selbst an diesem Aufruhr beteiligt, hat jedoch vor, sich durch ein Bestechungsgeld von Pilatus freizukaufen.

Simon Magus und Jesus werden als falsche Propheten vor die jüdische Priesterschaft zitiert. Pilatus trifft in Qumran ein und beginnt mit der Gerichtsverhandlung gegen die Zeloten. Der Tetrarch Antipas bietet ihm jedoch ein höheres Lösegeld für die Freilassung des hochbetagten Theudas, und so kommt es, daß Judas an Theudas' Stelle abgeurteilt wird. Pilatus versucht zwar, Jesus ebenso freizubekommen wie Theudas, doch niemand aus der Führungsschicht ist bereit, ein Lösegeld für ihn zu bezahlen.

Simon Magus, Judas und Jesus werden auf dem »unreinen« Gebiet bei Qumran gekreuzigt. Simon als der Höchstgestellte hängt am mittleren Kreuz, Jesus an dem Kreuz westlich davon. Um 15 Uhr gibt man Jesus Gift, um seine Leiden zu beenden. Er trinkt es, wird jedoch lediglich bewußtlos. Seine Freunde wissen, daß er noch lebt.

Danach überredet der Tetrarch Antipas Pilatus, ihm zu gestatten, die Angelegenheit nach jüdischem Gesetz zu Ende zu bringen. Das bedeutet, daß die Hinrichtungsmethode in ein Lebendig-Begraben-Werden abgewandelt wird. Die drei Männer werden also in eine Höhle am Ende der Hochfläche gebracht. Simon Magus und Judas werden zusätzlich die Beine gebrochen. Neben dem bewußtlosen Jesus wird eine große Menge Aloe, ein Purgativum, in der Höhle zurückgelassen. Während der Nacht wird Simon Magus zu Jesus gebracht. Er flößt ihm die Medizin ein und holt ihn ins Leben zurück. Freunde verhelfen Jesus zur Flucht aus der Höhle. Die Wachen vor der Höhle billigen die Flucht stillschweigend, da ihre Order ihnen lediglich vorschreibt, Simon Magus zu bewachen. Nach diesem Geschehen setzt Simon Magus bewußt die Legende in die Welt, daß er eine Auferweckung herbeigeführt habe.

In den folgenden Tagen »erscheint« Jesus in den verschiedenen Zentren in der Wüste von Judäa und in Jerusalem. Er kommt zu den Gemeinschaftsmählern und Gottesdiensten und beweist damit eine bemerkenswert gute Konstitution. Am

Dienstag kehrt er in da Kloster von Qumran zurück und fährt »auf gen Himmel«, zu dem Ort, an dem die Priester und Leviten, die »Götter« und »Engel« den Gottesdienst zelebrieren.

Sept 36 n. Chr. Nach dreijähriger Abgeschiedenheit, die von der Ordensregel der dynastischen Essener nach der Geburt einer Tochter vorgeschrieben ist, kehrt Jesus in die Welt zurück. Zur gleichen Zeit beginnt Agrippas Aufstieg zu herodianischem Königswürde.

37 n. Chr. Der Kaiser Tiberius stirbt und Gaius Caligula folgt ihm auf den Thron. Er setzt seinen Freund Agrippa I. als König der Juden ein. Das führt zu Veränderungen in Judäa. Der pro-römisch gesinnte Hohepriester Hannas gewinnt an Macht, und Jesus wird erneut zum legitimen Davididen erklärt. Die pro-agrippinische Partei unter der Führung von Simon Petrus entmachtet die anti-agrippinische Partei und deren Anführer Simon Magus und Johannes Markus. Im Juni des Jahres bekommen Jesus und Maria Magdalene einen Sohn, Jesus Justus.

40 n. Chr. Bekehrung des Paulus in dem Jahr, in dem das herodianische Zeitsystem endgültig scheitert. Paulus bekehrt sich unter dem Einfluß Jesu, den er in Damaskus traf, von seiner östlichen, nationalistischen zur westlich orientierten, pro-römischen Auffassung.

41 n. Chr. Ermordung von Gaius Caligula, der an einer Geisteskrankheit litt. Claudius wird Kaiser.

44 n. Chr. Ermordung Agrippas I., der sich zum Gottkönig machen wollte, durch Schlangengift. Die westlichen Parteien von Petrus und Simon Magus hatten sich im Kampf gegen ihn vereint und gehen nach seinem Tod ins Exil nach Antiochia und Zypern. Die Partei des Petrus in Antiochia erklärt ihre Unabhängigkeit. Ihre Mitglieder führen als erste den Namen »Christen«.

50 n. Chr. Unter Agrippa II. steigt Paulus in eine einflußreiche Position auf, da sein Orden den Agrippinen gegenüber loyal blieb. Die Samariter, denen Agrippa II. ween ihrer Beteiligung an der Ermordung seines Vaters feindlich gegenübersteht, werden in ein Bündnis mit den östlichen Gruppierungen getrieben. In ihnen leben die Überreste der Qumrangemeinschaft fort, deren Zentrum nun Damaskus ist. Ihr Oberhaupt, Simon Magus, wird zum nicht-christlichen »Antipapst«. Paulus und seine Partei begeben sich nach Europa und gründen dort die ersten christlichen Zentren.

54 n. Chr.	Nero wird Kaiser.
57 n. Chr.	Der Konflikt zwischen den beiden Missionen, der der Magier und der der Christen, eskaliert in Ephesus, der Grenze zum Osten. Die Christen erleiden eine Niederlage und werden vertrieben.
58 n. Chr.	Paulus und seine Partei, zu der auch Jesus gehört, kommen zu einem letzten Besuch nach Jerusalem. Noch einmal erhofft man sich die Erfüllung der Prophezeiungen. Paulus unterweist den römischen Statthalter Felix, der die Schwester Agrippas II. geheiratet hat und die Vollmitgliedschaft anstrebt.
60 n. Chr.	Als Felix in seinem Amt abgelöst und vor Gericht nach Rom zitiert wird, fahren Paulus und seine Gefolgschaft per Schiff mit ihm. Auf der Seereise nach Rom kommt es zu einer Krise, als sich die Erwartungen, die mit dem Jahr 4000 verknüpft sind, wieder nicht erfüllen. Man landet auf Malta, wo die Passagiere den Januar und Februar in einem Kloster, das zur Gemeinschaft gehört, verbringen. Paulus wird wegen seiner möglichen Mittäterschaft bei der Ermordung des Jonatan Hannas durch Felix angegriffen.
März 61 n. Chr.	Die gesamte Gruppe trifft gemeinsam mit Jesus in Rom ein. Paulus wird unter Hausarrest gestellt und im Zusammenhang mit dem Prozeß gegen Felix verhört.
64 n. Chr.	Die Christen werden wegen ihrer Beteiligung an Demonstrationen in Rom, die mit dem später datierten Anbruch des Jahres 4000 in Zusammenhang stehen, verhaftet und von Nero als Sündenböcke für den Brand Roms benutzt. Petrus und Paulus werden hingerichtet. Kurz vor seinem Tod schickt Paulus noch eine verschlüsselte Botschaft aus, in der es heißt, daß Jesus »nicht gebunden« sei. Jesus ist zu diesem Zeitpunkt siebzig Jahre alt. Seine Familie, einschließlich seiner beiden Söhne, zog vermutlich nach Norden, in die herodischen Besitztümer in Südfrankreich.
70 n. Chr.	Zerstörung Jerusalems durch die Römer als Vergeltungsmaßnahme für die Zelotenaufstände.
74 n. Chr.	Massenselbstmord der letzten Zeloten in der Festung Masada.

Stammbaum der Herodier
(Familienmitglieder, die im Buch erwähnt werden)
Herodes der Große

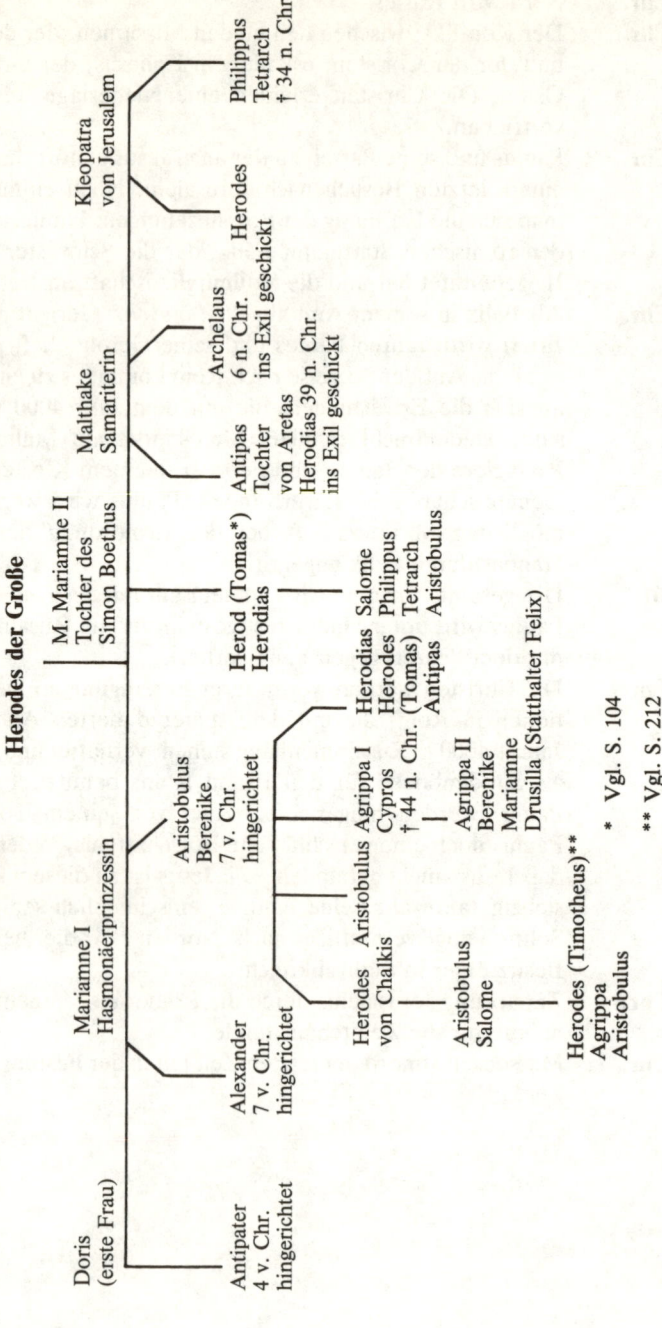

* Vgl. S. 104

** Vgl. S. 212

Zum vollständigen Stammbaum der herodischen Dynastie
vgl. Josephus, Antiquitates.

524

Abkürzungen

Biblische Schriften

Gen	Genesis
Ex	Exodus
Lev	Levitikus
Num	Numeri
Dtn	Deuteronomium
1 Sam	Das 1. Buch Samuel
2 Sam	Das 2. Buch Samuel
1 Kön	Das 1. Buch der Könige
2 Kön	Das 2. Buch der Könige
1 Chr	Das 1. Buch der Chronik
Ps	Die Psalmen
Spr	Das Buch der Sprichwörter
Hld	Das Hohelied
Jes	Das Buch Jesaja
Jer	Das Buch Jeremia
Ez	Das Buch Ezechiel
Dan	Das Buch Daniel
Mi	Das Buch Micha
Nah	Das Buch Nahum
Hab	Das Buch Habakuk
Sach	Das Buch Sacharja
1 Makk	Das 1. Buch der Makkabäer
Mt	Das Evangelium nach Matthäus
Mk	Das Evangelium nach Markus
Lk	Das Evangelium nach Lukas
Joh	Das Evangelium nach Johannes
Apg	Die Apostelgeschichte
Röm	Der Brief an die Römer
1 Kor	Der 1. Brief an die Korinther
2 Kor	Der 2. Brief an die Korinther
Gal	Der Brief an die Galater
Eph	Der Brief an die Epheser
Phil	Der Brief an die Philipper
Kol	Der Brief an die Kolosser
1 Thess	Der 1. Brief an die Thessalonicher

2 Thess	Der 2. Brief an die Thessalonicher
1 Tim	Der 1. Brief an Timotheus
2 Tim	Der 2. Brief an Timotheus
Tit	Der Brief an Titus
Phlm	Der Brief an Philemon
Hebr	Der Brief an die Hebräer
Jak	Der Brief des Jakobus
1 Petr	Der 1. Brief des Petrus
2 Petr	Der 2. Brief des Petrus
1 Joh	Der 1. Brief des Johannes
2 Joh	Der 2. Brief des Johannes
3 Joh	Der 3. Brief des Johannes
Jud	Der Brief des Judas
Offb	Die Offenbarung des Johannes
1 Henoch	1 Henoch
Jub.	Das Buch der Jubiläen
TLevi	Testamentum Levi
Phil.Ev.	Philippevangelium
Thom.Ev.	Thomasevangelium
Petr.Offb.	Offenbarung des Petrus
Petr.Ev.	Petrusevangelium
Ep.Barn.	Barnabasbrief

Schriftrollen vom Toten Meer

1QS	Die Gemeinderegel
1QSa	Die Gemeinschaftsregel
1QSb	Segenssprüche
11QT	Die Tempelrolle
1QH	Die Loblieder
1QM	Die Kriegsrolle
CD	Die Damaskusschrift
1QpHab	Der Habakuk-Midrasch
4QpPss	Psalmen-Midrasch
4QpNah	Nahum-Midrasch
11QMelch	Melchisedek-Fragment
3Q*15*	Die Kupferrolle
4Q*159*	Riten
4QSir Sabb	Engels-Liturgie

Schriftsteller der Antike

Ant.	Flavius Josephus, Antiquitates
Bellum	Flavius Josephus, De Bello Judaico
Hist. nat.	Plinius, Historia naturalis
Ann.	Tacitus, Annales
Clem. *Hom.*	Clemens Romanus, Homilien
Clem. *Rec.*	Clemens Romanus, Rekognitionen

Zeitgenössische Schriften

DSSE	Vermes, *The Dead Sea Scrolls in English*
ADSS	*de Vaux,* Archaeology of the Dead Sea Scrolls
DJD I,II, etc.	Discoveries in the Judean Desert, Bd. I,II, etc.
BA	*Biblical Archaeologist*
JBL	*Journal of Biblical Literature*
JSJ	*Journal for the Study of Judaism*
NTS	*New Testament Studies*
RB	*Revue Biblique*

Allgemeine Abkürzungen

vgl.	vergleiche
p:	Pescher
p-Bedeutung	Pescherbedeutung
Sam.	samaritisch
Reg	regulär

Bibliographie

Griechische Textgrundlage ist der in der Wissenschaft allgemein als hochverläßlich eingestufte Kodex Vaticanus (B). Auffallende Abweichungen der Lesarten weisen auf eine Vertrautheit mit dem Pescher und die Absicht der Urkirche, die betreffenden Passagen aus bestimmten Gründen zu ergänzen oder abzuändern. Genaueres dazu in den Teilen des Anhangs.

Quellen

Die Bibel: Luther '84, Einheitsübersetzung der Heiligen Schrift, Studienausgabe, Stuttgart 1984

Elberfelder Bibel (rev. Fassg. 1989)

Die Schreibweise der biblischen Eigennamen folgt durchgängig den Loccumer Richtlinien

Griechisches Neues Testament: Novum Testamentum Graece, edd. E. Nestle/K. Aland, 26. Aufl., Stuttgart 1979

Schriftrollen vom Toten Meer: Eduard Lohse (Hrsg.), *Die Texte aus Qumran*, Darmstadt 1964

Johann Maier, *Die Tempelrolle vom Toten Meer*, München 1978

Johann Maier, Kurt Schubert, *Die Qumran-Essener. Texte der Schriftrollen und Lebensbild der Gemeinde*, München 1973

Mischna: *Der Babylonische Talmud*, neu übertragen von Joma Lazarus Goldschmidt, 3 Bde., Berlin 1930

Barn. Brief: *Neutestamentliche Apokryphen*, hrsgg. von Edgar Hennecke, 2. Auflage, Tübingen 1924

1 Henoch, Jub., TLevi, Petr. Ev: Erich Weidinger, *Die Apokryphen, Verborgene Bücher der Bibel*, Augsburg 1990

Alfred Schindler (Hrsg.), *Apokryphen zum Alten und Neuen Testament*, Zürich 1988

Clemens: *Des Clemens von Alexandreia Teppiche, wissenschaftliche Darlegungen entsprechend der wahren Philosophie* (Stromateis), Buch IV-VI, übers. von Otto Stählin, München 1937

Josephus: *Des Flavius Josephus Jüdische Altertümer*, übersetzt von Heinrich Clementz, Band I und II, Halle 1900

Geschichte des Jüdischen Krieges, übersetzt von Heinrich Clementz, Halle

Des Flavius Josephus kleinere Schriften, übersetzt von Heinrich Clementz, Halle 1901.

Des Flavius Josephus Selbstbiographie, Altona 1806

Philo: *Die Werke Philos von Alexandria,* hrsgg. von Leopold Cohn, Band I-VI Breslau 1909–1938

Eusebius: *Die Kirchengeschichte des Eusebius, aus dem Syrischen übersetzt von Eberhard Nestle, Leipzig 1901*

Plinius: *Die Naturgeschichte des Gajus Plinius Secundus, hrsgg. von G. C. Wittgenstein, Leipzig 1881–1882*

Sueton: *Sueton's Kaiserbiographien,* verdeutscht von Adolf Stahr, Stuttgart 1864

Tacitus: *Sämtliche Erhaltene Werke des Cornelius Tacitus, Wien 1935*

Moderne Werke

Baigent, M. und Leigh, R., *Verschlußsache Jesus: Die Qumranrollen und die Wahrheit über das frühe Christentum* (München 1991)

Bréhier, E., *Les idées philosophiques et religieuses de Philon d'Alexandrie* (Paris 1925)

Brooke, G., *Temple Scroll Studies, Journal for the Study of Pseudepigrapha,* Supplement Series 7 (Sheffield Academic Press 1989)

Butler, R.A., *Where to go in Turkey* (New York 1988)

Carmignac, J., *Les Textes de Qumran Traduits et Annotés* (Band I und II) (Paris 1961 und 1963)

Cary, M. und Scullard, H. H., *A History of Rome (London 1975)*

Cross, F. M., *«The Development of the Jewish Scripts«,* in G. E. Wright (Hrsg.), *The Bible and the Ancient Near East* (London 1961)

Crowfoot, J. W., *Early Churches in Palestine* (OUP, 1941)

Danby, H., *The Mishnah* (OUP, 1933)

Davies, P. R., »How not to do Archaeology. The Story of Qumran«, *BA* Dez 1988, 204-211

De Vaux, R., *Archaeology and the Dead Sea Scrolls* (OUP, 1959)

Farrer, A., *A Study in St Mark* (London 1951)

Ders., *St Matthew and St Mark* (London 1954)

Finegan, J., *Handbook of Biblical Chronology* (Princeton University Press 1964)

Fitzmyer, J. A., *Essays on the Semitic Background of the New Testament* (London 1971)

Guthrie, W. K. C., *Orpheus and Greek Religion* (New York 1966)

Jeremias, G., *Der Lehrer der Gerechtigkeit* (Göttingen 1963)

Jonas, H., *The Gnostic Religion* (Boston 1958)

Kuhn, K. G., *Konkordanz zu den Qumrantexten* (Göttingen 1960)

Metzger, B. M., *The Text of the New Testament* (Oxford 1964)

Milik, J. T., *Ten Years of Discovery in the Wilderness of Judea* (London 1959)

Milik, J. T., »Fragment d'une Source du Psautier (4Q Ps 89) et Fragments des Jubilés, du Document de Damas, d'un Phylactère dans la Grotte 4 de Qumran«, RB 73 (1966), 94-107

Murphy-O'Connor, J., Paul an Qumran (London 1966)

Ders., Das heilige Land (München, Zürich 1981)

Schürer, E., Geschichte des jüdischen Volkes im Zeitalter Jesu (Leipzig 1890)

Smaller Classical Dictionary (London 1937)

Star, L., The Dead Sea Scrolls. The Riddle Debated (ABC Enterprises, 1991)

Stendahl, K., The Scrolls and the New Testament (London 1957)

Stevenson, J., A New Eusebius (London 1957)

Stutchbury, H. E. und Nicholl, G. R., »Khirbet Mazin«, Annual of the Department of Antiquities of Jordan, 1962, 96-103

Thiering, B., Redating the Teacher of Righteousness (Sydney 1979)

Dies., The Gospels and Qumran (Sydney 1981)

Dies., The Qumran Origins of the Christian Church (Sydney 1983)

Dies., Mebaqqer and Episkopos in the Light of the Temple Scroll«, JBL 100, 1, 1981, 59-74

Dies., »The Date of Composition of the Temple Scroll«, in G. Brooke (Hrsg.) Temple Scroll Studies (Sheffield Academic Press, 1989)

Dies., »Inner and Outer Cleansing at Qumran as a Background to New Testament Baptism«, NTS 26, 2, 1980, S. 266-277

Dies., »Qumran Initiation and New Testament Baptism«, NTS 27, 5, 1981, S. 615-631

Weinert, F. D., »4Q159: Legislation for an Essene Community Outside of Qumran?«, JSJ, 1974, S. 179-207

Wilson, E., The Dead Sea Scrolls (Collins 1971)

Wright, G. R. H., »The Archaeological Remains at El Mird in the Wilderness of Judea«, Biblica 42, 1961, S. 1-27

Yadin, Y., Die Tempelrolle: die verborgene Thora vom Toten Meer (München, Hamburg 1985)

Namens- und Sachregister

537

542

544

Bibelstellenregister

554

558

559

560

566

569